Miet-, Wohn- und Wohnungsbaurecht

Einordnungsanweisung
für die 80. Ergänzungslieferung Januar 2021

Herauszunehmen:	Zahl der Blätter:	Einzufügen:	Zahl der Blätter:
Titelblatt/Geleitwort	2	**Titelblatt/Geleitwort**	2
Inhalt I 5–8	2	**Inhalt I** 5–8	2
Inhalt II 1–4	2	**Inhalt II** 1–4	2
1 1–3a	2	**1** 1–3a	2
15/16	1	15–16a	2
40–46a	6	40–46a	6
57/57a	1	57/57a	1
86–89	3	86–89a	4
106d/106e	1	106d/106e	1
1a 1/1a	1	**1a** 1/1a	1
23/23a	1	23/23a	1
47–50	2	47–50a	3
8 1–4	2	**8** 1–4a	3
13–18	3	13–18	3
9 1–4	2	**9** 1–4	2
10 1/2	1	**10** 1/2	1
26 1–12	6	**26** 1–12a	7
17–24	4	17–24a	5
29/30	1	29/30	1
35–38	2	35–38a	3
37 1/2	1	**37** 1/2	1
80 1–30	15	**80** 1–18	9
81 1/2	1	**81** 1/2	1
82 1/2	1	**82** 1/2	1
100 1/2	1	**100** 1/2	1
17/18	1	17/18	1
101 1/2	1	**101** 1/2	1
125 1–10	6	**125** 1–10	5
160 1–8a	5	**160** 1–8a	5
13–20	4	13–20	4
170 1/2	1	**170** 1/2	1
9–12	2	9–12	2
21/22	1	21–22a	2
180 1/2	1	**180** 1/2	1
97–102	3	97–102a	4
193/194	1	193/194	1
Übertrag:	90	Übertrag:	92

Herausznehmen:	Zahl der Blätter:
Übertrag:	90
200 1–4	2
119/120	1
154–156	2
220 1/2	1
221 1/2	1
224 1/2	1
230 1/2	1
231 1–64	32
320 1–12	6
340 1–6	3
27/28	1
49/50	1
61/62	1
500 1–10	5
Insgesamt herauszunehmen:	148

Einzufügen:	Zahl der Blätter:
Übertrag:	92
*Neu einzusortieren nach **180** 202:*	
198 1–4	2
200 1–4	2
119/120	1
154–156a	2
*Neu einzusortieren nach **205** 2:*	
215 1–90	45
220 1/2	1
221 1/2	1
224 1/2	1
230 1/2	1
231 1–64	32
320 1–12	6
340 1–6	3
27/28	1
49/50	1
61/62	1
500 1–6	3
Insgesamt einzufügen:	195

Miet-, Wohn- und Wohnungsbaurecht

Mietrecht, Mietpreisrecht, Wohnungseigentumsrecht
und Wohnungsbaurecht
unter Berücksichtigung des Rechts der Länder

Textsammlung
mit ausführlichen Verweisungen
und Sachverzeichnis

80. Ergänzungslieferung
Stand: 15. Januar 2021

C.H.BECK

Dieses Titelblatt entstammt der 80. Ergänzungslieferung
Stand: 15. Januar 2021
(Anschluss an die 79. Lieferung Stand: 1. Juli 2020)

ISBN 978 3 406 76797 5

Redaktioneller Hinweis: Paragraphenüberschriften in eckigen Klammern sind nicht amtlich. Sie sind ebenso wie die Fußnoten urheber- und wettbewerbsrechtlich geschützt.
Die Angaben zum Stand der Sammlung auf dem Titelblatt beziehen sich auf das Verkündungsdatum der maßgeblichen Gesetz-, Verordnungs- und Amtsblätter. Verbesserungsvorschläge und Fehlerhinweise sind jederzeit willkommen.

Verlag C. H. Beck
Wilhelmstraße 9, 80801 München

www.beck.de

Gesamtwerk 978 3 406 43153 1 ergänzt bis 978 3 406 76797 5

Wilhelmstraße 9, 80801 München
Druck: Druckerei C. H. Beck Nördlingen
(Adresse wie Verlag)

Gedruckt auf säurefreiem, alterungsbeständigem Papier
(hergestellt aus chlorfrei gebleichtem Zellstoff)

Geleitwort

Die vorliegende 80. Ergänzungslieferung bringt die Sammlung „Miet-, Wohn- und Wohnungsbaurecht“ auf den Stand der Gesetzgebung vom 15. Januar 2021.

Insbesondere enthält die Lieferung die Änderungen aus dem Gesetz zur Förderung der Elektromobilität und zur Modernisierung des Wohnungseigentumsgesetzes und zur Änderung von kosten- und grundbuchrechtlichen Vorschriften (Wohnungseigentumsmodernisierungsgesetz – WEMoG) vom 16.10.2020 einschließlich der folgenden Neufassung des Wohnungseigentumsgesetzes vom 12.11.2021 (Nr. **80**). Die HOAI (Nr. **231**) wurde durch die Erste Verordnung zur Änderung der Honorarordnung für Architekten und Ingenieure vom 1.12.2020 umfangreich geändert.

Auch umfasst die Ergänzungslieferung das Gesetz zur Einsparung von Energie und zur Nutzung erneuerbarer Energien zur Wärme- und Kälteerzeugung in Gebäuden (Gebäudeenergiegesetz – GEG) vom 8.8.2020 mit sämtlichen Anlagen (Nr. **215**).

Darüber hinaus von Änderungen tangiert wurden das BGB (Nr. **1**), das EGBGB (Nr. **1a**), die ZPO (Nr. **8**), das GVG (Nr. **9**), das GKG (Nr. **10**), das WoGG (Nr. **26**), die GewO (Nr. **37**), das ROG (Nr. **100**), das WoPG 1996 (Nr. **125**), das GrEStG (Nr. **160**), das GrStG (Nr. **170**), das BewG (Nr. **180**), das PlanSiG (Nr. **198**), das BauGB (Nr. **200**), das EnEG (Nr. **220**), das LwVG (Nr. **320**), das GenG (Nr. **340**) sowie die ZVG (Nr. **500**).

München, im Januar 2021 VERLAG C. H. BECK

Geleitwort

F. Steuerrecht

G. Baugesetzbuch

H. Grundstücksverkehrsrecht

I. Sonstiges

Inhaltsverzeichnis II

Nr.

1. Bürgerliches Gesetzbuch (BGB)[1]

In der Fassung der Bekanntmachung vom 2. Januar 2002[2]
(BGBl. I S. 42, ber. S. 2909 und 2003 I S. 738)

FNA 400-2

zuletzt geänd. durch Art. 13 Sanierungs- und InsolvenzrechtsfortentwicklungsG v. 22.12.2020 (BGBl. I S. 3256)

– Auszug –

Nichtamtliche Gliederungsübersicht

---

[1] **Amtl. Anm.:** Dieses Gesetz dient der Umsetzung folgender Richtlinien:
1. Richtlinie 76/207/EWG des Rates vom 9. Februar 1976 zur Verwirklichung des Grundsatzes der Gleichbehandlung von Männern und Frauen hinsichtlich des Zugangs zur Beschäftigung, zur Berufsbildung und zum beruflichen Aufstieg sowie in Bezug auf die Arbeitsbedingungen (ABl. EG Nr. L 39 S. 40),
2. Richtlinie 77/187/EWG des Rates vom 14. Februar 1977 zur Angleichung der Rechtsvorschriften der Mitgliedstaaten über die Wahrung von Ansprüchen der Arbeitnehmer beim Übergang von Unternehmen, Betrieben oder Betriebsteilen (ABl. EG Nr. L 61 S. 26),
3. Richtlinie 85/577/EWG des Rates vom 20. Dezember 1985 betreffend den Verbraucherschutz im Falle von außerhalb von Geschäftsräumen geschlossenen Verträgen (ABl. EG Nr. L 372 S. 31),
4. Richtlinie 87/102/EWG des Rates zur Angleichung der Rechts- und Verwaltungsvorschriften der Mitgliedstaaten über den Verbraucherkredit (ABl. EG Nr. L 42 S. 48), zuletzt geändert durch die Richtlinie 98/7/EG des Europäischen Parlaments und des Rates vom 16. Februar 1998 zur Änderung der Richtlinie 87/102/EWG zur Angleichung der Rechts- und Verwaltungsvorschriften der Mitgliedstaaten über den Verbraucherkredit (ABl. EG Nr. L 101 S. 17),
5. Richtlinie 90/314/EWG des Europäischen Parlaments und des Rates vom 13. Juni 1990 über Pauschalreisen (ABl. EG Nr. L 158 S. 59),
6. Richtlinie 93/13/EWG des Rates vom 5. April 1993 über missbräuchliche Klauseln in Verbraucherverträgen (ABl. EG Nr. L 95 S. 29),
7. Richtlinie 94/47/EG des Europäischen Parlaments und des Rates vom 26. Oktober 1994 zum Schutz der Erwerber im Hinblick auf bestimmte Aspekte von Verträgen über den Erwerb von Teilzeitnutzungsrechten an Immobilien (ABl. EG Nr. L 280 S. 82),
8. der Richtlinie 97/5/EG des Europäischen Parlaments und des Rates vom 27. Januar 1997 über grenzüberschreitende Überweisungen (ABl. EG Nr. L 43 S. 25),
9. Richtlinie 97/7/EG des Europäischen Parlaments und des Rates vom 20. Mai 1997 über den Verbraucherschutz bei Vertragsabschlüssen im Fernabsatz (ABl. EG Nr. L 144 S. 19),
10. Artikel 3 bis 5 der Richtlinie 98/26/EG des Europäischen Parlaments und des Rates über die Wirksamkeit von Abrechnungen in Zahlungs- und Wertpapierliefer- und -abrechnungssystemen vom 19. Mai 1998 (ABl. EG Nr. L 166 S. 45),
11. Richtlinie 1999/44/EG des Europäischen Parlaments und des Rates vom 25. Mai 1999 zu bestimmten Aspekten des Verbrauchsgüterkaufs und der Garantien für Verbrauchsgüter (ABl. EG Nr. L 171 S. 12),
12. Artikel 10, 11 und 18 der Richtlinie 2000/31/EG des Europäischen Parlaments und des Rates vom 8. Juni 2000 über bestimmte rechtliche Aspekte der Dienste der Informationsgesellschaft, insbesondere des elektronischen Geschäftsverkehrs, im Binnenmarkt („Richtlinie über den elektronischen Geschäftsverkehr", ABl. EG Nr. L 178 S. 1),
13. Richtlinie 2000/35/EG des Europäischen Parlaments und des Rates vom 29. Juni 2000 zur Bekämpfung von Zahlungsverzug im Geschäftsverkehr (ABl. EG Nr. L 200 S. 35).

[2] Neubekanntmachung des BGB v. 18.8.1896 (RGBl. S. 195) in der ab 1.1.2002 geltenden Fassung.

Buch 1. Allgemeiner Teil

Abschnitt 1. Personen

Titel 2. Juristische Personen

Untertitel 1. Vereine

Kapitel 1. Allgemeine Vorschriften

§ 37 Berufung auf Verlangen einer Minderheit. (1) Die Mitgliederversammlung ist zu berufen, wenn der durch die Satzung bestimmte Teil oder in Ermangelung einer Bestimmung der zehnte Teil der Mitglieder die Berufung schriftlich unter Angabe des Zweckes und der Gründe verlangt.

(2) [1] Wird dem Verlangen nicht entsprochen, so kann das Amtsgericht die Mitglieder, die das Verlangen gestellt haben, zur Berufung der Versammlung ermächtigen; es kann Anordnungen über die Führung des Vorsitzes in der Versammlung treffen. [2] Zuständig ist das Amtsgericht, das für den Bezirk, in dem der Verein seinen Sitz hat, das Vereinsregister führt. [3] Auf die Ermächtigung muss bei der Berufung der Versammlung Bezug genommen werden.

Abschnitt 2. Sachen und Tiere

§ 93 Wesentliche Bestandteile einer Sache. Bestandteile einer Sache, die voneinander nicht getrennt werden können, ohne dass der eine oder der andere zerstört oder in seinem Wesen verändert wird (wesentliche Bestandteile), können nicht Gegenstand besonderer Rechte sein.[1)]

§ 94[2)] Wesentliche Bestandteile eines Grundstücks oder Gebäudes.

(1) [1] Zu den wesentlichen Bestandteilen eines Grundstücks gehören die mit dem Grund und Boden fest verbundenen Sachen, insbesondere Gebäude, sowie die Erzeugnisse des Grundstücks, solange sie mit dem Boden zusam-

(Fortsetzung nächstes Blatt)

[1)] Beachte hierzu das Wohnungseigentumsgesetz (Nr. **80**).

[2)] Wegen des für das Gebiet der ehem. DDR geltenden Übergangsrechts zu § 94 beachte Art. 231 § 5 EGBGB (Nr. **1a**).

(2) Hat der Vertreter den Mangel der Vertretungsmacht nicht gekannt, so ist er nur zum Ersatz desjenigen Schadens verpflichtet, welchen der andere Teil dadurch erleidet, dass er auf die Vertretungsmacht vertraut, jedoch nicht über den Betrag des Interesses hinaus, welches der andere Teil an der Wirksamkeit des Vertrags hat.

(3) [1]Der Vertreter haftet nicht, wenn der andere Teil den Mangel der Vertretungsmacht kannte oder kennen musste. [2]Der Vertreter haftet auch dann nicht, wenn er in der Geschäftsfähigkeit beschränkt war, es sei denn, dass er mit Zustimmung seines gesetzlichen Vertreters gehandelt hat.

§ 180 Einseitiges Rechtsgeschäft. [1]Bei einem einseitigen Rechtsgeschäft ist Vertretung ohne Vertretungsmacht unzulässig. [2]Hat jedoch derjenige, welchem gegenüber ein solches Rechtsgeschäft vorzunehmen war, die von dem Vertreter behauptete Vertretungsmacht bei der Vornahme des Rechtsgeschäfts nicht beanstandet oder ist er damit einverstanden gewesen, dass der Vertreter ohne Vertretungsmacht handele, so finden die Vorschriften über Verträge entsprechende Anwendung. [3]Das Gleiche gilt, wenn ein einseitiges Rechtsgeschäft gegenüber einem Vertreter ohne Vertretungsmacht mit dessen Einverständnis vorgenommen wird.

§ 181 Insichgeschäft. Ein Vertreter kann, soweit nicht ein anderes ihm gestattet ist, im Namen des Vertretenen mit sich im eigenen Namen oder als Vertreter eines Dritten ein Rechtsgeschäft nicht vornehmen, es sei denn, dass das Rechtsgeschäft ausschließlich in der Erfüllung einer Verbindlichkeit besteht.

Titel 6. Einwilligung und Genehmigung

§ 182 Zustimmung. (1) Hängt die Wirksamkeit eines Vertrags oder eines einseitigen Rechtsgeschäfts, das einem anderen gegenüber vorzunehmen ist, von der Zustimmung eines Dritten ab, so kann die Erteilung sowie die Verweigerung der Zustimmung sowohl dem einen als dem anderen Teil gegenüber erklärt werden.

(2) Die Zustimmung bedarf nicht der für das Rechtsgeschäft bestimmten Form.

(3) Wird ein einseitiges Rechtsgeschäft, dessen Wirksamkeit von der Zustimmung eines Dritten abhängt, mit Einwilligung des Dritten vorgenommen, so finden die Vorschriften des § 111 Satz 2, 3 entsprechende Anwendung.

§ 183 Widerruflichkeit der Einwilligung. [1]Die vorherige Zustimmung (Einwilligung) ist bis zur Vornahme des Rechtsgeschäfts widerruflich, soweit nicht aus dem ihrer Erteilung zugrunde liegenden Rechtsverhältnis sich ein anderes ergibt. [2]Der Widerruf kann sowohl dem einen als dem anderen Teil gegenüber erklärt werden.

§ 184 Rückwirkung der Genehmigung. (1) Die nachträgliche Zustimmung (Genehmigung) wirkt auf den Zeitpunkt der Vornahme des Rechtsgeschäfts zurück, soweit nicht ein anderes bestimmt ist.

(2) Durch die Rückwirkung werden Verfügungen nicht unwirksam, die vor der Genehmigung über den Gegenstand des Rechtsgeschäfts von dem Genehmigenden getroffen worden oder im Wege der Zwangsvollstreckung oder der Arrestvollziehung oder durch den Insolvenzverwalter erfolgt sind.

§ 185 Verfügung eines Nichtberechtigten. (1) Eine Verfügung, die ein Nichtberechtigter über einen Gegenstand trifft, ist wirksam, wenn sie mit Einwilligung des Berechtigten erfolgt.

(2) [1] Die Verfügung wird wirksam, wenn der Berechtigte sie genehmigt oder wenn der Verfügende den Gegenstand erwirbt oder wenn er von dem Berechtigten beerbt wird und dieser für die Nachlassverbindlichkeiten unbeschränkt haftet. [2] In den beiden letzteren Fällen wird, wenn über den Gegenstand mehrere miteinander nicht in Einklang stehende Verfügungen getroffen worden sind, nur die frühere Verfügung wirksam.

Abschnitt 4. Fristen, Termine

§ 186 Geltungsbereich. Für die in Gesetzen, gerichtlichen Verfügungen und Rechtsgeschäften enthaltenen Frist- und Terminsbestimmungen gelten die Auslegungsvorschriften der §§ 187 bis 193.

§ 187 Fristbeginn. (1) Ist für den Anfang einer Frist ein Ereignis oder ein in den Lauf eines Tages fallender Zeitpunkt maßgebend, so wird bei der Berechnung der Frist der Tag nicht mitgerechnet, in welchen das Ereignis oder der Zeitpunkt fällt.

(2) [1] Ist der Beginn eines Tages der für den Anfang einer Frist maßgebende Zeitpunkt, so wird dieser Tag bei der Berechnung der Frist mitgerechnet. [2] Das Gleiche gilt von dem Tage der Geburt bei der Berechnung des Lebensalters.

§ 188 Fristende. (1) Eine nach Tagen bestimmte Frist endigt mit dem Ablauf des letzten Tages der Frist.

(2) Eine Frist, die nach Wochen, nach Monaten oder nach einem mehrere Monate umfassenden Zeitraum – Jahr, halbes Jahr, Vierteljahr – bestimmt ist, endigt im Falle des § 187 Abs. 1 mit dem Ablauf desjenigen Tages der letzten Woche oder des letzten Monats, welcher durch seine Benennung oder seine Zahl dem Tage entspricht, in den das Ereignis oder der Zeitpunkt fällt, im Falle des § 187 Abs. 2 mit dem Ablauf desjenigen Tages der letzten Woche oder des letzten Monats, welcher dem Tage vorhergeht, der durch seine Benennung oder seine Zahl dem Anfangstag der Frist entspricht.

(3) Fehlt bei einer nach Monaten bestimmten Frist in dem letzten Monat der für ihren Ablauf maßgebende Tag, so endigt die Frist mit dem Ablauf des letzten Tages dieses Monats.

§ 189 Berechnung einzelner Fristen. (1) Unter einem halben Jahr wird eine Frist von sechs Monaten, unter einem Vierteljahr eine Frist von drei Monaten, unter einem halben Monat eine Frist von 15 Tagen verstanden.

(2) Ist eine Frist auf einen oder mehrere ganze Monate und einen halben Monat gestellt, so sind die 15 Tage zuletzt zu zählen.

§ 190 Fristverlängerung. Im Falle der Verlängerung einer Frist wird die neue Frist von dem Ablauf der vorigen Frist an berechnet.

§ 191 Berechnung von Zeiträumen. Ist ein Zeitraum nach Monaten oder nach Jahren in dem Sinne bestimmt, dass er nicht zusammenhängend zu verlaufen braucht, so wird der Monat zu 30, das Jahr zu 365 Tagen gerechnet.

§ 192 Anfang, Mitte, Ende des Monats. Unter Anfang des Monats wird der erste, unter Mitte des Monats der 15., unter Ende des Monats der letzte Tag des Monats verstanden.

§ 193 Sonn- und Feiertag; Sonnabend. Ist an einem bestimmten Tage oder innerhalb einer Frist eine Willenserklärung abzugeben oder eine Leistung zu bewirken und fällt der bestimmte Tag oder der letzte Tag der Frist auf einen Sonntag, einen am Erklärungs- oder Leistungsort staatlich anerkannten allgemeinen Feiertag oder einen Sonnabend, so tritt an die Stelle eines solchen Tages der nächste Werktag.

Buch 2. Recht der Schuldverhältnisse

Abschnitt 1. Inhalt der Schuldverhältnisse

Titel 1. Verpflichtung zur Leistung

§ 266 Teilleistungen. Der Schuldner ist zu Teilleistungen nicht berechtigt.

§ 267 Leistung durch Dritte. (1) [1] Hat der Schuldner nicht in Person zu leisten, so kann auch ein Dritter die Leistung bewirken. [2] Die Einwilligung des Schuldners ist nicht erforderlich.

(2) Der Gläubiger kann die Leistung ablehnen, wenn der Schuldner widerspricht.

§ 269 Leistungsort. (1) Ist ein Ort für die Leistung weder bestimmt noch aus den Umständen, insbesondere aus der Natur des Schuldverhältnisses, zu entnehmen, so hat die Leistung an dem Orte zu erfolgen, an welchem der Schuldner zur Zeit der Entstehung des Schuldverhältnisses seinen Wohnsitz hatte.

(2) Ist die Verbindlichkeit im Gewerbebetrieb des Schuldners entstanden, so tritt, wenn der Schuldner seine gewerbliche Niederlassung an einem anderen Orte hatte, der Ort der Niederlassung an die Stelle des Wohnsitzes.

(3) Aus dem Umstand allein, dass der Schuldner die Kosten der Versendung übernommen hat, ist nicht zu entnehmen, dass der Ort, nach welchem die Versendung zu erfolgen hat, der Leistungsort sein soll.

§ 270 Zahlungsort. (1) Geld hat der Schuldner im Zweifel auf seine Gefahr und seine Kosten dem Gläubiger an dessen Wohnsitz zu übermitteln.

(2) Ist die Forderung im Gewerbebetrieb des Gläubigers entstanden, so tritt, wenn der Gläubiger seine gewerbliche Niederlassung an einem anderen Orte hat, der Ort der Niederlassung an die Stelle des Wohnsitzes.

(3) Erhöhen sich infolge einer nach der Entstehung des Schuldverhältnisses eintretenden Änderung des Wohnsitzes oder der gewerblichen Niederlassung des Gläubigers die Kosten oder die Gefahr der Übermittlung, so hat der Gläubiger im ersteren Falle die Mehrkosten, im letzteren Falle die Gefahr zu tragen.

(4) Die Vorschriften über den Leistungsort bleiben unberührt.

Abschnitt 2.[1] Gestaltung rechtsgeschäftlicher Schuldverhältnisse durch Allgemeine Geschäftsbedingungen

§ 305 Einbeziehung Allgemeiner Geschäftsbedingungen in den Vertrag. (1) [1] Allgemeine Geschäftsbedingungen sind alle für eine Vielzahl von Verträgen vorformulierten Vertragsbedingungen, die eine Vertragspartei (Verwender) der anderen Vertragspartei bei Abschluss eines Vertrags stellt. [2] Gleichgültig ist, ob die Bestimmungen einen äußerlich gesonderten Bestandteil des Vertrags bilden oder in die Vertragsurkunde selbst aufgenommen werden, welchen Umfang sie haben, in welcher Schriftart sie verfasst sind und welche Form der Vertrag hat. [3] Allgemeine Geschäftsbedingungen liegen nicht vor, soweit die Vertragsbedingungen zwischen den Vertragsparteien im Einzelnen ausgehandelt sind.

(2) Allgemeine Geschäftsbedingungen werden nur dann Bestandteil eines Vertrags, wenn der Verwender bei Vertragsschluss

1. die andere Vertragspartei ausdrücklich oder, wenn ein ausdrücklicher Hinweis wegen der Art des Vertragsschlusses nur unter unverhältnismäßigen Schwierigkeiten möglich ist, durch deutlich sichtbaren Aushang am Orte des Vertragsschlusses auf sie hinweist und

(Fortsetzung nächstes Blatt)

---

[1] Die §§ 305–310 des BGB entsprechen im Wesentlichen dem mWv 1.1.2002 durch das G zur Modernisierung des Schuldrechts vom 26.11.2001 (BGBl. I S. 3138) aufgehobenen AGB-Gesetz.

§ 548 Verjährung der Ersatzansprüche und des Wegnahmerechts.

(1) [1]Die Ersatzansprüche des Vermieters wegen Veränderungen oder Verschlechterungen der Mietsache verjähren in sechs Monaten. [2]Die Verjährung beginnt mit dem Zeitpunkt, in dem er die Mietsache zurückerhält. [3]Mit der Verjährung des Anspruchs des Vermieters auf Rückgabe der Mietsache verjähren auch seine Ersatzansprüche.

(2) Ansprüche des Mieters auf Ersatz von Aufwendungen oder auf Gestattung der Wegnahme einer Einrichtung verjähren in sechs Monaten nach der Beendigung des Mietverhältnisses.

Untertitel 2. Mietverhältnisse über Wohnraum

Kapitel 1. Allgemeine Vorschriften

§ 549[1)] Auf Wohnraummietverhältnisse anwendbare Vorschriften.

(1) Für Mietverhältnisse über Wohnraum gelten die §§ 535 bis 548, soweit sich nicht aus den §§ 549 bis 577a etwas anderes ergibt.

(2) Die Vorschriften über die Miethöhe bei Mietbeginn in Gebieten mit angespannten Wohnungsmärkten (§§ 556d bis 556g), über die Mieterhöhung (§§ 557 bis 561) und über den Mieterschutz bei Beendigung des Mietverhältnisses sowie bei der Begründung von Wohnungseigentum (§ 568 Abs. 2, §§ 573, 573a, 573d Abs. 1, §§ 574 bis 575, 575a Abs. 1 und §§ 577, 577a) gelten nicht für Mietverhältnisse über

1. Wohnraum, der nur zum vorübergehenden Gebrauch vermietet ist,
2. Wohnraum, der Teil der vom Vermieter selbst bewohnten Wohnung ist und den der Vermieter überwiegend mit Einrichtungsgegenständen auszustatten hat, sofern der Wohnraum dem Mieter nicht zum dauernden Gebrauch mit seiner Familie oder mit Personen überlassen ist, mit denen er einen auf Dauer angelegten gemeinsamen Haushalt führt,
3. Wohnraum, den eine juristische Person des öffentlichen Rechts oder ein anerkannter privater Träger der Wohlfahrtspflege angemietet hat, um ihn Personen mit dringendem Wohnungsbedarf zu überlassen, wenn sie den Mieter bei Vertragsschluss auf die Zweckbestimmung des Wohnraums und die Ausnahme von den genannten Vorschriften hingewiesen hat.

(3) Für Wohnraum in einem Studenten- oder Jugendwohnheim gelten die §§ 556d bis 561 sowie die §§ 573, 573a, 573d Abs. 1 und §§ 575, 575a Abs. 1, §§ 577, 577a nicht.

§ 550 Form des Mietvertrags. [1]Wird der Mietvertrag für längere Zeit als ein Jahr nicht in schriftlicher Form geschlossen, so gilt er für unbestimmte Zeit. [2]Die Kündigung ist jedoch frühestens zum Ablauf eines Jahres nach Überlassung des Wohnraums zulässig.

§ 551[2)] Begrenzung und Anlage von Mietsicherheiten. (1) Hat der Mieter dem Vermieter für die Erfüllung seiner Pflichten Sicherheit zu leisten, so darf diese vorbehaltlich des Absatzes 3 Satz 4 höchstens das Dreifache der auf einen Monat entfallenden Miete ohne die als Pauschale oder als Vorauszahlung ausgewiesenen Betriebskosten betragen.

---

1) § 549 Abs. 2 einl. Satzteil, Abs. 3 geänd. mWv 1.6.2015 durch G v. 21.4.2015 (BGBl. I S. 610).

2) § 551 Abs. 2 Satz 3 angef. mWv 1.5.2013 durch G v. 11.3.2013 (BGBl. I S. 434).

(2) [1] Ist als Sicherheit eine Geldsumme bereitzustellen, so ist der Mieter zu drei gleichen monatlichen Teilzahlungen berechtigt. [2] Die erste Teilzahlung ist zu Beginn des Mietverhältnisses fällig. [3] Die weiteren Teilzahlungen werden zusammen mit den unmittelbar folgenden Mietzahlungen fällig.

(3) [1] Der Vermieter hat eine ihm als Sicherheit überlassene Geldsumme bei einem Kreditinstitut zu dem für Spareinlagen mit dreimonatiger Kündigungsfrist üblichen Zinssatz anzulegen. [2] Die Vertragsparteien können eine andere Anlageform vereinbaren. [3] In beiden Fällen muss die Anlage vom Vermögen des Vermieters getrennt erfolgen und stehen die Erträge dem Mieter zu. [4] Sie erhöhen die Sicherheit. [5] Bei Wohnraum in einem Studenten- oder Jugendwohnheim besteht für den Vermieter keine Pflicht, die Sicherheitsleistung zu verzinsen.

(4) Eine zum Nachteil des Mieters abweichende Vereinbarung ist unwirksam.

§ 552 Abwendung des Wegnahmerechts des Mieters. (1) Der Vermieter kann die Ausübung des Wegnahmerechts (§ 539 Abs. 2) durch Zahlung einer angemessenen Entschädigung abwenden, wenn nicht der Mieter ein berechtigtes Interesse an der Wegnahme hat.

(2) Eine Vereinbarung, durch die das Wegnahmerecht ausgeschlossen wird, ist nur wirksam, wenn ein angemessener Ausgleich vorgesehen ist.

§ 553 Gestattung der Gebrauchsüberlassung an Dritte. (1) [1] Entsteht für den Mieter nach Abschluss des Mietvertrags ein berechtigtes Interesse, einen Teil des Wohnraums einem Dritten zum Gebrauch zu überlassen, so kann er von dem Vermieter die Erlaubnis hierzu verlangen. [2] Dies gilt nicht, wenn in der Person des Dritten ein wichtiger Grund vorliegt, der Wohnraum übermäßig belegt würde oder dem Vermieter die Überlassung aus sonstigen Gründen nicht zugemutet werden kann.

(2) Ist dem Vermieter die Überlassung nur bei einer angemessenen Erhöhung der Miete zuzumuten, so kann er die Erlaubnis davon abhängig machen, dass der Mieter sich mit einer solchen Erhöhung einverstanden erklärt.

(3) Eine zum Nachteil des Mieters abweichende Vereinbarung ist unwirksam.

§ 554[1)] Barrierereduzierung, E-Mobilität und Einbruchsschutz.

(1) [1] Der Mieter kann verlangen, dass ihm der Vermieter bauliche Veränderungen der Mietsache erlaubt, die dem Gebrauch durch Menschen mit Behinderungen, dem Laden elektrisch betriebener Fahrzeuge oder dem Einbruchsschutz dienen. [2] Der Anspruch besteht nicht, wenn die bauliche Veränderung dem Vermieter auch unter Würdigung der Interessen des Mieters nicht zugemutet werden kann. [3] Der Mieter kann sich im Zusammenhang mit der baulichen Veränderung zur Leistung einer besonderen Sicherheit verpflichten; § 551 Absatz 3 gilt entsprechend.

(2) Eine zum Nachteil des Mieters abweichende Vereinbarung ist unwirksam.

[1)] § 554 neu gef. mWv 1.12.2020 durch G v. 16.10.2020 (BGBl. I S. 2187).

§ 554a[1] *(aufgehoben)*

§ 555 Unwirksamkeit einer Vertragsstrafe. Eine Vereinbarung, durch die sich der Vermieter eine Vertragsstrafe vom Mieter versprechen lässt, ist unwirksam.

Kapitel 1a.[2] Erhaltungs- und Modernisierungsmaßnahmen

§ 555a[2] **Erhaltungsmaßnahmen.** (1) Der Mieter hat Maßnahmen zu dulden, die zur Instandhaltung oder Instandsetzung der Mietsache erforderlich sind (Erhaltungsmaßnahmen).

(2) Erhaltungsmaßnahmen sind dem Mieter rechtzeitig anzukündigen, es sei denn, sie sind nur mit einer unerheblichen Einwirkung auf die Mietsache verbunden oder ihre sofortige Durchführung ist zwingend erforderlich.

(3) [1] Aufwendungen, die der Mieter infolge einer Erhaltungsmaßnahme machen muss, hat der Vermieter in angemessenem Umfang zu ersetzen. [2] Auf Verlangen hat er Vorschuss zu leisten.

(4) Eine zum Nachteil des Mieters von Absatz 2 oder 3 abweichende Vereinbarung ist unwirksam.

§ 555b[2] **Modernisierungsmaßnahmen.** Modernisierungsmaßnahmen sind bauliche Veränderungen,

1. durch die in Bezug auf die Mietsache Endenergie nachhaltig eingespart wird (energetische Modernisierung),
2. durch die nicht erneuerbare Primärenergie nachhaltig eingespart oder das Klima nachhaltig geschützt wird, sofern nicht bereits eine energetische Modernisierung nach Nummer 1 vorliegt,
3. durch die der Wasserverbrauch nachhaltig reduziert wird,
4. durch die der Gebrauchswert der Mietsache nachhaltig erhöht wird,
5. durch die die allgemeinen Wohnverhältnisse auf Dauer verbessert werden,
6. die auf Grund von Umständen durchgeführt werden, die der Vermieter nicht zu vertreten hat, und die keine Erhaltungsmaßnahmen nach § 555a sind, oder
7. durch die neuer Wohnraum geschaffen wird.

§ 555c[3)4)] **Ankündigung von Modernisierungsmaßnahmen.** (1) [1] Der Vermieter hat dem Mieter eine Modernisierungsmaßnahme spätestens drei Monate vor ihrem Beginn in Textform anzukündigen (Modernisierungsankündigung). [2] Die Modernisierungsankündigung muss Angaben enthalten über:

1. die Art und den voraussichtlichen Umfang der Modernisierungsmaßnahme in wesentlichen Zügen,
2. den voraussichtlichen Beginn und die voraussichtliche Dauer der Modernisierungsmaßnahme,

---

[1] § 554a aufgeh. mWv 1.12.2020 durch G v. 16.10.2020 (BGBl. I S. 2187).

[2] Kapitel 1a (§§ 555a–555f) eingef. mWv 1.5.2013 durch G v. 11.3.2013 (BGBl. I S. 434).

[3] § 555c eingef. mWv 1.5.2013 durch G v. 11.3.2013 (BGBl. I S. 434); Abs. 1 Satz 2 Nr. 3 geänd. mWv 1.1.2019 durch G v. 18.12.2018 (BGBl. I S. 2648).

[4] Beachte hierzu Übergangsvorschrift in Art. 229 § 49 EGBGB (Nr. **1a**).

3. den Betrag der zu erwartenden Mieterhöhung, sofern eine Erhöhung nach § 559 oder § 559c verlangt werden soll, sowie die voraussichtlichen künftigen Betriebskosten.

(2) Der Vermieter soll den Mieter in der Modernisierungsankündigung auf die Form und die Frist des Härteeinwands nach § 555d Absatz 3 Satz 1 hinweisen.

(3) In der Modernisierungsankündigung für eine Modernisierungsmaßnahme nach § 555b Nummer 1 und 2 kann der Vermieter insbesondere hinsichtlich der energetischen Qualität von Bauteilen auf allgemein anerkannte Pauschalwerte Bezug nehmen.

(4) Die Absätze 1 bis 3 gelten nicht für Modernisierungsmaßnahmen, die nur mit einer unerheblichen Einwirkung auf die Mietsache verbunden sind und nur zu einer unerheblichen Mieterhöhung führen.

(5) Eine zum Nachteil des Mieters abweichende Vereinbarung ist unwirksam.

§ 555d[1)] Duldung von Modernisierungsmaßnahmen, Ausschlussfrist.

(1) Der Mieter hat eine Modernisierungsmaßnahme zu dulden.

(2) [1] Eine Duldungspflicht nach Absatz 1 besteht nicht, wenn die Modernisierungsmaßnahme für den Mieter, seine Familie oder einen Angehörigen seines Haushalts eine Härte bedeuten würde, die auch unter Würdigung der berechtigten Interessen sowohl des Vermieters als auch anderer Mieter in dem Gebäude sowie von Belangen der Energieeinsparung und des Klimaschutzes nicht zu rechtfertigen ist. [2] Die zu erwartende Mieterhöhung sowie die voraussichtlichen künftigen Betriebskosten bleiben bei der Abwägung im Rahmen der Duldungspflicht außer Betracht; sie sind nur nach § 559 Absatz 4 und 5 bei einer Mieterhöhung zu berücksichtigen.

(3) [1] Der Mieter hat dem Vermieter Umstände, die eine Härte im Hinblick auf die Duldung oder die Mieterhöhung begründen, bis zum Ablauf des Monats, der auf den Zugang der Modernisierungsankündigung folgt, in Textform mitzuteilen. [2] Der Lauf der Frist beginnt nur, wenn die Modernisierungsankündigung den Vorschriften des § 555c entspricht.

(4) [1] Nach Ablauf der Frist sind Umstände, die eine Härte im Hinblick auf die Duldung oder die Mieterhöhung begründen, noch zu berücksichtigen, wenn der Mieter ohne Verschulden an der Einhaltung der Frist gehindert war und er dem Vermieter die Umstände sowie die Gründe der Verzögerung unverzüglich in Textform mitteilt. [2] Umstände, die eine Härte im Hinblick auf die Mieterhöhung begründen, sind nur zu berücksichtigen, wenn sie spätestens bis zum Beginn der Modernisierungsmaßnahme mitgeteilt werden.

(5) [1] Hat der Vermieter in der Modernisierungsankündigung nicht auf die Form und die Frist des Härteeinwands hingewiesen (§ 555c Absatz 2), so bedarf die Mitteilung des Mieters nach Absatz 3 Satz 1 nicht der dort bestimmten Form und Frist. [2] Absatz 4 Satz 2 gilt entsprechend.

(6) § 555a Absatz 3 gilt entsprechend.

(7) Eine zum Nachteil des Mieters abweichende Vereinbarung ist unwirksam.

[1)] Kapitel 1a (§§ 555a–555f) eingef. mWv 1.5.2013 durch G v. 11.3.2013 (BGBl. I S. 434).

§ 555e[1] Sonderkündigungsrecht des Mieters bei Modernisierungsmaßnahmen. (1) [1]Nach Zugang der Modernisierungsankündigung kann der Mieter das Mietverhältnis außerordentlich zum Ablauf des übernächsten Monats kündigen. [2]Die Kündigung muss bis zum Ablauf des Monats erfolgen, der auf den Zugang der Modernisierungsankündigung folgt.

(2) § 555c Absatz 4 gilt entsprechend.

(3) Eine zum Nachteil des Mieters abweichende Vereinbarung ist unwirksam.

§ 555f[1] Vereinbarungen über Erhaltungs- oder Modernisierungsmaßnahmen. Die Vertragsparteien können nach Abschluss des Mietvertrags aus Anlass von Erhaltungs- oder Modernisierungsmaßnahmen Vereinbarungen treffen, insbesondere über die

1. zeitliche und technische Durchführung der Maßnahmen,
2. Gewährleistungsrechte und Aufwendungsersatzansprüche des Mieters,
3. künftige Höhe der Miete.

Kapitel 2. Die Miete

Unterkapitel 1. Vereinbarungen über die Miete

§ 556[2)3)] Vereinbarungen über Betriebskosten. (1) [1]Die Vertragsparteien können vereinbaren, dass der Mieter Betriebskosten trägt. [2]Betriebskosten sind die Kosten, die dem Eigentümer oder Erbbauberechtigten durch das Eigentum oder das Erbbaurecht am Grundstück oder durch den bestimmungsmäßigen Gebrauch des Gebäudes, der Nebengebäude, Anlagen, Einrichtungen und des Grundstücks laufend entstehen. [3]Für die Aufstellung der Betriebskosten gilt die Betriebskostenverordnung[4] vom 25. November 2003 (BGBl. I S. 2346, 2347) fort. [4]Die Bundesregierung wird ermächtigt, durch Rechtsverordnung ohne Zustimmung des Bundesrates Vorschriften über die Aufstellung der Betriebskosten zu erlassen.

(2) [1]Die Vertragsparteien können vorbehaltlich anderweitiger Vorschriften vereinbaren, dass Betriebskosten als Pauschale oder als Vorauszahlung ausgewiesen werden. [2]Vorauszahlungen für Betriebskosten dürfen nur in angemessener Höhe vereinbart werden.

---

[1] Kapitel 1a (§§ 555a–555f) eingef. mWv 1.5.2013 durch G v. 11.3.2013 (BGBl. I S. 434).

[2] § 556 Abs. 1 neu gef. mWv 1.1.2007 durch G v. 5.9.2006 (BGBl. I S. 2098).

[3] Beachte hierzu auch die Zweite Berechnungsverordnung (Nr. **145**); § 27 lautet:

„**§ 27 Betriebskosten.** (1) [1]Betriebskosten sind die Kosten, die dem Eigentümer (Erbbauberechtigten) durch das Eigentum am Grundstück (Erbbaurecht) oder durch den bestimmungsmäßigen Gebrauch des Gebäudes oder der Wirtschaftseinheit, der Nebengebäude, Anlagen, Einrichtungen und des Grundstücks laufend entstehen. [2]Der Ermittlung der Betriebskosten ist die Betriebskostenverordnung vom 25. November 2003 (BGBl. I S. 2346, 2347) zugrunde zu legen.

(2) [1]Sach- und Arbeitsleistungen des Eigentümers (Erbbauberechtigten), durch die Betriebskosten erspart werden, dürfen mit dem Betrage angesetzt werden der für eine gleichwertige Leistung eines Dritten, insbesondere eines Unternehmers, angesetzt werden könnte. [2]Die Umsatzsteuer des Dritten darf nicht angesetzt werden.

(3) Im öffentlich geförderten sozialen Wohnungsbau und im steuerbegünstigten oder freifinanzierten Wohnungsbau, der mit Wohnungsfürsorgemitteln gefördert worden ist, dürfen die Betriebskosten nicht in der Wirtschaftlichkeitsberechnung angesetzt werden.

(4) (weggefallen)“.

[4] Nr. **148**.

(3) [1] Über die Vorauszahlungen für Betriebskosten ist jährlich abzurechnen; dabei ist der Grundsatz der Wirtschaftlichkeit zu beachten. [2] Die Abrechnung ist dem Mieter spätestens bis zum Ablauf des zwölften Monats nach Ende des Abrechnungszeitraums mitzuteilen. [3] Nach Ablauf dieser Frist ist die Geltendmachung einer Nachforderung durch den Vermieter ausgeschlossen, es sei denn, der Vermieter hat die verspätete Geltendmachung nicht zu vertreten. [4] Der Vermieter ist zu Teilabrechnungen nicht verpflichtet. [5] Einwendungen gegen die Abrechnung hat der Mieter dem Vermieter spätestens bis zum Ablauf des zwölften Monats nach Zugang der Abrechnung mitzuteilen. [6] Nach Ablauf dieser Frist kann der Mieter Einwendungen nicht mehr geltend machen, es sei denn, der Mieter hat die verspätete Geltendmachung nicht zu vertreten.

(4) Eine zum Nachteil des Mieters von Absatz 1, Absatz 2 Satz 2 oder Absatz 3 abweichende Vereinbarung ist unwirksam.

§ 556a[1)] Abrechnungsmaßstab für Betriebskosten. (1) [1] Haben die Vertragsparteien nichts anderes vereinbart, sind die Betriebskosten vorbehaltlich anderweitiger Vorschriften nach dem Anteil der Wohnfläche umzulegen. [2] Betriebskosten, die von einem erfassten Verbrauch oder einer erfassten Verursachung durch die Mieter abhängen, sind nach einem Maßstab umzulegen, der dem unterschiedlichen Verbrauch oder der unterschiedlichen Verursachung Rechnung trägt.

(2) [1] Haben die Vertragsparteien etwas anderes vereinbart, kann der Vermieter durch Erklärung in Textform bestimmen, dass die Betriebskosten zukünftig abweichend von der getroffenen Vereinbarung ganz oder teilweise nach einem Maßstab umgelegt werden dürfen, der dem erfassten unterschiedlichen Verbrauch oder der erfassten unterschiedlichen Verursachung Rechnung trägt. [2] Die Erklärung ist nur vor Beginn eines Abrechnungszeitraums zulässig. [3] Sind die Kosten bislang in der Miete enthalten, so ist diese entsprechend herabzusetzen.

(3) [1] Ist Wohnungseigentum vermietet und haben die Vertragsparteien nichts anderes vereinbart, sind die Betriebskosten abweichend von Absatz 1 nach dem für die Verteilung zwischen den Wohnungseigentümern jeweils geltenden Maßstab umzulegen. [2] Widerspricht der Maßstab billigem Ermessen, ist nach Absatz 1 umzulegen.

(4) Eine zum Nachteil des Mieters von Absatz 2 abweichende Vereinbarung ist unwirksam.

§ 556b Fälligkeit der Miete, Aufrechnungs- und Zurückbehaltungsrecht. (1) Die Miete ist zu Beginn, spätestens bis zum dritten Werktag der einzelnen Zeitabschnitte zu entrichten, nach denen sie bemessen ist.

(2) [1] Der Mieter kann entgegen einer vertraglichen Bestimmung gegen eine Mietforderung mit einer Forderung auf Grund der §§ 536a, 539 oder aus ungerechtfertigter Bereicherung wegen zu viel gezahlter Miete aufrechnen oder wegen einer solchen Forderung ein Zurückbehaltungsrecht ausüben, wenn er seine Absicht dem Vermieter mindestens einen Monat vor der Fälligkeit der Miete in Textform angezeigt hat. [2] Eine zum Nachteil des Mieters abweichende Vereinbarung ist unwirksam.

[1)] § 556a Abs. 3 eingef., bish. Abs. 3 wird Abs. 4 mWv 1.12.2020 durch G v. 16.10.2020 (BGBl. I S. 2187).

§ 556c[1] **Kosten der Wärmelieferung als Betriebskosten, Verordnungsermächtigung.** (1) [1] Hat der Mieter die Betriebskosten für Wärme oder Warmwasser zu tragen und stellt der Vermieter die Versorgung von der Eigenversorgung auf die eigenständig gewerbliche Lieferung durch einen Wärmelieferanten (Wärmelieferung) um, so hat der Mieter die Kosten der Wärmelieferung als Betriebskosten zu tragen, wenn

1. die Wärme mit verbesserter Effizienz entweder aus einer vom Wärmelieferanten errichteten neuen Anlage oder aus einem Wärmenetz geliefert wird und
2. die Kosten der Wärmelieferung die Betriebskosten für die bisherige Eigenversorgung mit Wärme oder Warmwasser nicht übersteigen.

[2] Beträgt der Jahresnutzungsgrad der bestehenden Anlage vor der Umstellung mindestens 80 Prozent, kann sich der Wärmelieferant anstelle der Maßnahmen nach Nummer 1 auf die Verbesserung der Betriebsführung der Anlage beschränken.

(2) Der Vermieter hat die Umstellung spätestens drei Monate zuvor in Textform anzukündigen (Umstellungsankündigung).

(3) [1] Die Bundesregierung wird ermächtigt, durch Rechtsverordnung[2] ohne Zustimmung des Bundesrates Vorschriften für Wärmelieferverträge, die bei einer Umstellung nach Absatz 1 geschlossen werden, sowie für die Anforderungen nach den Absätzen 1 und 2 zu erlassen. [2] Hierbei sind die Belange von Vermietern, Mietern und Wärmelieferanten angemessen zu berücksichtigen.

(4) Eine zum Nachteil des Mieters abweichende Vereinbarung ist unwirksam.

Unterkapitel 1a.[3] Vereinbarungen über die Miethöhe bei Mietbeginn in Gebieten mit angespannten Wohnungsmärkten

§ 556d[4] **Zulässige Miethöhe bei Mietbeginn; Verordnungsermächtigung.** (1) Wird ein Mietvertrag über Wohnraum abgeschlossen, der in einem durch Rechtsverordnung nach Absatz 2 bestimmten Gebiet mit einem angespannten Wohnungsmarkt liegt, so darf die Miete zu Beginn des Mietverhältnisses die ortsübliche Vergleichsmiete (§ 558 Absatz 2) höchstens um 10 Prozent übersteigen.

(2) [1] Die Landesregierungen werden ermächtigt, Gebiete mit angespannten Wohnungsmärkten durch Rechtsverordnung[5] für die Dauer von jeweils höchs-

---

[1] § 556c eingef. mWv 1.7.2013 durch G v. 11.3.2013 (BGBl. I S. 434), wobei Abs. 3 bereits mWv 19.3.2013 in Kraft tritt.

[2] Siehe die Wärmelieferverordnung (Nr. **219**).

[3] UKapitel 1a (§§ 556d–556g) eingef. mWv 1.6.2015 durch G v. 21.4.2015 (BGBl. I S. 610).

[4] § 556d eingef. mWv 1.6.2015 durch G v. 21.4.2015 (BGBl. I S. 610), wobei Abs. 2 gem. Art. 4 Satz 1 dieses G bereits am 28.4.2015 in Kraft getreten ist; Abs. 2 Satz 1 geänd., Satz 4 neu gef. mWv 1.4.2020 durch G v. 19.3.2020 (BGBl. I S. 540).

[5] Die Länder haben hierzu folgende Vorschriften erlassen:
– **Baden-Württemberg:** MietpreisbegrenzungsVO v. 6.10.2020 (GBl. S. 803)
– **Bayern:** MieterschutzVO v. 16.7.2019 (GVBl. S. 458, 552), zuletzt geänd. durch V v. 16.6.2020 (GVBl. S. 312)
– **Berlin:** MietenbegrenzungsVO v. 28.4.2015 (GVBl. S. 101)
– **Brandenburg:** MietpreisbegrenzungsVO v. 28.3.2019 (GVBl. II Nr. 25)
– **Bremen:** Mietenbegrenzungs-VO v. 3.11.2020 (Brem.GBl. S. 1335)
– **Hamburg:** MietpreisbegrenzungsVO v. 23.6.2020 (HmbGVBl. S. 341)
– **Hessen:** MieterschutzVO v. 18.11.2020 (GVBl. S. 802) →

tens fünf Jahren zu bestimmen. [2] Gebiete mit angespannten Wohnungsmärkten liegen vor, wenn die ausreichende Versorgung der Bevölkerung mit Mietwohnungen in einer Gemeinde oder einem Teil der Gemeinde zu angemessenen Bedingungen besonders gefährdet ist. [3] Dies kann insbesondere dann der Fall sein, wenn

1. die Mieten deutlich stärker steigen als im bundesweiten Durchschnitt,
2. die durchschnittliche Mietbelastung der Haushalte den bundesweiten Durchschnitt deutlich übersteigt,
3. die Wohnbevölkerung wächst, ohne dass durch Neubautätigkeit insoweit erforderlicher Wohnraum geschaffen wird, oder
4. geringer Leerstand bei großer Nachfrage besteht.

[4] Eine Rechtsverordnung nach Satz 1 muss spätestens mit Ablauf des 31. Dezember 2025 außer Kraft treten. [5] Sie muss begründet werden. [6] Aus der Begründung muss sich ergeben, auf Grund welcher Tatsachen ein Gebiet mit einem angespannten Wohnungsmarkt im Einzelfall vorliegt. [7] Ferner muss sich aus der Begründung ergeben, welche Maßnahmen die Landesregierung in dem nach Satz 1 durch die Rechtsverordnung jeweils bestimmten Gebiet und Zeitraum ergreifen wird, um Abhilfe zu schaffen.

§ 556e[1)] Berücksichtigung der Vormiete oder einer durchgeführten Modernisierung. (1) [1] Ist die Miete, die der vorherige Mieter zuletzt schuldete (Vormiete), höher als die nach § 556d Absatz 1 zulässige Miete, so darf eine Miete bis zur Höhe der Vormiete vereinbart werden. [2] Bei der Ermittlung der Vormiete unberücksichtigt bleiben Mietminderungen sowie solche Mieterhöhungen, die mit dem vorherigen Mieter innerhalb des letzten Jahres vor Beendigung des Mietverhältnisses vereinbart worden sind.

(2) [1] Hat der Vermieter in den letzten drei Jahren vor Beginn des Mietverhältnisses Modernisierungsmaßnahmen im Sinne des § 555b durchgeführt, so darf die nach § 556d Absatz 1 zulässige Miete um den Betrag überschritten werden, der sich bei einer Mieterhöhung nach § 559 Absatz 1 bis 3a und § 559a Absatz 1 bis 4 ergäbe. [2] Bei der Berechnung nach Satz 1 ist von der ortsüblichen Vergleichsmiete (§ 558 Absatz 2) auszugehen, die bei Beginn des Mietverhältnisses ohne Berücksichtigung der Modernisierung anzusetzen wäre.

§ 556f[2)] Ausnahmen. [1] § 556d ist nicht anzuwenden auf eine Wohnung, die nach dem 1. Oktober 2014 erstmals genutzt und vermietet wird. [2] Die §§ 556d und 556e sind nicht anzuwenden auf die erste Vermietung nach umfassender Modernisierung.

(Fortsetzung der Anm. von voriger Seite)
– **Mecklenburg-Vorpommern:** Mietpreisbegrenzungs- und KappungsgrenzenlandesVO v. 13.9. 2018 (GVOBl. M-V S. 359)
– **Niedersachsen:** MieterschutzVO v. 22.12.2020 (Nds. GVBl. S. 566)
– **Nordrhein-Westfalen:** MietpreisbegrenzungsVO v. 23.6.2015 (GV. NRW. S. 489)
– **Rheinland-Pfalz:** MietpreisbegrenzungsVO v. 19.9.2019 (GVBl. S. 283)
– **Thüringen:** Thüringer MietpreisbegrenzungsVO v. 10.3.2016 (GVBl. S. 166).

[1)] § 556e eingef. mWv 1.6.2015 durch G v. 21.4.2015 (BGBl. I S. 610); Abs. 2 Satz 1 geänd. mWv 1.1.2019 durch G v. 18.12.2018 (BGBl. I S. 2648).

[2)] § 556f eingef. mWv 1.6.2015 durch G v. 21.4.2015 (BGBl. I S. 610).

§ 556g [1)2)] Rechtsfolgen; Auskunft über die Miete. (1) [1] Eine zum Nachteil des Mieters von den Vorschriften dieses Unterkapitels abweichende Vereinbarung ist unwirksam. [2] Für Vereinbarungen über die Miethöhe bei Mietbeginn gilt dies nur, soweit die zulässige Miete überschritten wird. [3] Der Vermieter hat dem Mieter zu viel gezahlte Miete nach den Vorschriften über die Herausgabe einer ungerechtfertigten Bereicherung herauszugeben. [4] Die §§ 814 und 817 Satz 2 sind nicht anzuwenden.

(1a)[3)] [1] Soweit die Zulässigkeit der Miete auf § 556e oder § 556f beruht, ist der Vermieter verpflichtet, dem Mieter vor dessen Abgabe der Vertragserklärung über Folgendes unaufgefordert Auskunft zu erteilen:

1. im Fall des § 556e Absatz 1 darüber, wie hoch die Vormiete war,
2. im Fall des § 556e Absatz 2 darüber, dass in den letzten drei Jahren vor Beginn des Mietverhältnisses Modernisierungsmaßnahmen durchgeführt wurden,
3. im Fall des § 556f Satz 1 darüber, dass die Wohnung nach dem 1. Oktober 2014 erstmals genutzt und vermietet wurde,
4. im Fall des § 556f Satz 2 darüber, dass es sich um die erste Vermietung nach umfassender Modernisierung handelt.

[2] Soweit der Vermieter die Auskunft nicht erteilt hat, kann er sich nicht auf eine nach § 556e oder § 556f zulässige Miete berufen. [3] Hat der Vermieter die Auskunft nicht erteilt und hat er diese in der vorgeschriebenen Form nachgeholt, kann er sich erst zwei Jahre nach Nachholung der Auskunft auf eine nach § 556e oder § 556f zulässige Miete berufen. [4] Hat der Vermieter die Auskunft nicht in der vorgeschriebenen Form erteilt, so kann er sich auf eine nach § 556e oder § 556f zulässige Miete erst dann berufen, wenn er die Auskunft in der vorgeschriebenen Form nachgeholt hat.

(2)[3)] [1] Der Mieter kann von dem Vermieter eine nach den §§ 556d und 556e nicht geschuldete Miete nur zurückverlangen, wenn er einen Verstoß gegen die Vorschriften dieses Unterkapitels gerügt hat. [2] Hat der Vermieter eine Auskunft nach Absatz 1a Satz 1 erteilt, so muss die Rüge sich auf diese Auskunft beziehen. [3] Rügt der Mieter den Verstoß mehr als 30 Monate nach Beginn des Mietverhältnisses oder war das Mietverhältnis bei Zugang der Rüge bereits beendet, kann er nur die nach Zugang der Rüge fällig gewordene Miete zurückverlangen.

(3) [1] Der Vermieter ist auf Verlangen des Mieters verpflichtet, Auskunft über diejenigen Tatsachen zu erteilen, die für die Zulässigkeit der vereinbarten Miete nach den Vorschriften dieses Unterkapitels maßgeblich sind, soweit diese Tatsachen nicht allgemein zugänglich sind und der Vermieter hierüber unschwer Auskunft geben kann. [2] Für die Auskunft über Modernisierungsmaßnahmen (§ 556e Absatz 2) gilt § 559b Absatz 1 Satz 2 und 3 entsprechend.

(4) Sämtliche Erklärungen nach den Absätzen 1a bis 3 bedürfen der Textform.

[1)] § 556g eingef. mWv 1.6.2015 durch G v. 21.4.2015 (BGBl. I S. 610); Abs. 1a eingef., Abs. 2 Satz 2 neu gef., Abs. 4 geänd. mWv 1.1.2019 durch G v. 18.12.2018 (BGBl. I S. 2648); Abs. 1a Satz 1 Nr. 1, Abs. 2 Satz 1 geänd., Satz 3 angef. mWv 1.4.2020 durch G v. 19.3.2020 (BGBl. I S. 540).

[2)] Beachte hierzu Übergangsvorschrift in Art. 229 § 51 EGBGB (Nr. **1a**).

[3)] Beachte hierzu Übergangsvorschrift in Art. 229 § 49 EGBGB (Nr. **1a**).

Unterkapitel 2. Regelungen über die Miethöhe

§ 557 Mieterhöhungen nach Vereinbarung oder Gesetz. (1) Während des Mietverhältnisses können die Parteien eine Erhöhung der Miete vereinbaren.

(2) Künftige Änderungen der Miethöhe können die Vertragsparteien als Staffelmiete nach § 557a oder als Indexmiete nach § 557b vereinbaren.

(3) Im Übrigen kann der Vermieter Mieterhöhungen nur nach Maßgabe der §§ 558 bis 560 verlangen, soweit nicht eine Erhöhung durch Vereinbarung ausgeschlossen ist oder sich der Ausschluss aus den Umständen ergibt.

(4) Eine zum Nachteil des Mieters abweichende Vereinbarung ist unwirksam.

§ 557a[1] Staffelmiete. (1) Die Miete kann für bestimmte Zeiträume in unterschiedlicher Höhe schriftlich vereinbart werden; in der Vereinbarung ist die jeweilige Miete oder die jeweilige Erhöhung in einem Geldbetrag auszuweisen (Staffelmiete).

(2) [1] Die Miete muss jeweils mindestens ein Jahr unverändert bleiben. [2] Während der Laufzeit einer Staffelmiete ist eine Erhöhung nach den §§ 558 bis 559b ausgeschlossen.

(3) [1] Das Kündigungsrecht des Mieters kann für höchstens vier Jahre seit Abschluss der Staffelmietvereinbarung ausgeschlossen werden. [2] Die Kündigung ist frühestens zum Ablauf dieses Zeitraums zulässig.

(4) [1] Die §§ 556d bis 556g sind auf jede Mietstaffel anzuwenden. [2] Maßgeblich für die Berechnung der nach § 556d Absatz 1 zulässigen Höhe der zweiten und aller weiteren Mietstaffeln ist statt des Beginns des Mietverhältnisses der Zeitpunkt, zu dem die erste Miete der jeweiligen Mietstaffel fällig wird. [3] Die in einer vorangegangenen Mietstaffel wirksam begründete Miethöhe bleibt erhalten.

(5) Eine zum Nachteil des Mieters abweichende Vereinbarung ist unwirksam.

§ 557b[2] Indexmiete. (1) Die Vertragsparteien können schriftlich vereinbaren, dass die Miete durch den vom Statistischen Bundesamt ermittelten Preisindex für die Lebenshaltung aller privaten Haushalte in Deutschland bestimmt wird (Indexmiete).

(2) [1] Während der Geltung einer Indexmiete muss die Miete, von Erhöhungen nach den §§ 559 bis 560 abgesehen, jeweils mindestens ein Jahr unverändert bleiben. [2] Eine Erhöhung nach § 559 kann nur verlangt werden, soweit der Vermieter bauliche Maßnahmen auf Grund von Umständen durchgeführt hat, die er nicht zu vertreten hat. [3] Eine Erhöhung nach § 558 ist ausgeschlossen.

(3) [1] Eine Änderung der Miete nach Absatz 1 muss durch Erklärung in Textform geltend gemacht werden. [2] Dabei sind die eingetretene Änderung des Preisindexes sowie die jeweilige Miete oder die Erhöhung in einem Geldbetrag

---

[1] § 557a Abs. 4 eingef., bish. Abs. 4 wird Abs. 5 mWv 1.6.2015 durch G v. 21.4.2015 (BGBl. I S. 610).

[2] § 557b Abs. 4 eingef., bish. Abs. 4 wird Abs. 5 mWv 1.6.2015 durch G v. 21.4.2015 (BGBl. I S. 610).

anzugeben. [3]Die geänderte Miete ist mit Beginn des übernächsten Monats nach dem Zugang der Erklärung zu entrichten.

(4) Die §§ 556d bis 556g sind nur auf die Ausgangsmiete einer Indexmietvereinbarung anzuwenden.

(5) Eine zum Nachteil des Mieters abweichende Vereinbarung ist unwirksam.

§ 558[1)] Mieterhöhung bis zur ortsüblichen Vergleichsmiete. (1) [1]Der Vermieter kann die Zustimmung zu einer Erhöhung der Miete bis zur ortsüblichen Vergleichsmiete verlangen, wenn die Miete in dem Zeitpunkt, zu dem die Erhöhung eintreten soll, seit 15 Monaten unverändert ist. [2]Das Mieterhöhungsverlangen kann frühestens ein Jahr nach der letzten Mieterhöhung geltend gemacht werden. [3]Erhöhungen nach den §§ 559 bis 560 werden nicht berücksichtigt.

(2) [1]Die ortsübliche Vergleichsmiete wird gebildet aus den üblichen Entgelten, die in der Gemeinde oder einer vergleichbaren Gemeinde für Wohnraum vergleichbarer Art, Größe, Ausstattung, Beschaffenheit und Lage einschließlich der energetischen Ausstattung und Beschaffenheit in den letzten sechs Jahren vereinbart oder, von Erhöhungen nach § 560 abgesehen, geändert worden sind.[2)] [2]Ausgenommen ist Wohnraum, bei dem die Miethöhe durch Gesetz oder im Zusammenhang mit einer Förderzusage festgelegt worden ist.

(3) [1]Bei Erhöhungen nach Absatz 1 darf sich die Miete innerhalb von drei Jahren, von Erhöhungen nach den §§ 559 bis 560 abgesehen, nicht um mehr als 20 vom Hundert erhöhen (Kappungsgrenze). [2]Der Prozentsatz nach Satz 1 beträgt 15 vom Hundert, wenn die ausreichende Versorgung der Bevölkerung mit Mietwohnungen zu angemessenen Bedingungen in einer Gemeinde oder einem Teil einer Gemeinde besonders gefährdet ist und diese Gebiete nach Satz 3 bestimmt sind. [3]Die Landesregierungen werden ermächtigt, diese Gebiete durch Rechtsverordnung[3)] für die Dauer von jeweils höchstens fünf Jahren zu bestimmen.

(4) [1]Die Kappungsgrenze gilt nicht,

[1)] § 558 Abs. 2 Satz 1 geänd., Abs. 3 Sätze 2 und 3 angef. mWv 1.5.2013 durch G v. 11.3.2013 (BGBl. I S. 434); Abs. 5 geänd. mWv 1.1.2019 durch G v. 18.12.2018 (BGBl. I S. 2648); Abs. 2 Satz 1 geänd. mWv 1.1.2020 durch G v. 21.12.2019 (BGBl. I S. 2911).

[2)] Beachte hierzu Übergangsvorschrift in Art. 229 § 50 EGBGB (Nr. **1a**).

[3)] Die Länder haben ua folgende Vorschriften erlassen:
- **Baden-Württemberg:** KappungsgrenzenVO v. 9.6.2015 (GBl. S. 346)
- **Bayern:** Zweite KappungsgrenzesenkungsVO v. 23.7.2013 (GVBl. S. 470)
- **Berlin:** Kappungsgrenzen-VO v. 10.4.2018 (GVBl. S. 370)
- **Brandenburg:** Kappungsgrenzen-VO v. 28.8.2019 (GVBl. II Nr. 65)
- **Bremen:** Kappungsgrenzen-VO v. 14.5.2019 (Brem.GBl. S. 520)
- **Hamburg:** KappungsgrenzenVO v. 26.6.2018 (HmbGVBl. S. 215)
- **Hessen:** MieterschutzVO v. 18.11.2020 (GVBl. S. 802)
- **Mecklenburg-Vorpommern:** Mietpreisbegrenzungs- und KappungsgrenzenlandesVO v. 13.9.2018 (GVOBl. M-V S. 359)
- **Niedersachsen:** MieterschutzVO v. 22.12.2020 (Nds. GVBl. S. 566)
- **Nordrhein-Westfalen:** KappungsgrenzenVO v. 7.5.2019 (GV. NRW. S. 220)
- **Rheinland-Pfalz:** KappungsgrenzenVO v. 19.9.2019 (GVBl. S. 295)
- **Sachsen:** Kappungsgrenzen-VO v. 10.7.2015 (SächsGVBl. S. 441), geänd. durch VO v. 23.1.2018 (SächsGVBl. S. 22)
- **Thüringen:** KappungsgrenzenVO v. 31.8.2019 (GVBl. S. 366), geänd. durch VO v. 3.12.2019 (GVBl. S. 493)

1. wenn eine Verpflichtung des Mieters zur Ausgleichszahlung nach den Vorschriften über den Abbau der Fehlsubventionierung im Wohnungswesen wegen des Wegfalls der öffentlichen Bindung erloschen ist und
2. soweit die Erhöhung den Betrag der zuletzt zu entrichtenden Ausgleichszahlung nicht übersteigt.

[2] Der Vermieter kann vom Mieter frühestens vier Monate vor dem Wegfall der öffentlichen Bindung verlangen, ihm innerhalb eines Monats über die Verpflichtung zur Ausgleichszahlung und über deren Höhe Auskunft zu erteilen. [3] Satz 1 gilt entsprechend, wenn die Verpflichtung des Mieters zur Leistung einer Ausgleichszahlung nach den §§ 34 bis 37 des Wohnraumförderungsgesetzes[1)] und den hierzu ergangenen landesrechtlichen Vorschriften wegen Wegfalls der Mietbindung erloschen ist.

(5) Von dem Jahresbetrag, der sich bei einer Erhöhung auf die ortsübliche Vergleichsmiete ergäbe, sind Drittmittel im Sinne des § 559a abzuziehen, im Falle des § 559a Absatz 1 mit 8 Prozent des Zuschusses.

(6) Eine zum Nachteil des Mieters abweichende Vereinbarung ist unwirksam.

§ 558a Form und Begründung der Mieterhöhung. (1) Das Mieterhöhungsverlangen nach § 558 ist dem Mieter in Textform zu erklären und zu begründen.

(2) Zur Begründung kann insbesondere Bezug genommen werden auf

1. einen Mietspiegel (§§ 558c, 558d),
2. eine Auskunft aus einer Mietdatenbank (§ 558e),
3. ein mit Gründen versehenes Gutachten eines öffentlich bestellten und vereidigten Sachverständigen,
4. entsprechende Entgelte für einzelne vergleichbare Wohnungen; hierbei genügt die Benennung von drei Wohnungen.

(3) Enthält ein qualifizierter Mietspiegel (§ 558d Abs. 1), bei dem die Vorschrift des § 558d Abs. 2 eingehalten ist, Angaben für die Wohnung, so hat der Vermieter in seinem Mieterhöhungsverlangen diese Angaben auch dann mitzuteilen, wenn er die Mieterhöhung auf ein anderes Begründungsmittel nach Absatz 2 stützt.

(4) [1] Bei der Bezugnahme auf einen Mietspiegel, der Spannen enthält, reicht es aus, wenn die verlangte Miete innerhalb der Spanne liegt. [2] Ist in dem Zeitpunkt, in dem der Vermieter seine Erklärung abgibt, kein Mietspiegel vorhanden, bei dem § 558c Abs. 3 oder § 558d Abs. 2 eingehalten ist, so

(Fortsetzung nächstes Blatt)

[1)] Nr. **136**.

(3) Eine zum Nachteil des Mieters abweichende Vereinbarung ist unwirksam.

§ 576b Entsprechende Geltung des Mietrechts bei Werkdienstwohnungen. (1) Ist Wohnraum im Rahmen eines Dienstverhältnisses überlassen, so gelten für die Beendigung des Rechtsverhältnisses hinsichtlich des Wohnraums die Vorschriften über Mietverhältnisse entsprechend, wenn der zur Dienstleistung Verpflichtete den Wohnraum überwiegend mit Einrichtungsgegenständen ausgestattet hat oder in dem Wohnraum mit seiner Familie oder Personen lebt, mit denen er einen auf Dauer angelegten gemeinsamen Haushalt führt.

(2) Eine zum Nachteil des Mieters abweichende Vereinbarung ist unwirksam.

Kapitel 6. Besonderheiten bei der Bildung von Wohnungseigentum an vermieteten Wohnungen

§ 577 Vorkaufsrecht des Mieters. (1) [1] Werden vermietete Wohnräume, an denen nach der Überlassung an den Mieter Wohnungseigentum begründet worden ist oder begründet werden soll, an einen Dritten verkauft, so ist der Mieter zum Vorkauf berechtigt. [2] Dies gilt nicht, wenn der Vermieter die Wohnräume an einen Familienangehörigen oder an einen Angehörigen seines Haushalts verkauft. [3] Soweit sich nicht aus den nachfolgenden Absätzen etwas anderes ergibt, finden auf das Vorkaufsrecht die Vorschriften über den Vorkauf Anwendung.

(2) Die Mitteilung des Verkäufers oder des Dritten über den Inhalt des Kaufvertrags ist mit einer Unterrichtung des Mieters über sein Vorkaufsrecht zu verbinden.

(3) Die Ausübung des Vorkaufsrechts erfolgt durch schriftliche Erklärung des Mieters gegenüber dem Verkäufer.

(4) Stirbt der Mieter, so geht das Vorkaufsrecht auf diejenigen über, die in das Mietverhältnis nach § 563 Abs. 1 oder 2 eintreten.

(5) Eine zum Nachteil des Mieters abweichende Vereinbarung ist unwirksam.

§ 577a[1)] Kündigungsbeschränkung bei Wohnungsumwandlung.

(1) Ist an vermieteten Wohnräumen nach der Überlassung an den Mieter Wohnungseigentum begründet und das Wohnungseigentum veräußert worden, so kann sich ein Erwerber auf berechtigte Interessen im Sinne des § 573 Abs. 2 Nr. 2 oder 3 erst nach Ablauf von drei Jahren seit der Veräußerung berufen.

(1a) [1] Die Kündigungsbeschränkung nach Absatz 1 gilt entsprechend, wenn vermieteter Wohnraum nach der Überlassung an den Mieter

1. an eine Personengesellschaft oder an mehrere Erwerber veräußert worden ist oder
2. zu Gunsten einer Personengesellschaft oder mehrerer Erwerber mit einem Recht belastet worden ist, durch dessen Ausübung dem Mieter der vertragsgemäße Gebrauch entzogen wird.

---

1) § 577a Abs. 1a und Abs. 2a eingef., Abs. 2 geänd. mWv 1.5.2013 durch G v. 11.3.2013 (BGBl. I S. 434).

[2] Satz 1 ist nicht anzuwenden, wenn die Gesellschafter oder Erwerber derselben Familie oder demselben Haushalt angehören oder vor Überlassung des Wohnraums an den Mieter Wohnungseigentum begründet worden ist.

(2) [1] Die Frist nach Absatz 1 oder nach Absatz 1a beträgt bis zu zehn Jahre, wenn die ausreichende Versorgung der Bevölkerung mit Mietwohnungen zu angemessenen Bedingungen in einer Gemeinde oder einem Teil einer Gemeinde besonders gefährdet ist und diese Gebiete nach Satz 2 bestimmt sind. [2] Die Landesregierungen werden ermächtigt, diese Gebiete und die Frist nach Satz 1 durch Rechtsverordnung für die Dauer von jeweils höchstens zehn Jahren zu bestimmen.

(2a) Wird nach einer Veräußerung oder Belastung im Sinne des Absatzes 1a Wohnungseigentum begründet, so beginnt die Frist, innerhalb der eine Kündigung nach § 573 Absatz 2 Nummer 2 oder 3 ausgeschlossen ist, bereits mit der Veräußerung oder Belastung nach Absatz 1a.

(3) Eine zum Nachteil des Mieters abweichende Vereinbarung ist unwirksam.

Untertitel 3. Mietverhältnisse über andere Sachen

§ 578[1)] Mietverhältnisse über Grundstücke und Räume. (1) Auf Mietverhältnisse über Grundstücke sind die Vorschriften der §§ 550, 554, 562 bis 562d, 566 bis 567b sowie 570 entsprechend anzuwenden.

(2) [1] Auf Mietverhältnisse über Räume, die keine Wohnräume sind, sind die in Absatz 1 genannten Vorschriften sowie § 552 Abs. 1, § 555a Absatz 1 bis 3, §§ 555b, 555c Absatz 1 bis 4, § 555d Absatz 1 bis 6, § 555e Absatz 1 und 2, § 555f und § 569 Abs. 2 entsprechend anzuwenden. [2] § 556c Absatz 1 und 2 sowie die auf Grund des § 556c Absatz 3 erlassene Rechtsverordnung sind entsprechend anzuwenden, abweichende Vereinbarungen sind zulässig. [3] Sind die Räume zum Aufenthalt von Menschen bestimmt, so gilt außerdem § 569 Abs. 1 entsprechend.

(3)[2)] [1] Auf Verträge über die Anmietung von Räumen durch eine juristische Person des öffentlichen Rechts oder einen anerkannten privaten Träger der Wohlfahrtspflege, die geschlossen werden, um die Räume Personen mit dringendem Wohnungsbedarf zum Wohnen zu überlassen, sind die in den Absätzen 1 und 2 genannten Vorschriften sowie die §§ 557, 557a Absatz 1 bis 3 und 5, § 557b Absatz 1 bis 3 und 5, die §§ 558 bis 559d, 561, 568 Absatz 1, § 569 Absatz 3 bis 5, die §§ 573 bis 573d, 575, 575a Absatz 1, 3 und 4, die §§ 577 und 577a entsprechend anzuwenden. [2] Solche Verträge können zusätzlich zu den in § 575 Absatz 1 Satz 1 genannten Gründen auch dann auf bestimmte Zeit geschlossen werden, wenn der Vermieter die Räume nach Ablauf der Mietzeit für ihm obliegende oder ihm übertragene öffentliche Aufgaben nutzen will.

(Fortsetzung nächstes Blatt)

[1)] § 578 Abs. 2 Satz 1 geänd., Satz 2 eingef., bish. Satz 2 wird Satz 3 mWv 1.5.2013 durch G v. 11.3.2013 (BGBl. I S. 434); Abs. 3 angef. mWv 1.1.2019 durch G v. 18.12.2018 (BGBl. I S. 2648); Abs. 1 geänd. mWv 1.12.2020 durch G v. 16.10.2020 (BGBl. I S. 2187).

[2)] Beachte hierzu Übergangsvorschrift in Art. 229 § 49 EGBGB (Nr. **1a**).

(2) [1]Soweit die Baubeschreibung unvollständig oder unklar ist, ist der Vertrag unter Berücksichtigung sämtlicher vertragsbegleitender Umstände, insbesondere des Komfort- und Qualitätsstandards nach der übrigen Leistungsbeschreibung, auszulegen. [2]Zweifel bei der Auslegung des Vertrags bezüglich der vom Unternehmer geschuldeten Leistung gehen zu dessen Lasten.

(3) [1]Der Bauvertrag muss verbindliche Angaben zum Zeitpunkt der Fertigstellung des Werks oder, wenn dieser Zeitpunkt zum Zeitpunkt des Abschlusses des Bauvertrags nicht angegeben werden kann, zur Dauer der Bauausführung enthalten. [2]Enthält der Vertrag diese Angaben nicht, werden die vorvertraglich in der Baubeschreibung übermittelten Angaben zum Zeitpunkt der Fertigstellung des Werks oder zur Dauer der Bauausführung Inhalt des Vertrags.

§ 650l[1)] Widerrufsrecht. [1]Dem Verbraucher steht ein Widerrufsrecht gemäß § 355 zu, es sei denn, der Vertrag wurde notariell beurkundet. [2]Der Unternehmer ist verpflichtet, den Verbraucher nach Maßgabe des Artikels 249 § 3 des Einführungsgesetzes zum Bürgerlichen Gesetzbuche[2)] über sein Widerrufsrecht zu belehren.

§ 650m[1)] Abschlagszahlungen; Absicherung des Vergütungsanspruchs. (1) Verlangt der Unternehmer Abschlagszahlungen nach § 632a, darf der Gesamtbetrag der Abschlagszahlungen 90 Prozent der vereinbarten Gesamtvergütung einschließlich der Vergütung für Nachtragsleistungen nach § 650c nicht übersteigen.

(2) [1]Dem Verbraucher ist bei der ersten Abschlagszahlung eine Sicherheit für die rechtzeitige Herstellung des Werks ohne wesentliche Mängel in Höhe von 5 Prozent der vereinbarten Gesamtvergütung zu leisten. [2]Erhöht sich der Vergütungsanspruch infolge einer Anordnung des Verbrauchers nach den §§ 650b und 650c oder infolge sonstiger Änderungen oder Ergänzungen des Vertrags um mehr als 10 Prozent, ist dem Verbraucher bei der nächsten Abschlagszahlung eine weitere Sicherheit in Höhe von 5 Prozent des zusätzlichen Vergütungsanspruchs zu leisten. [3]Auf Verlangen des Unternehmers ist die Sicherheitsleistung durch Einbehalt dergestalt zu erbringen, dass der Verbraucher die Abschlagszahlungen bis zu dem Gesamtbetrag der geschuldeten Sicherheit zurückhält.

(3) Sicherheiten nach Absatz 2 können auch durch eine Garantie oder ein sonstiges Zahlungsversprechen eines im Geltungsbereich dieses Gesetzes zum Geschäftsbetrieb befugten Kreditinstituts oder Kreditversicherers geleistet werden.

(4) [1]Verlangt der Unternehmer Abschlagszahlungen nach § 632a, ist eine Vereinbarung unwirksam, die den Verbraucher zu einer Sicherheitsleistung für die vereinbarte Vergütung verpflichtet, die die nächste Abschlagszahlung oder 20 Prozent der vereinbarten Vergütung übersteigt. [2]Gleiches gilt, wenn die Parteien Abschlagszahlungen vereinbart haben.

§ 650n[1)] Erstellung und Herausgabe von Unterlagen. (1) [1]Rechtzeitig vor Beginn der Ausführung einer geschuldeten Leistung hat der Unternehmer diejenigen Planungsunterlagen zu erstellen und dem Verbraucher herauszugeben, die dieser benötigt, um gegenüber Behörden den Nachweis führen zu

[1)] Kapitel 3 (§§ 650i–650n) eingef. mWv 1.1.2018 durch G v. 28.4.2017 (BGBl. I S. 969).
[2)] Nr. **1a**.

können, dass die Leistung unter Einhaltung der einschlägigen öffentlich-rechtlichen Vorschriften ausgeführt werden wird. [2] Die Pflicht besteht nicht, soweit der Verbraucher oder ein von ihm Beauftragter die wesentlichen Planungsvorgaben erstellt.

(2) Spätestens mit der Fertigstellung des Werks hat der Unternehmer diejenigen Unterlagen zu erstellen und dem Verbraucher herauszugeben, die dieser benötigt, um gegenüber Behörden den Nachweis führen zu können, dass die Leistung unter Einhaltung der einschlägigen öffentlich-rechtlichen Vorschriften ausgeführt worden ist.

(3) Die Absätze 1 und 2 gelten entsprechend, wenn ein Dritter, etwa ein Darlehensgeber, Nachweise für die Einhaltung bestimmter Bedingungen verlangt und wenn der Unternehmer die berechtigte Erwartung des Verbrauchers geweckt hat, diese Bedingungen einzuhalten.

Kapitel 4.[1)] Unabdingbarkeit

§ 650o[1)] Abweichende Vereinbarungen. [1] Von § 640 Absatz 2 Satz 2, den §§ 650i bis 650l und 650n kann nicht zum Nachteil des Verbrauchers abgewichen werden. [2] Diese Vorschriften finden auch Anwendung, wenn sie durch anderweitige Gestaltungen umgangen werden.

Untertitel 2.[2)] Architektenvertrag und Ingenieurvertrag

§ 650p[2)] Vertragstypische Pflichten aus Architekten- und Ingenieurverträgen. (1) Durch einen Architekten- oder Ingenieurvertrag wird der Unternehmer verpflichtet, die Leistungen zu erbringen, die nach dem jeweiligen Stand der Planung und Ausführung des Bauwerks oder der Außenanlage erforderlich sind, um die zwischen den Parteien vereinbarten Planungs- und Überwachungsziele zu erreichen.

(2) [1] Soweit wesentliche Planungs- und Überwachungsziele noch nicht vereinbart sind, hat der Unternehmer zunächst eine Planungsgrundlage zur Ermittlung dieser Ziele zu erstellen. [2] Er legt dem Besteller die Planungsgrundlage zusammen mit einer Kosteneinschätzung für das Vorhaben zur Zustimmung vor.

§ 650q[3)] Anwendbare Vorschriften. (1) Für Architekten- und Ingenieurverträge gelten die Vorschriften des Kapitels 1 des Untertitels 1 sowie die §§ 650b, 650e bis 650h entsprechend, soweit sich aus diesem Untertitel nichts anderes ergibt.

(2) [1] Für die Vergütungsanpassung im Fall von Anordnungen nach § 650b Absatz 2 gelten die Entgeltberechnungsregeln der Honorarordnung für Architekten und Ingenieure[4)] in der jeweils geltenden Fassung, soweit infolge der Anordnung zu erbringende oder entfallende Leistungen vom Anwendungsbereich der Honorarordnung erfasst werden. [2] Im Übrigen gilt § 650c entsprechend.

[1)] Kapitel 4 (§ 650o) eingef. mWv 1.1.2018 durch G v. 28.4.2017 (BGBl. I S. 969).

[2)] UTitel 2 (§§ 650p–650t) eingef. mWv 1.1.2018 durch G v. 28.4.2017 (BGBl. I S. 969).

[3)] § 650q eingef. mWv 1.1.2018 durch G v. 28.4.2017 (BGBl. I S. 969); Abs. 2 Satz 2 neu gef., Satz 3 aufgeh. mWv 19.11.2020 durch G v. 12.11.2020 (BGBl. I S. 2392).

[4)] Nr. **231**.

§ 650r[1)] Sonderkündigungsrecht. (1) [1]Nach Vorlage von Unterlagen gemäß § 650p Absatz 2 kann der Besteller den Vertrag kündigen. [2]Das Kündigungsrecht erlischt zwei Wochen nach Vorlage der Unterlagen, bei einem Verbraucher jedoch nur dann, wenn der Unternehmer ihn bei der Vorlage der Unterlagen in Textform über das Kündigungsrecht, die Frist, in der es ausgeübt werden kann, und die Rechtsfolgen der Kündigung unterrichtet hat.

(2) [1]Der Unternehmer kann dem Besteller eine angemessene Frist für die Zustimmung nach § 650p Absatz 2 Satz 2 setzen. [2]Er kann den Vertrag kündigen, wenn der Besteller die Zustimmung verweigert oder innerhalb der Frist nach Satz 1 keine Erklärung zu den Unterlagen abgibt.

(3) Wird der Vertrag nach Absatz 1 oder 2 gekündigt, ist der Unternehmer nur berechtigt, die Vergütung zu verlangen, die auf die bis zur Kündigung erbrachten Leistungen entfällt.

§ 650s[1)] Teilabnahme. Der Unternehmer kann ab der Abnahme der letzten Leistung des bauausführenden Unternehmers oder der bauausführenden Unternehmer eine Teilabnahme der von ihm bis dahin erbrachten Leistungen verlangen.

§ 650t[1)] Gesamtschuldnerische Haftung mit dem bauausführenden Unternehmer. Nimmt der Besteller den Unternehmer wegen eines Überwachungsfehlers in Anspruch, der zu einem Mangel an dem Bauwerk oder an der Außenanlage geführt hat, kann der Unternehmer die Leistung verweigern, wenn auch der ausführende Bauunternehmer für den Mangel haftet und der Besteller dem bauausführenden Unternehmer noch nicht erfolglos eine angemessene Frist zur Nacherfüllung bestimmt hat.

Untertitel 3.[2)] Bauträgervertrag

§ 650u[2)] Bauträgervertrag; anwendbare Vorschriften. (1) [1]Ein Bauträgervertrag ist ein Vertrag, der die Errichtung oder den Umbau eines Hauses oder eines vergleichbaren Bauwerks zum Gegenstand hat und der zugleich die Verpflichtung des Unternehmers enthält, dem Besteller das Eigentum an dem Grundstück zu übertragen oder ein Erbbaurecht zu bestellen oder zu übertragen. [2]Hinsichtlich der Errichtung oder des Umbaus finden die Vorschriften des Untertitels 1 Anwendung, soweit sich aus den nachfolgenden Vorschriften nichts anderes ergibt. [3]Hinsichtlich des Anspruchs auf Übertragung des Eigentums an dem Grundstück oder auf Übertragung oder Bestellung des Erbbaurechts finden die Vorschriften über den Kauf Anwendung.

(2) Keine Anwendung finden die §§ 648, 648a, 650b bis 650e, 650k Absatz 1 sowie die §§ 650l und 650m Absatz 1.

§ 650v[2)] Abschlagszahlungen. Der Unternehmer kann von dem Besteller Abschlagszahlungen nur verlangen, soweit sie gemäß einer Verordnung auf Grund von Artikel 244 des Einführungsgesetzes zum Bürgerlichen Gesetzbuche[3)] vereinbart sind.

[1)] UTitel 2 (§§ 650p–650t) eingef. mWv 1.1.2018 durch G v. 28.4.2017 (BGBl. I S. 969).
[2)] UTitel 3 (§§ 650u und 650v) eingef. mWv 1.1.2018 durch G v. 28.4.2017 (BGBl. I S. 969).
[3)] Nr. **1a**.

§ 651[1] *(nicht mehr belegt)*

Titel 10.[2)3)] Maklervertrag

Untertitel 1. Allgemeine Vorschriften

§ 652[4] **Entstehung des Lohnanspruchs.** (1) [1] Wer für den Nachweis der Gelegenheit zum Abschluss eines Vertrags oder für die Vermittlung eines Vertrags einen Maklerlohn verspricht, ist zur Entrichtung des Lohnes nur verpflichtet, wenn der Vertrag infolge des Nachweises oder infolge der Vermittlung des Maklers zustande kommt. [2] Wird der Vertrag unter einer aufschiebenden Bedingung geschlossen, so kann der Maklerlohn erst verlangt werden, wenn die Bedingung eintritt.

(2) [1] Aufwendungen sind dem Makler nur zu ersetzen, wenn es vereinbart ist. [2] Dies gilt auch dann, wenn ein Vertrag nicht zustande kommt.

§ 653[5] **Maklerlohn.** (1) Ein Maklerlohn gilt als stillschweigend vereinbart, wenn die dem Makler übertragene Leistung den Umständen nach nur gegen eine Vergütung zu erwarten ist.

(2) Ist die Höhe der Vergütung nicht bestimmt, so ist bei dem Bestehen einer Taxe der taxmäßige Lohn, in Ermangelung einer Taxe der übliche Lohn als vereinbart anzusehen.

§ 654[6] **Verwirkung des Lohnanspruchs.** Der Anspruch auf den Maklerlohn und den Ersatz von Aufwendungen ist ausgeschlossen, wenn der Makler dem Inhalt des Vertrags zuwider auch für den anderen Teil tätig gewesen ist.

§ 655[7] **Herabsetzung des Maklerlohns.** [1] Ist für den Nachweis der Gelegenheit zum Abschluss eines Dienstvertrags oder für die Vermittlung eines solchen Vertrags ein unverhältnismäßig hoher Maklerlohn vereinbart worden, so kann er auf Antrag des Schuldners durch Urteil auf den angemessenen Betrag herabgesetzt werden. [2] Nach der Entrichtung des Lohnes ist die Herabsetzung ausgeschlossen.

Untertitel 2.[8] Vermittlung von Verbraucherdarlehensverträgen und entgeltlichen Finanzierungshilfen

§ 655a[9] **Darlehensvermittlungsvertrag.** (1) [1] Für einen Vertrag, nach dem es ein Unternehmer unternimmt, einem Verbraucher

1. gegen eine vom Verbraucher oder einem Dritten zu leistende Vergütung einen Verbraucherdarlehensvertrag oder eine entgeltliche Finanzierungshilfe zu vermitteln,

---

[1] Bish. § 651 wird § 650 mWv 1.1.2018 durch G v. 28.4.2017 (BGBl. I S. 969).
[2] Titel 10 Überschrift geänd. mWv 23.12.2020 durch G v. 12.6.2020 (BGBl. I S. 1245).
[3] Beachte auch G zur Regelung der Wohnungsvermittlung (Nr. **36**).
[4] § 652 Abs. 1 Sätze 1 und 2, Abs. 2 Satz 1 geänd. mWv 23.12.2020 durch G v. 12.6.2020 (BGBl. I S. 1245).
[5] § 653 Überschrift, Abs. 1 geänd. mWv 23.12.2020 durch G v. 12.6.2020 (BGBl. I S. 1245).
[6] § 654 geänd. mWv 23.12.2020 durch G v. 12.6.2020 (BGBl. I S. 1245).
[7] § 655 Überschrift, Satz 1 geänd. mWv 23.12.2020 durch G v. 12.6.2020 (BGBl. I S. 1245).
[8] UTitel 2 Überschrift neu gef. mWv 30.7.2010 durch G v. 24.7.2010 (BGBl. I S. 977); geänd. mWv 21.3.2016 durch G v. 11.3.2016 (BGBl. I S. 396).
[9] § 655a neu gef. mWv 21.3.2016 durch G v. 11.3.2016 (BGBl. I S. 396).

2. die Gelegenheit zum Abschluss eines Vertrags nach Nummer 1 nachzuweisen oder
3. auf andere Weise beim Abschluss eines Vertrags nach Nummer 1 behilflich zu sein,

gelten vorbehaltlich des Satzes 2 die folgenden Vorschriften dieses Untertitels. [2] Bei entgeltlichen Finanzierungshilfen, die den Ausnahmen des § 491 Absatz 2 Satz 2 Nummer 1 bis 5 und Absatz 3 Satz 2 entsprechen, gelten die Vorschriften dieses Untertitels nicht.

(2) [1] Der Darlehensvermittler ist verpflichtet, den Verbraucher nach Maßgabe des Artikels 247 § 13 Absatz 2 und § 13b Absatz 1 des Einführungsgesetzes zum Bürgerlichen Gesetzbuche[1)] zu informieren. [2] Der Darlehensvermittler ist gegenüber dem Verbraucher zusätzlich wie ein Darlehensgeber gemäß § 491a verpflichtet. [3] Satz 2 gilt nicht für Warenlieferanten oder Dienstleistungserbringer, die in lediglich untergeordneter Funktion als Darlehensvermittler von Allgemein-Verbraucherdarlehen oder von entsprechenden entgeltlichen Finanzierungshilfen tätig werden, etwa indem sie als Nebenleistung den Abschluss eines verbundenen Verbraucherdarlehensvertrags vermitteln.

(3) [1] Bietet der Darlehensvermittler im Zusammenhang mit der Vermittlung eines Immobiliar-Verbraucherdarlehensvertrags oder entsprechender entgeltlicher Finanzierungshilfen Beratungsleistungen gemäß § 511 Absatz 1 an, so gilt § 511 entsprechend. [2] § 511 Absatz 2 Satz 2 gilt entsprechend mit der Maßgabe, dass der Darlehensvermittler eine ausreichende Zahl von am Markt verfügbaren Darlehensverträgen zu prüfen hat. [3] Ist der Darlehensvermittler nur im Namen und unter der unbeschränkten und vorbehaltlosen Verantwortung nur eines Darlehensgebers oder einer begrenzten Zahl von Darlehensgebern tätig, die am Markt keine Mehrheit darstellt, so braucht der Darlehensvermittler abweichend von Satz 2 nur Darlehensverträge aus der Produktpalette dieser Darlehensgeber zu berücksichtigen.

§ 655b[2)] Schriftform bei einem Vertrag mit einem Verbraucher

(1) [1] Der Darlehensvermittlungsvertrag mit einem Verbraucher bedarf der schriftlichen Form. [2] Der Vertrag darf nicht mit dem Antrag auf Hingabe des Darlehens verbunden werden. [3] Der Darlehensvermittler hat dem Verbraucher den Vertragsinhalt in Textform mitzuteilen.

(2) Ein Darlehensvermittlungsvertrag mit einem Verbraucher, der den Anforderungen des Absatzes 1 Satz 1 und 2 nicht genügt oder vor dessen Abschluss die Pflichten aus Artikel 247 § 13 Abs. 2 sowie § 13b Absatz 1 und 3 des Einführungsgesetzes zum Bürgerlichen Gesetzbuche[1)] nicht erfüllt worden sind, ist nichtig.

§ 655c[3)] Vergütung. [1] Der Verbraucher ist zur Zahlung der Vergütung für die Tätigkeiten nach § 655a Absatz 1 nur verpflichtet, wenn infolge der Vermittlung, des Nachweises oder auf Grund der sonstigen Tätigkeit des Darle-

---

[1)] Nr. **1a**.

[2)] § 655b Abs. 1 Satz 2 aufgeh., bish. Sätze 3 und 4 werden Sätze 2 und 3, Abs. 2 geänd. mWv 11.6.2010 durch G v. 29.7.2009 (BGBl. I S. 2355); Überschrift, Abs. 1 Satz 1 und Abs. 2 geänd. mWv 30.7.2010 durch G v. 24.7.2010 (BGBl. I S. 977); Abs. 2 geänd. mWv 21.3.2016 durch G v. 11.3.2016 (BGBl. I S. 396).

[3)] § 655c Satz 2 geänd. mWv 11.6.2010 durch G v. 29.7.2009 (BGBl. I S. 2355); Satz 1 neu gef. mWv 21.3.2016 durch G v. 11.3.2016 (BGBl. I S. 396).

hensvermittlers das Darlehen an den Verbraucher geleistet wird und ein Widerruf des Verbrauchers nach § 355 nicht mehr möglich ist. [2] Soweit der Verbraucherdarlehensvertrag mit Wissen des Darlehensvermittlers der vorzeitigen Ablösung eines anderen Darlehens (Umschuldung) dient, entsteht ein Anspruch auf die Vergütung nur, wenn sich der effektive Jahreszins nicht erhöht; bei der Berechnung des effektiven Jahreszinses für das abzulösende Darlehen bleiben etwaige Vermittlungskosten außer Betracht.

§ 655d[1)] Nebenentgelte. [1] Der Darlehensvermittler darf für Leistungen, die mit der Vermittlung des Verbraucherdarlehensvertrags oder dem Nachweis der Gelegenheit zum Abschluss eines Verbraucherdarlehensvertrags zusammenhängen, außer der Vergütung nach § 655c Satz 1 sowie eines gegebenenfalls vereinbarten Entgelts für Beratungsleistungen ein Entgelt nicht vereinbaren. [2] Jedoch kann vereinbart werden, dass dem Darlehensvermittler entstandene, erforderliche Auslagen zu erstatten sind. [3] Dieser Anspruch darf die Höhe oder die Höchstbeträge, die der Darlehensvermittler dem Verbraucher gemäß Artikel 247 § 13 Absatz 2 Satz 1 Nummer 4 des Einführungsgesetzes zum Bürgerlichen Gesetzbuche[2)] mitgeteilt hat, nicht übersteigen.

§ 655e[3)] Abweichende Vereinbarungen, Anwendung auf Existenzgründer. (1) [1] Von den Vorschriften dieses Untertitels darf nicht zum Nachteil des Verbrauchers abgewichen werden. [2] Die Vorschriften dieses Untertitels finden auch Anwendung, wenn sie durch anderweitige Gestaltungen umgangen werden.

(2) Existenzgründer im Sinne des § 513 stehen Verbrauchern in diesem Untertitel gleich.

Untertitel 4.[4)] Vermittlung von Kaufverträgen über Wohnungen und Einfamilienhäuser

§ 656a[4)] Textform. Ein Maklervertrag, der den Nachweis der Gelegenheit zum Abschluss eines Kaufvertrags über eine Wohnung oder ein Einfamilienhaus oder die Vermittlung eines solchen Vertrags zum Gegenstand hat, bedarf der Textform.

§ 656b[4)] Persönlicher Anwendungsbereich der §§ 656c und 656d.

Die §§ 656c und 656d gelten nur, wenn der Käufer ein Verbraucher ist.

§ 656c[4)] Lohnanspruch bei Tätigkeit für beide Parteien. (1) [1] Lässt sich der Makler von beiden Parteien des Kaufvertrags über eine Wohnung oder ein Einfamilienhaus einen Maklerlohn versprechen, so kann dies nur in der Weise erfolgen, dass sich die Parteien in gleicher Höhe verpflichten. [2] Vereinbart der Makler mit einer Partei des Kaufvertrags, dass er für diese unentgeltlich tätig wird, kann er sich auch von der anderen Partei keinen Maklerlohn versprechen

---

1) § 655d Satz 3 angef. mWv 11.6.2010 durch G v. 29.7.2009 (BGBl. I S. 2355); Satz 3 geänd. mWv 30.7.2010 durch G v. 24.7.2010 (BGBl. I S. 977); Satz 1 geänd. mWv 21.3.2016 durch G v. 11.3.2016 (BGBl. I S. 396).

2) Nr. **1a**.

3) § 655e Abs. 2 geänd. mWv 11.6.2010 durch G v. 29.7.2009 (BGBl. I S. 2355); Abs. 2 neu gef. mWv 30.7.2010 durch G v. 24.7.2010 (BGBl. I S. 977); Abs. 2 geänd. mWv 21.3.2016 durch G v. 11.3.2016 (BGBl. I S. 396).

4) UTitel 4 (§§ 656a–656d) eingef. mWv 23.12.2020 durch G v. 12.6.2020 (BGBl. I S. 1245).

lassen. [3] Ein Erlass wirkt auch zugunsten des jeweils anderen Vertragspartners des Maklers. [4] Von Satz 3 kann durch Vertrag nicht abgewichen werden.

(2) [1] Ein Maklervertrag, der von Absatz 1 Satz 1 und 2 abweicht, ist unwirksam. [2] § 654 bleibt unberührt.

§ 656d[1)] Vereinbarungen über die Maklerkosten. (1) [1] Hat nur eine Partei des Kaufvertrags über eine Wohnung oder ein Einfamilienhaus einen Maklervertrag abgeschlossen, ist eine Vereinbarung, die die andere Partei zur Zahlung oder Erstattung von Maklerlohn verpflichtet, nur wirksam, wenn die Partei, die den Maklervertrag abgeschlossen hat, zur Zahlung des Maklerlohns mindestens in gleicher Höhe verpflichtet bleibt. [2] Der Anspruch gegen die andere Partei wird erst fällig, wenn die Partei, die den Maklervertrag abgeschlossen hat, ihrer Verpflichtung zur Zahlung des Maklerlohns nachgekommen ist und sie oder der Makler einen Nachweis hierüber erbringt.

(2) § 656c Absatz 1 Satz 3 und 4 gilt entsprechend.

Titel 12.[2)] Auftrag, Geschäftsbesorgungsvertrag und Zahlungsdienste

Untertitel 1. Auftrag

§ 662 Vertragstypische Pflichten beim Auftrag. Durch die Annahme eines Auftrags verpflichtet sich der Beauftragte, ein ihm von dem Auftraggeber übertragenes Geschäft für diesen unentgeltlich zu besorgen.

§ 663 Anzeigepflicht bei Ablehnung. [1] Wer zur Besorgung gewisser Geschäfte öffentlich bestellt ist oder sich öffentlich erboten hat, ist, wenn er einen auf solche Geschäfte gerichteten Auftrag nicht annimmt, verpflichtet, die Ablehnung dem Auftraggeber unverzüglich anzuzeigen. [2] Das Gleiche

(Fortsetzung nächstes Blatt)

[1)] UTitel 4 (§§ 656a–656d) eingef. mWv 23.12.2020 durch G v. 12.6.2020 (BGBl. I S. 1245).
[2)] Titel 12 Überschrift geänd., Kapitelüberschrift vor § 675 aufgeh. mWv 31.10.2009 durch G v. 29.7.2009 (BGBl. I S. 2355).

(2) Die Art der Abmarkung und das Verfahren bestimmen sich nach den Landesgesetzen; enthalten diese keine Vorschriften, so entscheidet die Ortsüblichkeit.

(3) Die Kosten der Abmarkung sind von den Beteiligten zu gleichen Teilen zu tragen, sofern nicht aus einem zwischen ihnen bestehenden Rechtsverhältnis sich ein anderes ergibt.

§ 920 Grenzverwirrung. (1) [1] Lässt sich im Falle einer Grenzverwirrung die richtige Grenze nicht ermitteln, so ist für die Abgrenzung der Besitzstand maßgebend. [2] Kann der Besitzstand nicht festgestellt werden, so ist jedem der Grundstücke ein gleich großes Stück der streitigen Fläche zuzuteilen.

(2) Soweit eine diesen Vorschriften entsprechende Bestimmung der Grenze zu einem Ergebnis führt, das mit den ermittelten Umständen, insbesondere mit der feststehenden Größe der Grundstücke, nicht übereinstimmt, ist die Grenze so zu ziehen, wie es unter Berücksichtigung dieser Umstände der Billigkeit entspricht.

§ 921 Gemeinschaftliche Benutzung von Grenzanlagen. Werden zwei Grundstücke durch einen Zwischenraum, Rain, Winkel, einen Graben, eine Mauer, Hecke, Planke oder eine andere Einrichtung, die zum Vorteil beider Grundstücke dient, voneinander geschieden, so wird vermutet, dass die Eigentümer der Grundstücke zur Benutzung der Einrichtung gemeinschaftlich berechtigt seien, sofern nicht äußere Merkmale darauf hinweisen, dass die Einrichtung einem der Nachbarn allein gehört.

§ 922 Art der Benutzung und Unterhaltung. [1] Sind die Nachbarn zur Benutzung einer der in § 921 bezeichneten Einrichtungen gemeinschaftlich berechtigt, so kann jeder sie zu dem Zwecke, der sich aus ihrer Beschaffenheit ergibt, insoweit benutzen, als nicht die Mitbenutzung des anderen beeinträchtigt wird. [2] Die Unterhaltungskosten sind von den Nachbarn zu gleichen Teilen zu tragen. [3] Solange einer der Nachbarn an dem Fortbestand der Einrichtung ein Interesse hat, darf sie nicht ohne seine Zustimmung beseitigt oder geändert werden. [4] Im Übrigen bestimmt sich das Rechtsverhältnis zwischen den Nachbarn nach den Vorschriften über die Gemeinschaft.

§ 923 Grenzbaum. (1) Steht auf der Grenze ein Baum, so gebühren die Früchte und, wenn der Baum gefällt wird, auch der Baum den Nachbarn zu gleichen Teilen.

(2) [1] Jeder der Nachbarn kann die Beseitigung des Baumes verlangen. [2] Die Kosten der Beseitigung fallen den Nachbarn zu gleichen Teilen zur Last. [3] Der Nachbar, der die Beseitigung verlangt, hat jedoch die Kosten allein zu tragen, wenn der andere auf sein Recht an dem Baume verzichtet; er erwirbt in diesem Falle mit der Trennung das Alleineigentum. [4] Der Anspruch auf die Beseitigung ist ausgeschlossen, wenn der Baum als Grenzzeichen dient und den Umständen nach nicht durch ein anderes zweckmäßiges Grenzzeichen ersetzt werden kann.

(3) Diese Vorschriften gelten auch für einen auf der Grenze stehenden Strauch.

§ 924 Unverjährbarkeit nachbarrechtlicher Ansprüche. Die Ansprüche, die sich aus den §§ 907 bis 909, 915, dem § 917 Abs. 1, dem § 918 Abs. 2, den §§ 919, 920 und dem § 923 Abs. 2 ergeben, unterliegen nicht der Verjährung.

Titel 2. Erwerb und Verlust des Eigentums an Grundstücken[1]

§ 925[2] Auflassung. (1) [1] Die zur Übertragung des Eigentums an einem Grundstück nach § 873 erforderliche Einigung des Veräußerers und des Erwerbers (Auflassung) muss bei gleichzeitiger Anwesenheit beider Teile vor einer zuständigen Stelle erklärt werden. [2] Zur Entgegennahme der Auflassung ist, unbeschadet der Zuständigkeit weiterer Stellen, jeder Notar zuständig. [3] Eine Auflassung kann auch in einem gerichtlichen Vergleich oder in einem rechtskräftig bestätigten Insolvenzplan oder Restrukturierungsplan erklärt werden.

(2) Eine Auflassung, die unter einer Bedingung oder einer Zeitbestimmung erfolgt, ist unwirksam.

§ 925a[3] Urkunde über Grundgeschäft. Die Erklärung einer Auflassung soll nur entgegengenommen werden, wenn die nach § 311b Abs. 1 Satz 1 erforderliche Urkunde über den Vertrag vorgelegt oder gleichzeitig errichtet wird.

§ 926 Zubehör des Grundstücks. (1) [1] Sind der Veräußerer und der Erwerber darüber einig, dass sich die Veräußerung auf das Zubehör des Grundstücks erstrecken soll, so erlangt der Erwerber mit dem Eigentum an dem Grundstück auch das Eigentum an den zur Zeit des Erwerbs vorhandenen Zubehörstücken, soweit sie dem Veräußerer gehören. [2] Im Zweifel ist anzunehmen, dass sich die Veräußerung auf das Zubehör erstrecken soll.

(2) Erlangt der Erwerber auf Grund der Veräußerung den Besitz von Zubehörstücken, die dem Veräußerer nicht gehören oder mit Rechten Dritter belastet sind, so finden die Vorschriften der §§ 932 bis 936 Anwendung; für den guten Glauben des Erwerbers ist die Zeit der Erlangung des Besitzes maßgebend.

§ 927[4] Aufgebotsverfahren. (1) [1] Der Eigentümer eines Grundstücks kann, wenn das Grundstück seit 30 Jahren im Eigenbesitz eines anderen ist, im Wege des Aufgebotsverfahrens mit seinem Recht ausgeschlossen werden. [2] Die Besitzzeit wird in gleicher Weise berechnet wie die Frist für die Ersitzung einer beweglichen Sache. [3] Ist der Eigentümer im Grundbuch eingetragen, so ist das Aufgebotsverfahren nur zulässig, wenn er gestorben oder verschollen ist und eine Eintragung in das Grundbuch, die der Zustimmung des Eigentümers bedurfte, seit 30 Jahren nicht erfolgt ist.

(2) Derjenige, welcher den Ausschließungsbeschluss erwirkt hat, erlangt das Eigentum dadurch, dass er sich als Eigentümer in das Grundbuch eintragen lässt.

(Fortsetzung nächstes Blatt)

---

[1] Für den Verkehr mit land- und forstwirtschaftlichen Grundstücken sind die Genehmigungspflichten nach dem Grundstückverkehrsgesetz (Nr. **300**) zu beachten.

[2] § 925 Abs. 1 Satz 3 geänd. mWv 1.1.2021 durch G v. 22.12.2020 (BGBl. I S. 3256).

[3] § 925a geänd. mWv 1.8.2002 durch G v. 23.7.2002 (BGBl. I S. 2850).

[4] § 927 Abs. 2 und 3 geänd. mWv 1.9.2009 durch G v. 17.12.2008 (BGBl. I S. 2586).

1a. Einführungsgesetz zum Bürgerlichen Gesetzbuche

In der Fassung der Bekanntmachung vom 21. September 1994[1)]
(BGBl. I S. 2494, ber. 1997 I S. 1061)

FNA 400-1

zuletzt geänd. durch Art. 10 G zur weiteren Verkürzung des Restschuldbefreiungsverfahrens und zur Anpassung pandemiebedingter Vorschriften im Gesellschafts-, Genossenschafts-, Vereins- und Stiftungsrecht sowie im Miet- und Pachtrecht v. 22.12.2020 (BGBl. I S. 3328)

– Auszug –

Nichtamtliche Inhaltsübersicht

[1)] Neubekanntmachung des EGBGB v. 18.8.1896 (RGBl. S. 604) in der ab 1.10.1994 geltenden Fassung.

(Fortsetzung nächstes Blatt)

§ 41[1] **Übergangsvorschrift zum Gesetz zur Änderung von Vorschriften im Bereich des Internationalen Privat- und Zivilverfahrensrechts vom 11. Juni 2017.** Ist vor Inkrafttreten von Artikel 8 am 17. Juni 2017 eine Vollmacht erteilt oder eine Erklärung im Namen einer anderen Person gegenüber einem Dritten abgegeben oder für einen anderen entgegengenommen worden, bleibt das bisherige Internationale Privatrecht anwendbar.

§§ 42–48 *(hier nicht wiedergegeben)*

§ 49[2] **Übergangsvorschriften zum Mietrechtsanpassungsgesetz vom 18. Dezember 2018.** (1) [1] Auf ein bis einschließlich 31. Dezember 2018 entstandenes Mietverhältnis sind die §§ 555c und 559 des Bürgerlichen Gesetzbuchs[3] in der bis dahin geltenden Fassung weiter anzuwenden, wenn dem Mieter bei Modernisierungsmaßnahmen die Mitteilung nach § 555c Absatz 1 Satz 1 des Bürgerlichen Gesetzbuchs[3] bis einschließlich 31. Dezember 2018 zugegangen ist. [2] Hat der Vermieter die Modernisierungsmaßnahme nicht oder nicht ordnungsgemäß nach § 555c Absatz 1 Satz 1 des Bürgerlichen Gesetzbuchs[3] angekündigt, so gilt Satz 1 mit der Maßgabe, dass es an Stelle des Zugangs der Mitteilung nach § 555c Absatz 1 Satz 1 des Bürgerlichen Gesetzbuchs[3] auf den Zugang der Mieterhöhungserklärung nach § 559b Absatz 1 Satz 1 des Bürgerlichen Gesetzbuchs[3] ankommt. [3] § 559c des Bürgerlichen Gesetzbuchs[3] ist nur anzuwenden, wenn der Vermieter die Modernisierungsmaßnahme nach dem 31. Dezember 2018 angekündigt hat. [4] § 559d des Bürgerlichen Gesetzbuchs[3] ist nur anzuwenden auf ein Verhalten nach dem 31. Dezember 2018.

(2) [1] Auf ein bis einschließlich 31. Dezember 2018 entstandenes Mietverhältnis ist § 556g Absatz 1a des Bürgerlichen Gesetzbuchs[3] nicht anzuwenden. [2] § 556g Absatz 2 des Bürgerlichen Gesetzbuchs[3] ist in der bis einschließlich 31. Dezember 2018 geltenden Fassung weiter auf Mietverhältnisse anzuwenden, die bis zu diesem Zeitpunkt im Anwendungsbereich der §§ 556d bis 556g des Bürgerlichen Gesetzbuchs[3] abgeschlossen worden sind.

(3) Auf ein bis einschließlich 31. Dezember 2018 entstandenes Mietverhältnis ist § 578 Absatz 3 des Bürgerlichen Gesetzbuchs[3] nicht anzuwenden.

§ 50[4] **Übergangsvorschriften zum Gesetz zur Verlängerung des Betrachtungszeitraums für die ortsübliche Vergleichsmiete.** (1) [1] Mietspiegel können auch nach dem 31. Dezember 2019 nach § 558 Absatz 2 Satz 1 des Bürgerlichen Gesetzbuchs[3] in der bis dahin geltenden Fassung neu erstellt werden, wenn der Stichtag für die Feststellung der ortsüblichen Vergleichsmiete vor dem 1. März 2020 liegt und der Mietspiegel vor dem 1. Januar 2021 veröffentlicht wird. [2] Mietspiegel, die nach Satz 1 neu erstellt wurden oder die bereits am 31. Dezember 2019 existierten, können entsprechend § 558d Absatz 2 des Bürgerlichen Gesetzbuchs[3] innerhalb von zwei Jahren der Marktentwicklung angepasst werden.

(2) [1] In Gemeinden oder Teilen von Gemeinden, in denen ein Mietspiegel nach Absatz 1 Satz 1 neu erstellt wurde oder in denen am 31. Dezember 2019

---

[1] Art. 229 § 41 angef. mWv 17.6.2017 durch G v. 11.6.2017 (BGBl. I S. 1607).
[2] Art. 229 § 49 angef. mWv 1.1.2019 durch G v. 18.12.2018 (BGBl. I S. 2648).
[3] Nr. **1**.
[4] Art. 229 § 50 angef. mWv 1.1.2020 durch G v. 21.12.2019 (BGBl. I S. 2911).

ein Mietspiegel existierte, ist § 558 Absatz 2 Satz 1 des Bürgerlichen Gesetzbuchs[1)] in der bis zu diesem Tag geltenden Fassung anzuwenden, bis ein neuer Mietspiegel anwendbar ist, längstens jedoch zwei Jahre ab der Veröffentlichung des zuletzt erstellten Mietspiegels. [2] Wurde dieser Mietspiegel innerhalb von zwei Jahren der Marktentwicklung angepasst, ist die Veröffentlichung der ersten Anpassung maßgeblich.

§ 51[2)] Übergangsvorschriften zum Gesetz zur Verlängerung und Verbesserung der Regelungen über die zulässige Miethöhe bei Mietbeginn. Auf ein bis einschließlich 31. März 2020 entstandenes Mietverhältnis ist § 556g des Bürgerlichen Gesetzbuchs[1)] in der bis dahin geltenden Fassung weiter anzuwenden.

§ 52 *(hier nicht wiedergegeben)*

§ 53[3)] Übergangsvorschrift zum Gesetz über die Maklerkosten bei der Vermittlung von Kaufverträgen über Wohnungen und Einfamilienhäuser. Auf Rechtsverhältnisse, die vor dem 23. Dezember 2020 entstanden sind, sind die Vorschriften des Bürgerlichen Gesetzbuchs[4)] in der bis zu diesem Tag geltenden Fassung weiter anzuwenden.

Sechster Teil. Inkrafttreten und Übergangsrecht aus Anlaß der Einführung des Bürgerlichen Gesetzbuchs und dieses Einführungsgesetzes in dem in Artikel 3 des Einigungsvertrages genannten Gebiet

Art. 230[5)] Inkrafttreten. Das Bürgerliche Gesetzbuch[4)] und dieses Einführungsgesetz treten für das in Artikel 3 des Einigungsvertrages genannte Gebiet am Tage des Wirksamwerdens des Beitritts nach Maßgabe der folgenden Übergangsvorschriften in Kraft.

Art. 231 Erstes Buch. Allgemeiner Teil des Bürgerlichen Gesetzbuchs

§ 1[6)] *(aufgehoben)*

§ 2 Vereine. (1) Rechtsfähige Vereinigungen, die nach dem Gesetz über Vereinigungen – Vereinigungsgesetz – vom 21. Februar 1990 (GBl. I Nr. 10 S. 75), geändert durch das Gesetz vom 22. Juni 1990 (GBl. I Nr. 37 S. 470, Nr. 39 S. 546), vor dem Wirksamwerden des Beitritts entstanden sind, bestehen fort.

(2) Auf sie sind ab dem Tag des Wirksamwerdens des Beitritts die §§ 21 bis 79 des Bürgerlichen Gesetzbuchs anzuwenden.

(3) Die in Absatz 1 genannten Vereinigungen führen ab dem Wirksamwerden des Beitritts die Bezeichnung „eingetragener Verein".

(Fortsetzung nächstes Blatt)

---

1) Nr. **1**.
2) Art. 229 § 51 angef. mWv 1.4.2020 durch G v. 19.3.2020 (BGBl. I S. 540).
3) Art. 229 § 53 angef. mWv 23.12.2020 durch G v. 12.6.2020 (BGBl. I S. 1245).
4) Auszugsweise abgedruckt unter Nr. **1**.
5) Art. 230 neu gef. durch G v. 4.12.1997 (BGBl. I S. 2846).
6) Art. 231 § 1 aufgeh. mWv 25.4.2006 durch G v. 19.4.2006 (BGBl. I S. 866).

die Zahlungen vertragsgemäß weiter leistet, gilt die in Satz 1 geregelte Stundung als nicht erfolgt.

(2) Die Vertragsparteien können von Absatz 1 abweichende Vereinbarungen, insbesondere über mögliche Teilleistungen, Zins- und Tilgungsanpassungen oder Umschuldungen treffen.

(3) [1] Kündigungen des Darlehensgebers wegen Zahlungsverzugs, wegen wesentlicher Verschlechterung der Vermögensverhältnisse des Verbrauchers oder der Werthaltigkeit einer für das Darlehen gestellten Sicherheit sind im Fall des Absatzes 1 bis zum Ablauf der Stundung ausgeschlossen. [2] Hiervon darf nicht zu Lasten des Verbrauchers abgewichen werden.

(4) [1] Der Darlehensgeber soll dem Verbraucher ein Gespräch über die Möglichkeit einer einverständlichen Regelung und über mögliche Unterstützungsmaßnahmen anbieten. [2] Für dieses können auch Fernkommunikationsmittel genutzt werden.

(5) [1] Kommt eine einverständliche Regelung für den Zeitraum nach dem 30. Juni 2020 nicht zustande, verlängert sich die Vertragslaufzeit um drei Monate. [2] Die jeweilige Fälligkeit der vertraglichen Leistungen wird um diese Frist hinausgeschoben. [3] Der Darlehensgeber stellt dem Verbraucher eine Abschrift des Vertrags zur Verfügung, in der die vereinbarten Vertragsänderungen oder die sich aus Satz 1 sowie aus Absatz 1 Satz 1 ergebenden Vertragsänderungen berücksichtigt sind.

(6) Die Absätze 1 bis 5 gelten nicht, wenn dem Darlehensgeber die Stundung oder der Ausschluss der Kündigung unter Berücksichtigung aller Umstände des Einzelfalls einschließlich der durch die COVID-19-Pandemie verursachten Veränderungen der allgemeinen Lebensumstände unzumutbar ist.

(7) Die Absätze 1 bis 6 gelten entsprechend für den Ausgleich und den Rückgriff unter Gesamtschuldnern nach § 426 des Bürgerlichen Gesetzbuchs[1)].

(8) Die Bundesregierung wird ermächtigt, durch Rechtsverordnung mit Zustimmung des Bundestages und ohne Zustimmung des Bundesrates den personellen Anwendungsbereich der Absätze 1 bis 7 zu ändern und insbesondere Kleinstunternehmen im Sinne von Artikel 2 Absatz 3 des Anhangs der Empfehlung 2003/361/EG der Kommission vom 6. Mai 2003 betreffend die Definition der Kleinstunternehmen sowie der kleinen und mittleren Unternehmen in den Anwendungsbereich einzubeziehen.

§ 4[2)] Verordnungsermächtigung. (1) Die Bundesregierung wird ermächtigt, durch Rechtsverordnung ohne Zustimmung des Bundesrates

1. die Dauer des Leistungsverweigerungsrechts nach § 1 bis längstens zum 30. September 2020 zu verlängern,
2. die in § 2 Absatz 1 und 3 enthaltene Kündigungsbeschränkung auf Zahlungsrückstände zu erstrecken, die im Zeitraum vom 1. Juli 2020 bis längstens zum 30. September 2020 entstanden sind,
3. den in § 3 Absatz 1 genannten Zeitraum bis zum 30. September 2020 und die in § 3 Absatz 5 geregelte Verlängerung der Vertragslaufzeit auf bis zu zwölf Monate zu erstrecken,

---

1) Nr. 1.
2) Art. 240 § 4 eingef. mWv 1.4.2020 durch G v. 27.3.2020 (BGBl. I S. 569).

wenn zu erwarten ist, dass das soziale Leben, die wirtschaftliche Tätigkeit einer Vielzahl von Unternehmen oder die Erwerbstätigkeit einer Vielzahl von Menschen durch die COVID-19-Pandemie weiterhin in erheblichem Maße beeinträchtigt bleibt.

(2) Die Bundesregierung wird ermächtigt, durch Rechtsverordnung mit Zustimmung des Bundestages und ohne Zustimmung des Bundesrates die in Absatz 1 genannten Fristen über den 30. September 2020 hinaus zu verlängern, wenn die Beeinträchtigungen auch nach Inkrafttreten der Rechtsverordnung nach Absatz 1 fortbestehen.

§ 5[1)] Gutschein für Freizeitveranstaltungen und Freizeiteinrichtungen.

(1) [1] Wenn eine Musik-, Kultur-, Sport- oder sonstige Freizeitveranstaltung aufgrund der COVID-19-Pandemie nicht stattfinden konnte oder kann, ist der Veranstalter berechtigt, dem Inhaber einer vor dem 8. März 2020 erworbenen Eintrittskarte oder sonstigen Teilnahmeberechtigung anstelle einer Erstattung des Eintrittspreises oder sonstigen Entgelts einen Gutschein zu übergeben. [2] Umfasst eine solche Eintrittskarte oder sonstige Berechtigung die Teilnahme an mehreren Freizeitveranstaltungen und konnte oder kann nur ein Teil dieser Veranstaltungen stattfinden, ist der Veranstalter berechtigt, dem Inhaber einen Gutschein in Höhe des Wertes des nicht genutzten Teils zu übergeben.

(2) Soweit eine Musik-, Kultur-, Sport- oder sonstige Freizeiteinrichtung aufgrund der COVID-19-Pandemie zu schließen war oder ist, ist der Betreiber berechtigt, dem Inhaber einer vor dem 8. März 2020 erworbenen Nutzungsberechtigung anstelle einer Erstattung des Entgelts einen Gutschein zu übergeben.

(3) [1] Der Wert des Gutscheins muss den gesamten Eintrittspreis oder das gesamte sonstige Entgelt einschließlich etwaiger Vorverkaufsgebühren umfassen. [2] Für die Ausstellung und Übersendung des Gutscheins dürfen keine Kosten in Rechnung gestellt werden.

(4) Aus dem Gutschein muss sich ergeben,

1. dass dieser wegen der COVID-19-Pandemie ausgestellt wurde und
2. dass der Inhaber des Gutscheins die Auszahlung des Wertes des Gutscheins unter einer der in Absatz 5 genannten Voraussetzungen verlangen kann.

(5) Der Inhaber eines nach den Absätzen 1 oder 2 ausgestellten Gutscheins kann von dem Veranstalter oder Betreiber die Auszahlung des Wertes des Gutscheins verlangen, wenn

1. der Verweis auf einen Gutschein für ihn angesichts seiner persönlichen Lebensumstände unzumutbar ist oder
2. er den Gutschein bis zum 31. Dezember 2021 nicht eingelöst hat.

§ 6[2)] Reisegutschein; Verordnungsermächtigung. (1) [1] Tritt der Reisende oder der Reiseveranstalter wegen der COVID-19-Pandemie nach § 651h Absatz 1, 3 und 4 Satz 1 Nummer 2 des Bürgerlichen Gesetzbuchs von einem Pauschalreisevertrag zurück, der vor dem 8. März 2020 geschlossen wurde, so kann der Reiseveranstalter dem Reisenden statt der Rückerstattung des Reise-

[1)] Art. 240 § 5 eingef. mWv 20.5.2020 durch G v. 15.5.2020 (BGBl. I S. 948).

[2)] Art. 240 § 6 angef. mWv 31.7.2020 durch G v. 10.7.2020 (BGBl. I S. 1643) iVm. Bek. v. 6.8. 2020 (BGBl. I S. 1870).

preises einen Reisegutschein anbieten. [2]Diese Möglichkeit hat der Reiseveranstalter auch dann, wenn der Reisende oder der Reiseveranstalter den Rücktritt unter den Voraussetzungen des Satzes 1 vor dem Tag erklärt hat, an dem diese Vorschrift gemäß Artikel 3 Absatz 1 Satz 1 des Gesetzes vom 10. Juli 2020 (BGBl. I S. 1643) in Kraft getreten ist, und der Reiseveranstalter den Reisepreis nicht bereits zurückgezahlt hat. [3]Der Reisende hat die Wahl, ob er das Angebot des Reiseveranstalters annimmt oder sein Recht auf Rückerstattung des Reisepreises ausübt. [4]Auf dieses Wahlrecht hat der Reiseveranstalter ihn bei seinem Angebot hinzuweisen. [5]Hat der Reisende schon vor dem Tag, an dem diese Vorschrift gemäß Artikel 3 Absatz 1 Satz 1 des Gesetzes vom 10. Juli 2020 (BGBl. I S. 1643) in Kraft getreten ist, ein Angebot des Reiseveranstalters angenommen, das unter den Voraussetzungen des Satzes 1 unterbreitet wurde, so kann er von dem Reiseveranstalter verlangen, dass der Gutschein an die Vorgaben der Absätze 2 und 3 angepasst oder in einen Gutschein umgetauscht wird, der den Vorgaben der Absätze 2 und 3 entspricht.

(2) [1]Der Wert des Reisegutscheins muss den erhaltenen Vorauszahlungen entsprechen. [2]Für die Ausstellung, Übermittlung und Einlösung des Gutscheins dürfen dem Reisenden keine Kosten in Rechnung gestellt werden.

(3) Aus dem Reisegutschein muss sich neben dessen Wert ergeben,

1. dass dieser wegen der COVID-19-Pandemie ausgestellt wurde,
2. wie lange er gültig ist,
3. dass der Reisende die Erstattung der geleisteten Vorauszahlungen unter den in Absatz 5 genannten Voraussetzungen verlangen kann sowie
4. dass der Reisende im Fall der Insolvenz des Reiseveranstalters gemäß Absatz 6 abgesichert ist und etwaige zusätzliche Leistungsversprechen des Reiseveranstalters von der Insolvenzsicherung nicht umfasst sind.

(4) Der Reisegutschein verliert spätestens am 31. Dezember 2021 seine Gültigkeit.

(5) Der Reiseveranstalter hat dem Reisenden die geleisteten Vorauszahlungen unverzüglich, spätestens innerhalb von 14 Tagen, zu erstatten, wenn dieser den Gutschein innerhalb der Gültigkeitsdauer nicht eingelöst hat.

(6) [1]Wird der Reiseveranstalter zahlungsunfähig, wird über sein Vermögen das Insolvenzverfahren eröffnet oder wird ein Eröffnungsantrag mangels Masse abgewiesen, so kann der Reisende die unverzügliche Erstattung der geleisteten Vorauszahlungen von dem im Pauschalreisevertrag gemäß Artikel 250 § 6 Absatz 2 Nummer 3 genannten Kundengeldabsicherer verlangen; insoweit findet die Vorschrift des § 651r des Bürgerlichen Gesetzbuchs Anwendung. [2]Hat der Kundengeldabsicherer seine Haftung für die von ihm in einem Geschäftsjahr insgesamt zu erstattenden Beträge auf 110 Millionen Euro begrenzt und den Anspruch des Reisenden nach § 651r Absatz 3 Satz 4 des Bürgerlichen Gesetzbuchs deshalb nur anteilig befriedigt, so kann der Reisende auf der Grundlage des Reisegutscheins von der Bundesrepublik Deutschland die restliche Erstattung der Vorauszahlungen verlangen. [3]Der Reisende hat die Höhe der bereits erhaltenen Erstattungsleistung nachzuweisen. [4]Soweit die Staatskasse den Reisenden befriedigt, gehen Ansprüche des Reisenden gegen den Reiseveranstalter und den Kundengeldabsicherer auf die Staatskasse über. [5]Im Übrigen kann die Staatskasse die Erstattung davon abhängig machen, dass der Reisende Erstattungsansprüche gegen Dritte, die nicht von Satz 4 erfasst werden, an die Staatskasse abtritt.

(7) Im Hinblick auf die ergänzende staatliche Absicherung des Gutscheins nach Absatz 6 Satz 2 kann die Bundesrepublik Deutschland von dem Reiseveranstalter eine Garantieprämie erheben.

(8) Die Bundesregierung wird ermächtigt, durch Rechtsverordnung ohne Zustimmung des Bundesrates Einzelheiten des Erstattungsverfahrens und der Erhebung der Garantieprämien zu regeln.

(9) [1] Zuständige Stelle für das Erstattungsverfahren nach Absatz 6 Satz 2 bis 5 ist das Bundesministerium der Justiz und für Verbraucherschutz. [2] Das Bundesministerium der Justiz und für Verbraucherschutz kann die Aufgabe dem Bundesamt für Justiz übertragen. [3] Das Bundesministerium der Justiz und für Verbraucherschutz oder das Bundesamt für Justiz kann sich bei der Erfüllung seiner Aufgaben geeigneter Dritter bedienen. [4] Der zuständigen Stelle für das Erstattungsverfahren wird zur Erfüllung der Aufgaben außerdem die Wahrnehmung des Zahlungsverkehrs als für Zahlungen zuständige Stelle gemäß § 70 der Bundeshaushaltsordnung übertragen. [5] Falls die zuständige Stelle sich zur Erfüllung der Aufgaben eines Dritten bedient, kann sie auch die Wahrnehmung des Zahlungsverkehrs als eine für Zahlungen zuständige Stelle gemäß § 70 der Bundeshaushaltsordnung an den Dritten übertragen. [6] Die notwendigen Bestimmungen der Bundeshaushaltsordnung und die dazu erlassenen Ausführungsbestimmungen sind insoweit entsprechend anzuwenden. [7] Das Nähere wird im Einvernehmen mit dem Bundesministerium der Finanzen bestimmt.

(10) Der Reiseveranstalter kann sich gegenüber dem Reisevermittler nur darauf berufen, dass der vermittelte Pauschalreisevertrag nicht mehr besteht, wenn er den Wert des Reisegutscheins auszuzahlen hat.

§ 7[1)] Störung der Geschäftsgrundlage von Miet- und Pachtverträgen.

(1) Sind vermietete Grundstücke oder vermietete Räume, die keine Wohnräume sind, infolge staatlicher Maßnahmen zur Bekämpfung der COVID-19-Pandemie für den Betrieb des Mieters nicht oder nur mit erheblicher Einschränkung verwendbar, so wird vermutet, dass sich insofern ein Umstand im Sinne des § 313 Absatz 1 des Bürgerlichen Gesetzbuchs, der zur Grundlage des Mietvertrags geworden ist, nach Vertragsschluss schwerwiegend verändert hat.

(2) Absatz 1 ist auf Pachtverträge entsprechend anzuwenden.

Art. 241[2)] *(aufgehoben)*

Art. 242[3)] Informationspflichten bei Teilzeit-Wohnrechteverträgen, Verträgen über langfristige Urlaubsprodukte, Vermittlungsverträgen sowie Tauschsystemverträgen

§ 1[4)] Vorvertragliche und vertragliche Pflichtangaben. (1) Als vorvertragliche Informationen nach § 482 Absatz 1 des Bürgerlichen Gesetzbuchs[5)] für den Abschluss eines Teilzeit-Wohnrechtevertrags, eines Vertrags über ein langfristiges Urlaubsprodukt, eines Vermittlungsvertrags oder eines Tauschsystemvertrags sind die Angaben nach den Anhängen der Richtlinie 2008/122/

---

1) Art. 240 § 7 angef. mWv 31.12.2020 durch G v. 22.12.2020 (BGBl. I S. 3328).
2) Art. 241 aufgeh. mWv 15.7.2016 durch G v. 8.7.2016 (BGBl. I S. 1594).
3) Art. 242 neu gef. mWv 23.2.2011 durch G v. 17.1.2011 (BGBl. I S. 34).
4) Art. 242 § 1 neu gef. mWv 23.2.2011 durch G v. 17.1.2011 (BGBl. I S. 34).
5) Nr. 1.

EG des Europäischen Parlaments und des Rates vom 14. Januar 2009 über den Schutz der Verbraucher im Hinblick auf bestimmte Aspekte von Teilzeitnutzungsverträgen, Verträgen über langfristige Urlaubsprodukte sowie Wiederverkaufs- und Tauschverträgen (ABl. L 33 vom 3.2.2009, S. 10) in leicht zugänglicher Form zur Verfügung zu stellen, und zwar

1. für einen Teilzeit-Wohnrechtevertrag die Angaben nach Anhang I der Richtlinie,
2. für einen Vertrag über ein langfristiges Urlaubsprodukt die Angaben nach Anhang II der Richtlinie,

(Fortsetzung nächstes Blatt)

8. Zivilprozessordnung

In der Fassung der Bekanntmachung vom 5. Dezember 2005[1)]
(BGBl. I S. 3202, ber. 2006 I S. 431 und 2007 I S. 1781)

FNA 310-4

zuletzt geänd. durch Art. 8 G zur Verbesserung des Verbraucherschutzes im Inkassorecht und zur Änd. weiterer Vorschriften v. 22.12.2020 (BGBl. I S. 3320)

– Auszug –

Buch 1. Allgemeine Vorschriften

Abschnitt 1. Gerichte

Titel 1. Sachliche Zuständigkeit der Gerichte und Wertvorschriften

§ 8 Pacht- oder Mietverhältnis. Ist das Bestehen oder die Dauer eines Pacht- oder Mietverhältnisses streitig, so ist der Betrag der auf die gesamte streitige Zeit entfallenden Pacht oder Miete und, wenn der 25fache Betrag des einjährigen Entgelts geringer ist, dieser Betrag für die Wertberechnung entscheidend.

Titel 2. Gerichtsstand

§ 12 Allgemeiner Gerichtsstand; Begriff. Das Gericht, bei dem eine Person ihren allgemeinen Gerichtsstand hat, ist für alle gegen sie zu erhebenden Klagen zuständig, sofern nicht für eine Klage ein ausschließlicher Gerichtsstand begründet ist.

§ 13 Allgemeiner Gerichtsstand des Wohnsitzes. Der allgemeine Gerichtsstand einer Person wird durch den Wohnsitz bestimmt.

§ 29a Ausschließlicher Gerichtsstand bei Miet- oder Pachträumen.

(1) Für Streitigkeiten über Ansprüche aus Miet- oder Pachtverhältnissen über Räume oder über das Bestehen solcher Verhältnisse ist das Gericht ausschließlich zuständig, in dessen Bezirk sich die Räume befinden.

(2) Absatz 1 ist nicht anzuwenden, wenn es sich um Wohnraum der in § 549 Abs. 2 Nr. 1 bis 3 des Bürgerlichen Gesetzbuchs[2)] genannten Art handelt.

§ 29b[3)] *(aufgehoben)*

§ 29c[4)] **Besonderer Gerichtsstand für Haustürgeschäfte.** (1) [1] Für Klagen aus außerhalb von Geschäftsräumen geschlossenen Verträgen (§ 312b des Bürgerlichen Gesetzbuchs[2)]) ist das Gericht zuständig, in dessen Bezirk der Verbraucher zur Zeit der Klageerhebung seinen Wohnsitz, in Ermangelung

---

[1)] Neubekanntmachung der ZPO idF der Bek. v. 12.9.1950 (BGBl. I S. 533) in der ab 21.10.2005 geltenden Fassung.

[2)] Nr. **1**.

[3)] § 29b aufgeh. mWv 1.7.2007 durch G v. 26.3.2007 (BGBl. I S. 370).

[4)] § 29c Abs. 1 Satz 1 geänd. mWv 13.6.2014 durch G v. 20.9.2013 (BGBl. I S. 3642); Abs. 2 eingef., bish. Abs. 2 und 3 werden Abs. 3 und 4 mWv 1.11.2018 durch G v. 12.7.2018 (BGBl. I S. 1151).

eines solchen seinen gewöhnlichen Aufenthalt hat. [2] Für Klagen gegen den Verbraucher ist dieses Gericht ausschließlich zuständig.

(2) Verbraucher ist jede natürliche Person, die bei dem Erwerb des Anspruchs oder der Begründung des Rechtsverhältnisses nicht überwiegend im Rahmen ihrer gewerblichen oder selbständigen beruflichen Tätigkeit handelt.

(3) § 33 Abs. 2 findet auf Widerklagen der anderen Vertragspartei keine Anwendung.

(4) Eine von Absatz 1 abweichende Vereinbarung ist zulässig für den Fall, dass der Verbraucher nach Vertragsschluss seinen Wohnsitz oder gewöhnlichen Aufenthalt aus dem Geltungsbereich dieses Gesetzes verlegt oder sein Wohnsitz oder gewöhnlicher Aufenthalt im Zeitpunkt der Klageerhebung nicht bekannt ist.

Abschnitt 2. Parteien

Titel 4. Prozessbevollmächtigte und Beistände

§ 78[1)] **Anwaltsprozess.** (1) [1] Vor den Landgerichten und Oberlandesgerichten müssen sich die Parteien durch einen Rechtsanwalt vertreten lassen. [2] Ist in einem Land auf Grund des § 8 des Einführungsgesetzes zum Gerichtsverfassungsgesetz ein oberstes Landesgericht errichtet, so müssen sich die Parteien vor diesem ebenfalls durch einen Rechtsanwalt vertreten lassen. [3] Vor dem Bundesgerichtshof müssen sich die Parteien durch einen bei dem Bundesgerichtshof zugelassenen Rechtsanwalt vertreten lassen.

(2) Behörden und juristische Personen des öffentlichen Rechts einschließlich der von ihnen zur Erfüllung ihrer öffentlichen Aufgaben gebildeten Zusammenschlüsse können sich als Beteiligte für die Nichtzulassungsbeschwerde durch eigene Beschäftigte mit Befähigung zum Richteramt oder durch Beschäftigte mit Befähigung zum Richteramt anderer Behörden oder juristischer Personen des öffentlichen Rechts einschließlich der von ihnen zur Erfüllung ihrer öffentlichen Aufgaben gebildeten Zusammenschlüsse vertreten lassen.

(3) Diese Vorschriften sind auf das Verfahren vor einem beauftragten oder ersuchten Richter sowie auf Prozesshandlungen, die vor dem Urkundsbeamten der Geschäftsstelle vorgenommen werden können, nicht anzuwenden.

(4) Ein Rechtsanwalt, der nach Maßgabe der Absätze 1 und 2 zur Vertretung berechtigt ist, kann sich selbst vertreten.

§ 79[2)] **Parteiprozess.** (1) [1] Soweit eine Vertretung durch Rechtsanwälte nicht geboten ist, können die Parteien den Rechtsstreit selbst führen. [2] Parteien, die eine fremde oder ihnen zum Zweck der Einziehung auf fremde Rechnung abgetretene Geldforderung geltend machen, müssen sich durch einen Rechtsanwalt als Bevollmächtigten vertreten lassen, soweit sie nicht nach Maßgabe des Absatzes 2 zur Vertretung des Gläubigers befugt wären oder eine Forderung einziehen, deren ursprünglicher Gläubiger sie sind.

[1)] § 78 Abs. 1 neu gef., Abs. 2 geänd. mWv 1.6.2007 durch G v. 26.3.2007 (BGBl. I S. 358); Abs. 4 neu gef. mWv 1.7.2008 durch G v. 12.12.2007 (BGBl. I S. 2840); Abs. 1 Satz 4 und Abs. 2 und 3 aufgeh., bish. Abs. 4 wird Abs. 2 und geänd., bish. Abs. 5 und 6 werden Abs. 3 und 4 mWv 1.9.2009 durch G v. 17.12.2008 (BGBl. I S. 2586).

[2)] § 79 neu gef. mWv 1.7.2008 durch G v. 12.12.2007 (BGBl. I S. 2840); Abs. 2 Satz 2 Nr. 4 geänd. mWv 26.11.2016 durch G v. 21.11.2016 (BGBl. I S. 2591); Abs. 2 Satz 2 Nr. 4 neu gef. mWv 1.1.2021 durch G v. 22.12.2020 (BGBl. I S. 3320).

(2) [1]Die Parteien können sich durch einen Rechtsanwalt als Bevollmächtigten vertreten lassen. [2]Darüber hinaus sind als Bevollmächtigte vertretungsbefugt nur

1. Beschäftigte der Partei oder eines mit ihr verbundenen Unternehmens (§ 15 des Aktiengesetzes); Behörden und juristische Personen des öffentlichen Rechts einschließlich der von ihnen zur Erfüllung ihrer öffentlichen Aufgaben gebildeten Zusammenschlüsse können sich auch durch Beschäftigte anderer Behörden oder juristischer Personen des öffentlichen Rechts einschließlich der von ihnen zur Erfüllung ihrer öffentlichen Aufgaben gebildeten Zusammenschlüsse vertreten lassen,
2. volljährige Familienangehörige (§ 15 der Abgabenordnung, § 11 des Lebenspartnerschaftsgesetzes), Personen mit Befähigung zum Richteramt und Streitgenossen, wenn die Vertretung nicht im Zusammenhang mit einer entgeltlichen Tätigkeit steht,
3. Verbraucherzentralen und andere mit öffentlichen Mitteln geförderte Verbraucherverbände bei der Einziehung von Forderungen von Verbrauchern im Rahmen ihres Aufgabenbereichs,
4. Personen, die Inkassodienstleistungen erbringen (registrierte Personen nach § 10 Absatz 1 Satz 1 Nummer 1 des Rechtsdienstleistungsgesetzes) im Mahnverfahren bis zur Abgabe an das Streitgericht und im Verfahren der Zwangsvollstreckung wegen Geldforderungen in das bewegliche Vermögen mit Ausnahme von Handlungen, die ein streitiges Verfahren einleiten oder innerhalb eines streitigen Verfahrens vorzunehmen sind.

[3]Bevollmächtigte, die keine natürlichen Personen sind, handeln durch ihre Organe und mit der Prozessvertretung beauftragten Vertreter.

(3) [1]Das Gericht weist Bevollmächtigte, die nicht nach Maßgabe des Absatzes 2 vertretungsbefugt sind, durch unanfechtbaren Beschluss zurück. [2]Prozesshandlungen eines nicht vertretungsbefugten Bevollmächtigten und Zustellungen oder Mitteilungen an diesen Bevollmächtigten sind bis zu seiner Zurückweisung wirksam. [3]Das Gericht kann den in Absatz 2 Satz 2 Nr. 1 bis 3 bezeichneten Bevollmächtigten durch unanfechtbaren Beschluss die weitere Vertretung untersagen, wenn sie nicht in der Lage sind, das Sach- und Streitverhältnis sachgerecht darzustellen.

(4) [1]Richter dürfen nicht als Bevollmächtigte vor einem Gericht auftreten, dem sie angehören. [2]Ehrenamtliche Richter dürfen, außer in den Fällen des Absatzes 2 Satz 2 Nr. 1, nicht vor einem Spruchkörper auftreten, dem sie angehören. [3]Absatz 3 Satz 1 und 2 gilt entsprechend.

§ 80[1)] Prozessvollmacht. [1]Die Vollmacht ist schriftlich zu den Gerichtsakten einzureichen. [2]Sie kann nachgereicht werden; hierfür kann das Gericht eine Frist bestimmen.

Titel 5. Prozesskosten

§ 91[2)] Grundsatz und Umfang der Kostenpflicht. (1) [1]Die unterliegende Partei hat die Kosten des Rechtsstreits zu tragen, insbesondere die dem Gegner erwachsenen Kosten zu erstatten, soweit sie zur zweckentsprechenden Rechts-

---

[1)] § 80 neu gef. mWv 1.7.2008 durch G v. 12.12.2007 (BGBl. I S. 2840).
[2)] § 91 Abs. 2 Satz 1 geänd. mWv 1.6.2007 durch G v. 26.3.2007 (BGBl. I S. 358).

verfolgung oder Rechtsverteidigung notwendig waren. [2]Die Kostenerstattung umfasst auch die Entschädigung des Gegners für die durch notwendige Reisen oder durch die notwendige Wahrnehmung von Terminen entstandene Zeitversäumnis; die für die Entschädigung von Zeugen geltenden Vorschriften sind entsprechend anzuwenden.

(2) [1]Die gesetzlichen Gebühren und Auslagen des Rechtsanwalts der obsiegenden Partei sind in allen Prozessen zu erstatten, Reisekosten eines Rechtsanwalts, der nicht in dem Bezirk des Prozessgerichts niedergelassen ist und am Ort des Prozessgerichts auch nicht wohnt, jedoch nur insoweit, als die Zuziehung zur zweckentsprechenden Rechtsverfolgung oder Rechtsverteidigung notwendig war. [2]Die Kosten mehrerer Rechtsanwälte sind nur insoweit zu erstatten, als sie die Kosten eines Rechtsanwalts nicht übersteigen oder als in der Person des Rechtsanwalts ein Wechsel eintreten musste. [3]In eigener Sache sind dem Rechtsanwalt die Gebühren und Auslagen zu erstatten, die er als Gebühren und Auslagen eines bevollmächtigten Rechtsanwalts erstattet verlangen könnte.

(3) Zu den Kosten des Rechtsstreits im Sinne der Absätze 1, 2 gehören auch die Gebühren, die durch ein Güteverfahren vor einer durch die Landesjustizverwaltung eingerichteten oder anerkannten Gütestelle entstanden sind; dies gilt nicht, wenn zwischen der Beendigung des Güteverfahrens und der Klageerhebung mehr als ein Jahr verstrichen ist.

(4) Zu den Kosten des Rechtsstreits im Sinne von Absatz 1 gehören auch Kosten, die die obsiegende Partei der unterlegenen Partei im Verlaufe des Rechtsstreits gezahlt hat.

§ 91a Kosten bei Erledigung der Hauptsache. (1) [1]Haben die Parteien in der mündlichen Verhandlung oder durch Einreichung eines Schriftsatzes oder zu Protokoll der Geschäftsstelle den Rechtsstreit in der Hauptsache für erledigt erklärt, so entscheidet das Gericht über die Kosten unter Berücksichtigung des bisherigen Sach- und Streitstandes nach billigem Ermessen durch Beschluss. [2]Dasselbe gilt, wenn der Beklagte der Erledigungserklärung des Klägers nicht innerhalb einer Notfrist von zwei Wochen seit der Zustellung des Schriftsatzes widerspricht, wenn der Beklagte zuvor auf diese Folge hingewiesen worden ist.

(2) [1]Gegen die Entscheidung findet die sofortige Beschwerde statt. [2]Dies gilt nicht, wenn der Streitwert der Hauptsache den in § 511 genannten Betrag nicht übersteigt. [3]Vor der Entscheidung über die Beschwerde ist der Gegner zu hören.

§ 93b Kosten bei Räumungsklagen. (1) [1]Wird einer Klage auf Räumung von Wohnraum mit Rücksicht darauf stattgegeben, dass ein Verlangen des Beklagten auf Fortsetzung des Mietverhältnisses auf Grund der §§ 574 bis 574b des Bürgerlichen Gesetzbuchs[1)] wegen der berechtigten Interessen des Klägers nicht gerechtfertigt ist, so kann das Gericht die Kosten ganz oder teilweise dem Kläger auferlegen, wenn der Beklagte die Fortsetzung des Mietverhältnisses unter Angabe von Gründen verlangt hatte und der Kläger aus Gründen obsiegt, die erst nachträglich entstanden sind (§ 574 Abs. 3 des Bürgerlichen Gesetzbuchs). [2]Dies gilt in einem Rechtsstreit wegen Fortsetzung des Mietverhältnisses bei Abweisung der Klage entsprechend.

[1)] Nr. **1**.

(2) [1] Wird eine Klage auf Räumung von Wohnraum mit Rücksicht darauf abgewiesen, dass auf Verlangen des Beklagten die Fortsetzung des Mietverhältnisses auf Grund der §§ 574 bis 574b des Bürgerlichen Gesetzbuchs bestimmt wird, so kann das Gericht die Kosten ganz oder teilweise dem Beklagten auferlegen, wenn er auf Verlangen des Klägers nicht unverzüglich über die Gründe des Widerspruchs Auskunft erteilt hat. [2] Dies gilt in einem Rechtsstreit wegen Fortsetzung des Mietverhältnisses entsprechend, wenn der Klage stattgegeben wird.

(3) Erkennt der Beklagte den Anspruch auf Räumung von Wohnraum sofort an, wird ihm jedoch eine Räumungsfrist bewilligt, so kann das Gericht die Kosten ganz oder teilweise dem Kläger auferlegen, wenn der Beklagte bereits vor Erhebung der Klage unter Angabe von Gründen die Fortsetzung des Mietverhältnisses oder eine den Umständen nach angemessene Räumungsfrist vom Kläger vergeblich begehrt hatte.

Buch 2. Verfahren im ersten Rechtszug

Abschnitt 1. Verfahren vor den Landgerichten

Titel 1. Verfahren bis zum Urteil

§ 253[1)] Klageschrift. (1) Die Erhebung der Klage erfolgt durch Zustellung eines Schriftsatzes (Klageschrift).

(2) Die Klageschrift muss enthalten:

1. die Bezeichnung der Parteien und des Gerichts;
2. die bestimmte Angabe des Gegenstandes und des Grundes des erhobenen Anspruchs, sowie einen bestimmten Antrag.

(3) Die Klageschrift soll ferner enthalten:

1. die Angabe, ob der Klageerhebung der Versuch einer Mediation oder eines anderen Verfahrens der außergerichtlichen Konfliktbeilegung vorausgegangen ist, sowie eine Äußerung dazu, ob einem solchen Verfahren Gründe entgegenstehen;

(Fortsetzung nächstes Blatt)

---

1) § 253 Abs. 3 neu gef. mWv 26.7.2012 durch G v. 21.7.2012 (BGBl. I S. 1577).

§ 732 Erinnerung gegen Erteilung der Vollstreckungsklausel. (1) [1] Über Einwendungen des Schuldners, welche die Zulässigkeit der Vollstreckungsklausel betreffen, entscheidet das Gericht, von dessen Geschäftsstelle die Vollstreckungsklausel erteilt ist. [2] Die Entscheidung ergeht durch Beschluss.

(2) Das Gericht kann vor der Entscheidung eine einstweilige Anordnung erlassen; es kann insbesondere anordnen, dass die Zwangsvollstreckung gegen oder ohne Sicherheitsleistung einstweilen einzustellen oder nur gegen Sicherheitsleistung fortzusetzen sei.

§ 750 Voraussetzungen der Zwangsvollstreckung. (1) [1] Die Zwangsvollstreckung darf nur beginnen, wenn die Personen, für und gegen die sie stattfinden soll, in dem Urteil oder in der ihm beigefügten Vollstreckungsklausel namentlich bezeichnet sind und das Urteil bereits zugestellt ist oder gleichzeitig zugestellt wird. [2] Eine Zustellung durch den Gläubiger genügt; in diesem Fall braucht die Ausfertigung des Urteils Tatbestand und Entscheidungsgründe nicht zu enthalten.

(2) Handelt es sich um die Vollstreckung eines Urteils, dessen vollstreckbare Ausfertigung nach § 726 Abs. 1 erteilt worden ist, oder soll ein Urteil, das nach den §§ 727 bis 729, 738, 742, 744, dem § 745 Abs. 2 und dem § 749 für oder gegen eine der dort bezeichneten Personen wirksam ist, für oder gegen eine dieser Personen vollstreckt werden, so muss außer dem zu vollstreckenden Urteil auch die ihm beigefügte Vollstreckungsklausel und, sofern die Vollstreckungsklausel auf Grund öffentlicher oder öffentlich beglaubigter Urkunden erteilt ist, auch eine Abschrift dieser Urkunden vor Beginn der Zwangsvollstreckung zugestellt sein oder gleichzeitig mit ihrem Beginn zugestellt werden.

(3) Eine Zwangsvollstreckung nach § 720a darf nur beginnen, wenn das Urteil und die Vollstreckungsklausel mindestens zwei Wochen vorher zugestellt sind.

§ 760[1)] Akteneinsicht; Aktenabschrift. [1] Jeder Person, die bei dem Vollstreckungsverfahren beteiligt ist, muss auf Begehren Einsicht der Akten des Gerichtsvollziehers gestattet und Abschrift einzelner Aktenstücke erteilt werden. [2] Werden die Akten des Gerichtsvollziehers elektronisch geführt, erfolgt die Gewährung von Akteneinsicht durch Erteilung von Ausdrucken, durch Übermittlung von elektronischen Dokumenten oder durch Wiedergabe auf einem Bildschirm; dies gilt auch für die nach § 885a Absatz 2 Satz 2 elektronisch gespeicherten Dateien.

§ 765a Vollstreckungsschutz. (1) [1] Auf Antrag des Schuldners kann das Vollstreckungsgericht eine Maßnahme der Zwangsvollstreckung ganz oder teilweise aufheben, untersagen oder einstweilen einstellen, wenn die Maßnahme unter voller Würdigung des Schutzbedürfnisses des Gläubigers wegen ganz besonderer Umstände eine Härte bedeutet, die mit den guten Sitten nicht vereinbar ist. [2] Es ist befugt, die in § 732 Abs. 2 bezeichneten Anordnungen zu erlassen. [3] Betrifft die Maßnahme ein Tier, so hat das Vollstreckungsgericht bei der von ihm vorzunehmenden Abwägung die Verantwortung des Menschen für das Tier zu berücksichtigen.

(2) Eine Maßnahme zur Erwirkung der Herausgabe von Sachen kann der Gerichtsvollzieher bis zur Entscheidung des Vollstreckungsgerichts, jedoch nicht länger als eine Woche, aufschieben, wenn ihm die Voraussetzungen des Absatzes

---

[1)] § 760 Satz 2 geänd. mWv 1.5.2013 durch G v. 11.3.2013 (BGBl. I S. 434).

1 Satz 1 glaubhaft gemacht werden und dem Schuldner die rechtzeitige Anrufung des Vollstreckungsgerichts nicht möglich war.

(3) In Räumungssachen ist der Antrag nach Absatz 1 spätestens zwei Wochen vor dem festgesetzten Räumungstermin zu stellen, es sei denn, dass die Gründe, auf denen der Antrag beruht, erst nach diesem Zeitpunkt entstanden sind oder der Schuldner ohne sein Verschulden an einer rechtzeitigen Antragstellung gehindert war.

(4) Das Vollstreckungsgericht hebt seinen Beschluss auf Antrag auf oder ändert ihn, wenn dies mit Rücksicht auf eine Änderung der Sachlage geboten ist.

(5) Die Aufhebung von Vollstreckungsmaßregeln erfolgt in den Fällen des Absatzes 1 Satz 1 und des Absatzes 4 erst nach Rechtskraft des Beschlusses.

§ 766 Erinnerung gegen Art und Weise der Zwangsvollstreckung.

(1) [1] Über Anträge, Einwendungen und Erinnerungen, welche die Art und Weise der Zwangsvollstreckung oder das vom Gerichtsvollzieher bei ihr zu beobachtende Verfahren betreffen, entscheidet das Vollstreckungsgericht. [2] Es ist befugt, die im § 732 Abs. 2 bezeichneten Anordnungen zu erlassen.

(2) Dem Vollstreckungsgericht steht auch die Entscheidung zu, wenn ein Gerichtsvollzieher sich weigert, einen Vollstreckungsauftrag zu übernehmen oder eine Vollstreckungshandlung dem Auftrag gemäß auszuführen, oder wenn wegen der von dem Gerichtsvollzieher in Ansatz gebrachten Kosten Erinnerungen erhoben werden.

§ 794a Zwangsvollstreckung aus Räumungsvergleich. (1) [1] Hat sich der Schuldner in einem Vergleich, aus dem die Zwangsvollstreckung stattfindet, zur Räumung von Wohnraum verpflichtet, so kann ihm das Amtsgericht, in dessen Bezirk der Wohnraum belegen ist, auf Antrag eine den Umständen nach angemessene Räumungsfrist bewilligen. [2] Der Antrag ist spätestens zwei Wochen vor dem Tag, an dem nach dem Vergleich zu räumen ist, zu stellen; §§ 233 bis 238 gelten sinngemäß. [3] Die Entscheidung ergeht durch Beschluss. [4] Vor der Entscheidung ist der Gläubiger zu hören. [5] Das Gericht ist befugt, die im § 732 Abs. 2 bezeichneten Anordnungen zu erlassen.

(2) [1] Die Räumungsfrist kann auf Antrag verlängert oder verkürzt werden. [2] Absatz 1 Satz 2 bis 5 gilt entsprechend.

(3) [1] Die Räumungsfrist darf insgesamt nicht mehr als ein Jahr, gerechnet vom Tag des Abschlusses des Vergleichs, betragen. [2] Ist nach dem Vergleich an einem späteren Tag zu räumen, so rechnet die Frist von diesem Tag an.

(4) Gegen die Entscheidung des Amtsgerichts findet die sofortige Beschwerde statt.

(5) [1] Die Absätze 1 bis 4 gelten nicht für Mietverhältnisse über Wohnraum im Sinne des § 549 Abs. 2 Nr. 3 sowie in den Fällen des § 575 des Bürgerlichen Gesetzbuchs[1]. [2] Endet ein Mietverhältnis im Sinne des § 575 des Bürgerlichen Gesetzbuchs durch außerordentliche Kündigung, kann eine Räumungsfrist höchstens bis zum vertraglich bestimmten Zeitpunkt der Beendigung gewährt werden.

§ 796a Voraussetzungen für die Vollstreckbarerklärung des Anwaltsvergleichs. (1) Ein von Rechtsanwälten im Namen und mit Vollmacht der von

---

[1] Nr. 1.

ihnen vertretenen Parteien abgeschlossener Vergleich wird auf Antrag einer Partei für vollstreckbar erklärt, wenn sich der Schuldner darin der sofortigen Zwangsvollstreckung unterworfen hat und der Vergleich unter Angabe des Tages seines Zustandekommens bei einem Amtsgericht niedergelegt ist, bei dem eine der Parteien zur Zeit des Vergleichsabschlusses ihren allgemeinen Gerichtsstand hat.

(2) Absatz 1 gilt nicht, wenn der Vergleich auf die Abgabe einer Willenserklärung gerichtet ist oder den Bestand eines Mietverhältnisses über Wohnraum betrifft.

(3) Die Vollstreckbarerklärung ist abzulehnen, wenn der Vergleich unwirksam ist oder seine Anerkennung gegen die öffentliche Ordnung verstoßen würde.

§ 800 Vollstreckbare Urkunde gegen den jeweiligen Grundstückseigentümer. (1) [1]Der Eigentümer kann sich in einer nach § 794 Abs. 1 Nr. 5 aufgenommenen Urkunde in Ansehung einer Hypothek, einer Grundschuld oder einer Rentenschuld der sofortigen Zwangsvollstreckung in der Weise unterwerfen, dass die Zwangsvollstreckung aus der Urkunde gegen den jeweiligen Eigentümer des Grundstücks zulässig sein soll. [2]Die Unterwerfung bedarf in diesem Fall der Eintragung in das Grundbuch.

(2) Bei der Zwangsvollstreckung gegen einen späteren Eigentümer, der im Grundbuch eingetragen ist, bedarf es nicht der Zustellung der den Erwerb des Eigentums nachweisenden öffentlichen oder öffentlich beglaubigten Urkunde.

(3) Ist die sofortige Zwangsvollstreckung gegen den jeweiligen Eigentümer zulässig, so ist für die im § 797 Abs. 5 bezeichneten Klagen das Gericht zuständig, in dessen Bezirk das Grundstück belegen ist.

§ 801[1)] Landesrechtliche Vollstreckungstitel. (1) Die Landesgesetzgebung ist nicht gehindert, auf Grund anderer als der in den §§ 704, 794 bezeichneten Schuldtitel die gerichtliche Zwangsvollstreckung zuzulassen und insoweit von diesem Gesetz abweichende Vorschriften über die Zwangsvollstreckung zu treffen.

(2) Aus landesrechtlichen Schuldtiteln im Sinne des Absatzes 1 kann im gesamten Bundesgebiet vollstreckt werden.

§ 802 Ausschließlichkeit der Gerichtsstände. Die in diesem Buch angeordneten Gerichtsstände sind ausschließliche.

Abschnitt 2. Zwangsvollstreckung wegen Geldforderungen

Titel 2.[2)] Zwangsvollstreckung in das bewegliche Vermögen

Untertitel 3. Zwangsvollstreckung in Forderungen und andere Vermögensrechte

§ 851b[3)4)] Pfändungsschutz bei Miet- und Pachtzinsen. (1) [1]Die Pfändung von Miete und Pacht ist auf Antrag des Schuldners vom Vollstreckungsgericht insoweit aufzuheben, als diese Einkünfte für den Schuldner zur laufenden Unterhaltung des Grundstücks, zur Vornahme notwendiger Instandsetzungs-

---

1) § 801 Abs. 2 angef. mWv 25.4.2006 durch G v. 19.4.2006 (BGBl. I S. 866).
2) Bish. Titel 1 wird Titel 2 mWv 1.1.2013 durch G v. 29.7.2009 (BGBl. I S. 2258).
3) § 851b Abs. 2 neu gef., Abs. 3 und 4 angef. mWv 1.1.2013 durch G v. 29.7.2009 (BGBl. I S. 2258).
4) Beachte hierzu Übergangsvorschrift in § 39 EGZPO v. 30.1.1877 (RGBl. S. 244), zuletzt geänd. durch G v. 22.12.2020 (BGBl. I S. 3328).

arbeiten und zur Befriedigung von Ansprüchen unentbehrlich sind, die bei einer Zwangsvollstreckung in das Grundstück dem Anspruch des Gläubigers nach § 10 des Gesetzes über die Zwangsversteigerung und die Zwangsverwaltung[1)] vorgehen würden. [2]Das Gleiche gilt von der Pfändung von Barmitteln und Guthaben, die aus Miet- oder Pachtzahlungen herrühren und zu den in Satz 1 bezeichneten Zwecken unentbehrlich sind.

(2) [1]Wird der Antrag nicht binnen einer Frist von zwei Wochen gestellt, so ist er ohne sachliche Prüfung zurückzuweisen, wenn das Vollstreckungsgericht der Überzeugung ist, dass der Schuldner den Antrag in der Absicht der Verschleppung oder aus grober Nachlässigkeit nicht früher gestellt hat. [2]Die Frist beginnt mit der Pfändung.

(3) Anordnungen nach Absatz 1 können mehrmals ergehen und, soweit es nach Lage der Verhältnisse geboten ist, auf Antrag aufgehoben oder abgeändert werden.

(4) [1]Vor den in den Absätzen 1 und 3 bezeichneten Entscheidungen ist, soweit dies ohne erhebliche Verzögerung möglich ist, der Gläubiger zu hören. [2]Die für die Entscheidung wesentlichen tatsächlichen Verhältnisse sind glaubhaft zu machen. [3]Die Pfändung soll unterbleiben, wenn offenkundig ist, dass die Voraussetzungen für die Aufhebung der Zwangsvollstreckung nach Absatz 1 vorliegen.

Abschnitt 3. Zwangsvollstreckung zur Erwirkung der Herausgabe von Sachen und zur Erwirkung von Handlungen oder Unterlassungen

§ 885[2)] Herausgabe von Grundstücken oder Schiffen. (1) [1]Hat der Schuldner eine unbewegliche Sache oder ein eingetragenes Schiff oder Schiffsbauwerk herauszugeben, zu überlassen oder zu räumen, so hat der Gerichtsvollzieher den Schuldner aus dem Besitz zu setzen und den Gläubiger in den Besitz einzuweisen. [2]Der Gerichtsvollzieher hat den Schuldner aufzufordern, eine Anschrift zum Zweck von Zustellungen oder einen Zustellungsbevollmächtigten zu benennen.

(2) Bewegliche Sachen, die nicht Gegenstand der Zwangsvollstreckung sind, werden von dem Gerichtsvollzieher weggeschafft und dem Schuldner oder, wenn dieser abwesend ist, einem Bevollmächtigten des Schuldners, einem erwachsenen Familienangehörigen, einer in der Familie beschäftigten Person oder einem erwachsenen ständigen Mitbewohner übergeben oder zur Verfügung gestellt.

(3) [1]Ist weder der Schuldner noch eine der bezeichneten Personen anwesend oder wird die Entgegennahme verweigert, hat der Gerichtsvollzieher die in Absatz 2 bezeichneten Sachen auf Kosten des Schuldners in die Pfandkammer zu schaffen oder anderweitig in Verwahrung zu bringen. [2]Bewegliche Sachen, an deren Aufbewahrung offensichtlich kein Interesse besteht, sollen unverzüglich vernichtet werden.

(4) [1]Fordert der Schuldner die Sachen nicht binnen einer Frist von einem Monat nach der Räumung ab, veräußert der Gerichtsvollzieher die Sachen und hinterlegt den Erlös. [2]Der Gerichtsvollzieher veräußert die Sachen und hinterlegt den Erlös auch dann, wenn der Schuldner die Sachen binnen einer Frist von

---

[1)] Nr. **500**.

[2)] § 885 Abs. 1 Sätze 3 und 4 aufgeh. mWv 1.9.2009 durch G v. 17.12.2008 (BGBl. I S. 2586); Abs. 2 geänd., Abs. 3 und 4 neu gef., Abs. 5 angef. mWv 1.5.2013 durch G v. 11.3.2013 (BGBl. I S. 434).

einem Monat abfordert, ohne binnen einer Frist von zwei Monaten nach der Räumung die Kosten zu zahlen. [3] Die §§ 806, 814 und 817 sind entsprechend anzuwenden. [4] Sachen, die nicht verwertet werden können, sollen vernichtet werden.

(5) Unpfändbare Sachen und solche Sachen, bei denen ein Verwertungserlös nicht zu erwarten ist, sind auf Verlangen des Schuldners jederzeit ohne Weiteres herauszugeben.

§ 885a[1]) Beschränkter Vollstreckungsauftrag. (1) Der Vollstreckungsauftrag kann auf die Maßnahmen nach § 885 Absatz 1 beschränkt werden.

(2) [1] Der Gerichtsvollzieher hat in dem Protokoll (§ 762) die frei ersichtlichen beweglichen Sachen zu dokumentieren, die er bei der Vornahme der Vollstreckungshandlung vorfindet. [2] Er kann bei der Dokumentation Bildaufnahmen in elektronischer Form herstellen.

(3) [1] Der Gläubiger kann bewegliche Sachen, die nicht Gegenstand der Zwangsvollstreckung sind, jederzeit wegschaffen und hat sie zu verwahren. [2] Bewegliche Sachen, an deren Aufbewahrung offensichtlich kein Interesse besteht, kann er jederzeit vernichten. [3] Der Gläubiger hat hinsichtlich der Maßnahmen nach den Sätzen 1 und 2 nur Vorsatz und grobe Fahrlässigkeit zu vertreten.

(4) [1] Fordert der Schuldner die Sachen beim Gläubiger nicht binnen einer Frist von einem Monat nach der Einweisung des Gläubigers in den Besitz ab, kann der Gläubiger die Sachen verwerten. [2] Die §§ 372 bis 380, 382, 383 und 385 des Bürgerlichen Gesetzbuchs sind entsprechend anzuwenden. [3] Eine Androhung der Versteigerung findet nicht statt. [4] Sachen, die nicht verwertet werden können, können vernichtet werden.

(5) Unpfändbare Sachen und solche Sachen, bei denen ein Verwertungserlös nicht zu erwarten ist, sind auf Verlangen des Schuldners jederzeit ohne Weiteres herauszugeben.

(6) Mit der Mitteilung des Räumungstermins weist der Gerichtsvollzieher den Gläubiger und den Schuldner auf die Bestimmungen der Absätze 2 bis 5 hin.

(7) Die Kosten nach den Absätzen 3 und 4 gelten als Kosten der Zwangsvollstreckung.

§ 886 Herausgabe bei Gewahrsam eines Dritten. Befindet sich eine herauszugebende Sache im Gewahrsam eines Dritten, so ist dem Gläubiger auf dessen Antrag der Anspruch des Schuldners auf Herausgabe der Sache nach den Vorschriften zu überweisen, welche die Pfändung und Überweisung einer Geldforderung betreffen.

Abschnitt 5. Arrest und einstweilige Verfügung

§ 940 Einstweilige Verfügung zur Regelung eines einstweiligen Zustandes. Einstweilige Verfügungen sind auch zum Zwecke der Regelung eines einstweiligen Zustandes in Bezug auf ein streitiges Rechtsverhältnis zulässig, sofern diese Regelung, insbesondere bei dauernden Rechtsverhältnissen zur Abwendung wesentlicher Nachteile oder zur Verhinderung drohender Gewalt oder aus anderen Gründen nötig erscheint.

---

1) § 885a eingef. mWv 1.5.2013 durch G v. 11.3.2013 (BGBl. I S. 434).

§ 940a[1] **Räumung von Wohnraum.** (1) Die Räumung von Wohnraum darf durch einstweilige Verfügung nur wegen verbotener Eigenmacht oder bei einer konkreten Gefahr für Leib oder Leben angeordnet werden.

(2) Die Räumung von Wohnraum darf durch einstweilige Verfügung auch gegen einen Dritten angeordnet werden, der im Besitz der Mietsache ist, wenn gegen den Mieter ein vollstreckbarer Räumungstitel vorliegt und der Vermieter vom Besitzerwerb des Dritten erst nach dem Schluss der mündlichen Verhandlung Kenntnis erlangt hat.

(3) Ist Räumungsklage wegen Zahlungsverzugs erhoben, darf die Räumung von Wohnraum durch einstweilige Verfügung auch angeordnet werden, wenn der Beklagte einer Sicherungsanordnung (§ 283a) im Hauptsacheverfahren nicht Folge leistet.

(4) In den Fällen der Absätze 2 und 3 hat das Gericht den Gegner vor Erlass einer Räumungsverfügung anzuhören.

Buch 10.[2] Schiedsrichterliches Verfahren

Abschnitt 2. Schiedsvereinbarung

§ 1030 Schiedsfähigkeit. (1) [1]Jeder vermögensrechtliche Anspruch kann Gegenstand einer Schiedsvereinbarung sein. [2]Eine Schiedsvereinbarung über nichtvermögensrechtliche Ansprüche hat insoweit rechtliche Wirkung, als die Parteien berechtigt sind, über den Gegenstand des Streites einen Vergleich zu schließen.

(2) [1]Eine Schiedsvereinbarung über Rechtsstreitigkeiten, die den Bestand eines Mietverhältnisses über Wohnraum im Inland betreffen, ist unwirksam. [2]Dies gilt nicht, soweit es sich um Wohnraum der in § 549 Abs. 2 Nr. 1 bis 3 des Bürgerlichen Gesetzbuchs[3] bestimmten Art handelt.

(3) Gesetzliche Vorschriften außerhalb dieses Buches, nach denen Streitigkeiten einem schiedsrichterlichen Verfahren nicht oder nur unter bestimmten Voraussetzungen unterworfen werden dürfen, bleiben unberührt.

---

[1] § 940a neu gef. mWv 1.5.2013 durch G v. 11.3.2013 (BGBl. I S. 434).

[2] Vgl. das G zu dem Übereinkommen v. 10.6.1958 über die Anerkennung und Vollstreckung ausländischer Schiedssprüche v. 15.3.1961 (BGBl. II S. 121), geänd. durch G v. 22.12.1997 (BGBl. I S. 3224).

[3] Nr. **1**.

9. Gerichtsverfassungsgesetz (GVG)[1)]

In der Fassung der Bekanntmachung vom 9. Mai 1975[2)]
(BGBl. I S. 1077)

FNA 300-2

zuletzt geänd. durch Art. 2 Sanierungs- und InsolvenzrechtsfortentwicklungsG v. 22.12.2020 (BGBl. I S. 3256)

– Auszug –

Dritter Titel. Amtsgerichte

§ 23[3)] **[Zuständigkeit in Zivilsachen]** Die Zuständigkeit der Amtsgerichte umfaßt in bürgerlichen Rechtsstreitigkeiten, soweit sie nicht ohne Rücksicht auf den Wert des Streitgegenstandes den Landgerichten zugewiesen sind:

[1)] Die Länder haben ua folgende Ausführungsvorschriften erlassen:
- **Baden-Württemberg:** GVG-AusführungsG v. 16.12.1975 (GBl. S. 868), zuletzt geänd. durch G v. 6.10.2020 (GBl. S. 735)
- **Bayern:** GVG-AusführungsG v. 23.6.1981 (BayRS IV S. 483), zuletzt geänd. durch V v. 26.3.2019 (GVBl. S. 98)
- **Berlin:** GVG-AusführungsG v. 23.3.1992 (GVBl. S. 73), zuletzt geänd. durch G v. 30.5.2016 (GVBl. S. 282)
- **Brandenburg:** Brandenburgisches GerichtsorganisationsG v. 19.12.2011 (GVBl. I Nr. 32), geänd. durch G v. 19.12.2011 (GVBl. I Nr. 32 S. 1)
- **Bremen:** GVG-AusführungsG idF der Bek. v. 21.8.1974 (Brem.GBl. S. 297), zuletzt geänd. durch G v. 25.11.2014 (Brem.GBl. S. 639)
- **Hamburg:** GVG-AusführungsG v. 31.5.1965 (HmbGVBl. S. 99), zuletzt geänd. durch G v. 10.9. 2002 (GVBl. S. 252)
- **Hessen:** GVG-AusführungsG v. 3.9.1878 (Hess. Reg.Bl. S. 101), zuletzt geänd. durch G v. 25.9. 1990 (GVBl. I S. 563)
- **Mecklenburg-Vorpommern:** GerichtsstrukturG idF der Bek. v. 7.4.1998 (GVOBl. M-V S. 444, ber. S. 549), zuletzt geänd. durch G v. 11.11.2013 (GVOBl. M-V S. 609)
- **Niedersachsen:** Niedersächsisches JustizG v. 16.12.2014 (Nds. GVBl. S. 436), zuletzt geänd. durch G v. 11.11.2020 (Nds. GVBl. S. 391)
- **Nordrhein-Westfalen:** JustizG Nordrhein-Westfalen v. 26.1.2010 (GV. NRW. S. 30), zuletzt geänd. durch G v. 1.9.2020 (GV. NRW. S. 818)
- **Rheinland-Pfalz:** GVG-AusführungsG v. 6.11.1989 (GVBl. S. 225), zuletzt geänd. durch G v. 3.9. 2018 (GVBl. S. 276)
- **Saarland:** GVG-AusführungsG v. 4.10.1972 (Amtsbl. S. 601), zuletzt geänd. durch G v. 11.11.2020 (Amtsbl. I S. 1262)
- **Sachsen:** Sächsisches JustizG v. 24.11.2000 (SächsGVBl. S. 482, ber. 2001 S. 704), zuletzt geänd. durch G v. 11.5.2019 (SächsGVBl. S. 358)
- **Sachsen-Anhalt:** GVG-AusführungsG v. 24.8.1992 (GVBl. LSA S. 648), zuletzt geänd. durch G v. 15.1.2010 (GVBl. LSA S. 8)
- **Schleswig-Holstein:** LandesjustizG v. 17.4.2018 (GVOBl. Schl.-H. S. 231, ber. S. 441)
- **Thüringen:** GVG-AusführungsG idF der Bek. v. 12.10.1993 (GVBl. S. 612), zuletzt geänd. durch G v. 10.10.2019 (GVBl. S. 382)

[2)] Neubekanntmachung des GVG v. 27.1.1877 (RGBl. S. 41) in der seit 1.1.1975 geltenden Fassung.

[3)] § 23 Nr. 1 geänd. durch G v. 17.12.1990 (BGBl. I S. 2847); Nr. 1 geänd., Nr. 2 Buchst. a neu gef. durch G v. 11.1.1993 (BGBl. I S. 50); Nr. 2 Buchst. b geänd. durch G v. 25.8.1998 (BGBl. I S. 2489); Nr. 1 geänd. mWv 1.1.2002 durch G v. 27.7.2001 (BGBl. I S. 1887); Nr. 2 Buchst. c aufgeh. mWv 1.1.2002 durch G v. 26.11.2001 (BGBl. I S. 3138); Nr. 2 Buchst. c eingef. mWv 1.7.2007 durch G v. 26.3.2007 (BGBl. I S. 370); Nr. 2 Buchst. g geänd., Buchst. h aufgeh. mWv 1.9.2009 durch G v. 30.7.2009 (BGBl. I S. 2449); Nr. 2 Buchst. c geänd. mWv 1.12.2020 durch G v. 16.10. 2020 (BGBl. I S. 2187).

1. Streitigkeiten über Ansprüche, deren Gegenstand an Geld oder Geldeswert die Summe von fünftausend Euro nicht übersteigt;
2. ohne Rücksicht auf den Wert des Streitgegenstandes:
   a) Streitigkeiten über Ansprüche aus einem Mietverhältnis über Wohnraum oder über den Bestand eines solchen Mietverhältnisses; diese Zuständigkeit ist ausschließlich;
   b) Streitigkeiten zwischen Reisenden und Wirten, Fuhrleuten, Schiffern oder Auswanderungsexpedienten in den Einschiffungshäfen, die über Wirtszechen, Fuhrlohn, Überfahrtsgelder, Beförderung der Reisenden und ihrer Habe und über Verlust und Beschädigung der letzteren, sowie Streitigkeiten zwischen Reisenden und Handwerkern, die aus Anlaß der Reise entstanden sind;
   c) Streitigkeiten nach § 43 Absatz 2 des Wohnungseigentumsgesetzes[1]; diese Zuständigkeit ist ausschließlich;
   d) Streitigkeiten wegen Wildschadens;
   e) (weggefallen)
   f) (weggefallen)
   g) Ansprüche aus einem mit der Überlassung eines Grundstücks in Verbindung stehenden Leibgedings-, Leibzuchts-, Altenteils- oder Auszugsvertrag.

§ 23a[2] [Zuständigkeit in Familiensachen und in Angelegenheiten der freiwilligen Gerichtsbarkeit] (1) [1]Die Amtsgerichte sind ferner zuständig für

1. Familiensachen;
2. Angelegenheiten der freiwilligen Gerichtsbarkeit, soweit nicht durch gesetzliche Vorschriften eine anderweitige Zuständigkeit begründet ist.

[2]Die Zuständigkeit nach Satz 1 Nummer 1 ist eine ausschließliche.

(2) Angelegenheiten der freiwilligen Gerichtsbarkeit sind

1. Betreuungssachen, Unterbringungssachen sowie betreuungsgerichtliche Zuweisungssachen,
2. Nachlass- und Teilungssachen,
3. Registersachen,
4. unternehmensrechtliche Verfahren nach § 375 des Gesetzes über das Verfahren in Familiensachen und in den Angelegenheiten der freiwilligen Gerichtsbarkeit,
5. die weiteren Angelegenheiten der freiwilligen Gerichtsbarkeit nach § 410 des Gesetzes über das Verfahren in Familiensachen und in den Angelegenheiten der freiwilligen Gerichtsbarkeit,
6. Verfahren in Freiheitsentziehungssachen nach § 415 des Gesetzes über das Verfahren in Familiensachen und in den Angelegenheiten der freiwilligen Gerichtsbarkeit,
7. Aufgebotsverfahren,

---

[1] Nr. **80**.

[2] § 23a neu gef. mWv 1.9.2009 durch G v. 17.12.2008 (BGBl. I S. 2586); Abs. 1 Satz 2 angef. mWv 1.9.2009 durch G v. 30.7.2009 (BGBl. I S. 2474); Abs. 3 angef. mWv 1.9.2013 durch G v. 26.6.2013 (BGBl. I S. 1800).

8. Grundbuchsachen,
9. Verfahren nach § 1 Nr. 1 und 2 bis 6 des Gesetzes über das gerichtliche Verfahren in Landwirtschaftssachen[1)],
10. Schiffsregistersachen sowie
11. sonstige Angelegenheiten der freiwilligen Gerichtsbarkeit, soweit sie durch Bundesgesetz den Gerichten zugewiesen sind.

(3) Abweichend von Absatz 1 Satz 1 Nummer 2 sind für die den Amtsgerichten obliegenden Verrichtungen in Teilungssachen im Sinne von § 342 Absatz 2 Nummer 1 des Gesetzes über das Verfahren in Familiensachen und in den Angelegenheiten der freiwilligen Gerichtsbarkeit anstelle der Amtsgerichte die Notare zuständig.

Fünfter Titel. Landgerichte

§ 60[2)] **[Zivil- und Strafkammern]** (1) Bei jedem Landgericht werden, soweit nichts anders bestimmt ist, sowohl Zivil- als auch Strafkammern gebildet.

(2) [1] Die Landesregierungen werden ermächtigt, durch Rechtsverordnung bei einem Landgericht mit mindestens 100 Richterstellen ausschließlich Zivil- oder Strafkammern zu bilden und diesem für die Bezirke mehrerer Landgerichte die Zivil- oder Strafsachen zuzuweisen. [2] Die Landesregierungen können die Ermächtigung nach Satz 1 auf die Landesjustizverwaltungen übertragen.

§§ 61 bis 69 (weggefallen)

§ 72[3)] **[Zuständigkeit in Zivilsachen in 2. Instanz]** (1) [1] Die Zivilkammern, einschließlich der Kammern für Handelssachen und der in § 72a genannten Kammern, sind die Berufungs- und Beschwerdegerichte in den vor den Amtsgerichten verhandelten bürgerlichen Rechtsstreitigkeiten, soweit nicht die Zuständigkeit der Oberlandesgerichte begründet ist. [2] Die Landgerichte sind ferner die Beschwerdegerichte in Freiheitsentziehungssachen und in den von den Betreuungsgerichten entschiedenen Sachen.

(2) [1] In Streitigkeiten nach § 43 Absatz 2 des Wohnungseigentumsgesetzes[4)] ist das für den Sitz des Oberlandesgerichts zuständige Landgericht gemeinsames Berufungs- und Beschwerdegericht für den Bezirk des Oberlandesgerichts, in dem das Amtsgericht seinen Sitz hat. [2] Die Landesregierungen werden ermächtigt, durch Rechtsverordnung anstelle dieses Gerichts ein anderes Landgericht im Bezirk des Oberlandesgerichts zu bestimmen. [3] Sie können die Ermächtigung auf die Landesjustizverwaltungen übertragen.

[1)] Nr. **320**.

[2)] § 60 neu gef. mWv 1.1.2021 durch G v. 12.12.2019 (BGBl. I S. 2633).

[3)] § 72 neu gef. mWv 1.1.2002 durch G v. 27.7.2001 (BGBl. I S. 1887); Abs. 2 angef. mWv 1.7.2007 durch G v. 13.4.2007 (BGBl. I S. 509); Abs. 1 Satz 2 angef., Abs. 2 Satz 2 aufgeh., bish. Sätze 3 und 4 werden Sätze 2 und 3 mWv 1.9.2009 durch G v. 17.12.2008 (BGBl. I S. 2586); Abs. 1 Satz 1 geänd. mWv 1.1.2018 durch G v. 28.4.2017 (BGBl. I S. 969); Abs. 2 Satz 1 geänd. mWv 1.12.2020 durch G v. 16.10.2020 (BGBl. I S. 2187).

[4)] Nr. **80**.

§ 72a [1)2)] [Obligatorische Einrichtung spezialisierter Spruchkörper]

(1) Bei den Landgerichten werden eine oder mehrere Zivilkammern für folgende Sachgebiete gebildet:

1. Streitigkeiten aus Bank- und Finanzgeschäften,
2. Streitigkeiten aus Bau- und Architektenverträgen sowie aus Ingenieurverträgen, soweit sie im Zusammenhang mit Bauleistungen stehen,
3. Streitigkeiten aus Heilbehandlungen,
4. Streitigkeiten aus Versicherungsvertragsverhältnissen,
5. Streitigkeiten über Ansprüche aus Veröffentlichungen durch Druckerzeugnisse, Bild- und Tonträger jeder Art, insbesondere in Presse, Rundfunk, Film und Fernsehen,
6. erbrechtliche Streitigkeiten und
7. insolvenzrechtliche Streitigkeiten und Beschwerden, Anfechtungssachen nach dem Anfechtungsgesetz sowie Streitigkeiten und Beschwerden aus dem Unternehmensstabilisierungs- und -restrukturierungsgesetz.

(2) [1] Die Landesregierungen werden ermächtigt, durch Rechtsverordnung bei den Landgerichten eine oder mehrere Zivilkammern für weitere Sachgebiete einzurichten. [2] Die Landesregierungen können die Ermächtigung auf die Landesjustizverwaltungen übertragen.

(3) Den Zivilkammern nach den Absätzen 1 und 2 können auch Streitigkeiten nach den §§ 71 und 72 zugewiesen werden.

---

1) § 72a neu gef. mWv 1.1.2021 durch G v. 12.12.2019 (BGBl. I S. 2633); Abs. 1 Nr. 7 geänd. mWv 1.1.2021 durch G v. 22.12.2020 (BGBl. I S. 3256).

2) Beachte hierzu die Übergangsvorschrift in § 40a EGGVG v. 27.1.1877 (RGBl. I S. 77), zuletzt geänd. durch G v. 12.12.2019 (BGBl. I S. 2633).

10. Gerichtskostengesetz (GKG)

In der Fassung der Bekanntmachung vom 27. Februar 2014[1)]
(BGBl. I S. 154)

FNA 360-7

zuletzt geänd. durch Art. 2 GWB-DigitalisierungsG v. 18.1.2021 (BGBl. I S. 2)

– Auszug –

Abschnitt 7. Wertvorschriften

Unterabschnitt 1. Allgemeine Wertvorschriften

§ 39 Grundsatz. (1) In demselben Verfahren und in demselben Rechtszug werden die Werte mehrerer Streitgegenstände zusammengerechnet, soweit nichts anderes bestimmt ist.

(2) Der Streitwert beträgt höchstens 30 Millionen Euro, soweit kein niedrigerer Höchstwert bestimmt ist.

§ 40 Zeitpunkt der Wertberechnung. Für die Wertberechnung ist der Zeitpunkt der den jeweiligen Streitgegenstand betreffenden Antragstellung maßgebend, die den Rechtszug einleitet.

§ 41[2)] Miet-, Pacht- und ähnliche Nutzungsverhältnisse. (1) [1] Ist das Bestehen oder die Dauer eines Miet-, Pacht- oder ähnlichen Nutzungsverhältnisses streitig, ist der Betrag des auf die streitige Zeit entfallenden Entgelts und, wenn das einjährige Entgelt geringer ist, dieser Betrag für die Wertberechnung maßgebend. [2] Das Entgelt nach Satz 1 umfasst neben dem Nettogrundentgelt Nebenkosten dann, wenn diese als Pauschale vereinbart sind und nicht gesondert abgerechnet werden.

(2) [1] Wird wegen Beendigung eines Miet-, Pacht- oder ähnlichen Nutzungsverhältnisses die Räumung eines Grundstücks, Gebäudes oder Gebäudeteils verlangt, ist ohne Rücksicht darauf, ob über das Bestehen des Nutzungsverhältnisses Streit besteht, das für die Dauer eines Jahres zu zahlende Entgelt maßgebend, wenn sich nicht nach Absatz 1 ein geringerer Streitwert ergibt. [2] Wird die Räumung oder Herausgabe auch aus einem anderen Rechtsgrund verlangt, ist der Wert der Nutzung eines Jahres maßgebend.

(3) Werden der Anspruch auf Räumung von Wohnraum und der Anspruch nach den §§ 574 bis 574b des Bürgerlichen Gesetzbuchs[3)] auf Fortsetzung des Mietverhältnisses über diesen Wohnraum in demselben Prozess verhandelt, werden die Werte nicht zusammengerechnet.

(4) Bei Ansprüchen nach den §§ 574 bis 574b des Bürgerlichen Gesetzbuchs[3)] ist auch für die Rechtsmittelinstanz der für den ersten Rechtszug maßgebende Wert zugrunde zu legen, sofern nicht die Beschwer geringer ist.

[1)] Neubekanntmachung des GKG v. 5.5.2004 (BGBl. I S. 718) in der ab 1.1.2014 geltenden Fassung.

[2)] § 41 Abs. 5 Satz 1 geänd. mWv 1.1.2021 durch G v. 21.12.2020 (BGBl. I S. 3229).

[3)] Nr. **1**.

(5) [1]Bei Ansprüchen auf Erhöhung der Miete für Wohnraum ist der Jahresbetrag der zusätzlich geforderten Miete, bei Feststellung einer Minderung der Miete für Wohnraum der Jahresbetrag der Mietminderung, bei Ansprüchen des Mieters auf Durchführung von Instandsetzungsmaßnahmen der Jahresbetrag einer angemessenen Mietminderung und bei Ansprüchen des Vermieters auf Duldung einer Durchführung von Modernisierungs- oder Erhaltungsmaßnahmen der Jahresbetrag einer möglichen Mieterhöhung, in Ermangelung dessen einer sonst möglichen Mietminderung durch den Mieter maßgebend. [2]Endet das Mietverhältnis vor Ablauf eines Jahres, ist ein entsprechend niedrigerer Betrag maßgebend.

Unterabschnitt 2. Besondere Wertvorschriften

§ 49[1)] Beschlussklagen nach dem Wohnungseigentumsgesetz. [1]Der Streitwert in Verfahren nach § 44 Absatz 1 des Wohnungseigentumsgesetzes[2)] ist auf das Interesse aller Wohnungseigentümer an der Entscheidung festzusetzen. [2]Er darf den siebeneinhalbfachen Wert des Interesses des Klägers und der auf seiner Seite Beigetretenen sowie den Verkehrswert ihres Wohnungseigentums nicht übersteigen.

§ 49a[3)] *(aufgehoben)*

[1)] § 49 neu gef. mWv 1.12.2020 durch G v. 16.10.2020 (BGBl. I S. 2187).
[2)] Nr. **80**.
[3)] § 49a aufgeh. mWv 1.12.2020 durch G v. 16.10.2020 (BGBl. I S. 2187).

26. Wohngeldgesetz (WoGG)[1) 2) 3)]

Vom 24. September 2008
(BGBl. I S. 1856)

FNA 8601-3

geänd. durch Art. 1 Erstes ÄndG v. 22.12.2008 (BGBl. I S. 2963), Art. 9 ELENA-VerfahrensG v. 28.3.2009 (BGBl. I S. 634, geänd. durch G v. 23.11.2011, BGBl. I S. 2298), Art. 7 Abs. 8 G zur Reform des Kontopfändungsschutzes v. 7.7.2009 (BGBl. I S. 1707), Art. 22 HaushaltsbegleitG 2011 v. 9.12.2010 (BGBl. I S. 1885), Art. 12 Abs. 2 G zur Ermittlung von Regelbedarfen und zur Änd. des Zweiten und Zwölften Buches Sozialgesetzbuch v. 24.3.2011 (BGBl. I S. 453), Art. 9 G zur Änd. des BeherbergungsstatistikG und des HandelsstatistikG sowie zur Aufhebung von Vorschriften zum Verfahren des elektronischen Entgeltnachweises v. 23.11.2011 (BGBl. I S. 2298), Art. 35 G zur Verbesserung der Eingliederungschancen am Arbeitsmarkt v. 20.12.2011 (BGBl. I S. 2854), Art. 1 Drittes G zur Änd. wohnungsrechtl. Vorschriften v. 9.11.2012 (BGBl. I S. 2291), Art. 9 Abs. 5 SEPA-BegleitG v. 3.4.2013 (BGBl. I S. 610), Art. 1 WohngeldreformG v. 2.10.2015 (BGBl. I S. 1610), Art. 14 Nr. 12 AsylverfahrensbeschleunigungsG v. 20.10.2015 (BGBl. I S. 1722), Art. 3 Abs. 4 Neuntes G zur Änd. des SGB II – Rechtsvereinfachung – sowie zur vorübergehenden Aussetzung der Insolvenzantragspflicht v. 26.7.2016 (BGBl. I S. 1824), Art. 22 Abs. 4 6. SGB IV-ÄndG v. 11.11.2016 (BGBl. I S. 2500), Art. 43 FachkräfteeinwanderungsG v. 15.8.2019 (BGBl. I S. 1307), Art. 134 Zweites Datenschutz-Anpassungs- und UmsetzungsG EU v. 20.11.2019 (BGBl. I S. 1626), Art. 1 WohngeldstärkungsG v. 30.11.2019 (BGBl. I S. 1877), Art. 55 G zur Regelung des Sozialen Entschädigungsrechts v. 12.12.2019 (BGBl. I S. 2652, geänd. 2020, S. 1015), Art. 1 und 1b Wohngeld-CO2-BepreisungsentlastungsG v. 15.5.2020 (BGBl. I S. 1015), Art. 5 GrundrentenG v. 12.8.2020 (BGBl. I S. 1879) und Art. 7 G zur Ermittlung der Regelbedarfe und zur Änd. des Zwölften Buches Sozialgesetzbuch sowie weiterer Gesetze v. 9.12.2020 (BGBl. I S. 2855)

Bislang haben die Länder auf dem Gebiet des Wohnungswesens ua folgende Vorschriften erlassen:
- **Baden-Württemberg:** Verordnung der Landesregierung über den automatisierten Datenabgleich bei Leistungen nach dem Wohngeldgesetz (Wohngeld-Datenabgleichsverordnung – WoGDVO) v. 21.5.2007 (GBl. S. 250), zuletzt geänd. durch G v. 17.6.2020 (GBl. S. 401); Gesetz zur Ausführung des Wohngeldgesetzes v. 13.12.2001 (GBl. S. 682), zuletzt geänd. durch VO v. 23.2.2017 (GBl. S. 99)
- **Bayern:** Vordrucke im Vollzug des Wohngeldgesetzes v. 28.10.2008 (AllMBl. S. 707)
- **Berlin:** Gesetz über die Zuständigkeiten in der Allgemeinen Berliner Verwaltung (Allgemeines Zuständigkeitsgesetz – AZG) idF der Bek. v. 22.7.1996 (GVBl. S. 302, ber. S. 472), zuletzt geänd. durch G v. 12.10.2020 (GVBl. S. 807); Gesetz über das Verfahren der Berliner Verwaltung v. 21.4.2016 (GVBl. S. 218), zuletzt geänd. durch G v. 17.12.2020 (GVBl. S. 1485)
- **Brandenburg:** Übertragung von Befugnissen zur Stundung, Niederschlagung und zum Erlass von Erstattungsansprüchen bei zu Unrecht gezahltem Wohngeld v. 14.5.2003 (BbgABl S. 556); Verordnung zur Durchführung des Wohngeldgesetzes und des Wohngeldsondergesetzes v. 25.11.1993 (GVBl. II S. 732)
- **Bremen:** Bekanntmachung der zur Durchführung des Wohngeldgesetzes zuständigen Stellen v. 17.4.2007 (Brem.ABl. S. 531)
- **Hamburg:** (keine Vorschrift erlassen)
- **Hessen:** Verordnung über die Zuständigkeiten zur Ausführung des Wohngeldgesetzes (Wohngeldzuständigkeitsverordnung – WoGZustV) v. 30.10.2012 (GVBl. S. 353)
- **Mecklenburg-Vorpommern:** Gesetz über die Funktionalreform v. 5.5.1994 (GVOBl. M-V S. 566), zuletzt geänd. durch G v. 5.11.2015 (GVOBl. M-V S. 422)

[1)] Verkündet als Art. 1 G zur Neuregelung des Wohngeldrechts und zur Änd. des Sozialgesetzbuches v. 24.9.2008 (BGBl. I S. 1856); Inkrafttreten gem. Art. 6 Abs. 1 Satz 1 dieses G am 1.1.2009 mit Ausnahme des § 12 Abs. 2 bis 5 und des § 38, die gem. Art. 6 Abs. 2 Satz 1 am 1.10.2008 in Kraft getreten sind.

[2)] Die Änderungen durch G v. 12.12.2019 (BGBl. I S. 2652) treten erst **mWv 1.1.2024** in Kraft und sind im Text noch nicht berücksichtigt.

[3)] Die Änderungen durch G v. 15.5.2020 (BGBl. I S. 1015) treten teilweise erst **mWv 1.1.2024** in Kraft und sind insoweit im Text noch nicht berücksichtigt.

– **Niedersachsen:** Vollzug des Wohngeldgesetzes; Formblätter für das Wohngeldverfahren v. 10.11. 2015 (Nds. MBl. S. 1456), geänd. durch Erl. v. 15.8.2016 (Nds. MBl. S. 856); Durchführung des Wohngeldgesetzes; Geschäftsprüfungen bei den Wohngeldbehörden v. 29.6.2017 (Nds. MBl. S. 840)
– **Nordrhein-Westfalen:** Wohngeld-Runderlass v. 13.5.2005 (MBl. NRW. S. 646), zuletzt geänd. durch Erl. v. 2.1.2020 (MBl. NRW. S. 441); Verordnung über Zuständigkeiten auf dem Gebiet der sozialen Wohnraumförderung und anderer Maßnahmen des Wohnungswesens v. 2.6.1992 (GV. NRW. S. 190), zuletzt geänd. durch VO v. 14.11.2014 (GV. NRW. S. 848); Verordnung zur Übertragung von Befugnissen nach den §§ 57 bis 59 der Landeshaushaltsordnung im Geschäftsbereich des Ministeriums für Verkehr v. 2.10.2017 (GV. NRW. S. 824)
– **Rheinland-Pfalz:** Landesverordnung über die Zuständigkeiten nach dem Wohngeldgesetz v. 11.9. 1978 (GVBl. S. 643), zuletzt geänd. durch G v. 12.10.1999 (GVBl. S. 325)
– **Saarland:** Gesetz über die Zuständigkeit zum Vollzug des Wohngeldgesetzes v. 13.12.2005 (Amtsbl. S. 2055), geänd. durch G v. 21.11.2007 (Amtsbl. S. 2393)
– **Sachsen:** Gesetz zur Durchführung des Wohngeldverfahrens (DGWoG) v. 2.10.1996 (SächsGVBl. S. 402), geänd. durch G v. 18.3.1999 (SächsGVBl. S. 85)
– **Sachsen-Anhalt:** (keine Vorschrift erlassen)
– **Schleswig-Holstein:** Gesetz zur Durchführung des Wohngeldgesetzes v. 14.12.2004 (GVOBl. Schl.-H. S. 484), geänd. durch G v. 12.4.2011 (GVOBl. Schl.-H. S. 126)
– **Thüringen:** Zweckvereinbarung zur Übertragung von Aufgaben nach dem Wohngeldgesetz zwischen dem Landkreis Nordhausen und der Stadt Nordhausen sowie der Genehmigung v. 21.2.2008 (StAnz S. 444)

Inhaltsübersicht[1)]

[1)] Inhaltsübersicht geänd. mWv 30.12.2008 durch G v. 22.12.2008 (BGBl. I S. 2963); geänd. mWv 1.1.2011 durch G v. 9.12.2010 (BGBl. I S. 1885); geänd. mWv 1.1.2016 durch G v. 2.10.2015 (BGBl. I S. 1610); geänd. mWv 1.8.2016 durch G v. 26.7.2016 (BGBl. I S. 1824); geänd. mWv 1.1. 2020 durch G v. 30.11.2019 (BGBl. I S. 1877); geänd. mWv 1.1.2021 durch G v. 15.5.2020 (BGBl. I S. 1015); geänd. mWv 1.1.2021 durch G v. 12.8.2020 (BGBl. I S. 1879).

Teil 1. Zweck des Wohngeldes und Wohngeldberechtigung

§ 1 Zweck des Wohngeldes. (1) Das Wohngeld dient der wirtschaftlichen Sicherung angemessenen und familiengerechten Wohnens.

(2) Das Wohngeld wird als Zuschuss zur Miete (Mietzuschuss) oder zur Belastung (Lastenzuschuss) für den selbst genutzten Wohnraum geleistet.

§ 2 Wohnraum. Wohnraum sind Räume, die vom Verfügungsberechtigten zum Wohnen bestimmt und hierfür nach ihrer baulichen Anlage und Ausstattung tatsächlich geeignet sind.

§ 3[1)] Wohngeldberechtigung. (1) [1] Wohngeldberechtigte Person ist für den Mietzuschuss jede natürliche Person, die Wohnraum gemietet hat und diesen selbst nutzt. [2] Ihr gleichgestellt sind

1. die nutzungsberechtigte Person des Wohnraums bei einem dem Mietverhältnis ähnlichen Nutzungsverhältnis (zur mietähnlichen Nutzung berechtigte Person), insbesondere die Person, die ein mietähnliches Dauerwohnrecht hat,
2. die Person, die Wohnraum im eigenen Haus, das mehr als zwei Wohnungen hat, bewohnt, und
3. die Person, die in einem Heim im Sinne des Heimgesetzes[2)] oder entsprechender Gesetze der Länder nicht nur vorübergehend aufgenommen ist.

(2) [1] Wohngeldberechtigte Person ist für den Lastenzuschuss jede natürliche Person, die Eigentum an selbst genutztem Wohnraum hat. [2] Ihr gleichgestellt sind

1. die erbbauberechtigte Person,
2. die Person, die ein eigentumsähnliches Dauerwohnrecht, ein Wohnungsrecht oder einen Nießbrauch innehat, und
3. die Person, die einen Anspruch auf Bestellung oder Übertragung des Eigentums, des Erbbaurechts, des eigentumsähnlichen Dauerwohnrechts, des Wohnungsrechts oder des Nießbrauchs hat.

[3] Die Sätze 1 und 2 gelten nicht im Fall des Absatzes 1 Satz 2 Nr. 2.

(3) [1] Erfüllen mehrere Personen für denselben Wohnraum die Voraussetzungen des Absatzes 1 oder des Absatzes 2 und sind sie zugleich Haushaltsmitglieder (§ 5), ist nur eine dieser Personen wohngeldberechtigt. [2] In diesem Fall bestimmen diese Personen die wohngeldberechtigte Person.

(4) Wohngeldberechtigt ist nach Maßgabe der Absätze 1 bis 3 auch, wer zwar nach den §§ 7 und 8 Abs. 1 vom Wohngeld ausgeschlossen ist, aber mit mindestens einem zu berücksichtigenden Haushaltsmitglied (§ 6) Wohnraum gemeinsam bewohnt.

(5) [1] Ausländer im Sinne des § 2 Abs. 1 des Aufenthaltsgesetzes (ausländische Personen) sind nach Maßgabe der Absätze 1 bis 4 nur wohngeldberechtigt, wenn sie sich im Bundesgebiet tatsächlich aufhalten und

1. ein Aufenthaltsrecht nach dem Freizügigkeitsgesetz/EU haben,
2. einen Aufenthaltstitel oder eine Duldung nach dem Aufenthaltsgesetz haben,
3. ein Recht auf Aufenthalt nach einem völkerrechtlichen Abkommen haben,
4. eine Aufenthaltsgestattung nach dem Asylgesetz haben,
5. die Rechtsstellung eines heimatlosen Ausländers im Sinne des Gesetzes über die Rechtsstellung heimatloser Ausländer im Bundesgebiet haben oder
6. auf Grund einer Rechtsverordnung vom Erfordernis eines Aufenthaltstitels befreit sind.

[2] Nicht wohngeldberechtigt sind ausländische Personen, die durch eine völkerrechtliche Vereinbarung von der Anwendung deutscher Vorschriften auf dem

---

1) § 3 Abs. 4 geänd. mWv 1.1.2016 durch G v. 2.10.2015 (BGBl. I S. 1610); Abs. 5 Satz 1 Nr. 4 geänd. mWv 24.10.2015 durch G v. 20.10.2015 (BGBl. I S. 1722); Abs. 5 Satz 3 angef. mWv 1.3. 2020 durch G v. 15.8.2019 (BGBl. I S. 1307).

2) Nr. **60**.

Gebiet der sozialen Sicherheit befreit sind. [3] In der Regel nicht wohngeldberechtigt sind Ausländer, die im Besitz eines Aufenthaltstitels zur Ausbildungsplatzsuche nach § 17 Absatz 1 des Aufenthaltsgesetzes, zur Arbeitsplatzsuche nach § 20 des Aufenthaltsgesetzes, für ein studienbezogenes Praktikum nach § 16e des Aufenthaltsgesetzes oder zur Teilnahme am europäischen Freiwilligendienst nach § 19e des Aufenthaltsgesetzes sind.

Teil 2. Berechnung und Höhe des Wohngeldes

Kapitel 1. Berechnungsgrößen des Wohngeldes

§ 4 Berechnungsgrößen des Wohngeldes. Das Wohngeld richtet sich nach
1. der Anzahl der zu berücksichtigenden Haushaltsmitglieder (§§ 5 bis 8),
2. der zu berücksichtigenden Miete oder Belastung (§§ 9 bis 12) und
3. dem Gesamteinkommen (§§ 13 bis 18) und ist nach § 19 zu berechnen.

Kapitel 2. Haushaltsmitglieder

§ 5[1)] Haushaltsmitglieder. (1) [1] Haushaltsmitglied ist die wohngeldberechtigte Person, wenn der Wohnraum, für den sie Wohngeld beantragt, der Mittelpunkt ihrer Lebensbeziehungen ist. [2] Haushaltsmitglied ist auch, wer
1. als Ehegatte eines Haushaltsmitgliedes von diesem nicht dauernd getrennt lebt,
2. als Lebenspartner oder Lebenspartnerin eines Haushaltsmitgliedes von diesem nicht dauernd getrennt lebt,
3. mit einem Haushaltsmitglied so zusammenlebt, dass nach verständiger Würdigung der wechselseitige Wille anzunehmen ist, Verantwortung füreinander zu tragen und füreinander einzustehen,
4. mit einem Haushaltsmitglied in gerader Linie oder zweiten oder dritten Grades in der Seitenlinie verwandt oder verschwägert ist,
5. ohne Rücksicht auf das Alter Pflegekind eines Haushaltsmitgliedes ist,
6. Pflegemutter oder Pflegevater eines Haushaltsmitgliedes ist

und mit der wohngeldberechtigten Person den Wohnraum, für den Wohngeld beantragt wird, gemeinsam bewohnt, wenn dieser Wohnraum der jeweilige Mittelpunkt der Lebensbeziehungen ist.

(2) Ein wechselseitiger Wille, Verantwortung füreinander zu tragen und füreinander einzustehen, wird vermutet, wenn mindestens eine der Voraussetzungen nach den Nummern 1 bis 4 des § 7 Abs. 3a des Zweiten Buches Sozialgesetzbuch erfüllt ist.

(3) Ausländische Personen sind nur Haushaltsmitglieder nach Absatz 1 Satz 2, wenn sie die Voraussetzungen der Wohngeldberechtigung nach § 3 Abs. 5 erfüllen.

(4) [1] Betreuen nicht nur vorübergehend getrennt lebende Eltern ein Kind oder mehrere Kinder zu annähernd gleichen Teilen, ist jedes dieser Kinder bei beiden Elternteilen Haushaltsmitglied. [2] Gleiches gilt bei einer Aufteilung der Betreuung bis zu einem Verhältnis von mindestens einem Drittel zu zwei

---

[1)] § 5 Abs. 1 Satz 2 abschl. Satzteil geänd., Abs. 3 und 4 aufgeh., bish. Abs. 5 wird Abs. 3, bish. Abs. 6 wird Abs. 4 und neu gef. mWv 1.1.2016 durch G v. 2.10 2015 (BGBl. I S. 1610).

Dritteln je Kind. [3] Betreuen die Eltern mindestens zwei dieser Kinder nicht in einem Verhältnis nach Satz 1 oder 2, ist bei dem Elternteil mit dem geringeren Betreuungsanteil nur das jüngste dieser Kinder Haushaltsmitglied. [4] Für Pflegekinder und Pflegeeltern gelten die Sätze 1 bis 3 entsprechend.

§ 6 Zu berücksichtigende Haushaltsmitglieder. (1) Bei der Berechnung des Wohngeldes sind vorbehaltlich des Absatzes 2 und der §§ 7 und 8 sämtliche Haushaltsmitglieder zu berücksichtigen (zu berücksichtigende Haushaltsmitglieder).

(2) [1] Stirbt ein zu berücksichtigendes Haushaltsmitglied, ist dies für die Dauer von zwölf Monaten nach dem Sterbemonat ohne Einfluss auf die bisher maßgebende Anzahl der zu berücksichtigenden Haushaltsmitglieder. [2] Satz 1 ist nicht mehr anzuwenden, wenn nach dem Todesfall

1. die Wohnung aufgegeben wird,
2. die Zahl der zu berücksichtigenden Haushaltsmitglieder sich mindestens auf den Stand vor dem Todesfall erhöht oder
3. der auf den Verstorbenen entfallende Anteil der Kosten der Unterkunft in einer Leistung nach § 7 Abs. 1 mindestens teilweise berücksichtigt wird.

§ 7[1)] Ausschluss vom Wohngeld. (1) [1] Vom Wohngeld ausgeschlossen sind Empfänger und Empfängerinnen von

1. Arbeitslosengeld II und Sozialgeld nach dem Zweiten Buch Sozialgesetzbuch, auch in den Fällen des § 25 des Zweiten Buches Sozialgesetzbuch,
2. Leistungen für Auszubildende nach § 27 Absatz 3 des Zweiten Buches Sozialgesetzbuch, die als Zuschuss erbracht werden,
3. Übergangsgeld in Höhe des Betrages des Arbeitslosengeldes II nach § 21 Abs. 4 Satz 1 des Sechsten Buches Sozialgesetzbuch,
4. Verletztengeld in Höhe des Betrages des Arbeitslosengeldes II nach § 47 Abs. 2 des Siebten Buches Sozialgesetzbuch,
5. Grundsicherung im Alter und bei Erwerbsminderung nach dem Zwölften Buch Sozialgesetzbuch,
6. Hilfe zum Lebensunterhalt nach dem Zwölften Buch Sozialgesetzbuch,
7. a) ergänzender Hilfe zum Lebensunterhalt oder
   b) anderen Hilfen in einer stationären Einrichtung, die den Lebensunterhalt umfassen,

   nach dem Bundesversorgungsgesetz oder nach einem Gesetz, das dieses für anwendbar erklärt,
8. Leistungen in besonderen Fällen und Grundleistungen nach dem Asylbewerberleistungsgesetz oder
9. Leistungen nach dem Achten Buch Sozialgesetzbuch in Haushalten, zu denen ausschließlich Personen gehören, die diese Leistungen empfangen,

wenn bei deren Berechnung Kosten der Unterkunft berücksichtigt worden sind (Leistungen). [2] Der Ausschluss besteht in den Fällen des Satzes 1 Nr. 3 und 4,

---

1) § 7 Abs. 1 Satz 3, Abs. 2 Satz 2 neu gef. mWv 30.12.2008 durch G v. 22.12.2008 (BGBl. I S. 2963); Abs. 1 Satz 1 Nr. 2 geänd. mWv 1.4.2011 durch G v. 24.3.2011 (BGBl. I S. 453); Abs. 1 Satz 1 Nr. 2 aufgeh. mWv 1.8.2016 durch G v. 26.7.2016 (BGBl. I S. 1824); Abs. 1 Satz 1 Nr. 2 neu gef. mWv 1.1.2020 durch G v. 30.11.2019 (BGBl. I S. 1877); Abs. 2 Satz 1 neu gef. mWv 23.5.2020 durch G v. 15.5.2020 (BGBl. I S. 1015).

wenn bei der Berechnung des Arbeitslosengeldes II Kosten der Unterkunft berücksichtigt worden sind. [3] Der Ausschluss besteht nicht, wenn

1. die Leistungen nach den Sätzen 1 und 2 ausschließlich als Darlehen gewährt werden oder
2. durch Wohngeld die Hilfebedürftigkeit im Sinne des § 9 des Zweiten Buches Sozialgesetzbuch, des § 19 Abs. 1 und 2 des Zwölften Buches Sozialgesetzbuch oder des § 27a des Bundesversorgungsgesetzes vermieden oder beseitigt werden kann und
   a) die Leistungen nach Satz 1 Nr. 1 bis 7 während der Dauer des Verwaltungsverfahrens zur Feststellung von Grund und Höhe dieser Leistungen noch nicht erbracht worden sind oder
   b) der zuständige Träger eine der in Satz 1 Nr. 1 bis 7 genannten Leistungen als nachrangig verpflichteter Leistungsträger nach § 104 des Zehnten Buches Sozialgesetzbuch erbringt.

(2) [1] Ausgeschlossen sind auch Haushaltsmitglieder, die keine Empfänger der in Absatz 1 Satz 1 genannten Leistungen sind und

1. die in § 7 Absatz 3 des Zweiten Buches Sozialgesetzbuch, auch in den Fällen des Übergangs- oder Verletztengeldes nach Absatz 1 Satz 1 Nummer 3 und 4 genannt und deren Einkommen und Vermögen bei der Ermittlung der Leistungen eines anderen Haushaltsmitglieds nach Absatz 1 Satz 1 Nummer 1, 3 oder 4 berücksichtigt worden sind,
2. deren Einkommen und Vermögen nach § 43 Absatz 1 Satz 2 des Zwölften Buches Sozialgesetzbuch bei der Ermittlung der Leistung eines anderen Haushaltsmitglieds nach Absatz 1 Satz 1 Nummer 5 berücksichtigt worden sind,
3. deren Einkommen und Vermögen nach § 27 Absatz 2 Satz 2 oder 3 des Zwölften Buches Sozialgesetzbuch bei der Ermittlung der Leistung eines anderen Haushaltsmitglieds nach Absatz 1 Satz 1 Nummer 6 berücksichtigt worden sind,
4. deren Einkommen und Vermögen nach § 27a Satz 2 des Bundesversorgungsgesetzes in Verbindung mit § 27 Absatz 2 Satz 2 oder 3 des Zwölften Buches Sozialgesetzbuch bei der Ermittlung der Leistung eines anderen Haushaltsmitglieds nach Absatz 1 Satz 1 Nummer 7 berücksichtigt worden sind, oder
5. deren Einkommen und Vermögen nach § 7 Absatz 1 des Asylbewerberleistungsgesetzes bei der Ermittlung der Leistung eines anderen Haushaltsmitglieds nach Absatz 1 Satz 1 Nummer 8 berücksichtigt worden sind.

[2] Der Ausschluss besteht nicht, wenn

1. die Leistungen nach Absatz 1 Satz 1 und 2 ausschließlich als Darlehen gewährt werden oder
2. die Voraussetzungen des Absatzes 1 Satz 3 Nr. 2 vorliegen.

(3) Ausgeschlossen sind auch Haushaltsmitglieder, deren Leistungen nach Absatz 1 auf Grund einer Sanktion vollständig weggefallen sind.

§ 8[1)] Dauer des Ausschlusses vom Wohngeld und Verzicht auf Leistungen. (1) [1]Der Ausschluss vom Wohngeld besteht vorbehaltlich des § 7 Abs. 1 Satz 3 Nr. 2 und Abs. 2 Satz 2 Nr. 2 für die Dauer des Verwaltungsverfahrens zur Feststellung von Grund und Höhe der Leistungen nach § 7 Abs. 1. [2]Der Ausschluss besteht vorbehaltlich des § 7 Abs. 1 Satz 3 Nr. 2 und Abs. 2 Satz 2 Nr. 2

1. nach der Antragstellung auf eine Leistung nach § 7 Abs. 1 ab dem Ersten
   a) des Monats, für den der Antrag gestellt worden ist, oder
   b) des nächsten Monats, wenn die Leistung nach § 7 Abs. 1 nicht vom Ersten eines Monats an beantragt wird,
2. nach der Bewilligung einer Leistung nach § 7 Abs. 1 ab dem Ersten
   a) des Monats, für den die Leistung nach § 7 Abs. 1 bewilligt wird, oder
   b) des nächsten Monats, wenn die Leistung nach § 7 Abs. 1 nicht vom Ersten eines Monats an bewilligt wird,
3. bis zum Letzten
   a) des Monats, wenn die Leistung nach § 7 Abs. 1 bis zum Letzten eines Monats bewilligt wird, oder
   b) des Vormonats, wenn die Leistung nach § 7 Abs. 1 nicht bis zum Letzten eines Monats bewilligt wird.

[3]Der Ausschluss gilt für den Zeitraum als nicht erfolgt, für den

1. der Antrag auf eine Leistung nach § 7 Absatz 1 zurückgenommen wird,
2. die Leistung nach § 7 Absatz 1 abgelehnt, versagt, entzogen oder ausschließlich als Darlehen gewährt wird,
3. der Bewilligungsbescheid über eine Leistung nach § 7 Absatz 1 zurückgenommen oder aufgehoben wird,
4. der Anspruch auf eine Leistung nach § 7 Absatz 1 nachträglich im Sinne des § 103 Absatz 1 des Zehnten Buches Sozialgesetzbuch ganz entfallen ist oder nach § 104 Absatz 1 oder 2 des Zehnten Buches Sozialgesetzbuch oder nach § 40a des Zweiten Buches Sozialgesetzbuch nachrangig ist oder
5. die Leistung nach § 7 Absatz 1 nachträglich durch den Übergang eines Anspruchs in vollem Umfang erstattet wird.

(2) Verzichten Haushaltsmitglieder auf die Leistungen nach § 7 Abs. 1, um Wohngeld zu beantragen, gilt ihr Ausschluss vom Zeitpunkt der Wirkung des Verzichts an als nicht erfolgt; § 46 Abs. 2 des Ersten Buches Sozialgesetzbuch ist in diesem Fall nicht anzuwenden.

Kapitel 3. Miete und Belastung

§ 9[2)] Miete. (1) Miete ist das vereinbarte Entgelt für die Gebrauchsüberlassung von Wohnraum auf Grund von Mietverträgen oder ähnlichen Nutzungsverhältnissen einschließlich Umlagen, Zuschlägen und Vergütungen.

(2) [1]Bei der Ermittlung der Miete nach Absatz 1 bleiben folgende Kosten und Vergütungen außer Betracht:

---

1) § 8 Abs. 1 Satz 1, Satz 2 einl. Satzteil geänd. mWv 30.12.2008 durch G v. 22.12.2008 (BGBl. I S. 2963); Abs. 1 Satz 3 neu gef. mWv 1.1.2016 durch G v. 2.10.2015 (BGBl. I S. 1610).

2) § 9 Abs. 2 neu gef. mWv 1.1.2016 durch G v. 2.10.2015 (BGBl. I S. 1610); Abs. 2 Satz 1 Nr. 4 geänd., Nr. 5 angef. mWv 1.1.2020 durch G v. 30.11.2019 (BGBl. I S. 1877).

1. Heizkosten und Kosten für die Erwärmung von Wasser,
2. Kosten der eigenständig gewerblichen Lieferung von Wärme und Warmwasser, soweit sie den in Nummer 1 bezeichneten Kosten entsprechen,
3. die Kosten der Haushaltsenergie, soweit sie nicht von den Nummern 1 und 2 erfasst sind,
4. Vergütungen für die Überlassung einer Garage sowie eines Stellplatzes für Kraftfahrzeuge,
5. Vergütungen für Leistungen, die über die Gebrauchsüberlassung von Wohnraum hinausgehen, insbesondere für allgemeine Unterstützungsleistungen wie die Vermittlung von Pflege- oder Betreuungsleistungen, Leistungen der hauswirtschaftlichen Versorgung oder Notrufdienste.

[2]Ergeben sich diese Beträge nicht aus dem Mietvertrag oder entsprechenden Unterlagen, sind Pauschbeträge abzusetzen.

(3) [1]Im Fall des § 3 Abs. 1 Satz 2 Nr. 2 ist als Miete der Mietwert des Wohnraums zu Grunde zu legen. [2]Im Fall des § 3 Abs. 1 Satz 2 Nr. 3 ist als Miete der Höchstbetrag nach § 12 Abs. 1 zu Grunde zu legen.

§ 10 Belastung. (1) Belastung sind die Kosten für den Kapitaldienst und die Bewirtschaftung von Wohnraum in vereinbarter oder festgesetzter Höhe.

(2) [1]Die Belastung ist von der Wohngeldbehörde (§ 24 Abs. 1 Satz 1) in einer Wohngeld-Lastenberechnung zu ermitteln. [2]Von einer vollständigen Wohngeld-Lastenberechnung kann abgesehen werden, wenn die auf den Wohnraum entfallende Belastung aus Zinsen und Tilgungen den nach § 12 Abs. 1 maßgebenden Höchstbetrag erreicht oder übersteigt.

§ 11[1)] Zu berücksichtigende Miete und Belastung. (1) [1]Die bei der Berechnung des Wohngeldes zu berücksichtigende Miete oder Belastung ist die Summe aus

1. der Miete oder Belastung, die sich nach § 9 oder § 10 ergibt, soweit sie nicht nach den Absätzen 2 und 3 in dieser Berechnungsreihenfolge außer Betracht bleibt, jedoch nur bis zum Höchstbetrag nach § 12 Absatz 1, und
2. dem Betrag zur Entlastung bei den Heizkosten nach § 12 Absatz 6.

[2]Im Fall des § 3 Absatz 1 Satz 2 Nummer 3 ist die Summe aus dem Höchstbetrag nach § 12 Absatz 1 und dem Betrag zur Entlastung bei den Heizkosten nach § 12 Absatz 6 zu berücksichtigen.

(2) Die Miete oder Belastung, die sich nach § 9 oder § 10 ergibt, bleibt in folgender Berechnungsreihenfolge und zu dem Anteil außer Betracht,

1. der auf den Teil des Wohnraums entfällt, der ausschließlich gewerblich oder beruflich genutzt wird;
2. der auf den Teil des Wohnraums entfällt, der einer Person, die kein Haushaltsmitglied ist, entgeltlich oder unentgeltlich zum Gebrauch überlassen ist; übersteigt das Entgelt für die Gebrauchsüberlassung die auf diesen Teil des Wohnraums entfallende Miete oder Belastung, ist das Entgelt in voller Höhe abzuziehen;

---

1) § 11 Abs. 1 und Abs. 3 Satz 2 neu gef. mWv 1.1.2011 durch G v. 9.12.2010 (BGBl. I S. 1885); Abs. 1, Abs. 3 Satz 2 neu gef., Satz 3 angef. mWv 1.1.2021 durch G v. 15.5.2020 (BGBl. I S. 1015).

3. der dem Anteil einer entgeltlich oder unentgeltlich mitbewohnenden Person, die kein Haushaltsmitglied ist, aber deren Mittelpunkt der Lebensbeziehungen der Wohnraum ist und die nicht selbst die Voraussetzungen des § 3 Abs. 1 oder Abs. 2 erfüllt, an der Gesamtzahl der Bewohner und Bewohnerinnen entspricht; übersteigt das Entgelt der mitbewohnenden Person die auf diese entfallende Miete oder Belastung, ist das Entgelt in voller Höhe abzuziehen;
4. der durch Leistungen aus öffentlichen Haushalten oder Zweckvermögen, insbesondere Leistungen zur Wohnkostenentlastung nach dem Zweiten Wohnungsbaugesetz[1)], dem Wohnraumförderungsgesetz[2)] oder entsprechenden Gesetzen der Länder, an den Mieter oder den selbst nutzenden Eigentümer zur Senkung der Miete oder Belastung gedeckt wird, soweit die Leistungen nicht von § 14 Abs. 2 Nr. 30 erfasst sind;
5. der durch Leistungen einer nach § 68 des Aufenthaltsgesetzes verpflichteten Person gedeckt wird, die ein zu berücksichtigendes Haushaltsmitglied zur Bezahlung der Miete oder Aufbringung der Belastung erhält.

(3) [1] Ist mindestens ein Haushaltsmitglied vom Wohngeld ausgeschlossen, ist nur der Anteil der Miete oder Belastung zu berücksichtigen, der dem Anteil der zu berücksichtigenden Haushaltsmitglieder an der Gesamtzahl der Haushaltsmitglieder entspricht. [2] In diesem Fall sind nur der Anteil des Höchstbetrages nach § 12 Absatz 1 und der Anteil des Betrages zur Entlastung bei den Heizkosten nach § 12 Absatz 6 zu berücksichtigen, der dem Anteil der zu berücksichtigenden Haushaltsmitglieder an der Gesamtzahl der Haushaltsmitglieder entspricht. [3] Für die Ermittlung des Höchstbetrages und des Betrages zur Entlastung bei den Heizkosten ist die Gesamtzahl der Haushaltsmitglieder maßgebend.

§ 12[3)4)] **Höchstbeträge für Miete und Belastung, Beträge zur Entlastung bei den Heizkosten.** (1) [1] Die monatlichen Höchstbeträge für Miete und Belastung sind vorbehaltlich des § 11 Absatz 3 nach der Anzahl der zu berücksichtigenden Haushaltsmitglieder und nach der Mietenstufe zu berücksichtigen. [2] Sie ergeben sich aus Anlage 1.

(2) [1] Die Zugehörigkeit einer Gemeinde zu einer Mietenstufe richtet sich nach dem Mietenniveau von Wohnraum der Hauptmieter und Hauptmieterinnen sowie der gleichzustellenden zur mietähnlichen Nutzung berechtigten Personen, für den Mietzuschuss geleistet wird. [2] Das Mietenniveau ist die durchschnittliche prozentuale Abweichung der Quadratmetermieten von Wohnraum in Gemeinden vom Durchschnitt der Quadratmetermieten des Wohnraums im Bundesgebiet. [3] Zu berücksichtigen sind nur Quadratmetermieten von Wohnraum im Sinne des Satzes 1.

[1)] Nr. **137**.
[2)] Nr. **136**.
[3)] § 12 Überschrift geänd., Abs. 6 aufgeh. mWv 1.1.2011 durch G v. 9.12.2010 (BGBl. I S. 1885); Abs. 1 geänd., Abs. 2 Sätze 2 und 3 angef., Abs. 3 und 4 neu gef.mWv 1.1.2016 durch G v. 2.10.2015 (BGBl. I S. 1610); Abs. 1 neu gef., Abs. 4a eingef., Abs. 5 geänd. mWv 1.1.2020 durch G v. 30.11. 2019 (BGBl. I S. 1877); Abs. 4a Satz 1 geänd. mWv 1.1.2020, Überschrift geänd., Abs. 6 neu gef. mWv 1.1.2021 durch G v. 15.5.2020 (BGBl. I S. 1015).
[4)] § 12 Abs. 2 bis 5 sind gem. Art. 6 Abs. 2 Satz 1 G v. 24.9.2008 (BGBl. I S. 1856) am 1.10.2008 in Kraft getreten.

(3) [1] Das Mietenniveau ist vom Statistischen Bundesamt festzustellen für Gemeinden mit

1. einer Einwohnerzahl von 10 000 und mehr gesondert,
2. einer Einwohnerzahl von weniger als 10 000 und gemeindefreie Gebiete nach Kreisen zusammengefasst.

[2] Maßgebend für die Zuordnung nach Satz 1 ist die Einwohnerzahl, die auf der Grundlage von § 5 des Bevölkerungsstatistikgesetzes fortgeschrieben wurde.

(4) [1] Das Mietenniveau wird vom Statistischen Bundesamt bei einer Anpassung der Höchstbeträge nach Absatz 1 auf der Grundlage von zwei aufeinanderfolgenden Ergebnissen der jährlichen Wohngeldstatistik für Dezember (§ 36 Absatz 1 Satz 2 Nummer 2) festgestellt. [2] Es ist ein bundesweit einheitlicher Stichtag für die Ergebnisse der Bevölkerungsstatistik zu Grunde zu legen.

(4a) [1] Für die Gemeinden Baltrum, Borkum (Stadt), Juist, Langeoog, Norderney (Stadt), Spiekeroog, Wangerooge (Nordseebad), Nebel, Norddorf auf Amrum, Wittdün auf Amrum, Alkersum, Borgsum, Dunsum, Midlum, Nieblum, Oevenum, Oldsum, Süderende, Utersum, Witsum, Wrixum, Wyk auf Föhr (Stadt), Helgoland, Gröde, Hallig Hooge, Langeneß, Pellworm und Insel Hiddensee, die auf Inseln ohne Festlandanschluss liegen, wird ein gemeinsames Mietenniveau festgestellt. [2] Sie erhalten eine eigene gemeinsame Mietenstufenzuordnung und für die Anlage zu § 1 Absatz 3 der Wohngeldverordnung die Bezeichnung Inseln ohne Festlandanschluss. [3] Abweichend von Absatz 4 wird das Statistische Bundesamt nach den Absätzen 2 und 3 einmalig ausschließlich das gemeinsame Mietenniveau dieser Gemeinden und das jeweilige Mietenniveau der von dieser Änderung betroffenen Kreise vor der nächsten Anpassung der Höchstbeträge nach Absatz 1 feststellen. [4] Diese Feststellung erfolgt auf der Grundlage der Ergebnisse der Wohngeldstatistiken für Dezember 2016 und Dezember 2017 (§ 36 Absatz 1 Satz 2 Nummer 2). [5] Die Anlage zu § 1 Absatz 3 der Wohngeldverordnung[1)] kann vor der nächsten Anpassung der Höchstbeträge entsprechend angepasst werden.

(5) Den Mietenstufen nach Absatz 1 sind folgende Mietenniveaus zugeordnet:

Mietenstufe	Mietenniveau
I	niedriger als minus 15 Prozent
II	minus 15 Prozent bis niedriger als minus 5 Prozent
III	minus 5 Prozent bis niedriger als 5 Prozent
IV	5 Prozent bis niedriger als 15 Prozent
V	15 Prozent bis niedriger als 25 Prozent
VI	25 Prozent bis niedriger als 35 Prozent
VII	35 Prozent und höher

1) Nr. **27**.

(6) Die folgenden monatlichen Beträge zur Entlastung bei den Heizkosten sind vorbehaltlich des § 11 Absatz 3 nach der Anzahl der zu berücksichtigenden Haushaltsmitglieder zu berücksichtigen:

Anzahl der zu berücksichtigenden Haushaltsmitglieder	Betrag zur Entlastung bei den Heizkosten in Euro
1	14,40
2	18,60
3	22,20
4	25,80
5	29,40
Mehrbetrag für jedes weitere zu berücksichtigende Haushaltsmitglied	3,60.

Kapitel 4. Einkommen

§ 13[1)] **Gesamteinkommen.** (1) Das Gesamteinkommen ist die Summe der Jahreseinkommen (§ 14) der zu berücksichtigenden Haushaltsmitglieder abzüglich der Freibeträge (die §§ 17 und 17a) und der Abzugsbeträge für Unterhaltsleistungen (§ 18).

(2) Das monatliche Gesamteinkommen ist ein Zwölftel des Gesamteinkommens.

§ 14[2)] **Jahreseinkommen.** (1) [1] Das Jahreseinkommen eines zu berücksichtigenden Haushaltsmitgliedes ist vorbehaltlich des Absatzes 3 die Summe der positiven Einkünfte im Sinne des § 2 Abs. 1 und 2 des Einkommensteuergesetzes zuzüglich der Einnahmen nach Absatz 2 abzüglich der Abzugsbeträge für Steuern und Sozialversicherungsbeiträge (§ 16). [2] Bei den Einkünften im Sinne des § 2 Abs. 1 Satz 1 Nr. 1 bis 3 des Einkommensteuergesetzes ist § 7g Abs. 1 bis 4 und 7 des Einkommensteuergesetzes nicht anzuwenden. [3] Von den Einkünften aus nichtselbständiger Arbeit, die nach dem Einkommensteuergesetz vom Arbeitgeber pauschal besteuert werden, zählen zum Jahreseinkommen nur

1. die nach § 37b des Einkommensteuergesetzes pauschal besteuerten Sachzuwendungen und
2. der nach § 40a des Einkommensteuergesetzes pauschal besteuerte Arbeitslohn und das pauschal besteuerte Arbeitsentgelt, jeweils abzüglich der Aufwendungen zu dessen Erwerbung, Sicherung oder Erhaltung, höchstens jedoch bis zur Höhe dieser Einnahmen.

[4] Ein Ausgleich mit negativen Einkünften aus anderen Einkunftsarten oder mit negativen Einkünften des zusammenveranlagten Ehegatten ist nicht zulässig.

---

1) § 13 Abs. 1 geänd. mWv 1.1.2021 durch G v. 12.8.2020 (BGBl. I S. 1879).

2) § 14 Abs. 1 Satz 2, Abs. 2 Nr. 30 geänd. mWv 30.12.2008 durch G v. 22.12.2008 (BGBl. I S. 2963); Abs. 2 Nr. 6 und 7 geänd. mWv 1.1.2011 durch G v. 9.12.2010 (BGBl. I S. 1885); Abs. 2 Nr. 26 geänd. mWv 16.11.2012 durch G v. 9.11.2012 (BGBl. I S. 2291); Abs. 2 Nr. 23 aufgeh. mWv 1.11.2015, Abs. 1 Satz 3 eingef., bish. Satz 3 wird Satz 4, Abs. 2 Nr. 2 geänd., Nr. 12 und 13 aufgeh., Nr. 19 geänd., Nr. 20 Buchst. b neu gef. und abschl. Satzteil, Nr. 27 Buchst. a und e geänd., Buchst f angef., Nr. 30 neu gef. mWv 1.1.2016 durch G v. 2.10.2015 (BGBl. I S. 1610); Abs. 2 Nr. 30 Buchst. d geänd. mWv 1.8.2016 durch G v. 26.7.2016 (BGBl. I S. 1824); Abs. 2 Nr. 19 neu gef., Nr. 20 Buchst. a, Nr. 22 und 26 geänd. mWv 1.1.2020 durch G v. 30.11.2019 (BGBl. I S. 1877).

(2) Zum Jahreseinkommen gehören:

1. der nach § 19 Abs. 2 und § 22 Nr. 4 Satz 4 Buchstabe b des Einkommensteuergesetzes steuerfreie Betrag von Versorgungsbezügen;
2. die einkommensabhängigen, nach § 3 Nr. 6 des Einkommensteuergesetzes steuerfreien Bezüge, die auf Grund gesetzlicher Vorschriften aus öffentlichen Mitteln versorgungshalber an Wehrdienstbeschädigte, im freiwilligen Wehrdienst Beschädigte, Zivildienstbeschädigte und im Bundesfreiwilligendienst Beschädigte oder ihre Hinterbliebenen, Kriegsbeschädigte und Kriegshinterbliebene sowie ihnen gleichgestellte Personen gezahlt werden;
3. die den Ertragsanteil oder den der Besteuerung unterliegenden Anteil nach § 22 Nr. 1 Satz 3 Buchstabe a des Einkommensteuergesetzes übersteigenden Teile von Leibrenten;
4. die nach § 3 Nr. 3 des Einkommensteuergesetzes steuerfreien
   a) Rentenabfindungen,
   b) Beitragserstattungen,
   c) Leistungen aus berufsständischen Versorgungseinrichtungen,
   d) Kapitalabfindungen,
   e) Ausgleichszahlungen;
5. die nach § 3 Nr. 1 Buchstabe a des Einkommensteuergesetzes steuerfreien
   a) Renten wegen Minderung der Erwerbsfähigkeit nach den §§ 56 bis 62 des Siebten Buches Sozialgesetzbuch,
   b) Renten und Beihilfen an Hinterbliebene nach den §§ 63 bis 71 des Siebten Buches Sozialgesetzbuch,
   c) Abfindungen nach den §§ 75 bis 80 des Siebten Buches Sozialgesetzbuch;
6. die Lohn- und Einkommensersatzleistungen nach § 32b Absatz 1 Satz 1 Nummer 1 des Einkommensteuergesetzes; § 10 des Bundeselterngeld- und Elternzeitgesetzes bleibt unberührt;
7. die ausländischen Einkünfte nach § 32b Absatz 1 Satz 1 Nummer 2 bis 5 sowie Satz 2 und 3 des Einkommensteuergesetzes;
8. die Hälfte der nach § 3 Nr. 7 des Einkommensteuergesetzes steuerfreien
   a) Unterhaltshilfe nach den §§ 261 bis 278a des Lastenausgleichsgesetzes,

(Fortsetzung nächstes Blatt)

2. 750 Euro für jedes zu berücksichtigende Haushaltsmitglied, das Opfer der nationalsozialistischen Verfolgung oder ihm im Sinne des Bundesentschädigungsgesetzes gleichgestellt ist;
3. 1 320 Euro, wenn
   a) ein zu berücksichtigendes Haushaltsmitglied ausschließlich mit einem Kind oder mehreren Kindern Wohnraum gemeinsam bewohnt und
   b) mindestens eines dieser Kinder noch nicht 18 Jahre alt ist und für dieses Kindergeld nach dem Einkommensteuergesetz oder dem Bundeskindergeldgesetz oder eine in § 65 Absatz 1 Satz 1 des Einkommensteuergesetzes genannte Leistung gewährt wird;
4. ein Betrag in Höhe der eigenen Einnahmen aus Erwerbstätigkeit jedes Kindes eines Haushaltsmitgliedes, höchstens jedoch 1 200 Euro, wenn das Kind ein zu berücksichtigendes Haushaltsmitglied und noch nicht 25 Jahre alt ist.

§ 17a[1] Freibetrag für zu berücksichtigende Haushaltsmitglieder mit Grundrentenzeiten oder entsprechenden Zeiten aus anderweitigen Alterssicherungssystemen. (1) [1] Für jedes zu berücksichtigende Haushaltsmitglied, das mindestens 33 Jahre an Grundrentenzeiten nach § 76g Absatz 2 des Sechsten Buches Sozialgesetzbuch erreicht hat, ist bei der Ermittlung des Gesamteinkommens ein jährlicher Freibetrag abzuziehen. [2] Dieser beträgt 1 200 Euro vom jährlichen Einkommen aus der gesetzlichen Rente zuzüglich 30 Prozent des diesen Betrag übersteigenden jährlichen Einkommens aus der gesetzlichen Rente, höchstens jedoch ein mit zwölf zu multiplizierender Betrag in Höhe von 50 Prozent der Regelbedarfsstufe 1 nach der Anlage zu § 28 des Zwölften Buches Sozialgesetzbuch.

(2) [1] Absatz 1 gilt entsprechend für zu berücksichtigende Haushaltsmitglieder, die mindestens 33 Jahre an Grundrentenzeiten vergleichbaren Zeiten in
1. einer Versicherungspflicht nach § 1 des Gesetzes über die Alterssicherung der Landwirte,
2. einer Beschäftigung, in der Versicherungsfreiheit nach § 5 Absatz 1 oder Befreiung von der Versicherungspflicht nach § 6 Absatz 1 Satz 1 Nummer 2 des Sechsten Buches Sozialgesetzbuch bestand, oder
3. einer Versicherungspflicht in einer Versicherungs- oder Versorgungseinrichtung, die für Angehörige bestimmter Berufe errichtet ist,

erreicht haben. [2] Absatz 1 gilt auch, wenn die 33 Jahre durch die Zusammenrechnung der Zeiten nach Satz 1 Nummer 1 bis 3 und der Grundrentenzeiten nach § 76g Absatz 2 des Sechsten Buches Sozialgesetzbuch erfüllt werden. [3] Je Kalendermonat wird eine Grundrentenzeit oder eine nach Satz 1 vergleichbare Zeit angerechnet.

(3) [1] Ist Wohngeld vor dem 1. Januar 2021 bewilligt worden und liegt mindestens ein Teil des Bewilligungszeitraums nach dem 31. Dezember 2020, so ist abweichend von § 41 Absatz 2 von Amts wegen über die Leistung des Wohngeldes für den Zeitraum vom 1. Januar 2021 neu zu entscheiden, wenn die Wohngeldbehörde erstmals durch eine Mitteilung des Rentenversiche-

[1] § 17a eingef. mWv 1.1.2021 durch G v. 12.8.2020 (BGBl. I S. 1879); Abs. 3 Satz 1 neu gef., Satz 2 aufgeh., bish. Satz 3 wird Satz 2 und neue Sätze 3–5 angef. mWv 1.1.2021 durch G v. 9.12. 2020 (BGBl. I S. 2855).

rungsträgers oder der sich aus Absatz 2 Satz 1 ergebenden Träger davon Kenntnis erlangt, dass die Voraussetzungen nach Absatz 1 Satz 1 oder Absatz 2 Satz 1 oder 2 im Zeitraum ab dem 1. Januar 2021 vorliegen. 2 Die Entscheidung nach Satz 1 folgt der Entscheidung nach § 42c Absatz 1 nach. 3 Die Wohngeldbehörde entscheidet über Wohngeldleistungen ohne Berücksichtigung eines möglichen Freibetrages nach Absatz 1 oder 2, solange sie nicht durch eine Mitteilung des Rentenversicherungsträgers oder der sich aus Absatz 2 Satz 1 ergebenden Träger Kenntnis davon hat, dass die Voraussetzungen nach Absatz 1 Satz 1 oder Absatz 2 Satz 1 oder 2 vorliegen. 4 Sie entscheidet von Amts wegen neu, wenn sie erstmals Kenntnis davon erlangt, dass die Voraussetzungen nach Absatz 1 Satz 1 oder Absatz 2 Satz 1 oder 2 vorliegen. 5 Der Zeitpunkt der Kenntnis der Wohngeldbehörde nach Satz 1 oder 4 gilt als Zeitpunkt der Antragstellung im Sinne des § 24 Absatz 2.

(4) Wurde der Freibetrag bei der Wohngeldbewilligung bereits berücksichtigt, so werden im laufenden Bewilligungszeitraum Änderungen der Höhe des Freibetrages nach Absatz 1 oder 2 nur unter den Voraussetzungen des § 27 berücksichtigt.

§ 18[1)] Abzugsbeträge für Unterhaltsleistungen. 1 Bei der Ermittlung des Gesamteinkommens sind die folgenden zu erwartenden Aufwendungen zur Erfüllung gesetzlicher Unterhaltsverpflichtungen abzuziehen:

1. bis zu 3 000 Euro jährlich für ein zu berücksichtigendes Haushaltsmitglied, das wegen Berufsausbildung auswärts wohnt, soweit es nicht von Nummer 2 erfasst ist;
2. bis zu 3 000 Euro jährlich für ein Kind, das Haushaltsmitglied nach § 5 Absatz 4 ist; dies gilt nur für Aufwendungen, die an das Kind als Haushaltsmitglied bei dem anderen Elternteil geleistet werden;
3. bis zu 6 000 Euro jährlich für einen früheren oder dauernd getrennt lebenden Ehegatten oder Lebenspartner oder eine frühere oder dauernd getrennt lebende Lebenspartnerin, der oder die kein Haushaltsmitglied ist;
4. bis zu 3 000 Euro jährlich für eine sonstige Person, die kein Haushaltsmitglied ist.

2 Liegt in den Fällen des Satzes 1 eine notariell beurkundete Unterhaltsvereinbarung, ein Unterhaltstitel oder ein Bescheid vor, sind die jährlichen Aufwendungen bis zu dem darin festgelegten Betrag abzuziehen.

Kapitel 5. Höhe des Wohngeldes

§ 19[2)] Höhe des Wohngeldes. (1) 1 Das ungerundete monatliche Wohngeld für bis zu zwölf zu berücksichtigende Haushaltsmitglieder beträgt

$$1{,}15 \cdot (M - (a + b \cdot M + c \cdot Y) \cdot Y) \text{ Euro.}$$

2 „M“ ist die zu berücksichtigende monatliche Miete oder Belastung in Euro. 3 „Y“ ist das monatliche Gesamteinkommen in Euro. 4 „a“, „b“ und „c“ sind nach der Anzahl der zu berücksichtigenden Haushaltsmitglieder unterschiedene Werte und ergeben sich aus der Anlage 2.

---

1) § 18 Satz 1 Nr. 3 geänd. mWv 30.12.2008 durch G v. 22.12.2008 (BGBl. I S. 2963); Satz 1 Nr. 2 geänd. mWv 1.1.2016 durch G v. 2.10.2015 (BGBl. I S. 1610).

2) § 19 Abs. 1 Sätze 1–3 und Abs. 3 geänd. mWv 1.1.2016 durch G v. 2.10.2015 (BGBl. I S. 1610); Abs. 1 Satz 4, Abs. 2 und 3 geänd. mWv 1.1.2020 durch G v. 30.11.2019 (BGBl. I S. 1877).

(2) Die zur Berechnung des Wohngeldes erforderlichen Rechenschritte und Rundungen sind in der Reihenfolge auszuführen, die sich aus der Anlage 3 ergibt.

(3) Sind mehr als zwölf Haushaltsmitglieder zu berücksichtigen, erhöht sich für das 13. und jedes weitere zu berücksichtigende Haushaltsmitglied das nach den Absätzen 1 und 2 berechnete monatliche Wohngeld um jeweils 51 Euro, höchstens jedoch bis zur Höhe der zu berücksichtigenden Miete oder Belastung.

Teil 3. Nichtbestehen des Wohngeldanspruchs

§ 20[1)] Gesetzeskonkurrenz. (1) *(aufgehoben)*

(2) [1] Es besteht kein Wohngeldanspruch, wenn allen Haushaltsmitgliedern eine der folgenden Leistungen dem Grunde nach zusteht oder im Fall ihres Antrages dem Grunde nach zustünde:

1. Leistungen zur Förderung der Ausbildung nach dem Bundesausbildungsförderungsgesetz,
2. Leistungen nach den §§ 56, 116 Absatz 3 oder 4 oder § 122 des Dritten Buches Sozialgesetzbuch oder
3. Leistungen zur Sicherung des Lebensunterhaltes während des ausbildungsbegleitenden Praktikums oder der betrieblichen Berufsausbildung bei Teilnahme am Sonderprogramm Förderung der beruflichen Mobilität von ausbildungsinteressierten Jugendlichen und arbeitslosen jungen Fachkräften aus Europa.

[2] Satz 1 gilt auch, wenn dem Grunde nach Förderungsberechtigte der Höhe nach keinen Anspruch auf Förderung haben. [3] Satz 1 gilt nicht, wenn die Leistungen ausschließlich als Darlehen gewährt werden. [4] Ist Wohngeld für einen Zeitraum bewilligt, in den der Beginn der Ausbildung fällt, ist das Wohngeld bis zum Ablauf des Bewilligungszeitraums in gleicher Höhe weiterzuleisten; § 27 Abs. 2 und § 28 bleiben unberührt.

§ 21 Sonstige Gründe. Ein Wohngeldanspruch besteht nicht,

1. wenn das Wohngeld weniger als 10 Euro monatlich betragen würde,
2. wenn alle Haushaltsmitglieder nach den §§ 7 und 8 Abs. 1 vom Wohngeld ausgeschlossen sind oder
3. soweit die Inanspruchnahme missbräuchlich wäre, insbesondere wegen erheblichen Vermögens.

Teil 4. Bewilligung, Zahlung und Änderung des Wohngeldes

§ 22 Wohngeldantrag. (1) Wohngeld wird nur auf Antrag der wohngeldberechtigten Person geleistet.

[1)] § 20 Abs. 2 Satz 1 geänd. mWv 1.4.2012 durch G v. 20.12.2011 (BGBl. I S. 2854); Abs. 1 neu gef. mWv 1.11.2015, Abs. 2 Sätze 1–3 neu gef. mWv 1.1.2016 durch G v. 2.10.2015 (BGBl. I S. 1610); Abs. 1 aufgeh., Abs. 2 Satz 1 Nr. 2 geänd. mWv 1.1.2020 durch G v. 30.11.2019 (BGBl. I S. 1877).

(2) Im Fall des § 3 Abs. 3 wird vermutet, dass die antragstellende Person von den anderen Haushaltsmitgliedern als wohngeldberechtigte Person bestimmt ist.

(3) [1] Zieht die wohngeldberechtigte Person aus oder stirbt sie, kann der Antrag nach § 27 Abs. 1 auch von einem anderen Haushaltsmitglied gestellt werden, das die Voraussetzungen des § 3 Abs. 1 oder Abs. 2 erfüllt. [2] § 3 Abs. 3 bis 5 gilt entsprechend.

(4) Wird ein Wohngeldantrag für die Zeit nach dem laufenden Bewilligungszeitraum früher als zwei Monate vor Ablauf dieses Zeitraums gestellt, gilt der Erste des zweiten Monats vor Ablauf dieses Zeitraums als Zeitpunkt der Antragstellung im Sinne des § 24 Abs. 2.

(5) § 65a des Ersten und § 115 des Zehnten Buches Sozialgesetzbuch sind nicht anzuwenden.

§ 23[1)] Auskunftspflicht. (1) [1] Soweit die Durchführung dieses Gesetzes es erfordert, sind folgende Personen verpflichtet, auf Verlangen der Wohngeldbehörde Auskunft über ihre für das Wohngeld maßgebenden Verhältnisse zu geben:

1. die Haushaltsmitglieder,
2. die sonstigen Personen, die mit der wohngeldberechtigten Person den Wohnraum gemeinsam bewohnen, und
3. bei einer Prüfung nach § 21 Nr. 3 zur Feststellung eines Unterhaltsanspruchs auch
   a) der Ehegatte, der Lebenspartner oder die Lebenspartnerin,
   b) der frühere Ehegatte, der frühere Lebenspartner oder die frühere Lebenspartnerin,
   c) die Kinder der zu berücksichtigenden Haushaltsmitglieder und
   d) die Eltern der zu berücksichtigenden Haushaltsmitglieder,

   die keine Haushaltsmitglieder sind.

[2] Die Haushaltsmitglieder sind verpflichtet, ihr Geschlecht anzugeben (§ 33 Abs. 3 Satz 1 Nr. 6 und § 35 Abs. 1 Nr. 5). [3] Die wohngeldberechtigte Person hat im Wohngeldantrag nach § 22 und im Antrag nach § 27 Absatz 1 alle Tatsachen anzugeben, die für die Leistung erheblich sind.

(2) Soweit die Durchführung dieses Gesetzes es erfordert, sind die Arbeitgeber der zu berücksichtigenden Haushaltsmitglieder verpflichtet, auf Verlangen der Wohngeldbehörde über Art und Dauer des Arbeitsverhältnisses sowie über Arbeitsstätte und Arbeitsverdienst Auskunft zu geben.

(3) Der Empfänger oder die Empfängerin der Miete ist verpflichtet, auf Verlangen der Wohngeldbehörde über die Höhe und Zusammensetzung der Miete sowie über andere das Miet- oder Nutzungsverhältnis betreffende Umstände Auskunft zu geben, soweit die Durchführung dieses Gesetzes es erfordert.

[1)] § 23 Abs. 1 Satz 1 Nr. 3 Buchst. a und b neu gef. mWv 30.12.2008 durch G v. 22.12.2008 (BGBl. I S. 2963); Abs. 4 neu gef. mWv 16.11.2012 durch G v. 9.11.2012 (BGBl. I S. 2291); Abs. 1 Satz 1 geänd., Satz 3 angef., Abs. 2 und 3 geänd. mWv 1.1.2016 durch G v. 2.10.2015 (BGBl. I S. 1610).

(4) [1] Zur Aufdeckung rechtswidriger Inanspruchnahme von Wohngeld sind die Kapitalerträge auszahlenden Stellen, denen ein zu berücksichtigendes Haushaltsmitglied einen Freistellungsauftrag für Kapitalerträge erteilt hat, verpflichtet, der Wohngeldbehörde Auskunft über die Höhe der zugeflossenen Kapitalerträge zu erteilen. [2] § 21 Absatz 3 Satz 4 des Zehnten Buches Sozialgesetzbuch gilt entsprechend. [3] Ein Auskunftsersuchen der Wohngeldbehörde ist nur zulässig, wenn auf Grund eines Datenabgleichs nach § 33 der Verdacht besteht oder feststeht, dass Wohngeld rechtswidrig in Anspruch genommen wurde oder wird und dass das zu berücksichtigende Haushaltsmitglied, auch soweit es dazu berechtigt ist, nicht oder nicht vollständig bei der Ermittlung der Kapitalerträge mitwirkt. [4] Die Auslagen für Auskünfte von Kapitalerträge auszahlenden Stellen, die durch die Ermittlung der rechtswidrigen Inanspruchnahme von Wohngeld entstanden sind, sollen abweichend von § 64 Absatz 1 des Zehnten Buches Sozialgesetzbuch von der Person, die Wohngeld zu erstatten hat, erhoben werden.

(5) Auf die nach den Absätzen 1 bis 3 Auskunftspflichtigen sind die §§ 60 und 65 Abs. 1 und 3 des Ersten Buches Sozialgesetzbuch entsprechend anzuwenden.

§ 24[1)] Wohngeldbehörde und Entscheidung. (1) [1] Über den Wohngeldantrag muss die nach Landesrecht zuständige oder von der Landesregierung durch Rechtsverordnung oder auf sonstige Weise bestimmte Behörde (Wohngeldbehörde) schriftlich entscheiden. [2] Die Landesregierung kann ihre Befugnis nach Satz 1, die Zuständigkeit der Wohngeldbehörden zu bestimmen, auf die für die Ausführung des Wohngeldgesetzes zuständige oberste Landesbehörde übertragen. [3] § 69 des Ersten Buches Sozialgesetzbuch bleibt unberührt.

(2) [1] Der Entscheidung sind die Verhältnisse im Bewilligungszeitraum, die im Zeitpunkt der Antragstellung zu erwarten sind, zu Grunde zu legen. [2] Treten nach dem Zeitpunkt der Antragstellung bis zur Bekanntgabe des Wohngeldbescheides Änderungen der Verhältnisse im Bewilligungszeitraum ein, sind sie grundsätzlich nicht zu berücksichtigen; Änderungen im Sinne des § 27 Absatz 1 und 2 oder § 28 Absatz 1 bis 3 sollen berücksichtigt werden. [3] Satz 2 gilt für nach dem Zeitpunkt der Antragstellung bis zur Bekanntgabe des Wohngeldbescheides zu erwartende Änderungen entsprechend.

(3) [1] Der Bewilligungsbescheid muss die in § 27 Abs. 3 Satz 1 Nr. 2 und 3 genannten Beträge ausweisen und einen Hinweis über die Mitteilungspflichten nach § 27 Abs. 3 und 4 sowie § 28 Abs. 1 Satz 2 und Abs. 4 Satz 1 enthalten. [2] Er soll einen Hinweis enthalten, dass der Wohngeldantrag für die Zeit nach Ablauf des Bewilligungszeitraums wiederholt werden kann und dass eine Neuentscheidung von Amts wegen mit der Folge des Wohngeldwegfalles oder eines verringerten Wohngeldes auch dann möglich ist, wenn keine Mitteilungspflicht besteht.

(4) Erzielt mindestens eines der zu berücksichtigenden Haushaltsmitglieder Einkünfte aus selbständiger Arbeit, aus Gewerbebetrieb oder aus Land- und Forstwirtschaft, so kann der Wohngeldbewilligungsbescheid mit der Auflage verbunden werden, dass die Einkommensteuerbescheide, die den Zeitraum der

---

[1)] § 24 Abs. 3 Satz 2 geänd., Abs. 4 eingef., bish. Abs. 4 wird Abs. 5 und neu gef. mWv 1.1.2016 durch G v. 2.10.2015 (BGBl. I S. 1610); Abs. 2 Satz 2 geänd. mWv 1.1.2020 durch G v. 30.11.2019 (BGBl. I S. 1877).

Wohngeldbewilligung betreffen, unverzüglich der Wohngeldbehörde zur Prüfung, ob ein Fall des § 27 Absatz 2 Satz 1 Nummer 3 vorliegt, vorzulegen sind.

(5) Wenn infolge des Umzugs der wohngeldberechtigten Person eine andere Wohngeldbehörde zuständig wird, bleibt abweichend von § 44 Absatz 3 des Zehnten Buches Sozialgesetzbuch die Wohngeldbehörde, die den Wohngeldbescheid erlassen hat, zuständig für

1. die Aufhebung eines Wohngeldbescheides,
2. die Rückforderung des zu erstattenden Wohngeldes sowie
3. die Unterrichtung und den Hinweis nach § 28 Absatz 5.

§ 25[1)] Bewilligungszeitraum. (1) [1] Das Wohngeld soll für zwölf Monate bewilligt werden. [2] Ist zu erwarten, dass sich die maßgeblichen Verhältnisse vor Ablauf von zwölf Monaten erheblich ändern, soll der Bewilligungszeitraum entsprechend verkürzt werden; im Einzelfall kann der Bewilligungszeitraum geteilt werden.

(2) [1] Der Bewilligungszeitraum beginnt am Ersten des Monats, in dem der Wohngeldantrag gestellt worden ist. [2] Treten die Voraussetzungen für die Bewilligung des Wohngeldes erst in einem späteren Monat ein, beginnt der Bewilligungszeitraum am Ersten dieses Monats.

(3) [1] Der Bewilligungszeitraum beginnt am Ersten des Monats, von dem ab Leistungen im Sinne des § 7 Abs. 1 abgelehnt worden sind, wenn der Wohngeldantrag vor Ablauf des Kalendermonats gestellt wird, der auf die Kenntnis der Ablehnung folgt. [2] Dies gilt entsprechend, wenn der Ausschluss nach § 8 Abs. 1 Satz 3 oder Abs. 2 als nicht erfolgt gilt.

(4) [1] Ist ein Wohngeldbewilligungsbescheid nach § 28 Absatz 3 unwirksam geworden, beginnt der Wohngeldbewilligungszeitraum abweichend von § 25 Absatz 3 Satz 1 frühestens am Ersten des Monats, von dem an die Unwirksamkeit des Wohngeldbewilligungsbescheides eingetreten ist; dies gilt nur unter der Voraussetzung, dass der Wohngeldantrag vor Ablauf des Kalendermonats gestellt wird, der

1. auf die Kenntnis der Ablehnung einer Leistung nach § 7 Absatz 1 folgt oder
2. auf die Kenntnis von der Unwirksamkeit des Wohngeldbewilligungsbescheides folgt, wenn nur ein Teil der zu berücksichtigenden Haushaltsmitglieder nach § 7 vom Wohngeld ausgeschlossen ist.

[2] Der Ablehnung einer Leistung nach § 7 Absatz 1 im Sinne des § 25 Absatz 4 Satz 1 Nummer 1 stehen die Fälle des § 8 Absatz 1 Satz 3 und Absatz 2 gleich. [3] Wird eine Leistung nach § 7 Absatz 1 rückwirkend für alle zu berücksichtigenden Haushaltsmitglieder und nur für einen Teil des bisherigen Wohngeldbewilligungszeitraums gewährt, beginnt der neue Wohngeldbewilligungszeitraum am Ersten des Monats, von dem an die Leistung nach § 7 Absatz 1 nicht mehr gewährt wird; dies gilt nur unter der Voraussetzung, dass der Wohngeldantrag vor Ablauf des Kalendermonats gestellt wird, der auf die Kenntnis von dem Ende des Bewilligungszeitraums einer Leistung nach § 7 Absatz 1 folgt.

(5) Der neue Bewilligungszeitraum im Fall des § 27 Abs. 1 Satz 2 beginnt am Ersten des Monats, von dem an die erhöhte Miete oder Belastung rück-

---

[1)] § 25 Abs. 3 Satz 3 aufgeh., bish. Abs. 4 wird Abs. 5, bish. Abs. 5 wird Abs. 4 und neu gef. mWv 1.1.2016 durch G v. 2.10.2015 (BGBl. I S. 1610).

wirkend berücksichtigt wird, wenn der Antrag vor Ablauf des Kalendermonats gestellt wird, der auf die Kenntnis von der Erhöhung der Miete oder Belastung folgt.

§ 26[1] **Zahlung des Wohngeldes.** (1) [1]Das Wohngeld ist an die wohngeldberechtigte Person zu zahlen. [2]Es kann mit schriftlicher Einwilligung der wohngeldberechtigten Person oder, wenn dies im Einzelfall geboten ist, auch ohne deren Einwilligung, an ein anderes Haushaltsmitglied, an den Empfänger oder die Empfängerin der Miete oder in den Fällen des § 3 Abs. 1 Satz 2 Nr. 3 an den Leistungsträger im Sinne des § 12 des Ersten Buches Sozialgesetzbuch gezahlt werden. [3]Wird das Wohngeld nach Satz 2 gezahlt, ist die wohngeldberechtigte Person hiervon zu unterrichten.

(2) [1]Das Wohngeld ist monatlich im Voraus auf ein Konto eines Haushaltsmitgliedes bei einem Geldinstitut, für das die Verordnung (EU) Nr. 260/2012 des Europäischen Parlaments und des Rates vom 14. März 2012 zur Festlegung der technischen Vorschriften und der Geschäftsanforderungen für Überweisungen und Lastschriften in Euro und zur Änderung der Verordnung (EG) Nr. 924/2009 (ABl. L 94 vom 30.3.2012, S. 22) gilt (Geldinstitut), zu zahlen. [2]Ist ein solches Konto nicht vorhanden, kann das Wohngeld an den Wohnsitz der wohngeldberechtigten Person übermittelt werden; die dadurch veranlassten Kosten sollen vom Wohngeld abgezogen werden.

§ 27[2] **Änderung des Wohngeldes.** (1) [1]Das Wohngeld ist auf Antrag neu zu bewilligen, wenn sich im laufenden Bewilligungszeitraum

1. die Anzahl der zu berücksichtigenden Haushaltsmitglieder erhöht,
2. die zu berücksichtigende Miete oder Belastung abzüglich der Beträge zur Entlastung bei den Heizkosten um mehr als 15 Prozent erhöht oder
3. das Gesamteinkommen um mehr als 15 Prozent verringert

und sich dadurch das Wohngeld erhöht. [2]Im Fall des Satzes 1 Nr. 2 ist das Wohngeld auch rückwirkend zu bewilligen, frühestens jedoch ab Beginn des laufenden Bewilligungszeitraums, wenn sich die zu berücksichtigende Miete oder Belastung abzüglich der Beträge zur Entlastung bei den Heizkosten rückwirkend um mehr als 15 Prozent erhöht hat. [3]Satz 1 Nr. 3 ist auch anzuwenden, wenn sich das Gesamteinkommen um mehr als 15 Prozent verringert, weil sich die Anzahl der zu berücksichtigenden Haushaltsmitglieder verringert hat.

(2) [1]Über die Leistung des Wohngeldes ist von Amts wegen mit Wirkung ab dem Zeitpunkt der Änderung der Verhältnisse unter Aufhebung des Bewilligungsbescheides neu zu entscheiden, wenn sich im laufenden Bewilligungszeitraum nicht nur vorübergehend

1. die Anzahl der zu berücksichtigenden Haushaltsmitglieder auf mindestens ein zu berücksichtigendes Haushaltsmitglied verringert; § 6 Abs. 2 bleibt unberührt,

---

[1] § 26 Abs. 2 Satz 1 geänd. mWv 9.4.2013 durch G v. 3.4.2013 (BGBl. I S. 610); Abs. 1 Satz 4 aufgeh. mWv 1.1.2016 durch G v. 2.10.2015 (BGBl. I S. 1610).

[2] § 27 Abs. 1 Satz 1 Nr. 2 und Satz 2, Abs. 2 Satz 1 Nr. 2 und Satz 2 geänd. mWv 1.1.2011 durch G v. 9.12.2010 (BGBl. I S. 1885); Abs. 2 Satz 1 einl. Satzteil geänd., Sätze 6 und 7 angef., Abs. 3 Satz 1 einl. Satzteil und Satz 2 geänd., Abs. 4 neu gef. mWv 1.1.2016 durch G v. 2.10.2015 (BGBl. I S. 1610); Abs. 1 Satz 1 Nr. 2, Satz 2, Abs. 2 Satz 1 Nr. 2 und Satz 2 geänd. mWv 1.1.2021 durch G v. 15.5.2020 (BGBl. I S. 1015).

2. die zu berücksichtigende Miete oder Belastung abzüglich der Beträge zur Entlastung bei den Heizkosten um mehr als 15 Prozent verringert; § 6 Abs. 2 bleibt unberührt, oder
3. das Gesamteinkommen um mehr als 15 Prozent erhöht

und dadurch das Wohngeld wegfällt oder sich verringert. 2 Als Zeitpunkt der Änderung der Verhältnisse gilt im Fall des Satzes 1 Nr. 1 der Tag nach dem Auszug, im Fall des Satzes 1 Nr. 2 der Beginn des Zeitraums, für den sich die zu berücksichtigende Miete oder Belastung abzüglich der Beträge zur Entlastung bei den Heizkosten um mehr als 15 Prozent verringert, und im Fall des Satzes 1 Nr. 3 der Beginn des Zeitraums, für den das erhöhte Einkommen bezogen wird, das zu einer Erhöhung des Gesamteinkommens um mehr als 15 Prozent führt. 3 Tritt die Änderung der Verhältnisse nicht zum Ersten eines Monats ein, ist mit Wirkung vom Ersten des nächsten Monats an zu entscheiden. 4 Satz 1 Nr. 3 ist auch anzuwenden, wenn sich das Gesamteinkommen um mehr als 15 Prozent erhöht, weil sich die Anzahl der zu berücksichtigenden Haushaltsmitglieder erhöht hat. 5 Als Zeitpunkt der Antragstellung im Sinne des § 24 Abs. 2 gilt der Zeitpunkt der Kenntnis der Wohngeldbehörde von den geänderten Verhältnissen. 6 Eine Neuentscheidung von Amts wegen muss innerhalb eines Jahres, nachdem die Wohngeldbehörde von der Änderung der Verhältnisse Kenntnis erlangt hat, erfolgen. 7 Die Neuentscheidung ist unabhängig vom Bestehen einer Mitteilungspflicht.

(3) 1 Die wohngeldberechtigte Person muss der Wohngeldbehörde unverzüglich mitteilen, wenn sich im laufenden Bewilligungszeitraum nicht nur vorübergehend

1. die Anzahl der zu berücksichtigenden Haushaltsmitglieder (§ 6 Abs. 1) auf mindestens ein zu berücksichtigendes Haushaltsmitglied verringert oder die Anzahl der vom Wohngeld ausgeschlossenen Haushaltsmitglieder (§§ 7 und 8 Abs. 1) erhöht,
2. die monatliche Miete (§ 9) oder die monatliche Belastung (§ 10) um mehr als 15 Prozent gegenüber der im Bewilligungsbescheid genannten Miete oder Belastung verringert oder
3. die Summe aus den monatlichen positiven Einkünften nach § 14 Abs. 1 und den monatlichen Einnahmen nach § 14 Abs. 2 aller zu berücksichtigenden Haushaltsmitglieder um mehr als 15 Prozent gegenüber dem im Bewilligungsbescheid genannten Betrag erhöht; dies gilt auch, wenn sich der Betrag um mehr als 15 Prozent erhöht, weil sich die Anzahl der zu berücksichtigenden Haushaltsmitglieder erhöht hat.

2 Die zu berücksichtigenden Haushaltsmitglieder sind verpflichtet, der wohngeldberechtigten Person Änderungen ihrer monatlichen positiven Einkünfte nach § 14 Abs. 1 und ihrer monatlichen Einnahmen nach § 14 Abs. 2 mitzuteilen.

(4) 1 Die Absätze 2 und 3 gelten entsprechend, wenn sich die Änderungen nach Absatz 2 Satz 1 und 4 und Absatz 3 Satz 1 auf einen abgelaufenen Bewilligungszeitraum beziehen. 2 Werden die Änderungen erst nach Ablauf des Bewilligungszeitraums bekannt und wirken sie auf einen oder mehrere abgelaufene Bewilligungszeiträume zurück, so ist eine Entscheidung nach Absatz 2 längstens für die drei Jahre, bevor die wohngeldberechtigte Person oder die zu berücksichtigenden Haushaltsmitglieder von der Änderung der Verhältnisse Kenntnis erlangt haben, zulässig; der Kenntnis steht die Nichtkenntnis infolge grober Fahrlässigkeit gleich. 3 Hat die wohngeldberechtigte Person eine Ände-

rung nach Absatz 2 Satz 1 und 4 im laufenden Bewilligungszeitraum nicht mitgeteilt und erhält die Wohngeldbehörde daher erst nach Ablauf des Bewilligungszeitraums von der Änderung Kenntnis, so ist eine Entscheidung nach Absatz 2 längstens für zehn Jahre seit Änderung der Verhältnisse zulässig.

§ 28[1)] Unwirksamkeit des Bewilligungsbescheides und Wegfall des Wohngeldanspruchs. (1) [1]Der Bewilligungsbescheid wird vom Ersten des Monats an unwirksam, in dem der Wohnraum, für den Wohngeld bewilligt ist, von keinem zu berücksichtigenden Haushaltsmitglied mehr genutzt wird; erfolgt die Nutzungsaufgabe nicht zum Ersten eines Monats, wird der Bewilligungsbescheid vom Ersten des nächsten Monats an unwirksam. [2]Die wohngeldberechtigte Person muss der Wohngeldbehörde unverzüglich mitteilen, dass der Wohnraum nicht mehr genutzt wird. [3]Der Wechsel des Wohnraums innerhalb desselben Heimes im Sinne des Heimgesetzes[2)] oder entsprechender Gesetze der Länder gilt nicht als Nutzungsaufgabe.

(2) [1]Der Wohngeldanspruch fällt für den Monat weg, in dem das Wohngeld vollständig oder überwiegend nicht zur Bezahlung der Miete oder zur Aufbringung der Belastung verwendet wird (zweckwidrige Verwendung). [2]Der Bewilligungsbescheid ist mit Wirkung vom Ersten des Monats der zweckwidrigen Verwendung an aufzuheben, wenn seine Bekanntgabe nicht länger als zehn Jahre und die Kenntnis der Wohngeldbehörde von der zweckwidrigen Verwendung nicht länger als ein Jahr zurückliegt. [3]Die Sätze 1 und 2 gelten nicht, soweit der Wohngeldanspruch Gegenstand einer Aufrechnung, Verrechnung oder Pfändung nach den §§ 51, 52 und 54 des Ersten Buches Sozialgesetzbuch ist oder auf einen Leistungsträger im Sinne des § 12 des Ersten Buches Sozialgesetzbuch übergegangen ist.

(3) [1]Der Bewilligungsbescheid wird von dem Zeitpunkt an unwirksam, ab dem ein zu berücksichtigendes Haushaltsmitglied nach den §§ 7 und 8 Abs. 1 vom Wohngeld ausgeschlossen ist. [2]Im Fall des § 8 Abs. 1 Satz 3 bleibt der Bewilligungsbescheid unwirksam.

(4) [1]Die wohngeldberechtigte Person muss der Wohngeldbehörde unverzüglich mitteilen, wenn für ein zu berücksichtigendes Haushaltsmitglied ein Verwaltungsverfahren zur Feststellung von Grund und Höhe einer Leistung nach § 7 Abs. 1 oder Abs. 2 begonnen hat oder ein zu berücksichtigendes Haushaltsmitglied eine Leistung nach § 7 Abs. 1 empfängt. [2]Die zu berücksichtigenden Haushaltsmitglieder sind verpflichtet, der wohngeldberechtigten Person die in Satz 1 genannten Tatsachen mitzuteilen.

(5) Die wohngeldberechtigte Person ist von der Unwirksamkeit des Bewilligungsbescheides zu unterrichten und im Fall des Absatzes 3 auf die Antragsfrist nach § 25 Absatz 4 hinzuweisen.

(6) Der Wohngeldanspruch ändert sich nur wegen der in § 17a Absatz 3, § 27, den vorstehenden Absätzen 1 bis 3, § 42a oder der in den §§ 42b bis 44 genannten Umstände.

(Fortsetzung nächstes Blatt)

[1)] § 28 Abs. 2 Satz 3 geänd. mWv 1.1.2012 durch G v. 7.7.2009 (BGBl. I S. 1707); Abs. 1 Satz 2 geänd., Satz 3 angef., Abs. 2 Satz 2 neu gef., Abs. 4 Sätze 1 und 2, Abs. 5 und Abs. 6 geänd. mWv 1.1.2016 durch G v. 2.10.2015 (BGBl. I S. 1610); Abs. 5 geänd. mWv 1.8.2016 durch G v. 26.7.2016 (BGBl. I S. 1824); Abs. 6 geänd. mWv 1.1.2020 durch G v. 30.11.2019 (BGBl. I S. 1877); Abs. 6 geänd. mWv 1.1.2021 durch G v. 12.8.2020 (BGBl. I S. 1879).

[2)] Nr. **60**.

Teil 6. Wohngeldstatistik

§ 34[1)] Zweck der Wohngeldstatistik, Auskunfts- und Hinweispflicht.

(1) Über die Anträge und Entscheidungen nach diesem Gesetz sowie über die persönlichen und sachlichen Verhältnisse der zu berücksichtigenden Haushaltsmitglieder, die für die Berechnung des regionalen Mietenniveaus (§ 12 Abs. 3 und 4), den Wohngeld- und Mietenbericht (§ 39), die Beurteilung der Auswirkungen dieses Gesetzes und dessen Fortentwicklung erforderlich sind, ist eine Bundesstatistik zu führen.

(2) [1] Für die Erhebung sind die Wohngeldbehörden auskunftspflichtig. [2] Die Angaben der in § 23 Abs. 1 bis 3 bezeichneten Personen dienen zur Ermittlung der statistischen Daten im Rahmen der Erhebungsmerkmale (§ 35).

(3) Die wohngeldberechtigte Person ist auf die Verwendung der auf Grund der Bearbeitung bekannten Daten für die Wohngeldstatistik und auf die Möglichkeit der Übermittlung nach § 36 Abs. 2 Satz 2 hinzuweisen.

§ 35[2)] Erhebungs- und Hilfsmerkmale. (1) Erhebungsmerkmale sind

1. die Art des Wohngeldantrages und der Entscheidung;
2. der Betrag des im Erhebungszeitraum gezahlten Wohngeldes;
3. der Beginn und das Ende des Bewilligungszeitraums nach Monat und Jahr; die Art und die Höhe des monatlichen Wohngeldes;
4. die Anzahl der zu berücksichtigenden Haushaltsmitglieder, ihre jeweilige Beteiligung am Erwerbsleben und Stellung im Beruf sowie jeweils die Anzahl derjenigen zu berücksichtigenden Haushaltsmitglieder, die
   a) noch nicht 18 Jahre alt sind oder
   b) mindestens 18 Jahre, aber noch nicht 25 Jahre alt sind;

   ist mindestens ein Haushaltsmitglied vom Wohngeld ausgeschlossen, sind auch die Gesamtzahl der Haushaltsmitglieder und die Zahl der vom Wohngeld ausgeschlossenen Haushaltsmitglieder Erhebungsmerkmale;
5. das jeweilige Geschlecht der zu berücksichtigenden Haushaltsmitglieder;
6. der bei der Berechnung des Wohngeldes berücksichtigte Höchstbetrag für Miete und Belastung (§ 12 Abs. 1), im Fall des § 11 Abs. 3 der Anteil des Höchstbetrages, der dem Anteil der zu berücksichtigenden Haushaltsmitglieder an der Gesamtzahl der Haushaltsmitglieder entspricht;
7. die Wohnverhältnisse der zu berücksichtigenden Haushaltsmitglieder nach Größe der Wohnung, nach Höhe der monatlichen Miete oder Belastung, im Fall des § 10 Abs. 2 Satz 2 die Belastung aus Zinsen und Tilgung, nach öffentlicher Förderung der Wohnung oder Förderung nach dem Wohnraumförderungsgesetz[3)] oder entsprechenden Gesetzen der Länder, der Grund der Wohngeldberechtigung (§ 3 Abs. 1 bis 3) sowie die Gemeinde und deren

---

[1)] § 34 Abs. 1 geänd. mWv 1.1.2013 durch G v. 9.11.2012 (BGBl. I S. 2291).

[2)] § 35 Abs. 1 Nr. 9 geänd., Nr. 10 angef. mWv 30.12.2008 durch G v. 22.12.2008 (BGBl. I S. 2963); Abs. 1 Nr. 2 geänd., Nr. 4, 5 und 8 neu gef., mWv 1.1.2013 durch G v. 9.11.2012 (BGBl. I S. 2291); Überschrift und Abs. 2 neu gef., Abs. 1 Nr. 9 geänd., Abs. 3 aufgeh. mWv 1.1.2016 durch G v. 2.10.2015 (BGBl. I S. 1610); Abs. 1 Nr. 9 geänd., Nr. 10 aufgeh. mWv 1.1.2020 durch G v. 30.11.2019 (BGBl. I S. 1877); Abs. 1 Nr. 8 Buchst. a geänd. mWv 1.1.2021 durch G v. 12.8.2020 (BGBl. I S. 1879).

[3)] Nr. **136**.

Mietenstufe (§ 12); ist mindestens ein Haushaltsmitglied vom Wohngeld ausgeschlossen, sind die Größe der Wohnung und die Höhe der monatlichen Miete oder Belastung kopfteilig zu erheben;

8. a) das monatliche Gesamteinkommen, die Freibeträge nach den §§ 17, 17a und die Abzugsbeträge für Unterhaltsleistungen nach § 18;

   b) die Summe der positiven Einkünfte und der Einnahmen nach § 14 sowie die Abzugsbeträge für Steuern und Sozialversicherungsbeiträge nach § 16 für jedes einzelne zu berücksichtigende Haushaltsmitglied;

   im Fall einer nach den §§ 7 und 8 Absatz 1 vom Wohngeld ausgeschlossenen wohngeldberechtigten Person ist die Art der beantragten oder empfangenen Leistung nach § 7 Absatz 1 Erhebungsmerkmal;

9. das Datum der Berechnung des Wohngeldes und die angewandte Gesetzesfassung.

(2) [1] Hilfsmerkmale sind:

1. Name und Anschrift der auskunftspflichtigen Wohngeldbehörde;
2. Wohngeldnummern; diese dürfen keine Angaben über persönliche oder sachliche Verhältnisse der wohngeldberechtigten Personen sowie der in § 23 Absatz 1 bis 3 bezeichneten Personen enthalten oder einen Rückschluss auf diese Verhältnisse zulassen.

[2] Die Wohngeldnummern sind zu löschen, sobald bei den statistischen Landesämtern die Überprüfung der Erhebungs- und Hilfsmerkmale auf ihre Schlüssigkeit und Vollständigkeit sowie die Erstellung und Prüfung von Ergebnissen aus der Bestandsfortschreibung abgeschlossen sind, spätestens jedoch nach Ablauf von fünf Jahren seit dem Zeitpunkt, zu dem die Erhebung durchgeführt worden ist (§ 36 Absatz 1).

§ 36[1)] Erhebungszeitraum und Zusatzaufbereitungen. (1) [1] Die Erhebung der Angaben nach § 35 Abs. 1 ist vierteljährlich für das jeweils abgelaufene Kalendervierteljahr durchzuführen. [2] Die statistischen Landesämter stellen dem Statistischen Bundesamt unverzüglich nach Ablauf des Erhebungszeitraums oder zu dem in der Rechtsverordnung nach § 38 angegebenen Zeitpunkt folgende Angaben zur Verfügung:

1. vierteljährlich
   a) für den Erhebungszeitraum die Angaben nach § 35 Abs. 1 Nr. 1 bis 3;
   b) für den vergleichbaren Erhebungszeitraum des vorausgehenden Kalenderjahres die Angaben nach § 35 Abs. 1 Nr. 1 und 3 unter Berücksichtigung der rückwirkenden Entscheidungen aus den folgenden zwölf Monaten;
2. jährlich die Angaben nach § 35 Abs. 1 Nr. 3 bis 9 für den Monat Dezember unter Berücksichtigung der rückwirkenden Entscheidungen aus dem folgenden Kalendervierteljahr.

(Fortsetzung nächstes Blatt)

---

1) § 36 Abs. 1 Satz 2 einl. Satzteil, Nr. 1 Buchst a und b, Abs. 2 Satz 1 geänd. mWv 1.1.2013 durch G v. 9.11.2012 (BGBl. I S. 2291); Abs. 2 Satz 2 neu gef., Satz 3 eingef., bish. Sätze 3–6 werden Sätze 4–7, Abs. 3 aufgeh. mWv 1.1.2016 durch G v. 2.10.2015 (BGBl. I S. 1610); Überschrift neu gef. mWv 1.8.2016 durch G v. 26.7.2016 (BGBl. I S. 1824); Abs. 2 Satz 2 geänd. mWv 1.1.2020 durch G v. 30.11.2019 (BGBl. I S. 1877).

kann und bezogen auf den Zeitpunkt der Änderung, der auch vor dem 1. Januar 2016 liegen kann, das Wohngeld wegfallen oder sich verringern kann.

(2) [1]Ist bis zum 31. Dezember 2015 über einen Wohngeldantrag nach § 22 noch nicht entschieden, so ist für die Zeit bis zum 31. Dezember 2015 nach dem bis dahin geltenden Recht und für die darauffolgende Zeit nach dem neuen Recht zu entscheiden. [2]Ist in den Fällen des Satzes 1 das ab dem 1. Januar 2016 zu bewilligende Wohngeld geringer als das für Dezember 2015 zu bewilligende Wohngeld, verbleibt es auch für den Teil des Bewilligungszeitraums ab dem 1. Januar 2016 bei diesem Wohngeld. [3]Ist über einen nach dem 31. Dezember 2015 gestellten Wohngeldantrag nach § 22 zu entscheiden und beginnt der Bewilligungszeitraum vor dem 1. Januar 2016, so sind die Sätze 1 und 2 entsprechend anzuwenden. [4]§ 24 Absatz 2 und § 27 bleiben unberührt.

(3) [1]In Fällen des § 31 Absatz 1 Satz 1 des Unterhaltssicherungsgesetzes sind § 14 Absatz 2 Nummer 23 und § 20 Absatz 1 dieses Gesetzes in der bis zum 31. Oktober 2015 geltenden Fassung anzuwenden. [2]Im Übrigen gelten die Absätze 1 und 2.

§ 42b[1)] Übergangsregelung aus Anlass des Gesetzes zur Stärkung des Wohngeldes. (1) [1]Ist Wohngeld vor dem 1. Januar 2020 bewilligt worden und liegt mindestens ein Teil des Bewilligungszeitraums nach dem 31. Dezember 2019, so ist abweichend von § 41 Absatz 2 von Amts wegen über die Leistung des Wohngeldes für den Zeitraum vom 1. Januar 2020 bis zum Ende des bisherigen Bewilligungszeitraums neu zu entscheiden. [2]Bei der Entscheidung nach Satz 1 sind die §§ 12, 17 und 19 dieses Gesetzes und die Anlage zu § 1 Absatz 3 der Wohngeldverordnung[2)] in der ab dem 1. Januar 2020 geltenden Fassung anzuwenden. [3]Ergibt sich aus der Entscheidung nach Satz 1 kein höheres Wohngeld, verbleibt es bis zum Ende des bisherigen Bewilligungszeitraums bei dem bereits bewilligten Wohngeld.

(2) [1]Ist bei der Entscheidung nach Absatz 1 Satz 1 nicht berücksichtigt worden, dass

1. sich die Anzahl der zu berücksichtigenden Haushaltsmitglieder, die zu berücksichtigende Miete oder Belastung oder das Gesamteinkommen geändert hat,
2. das Wohngeld zweckwidrig verwendet wird oder
3. die Voraussetzungen für den erhöhten anrechnungsfreien Betrag nach § 14 Absatz 2 Nummer 19 Buchstabe a oder Nummer 20 Buchstabe a oder einen anrechnungsfreien Betrag nach § 14 Absatz 2 Nummer 19 Buchstabe b vorliegen,

so ist diese Entscheidung nur rechtswidrig, wenn gleichzeitig die Voraussetzungen der §§ 27 oder 28 Absatz 2 dieses Gesetzes vorliegen; im Übrigen bleibt § 45 des Zehnten Buches Sozialgesetzbuch unberührt. [2]Wird die Entscheidung nach Absatz 1 Satz 1 unter den Voraussetzungen des § 45 des Zehnten Buches Sozialgesetzbuch zurückgenommen, so wird der bisherige Bewilligungsbescheid wieder wirksam; die §§ 27 und 28 bleiben unberührt.

(3) Ist Wohngeld vor dem 1. Januar 2020 bewilligt worden und liegt mindestens ein Teil des Bewilligungszeitraums nach dem 31. Dezember 2019 und ist

---

[1)] § 42b eingef. mWv 1.1.2020 durch G v. 30.11.2019 (BGBl. I S. 1877).
[2)] Nr. **27**.

über einen Antrag nach § 27 Absatz 1 oder in einem Verfahren nach § 27 Absatz 2 neu zu entscheiden, so ist für die Zeit bis zum 31. Dezember 2019 nach dem bis dahin geltenden Recht, ab dem 1. Januar 2020 nach neuem Recht zu entscheiden.

(4) Der Bewilligungsbescheid nach Absatz 1 Satz 1 muss auf die besonderen Entscheidungsgrundlagen der Absätze 1 und 2 hinweisen, insbesondere darauf, dass eine Entscheidung nach den §§ 27 oder 28 Absatz 2 oder die Mitteilung über die Unwirksamkeit nach § 28 Absatz 1 oder 3 dem Bewilligungsbescheid noch folgen kann und bezogen auf den Zeitpunkt der Änderung der Verhältnisse, der auch vor dem 1. Januar 2020 liegen kann, das Wohngeld wegfallen oder sich verringern kann.

(5) [1] Ist bis zum 31. Dezember 2019 über einen Wohngeldantrag nach § 22 noch nicht entschieden, so ist für die Zeit bis zum 31. Dezember 2019 nach dem bis dahin geltenden Recht und für die darauffolgende Zeit nach dem neuen Recht zu entscheiden. [2] Ist in den Fällen des Satzes 1 das ab dem 1. Januar 2020 zu bewilligende Wohngeld geringer als das für Dezember 2019 zu bewilligende Wohngeld, so verbleibt es auch für den Teil des Bewilligungszeitraums ab dem 1. Januar 2020 bei diesem Wohngeld.

(6) [1] Ist über einen nach dem 31. Dezember 2019 gestellten Wohngeldantrag nach § 22 zu entscheiden und beginnt der Bewilligungszeitraum vor dem 1. Januar 2020, so ist Absatz 5 entsprechend anzuwenden. [2] § 24 Absatz 2 und § 27 bleiben unberührt.

§ 42c[1)] Übergangsregelung aus Anlass des Gesetzes zur Entlastung bei den Heizkosten im Wohngeld im Kontext der CO2-Bepreisung.

(1) [1] Ist Wohngeld vor dem 1. Januar 2021 bewilligt worden und liegt mindestens ein Teil des Bewilligungszeitraums nach dem 31. Dezember 2020, so ist abweichend von § 41 Absatz 2 von Amts wegen über die Leistung des Wohngeldes für den Zeitraum vom 1. Januar 2021 bis zum Ende des bisherigen Bewilligungszeitraums neu zu entscheiden. [2] Bei der Entscheidung nach Satz 1 sind die §§ 11 und 12 dieses Gesetzes in der ab dem 1. Januar 2021 geltenden Fassung anzuwenden.

(2) [1] Ist bei der Entscheidung nach Absatz 1 Satz 1 nicht berücksichtigt worden, dass sich die Anzahl der zu berücksichtigenden Haushaltsmitglieder, die zu berücksichtigende Miete oder Belastung oder das Gesamteinkommen geändert hat, so ist diese Entscheidung nur rechtswidrig, wenn gleichzeitig die Voraussetzungen des § 27 Absatz 1 oder 2 vorliegen. [2] Im Übrigen bleibt § 45 des Zehnten Buches Sozialgesetzbuch unberührt. [3] Wird die Entscheidung nach Absatz 1 Satz 1 unter den Voraussetzungen des § 45 des Zehnten Buches Sozialgesetzbuch zurückgenommen, so wird der bisherige Bewilligungsbescheid wieder wirksam. [4] Die §§ 27 und 28 bleiben unberührt.

(3) Ist Wohngeld vor dem 1. Januar 2021 bewilligt worden und liegt mindestens ein Teil des Bewilligungszeitraums nach dem 31. Dezember 2020 und ist über einen Antrag nach § 27 Absatz 1 oder in einem Verfahren nach § 27 Absatz 2 neu zu entscheiden, so ist für die Zeit bis zum 31. Dezember 2020 nach dem bis dahin geltenden Recht und ab dem 1. Januar 2021 nach neuem Recht zu entscheiden.

[1)] § 42c eingef. mWv 1.1.2021 durch G v. 15.5.2020 (BGBl. I S. 1015).

(4) Der Bewilligungsbescheid nach Absatz 1 Satz 1 muss auf die besonderen Entscheidungsgrundlagen der Absätze 1 und 2 hinweisen, insbesondere darauf, dass eine Entscheidung nach den §§ 27 oder 28 Absatz 2 oder die Mitteilung über die Unwirksamkeit nach § 28 Absatz 1 oder 3 dem Bewilligungsbescheid noch folgen kann und dass ab dem Zeitpunkt der Änderung der Verhältnisse, der auch vor dem 1. Januar 2021 liegen kann, das Wohngeld wegfallen oder sich verringern kann.

(5) Ist bis zum 31. Dezember 2020 über einen Wohngeldantrag nach § 22 noch nicht entschieden, so ist für die Zeit bis zum 31. Dezember 2020 nach dem bis dahin geltenden Recht und für die darauf folgende Zeit nach dem neuen Recht zu entscheiden.

(6) [1] Ist über einen nach dem 31. Dezember 2020 gestellten Wohngeldantrag nach § 22 zu entscheiden und beginnt der Bewilligungszeitraum vor dem 1. Januar 2021, so ist Absatz 5 entsprechend anzuwenden. [2] § 24 Absatz 2 und § 27 bleiben unberührt.

§ 43[1)] Fortschreibung des Wohngeldes. (1) [1] Wurden durch die Änderung dieses Gesetzes die Höchstbeträge für Miete und Belastung (§ 12 Absatz 1), die Mietenstufen (§ 12 Absatz 2) oder die Höhe des Wohngeldes (§ 19) neu ermittelt und festgesetzt, so werden danach zum 1. Januar jedes zweiten Jahres die folgenden Berechnungsgrößen des Wohngeldes durch Rechtsverordnung mit Zustimmung des Bundesrates (§ 38 Nummer 4) fortgeschrieben:

1. die Höchstbeträge für Miete und Belastung (Anlage 1) auf Grund der Entwicklung der bundesweiten Bruttokaltmieten, gemessen durch den Teilindex für Nettokaltmiete und Wohnungsnebenkosten des Verbraucherpreisindex für Deutschland des Statistischen Bundesamtes;
2. die Werte für „b" (Anlage 2) auf Grund der Entwicklung der bundesweiten Bruttokaltmieten, gemessen durch den Teilindex für Nettokaltmiete und Wohnungsnebenkosten des Verbraucherpreisindex für Deutschland des Statistischen Bundesamtes;
3. die Werte für „c" (Anlage 2) auf Grund der bundesweiten Entwicklung der Verbraucherpreise, gemessen durch den Verbraucherpreisindex für Deutschland des Statistischen Bundesamtes.

[2] Die erste Fortschreibung des Wohngeldes erfolgt zum 1. Januar 2022.

(2) § 12 Absatz 4 Satz 1 findet bei der Fortschreibung des Wohngeldes keine Anwendung.

(3) Für die Fortschreibung der Berechnungsgrößen maßgeblich ist die prozentuale Veränderung der Jahresdurchschnittswerte der in Absatz 1 genannten Indizes des zweiten Jahres vor Inkrafttreten der Fortschreibung des Wohngeldes gegenüber den jeweiligen Jahresdurchschnittswerten des vierten Jahres vor Inkrafttreten der Fortschreibung.

(4) [1] Die Höchstbeträge für Miete und Belastung (Anlage 1) werden am 1. Januar 2022 und dann alle zwei Jahre zum 1. Januar um den Prozentsatz erhöht oder verringert, um den sich der vom Statistischen Bundesamt festgestellte Teilindex nach Absatz 1 Nummer 1 verändert hat. [2] Für die Veränderung am 1. Januar 2022 ist die Erhöhung oder Verringerung des Jahresdurchschnitts des Teilindex nach Absatz 1 Nummer 1 maßgeblich, die im Jahr 2020

[1)] § 43 neu gef. mWv 1.1.2020 durch G v. 30.11.2019 (BGBl. I S. 1877).

gegenüber dem Jahr 2018 eingetreten ist. [3] Die sich danach ergebenden Beträge sind jeweils bis unter 0,50 Euro auf den nächsten vollen Euro-Betrag abzurunden sowie ab 0,50 Euro auf den nächsten vollen Euro-Betrag aufzurunden und ergeben die fortgeschriebenen Höchstbeträge für Miete und Belastung (Anlage 1).

(5) [1] Die Werte für „b" (Anlage 2) werden am 1. Januar 2022 und dann alle zwei Jahre zum 1. Januar mit einhundert multipliziert und anschließend durch die Summe aus einhundert und dem Prozentsatz dividiert, um den sich der vom Statistischen Bundesamt festgestellte Teilindex nach Absatz 1 Nummer 2 verändert hat. [2] Für die prozentuale Veränderung am 1. Januar 2022 ist die Erhöhung oder Verringerung des Jahresdurchschnitts des Teilindex nach Absatz 1 Nummer 2 maßgeblich, die im Jahr 2020 gegenüber dem Jahr 2018 eingetreten ist. [3] Die sich danach ergebenden Werte sind jeweils auf die sechste Nachkommastelle abzurunden und ergeben die fortgeschriebenen Werte für „b" (Anlage 2).

(6) [1] Die Werte für „c" (Anlage 2) werden am 1. Januar 2022 und dann alle zwei Jahre zum 1. Januar mit einhundert multipliziert und anschließend durch die Summe aus einhundert und dem Prozentsatz dividiert, um den sich der vom Statistischen Bundesamt festgestellte Verbraucherpreisindex nach Absatz 1 Nummer 3 verändert hat. [2] Für die prozentuale Veränderung am 1. Januar 2022 ist die Erhöhung oder Verringerung des Jahresdurchschnitts des Verbraucherpreisindex nach Absatz 1 Nummer 3 maßgeblich, die im Jahr 2020 gegenüber dem Jahr 2018 eingetreten ist. [3] Die sich danach ergebenden Werte sind jeweils auf die siebte Nachkommastelle abzurunden und ergeben die fortgeschriebenen Werte für „c" (Anlage 2).

(7) Für die Fortschreibungen nach dem 1. Januar 2022 gelten die Absätze 4 bis 6 entsprechend.

§ 44[1)] Übergangsregelung bei Fortschreibung des Wohngeldes.

(1) [1] Ist Wohngeld vor dem Inkrafttreten der Fortschreibung des Wohngeldes (§ 43) bewilligt worden und dauert mindestens ein Teil des Bewilligungszeitraums nach dem Inkrafttreten der Fortschreibung noch an, so ist abweichend von § 41 Absatz 2 von Amts wegen über die Leistung des Wohngeldes für den Zeitraum vom Inkrafttreten der Fortschreibung bis zum Ende des bisherigen Bewilligungszeitraums neu zu entscheiden. [2] Bei der Entscheidung sind die Höchstbeträge für Miete und Belastung (Anlage 1) und die Werte für „b" und „c" (Anlage 2) in der ab dem Inkrafttreten der aktuellen Fortschreibung geltenden Fassung anzuwenden.

(2) [1] Ist bei der Entscheidung nach Absatz 1 Satz 1 nicht berücksichtigt worden, dass sich die Anzahl der zu berücksichtigenden Haushaltsmitglieder, die zu berücksichtigende Miete oder Belastung oder das Gesamteinkommen geändert hat, so ist diese Entscheidung nur rechtswidrig, wenn gleichzeitig die Voraussetzungen des § 27 Absatz 1 oder 2 vorliegen. [2] Im Übrigen bleibt § 45 des Zehnten Buches Sozialgesetzbuch unberührt. [3] Wird die Entscheidung nach Absatz 1 Satz 1 unter den Voraussetzungen des § 45 des Zehnten Buches Sozialgesetzbuch zurückgenommen, so wird der bisherige Bewilligungsbescheid wieder wirksam. [4] Die §§ 27 und 28 bleiben unberührt.

[1)] § 44 neu gef. mWv 1.1.2020 durch G v. 30.11.2019 (BGBl. I S. 1877); Abs. 2 neu gef. mWv 1.1.2021 durch G v. 15.5.2020 (BGBl. I S. 1015).

(3) Ist Wohngeld vor dem Inkrafttreten der aktuellen Fortschreibung bewilligt worden und dauert mindestens ein Teil des Bewilligungszeitraums nach dem Inkrafttreten der Fortschreibung noch an und ist über einen Antrag nach § 27 Absatz 1 oder in einem Verfahren nach § 27 Absatz 2 neu zu entscheiden, so ist für die Zeit bis zum Inkrafttreten der Fortschreibung nach dem bis dahin geltenden Recht, ab dem Inkrafttreten der Fortschreibung nach neuem Recht zu entscheiden.

(4) Der Bewilligungsbescheid nach Absatz 1 Satz 1 muss auf die besonderen Entscheidungsgrundlagen der Absätze 1 und 2 hinweisen, insbesondere darauf, dass eine Entscheidung nach den §§ 27 oder 28 Absatz 2 oder die Mitteilung über die Unwirksamkeit nach § 28 Absatz 1 oder 3 dem Bewilligungsbescheid noch folgen kann und bezogen auf den Zeitpunkt der Änderung der Verhältnisse, der auch vor dem Inkrafttreten der aktuellen Fortschreibung liegen kann, das Wohngeld wegfallen oder sich verringern kann.

(5) [1] Ist bis zum Inkrafttreten der Fortschreibung über einen Wohngeldantrag nach § 22 noch nicht entschieden, so ist für die Zeit bis zum Inkrafttreten der Fortschreibung nach dem bis dahin geltenden Recht und für die darauf folgende Zeit nach dem neuen Recht zu entscheiden. [2] Ist über einen vor dem Inkrafttreten der Fortschreibung gestellten Wohngeldantrag nach § 22 zu entscheiden und beginnt der Bewilligungszeitraum vor dem Inkrafttreten der Fortschreibung, so ist Satz 1 entsprechend anzuwenden. [3] § 24 Absatz 2 und § 27 bleiben unberührt.

(Fortsetzung nächstes Blatt)

37. Gewerbeordnung

In der Fassung der Bekanntmachung vom 22. Februar 1999[1)]
(BGBl. I S. 202)

FNA 7100-1

zuletzt geänd. durch Art. 3 GWB-Digitalisierungsgesetz v. 18.1.2021 (BGBl. I S. 2)

– Auszug –

Titel II. Stehendes Gewerbe

II. Erfordernis besonderer Überwachung oder Genehmigung

B. Gewerbetreibende, die einer besonderen Genehmigung bedürfen

§ 29[2)] Auskunft und Nachschau. (1) Gewerbetreibende oder sonstige Personen,

1. die einer Erlaubnis nach den §§ 30, 31, 33a, 33c, 33d, 33i, 34, 34a, 34b, 34c, 34d, 34f, 34h oder 34i bedürfen oder nach § 34i Absatz 4 von der Erlaubnispflicht befreit sind,
2. die nach § 34b Abs. 5 oder § 36 öffentlich bestellt sind,
3. die ein überwachungsbedürftiges Gewerbe im Sinne des § 38 Abs. 1 betreiben,
4. gegen die ein Untersagungsverfahren nach § 35 oder § 59 eröffnet oder abgeschlossen wurde oder
5. soweit diese einer gewerblichen Tätigkeit nach § 42 Absatz 1 des Kulturgutschutzgesetzes nachgehen,

(Betroffene), haben den Beauftragten der zuständigen öffentlichen Stelle auf Verlangen die für die Überwachung des Geschäftsbetriebs erforderlichen mündlichen und schriftlichen Auskünfte unentgeltlich zu erteilen.

(2) [1]Die Beauftragten sind befugt, zum Zwecke der Überwachung Grundstücke und Geschäftsräume des Betroffenen während der üblichen Geschäftszeit zu betreten, dort Prüfungen und Besichtigungen vorzunehmen, sich die geschäftlichen Unterlagen vorlegen zu lassen und in diese Einsicht zu nehmen. [2]Zur Verhütung dringender Gefahren für die öffentliche Sicherheit oder Ordnung können die Grundstücke und Geschäftsräume tagsüber auch außerhalb der in Satz 1 genannten Zeit sowie tagsüber auch dann betreten werden, wenn sie zugleich Wohnzwecken des Betroffenen dienen; das Grundrecht der Unverletzlichkeit der Wohnung (Artikel 13 des Grundgesetzes) wird insoweit eingeschränkt.

[1)] Neubekanntmachung der GewO idF der Bek. v. 1.1.1987 (BGBl. I S. 425) in der ab 1.1.1999 geltenden Fassung.

[2)] § 29 Abs. 1 Nr. 4 neu gef., Abs. 4 geänd. mWv 1.1.2003 durch G v. 24.8.2002 (BGBl. I S. 3412); Abs. 1 Nr. 1 geänd. mWv 22.5.2007 durch G v. 19.12.2006 (BGBl. I S. 3232); Abs. 1 Nr. 3 und 4 geänd. und Nr. 5 angef. mWv 29.2.2008 durch G v. 18.5.2007 (BGBl. I S. 757, ber. S. 2547) iVm Bek. v. 28.3. 2008 (BGBl. II S. 235); Abs. 1 Nr. 1 geänd. mWv 1.1.2013 durch G v. 6.12.2011 (BGBl. I S. 2481); Abs. 1 Nr. 1 geänd. mWv 1.12.2013 durch G v. 4.3.2013 (BGBl. I S. 362, geänd. durch G v. 24.4.2013, BGBl. I S. 930); Abs. 1 Nr. 1 geänd. mWv 1.8.2014 durch G v. 15.7.2013 (BGBl. I S. 2390); Abs. 1 Nr. 1 neu gef. mWv 21.3.2016 durch G v. 11.3.2016 (BGBl. I S. 396); Abs. 1 Nr. 5 neu gef. mWv 6.8.2016 durch G v. 31.7.2016 (BGBl. I S. 1914); Abs. 1 Nr. 1 und 5 geänd. mWv 23.2.2018 durch G v. 20.7. 2017 (BGBl. I S. 2789).

(3) Der Betroffene kann die Auskunft auf solche Fragen verweigern, deren Beantwortung ihn selbst oder einen der in § 383 Abs. 1 Nr. 1 bis 3 der Zivilprozeßordnung bezeichneten Angehörigen der Gefahr strafgerichtlicher Verfolgung oder eines Verfahrens nach dem Gesetz über Ordnungswidrigkeiten aussetzen würde.

(4) Die Absätze 1 bis 3 finden auch Anwendung, wenn Tatsachen die Annahme rechtfertigen, daß ein erlaubnispflichtiges, überwachungsbedürftiges oder untersagtes Gewerbe ausgeübt wird.

§ 34c [1] [2] [3] Immobilienmakler, Darlehensvermittler, Bauträger, Baubetreuer, Wohnimmobilienverwalter, Verordnungsermächtigung.

(1) [1] Wer gewerbsmäßig

1. den Abschluss von Verträgen über Grundstücke, grundstücksgleiche Rechte, gewerbliche Räume oder Wohnräume vermitteln oder die Gelegenheit zum Abschluss solcher Verträge nachweisen,
2. den Abschluss von Darlehensverträgen, mit Ausnahme von Verträgen im Sinne des § 34i Absatz 1 Satz 1, vermitteln oder die Gelegenheit zum Abschluss solcher Verträge nachweisen,
3. Bauvorhaben
   a) als Bauherr im eigenen Namen für eigene oder fremde Rechnung vorbereiten oder durchführen und dazu Vermögenswerte von Erwerbern, Mietern, Pächtern oder sonstigen Nutzungsberechtigten oder von Bewerbern um Erwerbs- oder Nutzungsrechte verwenden,
   b) als Baubetreuer im fremden Namen für fremde Rechnung wirtschaftlich vorbereiten oder durchführen,
4. das gemeinschaftliche Eigentum von Wohnungseigentümern im Sinne des § 1 Absatz 2, 3, 5 und 6 des Wohnungseigentumsgesetzes [4] oder für Dritte Mietverhältnisse über Wohnräume im Sinne des § 549 des Bürgerlichen Gesetzbuchs [5] verwalten (Wohnimmobilienverwalter)

(Fortsetzung nächstes Blatt)

---

[1] § 34c Abs. 3 Satz 1 geänd. mWv 7.11.2001 durch VO v. 29.10.2001 (BGBl. I S. 2785); Abs. 3 Satz 1 geänd. mWv 28.11.2003 durch VO v. 25.11.2003 (BGBl. I S. 2304); Abs. 3 Satz 1 geänd. mWv 8.11.2006 durch VO v. 31.10.2006 (BGBl. I S. 2407); Abs. 2 Nr. 1 geänd. mWv 22.5.2007 durch G v. 19.12.2006 (BGBl. I S. 3232); Überschr. geänd., Abs. 1 Satz 1 neu gef., Abs. 5 Nr. 3 geänd. mWv 1.11.2007 durch G v. 16.7.2007 (BGBl. I S. 1330); Abs. 1 Satz 1 Nr. 2 geänd., Abs. 5 Nr. 2a eingef. mWv 28.12.2007 durch G v. 21.12.2007 (BGBl. I S. 3089); Abs. 5 Nr. 6 geänd. mWv 25.3.2009 durch G v. 17.3.2009 (BGBl. I S. 550); Abs. 1 Satz 1 Nr. 1, Abs. 5 Nr. 2, 3, 3a und 5 geänd., Abs. 1 Satz 1 Nr. 1a eingef. mWv 28.12.2009 durch G v. 17.7.2009 (BGBl. I S. 2091); Abs. 2 Nr. 2 geänd. mWv 1.1.2013 durch G v. 29.7.2009 (BGBl. I S. 2258); Überschr. geänd., Abs. 1 Satz 1 Nr. 1a wird Nr. 2, Nr. 2 und 3 aufgeh., bish. Nr. 4 wird Nr. 3, Abs. 5 Nr. 1, 2a, 3 und 3a aufgeh., bish. Nr. 2 wird Nr. 1, bish. Nr. 4–6 wird Nr. 2–4 mWv 1.1.2013 durch G v. 6.12.2011 (BGBl. I S. 2481); Abs. 3 Satz 1 einl. Satzteil geänd. mWv 8.9.2015 durch VO v. 31.8.2015 (BGBl. I S. 1474); Abs. 1 Satz 1 Nr. 2 geänd. mWv 21.3.2016 durch G v. 11.3.2016 (BGBl. I S. 396); Abs. 3 Satz 1 neu gef. mWv 24.10.2017; Überschrift neu gef, Abs. 1 Satz 1 Nr. 3 Buchst. b geänd., Nr. 4 eingef., Abs. 2 Nr. 1, Nr. 2 geänd., Nr. 3 angef., Abs. 2a eingef. mWv 1.8.2018 durch G v. 17.10.2017 (BGBl. I S. 3562); Abs. 2a Satz 1 geänd., Satz 2 eingef., bish. Satz 2 wird Satz 3, Abs. 3 Satz 3 geänd. mWv 15.12.2018 durch G v. 11.12.2018 (BGBl. I S. 2354); Abs. 5 Nr. 1a eingef. mWv 1.1.2020 durch G v. 22.11.2019 (BGBl. I S. 1746).

[2] Beachte hierzu die Übergangsregelungen in §§ 157, 160 und 161.

[3] Siehe hierzu auch das G zur Regelung der Wohnungsvermittlung (Nr. **36**).

[4] Nr. **80**.

[5] Nr. **1**.

80. Gesetz über das Wohnungseigentum und das Dauerwohnrecht (Wohnungseigentumsgesetz – WEG)

In der Fassung der Bekanntmachung vom 12. Januar 2021[1)]
(BGBl. I S. 34)

FNA 403-1

Teil 1. Wohnungseigentum

Abschnitt 1. Begriffsbestimmungen

§ 1 Begriffsbestimmungen. (1) Nach Maßgabe dieses Gesetzes kann an Wohnungen das Wohnungseigentum, an nicht zu Wohnzwecken dienenden Räumen eines Gebäudes das Teileigentum begründet werden.

(2) Wohnungseigentum ist das Sondereigentum an einer Wohnung in Verbindung mit dem Miteigentumsanteil an dem gemeinschaftlichen Eigentum, zu dem es gehört.

(3) Teileigentum ist das Sondereigentum an nicht zu Wohnzwecken dienenden Räumen eines Gebäudes in Verbindung mit dem Miteigentumsanteil an dem gemeinschaftlichen Eigentum, zu dem es gehört.

(4) Wohnungseigentum und Teileigentum können nicht in der Weise begründet werden, dass das Sondereigentum mit Miteigentum an mehreren Grundstücken verbunden wird.

(5) Gemeinschaftliches Eigentum im Sinne dieses Gesetzes sind das Grundstück und das Gebäude, soweit sie nicht im Sondereigentum oder im Eigentum eines Dritten stehen.

(6) Für das Teileigentum gelten die Vorschriften über das Wohnungseigentum entsprechend.

Abschnitt 2. Begründung des Wohnungseigentums

§ 2 Arten der Begründung. Wohnungseigentum wird durch die vertragliche Einräumung von Sondereigentum (§ 3) oder durch Teilung (§ 8) begründet.

§ 3 Vertragliche Einräumung von Sondereigentum. (1) [1]Das Miteigentum (§ 1008 des Bürgerlichen Gesetzbuchs[2)]) an einem Grundstück kann durch Vertrag der Miteigentümer in der Weise beschränkt werden, dass jedem der Miteigentümer abweichend von § 93 des Bürgerlichen Gesetzbuchs[2)] das Eigentum an einer bestimmten Wohnung oder an nicht zu Wohnzwecken dienenden bestimmten Räumen in einem auf dem Grundstück errichteten oder zu errichtenden Gebäude (Sondereigentum) eingeräumt wird. [2]Stellplätze gelten als Räume im Sinne des Satzes 1.

[1)] Neubekanntmachung des WohnungseigentumsG in der im BGBl. Teil III, Gliederungsnr. 403-1, veröffentlichten bereinigten Fassung in der ab 1.12.2020 geltenden Fassung.

[2)] Nr. 1.

(2) Das Sondereigentum kann auf einen außerhalb des Gebäudes liegenden Teil des Grundstücks erstreckt werden, es sei denn, die Wohnung oder die nicht zu Wohnzwecken dienenden Räume bleiben dadurch wirtschaftlich nicht die Hauptsache.

(3) Sondereigentum soll nur eingeräumt werden, wenn die Wohnungen oder sonstigen Räume in sich abgeschlossen sind und Stellplätze sowie außerhalb des Gebäudes liegende Teile des Grundstücks durch Maßangaben im Aufteilungsplan bestimmt sind.

§ 4 Formvorschriften. (1) Zur Einräumung und zur Aufhebung des Sondereigentums ist die Einigung der Beteiligten über den Eintritt der Rechtsänderung und die Eintragung in das Grundbuch erforderlich.

(2) [1]Die Einigung bedarf der für die Auflassung vorgeschriebenen Form. [2]Sondereigentum kann nicht unter einer Bedingung oder Zeitbestimmung eingeräumt oder aufgehoben werden.

(3) Für einen Vertrag, durch den sich ein Teil verpflichtet, Sondereigentum einzuräumen, zu erwerben oder aufzuheben, gilt § 311b Absatz 1 des Bürgerlichen Gesetzbuchs[1)] entsprechend.

§ 5 Gegenstand und Inhalt des Sondereigentums. (1) [1]Gegenstand des Sondereigentums sind die gemäß § 3 Absatz 1 Satz 1 bestimmten Räume sowie die zu diesen Räumen gehörenden Bestandteile des Gebäudes, die verändert, beseitigt oder eingefügt werden können, ohne dass dadurch das gemeinschaftliche Eigentum oder ein auf Sondereigentum beruhendes Recht eines anderen Wohnungseigentümers über das bei einem geordneten Zusammenleben unvermeidliche Maß hinaus beeinträchtigt oder die äußere Gestaltung des Gebäudes verändert wird. [2]Soweit sich das Sondereigentum auf außerhalb des Gebäudes liegende Teile des Grundstücks erstreckt, gilt § 94 des Bürgerlichen Gesetzbuchs[1)] entsprechend.

(2) Teile des Gebäudes, die für dessen Bestand oder Sicherheit erforderlich sind, sowie Anlagen und Einrichtungen, die dem gemeinschaftlichen Gebrauch der Wohnungseigentümer dienen, sind nicht Gegenstand des Sondereigentums, selbst wenn sie sich im Bereich der im Sondereigentum stehenden Räume oder Teile des Grundstücks befinden.

(3) Die Wohnungseigentümer können vereinbaren, dass Bestandteile des Gebäudes, die Gegenstand des Sondereigentums sein können, zum gemeinschaftlichen Eigentum gehören.

(4) [1]Vereinbarungen über das Verhältnis der Wohnungseigentümer untereinander und Beschlüsse aufgrund einer solchen Vereinbarung können nach den Vorschriften des Abschnitts 4 zum Inhalt des Sondereigentums gemacht werden. [2]Ist das Wohnungseigentum mit der Hypothek, Grund- oder Rentenschuld oder der Reallast eines Dritten belastet, so ist dessen nach anderen Rechtsvorschriften notwendige Zustimmung nur erforderlich, wenn ein Sondernutzungsrecht begründet oder ein mit dem Wohnungseigentum verbundenes Sondernutzungsrecht aufgehoben, geändert oder übertragen wird.

[1)] Nr. 1.

§ 6 Unselbständigkeit des Sondereigentums. (1) Das Sondereigentum kann ohne den Miteigentumsanteil, zu dem es gehört, nicht veräußert oder belastet werden.

(2) Rechte an dem Miteigentumsanteil erstrecken sich auf das zu ihm gehörende Sondereigentum.

§ 7[1)] Grundbuchvorschriften. (1) [1] Im Fall des § 3 Absatz 1 wird für jeden Miteigentumsanteil von Amts wegen ein besonderes Grundbuchblatt (Wohnungsgrundbuch, Teileigentumsgrundbuch) angelegt. [2] Auf diesem ist das zu dem Miteigentumsanteil gehörende Sondereigentum und als Beschränkung des Miteigentums die Einräumung der zu den anderen Miteigentumsanteilen gehörenden Sondereigentumsrechte einzutragen. [3] Das Grundbuchblatt des Grundstücks wird von Amts wegen geschlossen.

(2) [1] Zur Eintragung eines Beschlusses im Sinne des § 5 Absatz 4 Satz 1 bedarf es der Bewilligungen der Wohnungseigentümer nicht, wenn der Beschluss durch eine Niederschrift, bei der die Unterschriften der in § 24 Absatz 6 bezeichneten Personen öffentlich beglaubigt sind, oder durch ein Urteil in einem Verfahren nach § 44 Absatz 1 Satz 2 nachgewiesen ist. [2] Antragsberechtigt ist auch die Gemeinschaft der Wohnungseigentümer.

(3) [1] Zur näheren Bezeichnung des Gegenstands und des Inhalts des Sondereigentums kann auf die Eintragungsbewilligung oder einen Nachweis gemäß Absatz 2 Satz 1 Bezug genommen werden. [2] Veräußerungsbeschränkungen (§ 12) und die Haftung von Sondernachfolgern für Geldschulden sind jedoch ausdrücklich einzutragen.

(4) [1] Der Eintragungsbewilligung sind als Anlagen beizufügen:

1. eine von der Baubehörde mit Unterschrift und Siegel oder Stempel versehene Bauzeichnung, aus der die Aufteilung des Gebäudes und des Grundstücks sowie die Lage und Größe der im Sondereigentum und der im gemeinschaftlichen Eigentum stehenden Teile des Gebäudes und des Grundstücks ersichtlich ist (Aufteilungsplan); alle zu demselben Wohnungseigentum gehörenden Einzelräume und Teile des Grundstücks sind mit der jeweils gleichen Nummer zu kennzeichnen;
2. eine Bescheinigung der Baubehörde, dass die Voraussetzungen des § 3 Absatz 3 vorliegen.

[2] Wenn in der Eintragungsbewilligung für die einzelnen Sondereigentumsrechte Nummern angegeben werden, sollen sie mit denen des Aufteilungsplans übereinstimmen.

(5) Für Teileigentumsgrundbücher gelten die Vorschriften über Wohnungsgrundbücher entsprechend.

§ 8 Teilung durch den Eigentümer. (1) Der Eigentümer eines Grundstücks kann durch Erklärung gegenüber dem Grundbuchamt das Eigentum an dem Grundstück in Miteigentumsanteile in der Weise teilen, dass mit jedem Anteil Sondereigentum verbunden ist.

(2) Im Fall des Absatzes 1 gelten § 3 Absatz 1 Satz 2, Absatz 2 und 3, § 4 Absatz 2 Satz 2 sowie die §§ 5 bis 7 entsprechend.

---

1) Vgl. hierzu die Wohnungsgrundbuchverfügung (WGV) (Nr. **82**).

(3) Wer einen Anspruch auf Übertragung von Wohnungseigentum gegen den teilenden Eigentümer hat, der durch Vormerkung im Grundbuch gesichert ist, gilt gegenüber der Gemeinschaft der Wohnungseigentümer und den anderen Wohnungseigentümern anstelle des teilenden Eigentümers als Wohnungseigentümer, sobald ihm der Besitz an den zum Sondereigentum gehörenden Räumen übergeben wurde.

§ 9 Schließung der Wohnungsgrundbücher. (1) Die Wohnungsgrundbücher werden geschlossen:

1. von Amts wegen, wenn die Sondereigentumsrechte gemäß § 4 aufgehoben werden;
2. auf Antrag des Eigentümers, wenn sich sämtliche Wohnungseigentumsrechte in einer Person vereinigen.

(2) Ist ein Wohnungseigentum selbständig mit dem Recht eines Dritten belastet, so werden die allgemeinen Vorschriften, nach denen zur Aufhebung des Sondereigentums die Zustimmung des Dritten erforderlich ist, durch Absatz 1 nicht berührt.

(3) Werden die Wohnungsgrundbücher geschlossen, so wird für das Grundstück ein Grundbuchblatt nach den allgemeinen Vorschriften angelegt; die Sondereigentumsrechte erlöschen, soweit sie nicht bereits aufgehoben sind, mit der Anlegung des Grundbuchblatts.

Abschnitt 3. Rechtsfähige Gemeinschaft der Wohnungseigentümer

§ 9a Gemeinschaft der Wohnungseigentümer. (1) [1] Die Gemeinschaft der Wohnungseigentümer kann Rechte erwerben und Verbindlichkeiten eingehen, vor Gericht klagen und verklagt werden. [2] Die Gemeinschaft der Wohnungseigentümer entsteht mit Anlegung der Wohnungsgrundbücher; dies gilt auch im Fall des § 8. [3] Sie führt die Bezeichnung „Gemeinschaft der Wohnungseigentümer" oder „Wohnungseigentümergemeinschaft" gefolgt von der bestimmten Angabe des gemeinschaftlichen Grundstücks.

(2) Die Gemeinschaft der Wohnungseigentümer übt die sich aus dem gemeinschaftlichen Eigentum ergebenden Rechte sowie solche Rechte der Wohnungseigentümer aus, die eine einheitliche Rechtsverfolgung erfordern, und nimmt die entsprechenden Pflichten der Wohnungseigentümer wahr.

(3) Für das Vermögen der Gemeinschaft der Wohnungseigentümer (Gemeinschaftsvermögen) gelten § 18, § 19 Absatz 1 und § 27 entsprechend.

(4) [1] Jeder Wohnungseigentümer haftet einem Gläubiger nach dem Verhältnis seines Miteigentumsanteils (§ 16 Absatz 1 Satz 2) für Verbindlichkeiten der Gemeinschaft der Wohnungseigentümer, die während seiner Zugehörigkeit entstanden oder während dieses Zeitraums fällig geworden sind; für die Haftung nach Veräußerung des Wohnungseigentums ist § 160 des Handelsgesetzbuchs entsprechend anzuwenden. [2] Er kann gegenüber einem Gläubiger neben den in seiner Person begründeten auch die der Gemeinschaft der Wohnungseigentümer zustehenden Einwendungen und Einreden geltend machen, nicht aber seine Einwendungen und Einreden gegenüber der Gemeinschaft der Wohnungseigentümer. [3] Für die Einrede der Anfechtbarkeit und Aufrechenbarkeit ist § 770 des Bürgerlichen Gesetzbuchs entsprechend anzuwenden.

(5) Ein Insolvenzverfahren über das Gemeinschaftsvermögen findet nicht statt.

§ 9b Vertretung. (1) [1]Die Gemeinschaft der Wohnungseigentümer wird durch den Verwalter gerichtlich und außergerichtlich vertreten, beim Abschluss eines Grundstückskauf- oder Darlehensvertrags aber nur aufgrund eines Beschlusses der Wohnungseigentümer. [2]Hat die Gemeinschaft der Wohnungseigentümer keinen Verwalter, wird sie durch die Wohnungseigentümer gemeinschaftlich vertreten. [3]Eine Beschränkung des Umfangs der Vertretungsmacht ist Dritten gegenüber unwirksam.

(2) Dem Verwalter gegenüber vertritt der Vorsitzende des Verwaltungsbeirats oder ein durch Beschluss dazu ermächtigter Wohnungseigentümer die Gemeinschaft der Wohnungseigentümer.

Abschnitt 4. Rechtsverhältnis der Wohnungseigentümer untereinander und zur Gemeinschaft der Wohnungseigentümer

§ 10 Allgemeine Grundsätze. (1) [1]Das Verhältnis der Wohnungseigentümer untereinander und zur Gemeinschaft der Wohnungseigentümer bestimmt sich nach den Vorschriften dieses Gesetzes und, soweit dieses Gesetz keine besonderen Bestimmungen enthält, nach den Vorschriften des Bürgerlichen Gesetzbuchs[1)] über die Gemeinschaft. [2]Die Wohnungseigentümer können von den Vorschriften dieses Gesetzes abweichende Vereinbarungen treffen, soweit nicht etwas anderes ausdrücklich bestimmt ist.

(2) Jeder Wohnungseigentümer kann eine vom Gesetz abweichende Vereinbarung oder die Anpassung einer Vereinbarung verlangen, soweit ein Festhalten an der geltenden Regelung aus schwerwiegenden Gründen unter Berücksichtigung aller Umstände des Einzelfalls, insbesondere der Rechte und Interessen der anderen Wohnungseigentümer, unbillig erscheint.

(3) [1]Vereinbarungen, durch die die Wohnungseigentümer ihr Verhältnis untereinander in Ergänzung oder Abweichung von Vorschriften dieses Gesetzes regeln, die Abänderung oder Aufhebung solcher Vereinbarungen sowie Beschlüsse, die aufgrund einer Vereinbarung gefasst werden, wirken gegen den Sondernachfolger eines Wohnungseigentümers nur, wenn sie als Inhalt des Sondereigentums im Grundbuch eingetragen sind. [2]Im Übrigen bedürfen Beschlüsse zu ihrer Wirksamkeit gegen den Sondernachfolger eines Wohnungseigentümers nicht der Eintragung in das Grundbuch.

§ 11 Aufhebung der Gemeinschaft. (1) [1]Kein Wohnungseigentümer kann die Aufhebung der Gemeinschaft verlangen. [2]Dies gilt auch für eine Aufhebung aus wichtigem Grund. [3]Eine abweichende Vereinbarung ist nur für den Fall zulässig, dass das Gebäude ganz oder teilweise zerstört wird und eine Verpflichtung zum Wiederaufbau nicht besteht.

(2) Das Recht eines Pfändungsgläubigers (§ 751 des Bürgerlichen Gesetzbuchs[2)]) sowie das im Insolvenzverfahren bestehende Recht (§ 84 Absatz 2 der Insolvenzordnung), die Aufhebung der Gemeinschaft zu verlangen, ist ausgeschlossen.

(3) [1]Im Fall der Aufhebung der Gemeinschaft bestimmt sich der Anteil der Miteigentümer nach dem Verhältnis des Wertes ihrer Wohnungseigentumsrechte zur Zeit der Aufhebung der Gemeinschaft. [2]Hat sich der Wert eines Miteigentumsanteils durch Maßnahmen verändert, deren Kosten der Woh-

---

1) Auszugsweise abgedruckt unter Nr. **1**.

2) Nr. **1**.

nungseigentümer nicht getragen hat, so bleibt eine solche Veränderung bei der Berechnung des Wertes dieses Anteils außer Betracht.

§ 12 Veräußerungsbeschränkung. (1) Als Inhalt des Sondereigentums kann vereinbart werden, dass ein Wohnungseigentümer zur Veräußerung seines Wohnungseigentums der Zustimmung anderer Wohnungseigentümer oder eines Dritten bedarf.

(2) [1] Die Zustimmung darf nur aus einem wichtigen Grund versagt werden. [2] Durch Vereinbarung gemäß Absatz 1 kann dem Wohnungseigentümer darüber hinaus für bestimmte Fälle ein Anspruch auf Erteilung der Zustimmung eingeräumt werden.

(3) [1] Ist eine Vereinbarung gemäß Absatz 1 getroffen, so ist eine Veräußerung des Wohnungseigentums und ein Vertrag, durch den sich der Wohnungseigentümer zu einer solchen Veräußerung verpflichtet, unwirksam, solange nicht die erforderliche Zustimmung erteilt ist. [2] Einer rechtsgeschäftlichen Veräußerung steht eine Veräußerung im Wege der Zwangsvollstreckung oder durch den Insolvenzverwalter gleich.

(4) [1] Die Wohnungseigentümer können beschließen, dass eine Veräußerungsbeschränkung gemäß Absatz 1 aufgehoben wird. [2] Ist ein Beschluss gemäß Satz 1 gefasst, kann die Veräußerungsbeschränkung im Grundbuch gelöscht werden. [3] § 7 Absatz 2 gilt entsprechend.

§ 13 Rechte des Wohnungseigentümers aus dem Sondereigentum.

(1) Jeder Wohnungseigentümer kann, soweit nicht das Gesetz entgegensteht, mit seinem Sondereigentum nach Belieben verfahren, insbesondere dieses bewohnen, vermieten, verpachten oder in sonstiger Weise nutzen, und andere von Einwirkungen ausschließen.

(2) Für Maßnahmen, die über die ordnungsmäßige Instandhaltung und Instandsetzung (Erhaltung) des Sondereigentums hinausgehen, gilt § 20 mit der Maßgabe entsprechend, dass es keiner Gestattung bedarf, soweit keinem der anderen Wohnungseigentümer über das bei einem geordneten Zusammenleben unvermeidliche Maß hinaus ein Nachteil erwächst.

§ 14 Pflichten des Wohnungseigentümers. (1) Jeder Wohnungseigentümer ist gegenüber der Gemeinschaft der Wohnungseigentümer verpflichtet,

1. die gesetzlichen Regelungen, Vereinbarungen und Beschlüsse einzuhalten und
2. das Betreten seines Sondereigentums und andere Einwirkungen auf dieses und das gemeinschaftliche Eigentum zu dulden, die den Vereinbarungen oder Beschlüssen entsprechen oder, wenn keine entsprechenden Vereinbarungen oder Beschlüsse bestehen, aus denen ihm über das bei einem geordneten Zusammenleben unvermeidliche Maß hinaus kein Nachteil erwächst.

(2) Jeder Wohnungseigentümer ist gegenüber den übrigen Wohnungseigentümern verpflichtet,

1. deren Sondereigentum nicht über das in Absatz 1 Nummer 2 bestimmte Maß hinaus zu beeinträchtigen und
2. Einwirkungen nach Maßgabe des Absatzes 1 Nummer 2 zu dulden.

(3) Hat der Wohnungseigentümer eine Einwirkung zu dulden, die über das zumutbare Maß hinausgeht, kann er einen angemessenen Ausgleich in Geld verlangen.

§ 15 Pflichten Dritter. Wer Wohnungseigentum gebraucht, ohne Wohnungseigentümer zu sein, hat gegenüber der Gemeinschaft der Wohnungseigentümer und anderen Wohnungseigentümern zu dulden:

1. die Erhaltung des gemeinschaftlichen Eigentums und des Sondereigentums, die ihm rechtzeitig angekündigt wurde; § 555a Absatz 2 des Bürgerlichen Gesetzbuchs[1] gilt entsprechend;
2. Maßnahmen, die über die Erhaltung hinausgehen, die spätestens drei Monate vor ihrem Beginn in Textform angekündigt wurden; § 555c Absatz 1 Satz 2 Nummer 1 und 2, Absatz 2 bis 4 und § 555d Absatz 2 bis 5 des Bürgerlichen Gesetzbuchs[1] gelten entsprechend.

§ 16 Nutzungen und Kosten. (1) [1]Jedem Wohnungseigentümer gebührt ein seinem Anteil entsprechender Bruchteil der Früchte des gemeinschaftlichen Eigentums und des Gemeinschaftsvermögens. [2]Der Anteil bestimmt sich nach dem gemäß § 47 der Grundbuchordnung[2] im Grundbuch eingetragenen Verhältnis der Miteigentumsanteile. [3]Jeder Wohnungseigentümer ist zum Mitgebrauch des gemeinschaftlichen Eigentums nach Maßgabe des § 14 berechtigt.

(2) [1]Die Kosten der Gemeinschaft der Wohnungseigentümer, insbesondere der Verwaltung und des gemeinschaftlichen Gebrauchs des gemeinschaftlichen Eigentums, hat jeder Wohnungseigentümer nach dem Verhältnis seines Anteils (Absatz 1 Satz 2) zu tragen. [2]Die Wohnungseigentümer können für einzelne Kosten oder bestimmte Arten von Kosten eine von Satz 1 oder von einer Vereinbarung abweichende Verteilung beschließen.

(3) Für die Kosten und Nutzungen bei baulichen Veränderungen gilt § 21.

§ 17 Entziehung des Wohnungseigentums. (1) Hat ein Wohnungseigentümer sich einer so schweren Verletzung der ihm gegenüber anderen Wohnungseigentümern oder der Gemeinschaft der Wohnungseigentümer obliegenden Verpflichtungen schuldig gemacht, dass diesen die Fortsetzung der Gemeinschaft mit ihm nicht mehr zugemutet werden kann, so kann die Gemeinschaft der Wohnungseigentümer von ihm die Veräußerung seines Wohnungseigentums verlangen.

(2) Die Voraussetzungen des Absatzes 1 liegen insbesondere vor, wenn der Wohnungseigentümer trotz Abmahnung wiederholt gröblich gegen die ihm nach § 14 Absatz 1 und 2 obliegenden Pflichten verstößt.

(3) Der in Absatz 1 bestimmte Anspruch kann durch Vereinbarung der Wohnungseigentümer nicht eingeschränkt oder ausgeschlossen werden.

(4) [1]Das Urteil, durch das ein Wohnungseigentümer zur Veräußerung seines Wohnungseigentums verurteilt wird, berechtigt zur Zwangsvollstreckung entsprechend den Vorschriften des Ersten Abschnitts des Gesetzes über die Zwangsversteigerung und die Zwangsverwaltung[3]. [2]Das Gleiche gilt für Schuldtitel im Sinne des § 794 der Zivilprozessordnung, durch die sich der

---

[1] Nr. **1**.
[2] Nr. **81**.
[3] Auszugsweise abgedruckt unter Nr. **500**.

Wohnungseigentümer zur Veräußerung seines Wohnungseigentums verpflichtet.

§ 18 Verwaltung und Benutzung. (1) Die Verwaltung des gemeinschaftlichen Eigentums obliegt der Gemeinschaft der Wohnungseigentümer.

(2) Jeder Wohnungseigentümer kann von der Gemeinschaft der Wohnungseigentümer

1. eine Verwaltung des gemeinschaftlichen Eigentums sowie
2. eine Benutzung des gemeinschaftlichen Eigentums und des Sondereigentums

verlangen, die dem Interesse der Gesamtheit der Wohnungseigentümer nach billigem Ermessen (ordnungsmäßige Verwaltung und Benutzung) und, soweit solche bestehen, den gesetzlichen Regelungen, Vereinbarungen und Beschlüssen entsprechen.

(3) Jeder Wohnungseigentümer ist berechtigt, ohne Zustimmung der anderen Wohnungseigentümer die Maßnahmen zu treffen, die zur Abwendung eines dem gemeinschaftlichen Eigentum unmittelbar drohenden Schadens notwendig sind.

(4) Jeder Wohnungseigentümer kann von der Gemeinschaft der Wohnungseigentümer Einsicht in die Verwaltungsunterlagen verlangen.

§ 19 Regelung der Verwaltung und Benutzung durch Beschluss.

(1) Soweit die Verwaltung des gemeinschaftlichen Eigentums und die Benutzung des gemeinschaftlichen Eigentums und des Sondereigentums nicht durch Vereinbarung der Wohnungseigentümer geregelt sind, beschließen die Wohnungseigentümer eine ordnungsmäßige Verwaltung und Benutzung.

(2) Zur ordnungsmäßigen Verwaltung und Benutzung gehören insbesondere

1. die Aufstellung einer Hausordnung,
2. die ordnungsmäßige Erhaltung des gemeinschaftlichen Eigentums,
3. die angemessene Versicherung des gemeinschaftlichen Eigentums zum Neuwert sowie der Wohnungseigentümer gegen Haus- und Grundbesitzerhaftpflicht,
4. die Ansammlung einer angemessenen Erhaltungsrücklage,
5. die Festsetzung von Vorschüssen nach § 28 Absatz 1 Satz 1 sowie
6.[1] die Bestellung eines zertifizierten Verwalters nach § 26a, es sei denn, es bestehen weniger als neun Sondereigentumsrechte, ein Wohnungseigentümer wurde zum Verwalter bestellt und weniger als ein Drittel der Wohnungseigentümer (§ 25 Absatz 2) verlangt die Bestellung eines zertifizierten Verwalters.

§ 20 Bauliche Veränderungen. (1) Maßnahmen, die über die ordnungsmäßige Erhaltung des gemeinschaftlichen Eigentums hinausgehen (bauliche Veränderungen), können beschlossen oder einem Wohnungseigentümer durch Beschluss gestattet werden.

(2) [1] Jeder Wohnungseigentümer kann angemessene bauliche Veränderungen verlangen, die

1. dem Gebrauch durch Menschen mit Behinderungen,

---

[1] Anwendbar ab 1.12.2022, beachte hierzu § 48 Abs. 4.

2. dem Laden elektrisch betriebener Fahrzeuge,
3. dem Einbruchsschutz und
4. dem Anschluss an ein Telekommunikationsnetz mit sehr hoher Kapazität

dienen. [2] Über die Durchführung ist im Rahmen ordnungsmäßiger Verwaltung zu beschließen.

(3) Unbeschadet des Absatzes 2 kann jeder Wohnungseigentümer verlangen, dass ihm eine bauliche Veränderung gestattet wird, wenn alle Wohnungseigentümer, deren Rechte durch die bauliche Veränderung über das bei einem geordneten Zusammenleben unvermeidliche Maß hinaus beeinträchtigt werden, einverstanden sind.

(4) Bauliche Veränderungen, die die Wohnanlage grundlegend umgestalten oder einen Wohnungseigentümer ohne sein Einverständnis gegenüber anderen unbillig benachteiligen, dürfen nicht beschlossen und gestattet werden; sie können auch nicht verlangt werden.

§ 21 Nutzungen und Kosten bei baulichen Veränderungen. (1) [1] Die Kosten einer baulichen Veränderung, die einem Wohnungseigentümer gestattet oder die auf sein Verlangen nach § 20 Absatz 2 durch die Gemeinschaft der Wohnungseigentümer durchgeführt wurde, hat dieser Wohnungseigentümer zu tragen. [2] Nur ihm gebühren die Nutzungen.

(2) [1] Vorbehaltlich des Absatzes 1 haben alle Wohnungseigentümer die Kosten einer baulichen Veränderung nach dem Verhältnis ihrer Anteile (§ 16 Absatz 1 Satz 2) zu tragen,

1. die mit mehr als zwei Dritteln der abgegebenen Stimmen und der Hälfte aller Miteigentumsanteile beschlossen wurde, es sei denn, die bauliche Veränderung ist mit unverhältnismäßigen Kosten verbunden, oder
2. deren Kosten sich innerhalb eines angemessenen Zeitraums amortisieren.

[2] Für die Nutzungen gilt § 16 Absatz 1.

(3) [1] Die Kosten anderer als der in den Absätzen 1 und 2 bezeichneten baulichen Veränderungen haben die Wohnungseigentümer, die sie beschlossen haben, nach dem Verhältnis ihrer Anteile (§ 16 Absatz 1 Satz 2) zu tragen. [2] Ihnen gebühren die Nutzungen entsprechend § 16 Absatz 1.

(4) [1] Ein Wohnungseigentümer, der nicht berechtigt ist, Nutzungen zu ziehen, kann verlangen, dass ihm dies nach billigem Ermessen gegen angemessenen Ausgleich gestattet wird. [2] Für seine Beteiligung an den Nutzungen und Kosten gilt Absatz 3 entsprechend.

(5) [1] Die Wohnungseigentümer können eine abweichende Verteilung der Kosten und Nutzungen beschließen. [2] Durch einen solchen Beschluss dürfen einem Wohnungseigentümer, der nach den vorstehenden Absätzen Kosten nicht zu tragen hat, keine Kosten auferlegt werden.

§ 22 Wiederaufbau. Ist das Gebäude zu mehr als der Hälfte seines Wertes zerstört und ist der Schaden nicht durch eine Versicherung oder in anderer Weise gedeckt, so kann der Wiederaufbau nicht beschlossen oder verlangt werden.

§ 23 Wohnungseigentümerversammlung. (1) [1] Angelegenheiten, über die nach diesem Gesetz oder nach einer Vereinbarung der Wohnungseigentümer die Wohnungseigentümer durch Beschluss entscheiden können, werden durch

Beschlussfassung in einer Versammlung der Wohnungseigentümer geordnet. [2] Die Wohnungseigentümer können beschließen, dass Wohnungseigentümer an der Versammlung auch ohne Anwesenheit an deren Ort teilnehmen und sämtliche oder einzelne ihrer Rechte ganz oder teilweise im Wege elektronischer Kommunikation ausüben können.

(2) Zur Gültigkeit eines Beschlusses ist erforderlich, dass der Gegenstand bei der Einberufung bezeichnet ist.

(3) [1] Auch ohne Versammlung ist ein Beschluss gültig, wenn alle Wohnungseigentümer ihre Zustimmung zu diesem Beschluss in Textform erklären. [2] Die Wohnungseigentümer können beschließen, dass für einen einzelnen Gegenstand die Mehrheit der abgegebenen Stimmen genügt.

(4) [1] Ein Beschluss, der gegen eine Rechtsvorschrift verstößt, auf deren Einhaltung rechtswirksam nicht verzichtet werden kann, ist nichtig. [2] Im Übrigen ist ein Beschluss gültig, solange er nicht durch rechtskräftiges Urteil für ungültig erklärt ist.

§ 24 Einberufung, Vorsitz, Niederschrift. (1) Die Versammlung der Wohnungseigentümer wird von dem Verwalter mindestens einmal im Jahr einberufen.

(2) Die Versammlung der Wohnungseigentümer muss von dem Verwalter in den durch Vereinbarung der Wohnungseigentümer bestimmten Fällen, im Übrigen dann einberufen werden, wenn dies in Textform unter Angabe des Zwecks und der Gründe von mehr als einem Viertel der Wohnungseigentümer verlangt wird.

(3) Fehlt ein Verwalter oder weigert er sich pflichtwidrig, die Versammlung der Wohnungseigentümer einzuberufen, so kann die Versammlung auch durch den Vorsitzenden des Verwaltungsbeirats, dessen Vertreter oder einen durch Beschluss ermächtigten Wohnungseigentümer einberufen werden.

(4) [1] Die Einberufung erfolgt in Textform. [2] Die Frist der Einberufung soll, sofern nicht ein Fall besonderer Dringlichkeit vorliegt, mindestens drei Wochen betragen.

(5) Den Vorsitz in der Wohnungseigentümerversammlung führt, sofern diese nichts anderes beschließt, der Verwalter.

(6) [1] Über die in der Versammlung gefassten Beschlüsse ist unverzüglich eine Niederschrift aufzunehmen. [2] Die Niederschrift ist von dem Vorsitzenden und einem Wohnungseigentümer und, falls ein Verwaltungsbeirat bestellt ist, auch von dessen Vorsitzenden oder seinem Vertreter zu unterschreiben.

(7) [1] Es ist eine Beschluss-Sammlung zu führen. [2] Die Beschluss-Sammlung enthält nur den Wortlaut

1. der in der Versammlung der Wohnungseigentümer verkündeten Beschlüsse mit Angabe von Ort und Datum der Versammlung,
2. der schriftlichen Beschlüsse mit Angabe von Ort und Datum der Verkündung und
3. der Urteilsformeln der gerichtlichen Entscheidungen in einem Rechtsstreit gemäß § 43 mit Angabe ihres Datums, des Gerichts und der Parteien,

soweit diese Beschlüsse und gerichtlichen Entscheidungen nach dem 1. Juli 2007 ergangen sind. [3] Die Beschlüsse und gerichtlichen Entscheidungen sind fortlaufend einzutragen und zu nummerieren. [4] Sind sie angefochten oder aufgehoben worden, so ist dies anzumerken. [5] Im Fall einer Aufhebung kann von einer Anmerkung abgesehen und die Eintragung gelöscht werden. [6] Eine Eintragung kann auch gelöscht werden, wenn sie aus einem anderen Grund für die Wohnungseigentümer keine Bedeutung mehr hat. [7] Die Eintragungen, Vermerke und Löschungen gemäß den Sätzen 3 bis 6 sind unverzüglich zu erledigen und mit Datum zu versehen. [8] Einem Wohnungseigentümer oder einem Dritten, den ein Wohnungseigentümer ermächtigt hat, ist auf sein Verlangen Einsicht in die Beschluss-Sammlung zu geben.

(8) [1] Die Beschluss-Sammlung ist von dem Verwalter zu führen. [2] Fehlt ein Verwalter, so ist der Vorsitzende der Wohnungseigentümerversammlung verpflichtet, die Beschluss-Sammlung zu führen, sofern die Wohnungseigentümer durch Stimmenmehrheit keinen anderen für diese Aufgabe bestellt haben.

§ 25 Beschlussfassung. (1) Bei der Beschlussfassung entscheidet die Mehrheit der abgegebenen Stimmen.

(2) [1] Jeder Wohnungseigentümer hat eine Stimme. [2] Steht ein Wohnungseigentum mehreren gemeinschaftlich zu, so können sie das Stimmrecht nur einheitlich ausüben.

(3) Vollmachten bedürfen zu ihrer Gültigkeit der Textform.

(4) Ein Wohnungseigentümer ist nicht stimmberechtigt, wenn die Beschlussfassung die Vornahme eines auf die Verwaltung des gemeinschaftlichen Eigentums bezüglichen Rechtsgeschäfts mit ihm oder die Einleitung oder Erledigung eines Rechtsstreits gegen ihn betrifft oder wenn er nach § 17 rechtskräftig verurteilt ist.

§ 26 Bestellung und Abberufung des Verwalters. (1) Über die Bestellung und Abberufung des Verwalters beschließen die Wohnungseigentümer.

(2) [1] Die Bestellung kann auf höchstens fünf Jahre vorgenommen werden, im Fall der ersten Bestellung nach der Begründung von Wohnungseigentum aber auf höchstens drei Jahre. [2] Die wiederholte Bestellung ist zulässig; sie bedarf eines erneuten Beschlusses der Wohnungseigentümer, der frühestens ein Jahr vor Ablauf der Bestellungszeit gefasst werden kann.

(3) [1] Der Verwalter kann jederzeit abberufen werden. [2] Ein Vertrag mit dem Verwalter endet spätestens sechs Monate nach dessen Abberufung.

(4) Soweit die Verwaltereigenschaft durch eine öffentlich beglaubigte Urkunde nachgewiesen werden muss, genügt die Vorlage einer Niederschrift über den Bestellungsbeschluss, bei der die Unterschriften der in § 24 Absatz 6 bezeichneten Personen öffentlich beglaubigt sind.

(5) Abweichungen von den Absätzen 1 bis 3 sind nicht zulässig.

§ 26a Zertifizierter Verwalter. (1) Als zertifizierter Verwalter darf sich bezeichnen, wer vor einer Industrie- und Handelskammer durch eine Prüfung nachgewiesen hat, dass er über die für die Tätigkeit als Verwalter notwendigen rechtlichen, kaufmännischen und technischen Kenntnisse verfügt.

(2) [1] Das Bundesministerium der Justiz und für Verbraucherschutz wird ermächtigt, durch Rechtsverordnung nähere Bestimmungen über die Prüfung zum zertifizierten Verwalter zu erlassen. [2] In der Rechtsverordnung nach Satz 1 können insbesondere festgelegt werden:

1. nähere Bestimmungen zu Inhalt und Verfahren der Prüfung;
2. Bestimmungen über das zu erteilende Zertifikat;

3. Voraussetzungen, unter denen sich juristische Personen und Personengesellschaften als zertifizierte Verwalter bezeichnen dürfen;
4. Bestimmungen, wonach Personen aufgrund anderweitiger Qualifikationen von der Prüfung befreit sind, insbesondere weil sie die Befähigung zum Richteramt, einen Hochschulabschluss mit immobilienwirtschaftlichem Schwerpunkt, eine abgeschlossene Berufsausbildung zum Immobilienkaufmann oder zur Immobilienkauffrau oder einen vergleichbaren Berufsabschluss besitzen.

§ 27 Aufgaben und Befugnisse des Verwalters. (1) Der Verwalter ist gegenüber der Gemeinschaft der Wohnungseigentümer berechtigt und verpflichtet, die Maßnahmen ordnungsmäßiger Verwaltung zu treffen, die
1. untergeordnete Bedeutung haben und nicht zu erheblichen Verpflichtungen führen oder
2. zur Wahrung einer Frist oder zur Abwendung eines Nachteils erforderlich sind.

(2) Die Wohnungseigentümer können die Rechte und Pflichten nach Absatz 1 durch Beschluss einschränken oder erweitern.

§ 28 Wirtschaftsplan, Jahresabrechnung, Vermögensbericht. (1) [1] Die Wohnungseigentümer beschließen über die Vorschüsse zur Kostentragung und zu den nach § 19 Absatz 2 Nummer 4 oder durch Beschluss vorgesehenen Rücklagen. [2] Zu diesem Zweck hat der Verwalter jeweils für ein Kalenderjahr einen Wirtschaftsplan aufzustellen, der darüber hinaus die voraussichtlichen Einnahmen und Ausgaben enthält.

(2) [1] Nach Ablauf des Kalenderjahres beschließen die Wohnungseigentümer über die Einforderung von Nachschüssen oder die Anpassung der beschlossenen Vorschüsse. [2] Zu diesem Zweck hat der Verwalter eine Abrechnung über den Wirtschaftsplan (Jahresabrechnung) aufzustellen, die darüber hinaus die Einnahmen und Ausgaben enthält.

(3) Die Wohnungseigentümer können beschließen, wann Forderungen fällig werden und wie sie zu erfüllen sind.

(4) [1] Der Verwalter hat nach Ablauf eines Kalenderjahres einen Vermögensbericht zu erstellen, der den Stand der in Absatz 1 Satz 1 bezeichneten Rücklagen und eine Aufstellung des wesentlichen Gemeinschaftsvermögens enthält. [2] Der Vermögensbericht ist jedem Wohnungseigentümer zur Verfügung zu stellen.

§ 29 Verwaltungsbeirat. (1) [1] Wohnungseigentümer können durch Beschluss zum Mitglied des Verwaltungsbeirats bestellt werden. [2] Hat der Verwaltungsbeirat mehrere Mitglieder, ist ein Vorsitzender und ein Stellvertreter zu bestimmen. [3] Der Verwaltungsbeirat wird von dem Vorsitzenden nach Bedarf einberufen.

(2) [1] Der Verwaltungsbeirat unterstützt und überwacht den Verwalter bei der Durchführung seiner Aufgaben. [2] Der Wirtschaftsplan und die Jahresabrechnung sollen, bevor die Beschlüsse nach § 28 Absatz 1 Satz 1 und Absatz 2 Satz 1 gefasst werden, vom Verwaltungsbeirat geprüft und mit dessen Stellungnahme versehen werden.

(3) Sind Mitglieder des Verwaltungsbeirats unentgeltlich tätig, haben sie nur Vorsatz und grobe Fahrlässigkeit zu vertreten.

Abschnitt 5. Wohnungserbbaurecht

§ 30 Wohnungserbbaurecht. (1) Steht ein Erbbaurecht mehreren gemeinschaftlich nach Bruchteilen zu, so können die Anteile in der Weise beschränkt werden, dass jedem der Mitberechtigten das Sondereigentum an einer bestimmten Wohnung oder an nicht zu Wohnzwecken dienenden bestimmten Räumen in einem auf Grund des Erbbaurechts errichteten oder zu errichtenden Gebäude eingeräumt wird (Wohnungserbbaurecht, Teilerbbaurecht).

(2) Ein Erbbauberechtigter kann das Erbbaurecht in entsprechender Anwendung des § 8 teilen.

(3) [1] Für jeden Anteil wird von Amts wegen ein besonderes Erbbaugrundbuchblatt angelegt (Wohnungserbbaugrundbuch, Teilerbbaugrundbuch).[1)] [2] Im Übrigen gelten für das Wohnungserbbaurecht (Teilerbbaurecht) die Vorschriften über das Wohnungseigentum (Teileigentum) entsprechend.

Teil 2. Dauerwohnrecht

§ 31 Begriffsbestimmungen. (1) [1] Ein Grundstück kann in der Weise belastet werden, dass derjenige, zu dessen Gunsten die Belastung erfolgt, berechtigt ist, unter Ausschluss des Eigentümers eine bestimmte Wohnung in einem auf dem Grundstück errichteten oder zu errichtenden Gebäude zu bewohnen oder in anderer Weise zu nutzen (Dauerwohnrecht). [2] Das Dauerwohnrecht kann auf einen außerhalb des Gebäudes liegenden Teil des Grundstücks erstreckt werden, sofern die Wohnung wirtschaftlich die Hauptsache bleibt.

(2) Ein Grundstück kann in der Weise belastet werden, dass derjenige, zu dessen Gunsten die Belastung erfolgt, berechtigt ist, unter Ausschluss des Eigentümers nicht zu Wohnzwecken dienende bestimmte Räume in einem auf dem Grundstück errichteten oder zu errichtenden Gebäude zu nutzen (Dauernutzungsrecht).

(3) Für das Dauernutzungsrecht gelten die Vorschriften über das Dauerwohnrecht entsprechend.

§ 32 Voraussetzungen der Eintragung. (1) Das Dauerwohnrecht soll nur bestellt werden, wenn die Wohnung in sich abgeschlossen ist.

(2) [1] Zur näheren Bezeichnung des Gegenstands und des Inhalts des Dauerwohnrechts kann auf die Eintragungsbewilligung Bezug genommen werden. [2] Der Eintragungsbewilligung sind als Anlagen beizufügen:

1. eine von der Baubehörde mit Unterschrift und Siegel oder Stempel versehene Bauzeichnung, aus der die Aufteilung des Gebäudes sowie die Lage und Größe der dem Dauerwohnrecht unterliegenden Gebäude- und Grundstücksteile ersichtlich ist (Aufteilungsplan); alle zu demselben Dauerwohnrecht gehörenden Einzelräume sind mit der jeweils gleichen Nummer zu kennzeichnen;
2. eine Bescheinigung der Baubehörde, dass die Voraussetzungen des Absatzes 1 vorliegen.

[1)] Vgl. hierzu die Wohnungsgrundbuchverfügung (WGV) (Nr. **82**).

[3] Wenn in der Eintragungsbewilligung für die einzelnen Dauerwohnrechte Nummern angegeben werden, sollen sie mit denen des Aufteilungsplans übereinstimmen.

(3) Das Grundbuchamt soll die Eintragung des Dauerwohnrechts ablehnen, wenn über die in § 33 Absatz 4 Nummer 1 bis 4 bezeichneten Angelegenheiten, über die Voraussetzungen des Heimfallanspruchs (§ 36 Absatz 1) und über die Entschädigung beim Heimfall (§ 36 Absatz 4) keine Vereinbarungen getroffen sind.

§ 33 Inhalt des Dauerwohnrechts. (1) [1] Das Dauerwohnrecht ist veräußerlich und vererblich. [2] Es kann nicht unter einer Bedingung bestellt werden.

(2) Auf das Dauerwohnrecht sind, soweit nicht etwas anderes vereinbart ist, die Vorschriften des § 14 entsprechend anzuwenden.

(3) Der Berechtigte kann die zum gemeinschaftlichen Gebrauch bestimmten Teile, Anlagen und Einrichtungen des Gebäudes und Grundstücks mitbenutzen, soweit nichts anderes vereinbart ist.

(4) Als Inhalt des Dauerwohnrechts können Vereinbarungen getroffen werden über:

1. Art und Umfang der Nutzungen;
2. Instandhaltung und Instandsetzung der dem Dauerwohnrecht unterliegenden Gebäudeteile;
3. die Pflicht des Berechtigten zur Tragung öffentlicher oder privatrechtlicher Lasten des Grundstücks;
4. die Versicherung des Gebäudes und seinen Wiederaufbau im Fall der Zerstörung;
5. das Recht des Eigentümers, bei Vorliegen bestimmter Voraussetzungen Sicherheitsleistung zu verlangen.

§ 34 Ansprüche des Eigentümers und der Dauerwohnberechtigten. (1) Auf die Ersatzansprüche des Eigentümers wegen Veränderungen oder Verschlechterungen sowie auf die Ansprüche der Dauerwohnberechtigten auf Ersatz von Verwendungen oder auf Gestattung der Wegnahme einer Einrichtung sind die §§ 1049, 1057 des Bürgerlichen Gesetzbuchs[1)] entsprechend anzuwenden.

(2) Wird das Dauerwohnrecht beeinträchtigt, so sind auf die Ansprüche des Berechtigten die für die Ansprüche aus dem Eigentum geltenden Vorschriften entsprechend anzuwenden.

§ 35 Veräußerungsbeschränkung. [1] Als Inhalt des Dauerwohnrechts kann vereinbart werden, dass der Berechtigte zur Veräußerung des Dauerwohnrechts der Zustimmung des Eigentümers oder eines Dritten bedarf. [2] Die Vorschriften des § 12 gelten in diesem Fall entsprechend.

§ 36 Heimfallanspruch. (1) [1] Als Inhalt des Dauerwohnrechts kann vereinbart werden, dass der Berechtigte verpflichtet ist, das Dauerwohnrecht beim Eintritt bestimmter Voraussetzungen auf den Grundstückseigentümer oder einen von diesem zu bezeichnenden Dritten zu übertragen (Heimfallanspruch).

---

1) Nr. **1**.

[2]Der Heimfallanspruch kann nicht von dem Eigentum an dem Grundstück getrennt werden.

(2) Bezieht sich das Dauerwohnrecht auf Räume, die dem Mieterschutz unterliegen, so kann der Eigentümer von dem Heimfallanspruch nur Gebrauch machen, wenn ein Grund vorliegt, aus dem ein Vermieter die Aufhebung des Mietverhältnisses verlangen oder kündigen kann.

(3) Der Heimfallanspruch verjährt in sechs Monaten von dem Zeitpunkt an, in dem der Eigentümer von dem Eintritt der Voraussetzungen Kenntnis erlangt, ohne Rücksicht auf diese Kenntnis in zwei Jahren von dem Eintritt der Voraussetzungen an.

(4) [1]Als Inhalt des Dauerwohnrechts kann vereinbart werden, dass der Eigentümer dem Berechtigten eine Entschädigung zu gewähren hat, wenn er von dem Heimfallanspruch Gebrauch macht. [2]Als Inhalt des Dauerwohnrechts können Vereinbarungen über die Berechnung oder Höhe der Entschädigung oder die Art ihrer Zahlung getroffen werden.

§ 37 Vermietung. (1) Hat der Dauerwohnberechtigte die dem Dauerwohnrecht unterliegenden Gebäude- oder Grundstücksteile vermietet oder verpachtet, so erlischt das Miet- oder Pachtverhältnis, wenn das Dauerwohnrecht erlischt.

(2) Macht der Eigentümer von seinem Heimfallanspruch Gebrauch, so tritt er oder derjenige, auf den das Dauerwohnrecht zu übertragen ist, in das Miet- oder Pachtverhältnis ein; die Vorschriften der §§ 566 bis 566e des Bürgerlichen Gesetzbuchs[1)] gelten entsprechend.

(3) [1]Absatz 2 gilt entsprechend, wenn das Dauerwohnrecht veräußert wird. [2]Wird das Dauerwohnrecht im Wege der Zwangsvollstreckung veräußert, so steht dem Erwerber ein Kündigungsrecht in entsprechender Anwendung des § 57a des Gesetzes über die Zwangsversteigerung und die Zwangsverwaltung[2)] zu.

§ 38 Eintritt in das Rechtsverhältnis. (1) Wird das Dauerwohnrecht veräußert, so tritt der Erwerber an Stelle des Veräußerers in die sich während der Dauer seiner Berechtigung aus dem Rechtsverhältnis zu dem Eigentümer ergebenden Verpflichtungen ein.

(2) [1]Wird das Grundstück veräußert, so tritt der Erwerber an Stelle des Veräußerers in die sich während der Dauer seines Eigentums aus dem Rechtsverhältnis zu dem Dauerwohnberechtigten ergebenden Rechte ein. [2]Das Gleiche gilt für den Erwerb auf Grund Zuschlags in der Zwangsversteigerung, wenn das Dauerwohnrecht durch den Zuschlag nicht erlischt.

§ 39 Zwangsversteigerung. (1) Als Inhalt des Dauerwohnrechts kann vereinbart werden, dass das Dauerwohnrecht im Fall der Zwangsversteigerung des Grundstücks abweichend von § 44 des Gesetzes über die Zwangsversteigerung und die Zwangsverwaltung auch dann bestehen bleiben soll, wenn der Gläubiger einer dem Dauerwohnrecht im Rang vorgehenden oder gleichstehenden Hypothek, Grundschuld, Rentenschuld oder Reallast die Zwangsversteigerung in das Grundstück betreibt.

[1)] Nr. **1**.
[2)] Nr. **500**.

(2) Eine Vereinbarung gemäß Absatz 1 bedarf zu ihrer Wirksamkeit der Zustimmung derjenigen, denen eine dem Dauerwohnrecht im Rang vorgehende oder gleichstehende Hypothek, Grundschuld, Rentenschuld oder Reallast zusteht.

(3) Eine Vereinbarung gemäß Absatz 1 ist nur wirksam für den Fall, dass der Dauerwohnberechtigte im Zeitpunkt der Feststellung der Versteigerungsbedingungen seine fälligen Zahlungsverpflichtungen gegenüber dem Eigentümer erfüllt hat; in Ergänzung einer Vereinbarung nach Absatz 1 kann vereinbart werden, dass das Fortbestehen des Dauerwohnrechts vom Vorliegen weiterer Voraussetzungen abhängig ist.

§ 40 Haftung des Entgelts. (1) [1] Hypotheken, Grundschulden, Rentenschulden und Reallasten, die dem Dauerwohnrecht im Rang vorgehen oder gleichstehen, sowie öffentliche Lasten, die in wiederkehrenden Leistungen bestehen, erstrecken sich auf den Anspruch auf das Entgelt für das Dauerwohnrecht in gleicher Weise wie auf eine Mietforderung, soweit nicht in Absatz 2 etwas Abweichendes bestimmt ist. [2] Im Übrigen sind die für Mietforderungen geltenden Vorschriften nicht entsprechend anzuwenden.

(2) [1] Als Inhalt des Dauerwohnrechts kann vereinbart werden, dass Verfügungen über den Anspruch auf das Entgelt, wenn es in wiederkehrenden Leistungen ausbedungen ist, gegenüber dem Gläubiger einer dem Dauerwohnrecht im Rang vorgehenden oder gleichstehenden Hypothek, Grundschuld, Rentenschuld oder Reallast wirksam sind. [2] Für eine solche Vereinbarung gilt § 39 Absatz 2 entsprechend.

§ 41 Besondere Vorschriften für langfristige Dauerwohnrechte.

(1) Für Dauerwohnrechte, die zeitlich unbegrenzt oder für einen Zeitraum von mehr als zehn Jahren eingeräumt sind, gelten die besonderen Vorschriften der Absätze 2 und 3.

(2) Der Eigentümer ist, sofern nicht etwas anderes vereinbart ist, dem Dauerwohnberechtigten gegenüber verpflichtet, eine dem Dauerwohnrecht im Rang vorgehende oder gleichstehende Hypothek löschen zu lassen für den Fall, dass sie sich mit dem Eigentum in einer Person vereinigt, und die Eintragung einer entsprechenden Löschungsvormerkung in das Grundbuch zu bewilligen.

(3) Der Eigentümer ist verpflichtet, dem Dauerwohnberechtigten eine angemessene Entschädigung zu gewähren, wenn er von dem Heimfallanspruch Gebrauch macht.

§ 42 Belastung eines Erbbaurechts. (1) Die Vorschriften der §§ 31 bis 41 gelten für die Belastung eines Erbbaurechts mit einem Dauerwohnrecht entsprechend.

(2) Beim Heimfall des Erbbaurechts bleibt das Dauerwohnrecht bestehen.

Teil 3. Verfahrensvorschriften

§ 43 Zuständigkeit. (1) [1] Die Gemeinschaft der Wohnungseigentümer hat ihren allgemeinen Gerichtsstand bei dem Gericht, in dessen Bezirk das Grundstück liegt. [2] Bei diesem Gericht kann auch die Klage gegen Wohnungseigentümer im Fall des § 9a Absatz 4 Satz 1 erhoben werden.

(2) Das Gericht, in dessen Bezirk das Grundstück liegt, ist ausschließlich zuständig für

1. Streitigkeiten über die Rechte und Pflichten der Wohnungseigentümer untereinander,
2. Streitigkeiten über die Rechte und Pflichten zwischen der Gemeinschaft der Wohnungseigentümer und Wohnungseigentümern,
3. Streitigkeiten über die Rechte und Pflichten des Verwalters einschließlich solcher über Ansprüche eines Wohnungseigentümers gegen den Verwalter sowie
4. Beschlussklagen gemäß § 44.

§ 44 Beschlussklagen. (1) [1]Das Gericht kann auf Klage eines Wohnungseigentümers einen Beschluss für ungültig erklären (Anfechtungsklage) oder seine Nichtigkeit feststellen (Nichtigkeitsklage). [2]Unterbleibt eine notwendige Beschlussfassung, kann das Gericht auf Klage eines Wohnungseigentümers den Beschluss fassen (Beschlussersetzungsklage).

(2) [1]Die Klagen sind gegen die Gemeinschaft der Wohnungseigentümer zu richten. [2]Der Verwalter hat den Wohnungseigentümern die Erhebung einer Klage unverzüglich bekannt zu machen. [3]Mehrere Prozesse sind zur gleichzeitigen Verhandlung und Entscheidung zu verbinden.

(3) Das Urteil wirkt für und gegen alle Wohnungseigentümer, auch wenn sie nicht Partei sind.

(4) Die durch eine Nebenintervention verursachten Kosten gelten nur dann als notwendig zur zweckentsprechenden Rechtsverteidigung im Sinne des § 91 der Zivilprozessordnung, wenn die Nebenintervention geboten war.

§ 45 Fristen der Anfechtungsklage. [1]Die Anfechtungsklage muss innerhalb eines Monats nach der Beschlussfassung erhoben und innerhalb zweier Monate nach der Beschlussfassung begründet werden. [2]Die §§ 233 bis 238 der Zivilprozessordnung gelten entsprechend.

Teil 4. Ergänzende Bestimmungen

§ 46 Veräußerung ohne erforderliche Zustimmung. [1]Fehlt eine nach § 12 erforderliche Zustimmung, so sind die Veräußerung und das zugrundeliegende Verpflichtungsgeschäft unbeschadet der sonstigen Voraussetzungen wirksam, wenn die Eintragung der Veräußerung oder einer Auflassungsvormerkung in das Grundbuch vor dem 15. Januar 1994 erfolgt ist und es sich um die erstmalige Veräußerung dieses Wohnungseigentums nach seiner Begründung handelt, es sei denn, dass eine rechtskräftige gerichtliche Entscheidung entgegensteht. [2]Das Fehlen der Zustimmung steht in diesen Fällen dem Eintritt der Rechtsfolgen des § 878 Bürgerlichen Gesetzbuchs[1)] nicht entgegen. [3]Die Sätze 1 und 2 gelten entsprechend in den Fällen der §§ 30 und 35 des Wohnungseigentumsgesetzes.

§ 47 Auslegung von Altvereinbarungen. [1]Vereinbarungen, die vor dem 1. Dezember 2020 getroffen wurden und die von solchen Vorschriften dieses Gesetzes abweichen, die durch das Wohnungseigentumsmodernisierungsgesetz

[1)] Richtig wohl: „§ 878 des Bürgerlichen Gesetzbuchs“.

vom 16. Oktober 2020 (BGBl. I S. 2187) geändert wurden, stehen der Anwendung dieser Vorschriften in der vom 1. Dezember 2020 an geltenden Fassung nicht entgegen, soweit sich aus der Vereinbarung nicht ein anderer Wille ergibt. [2] Ein solcher Wille ist in der Regel nicht anzunehmen.

§ 48 Übergangsvorschriften. (1) [1] § 5 Absatz 4, § 7 Absatz 2 und § 10 Absatz 3 in der vom 1. Dezember 2020 an geltenden Fassung gelten auch für solche Beschlüsse, die vor diesem Zeitpunkt gefasst oder durch gerichtliche Entscheidung ersetzt wurden. [2] Abweichend davon bestimmt sich die Wirksamkeit eines Beschlusses im Sinne des Satzes 1 gegen den Sondernachfolger eines Wohnungseigentümers nach § 10 Absatz 4 in der vor dem 1. Dezember 2020 geltenden Fassung, wenn die Sondernachfolge bis zum 31. Dezember 2025 eintritt. [3] Jeder Wohnungseigentümer kann bis zum 31. Dezember 2025 verlangen, dass ein Beschluss im Sinne des Satzes 1 erneut gefasst wird; § 204 Absatz 1 Nummer 1 des Bürgerlichen Gesetzbuchs gilt entsprechend.

(2) § 5 Absatz 4 Satz 3 gilt in der vor dem 1. Dezember 2020 geltenden Fassung weiter für Vereinbarungen und Beschlüsse, die vor diesem Zeitpunkt getroffen oder gefasst wurden, und zu denen vor dem 1. Dezember 2020 alle Zustimmungen erteilt wurden, die nach den vor diesem Zeitpunkt geltenden Vorschriften erforderlich waren.

(3) [1] § 7 Absatz 3 Satz 2 gilt auch für Vereinbarungen und Beschlüsse, die vor dem 1. Dezember 2020 getroffen oder gefasst wurden. [2] Ist eine Vereinbarung oder ein Beschluss im Sinne des Satzes 1 entgegen der Vorgabe des § 7 Absatz 3 Satz 2 nicht ausdrücklich im Grundbuch eingetragen, erfolgt die ausdrückliche Eintragung in allen Wohnungsgrundbüchern nur auf Antrag eines Wohnungseigentümers oder der Gemeinschaft der Wohnungseigentümer. [3] Ist die Haftung von Sondernachfolgern für Geldschulden entgegen der Vorgabe des § 7 Absatz 3 Satz 2 nicht ausdrücklich im Grundbuch eingetragen, lässt dies die Wirkung gegen den Sondernachfolger eines Wohnungseigentümers unberührt, wenn die Sondernachfolge bis zum 31. Dezember 2025 eintritt.

(4) [1] § 19 Absatz 2 Nummer 6 ist ab dem 1. Dezember 2022 anwendbar. [2] Eine Person, die am 1. Dezember 2020 Verwalter einer Gemeinschaft der Wohnungseigentümer war, gilt gegenüber den Wohnungseigentümern dieser Gemeinschaft der Wohnungseigentümer bis zum 1. Juni 2024 als zertifizierter Verwalter.

(5) Für die bereits vor dem 1. Dezember 2020 bei Gericht anhängigen Verfahren sind die Vorschriften des dritten Teils dieses Gesetzes in ihrer bis dahin geltenden Fassung weiter anzuwenden.

§ 49 Überleitung bestehender Rechtsverhältnisse. (1) Werden Rechtsverhältnisse, mit denen ein Rechtserfolg bezweckt wird, der den durch dieses Gesetz geschaffenen Rechtsformen entspricht, in solche Rechtsformen umgewandelt, so ist als Geschäftswert für die Berechnung der hierdurch veranlassten Gebühren der Gerichte und Notare im Fall des Wohnungseigentums ein Fünfundzwanzigstel des Einheitswerts des Grundstückes, im Falle des Dauerwohnrechtes ein Fünfundzwanzigstel des Wertes des Rechts anzunehmen.

(2) Durch Landesgesetz können Vorschriften zur Überleitung bestehender, auf Landesrecht beruhender Rechtsverhältnisse in die durch dieses Gesetz geschaffenen Rechtsformen getroffen werden.

81. Grundbuchordnung

In der Fassung der Bekanntmachung vom 26. Mai 1994[1)]
(BGBl. I S. 1114)

FNA 315-11

zuletzt geänd. durch Art. 6 WohnungseigentumsmodernisierungsG v. 16.10.2020 (BGBl. I S. 2187)

– Auszug –

Erster Abschnitt. Allgemeine Vorschriften

§ 1[2)] [Amtsgericht als Grundbuchamt; Zuständigkeit] (1) [1]Die Grundbücher, die auch als Loseblattgrundbuch geführt werden können, werden von den Amtsgerichten geführt (Grundbuchämter). [2]Diese sind für die in ihrem Bezirk liegenden Grundstücke zuständig. [3]Die abweichenden Vorschriften des § 150 für das in Artikel 3 des Einigungsvertrages genannte Gebiet bleiben unberührt.

(2) Liegt ein Grundstück in dem Bezirk mehrerer Grundbuchämter, so ist das zuständige Grundbuchamt nach § 5 des Gesetzes über das Verfahren in Familiensachen und in den Angelegenheiten der freiwilligen Gerichtsbarkeit zu bestimmen.

(3) [1]Die Landesregierungen werden ermächtigt, durch Rechtsverordnung[3)] die Führung des Grundbuchs einem Amtsgericht für die Bezirke mehrerer Amtsgerichte zuzuweisen, wenn dies einer schnelleren und rationelleren Grundbuchführung dient. [2]Sie können die Ermächtigung durch Rechtsverordnung auf die Landesjustizverwaltungen übertragen.

(4) [1]Das Bundesministerium der Justiz und für Verbraucherschutz wird ermächtigt, durch Rechtsverordnung[4)], die der Zustimmung des Bundesrates bedarf, die näheren Vorschriften über die Einrichtung und die Führung der Grundbücher, die Hypotheken-, Grundschuld- und Rentenschuldbriefe und die Abschriften aus dem Grundbuch und den Grundakten sowie die Einsicht hierin zu erlassen sowie das Verfahren zur Beseitigung einer Doppelbuchung zu bestimmen. [2]Es kann hierbei auch regeln, inwieweit Änderungen bei einem Grundbuch, die sich auf Grund von Vorschriften der Rechtsverordnung ergeben, den Beteiligten und der Behörde, die das in § 2 Abs. 2 bezeichnete amtliche Verzeichnis führt, bekanntzugeben sind.

§ 2[5)] [Grundbuchbezirke; Liegenschaftskataster; Abschreibung von Grundstücksteilen] (1) Die Grundbücher sind für Bezirke einzurichten.

[1)] Neubekanntmachung der GBO v. 24.3.1897 (RGBl. S. 139) in der ab 25.12.1993 geltenden Fassung.

[2)] § 1 Abs. 2 geänd. mWv 1.9.2009 durch G v. 17.12.2008 (BGBl. I S. 2586); Abs. 1 Satz 3 geänd. mWv 1.10.2009 durch G v. 11.8.2009 (BGBl. I S. 2713); Abs. 1 Satz 3 geänd. mWv 1.1.2018 durch G v. 5.12.2014 (BGBl. I S. 1962); Abs. 4 Satz 1 geänd. mWv 8.9.2015 durch VO v. 31.8.2015 (BGBl. I S. 1474).

[3)] Beachte auch VO zur Durchführung der GrundbuchO (Grundbuchverfügung – GBV) idF der Bek. v. 24.1.1995 (BGBl. I S. 114), zuletzt geänd. durch G v. 16.10.2020 (BGBl. I S. 2187).

[4)] Beachte auch Vereinsregisterverordnung (VRV) v. 10.2.1999 (BGBl. I S. 147), zuletzt geänd. durch G v. 24.9.2009 (BGBl. I S. 3145).

(2) Die Grundstücke werden im Grundbuch nach den in den Ländern eingerichteten amtlichen Verzeichnissen benannt (Liegenschaftskataster).

(3) Ein Teil eines Grundstücks darf von diesem nur abgeschrieben werden, wenn er im amtlichen Verzeichnis unter einer besonderen Nummer verzeichnet ist oder wenn die zur Führung des amtlichen Verzeichnisses zuständige Behörde bescheinigt, dass sie von der Buchung unter einer besonderen Nummer absieht, weil der Grundstücksteil mit einem benachbarten Grundstück oder einem Teil davon zusammengefasst wird.

§ 3 [Grundbuchblatt; buchungsfreie Grundstücke; Buchung von Miteigentumsanteilen] (1) [1] Jedes Grundstück erhält im Grundbuch eine besondere Stelle (Grundbuchblatt). [2] Das Grundbuchblatt ist für das Grundstück als das Grundbuch im Sinne des Bürgerlichen Gesetzbuchs anzusehen.

(2) Die Grundstücke des Bundes, der Länder, der Gemeinden und anderer Kommunalverbände, der Kirchen, Klöster und Schulen, die Wasserläufe, die öffentlichen Wege, sowie die Grundstücke, welche einem dem öffentlichen Verkehr dienenden Bahnunternehmen gewidmet sind, erhalten ein Grundbuchblatt nur auf Antrag des Eigentümers oder eines Berechtigten.

(3) Ein Grundstück ist auf Antrag des Eigentümers aus dem Grundbuch auszuscheiden, wenn der Eigentümer nach Absatz 2 von der Verpflichtung zur Eintragung befreit und eine Eintragung, von der das Recht des Eigentümers betroffen wird, nicht vorhanden ist.

(4) Das Grundbuchamt kann, sofern hiervon nicht Verwirrung oder eine wesentliche Erschwerung des Rechtsverkehrs oder der Grundbuchführung zu besorgen ist, von der Führung eines Grundbuchblatts für ein Grundstück absehen, wenn das Grundstück den wirtschaftlichen Zwecken mehrerer anderer Grundstücke zu dienen bestimmt ist, zu diesen in einem dieser Bestimmung entsprechenden räumlichen Verhältnis und im Miteigentum der Eigentümer dieser Grundstücke steht (dienendes Grundstück).

(5) [1] In diesem Fall müssen an Stelle des ganzen Grundstücks die den Eigentümern zustehenden einzelnen Miteigentumsanteile an dem dienenden Grundstück auf dem Grundbuchblatt des dem einzelnen Eigentümer gehörenden Grundstücks eingetragen werden. [2] Diese Eintragung gilt als Grundbuch für den einzelnen Miteigentumsanteil.

(6) Die Buchung nach den Absätzen 4 und 5 ist auch dann zulässig, wenn die beteiligten Grundstücke noch einem Eigentümer gehören, dieser aber die Teilung des Eigentums am dienenden Grundstück in Miteigentumsanteile und deren Zuordnung zu den herrschenden Grundstücken gegenüber dem Grundbuchamt erklärt hat; die Teilung wird mit der Buchung nach Absatz 5 wirksam.

(Fortsetzung nächstes Blatt)

[5)] § 2 Abs. 3 neu gef., Abs. 4 und 5 aufgeh. mWv 9.10.2013 durch G v. 1.10.2013 (BGBl. I S. 3719).

82. Verordnung über die Anlegung und Führung der Wohnungs- und Teileigentumsgrundbücher (Wohnungsgrundbuchverfügung – WGV)

In der Fassung der Bekanntmachung vom 24. Januar 1995[1)]
(BGBl. I S. 134)

FNA 315-11-9

geänd. durch Art. 3 G zur Einführung eines Datenbankgrundbuchs v. 1.10.2013 (BGBl. I S. 3719) und Art. 8 WohnungseigentumsmodernisierungsG v. 16.10.2020 (BGBl. I S. 2187)

§ 1 [Geltung der Vorschriften der Grundbuchverfügung] Für die gemäß § 7 Abs. 1, § 8 Abs. 2 des Wohnungseigentumsgesetzes[2)] vom 15. März 1951 (Bundesgesetzbl. I S. 175) für jeden Miteigentumsanteil anzulegenden besonderen Grundbuchblätter (Wohnungs- und Teileigentumsgrundbücher) sowie für die gemäß § 30 Abs. 3 des Wohnungseigentumsgesetzes anzulegenden Wohnungs- und Teilerbbaugrundbücher gelten die Vorschriften der Grundbuchverfügung entsprechend, soweit sich nicht aus den §§ 2 bis 5, 8 und 9 etwas anderes ergibt.

§ 2 [Bezeichnung des Grundbuchblattes] [1] In der Aufschrift ist unter die Blattnummer in Klammern das Wort „Wohnungsgrundbuch" oder „Teileigentumsgrundbuch" zu setzen, je nachdem, ob sich das Sondereigentum auf eine Wohnung oder auf nicht zu Wohnzwecken dienende Räume bezieht. [2] Ist mit dem Miteigentumsanteil Sondereigentum sowohl an einer Wohnung als auch an nicht zu Wohnzwecken dienenden Räume verbunden und überwiegt nicht einer dieser Zwecke offensichtlich, so ist das Grundbuchblatt als „Wohnungs- und Teileigentumsgrundbuch" zu bezeichnen.

§ 3[3)] [Eintragung im Bestandsverzeichnis] (1) Im Bestandsverzeichnis sind in dem durch die Spalte 3 gebildeten Raum einzutragen:

a) der in einem zahlenmäßigen Bruchteil ausgedrückte Miteigentumsanteil an dem Grundstück;

b) die Bezeichnung des Grundstücks nach den allgemeinen Vorschriften; besteht das Grundstück aus mehreren Teilen, die in dem maßgebenden amtlichen Verzeichnis (§ 2 Abs. 2 der Grundbuchordnung[4)]) als selbständige Teile eingetragen sind, so ist bei der Bezeichnung des Grundstücks in geeigneter Weise zum Ausdruck zu bringen, daß die Teile ein Grundstück bilden;

c) das mit dem Miteigentumsanteil verbundene Sondereigentum und die Beschränkung des Miteigentums durch die Einräumung der zu den anderen Miteigentumsanteilen gehörenden Sondereigentumsrechte; dabei sind die Grundbuchblätter der übrigen Miteigentumsanteile anzugeben.

[1)] Neubekanntmachung der WGV v. 1.8.1951 (BAnz. Nr. 152) in der ab 10.12.1994 geltenden Fassung.

[2)] Nr. **80**.

[3)] § 3 Abs. 1 Buchst. c geänd, Abs. 2 neu gef. mWv 1.12.2020 durch G v. 16.10.2020 (BGBl. I S. 2187).

[4)] Nr. **81**.

(2) Wegen des Gegenstandes und des Inhalts des Sondereigentums kann auf die Eintragungsbewilligung und einen Nachweis nach § 7 Absatz 2 Satz 1 des Wohnungseigentumsgesetzes[1)] Bezug genommen werden (§ 7 Absatz 3 Satz 1 des Wohnungseigentumsgesetzes); vereinbarte Veräußerungsbeschränkungen (§ 12 des Wohnungseigentumsgesetzes) und Vereinbarungen über die Haftung von Sondernachfolgern für Geldschulden sind jedoch ausdrücklich einzutragen (§ 7 Absatz 3 Satz 2 des Wohnungseigentumsgesetzes).

(3) [1] In Spalte 1 ist die laufende Nummer der Eintragung einzutragen. [2] In Spalte 2 ist die bisherige laufende Nummer des Miteigentumsanteils anzugeben, aus dem der Miteigentumsanteil durch Vereinigung oder Teilung entstanden ist.

(4) In Spalte 4 ist die Größe des im Miteigentum stehenden Grundstücks nach den allgemeinen Vorschriften einzutragen.

(5) [1] In den Spalten 6 und 8 sind die Übertragung des Miteigentumsanteils auf das Blatt sowie die Veränderungen, die sich auf den Bestand des Grundstücks, die Größe des Miteigentumsanteils oder den Gegenstand oder den Inhalt des Sondereigentums beziehen, einzutragen. [2] Der Vermerk über die Übertragung des Miteigentumsanteils auf das Blatt kann jedoch statt in Spalte 6 auch in die Eintragung in Spalte 3 aufgenommen werden.

(6) Verliert durch die Eintragung einer Veränderung nach ihrem aus dem Grundbuch ersichtlichen Inhalt eine frühere Eintragung ganz oder teilweise ihre Bedeutung, so ist sie insoweit rot zu unterstreichen.

(7) [1] Vermerke über Rechte, die dem jeweiligen Eigentümer des Grundstücks zustehen, sind in den Spalten 1, 3 und 4 des Bestandsverzeichnisses sämtlicher für Miteigentumsanteile an dem herrschenden Grundstück angelegten Wohnungs- und Teileigentumsgrundbücher einzutragen. [2] Hierauf ist in dem in Spalte 6 einzutragenden Vermerk hinzuweisen.

§ 4 [Belastung des gesamten Grundstücks] (1) [1] Rechte, die ihrer Natur nach nicht an dem Wohnungseigentum als solchem bestehen können (wie z.B. Wegerechte), sind in Spalte 3 der zweiten Abteilung in der Weise einzutragen, daß die Belastung des ganzen Grundstücks erkennbar ist. [2] Die Belastung ist in sämtlichen für Miteigentumsanteile an dem belasteten Grundstück angelegten Wohnungs- und Teileigentumsgrundbüchern einzutragen, wobei jeweils auf die übrigen Eintragungen zu verweisen ist.

(2) Absatz 1 gilt entsprechend für Verfügungsbeschränkungen, die sich auf das Grundstück als Ganzes beziehen.

§ 5 [Kennzeichnung des belasteten Grundstücks] Bei der Bildung von Hypotheken-, Grundschuld- und Rentenschuldbriefen ist kenntlich zu machen, daß der belastete Gegenstand ein Wohnungseigentum (Teileigentum) ist.

§ 6 [Anlegung besonderer Grundbuchblätter] [1] Sind gemäß § 7 Abs. 1 oder § 8 Abs. 2 des Wohnungseigentumsgesetzes[1)] für die Miteigentumsanteile besondere Grundbuchblätter anzulegen, so werden die Miteigentumsanteile in den Spalten 7 und 8 des Bestandsverzeichnisses des Grundbuchblattes des Grundstücks abgeschrieben. [2] Die Schließung des Grundbuchblatts gemäß § 7 Abs. 1 Satz 3 des Wohnungseigentumsgesetzes unterbleibt, wenn auf dem

---

[1)] Nr. **80**.

100. Raumordnungsgesetz (ROG) [1) 2) 3) 4) 5)6)]

Vom 22. Dezember 2008
(BGBl. I S. 2986)

FNA 2301-2

geänd. durch Art. 4 Drittes G zur Änd. des EnergieeinsparungsG v. 28.3.2009 (BGBl. I S. 643), Art. 9 G zur Neuregelung des Rechts des Naturschutzes und der Landschaftspflege v. 29.7.2009 (BGBl. I S. 2542), Art. 9 G zur Neuregelung des Wasserrechts v. 31.7.2009 (BGBl. I S. 2585), Art. 124 Zehnte ZuständigkeitsanpassungsVO v. 31.8.2015 (BGBl. I S. 1474), Art. 1, 5 Satz 2 G zur Änderung raumordnungsrechtlicher Vorschriften v. 23.5.2017 (BGBl. I S. 1245), Art. 2 Abs. 14a, 15 G zur Modernisierung des Rechts der Umweltverträglichkeitsprüfung v. 20.7.2017 (BGBl. I S. 2808), Art. 159 Elfte ZuständigkeitsanpassungsVO v. 19.6.2020 (BGBl. I S. 1328) und Art. 5 G zur Beschleunigung von Investitionen v. 3.12.2020 (BGBl. I S. 2694)

Inhaltsübersicht[7)]

Abschnitt 1. Allgemeine Vorschriften

---

1) **Amtl. Anm.:** Das Gesetz dient der Umsetzung folgender Rechtsakte des Gemeinschaftsrechts:

Richtlinie 79/409/EWG des Rates vom 2. April 1979 über die Erhaltung der wild lebenden Vogelarten (ABl. EG Nr. L 103 S. 1), zuletzt geändert durch Art. 1 der Änderungsrichtlinie 2006/105/EG vom 20. November 2006 (ABl. EU Nr. L 363 S. 368),

Richtlinie 92/43/EWG des Rates vom 21. Mai 1992 zur Erhaltung der natürlichen Lebensräume sowie der wild lebenden Tiere und Pflanzen (ABl. EG Nr. L 206 S. 7), zuletzt geändert durch Art. 1 der Änderungsrichtlinie 2006/105/EG vom 20. November 2006 (ABl. EU Nr. L 363 S. 368),

Richtlinie 2001/42/EG des europäischen Parlaments und des Rates vom 27. Juni 2001 über die Prüfung der Umweltauswirkungen bestimmter Pläne und Programme (ABl. EG Nr. L 197 S. 30).

2) Verkündet als Art. 1 G v. 22.12.2008 (BGBl. I S. 2986); Inkrafttreten von Abschnitt 3 (§§ 17–25) und § 29 gem. Art. 9 Nr. 1 Satz 1 dieses G am 31.12.2008; die übrigen Abschnitte und Paragraphen treten gem. Art. 9 Nr. 1 Satz 2 dieses G am 30.6.2009 in Kraft.

3) Beachte hierzu ua das Planungssicherstellungsgesetz (Nr. **198**) v. 20.5.2020 (BGBl. I S. 1041).

4) Die Änderungen durch G v. 23.5.2017 (BGBl. I S. 1245) treten teilweise erst **mWv 1.10.2021** in Kraft und sind insoweit im Text noch nicht berücksichtigt.

5) Die Änderungen durch G v. 3.12.2020 (BGBl. I S. 2694) treten teilweise erst **mWv 9.6.2021** in Kraft und sind insoweit im Text noch nicht berücksichtigt.

6) Zu abweichendem Landesrecht siehe:

- **Bayern:** Abweichungen im Bay. LandesplanungsG mWv 1.7.2012 mit Ausnahme von § 4 Abs. 3, § 5 und Abschnitt 3 ROG; vgl. Hinweis v. 30.8.2012 (BGBl. I S. 1820);
- **Niedersachsen:** Abweichungen im Nds. RaumordungsG mWv 1.9.2012; vgl. Hinweis v. 20.8. 2012 (BGBl. I S. 1718) und mWv 29.11.2017; vgl. Hinweis v. 7.12.2017 (BGBl. I S. 3853);
- **Nordrhein-Westfalen:** Abweichungen im Landesplanungsgesetz NRW mWv 25.5.2016; vgl. Hinweis v. 13.12.2017 (BGBl. I S. 3902).
- **Schleswig-Holstein:** Abweichungen im Landesplanungsgesetz mWv 4.9.2020; vgl. Hinweis v. 23.11.2020 (BGBl. I S. 2453).

7) Inhaltsübersicht neu gef. mWv 29.11.2017 durch G v. 23.5.2017 (BGBl. I S. 1245).

Abschnitt 1. Allgemeine Vorschriften

§ 1[1] Aufgabe und Leitvorstellung der Raumordnung. (1) [1] Der Gesamtraum der Bundesrepublik Deutschland und seine Teilräume sind durch Raumordnungspläne, durch raumordnerische Zusammenarbeit und durch Abstimmung raumbedeutsamer Planungen und Maßnahmen zu entwickeln, zu ordnen und zu sichern. [2] Dabei sind

1. unterschiedliche Anforderungen an den Raum aufeinander abzustimmen und die auf der jeweiligen Planungsebene auftretenden Konflikte auszugleichen,
2. Vorsorge für einzelne Nutzungen und Funktionen des Raums zu treffen.

(2) Leitvorstellung bei der Erfüllung der Aufgabe nach Absatz 1 ist eine nachhaltige Raumentwicklung, die die sozialen und wirtschaftlichen Ansprüche an den Raum mit seinen ökologischen Funktionen in Einklang bringt und zu einer dauerhaften, großräumig ausgewogenen Ordnung mit gleichwertigen Lebensverhältnissen in den Teilräumen führt.

(3) Die Entwicklung, Ordnung und Sicherung der Teilräume soll sich in die Gegebenheiten und Erfordernisse des Gesamtraums einfügen; die Entwicklung, Ordnung und Sicherung des Gesamtraums soll die Gegebenheiten und Erfordernisse seiner Teilräume berücksichtigen (Gegenstromprinzip).

(4) Raumordnung findet im Rahmen der Vorgaben des Seerechtsübereinkommens der Vereinten Nationen vom 10. Dezember 1982 (BGBl. 1994 II S. 1798) auch in der deutschen ausschließlichen Wirtschaftszone statt.

(Fortsetzung nächstes Blatt)

---

[1] § 1 Abs. 1 Satz 1 geänd. mWv 29.11.2017 durch G v. 23.5.2017 (BGBl. I S. 1245).

(2) [1]Von der Durchführung eines Raumordnungsverfahrens kann bei solchen Planungen und Maßnahmen abgesehen werden, für die sichergestellt ist, dass ihre Raumverträglichkeit anderweitig geprüft wird. [2]Die Landesregierungen können durch Rechtsverordnung regeln, welche Fälle die Durchführung eines Raumordnungsverfahrens erübrigen.

Abschnitt 3.[1)] Raumordnung im Bund

§ 17[2)] Raumordnungspläne für die deutsche ausschließliche Wirtschaftszone und für den Gesamtraum. (1) [1]Das Bundesministerium des Innern, für Bau und Heimat stellt im Einvernehmen mit den fachlich betroffenen Bundesministerien für die deutsche ausschließliche Wirtschaftszone einen Raumordnungsplan als Rechtsverordnung auf. [2]Der Raumordnungsplan soll unter Berücksichtigung etwaiger Wechselwirkungen zwischen Land und Meer sowie unter Berücksichtigung von Sicherheitsaspekten Festlegungen treffen

1. zur Gewährleistung der Sicherheit und Leichtigkeit des Schiffsverkehrs,
2. zu weiteren wirtschaftlichen Nutzungen,
3. zu wissenschaftlichen Nutzungen sowie
4. zum Schutz und zur Verbesserung der Meeresumwelt.

[3]Das Bundesamt für Seeschifffahrt und Hydrographie führt mit Zustimmung des Bundesministeriums des Innern, für Bau und Heimat die vorbereitenden Verfahrensschritte zur Aufstellung des Raumordnungsplans durch. [4]Das Bundesministerium des Innern, für Bau und Heimat arbeitet mit den angrenzenden Staaten und Ländern zusammen, um die Abstimmung und Kohärenz des Raumordnungsplans mit den Raumplanungen der angrenzenden Staaten und Länder sicherzustellen.

(2) [1]Das Bundesministerium des Innern, für Bau und Heimat kann im Einvernehmen mit den fachlich betroffenen Bundesministerien länderübergreifende Raumordnungspläne für den Hochwasserschutz sowie zu Standortkonzepten für Häfen und Flughäfen als Grundlage für ihre verkehrliche Anbindung im Rahmen der Bundesverkehrswegeplanung als Rechtsverordnung aufstellen. [2]Voraussetzung ist, dass dies für die räumliche Entwicklung und Ordnung des Bundesgebietes unter nationalen oder europäischen Gesichtspunkten erforderlich ist. [3]Die Beratungs- und Unterrichtungspflicht nach § 24 Absatz 1 und 4 ist zu beachten. [4]Das Bundesamt für Bauwesen und Raumordnung führt mit Zustimmung des Bundesministeriums des Innern, für Bau und Heimat die vorbereitenden Verfahrensschritte zur Aufstellung der Raumordnungspläne durch. [5]Das Bundesministerium des Innern, für Bau und Heimat beteiligt bei der Planaufstellung die Bundesministerien und stellt das Benehmen mit den Ländern und den angrenzenden Staaten her.

(3) [1]Das Bundesministerium des Innern, für Bau und Heimat kann im Einvernehmen mit den fachlich betroffenen Bundesministerien für die räumliche Entwicklung des Bundesgebietes einzelne Grundsätze der Raumordnung nach § 2 Absatz 2 durch Grundsätze in einem Raumordnungsplan konkretisieren.

[1)] Abschnitt 3 (§§ 17–25) tritt gem. Art. 9 Nr. 1 Satz 1 G v. 22.12.2008 (BGBl. I S. 2986) am 31.12. 2008 in Kraft.

[2)] § 17 neu gef. mWv 29.11.2017 durch G v. 23.5.2017 (BGBl. I S. 1245); Abs. 1 Sätze 1, 3, 4, Abs. 2 Sätze 1, 4, 5, Abs. 3 Sätze 1, 3, 4 geänd. mWv 27.6.2020 durch VO v. 19.6.2020 (BGBl. I S. 1328).

[2]Die Beratungs- und Unterrichtungspflicht nach § 24 Absatz 1 und 4 ist zu beachten. [3]Das Bundesamt für Bauwesen und Raumordnung führt mit Zustimmung des Bundesministeriums des Innern, für Bau und Heimat die vorbereitenden Verfahrensschritte zur Aufstellung des Raumordnungsplans durch. [4]Das Bundesministerium des Innern, für Bau und Heimat beteiligt bei der Planaufstellung die Bundesministerien und stellt das Benehmen mit den Ländern und den angrenzenden Staaten her.

(4) Zur Vorbereitung oder Verwirklichung von Raumordnungsplänen nach den Absätzen 1 und 2 kann der Träger der Bundesraumordnung entsprechend § 14 Absatz 1 und Absatz 2 Satz 1 Nummer 1 vertragliche Vereinbarungen treffen; Gegenstand dieser Vereinbarungen kann auch die Übernahme von Kosten sein, die dem Träger der Bundesraumordnung bei der im Interesse des Vertragspartners liegenden Vorbereitung oder Verwirklichung von Raumordnungsplänen entstehen.

(5) [1]Auf den Raumordnungsplan nach Absatz 3 finden die §§ 8 und 10 keine Anwendung. [2]Der Raumordnungsplan nach Absatz 3 ist im Bundesanzeiger bekannt zu machen; mit der Bekanntmachung tritt er in Kraft. [3]Die Bekanntmachung kann auch dadurch bewirkt werden, dass der Raumordnungsplan bei der Bundesverwaltung zu jedermanns Einsicht ausgelegt und im Bundesanzeiger darauf hingewiesen wird, wo der Raumordnungsplan eingesehen werden kann. [4]Elektronische Informationstechnologien sollen ergänzend genutzt werden; § 9 Absatz 2 Satz 6 gilt entsprechend.

§ 18[1)] Beteiligung bei der Aufstellung von Raumordnungsplänen des Bundes. (1) Bei der Aufstellung des Raumordnungsplans nach § 17 Absatz 1 sind Ort und Dauer der Auslegung nach § 9 Absatz 2 mindestens eine Woche vor Beginn der Auslegung im Verkündungsblatt und auf der Internetseite der auslegenden Behörde nach § 17 Absatz 1 Satz 3 amtlich bekannt zu machen.

(2) Bei der Aufstellung der Raumordnungspläne nach § 17 Absatz 2 sind Ort und Dauer der Auslegung nach § 9 Absatz 2 mindestens eine Woche vor Beginn der Auslegung im Verkündungsblatt und auf der Internetseite der auslegenden Behörde nach § 17 Absatz 2 Satz 4 amtlich bekannt zu machen.

§ 19[2)] Zielabweichung bei Raumordnungsplänen des Bundes. [1]Hinsichtlich der Zielabweichung bei Raumordnungsplänen des Bundes gilt § 6 Abs. 2 mit der Maßgabe, dass über den Antrag auf Zielabweichung bei Raumordnungsplänen nach § 17 Absatz 1 das Bundesamt für Seeschifffahrt und Hydrographie und bei Raumordnungsplänen nach § 17 Absatz 2 das Bundesministerium des Innern, für Bau und Heimat entscheidet. [2]Wird über den Antrag auf Zielabweichung im Zulassungsverfahren über eine raumbedeutsame Planung oder Maßnahme oder in einem anderen Verfahren entschieden, ist das Benehmen mit dem Bundesministerium des Innern, für Bau und Heimat erforderlich.

(Fortsetzung nächstes Blatt)

[1)] § 18 neu gef. mWv 10.12.2020 durch G v. 3.12.2020 (BGBl. I S. 2694).

[2)] Früherer § 21 Sätze 1 und 2 geänd. mWv 8.9.2015 durch VO v. 31.8.2015 (BGBl. I S. 1474); § 19 aufgeh., bish. § 21 wird § 19 und Satz 1 geänd. mWv 29.11.2017 durch G v. 23.5.2017 (BGBl. I S. 1245); Sätze 1, 2 geänd. mWv 27.6.2020 durch VO v. 19.6.2020 (BGBl. I S. 1328).

101. Raumordnungsverordnung (RoV) [1)2)]

Vom 13. Dezember 1990
(BGBl. I S. 2766)

FNA 2300-1-1

geänd. durch Art. 6 Abs. 34 EisenbahnneuordnungsG v. 27.12.1993 (BGBl. I S. 2378), Art. 1 ÄndVO v. 15.8.1994 (BGBl. I S. 2116), Art. 2 MagnetschwebebahnplanungsG v. 23.11.1994 (BGBl. I S. 3486), Art. 4 Bau- und RaumordnungsG 1998 v. 18.8.1997 (BGBl. I S. 2081), Art. 22a UVP-ÄnderungsrichtlinienumsetzungsG v. 27.7.2001 (BGBl. I S. 1950), Art. 2b Siebtes G zur Änd. des WasserhaushaltsG v. 18.6.2002 (BGBl. I S. 1914), Art. 21 G zur Neuregelung des Wasserrechts v. 31.7.2009 (BGBl. I S. 2585), Art. 5 Abs. 35 G zur Neuordnung des Kreislaufwirtschafts- und Abfallrechts v. 24.2.2012 (BGBl. I S. 212), Art. 9 G zur Beschleunigung des Energieleitungsausbaus v. 13.5.2019 (BGBl. I S. 706) und Art. 6 Investitionen-BeschleunigungsG v. 3.12.2020 (BGBl. I S. 2694)

Auf Grund des § 6a Abs. 2 Satz 1 des Raumordnungsgesetzes[3)] in der Fassung der Bekanntmachung vom 19. Juli 1989 (BGBl. I S. 1461) verordnet die Bundesregierung:

§ 1[4)] Anwendungsbereich. [1]Für die nachfolgend aufgeführten Planungen und Maßnahmen soll ein Raumordnungsverfahren (§ 15 des Raumordnungsgesetzes[3)]) durchgeführt werden, wenn sie im Einzelfall raumbedeutsam sind und überörtliche Bedeutung haben. [2]Die Befugnis der für die Raumordnung zuständigen Landesbehörden, weitere raumbedeutsame Planungen und Maßnahmen von überörtlicher Bedeutung nach landesrechtlichen Vorschriften in einem Raumordnungsverfahren zu überprüfen, bleibt unberührt. [3]

1. Errichtung einer Anlage im Außenbereich im Sinne des § 35 des Baugesetzbuchs[5)], die der Genehmigung in einem Verfahren unter Einbeziehung der Öffentlichkeit nach § 4 des Bundes-Immissionsschutzgesetzes bedarf und die in den Nummern 1 bis 10 der Anlage 1 zum Gesetz über die Umweltverträglichkeitsprüfung aufgeführt ist; sachlich und räumlich miteinander im Verbund stehende Anlagen sind dabei als Einheit anzusehen;
2. Errichtung einer ortsfesten kerntechnischen Anlage, die der Genehmigung in einem Verfahren unter Einbeziehung der Öffentlichkeit nach § 7 des Atomgesetzes bedarf;
3. Errichtung einer Anlage zur Sicherstellung und zur Endlagerung radioaktiver Abfälle, die einer Planfeststellung nach § 9b des Atomgesetzes bedarf;

---

1) Titel neu gef. mWv 3.8.2001 durch G v. 27.7.2001 (BGBl. I S. 1950).

2) Die Änderung durch G v. 3.12.2020 (BGBl. I S. 2694) tritt erst **mWv 9.6.2021** in Kraft und ist im Text noch nicht berücksichtigt.

3) Nr. **100**.

4) § 1 Satz 3 Nr. 9 geänd. durch G v. 27.12.1993 (BGBl. I S. 2378); Satz 1 und Satz 3 Nr. 4 neu gef. durch VO v. 15.8.1994 (BGBl. I S. 2116); Satz 3 Nr. 17 geänd. und Nr. 18 angef. durch G v. 23.11. 1994 (BGBl. I S. 3486); Sätze 1 und 2, Satz 3 Nrn. 1, 4 und 18 geänd. und Nr. 19 angef. durch G v. 18.8.1997 (BGBl. I S. 2081); Satz 3 Nr. 1 geänd., Nr. 13 aufgeh. und Nr. 14 neu gef. mWv 3.8.2001 durch G v. 27.7.2001 (BGBl. I S. 1950); Satz 3 Nr. 6 geänd. mWv 25.6.2002 durch G v. 18.6.2002 (BGBl. I S. 1914); Satz 3 Nr. 5–7 geänd. mWv 1.3.2010 durch G v. 31.7.2009 (BGBl. I S. 2585); Satz 3 Nr. 4 geänd. mWv 1.6.2012 durch G v. 24.2.2012 (BGBl. I S. 212); Satz 3 (nach BGBl. I wohl irrtümlich: „Satz 2") Nr. 14 geänd. mWv 17.5.2019 durch G v. 13.5.2019 (BGBl. I S. 706).

5) Nr. **200**.

4. Errichtung einer Anlage zur Ablagerung von Abfällen (Deponie), die der Planfeststellung nach § 35 Absatz 2 des Kreislaufwirtschaftsgesetzes bedarf;
5. Bau einer Abwasserbehandlungsanlage, die einer Genehmigung nach § 60 Absatz 3 Satz 1 des Wasserhaushaltsgesetzes bedarf;
6. Errichtung und wesentliche Trassenänderung einer Rohrleitungsanlage zum Befördern wassergefährdender Stoffe, die der Genehmigung nach § 20 des Gesetzes über die Umweltverträglichkeitsprüfung bedarf;
7. Herstellung, Beseitigung und wesentliche Umgestaltung eines Gewässers oder seiner Ufer, die einer Planfeststellung nach § 68 Absatz 1 des Wasserhaushaltsgesetzes bedürfen, sowie von Häfen ab einer Größe von 100 ha, Deich- und Dammbauten und Anlagen zur Landgewinnung am Meer;
8. Bau einer Bundesfernstraße, die der Entscheidung nach § 16 des Bundesfernstraßengesetzes bedarf;
9. Neubau und wesentliche Trassenänderung von Schienenstrecken der Eisenbahnen des Bundes sowie Neubau von Rangierbahnhöfen und von Umschlagseinrichtungen für den kombinierten Verkehr;
10. Errichtung einer Versuchsanlage nach dem Gesetz über den Bau und den Betrieb von Versuchsanlagen zur Erprobung von Techniken für den spurgeführten Verkehr;
11. Ausbau, Neubau und Beseitigung einer Bundeswasserstraße, die der Bestimmung der Planung und Linienführung nach § 13 des Bundeswasserstraßengesetzes bedürfen;
12. Anlage und wesentliche Änderung eines Flugplatzes, die einer Planfeststellung nach § 8 des Luftverkehrsgesetzes bedürfen;
13. *(aufgehoben)*
14. Errichtung von Hochspannungsfreileitungen mit einer Nennspannung von 110 kV oder mehr, ausgenommen Errichtungen in Bestandstrassen, unmittelbar neben Bestandstrassen oder unter weit überwiegender Nutzung von Bestandstrassen, und von Gasleitungen mit einem Durchmesser von mehr als 300 mm;
15. Errichtung von Feriendörfern, Hotelkomplexen und sonstigen großen Einrichtungen für die Ferien- und Fremdenbeherbergung sowie von großen Freizeitanlagen;
16. bergbauliche Vorhaben, soweit sie der Planfeststellung nach § 52 Abs. 2a bis 2c des Bundesberggesetzes bedürfen;
17. andere als bergbauliche Vorhaben zum Abbau von oberflächennahen Rohstoffen mit einer vom Vorhaben beanspruchten Gesamtfläche von 10 ha oder mehr;
18. Neubau und wesentliche Trassenänderung von Magnetschwebebahnen;
19. Errichtung von Einkaufszentren, großflächigen Einzelhandelsbetrieben und sonstigen großflächigen Handelsbetrieben.

§ 2[1] *(aufgehoben)*

§ 3 Inkrafttreten. Diese Verordnung tritt am Tage nach der Verkündung[2] in Kraft.

---

[1] § 2 aufgeh. durch G v. 18.8.1997 (BGBl. I S. 2081).
[2] Verkündet am 19.12.1990.

125. Wohnungsbau-Prämiengesetz (WoPG 1996)[1)]

In der Fassung der Bekanntmachung vom 30. Oktober 1997[2)]
(BGBl. I S. 2678)

FNA 2330-9

geänd. durch Art. 32 Gesetz zur Umrechnung und Glättung steuerlicher Euro-Beträge (Steuer-Euroglättungsgesetz – StEuglG) v. 19.12.2000 (BGBl. I S. 1790), Art. 29 Gesetz zur Änderung steuerlicher Vorschriften (Steueränderungsgesetz 2001 – StÄndG 2001) v. 20.12.2001 (BGBl. I S. 3794), Art. 13 Fünftes Gesetz zur Änderung des Steuerbeamten-Ausbildungsgesetzes und zur Änderung von Steuergesetzen v. 23.7.2002 (BGBl. I S. 2715), Art. 5 Haushaltsbegleitgesetz 2004 (HBeglG 2004) v. 29.12.2003 (BGBl. I S. 3076), Art. 5 Gesetz zur verbesserten Einbeziehung der selbstgenutzten Wohnimmobilie in die geförderte Altersvorsorge (Eigenheimrentengesetz – EigRentG) v. 29.7.2008 (BGBl. I S. 1509), Art. 13 Gesetz zur Modernisierung und Entbürokratisierung des Steuerverfahrens (Steuerbürokratieabbaugesetz) v. 20.12.2008 (BGBl. I S. 2850), Art. 11 Jahressteuergesetz 2010 (JStG 2010) v. 8.12.2010 (BGBl. I S. 1768), Art. 7 Gesetz zur bestätigenden Regelung verschiedener steuerlicher und verkehrsrechtlicher Vorschriften des Haushaltsbegleitgesetzes 2004 v. 5.4.2011 (BGBl. I S. 554), Art. 9 Gesetz zur Anpassung steuerlicher Regelungen an die Rechtsprechung des Bundesverfassungsgerichts v. 18.7.2014 (BGBl. I S. 1042) und Art. 26 und 27 Gesetz zur weiteren steuerlichen Förderung der Elektromobilität und zur Änderung weiterer steuerlicher Vorschriften v. 12.12.2019 (BGBl. I S. 2451)

§ 1[3)] Prämienberechtigte. [1]Unbeschränkt einkommensteuerpflichtige Personen im Sinne des § 1 Absatz 1, 2 oder 3 des Einkommensteuergesetzes, die das 16. Lebensjahr vollendet haben oder Vollwaisen sind, können für Aufwendungen zur Förderung des Wohnungsbaus eine Prämie erhalten. [2]Voraussetzung ist, daß

1. die Aufwendungen nicht vermögenswirksame Leistungen darstellen, für die Anspruch auf Arbeitnehmer-Sparzulage nach § 13 des Fünften Vermögensbildungsgesetzes besteht, und
2. das maßgebende Einkommen des Prämienberechtigten die Einkommensgrenze (§ 2a) nicht überschritten hat.

§ 2[4)] Prämienbegünstigte Aufwendungen. (1) Als Aufwendungen zur Förderung des Wohnungsbaus im Sinne des § 1 gelten

1. Beiträge an Bausparkassen zur Erlangung von Baudarlehen, soweit die an dieselbe Bausparkasse geleisteten Beiträge im Sparjahr (§ 4 Abs. 1) mindestens 50 Euro betragen. [2]Voraussetzung ist, daß die Bausparkasse ihren Sitz oder ihre Geschäftsleitung in einem Mitgliedstaat der Europäischen Union hat und ihr die Erlaubnis zum Geschäftsbetrieb im Gebiet der Europäischen Union erteilt ist. [3]Bausparkassen sind Kreditinstitute, deren Geschäftsbetrieb

---

[1)] Die hier wiedergegebene Fassung ist erstmals für das Sparjahr 2009 anzuwenden (§ 10 Abs. 1).

[2)] Neubekanntmachung des WoPG idF der Bek. v. 30.7.1992 (BGBl. I S. 1405) in der ab 18.12. 1996 geltenden Fassung.

[3)] § 1 Satz 1 geänd. mWv 18.12.2019 durch G v. 12.12.2019 (BGBl. I S. 2451); zur Anwendung siehe § 10 Abs. 1 Satz 2.

[4)] § 2 Abs. 1 Nr. 1 geänd. mWv 1.1.2002 durch G v. 19.12.2000 (BGBl. I S. 1790); Abs. 2 Satz 2 Nr. 4 geänd., Nr. 5 aufgeh. mWv 23.12.2001 durch G v. 20.12.2001 (BGBl. I S. 3794); Abs. 1 Nr. 3 und 4 geänd. mWv 27.7.2002 durch G v. 23.7.2002 (BGBl. I S. 2715); Abs. 1 Nr. 1 Satz 4 angef. mWv Sparjahr 2008, Abs. 2 Sätze 1 und 2 neu gef., Sätze 3–7 eingef., bish. Sätze 3–5 werden Sätze 8–10, Abs. 3 angef. mWv Sparjahr 2009 durch G v. 29.7.2008 (BGBl. I S. 1509); Abs. 1 Nummer 1 Satz 4 geänd., Abs. 2 Satz 10 neu gef. mWv 18.12.2019 durch G v. 12.12.2019 (BGBl. I S. 2451); zur Anwendung siehe § 10 Abs. 1 Satz 2..

darauf gerichtet ist, Bauspareinlagen entgegenzunehmen und aus den angesammelten Beträgen den Bausparern nach einem auf gleichmäßige Zuteilungsfolge gerichteten Verfahren Baudarlehen für wohnungswirtschaftliche Maßnahmen zu gewähren. [4] Werden Beiträge an Bausparkassen zugunsten eines zertifizierten Altersvorsorgevertrages zur Erlangung eines Bauspardarlehens in einem Sparjahr (§ 4 Abs. 1) vom Anbieter den Altersvorsorgebeiträgen nach § 82 des Einkommensteuergesetzes zugeordnet, handelt es sich bei allen Beiträgen zu diesem Vertrag innerhalb dieses Sparjahres bis zu dem in § 10a Absatz 1 des Einkommensteuergesetzes genannten Höchstbetrag um Altersvorsorgebeiträge und nicht um prämienbegünstigte Aufwendungen im Sinne der Absätze 2 und 3;

2. Aufwendungen für den ersten Erwerb von Anteilen an Bau- und Wohnungsgenossenschaften;
3. Beiträge auf Grund von Sparverträgen, die auf die Dauer von drei bis sechs Jahren als allgemeine Sparverträge oder als Sparverträge mit festgelegten Sparraten mit einem Kreditinstitut abgeschlossen werden, wenn die eingezahlten Sparbeiträge und die Prämien zum Bau oder Erwerb selbst genutzten Wohneigentums oder zum Erwerb eines eigentumsähnlichen Dauerwohnrechts verwendet werden;
4. Beiträge auf Grund von Verträgen, die mit Wohnungs- und Siedlungsunternehmen nach der Art von Sparverträgen mit festgelegten Sparraten auf die Dauer von drei bis acht Jahren mit dem Zweck einer Kapitalansammlung abgeschlossen werden, wenn die eingezahlten Beiträge und die Prämien zum Bau oder Erwerb selbst genutzten Wohneigentums oder zum Erwerb eines eigentumsähnlichen Dauerwohnrechts verwendet werden. [2] Den Verträgen mit Wohnungs- und Siedlungsunternehmen stehen Verträge mit den am 31. Dezember 1989 als Organe der staatlichen Wohnungspolitik anerkannten Unternehmen gleich, soweit sie die Voraussetzungen nach Satz 1 erfüllen.

(2) [1] Für die Prämienbegünstigung der in Absatz 1 Nr. 1 bezeichneten Aufwendungen ist Voraussetzung, dass

1. bei Auszahlung der Bausparsumme oder bei Beleihung der Ansprüche aus dem Vertrag der Bausparer die empfangenen Beträge unverzüglich und unmittelbar zum Wohnungsbau verwendet oder
2. im Fall der Abtretung der Erwerber die Bausparsumme oder die auf Grund einer Beleihung empfangenen Beträge unverzüglich und unmittelbar zum Wohnungsbau für die abtretende Person oder deren Angehörige im Sinne des § 15 der Abgabenordnung verwendet.

[2] Unschädlich ist jedoch eine Verfügung ohne Verwendung zum Wohnungsbau, die frühestens sieben Jahre nach dem Vertragsabschluss erfolgt, wenn der Bausparer bei Vertragsabschluss das 25. Lebensjahr noch nicht vollendet hatte. [3] Die Prämienbegünstigung ist in diesen Fällen auf die Berücksichtigung der in Absatz 1 Nr. 1 bezeichneten Aufwendungen der letzten sieben Sparjahre bis zu der Verfügung beschränkt. [4] Jeder Bausparer kann nur einmal über einen vor Vollendung des 25. Lebensjahres abgeschlossenen Bausparvertrag ohne wohnungswirtschaftliche Verwendung prämienunschädlich verfügen. [5] Unschädlich ist auch eine Verfügung ohne Verwendung zum Wohnungsbau, wenn der Bausparer oder sein von ihm nicht dauernd getrennt lebender Ehegatte nach Vertragsabschluss gestorben oder völlig erwerbsunfähig geworden ist oder der Bausparer nach Vertragsabschluss arbeitslos geworden ist und die Arbeitslosig-

keit mindestens ein Jahr lang ununterbrochen bestanden hat und im Zeitpunkt der Verfügung noch besteht. [6] Die Prämienbegünstigung ist in diesen Fällen auf die Berücksichtigung der in Absatz 1 Nr. 1 bezeichneten Aufwendungen der letzten sieben Sparjahre bis zum Eintritt des Ereignisses beschränkt. [7] Die Vereinbarung über die Erhöhung der Bausparsumme ist als selbständiger Vertrag zu behandeln. [8] Als Wohnungsbau im Sinne der Nummern 1 und 2 gelten auch bauliche Maßnahmen des Mieters zur Modernisierung seiner Wohnung. [9] Dies gilt ebenfalls für den ersten Erwerb von Anteilen an Bau- und Wohnungsgenossenschaften im Sinne des Absatzes 1 Nr. 2 und den Erwerb von Rechten zur dauernden Selbstnutzung von Wohnraum in Alten-, Altenpflege- und Behinderteneinrichtungen oder -anlagen. [10] Sofern nichts anderes bestimmt ist, setzt die Unschädlichkeit weiter voraus, dass die empfangenen Beträge nur zum Wohnungsbau in einem Mitgliedstaat der Europäischen Union oder in einem Staat eingesetzt werden, auf den das Abkommen über den Europäischen Wirtschaftsraum anwendbar ist.

(3) [1] Für vor dem 1. Januar 2009 abgeschlossene Verträge, für die bis zum 31. Dezember 2008 mindestens ein Beitrag in Höhe der Regelsparrate entrichtet wurde, ist Voraussetzung für die Prämienbegünstigung der in Absatz 1 Nr. 1 bezeichneten Aufwendungen, dass vor Ablauf von sieben Jahren seit Vertragsabschluss weder die Bausparsumme ganz oder zum Teil ausgezahlt noch geleistete Beiträge ganz oder zum Teil zurückgezahlt oder Ansprüche aus dem Bausparvertrag abgetreten oder beliehen werden. [2] Unschädlich ist jedoch die vorzeitige Verfügung, wenn

1. die Bausparsumme ausgezahlt oder die Ansprüche aus dem Vertrag beliehen werden und der Bausparer die empfangenen Beträge unverzüglich und unmittelbar zum Wohnungsbau verwendet,
2. im Fall der Abtretung der Erwerber die Bausparsumme oder die auf Grund einer Beleihung empfangenen Beträge unverzüglich und unmittelbar zum Wohnungsbau für die abtretende Person oder deren Angehörige im Sinne des § 15 der Abgabenordnung verwendet,
3. der Bausparer oder sein von ihm nicht dauernd getrennt lebender Ehegatte nach Vertragsabschluss gestorben oder völlig erwerbsunfähig geworden ist oder
4. der Bausparer nach Vertragsabschluss arbeitslos geworden ist und die Arbeitslosigkeit mindestens ein Jahr lang ununterbrochen bestanden hat und im Zeitpunkt der vorzeitigen Verfügung noch besteht.

[3] Absatz 2 Satz 7 bis 10 gilt sinngemäß.

§ 2a[1)] Einkommensgrenze. [1] Die Einkommensgrenze beträgt 35 000 Euro, bei Ehegatten (§ 3 Abs. 3) 70 000 Euro. [2] Maßgebend ist das zu versteuernde Einkommen (§ 2 Absatz 5 des Einkommensteuergesetzes) des Sparjahrs (§ 4 Abs. 1). [3] Bei Ehegatten ist das zu versteuernde Einkommen maßgebend, das sich bei einer Zusammenveranlagung nach § 26b des Einkommensteuergesetzes ergeben hat oder, falls eine Veranlagung nicht durchgeführt worden ist, ergeben würde.

---

1) § 2a Satz 1 geänd. mWv 1.1.2002 durch G v. 19.12.2000 (BGBl. I S. 1790); Satz 2 geänd. mWv 23.12.2001 durch G v. 20.12.2001 (BGBl. I S. 3794); Satz 2 geänd. mWv 14.12.2010 durch G v. 8.12.2010 (BGBl. I S. 1768); Satz 1 geänd. mWv Sparjahr 2021 durch G v. 12.12.2019 (BGBl. I S. 2451).

§ 2b (weggefallen)

§ 3[1)] Höhe der Prämie. (1) [1]Die Prämie bemißt sich nach den im Sparjahr (§ 4 Abs. 1) geleisteten prämienbegünstigten Aufwendungen. [2]Sie beträgt 10 Prozent der Aufwendungen.

(2) [1]Die Aufwendungen des Prämienberechtigten sind je Kalenderjahr bis zu einem Höchstbetrag von 700 Euro, bei Ehegatten (Absatz 3) zusammen bis zu 1 400 Euro prämienbegünstigt. [2]Die Höchstbeträge stehen den Prämienberechtigten gemeinsam zu (Höchstbetragsgemeinschaft).

(3) [1]Ehegatten im Sinne dieses Gesetzes sind Personen, welche nach § 26b des Einkommensteuergesetzes zusammen veranlagt werden oder die, falls eine Veranlagung zur Einkommensteuer nicht durchgeführt wird, die Voraussetzungen des § 26 Absatz 1 Satz 1 des Einkommensteuergesetzes erfüllen. [2]Die Regelungen dieses Gesetzes zu Ehegatten sind auch auf Lebenspartner anzuwenden, wenn in Verbindung mit § 2 Absatz 8 des Einkommensteuergesetzes die Voraussetzungen des Satzes 1 erfüllt sind.

§ 4[2)] Prämienverfahren allgemein. (1) [1]Der Anspruch auf Prämie entsteht mit Ablauf des Sparjahrs. [2]Sparjahr ist das Kalenderjahr, in dem die prämienbegünstigten Aufwendungen geleistet worden sind.

(2) [1]Die Prämie ist nach amtlich vorgeschriebenem Vordruck bis zum Ablauf des zweiten Kalenderjahrs, das auf das Sparjahr (Absatz 1) folgt, bei dem Unternehmen zu beantragen, an das die prämienbegünstigten Aufwendungen geleistet worden sind. [2]Der Antragsteller hat zu erklären, für welche Aufwendungen er die Prämie beansprucht, wenn bei mehreren Verträgen die Summe der Aufwendungen den Höchstbetrag (§ 3 Abs. 2) überschreitet; Ehegatten (§ 3 Abs. 3) haben dies einheitlich zu erklären. [3]Der Antragsteller ist verpflichtet, dem Unternehmen unverzüglich eine Änderung der Verhältnisse mitzuteilen, die zu einer Minderung oder zum Wegfall des Prämienanspruchs führen.

(3) [1]Überschreiten bei mehreren Veträgen die insgesamt ermittelten oder festgesetzten Prämien die für das Sparjahr höchstens zulässige Prämie (§ 3), ist die Summe der Prämien hierauf zu begrenzen. [2]Dabei ist die Prämie vorrangig für Aufwendungen auf Verträge mit dem jeweils älteren Vertragsdatum zu belassen. [3]Insoweit ist eine abweichende Erklärung des Prämienberechtigten oder seines Ehegatten unbeachtlich.

(4) Ein Rückforderungsanspruch erlischt, wenn er nicht bis zum Ablauf des vierten Kalenderjahrs geltend gemacht worden ist, das auf das Kalenderjahr folgt, in dem der Prämienberechtigte die Prämie verwendet hat (§ 5).

(5) [1]Das Unternehmen darf die im Prämienverfahren bekanntgewordenen Verhältnisse der Beteiligten nur für das Verfahren verwerten. [2]Es darf sie ohne Zustimmung der Beteiligten nur offenbaren, soweit dies gesetzlich zugelassen ist.

[1)] § 3 Abs. 2 Satz 1 geänd. mWv 1.1.2002 durch G v. 19.12.2000 (BGBl. I S. 1790); Abs. 1 Satz 2 geänd. mWv Sparjahr 2004 durch G v. 29.12.2003 (BGBl. I S. 3076); Abs. 1 Satz 2 geänd. mWv 12.4.2011 durch G v. 5.4.2011 (BGBl. I S. 554); Abs. 3 neu gef. mWv 24.7.2014 durch G v. 18.7.2014 (BGBl. I S. 1042); Abs. 1 Satz 2, Abs. 2 Satz 1 geänd. mWv Sparjahr 2021 durch G v. 12.12.2019 (BGBl. I S. 2451); zur Anwendung siehe § 10 Abs. 3.

[2)] § 4 Abs. 4 geänd. durch G v. 20.12.2001 (BGBl. I S. 3794); zur erstmaligen Anwendung siehe § 10 Abs. 1 Satz 5.

§ 4a[1] **Prämienverfahren im Fall des § 2 Abs. 1 Nr. 1.** (1) [1] Bei Aufwendungen im Sinne des § 2 Abs. 1 Nr. 1 hat die Bausparkasse auf Grund des Antrags zu ermitteln, ob und in welcher Höhe ein Prämienanspruch nach Maßgabe dieses Gesetzes oder nach einer auf Grund dieses Gesetzes erlassenen Rechtsverordnung besteht. [2] Dabei hat sie alle Verträge mit dem Prämienberechtigten und seinem Ehegatten (§ 3 Abs. 3) zu berücksichtigen. [3] Die Bausparkasse hat dem Antragsteller das Ermittlungsergebnis spätestens im nächsten Kontoauszug mitzuteilen.

(2) [1] Die Bausparkasse hat die im Kalendermonat ermittelten Prämien (Absatz 1 Satz 1) im folgenden Kalendermonat in einem Betrag zur Auszahlung anzumelden, wenn die Voraussetzungen für die Prämienbegünstigung nach § 2 Abs. 2 nachgewiesen sind. [2] In den Fällen des § 2 Abs. 3 darf die Prämie nicht vor Ablauf des Kalendermonats angemeldet werden, in dem

a) der Bausparvertrag zugeteilt,

b) die in § 2 Abs. 3 Satz 1 genannte Frist überschritten oder

c) unschädlich im Sinne des § 2 Abs. 3 Satz 2 verfügt

worden ist. [3] Die Anmeldung ist nach amtlich vorgeschriebenem Vordruck (Wohnungsbauprämien-Anmeldung) bei dem für die Besteuerung der Bausparkasse nach dem Einkommen zuständigen Finanzamt (§ 20 der Abgabenordnung) abzugeben. [4] Hierbei hat die Bausparkasse zu bestätigen, daß die Voraussetzungen für die Auszahlung des angemeldeten Prämienbetrags vorliegen. [5] Die Wohnungsbauprämien-Anmeldung gilt als Steueranmeldung im Sinne der Abgabenordnung. [6] Das Finanzamt veranlaßt die Auszahlung an die Bausparkasse zugunsten der Prämienberechtigten durch die zuständige Bundeskasse. [7] Die Bausparkasse hat die erhaltenen Prämien unverzüglich dem Prämienberechtigten gutzuschreiben oder auszuzahlen.

(3) [1] Die Bausparkasse hat die für die Überprüfung des Prämienanspruchs erforderlichen Daten innerhalb von vier Monaten nach Ablauf der Antragsfrist für das Sparjahr (§ 4 Abs. 2 Satz 1) nach amtlich vorgeschriebenem Datensatz durch Datenfernübertragung an die Zentralstelle der Länder zu übermitteln. [2] Besteht der Prämienanspruch nicht oder in anderer Höhe, so teilt die Zentralstelle dies der Bausparkasse durch einen Datensatz mit.

(4) [1] Erkennt die Bausparkasse oder wird ihr mitgeteilt, daß der Prämienanspruch ganz oder teilweise nicht besteht oder weggefallen ist, so hat sie das bisherige Ermittlungsergebnis aufzuheben oder zu ändern; zu Unrecht gutgeschriebene oder ausgezahlte Prämien hat sie zurückzufordern. [2] Absatz 1 Satz 3 gilt entsprechend. [3] Bei fortbestehendem Vertragsverhältnis kann sie das Konto belasten. [4] Die Bausparkasse hat geleistete Rückforderungsbeträge in der Wohnungsbauprämien-Anmeldung des nachfolgenden Monats abzusetzen. [5] Kann die Bausparkasse zu Unrecht gutgeschriebene oder ausgezahlte Prämien nicht belasten oder kommt der Prämienempfänger ihrer Zahlungsaufforderung nicht nach, so hat sie hierüber unverzüglich das für die Besteuerung nach dem Einkommen des Prämienberechtigten zuständige Finanzamt (Wohnsitzfinanzamt nach § 19 der Abgabenordnung) zu unterrichten. [6] In diesen Fällen erläßt das Wohnsitzfinanzamt einen Rückforderungsbescheid.

---

[1] § 4a Abs. 2 Satz 1 2. HS angef., Satz 2 neu gef. mWv Sparjahr 2009 durch G v. 29.7.2008 (BGBl. I S. 1509); Abs. 3 Satz 1 geänd. mWv 1.1.2009 durch G v. 20.12.2008 (BGBl. I S. 2850).

(5) [1] Eine Festsetzung der Prämie erfolgt nur auf besonderen Antrag des Prämienberechtigten. [2] Der Antrag ist schriftlich innerhalb eines Jahres nach Bekanntwerden des Ermittlungsergebnisses der Bausparkasse vom Antragsteller unter Angabe seines Wohnsitzfinanzamts an die Bausparkasse zu richten. [3] Die Bausparkasse leitet den Antrag diesem Finanzamt zur Entscheidung zu. [4] Dem Antrag hat sie eine Stellungnahme und die zur Entscheidung erforderlichen Unterlagen beizufügen. [5] Das Finanzamt teilt seine Entscheidung auch der Bausparkasse mit.

(6) [1] Die Bausparkasse haftet als Gesamtschuldner neben dem Prämienempfänger für die Prämie, die wegen ihrer Pflichtverletzung zu Unrecht gezahlt, nicht einbehalten oder nicht zurückgefordert wird. [2] Die Bausparkasse haftet nicht, wenn sie ohne Verschulden darüber irrte, daß die Prämie zu zahlen war. [3] Für die Inanspruchnahme der Bausparkasse ist das in Absatz 2 Satz 3 bestimmte Finanzamt zuständig. [4] Für die Inanspruchnahme des Prämienempfängers ist das Wohnsitzfinanzamt zuständig.

(7) Das nach Absatz 2 Satz 3 zuständige Finanzamt hat auf Anfrage der Bausparkasse Auskunft über die Anwendung dieses Gesetzes zu geben.

(8) [1] Das nach Absatz 2 Satz 3 zuständige Finanzamt kann bei der Bausparkasse ermitteln, ob sie Ihre Pflichten nach diesem Gesetz oder nach einer auf Grund dieses Gesetzes erlassenen Rechtsverordnung erfüllt hat. [2] Die §§ 193 bis 203 der Abgabenordnung gelten sinngemäß. [3] Die Unterlagen über das Prämienverfahren sind im Geltungsbereich dieses Gesetzes zu führen und aufzubewahren.

(9) Die Bausparkasse erhält vom Bund oder den Ländern keinen Ersatz für die ihr aus dem Prämienverfahren entstehenden Kosten.

§ 4b Prämienverfahren in den Fällen des § 2 Abs. 1 Nr. 2 bis 4.

(1) Bei Aufwendungen im Sinne des § 2 Abs. 1 Nr. 2 bis 4 hat das Unternehmen den Antrag an das Wohnsitzfinanzamt des Prämienberechtigten weiterzuleiten.

(2) [1] Wird dem Antrag entsprochen, veranlaßt das Finanzamt die Auszahlung der Prämie an das Unternehmen zugunsten des Prämienberechtigten durch die zuständige Bundeskasse. [2] Einen Bescheid über die Festsetzung der Prämie erteilt das Finanzamt nur auf besonderen Antrag des Prämienberechtigten. [3] Wird nachträglich festgestellt, daß die Voraussetzungen für die Prämie nicht vorliegen oder die Prämie aus anderen Gründen ganz oder teilweise zu Unrecht gezahlt worden ist, so hat das Finanzamt die Prämienfestsetzung aufzuheben oder zu ändern und die Prämie, soweit sie zu Unrecht gezahlt worden ist, zurückzufordern. [4] Sind zu diesem Zeitpunkt die prämienbegünstigten Aufwendungen durch das Unternehmen noch nicht ausgezahlt, so darf die Auszahlung nicht vorgenommen werden, bevor die Prämien an das Finanzamt zurückgezahlt sind.

§ 5[1)] Verwendung der Prämie. (1) (weggefallen)

(2) [1] Die Prämien für die in § 2 Abs. 1 Nr. 1, 3 und 4 bezeichneten Aufwendungen sind vorbehaltlich des § 2 Abs. 2 Satz 2 bis 6 sowie Abs. 3 Satz 2 zusammen mit den prämienbegünstigten Aufwendungen zu dem vertragsmäßi-

---

1) § 5 Abs. 2 Satz 1 geänd. mWv Sparjahr 2009 durch G v. 29.7.2008 (BGBl. I S. 1509).

gen Zweck zu verwenden. [2] Geschieht das nicht, so hat das Unternehmen in den Fällen des § 4b dem Finanzamt unverzüglich Mitteilung zu machen.

(3) Über Prämien, die für Aufwendungen nach § 2 Abs. 1 Nr. 2 ausgezahlt werden, kann der Prämienberechtigte verfügen, wenn das Geschäftsguthaben beim Ausscheiden des Prämienberechtigten aus der Genossenschaft ausgezahlt wird.

§ 6 Steuerliche Behandlung der Prämie. Die Prämien gehören nicht zu den Einkünften im Sinne des Einkommensteuergesetzes.

§ 7 Aufbringung der Mittel. Der Bund stellt die Beträge für die Prämien den Ländern in voller Höhe gesondert zur Verfügung.

§ 8 Anwendung der Abgabenordnung und der Finanzgerichtsordnung. (1) [1] Auf die Wohnungsbauprämie sind die für Steuervergütungen geltenden Vorschriften der Abgabenordnung entsprechend anzuwenden. [2] Dies gilt nicht für § 108 Abs. 3 der Abgabenordnung hinsichtlich der in § 2 genannten Fristen sowie für die §§ 109 und 163 der Abgabenordnung.

(2) [1] Für die Wohnungsbauprämie gelten die Strafvorschriften des § 370 Abs. 1 bis 4, der §§ 371, 375 Abs. 1 und des § 376 sowie die Bußgeldvorschriften der §§ 378, 379 Abs. 1, 4 und der §§ 383 und 384 der Abgabenordnung entsprechend. [2] Für das Strafverfahren wegen einer Straftat nach Satz 1 sowie der Begünstigung einer Person, die eine solche Tat begangen hat, gelten die §§ 385 bis 408, für das Bußgeldverfahren wegen einer Ordnungswidrigkeit nach Satz 1 die §§ 409 bis 412 der Abgabenordnung entsprechend.

(3) In öffentlich-rechtlichen Streitigkeiten über die auf Grund dieses Gesetzes ergehenden Verwaltungsakte der Finanzbehörden ist der Finanzrechtsweg gegeben.

(4) Besteuerungsgrundlagen für die Berechnung des nach § 2a maßgebenden Einkommens, die der Veranlagung zur Einkommensteuer zugrunde gelegen haben, können der Höhe nach nicht durch einen Rechtsbehelf gegen die Prämie angegriffen werden.

§ 9[1] Ermächtigungen. (1) Die Bundesregierung wird ermächtigt, durch Rechtsverordnung mit Zustimmung des Bundesrates Vorschriften zur Durchführung dieses Gesetzes zu erlassen über

1. (weggefallen)
2. die Bestimmung der Genossenschaften, die zu den Bau- und Wohnungsgenossenschaften gehören (§ 2 Abs. 1 Nr. 2);
3. den Inhalt der in § 2 Abs. 1 Nr. 3 bezeichneten Sparverträge, die Berechnung der Rückzahlungsfristen, die Folgen vorzeitiger Rückzahlung von Sparbeträgen und die Verpflichtungen der Kreditinstitute; die Vorschriften sind den in den §§ 18 bis 29 der Einkommensteuer-Durchführungsverordnung 1953 enthaltenen Vorschriften mit der Maßgabe anzupassen, daß eine Frist bestimmt werden kann, innerhalb der die Prämien zusammen mit den prämienbegünstigten Aufwendungen zu dem vertragsmäßigen Zweck zu verwenden sind;

---

[1] § 9 Abs. 3 Buchst. b geänd. mWv 1.1.2009 durch G v. 20.12.2008 (BGBl. I S. 2850).

4. den Inhalt der in § 2 Abs. 1 Nr. 4 bezeichneten Verträge und die Verwendung der auf Grund solcher Verträge angesammelten Beträge; dabei kann der vertragsmäßige Zweck auf den Bau durch das Unternehmen oder auf den Erwerb von dem Unternehmen, mit dem der Vertrag abgeschlossen worden ist, beschränkt und eine Frist von mindestens drei Jahren bestimmt werden, innerhalb der die Prämien zusammen mit den prämienbegünstigten Aufwendungen zu dem vertragsmäßigen Zweck zu verwenden sind. [2]Die Prämienbegünstigung kann auf Verträge über Gebäude beschränkt werden, die nach dem 31. Dezember 1949 fertiggestellt worden sind. [3]Für die Fälle des Erwerbs kann bestimmt werden, daß der angesammelte Betrag und die Prämien nur zur Leistung des in bar zu zahlenden Kaufpreises verwendet werden dürfen;
5. die Ermittlung, Festsetzung, Auszahlung oder Rückzahlung der Prämie, wenn Besteuerungsgrundlagen für die Berechnung des nach § 2a maßgebenden Einkommens, die der Veranlagung zur Einkommensteuer zugrunde gelegen haben, geändert werden oder wenn für Aufwendungen, die vermögenswirksame Leistungen darstellen, Arbeitnehmer-Sparzulagen zurückgezahlt oder nachträglich festgesetzt oder ausgezahlt werden;
6. das Verfahren für die Ermittlung, Festsetzung, Auszahlung und Rückforderung der Prämie. [2]Hierzu gehören insbesondere Vorschriften über Aufzeichnungs-, Aufbewahrungs-, Bescheinigungs- und Anzeigepflichten des Unternehmens, bei dem die prämienbegünstigten Aufwendungen angelegt worden sind.

(2) Das Bundesministerium der Finanzen wird ermächtigt, den Wortlaut des Wohnungsbau-Prämiengesetzes und der hierzu erlassenen Durchführungsverordnung in der jeweils geltenden Fassung mit neuem Datum, unter neuer Überschrift und in neuer Paragraphenfolge bekanntzumachen und dabei Unstimmigkeiten des Wortlauts zu beseitigen.

(3) Das Bundesministerium der Finanzen wird ermächtigt, im Einvernehmen mit den obersten Finanzbehörden der Länder

a) den in § 4 Abs. 2 Satz 1 und den in § 4a Abs. 2 Satz 3 vorgeschriebenen Vordruck und

b) die in § 4a Abs. 3 vorgeschriebenen Datensätze

zu bestimmen.

§ 10[1)] Schlußvorschriften. (1) [1]Dieses Gesetz in der Fassung des Artikels 11 des Gesetzes vom 8. Dezember 2010 (BGBl. I S. 1768) ist vorbehaltlich Satz 2 erstmals für das Sparjahr 2009 anzuwenden. [2]§ 1 Satz 1 und § 2 Absatz 2 Satz 10 in der Fassung des Artikels 26 des Gesetzes vom 12. Dezember 2019 (BGBl. I S. 2451) sind in allen offenen Fällen anzuwenden. [3]§ 2 Abs. 1 Nr. 1 Satz 4 in der Fassung des Artikels 5 des Gesetzes vom 29. Juli 2008 (BGBl. I S. 1509) ist erstmals für das Sparjahr 2008 anzuwenden. [4]Bei Aufwendungen im Sinne des § 2 Abs. 1 Nr. 1 ist die Prämie für Sparjahre vor 1996 nach § 4 in der Fassung

---

[1)] § 10 Abs. 1 Satz 1 neu gef. durch G v. 19.12.2000 (BGBl. I S. 1790); Abs. 1 Satz 1 neu gef., Satz 3 angef. durch G v. 20.12.2001 (BGBl. I S. 3794); Abs. 1 Satz 1 neu gef. durch G v. 29.12.2003 (BGBl. I S. 3076); Abs. 1 Satz 1 neu gef., Satz 2 eingef., bish. Sätze 2 und 3 werden Sätze 3 und 4, Abs. 2 Satz 2 geänd. durch G v. 29.7.2008 (BGBl. I S. 1509); Abs. 1 Satz 5 angef. durch G v. 20.12.2008 (BGBl. I S. 2850); Abs. 1 Satz 1 geänd. durch G v. 8.12.2010 (BGBl. I S. 1768); Abs. 1 Satz 2 eingef., bish. Sätze 2–5 werden Sätze 3–6, Abs. 3 angef. durch G v. 12.12.2019 (BGBl. I S. 2451).

des Artikels 7 des Gesetzes vom 15. Dezember 1995 (BGBl. I S. 1783) festzusetzen. [5] § 4 Abs. 4 in der Fassung des Artikels 29 des Gesetzes vom 20. Dezember 2001 (BGBl. I S. 3794) ist erstmals bei nicht vertragsgemäßer Verwendung nach dem 31. Dezember 1998 anzuwenden. [6] § 4a Abs. 3 Satz 1 und § 9 Abs. 3 Buchstabe b in der Fassung des Artikels 13 des Gesetzes vom 20. Dezember 2008 (BGBl. I S. 2850) sind erstmals für Datenlieferungen nach dem 31. Dezember 2008 anzuwenden.

(2) [1] Beiträge an Bausparkassen (§ 2 Abs. 1 Nr. 1), für die in den Kalenderjahren 1991 bis 1993 die Zusatzförderung nach § 10 Abs. 6 dieses Gesetzes in der Fassung der Bekanntmachung vom 30. Juli 1992 (BGBl. I S. 1405)[1)] in Anspruch genommen worden ist, müssen ausdrücklich zur Verwendung für den Wohnungsbau in dem in Artikel 3 des Einigungsvertrages genannten Gebiet bestimmt sein. [2] Eine Verfügung, die § 2 Abs. 3 entspricht, nicht aber dem besonderen vertraglichen Zweck, ist hinsichtlich der Zusatzprämie und des zusätzlichen Höchstbetrages schädlich. [3] Schädlich ist auch die Verwendung für Ferien- und Wochenendwohnungen, die in einem entsprechend ausgewiesenen Sondergebiet liegen oder die sich auf Grund ihrer Bauweise nicht zum dauernden Bewohnen eignen.

(3) § 2a Satz 1, § 3 Absatz 1 Satz 2 und § 3 Absatz 2 Satz 1 in der Fassung des Gesetzes vom 12. Dezember 2019 (BGBl. I S. 2451) sind erstmals für das Sparjahr 2021 anzuwenden.

[1)] § 10 Abs. 6 idF der Bek. v. 30.7.1992 hat folgenden Wortlaut:

„(6) In den Kalenderjahren 1991 bis 1993 gilt für Beiträge an Bausparkassen zur Erlangung von Baudarlehen, die zur Förderung des Wohnungsbaus in dem in Artikel 3 des Einigungsvertrages genannten Gebiet bestimmt sind, zusätzlich:

1. Der Vertrag muß ausdrücklich zur Verwendung zum Wohnungsbau in dem in Artikel 3 des Einigungsvertrages genannten Gebiet bestimmt sein. Ein Vertrag, der diese Bestimmung nicht enthält, kann entsprechend ergänzt werden.
2. Für Beiträge auf Grund eines Vertrags nach Nummer 1 gilt § 3 Abs. 1 und Abs. 2 mit der Maßgabe, daß sich der Prämiensatz um 5 vom Hundert der Aufwendungen (Zusatzprämie) und die prämienbegünstigten Aufwendungen um 1 200 Deutsche Mark, bei Ehegatten um 2 400 Deutsche Mark, erhöhen (zusätzlicher Höchstbetrag).
3. Eine Verfügung, die § 2 Abs. 2, nicht aber dem besonderen vertraglichen Zweck entspricht, ist hinsichtlich der Zusatzprämie und des zusätzlichen Höchstbetrages schädlich. Schädlich ist auch die Verwendung für Ferien- und Wochenendwohnungen, die in einem entsprechend ausgewiesenen Sondergebiet liegen oder die sich auf Grund ihrer Bauweise nicht zum dauernden Bewohnen eignen.“

160. Grunderwerbsteuergesetz (GrEStG)

In der Fassung der Bekanntmachung vom 26. Februar 1997[1)]

(BGBl. I S. 418, ber. S. 1804)

FNA 610-6-10

geänd. durch Art. 15 Steuerentlastungsgesetz 1999/2000/2002 v. 24.03.1999 (BGBl. I S. 402), Art. 13 Steuer-Euroglättungsgesetz (StEuglG) v. 19.12.2000 (BGBl. I S. 1790), Art. 13 Steueränderungsgesetz 2001 (StÄndG 2001) v. 20.12.2001 (BGBl. I S. 3794), Art. 9 Fünftes Gesetz zur Änderung des Steuerbeamten-Ausbildungsgesetzes und zur Änderung von Steuergesetzen v. 23.7.2002 (BGBl. I S. 2715), Art. 26 Drittes Gesetz zur Änderung verwaltungsverfahrensrechtlicher Vorschriften v. 21.8. 2002 (BGBl. I S. 3322), Art. 18 Richtlinien-Umsetzungsgesetz (EURLUmsG) v. 9.12.2004 (BGBl. I S. 3310, 3548, 3843), Art. 5 Gesetz zur Beschleunigung der Umsetzung von Öffentlich Privaten Partnerschaften und zur Verbesserung gesetzlicher Rahmenbedingungen für Öffentliche Private Partnerschaften v. 1.9.2005 (BGBl. I S. 2676), Art. 10 Jahressteuergesetz 2008 (JStG 2008) v. 20.12.2007 (BGBl. I S. 3150), Art. 13 Jahressteuergesetz 2009 (JStG 2009) v. 19.12.2008 (BGBl. I S. 2794), Art. 7 Gesetz zur Beschleunigung des Wirtschaftswachstums (Wachstumsbeschleunigungsgesetz) v. 22.12. 2009 (BGBl. I S. 3950), Art. 29 Jahressteuergesetz 2010 (JStG 2010) v. 8.12.2010 (BGBl. I S. 1768), Art. 12 Gesetz zur Umsetzung der Richtlinie 2009/65/EG zur Koordinierung der Rechts- und Verwaltungsvorschriften betreffend bestimmte Organismen für gemeinsame Anlagen in Wertpapieren (OGAW-IV-Umsetzungsgesetz – OGAW-IV-UmsG) v. 22.6.2011 (BGBl. I S. 1126), Art. 9 Steuervereinfachungsgesetz 2011 v. 1.11.2011 (BGBl. I S. 2131), Art. 26 Gesetz zur Umsetzung der Amtshilferichtlinie sowie zur Änderung steuerlicher Vorschriften (Amtshilferichtlinie-Umsetzungsgesetz – AmtshilfeRLUmsG) v. 26.6.2013 (BGBl. I S. 1809), Art. 14 Gesetz zur Anpassung des nationalen Steuerrechts an den Beitritt Kroatiens zur EU und zur Änderung weiterer steuerlicher Vorschriften v. 25.7.2014 (BGBl. I S. 1266), BVerfG, Beschl. – 1 BvL 13/11, 1 BvL 14/11 – v. 23.6.2015 (BGBl. I S. 1423), Art. 8 Steueränderungsgesetz 2015 v. 2.11.2015 (BGBl. I S. 1834), Art. 18 Gesetz zur Modernisierung des Besteuerungsverfahrens v. 18.7.2016 (BGBl. I S. 1679), Art. 14 Gesetz zur Vermeidung von Umsatzsteuerausfällen beim Handel mit Waren im Internet und zur Änderung weiterer steuerlicher Vorschriften v. 11.12.2018 (BGBl. I S. 2338), Art. 6 Gesetz über steuerliche und weitere Begleitregelungen zum Austritt des Vereinigten Königreichs Großbritannien und Nordirland aus der Europäischen Union (Brexit-Steuerbegleitgesetz – Brexit-StBG) v. 25.3.2019 (BGBl. I S. 357), Art. 196 Elfte Zuständigkeitsanpassungsverordnung v. 19.6.2020 (BGBl. I S. 1328), Art. 13 Gesetz zur Förderung der Elektromobilität und zur Modernisierung des Wohnungseigentumsgesetzes und zur Änderung von kosten- und grundbuchrechtlichen Vorschriften (Wohnungseigentumsmodernisierungsgesetz – WEMoG) v. 16.10.2020 (BGBl. I S. 2187) und Art. 32 und 33 Jahressteuergesetz 2020 (JStG 2020) v. 21.12.2020 (BGBl. I S. 3096)

Erster Abschnitt. Gegenstand der Steuer

§ 1[2)] Erwerbsvorgänge. (1) Der Grunderwerbsteuer unterliegen die folgenden Rechtsvorgänge, soweit sie sich auf inländische Grundstücke beziehen:

[1)] Neubekanntmachung des GrEStG v. 17.12.1982 (BGBl. I S. 1777) in der ab 1.1.1997 geltenden Fassung.

[2)] § 1 Abs. 6 geänd. mWv 1.4.1999 (§ 23 Abs. 6 Satz 1) durch G v. 24.3.1999 (BGBl. I S. 402); Satz 1 geänd. durch G v. 26.6.2013 (BGBl. I S. 1809); zur Anwendung siehe § 23 Abs. 11; Abs. 2a neu gef., Abs. 3 Nr. 1–4 geänd. mWv 1.1.2000 (§ 23 Abs. 6 Satz 2) durch G v. 24.3.1999 (BGBl. I S. 402); Abs. 7 aufgeh. durch G v. 20.12.2001 (BGBl. I S. 3794); zur letztmaligen Anwendung siehe § 23 Abs. 7 Satz 2; Satz 1 geänd., Satz 3 neu gef. mWv 1.1.2002 (§ 23 Abs. 7 Satz 1) durch G v. 20.12.2001 (BGBl. I S. 3794); Abs. 3a eingef., Abs. 6 Satz 1 geänd. durch G v. 26.6.2013 (BGBl. I S. 1809); zur Anwendung siehe § 23 Abs. 11; Sätze 2–5 eingef., bish. Sätze 2 und 3 werden Sätze 6 und 7 durch G v. 2.11.2015 (BGBl. I S. 1834); zur Anwendung siehe § 23 Abs. 13; Abs. 4 neu gef. mWv 15.12.2018 durch G v. 11.12.2018 (BGBl. I S. 2338); zur Anwendung siehe § 23 Abs. 16 Satz 1; Abs. 1 Nr. 3 Satz 2 Buchst. a und b geänd. mWv 29.12.2020 durch G v. 21.12.2020 (BGBl. I S. 3096); zur Anwendung siehe § 23 Abs. 17.

1. ein Kaufvertrag oder ein anderes Rechtsgeschäft, das den Anspruch auf Übereignung begründet;
2. die Auflassung, wenn kein Rechtsgeschäft vorausgegangen ist, das den Anspruch auf Übereignung begründet;
3. der Übergang des Eigentums, wenn kein den Anspruch auf Übereignung begründendes Rechtsgeschäft vorausgegangen ist und es auch keiner Auflassung bedarf. [2] Ausgenommen sind
   a) der Übergang des Eigentums durch die Abfindung in Land und die unentgeltliche Zuteilung von Land für gemeinschaftliche Anlagen im Flurbereinigungsverfahren sowie durch die entsprechenden Rechtsvorgänge im beschleunigten Zusammenlegungsverfahren und im Landtauschverfahren nach dem Flurbereinigungsgesetz in seiner jeweils geltenden Fassung, wenn der neue Eigentümer in diesem Verfahren als Eigentümer eines im Flurbereinigungsgebiet gelegenen Grundstücks Beteiligter ist und soweit der Wert des dem neuen Eigentümer zugeteilten Grundstücks seinen sich aus dem Wert des eingebrachten Grundstücks ergebenden Sollanspruch auf Zuteilung nicht um mehr als 20 vom Hundert übersteigt,
   b) der Übergang des Eigentums im Umlegungsverfahren nach dem Baugesetzbuch[1)] in seiner jeweils geltenden Fassung, wenn der neue Eigentümer in diesem Verfahren als Eigentümer eines im Umlegungsgebiet gelegenen Grundstücks Beteiligter ist und soweit der Wert des dem neuen Eigentümer zugeteilten Grundstücks seinen sich aus dem Wert des eingebrachten Grundstücks ergebenden Sollanspruch auf Zuteilung nicht um mehr als 20 vom Hundert übersteigt,
   c) der Übergang des Eigentums im Zwangsversteigerungsverfahren;
4. das Meistgebot im Zwangsversteigerungsverfahren;
5. ein Rechtsgeschäft, das den Anspruch auf Abtretung eines Übereignungsanspruchs oder der Rechte aus einem Meistgebot begründet;
6. ein Rechtsgeschäft, das den Anspruch auf Abtretung der Rechte aus einem Kaufangebot begründet. [2] Dem Kaufangebot steht ein Angebot zum Abschluß eines anderen Vertrags gleich, kraft dessen die Übereignung verlangt werden kann;
7. die Abtretung eines der in den Nummern 5 und 6 bezeichneten Rechte, wenn kein Rechtsgeschäft vorausgegangen ist, das den Anspruch auf Abtretung der Rechte begründet.

(2) Der Grunderwerbsteuer unterliegen auch Rechtsvorgänge, die es ohne Begründung eines Anspruchs auf Übereignung einem anderen rechtlich oder wirtschaftlich ermöglichen, ein inländisches Grundstück auf eigene Rechnung zu verwerten.

(2a) [1] Gehört zum Vermögen einer Personengesellschaft ein inländisches Grundstück und ändert sich innerhalb von fünf Jahren der Gesellschafterbestand unmittelbar oder mittelbar dergestalt, daß mindestens 95 vom Hundert der Anteile am Gesellschaftsvermögen auf neue Gesellschafter übergehen, gilt dies als ein auf die Übereignung eines Grundstücks auf eine neue Personengesellschaft gerichtetes Rechtsgeschäft. [2] Mittelbare Änderungen im Gesellschafterbestand von den an einer Personengesellschaft beteiligten Personengesellschaf-

1) Nr. **200**.

ten werden durch Multiplikation der Vomhundertsätze der Anteile am Gesellschaftsvermögen anteilig berücksichtigt. [3] Ist eine Kapitalgesellschaft an einer Personengesellschaft unmittelbar oder mittelbar beteiligt, gelten die Sätze 4 und 5. [4] Eine unmittelbar beteiligte Kapitalgesellschaft gilt in vollem Umfang als neue Gesellschafterin, wenn an ihr mindestens 95 vom Hundert der Anteile auf neue Gesellschafter übergehen. [5] Bei mehrstufigen Beteiligungen gilt Satz 4 auf der Ebene jeder mittelbar beteiligten Kapitalgesellschaft entsprechend. [6] Bei der Ermittlung des Vomhundertsatzes bleibt der Erwerb von Anteilen von Todes wegen außer Betracht. [7] Hat die Personengesellschaft vor dem Wechsel des Gesellschafterbestandes ein Grundstück von einem Gesellschafter oder einer anderen Gesamthand erworben, ist auf die nach § 8 Abs. 2 Satz 1 Nr. 3 ermittelte Bemessungsgrundlage die Bemessungsgrundlage für den Erwerbsvorgang, für den auf Grund des § 5 Abs. 3 oder des § 6 Abs. 3 Satz 2 die Steuervergünstigung zu versagen ist, mit dem entsprechenden Betrag anzurechnen.

(3) Gehört zum Vermögen einer Gesellschaft ein inländisches Grundstück, so unterliegen der Steuer, soweit eine Besteuerung nach Absatz 2a nicht in Betracht kommt, außerdem:

1. ein Rechtsgeschäft, das den Anspruch auf Übertragung eines oder mehrerer Anteile der Gesellschaft begründet, wenn durch die Übertragung unmittelbar oder mittelbar mindestens 95 vom Hundert der Anteile der Gesellschaft in der Hand des Erwerbers oder in der Hand von herrschenden und abhängigen Unternehmen oder abhängigen Personen oder in der Hand von abhängigen Unternehmen oder abhängigen Personen allein vereinigt werden würden;
2. die Vereinigung unmittelbar oder mittelbar von mindestens 95 vom Hundert der Anteile der Gesellschaft, wenn kein schuldrechtliches Geschäft im Sinne der Nummer 1 vorausgegangen ist;
3. ein Rechtsgeschäft, das den Anspruch auf Übertragung unmittelbar oder mittelbar von mindestens 95 vom Hundert der Anteile der Gesellschaft begründet;
4. der Übergang unmittelbar oder mittelbar von mindestens 95 vom Hundert der Anteile der Gesellschaft auf einen anderen, wenn kein schuldrechtliches Geschäft im Sinne der Nummer 3 vorausgegangen ist.

(3a) [1] Soweit eine Besteuerung nach Absatz 2a und Absatz 3 nicht in Betracht kommt, gilt als Rechtsvorgang im Sinne des Absatzes 3 auch ein solcher, aufgrund dessen ein Rechtsträger unmittelbar oder mittelbar oder teils unmittelbar, teils mittelbar eine wirtschaftliche Beteiligung in Höhe von mindestens 95 vom Hundert an einer Gesellschaft, zu deren Vermögen ein inländisches Grundstück gehört, innehat. [2] Die wirtschaftliche Beteiligung ergibt sich aus der Summe der unmittelbaren und mittelbaren Beteiligungen am Kapital oder am Vermögen der Gesellschaft. [3] Für die Ermittlung der mittelbaren Beteiligungen sind die Vomhundertsätze am Kapital oder am Vermögen der Gesellschaften zu multiplizieren.

(4) Im Sinne des Absatzes 3 gelten als abhängig

1. natürliche Personen, soweit sie einzeln oder zusammengeschlossen einem Unternehmen so eingegliedert sind, dass sie den Weisungen des Unternehmers in Bezug auf die Anteile zu folgen verpflichtet sind;

2. juristische Personen, die nach dem Gesamtbild der tatsächlichen Verhältnisse finanziell, wirtschaftlich und organisatorisch in ein Unternehmen eingegliedert sind.

(5) Bei einem Tauschvertrag, der für beide Vertragsteile den Anspruch auf Übereignung eines Grundstücks begründet, unterliegt der Steuer sowohl die Vereinbarung über die Leistung des einen als auch die Vereinbarung über die Leistung des anderen Vertragsteils.

(6) [1] Ein in Absatz 1, 2, 3 oder Absatz 3a bezeichneter Rechtsvorgang unterliegt der Steuer auch dann, wenn ihm ein in einem anderen dieser Absätze bezeichneter Rechtsvorgang vorausgegangen ist. [2] Die Steuer wird jedoch nur insoweit erhoben, als die Bemessungsgrundlage für den späteren Rechtsvorgang den Betrag übersteigt, von dem beim vorausgegangenen Rechtsvorgang die Steuer berechnet worden ist.

(7) *(aufgehoben)*

§ 2[1)] Grundstücke. (1) [1] Unter Grundstücken im Sinne dieses Gesetzes sind Grundstücke im Sinne des bürgerlichen Rechts zu verstehen. [2] Jedoch werden nicht zu den Grundstücken gerechnet:

1. Maschinen und sonstige Vorrichtungen aller Art, die zu einer Betriebsanlage gehören,
2. Mineralgewinnungsrechte und sonstige Gewerbeberechtigungen,
3. das Recht des Grundstückseigentümers auf den Erbbauzins.

(2) Den Grundstücken stehen gleich

1. Erbbaurechte,
2. Gebäude auf fremdem Boden,
3. dinglich gesicherte Sondernutzungsrechte nach den Vorschriften des Wohnungseigentumsgesetzes[2)] und des § 1010 des Bürgerlichen Gesetzbuchs[3)].

(3) [1] Bezieht sich ein Rechtsvorgang auf mehrere Grundstücke, die zu einer wirtschaftlichen Einheit gehören, so werden diese Grundstücke als ein Grundstück behandelt. [2] Bezieht sich ein Rechtsvorgang auf einen oder mehrere Teile eines Grundstücks, so werden diese Teile als ein Grundstück behandelt.

Zweiter Abschnitt. Steuervergünstigungen

§ 3[4)] Allgemeine Ausnahmen von der Besteuerung. Von der Besteuerung sind ausgenommen:

1. der Erwerb eines Grundstücks, wenn der für die Berechnung der Steuer maßgebende Wert (§ 8) 2 500 Euro nicht übersteigt;
2. der Grundstückserwerb von Todes wegen und Grundstücksschenkungen unter Lebenden im Sinne des Erbschaftsteuer- und Schenkungsteuergesetzes. [2] Schenkungen unter einer Auflage unterliegen der Besteuerung jedoch

---

[1)] § 2 Abs. 1 Satz 2 Nr. 3 angef. mWv 1.1.2002 (§ 23 Abs. 7 Satz 1) durch G v. 20.12.2001 (BGBl. I S. 3794); Abs. 2 Nr. 3 geänd. mWv 1.12.2020 durch G v. 16.10.2020 (BGBl. I S. 2187).

[2)] Nr. **80**.

[3)] Nr. **1**.

[4)] § 3 Nr. 1 geänd. mWv 1.1.2002 durch G v. 19.12.2000 (BGBl. I S. 1790); Nr. 3 Sätze 2 und 3 und Nr. 4 neu gef., Nr. 5a eingef., Nr. 6 und Nr. 7 Satz 2 neu gef. mWv 14.12.2010 durch G v. 8.12.2010 (BGBl. I S. 1768); zur Anwendung siehe § 23 Abs. 9.

hinsichtlich des Werts solcher Auflagen, die bei der Schenkungsteuer abziehbar sind;

3. der Erwerb eines zum Nachlaß gehörigen Grundstücks durch Miterben zur Teilung des Nachlasses. [2] Den Miterben steht der überlebende Ehegatte oder Lebenspartner gleich, wenn er mit den Erben des verstorbenen Ehegatten oder Lebenspartners gütergemeinschaftliches Vermögen zu teilen hat oder wenn ihm in Anrechnung auf eine Ausgleichsforderung am Zugewinn des verstorbenen Ehegatten oder Lebenspartners ein zum Nachlass gehöriges Grundstück übertragen wird. [3] Den Miterben stehen außerdem ihre Ehegatten oder ihre Lebenspartner gleich;
4. der Grundstückserwerb durch den Ehegatten oder den Lebenspartner des Veräußerers;
5. der Grundstückserwerb durch den früheren Ehegatten des Veräußerers im Rahmen der Vermögensauseinandersetzung nach der Scheidung;

5a. der Grundstückserwerb durch den früheren Lebenspartner des Veräußerers im Rahmen der Vermögensauseinandersetzung nach der Aufhebung der Lebenspartnerschaft;

6. der Erwerb eines Grundstücks durch Personen, die mit dem Veräußerer in gerader Linie verwandt sind oder deren Verwandtschaft durch die Annahme als Kind bürgerlich-rechtlich erloschen ist. [2] Den Abkömmlingen stehen die Stiefkinder gleich. [3] Den in den Sätzen 1 und 2 genannten Personen stehen deren Ehegatten oder deren Lebenspartner gleich;
7. der Erwerb eines zum Gesamtgut gehörigen Grundstücks durch Teilnehmer an einer fortgesetzten Gütergemeinschaft zur Teilung des Gesamtguts. [2] Den Teilnehmern an der fortgesetzten Gütergemeinschaft stehen ihre Ehegatten oder ihre Lebenspartner gleich;
8. der Rückerwerb eines Grundstücks durch den Treugeber bei Auflösung des Treuhandverhältnisses. [2] Voraussetzung ist, daß für den Rechtsvorgang, durch den der Treuhänder den Anspruch auf Übereignung des Grundstücks oder das Eigentum an dem Grundstück erlangt hatte, die Steuer entrichtet worden ist. [3] Die Anwendung der Vorschrift des § 16 Abs. 2 bleibt unberührt.

§ 4[1)] Besondere Ausnahmen von der Besteuerung. Von der Besteuerung sind ausgenommen:

1. der Erwerb eines Grundstücks durch eine juristische Person des öffentlichen Rechts, wenn das Grundstück aus Anlaß des Übergangs von öffentlich-rechtlichen Aufgaben oder aus Anlaß von Grenzänderungen von der einen auf die andere juristische Person übergeht und nicht überwiegend einem Betrieb gewerblicher Art dient;
2. der Erwerb eines Grundstücks durch einen ausländischen Staat, wenn das Grundstück für die Zwecke von Botschaften, Gesandtschaften oder Konsulaten dieses Staates bestimmt ist und Gegenseitigkeit gewährt wird;

[1)] § 4 Nr. 1 geänd. mWv 1.1.1998 durch G v. 24.3.1999 (BGBl. I S. 402); zur Anwendung siehe § 23 Abs. 5; Nr. 9 angef. mWv 8.9.2005 durch G v. 1.9.2005 (BGBl. I S. 2676); Nr. 4 neu gef., Nr. 5–8 aufgeh., bish. Nr. 9 wird Nr. 5 durch G v. 26.6.2013 (BGBl. I S. 1809); zur Anwendung siehe § 23 Abs. 11; Nr. 6 angef. durch G v. 25.3.2019 (BGBl. I S. 357).

3. der Erwerb eines Grundstücks durch einen ausländischen Staat oder eine ausländische kulturelle Einrichtung, wenn das Grundstück für kulturelle Zwecke bestimmt ist und Gegenseitigkeit gewährt wird;
4. der Übergang von Grundstücken gemäß § 1 Absatz 1 Nummer 3 und von Gesellschaftsanteilen gemäß § 1 Absatz 3 Nummer 2 und 4 als unmittelbare Rechtsfolge eines Zusammenschlusses kommunaler Gebietskörperschaften, der durch Vereinbarung der beteiligten Gebietskörperschaften mit Zustimmung der nach Landesrecht zuständigen Stelle oder durch Gesetz zustande kommt, sowie Rechtsgeschäfte über Grundstücke gemäß § 1 Absatz 1 Nummer 1 und über Gesellschaftsanteile gemäß § 1 Absatz 3 Nummer 1 und 3 aus Anlass der Aufhebung der Kreisfreiheit einer Gemeinde;
5. der Erwerb eines Grundstücks von einer juristischen Person des öffentlichen Rechts sowie der Rückerwerb des Grundstücks durch die juristische Person des öffentlichen Rechts, wenn das Grundstück im Rahmen einer Öffentlich Privaten Partnerschaft für einen öffentlichen Dienst oder Gebrauch im Sinne des § 3 Abs. 2 des Grundsteuergesetzes[1] benutzt wird und zwischen dem Erwerber und der juristischen Person des öffentlichen Rechts die Rückübertragung des Grundstücks am Ende des Vertragszeitraums vereinbart worden ist. [2] Die Ausnahme von der Besteuerung entfällt mit Wirkung für die Vergangenheit, wenn die juristische Person des öffentlichen Rechts auf die Rückübertragung des Grundstücks verzichtet oder das Grundstück nicht mehr für einen öffentlichen Dienst oder Gebrauch genutzt wird;
6. Erwerbe, die allein auf dem Austritt des Vereinigten Königreichs Großbritannien und Nordirland aus der Europäischen Union beruhen.

§ 5[2] Übergang auf eine Gesamthand. (1) Geht ein Grundstück von mehreren Miteigentümern auf eine Gesamthand (Gemeinschaft zur gesamten Hand) über, so wird die Steuer nicht erhoben, soweit der Anteil des einzelnen am Vermögen der Gesamthand Beteiligten seinem Bruchteil am Grundstück entspricht.

(2) Geht ein Grundstück von einem Alleineigentümer auf eine Gesamthand über, so wird die Steuer in Höhe des Anteils nicht erhoben, zu dem der Veräußerer am Vermögen der Gesamthand beteiligt ist.

(3) [1] Die Absätze 1 und 2 sind insoweit nicht anzuwenden, als sich der Anteil des Veräußerers am Vermögen der Gesamthand innerhalb von fünf Jahren nach dem Übergang des Grundstücks auf die Gesamthand vermindert. [2] Satz 1 gilt nicht, soweit allein durch den Austritt des Vereinigten Königreichs Großbritannien und Nordirland aus der Europäischen Union sich der Anteil des Veräußerers am Vermögen der Gesamthand innerhalb von fünf Jahren nach dem Übergang des Grundstücks auf die Gesamthand vermindert.

§ 6[3] Übergang von einer Gesamthand. (1) [1] Geht ein Grundstück von einer Gesamthand in das Miteigentum mehrerer an der Gesamthand beteiligter

---

[1] Nr. **170**.

[2] § 5 Abs. 3 angef. mWv 1.1.2000 (§ 23 Abs. 6 Satz 2) durch G v. 24.3.1999 (BGBl. I S. 402); Abs. 3 Satz 2 angef. mWv 1.2.2020 durch G v. 21.12.2020 (BGBl. I S. 3096); zur Anwendung siehe § 23 Abs. 7 Satz 3.

[3] § 6 Abs. 3 Satz 2 angef. durch G v. 20.12.2001 (BGBl. I S. 3794); zur Anwendung siehe § 23 Abs. 7 Satz 1; Abs. 3 Satz 3 angef. mWv 1.2.2020 durch G v. 21.12.2020 (BGBl. I S. 3096); zur Anwendung siehe § 23 Abs. 7 Satz 3.

Personen über, so wird die Steuer nicht erhoben, soweit der Bruchteil, den der einzelne Erwerber erhält, dem Anteil entspricht, zu dem er am Vermögen der Gesamthand beteiligt ist. 2 Wird ein Grundstück bei der Auflösung der Gesamthand übertragen, so ist die Auseinandersetzungsquote maßgebend, wenn die Beteiligten für den Fall der Auflösung der Gesamthand eine vom Beteiligungsverhältnis abweichende Auseinandersetzungsquote vereinbart haben.

(2) 1 Geht ein Grundstück von einer Gesamthand in das Alleineigentum einer an der Gesamthand beteiligten Person über, so wird die Steuer in Höhe des Anteils nicht erhoben, zu dem der Erwerber am Vermögen der Gesamthand beteiligt ist. 2 Geht ein Grundstück bei der Auflösung der Gesamthand in das Alleineigentum eines Gesamthänders über, so gilt Absatz 1 Satz 2 entsprechend.

(3) 1 Die Vorschriften des Absatzes 1 gelten entsprechend beim Übergang eines Grundstücks von einer Gesamthand auf eine andere Gesamthand. 2 Absatz 1 ist insoweit nicht entsprechend anzuwenden, als sich der Anteil des Gesamthänders am Vermögen der erwerbenden Gesamthand innerhalb von fünf Jahren nach dem Übergang des Grundstücks von der einen auf die andere Gesamthand vermindert. 3 Satz 2 gilt nicht, soweit allein durch den Austritt des Vereinigten Königreichs Großbritannien und Nordirland aus der Europäischen Union sich der Anteil des Gesamthänders am Vermögen der erwerbenden Gesamthand innerhalb von fünf Jahren nach dem Übergang des Grundstücks auf die Gesamthand vermindert.

(4) 1 Die Vorschriften der Absätze 1 bis 3 gelten insoweit nicht, als ein Gesamthänder – im Fall der Erbfolge sein Rechtsvorgänger – innerhalb von fünf Jahren vor dem Erwerbsvorgang seinen Anteil an der Gesamthand durch Rechtsgeschäft unter Lebenden erworben hat. 2 Die Vorschriften der Absätze 1 bis 3 gelten außerdem insoweit nicht, als die vom Beteiligungsverhältnis abweichende Auseinandersetzungsquote innerhalb der letzten fünf Jahre vor der Auflösung der Gesamthand vereinbart worden ist.

§ 6a[1)] Steuervergünstigung bei Umstrukturierungen im Konzern.

1 Für einen nach § 1 Absatz 1 Nummer 3 Satz 1, Absatz 2, 2a, 3 oder Absatz 3a steuerbaren Rechtsvorgang auf Grund einer Umwandlung im Sinne des § 1 Absatz 1 Nummer 1 bis 3 des Umwandlungsgesetzes, einer Einbringung oder eines anderen Erwerbsvorgangs auf gesellschaftsvertraglicher Grundlage wird die Steuer nicht erhoben. 2 Satz 1 gilt auch für entsprechende Umwandlungen, Einbringungen sowie andere Erwerbsvorgänge auf gesellschaftsvertraglicher Grundlage auf Grund des Rechts eines Mitgliedstaates der Europäischen Union oder eines Staats, auf den das Abkommen über den Europäischen Wirtschaftsraum Anwendung findet. 3 Satz 1 gilt nur, wenn an dem dort genannten Rechtsvorgang ausschließlich ein herrschendes Unternehmen und ein oder mehrere von diesem herrschenden Unternehmen abhängige Gesellschaften oder mehrere von einem herrschenden Unternehmen abhängige Gesellschaften beteiligt sind. 4 Im Sinne von Satz 3 abhängig ist eine Gesellschaft, an deren Kapital oder Gesellschaftsvermögen das herrschende Unternehmen innerhalb von fünf Jahren vor dem Rechtsvorgang und fünf Jahren nach dem Rechts-

---

1) § 6a eingef. durch G v. 22.12.2009 (BGBl. I S. 3950); zur Anwendung siehe § 23 Abs. 8; Satz 4 neu gef. mWv 1.1.2010 durch G v. 22.6.2011 (BGBl. I S. 1126); zur Anwendung siehe § 23 Abs. 10; Satz 1 neu gef. durch G v. 26.6.2013 (BGBl. I S. 1809); zur Anwendung siehe § 23 Abs. 11; Sätze 1–3 neu gef. durch G v. 25.7.2014 (BGBl. I S. 1266); zur Anwendung siehe § 23 Abs. 12; Satz 5 angef. durch G v. 25.3.2019 (BGBl. I S. 357).

vorgang unmittelbar oder mittelbar oder teils unmittelbar, teils mittelbar zu mindestens 95 vom Hundert ununterbrochen beteiligt ist. [5] Satz 3 gilt nicht, soweit allein durch den Austritt des Vereinigten Königreichs Großbritannien und Nordirland aus der Europäischen Union das herrschende Unternehmen nicht im Sinne von Satz 4 innerhalb von fünf Jahren nach dem Rechtsvorgang unmittelbar oder mittelbar oder teils unmittelbar, teils mittelbar zu mindestens 95 vom Hundert ununterbrochen beteiligt ist.

§ 7 Umwandlung von gemeinschaftlichem Eigentum in Flächeneigentum. (1) Wird ein Grundstück, das mehreren Miteigentümern gehört, von den Miteigentümern flächenweise geteilt, so wird die Steuer nicht erhoben, soweit der Wert des Teilgrundstücks, das der einzelne Erwerber erhält, dem Bruchteil entspricht, zu dem er am gesamten zu verteilenden Grundstück beteiligt ist.

(2) [1] Wird ein Grundstück, das einer Gesamthand gehört, von den an der Gesamthand beteiligten Personen flächenweise geteilt, so wird die Steuer nicht erhoben, soweit der Wert des Teilgrundstücks, das der einzelne Erwerber erhält, dem Anteil entspricht, zu dem er am Vermögen der Gesamthand beteiligt ist. [2] Wird ein Grundstück bei der Auflösung der Gesamthand flächenweise geteilt, so ist die Auseinandersetzungsquote maßgebend, wenn die Beteiligten für den Fall der Auflösung der Gesamthand eine vom Beteiligungsverhältnis abweichende Auseinandersetzungsquote vereinbart haben.

(3) [1] Die Vorschriften des Absatzes 2 gelten insoweit nicht, als ein Gesamthänder – im Fall der Erbfolge sein Rechtsvorgänger – seinen Anteil an der Gesamthand innerhalb von fünf Jahren vor der Umwandlung durch Rechtsgeschäft unter Lebenden erworben hat. [2] Die Vorschrift des Absatzes 2 Satz 2 gilt außerdem insoweit nicht, als die vom Beteiligungsverhältnis abweichende Auseinandersetzungsquote innerhalb der letzten fünf Jahre vor der Auflösung der Gesamthand vereinbart worden ist.

Dritter Abschnitt. Bemessungsgrundlage

§ 8[1] Grundsatz. (1) Die Steuer bemißt sich nach dem Wert der Gegenleistung.

(2) [1] Die Steuer wird nach den Grundbesitzwerten im Sinne des § 151 Absatz 1 Satz 1 Nummer 1 in Verbindung mit § 157 Absatz 1 bis 3 des Bewertungsgesetzes[2] bemessen:

1. wenn eine Gegenleistung nicht vorhanden oder nicht zu ermitteln ist;
2. bei Umwandlungen auf Grund eines Bundes- oder Landesgesetzes, bei Einbringungen sowie bei anderen Erwerbsvorgängen auf gesellschaftsvertraglicher Grundlage;
3. in den Fällen des § 1 Absatz 2a, 3 und 3a.

[2] Erstreckt sich der Erwerbsvorgang auf ein noch zu errichtendes Gebäude oder beruht die Änderung des Gesellschafterbestandes im Sinne des § 1 Abs. 2a auf

---

[1] § 8 Abs. 2 Satz 1 geänd., Satz 2 angef. mWv 1.4.1999 (§ 23 Abs. 6 Satz 1) durch G v. 24.3.1999 (BGBl. I S. 402); Sätze 1 und 2 geänd. durch G v. 20.12.2007 (BGBl. I S. 3150); Sätze 1 und 2 geänd. durch G v. 2.11.2015 (BGBl. I S. 1834); zur Anwendung siehe § 23 Abs. 14; Abs. 2 Satz 1 Nr. 3 geänd. durch G v. 26.6.2013 (BGBl. I S. 1809); zur Anwendung siehe § 23 Abs. 11.

[2] Nr. **180**.

einem vorgefaßten Plan zur Bebauung eines Grundstücks, ist der Wert des Grundstücks abweichend von § 157 Absatz 1 Satz 1 des Bewertungsgesetzes nach den tatsächlichen Verhältnissen im Zeitpunkt der Fertigstellung des Gebäudes maßgebend.

§ 9[1)] Gegenleistung. (1)[2)] Als Gegenleistung gelten

1. bei einem Kauf:
   der Kaufpreis einschließlich der vom Käufer übernommenen sonstigen Leistungen und der dem Verkäufer vorbehaltenen Nutzungen;
2. bei einem Tausch:
   die Tauschleistung des anderen Vertragsteils einschließlich einer vereinbarten zusätzlichen Leistung;
3. bei einer Leistung an Erfüllungs Statt:
   der Wert, zu dem die Leistung an Erfüllungs Statt angenommen wird;
4. beim Meistgebot im Zwangsversteigerungsverfahren:
   das Meistgebot einschließlich der Rechte, die nach den Versteigerungsbedingungen bestehen bleiben;
5. bei Abtretung der Rechte aus dem Meistgebot:
   die Übernahme der Verpflichtung aus dem Meistgebot. [2] Zusätzliche Leistungen, zu denen sich der Erwerber gegenüber dem Meistbietenden verpflichtet, sind dem Meistgebot hinzuzurechnen. [3] Leistungen, die der Meistbietende dem Erwerber gegenüber übernimmt, sind abzusetzen;

(Fortsetzung nächstes Blatt)

[1)] § 9 Abs. 1 Nr. 8 aufgeh. mWv 1.4.1999 (§ 23 Abs. 6 Satz 1) durch G v. 24.3.1999 (BGBl. I S. 402).

[2)] Zur Anwendung von § 9 Abs. 1 siehe § 23 Abs. 6 Satz 1.

[2]Wird von der gesonderten Feststellung abgesehen, so ist in den Fällen der Nummer 2 die anteilige Besteuerungsgrundlage denen der anderen für die Besteuerung zuständigen Finanzämter nach dem Verhältnis ihrer Anteile hinzuzurechnen.

§ 18[1)] Anzeigepflicht der Gerichte, Behörden und Notare. (1) [1]Gerichte, Behörden und Notare haben dem zuständigen Finanzamt schriftlich Anzeige nach amtlich vorgeschriebenem Vordruck zu erstatten über

1. Rechtsvorgänge, die sie beurkundet oder über die sie eine Urkunde entworfen und darauf eine Unterschrift beglaubigt haben, wenn die Rechtsvorgänge ein Grundstück im Geltungsbereich dieses Gesetzes betreffen;
2. Anträge auf Berichtigung des Grundbuchs, die sie beurkundet oder über die sie eine Urkunde entworfen und darauf eine Unterschrift beglaubigt haben, wenn der Antrag darauf gestützt wird, daß der Grundstückseigentümer gewechselt hat;
3. Zuschlagsbeschlüsse im Zwangsversteigerungsverfahren, Enteignungsbeschlüsse und andere Entscheidungen, durch die ein Wechsel im Grundstückseigentum bewirkt wird. [2]Die Anzeigepflicht der Gerichte besteht auch beim Wechsel im Grundstückseigentum auf Grund einer Eintragung im Handels-, Genossenschafts- oder Vereinsregister;
4. nachträgliche Änderungen oder Berichtigungen eines der unter den Nummern 1 bis 3 aufgeführten Vorgänge.

[2]Der Anzeige ist eine Abschrift der Urkunde über den Rechtsvorgang, den Antrag, den Beschluß oder die Entscheidung beizufügen.

(2) [1]Die Anzeigepflicht bezieht sich auch auf Vorgänge, die ein Erbbaurecht oder ein Gebäude auf fremdem Boden betreffen. [2]Sie gilt außerdem für Vorgänge, die die Übertragung von Anteilen an einer Kapitalgesellschaft, einer Personenhandelsgesellschaft oder einer Gesellschaft des bürgerlichen Rechts betreffen, wenn zum Vermögen der Gesellschaft ein im Geltungsbereich dieses Gesetzes liegendes Grundstück gehört.

(3) [1]Die Anzeigen sind innerhalb von zwei Wochen nach der Beurkundung oder der Unterschriftsbeglaubigung oder der Bekanntgabe der Entscheidung zu erstatten, und zwar auch dann, wenn die Wirksamkeit des Rechtsvorgangs vom Eintritt einer Bedingung, vom Ablauf einer Frist oder von einer Genehmigung abhängig ist. [2]Sie sind auch dann zu erstatten, wenn der Rechtsvorgang von der Besteuerung ausgenommen ist.

(4) Die Absendung der Anzeige ist auf der Urschrift der Urkunde, in den Fällen, in denen eine Urkunde entworfen und darauf eine Unterschrift beglaubigt worden ist, auf der zurückbehaltenen beglaubigten Abschrift zu vermerken.

(5) Die Anzeigen sind an das für die Besteuerung, in den Fällen des § 17 Abs. 2 und 3 an das für die gesonderte Feststellung zuständige Finanzamt zu richten.

[1)] § 18 Abs. 1 Satz 1 geänd., Satz 3 angef. mWv 28.8.2002 durch G v. 21.8.2002 (BGBl. I S. 3322); Satz 3 aufgeh. mWv 5.11.2011 durch G v. 1.11.2011 (BGBl. I S. 2131); Abs. 2 Satz 2 geänd. mWv 15.12.2018 durch G v. 11.12.2018 (BGBl. I S. 2338); zur Anwendung siehe § 23 Abs. 16 Satz 1.

§ 19[1)] Anzeigepflicht der Beteiligten. (1) [1]Steuerschuldner müssen Anzeige erstatten über

1. Rechtsvorgänge, die es ohne Begründung eines Anspruchs auf Übereignung einem anderen rechtlich oder wirtschaftlich ermöglichen, ein Grundstück auf eigene Rechnung zu verwerten;
2. formungültige Verträge über die Übereignung eines Grundstücks, die die Beteiligten unter sich gelten lassen und wirtschaftlich erfüllen;
3. den Erwerb von Gebäuden auf fremdem Boden;

3a. unmittelbare und mittelbare Änderungen des Gesellschafterbestandes einer Personengesellschaft, die innerhalb von fünf Jahren zum Übergang von 95 vom Hundert der Anteile am Gesellschaftsvermögen auf neue Gesellschafter geführt haben, wenn zum Vermögen der Personengesellschaft ein inländisches Grundstück gehört (§ 1 Abs. 2a);

4. schuldrechtliche Geschäfte, die auf die Vereinigung von mindestens 95 vom Hundert der Anteile einer Gesellschaft gerichtet sind, wenn zum Vermögen der Gesellschaft ein Grundstück gehört (§ 1 Abs. 3 Nr. 1);
5. die Vereinigung von mindestens 95 vom Hundert der Anteile einer Gesellschaft, zu deren Vermögen ein Grundstück gehört (§ 1 Abs. 3 Nr. 2);
6. Rechtsgeschäfte, die den Anspruch auf Übertragung von mindestens 95 vom Hundert der Anteile einer Gesellschaft begründen, wenn zum Vermögen der Gesellschaft ein Grundstück gehört (§ 1 Abs. 3 Nr. 3);
7. die Übertragung von mindestens 95 vom Hundert der Anteile einer Gesellschaft auf einen anderen, wenn zum Vermögen der Gesellschaft ein Grundstück gehört (§ 1 Abs. 3 Nr. 4);

7a. Rechtsvorgänge, aufgrund derer ein Rechtsträger unmittelbar oder mittelbar oder teils unmittelbar, teils mittelbar eine wirtschaftliche Beteiligung in Höhe von mindestens 95 vom Hundert an einer Gesellschaft, zu deren Vermögen ein inländisches Grundstück gehört, innehat (§ 1 Absatz 3a);

8. Entscheidungen im Sinne von § 18 Abs. 1 Satz 1 Nr. 3. [2]Die Anzeigepflicht besteht auch beim Wechsel im Grundstückseigentum auf Grund einer Eintragung im Handels-, Genossenschafts- oder Vereinsregister.

[2]Sie haben auch alle Erwerbsvorgänge anzuzeigen, über die ein Gericht, eine Behörde oder ein Notar eine Anzeige nach § 18 nicht zu erstatten hat.

(2) Die in Absatz 1 bezeichneten Personen haben außerdem in allen Fällen Anzeige zu erstatten über

1. jede Erhöhung der Gegenleistung des Erwerbers durch Gewährung von zusätzlichen Leistungen neben der beim Erwerbsvorgang vereinbarten Gegenleistung;

[1)] § 19 Abs. 1 Satz 1 Nr. 4–7 geänd., Abs. 2 Nr. 4 angef. mWv 1.1.2000 (§ 23 Abs. 6 Satz 2) durch G v. 24.3.1999 (BGBl. I S. 402); Abs. 1 Satz 1 Nr. 3a neu gef., Nr. 8 angef. und Satz 2 geänd., Abs. 2 Nr. 4 neu gef. mWv 1.1.2002 (§ 23 Abs. 7 Satz 1) durch G v. 20.12.2001 (BGBl. I S. 3794); Abs. 5 geänd. mWv 28.8.2002 durch G v. 21.8.2002 (BGBl. I S. 3322); Abs. 2 Nr. 5 angef. mWv 8.9.2005 durch G v. 1.9.2005 (BGBl. I S. 2676); geänd. durch G v. 26.6.2013 (BGBl. I S. 1809); zur Anwendung siehe § 23 Abs. 11; Abs. 2 Nr. 4a eingef. mWv 1.1.2010 (§ 23 Abs. 8 Satz 1) durch G v. 22.12.2009 (BGBl. I S. 3950); Abs. 1 Satz 1 Nr. 7a eingef. durch G v. 26.6.2013 (BGBl. I S. 1809); zur Anwendung siehe § 23 Abs. 11; Abs. 3 Satz 2 angef. durch G v. 18.7.2016 (BGBl. I S. 1679); zur Anwendung siehe § 23 Abs. 15; Abs. 6 angef. mWv 29.12.2020 durch G v. 21.12.2020 (BGBl. I S. 3096); zur Anwendung siehe § 23 Abs. 17.

2. Leistungen, die der Erwerber des Grundstücks anderen Personen als dem Veräußerer als Gegenleistung dafür gewährt, daß sie auf den Erwerb des Grundstücks verzichten;
3. Leistungen, die ein anderer als der Erwerber des Grundstücks dem Veräußerer als Gegenleistung dafür gewährt, daß der Veräußerer dem Erwerber das Grundstück überläßt;
4. Änderungen im Gesellschafterbestand einer Gesamthand bei Gewährung der Steuervergünstigung nach § 5 Abs. 1 und 2 oder § 6 Abs. 3 in Verbindung mit § 6 Abs. 1;

4a. Änderungen von Beherrschungsverhältnissen im Sinne des § 6a Satz 4;

5. Änderungen in der Nutzung oder den Verzicht auf Rückübertragung, wenn der Grundstückserwerb nach § 4 Nummer 5 von der Besteuerung ausgenommen war.

(3) [1] Die Anzeigepflichtigen haben innerhalb von zwei Wochen, nachdem sie von dem anzeigepflichtigen Vorgang Kenntnis erhalten haben, den Vorgang anzuzeigen, und zwar auch dann, wenn der Vorgang von der Besteuerung ausgenommen ist. [2] Die Frist nach Satz 1 verlängert sich auf einen Monat für den Steuerschuldner, der eine natürliche Person ohne Wohnsitz oder gewöhnlichen Aufenthalt im Inland, eine Kapitalgesellschaft ohne Geschäftsleitung oder Sitz im Inland oder eine Personengesellschaft ohne Ort der Geschäftsführung im Inland ist.

(4) [1] Die Anzeigen sind an das für die Besteuerung, in den Fällen des § 17 Abs. 2 und 3 an das für die gesonderte Feststellung zuständige Finanzamt zu richten. [2] Ist über den anzeigepflichtigen Vorgang eine privatschriftliche Urkunde aufgenommen worden, so ist der Anzeige eine Abschrift der Urkunde beizufügen.

(5) [1] Die Anzeigen sind Steuererklärungen im Sinne der Abgabenordnung. [2] Sie sind schriftlich abzugeben. [3] Sie können gemäß § 87a der Abgabenordnung in elektronischer Form übermittelt werden.

(6) [1] Die Höhe des Verspätungszuschlags bestimmt sich nach § 152 Absatz 5 Satz 2 der Abgabenordnung; § 152 Absatz 6 der Abgabenordnung ist nicht anzuwenden. [2] Die Begrenzung der Höhe des Verspätungszuschlags nach § 152 Absatz 10 der Abgabenordnung findet keine Anwendung.

§ 20 Inhalt der Anzeigen.

[alte Fassung:[1])]

(1) Die Anzeigen müssen enthalten:

1. Vorname, Zuname, Anschrift sowie die steuerliche Identifikationsnummer gemäß § 139b der Abgabenordnung oder die Wirtschafts-Identifikationsnummer gemäß § 139c der Abgabenordnung des Veräußerers und des Erwerbers, ge-

[neue Fassung:[2])]

(1) Die Anzeigen müssen enthalten:

1. Name, Vorname, Anschrift, Geburtsdatum sowie die Identifikationsnummer gemäß § 139b der Abgabenordnung oder die Wirtschafts-Identifikationsnummer gemäß § 139c der Abgabenordnung des Veräußerers und des Erwerbers,

[1]) § 20 Abs. 1 Nr. 1 und Abs. 2 Nr. 1 neu gef. durch G v. 8.12.2010 (BGBl. I S. 1768); Abs. 2 Nr. 3 angef. durch G v. 26.6.2013 (BGBl. I S. 1809); zur Anwendung siehe § 23 Abs. 11.

[2]) § 20 neu gef. durch G v. 11.12.2018 (BGBl. I S. 2338); zur Anwendung siehe § 23 Abs. 16 Satz 2.

[alte Fassung:]

gebenenfalls auch, ob und um welche begünstigte Person im Sinne des § 3 Nummer 3 bis 7 es sich bei dem Erwerber handelt;
2. die Bezeichnung des Grundstücks nach Grundbuch, Kataster, Straße und Hausnummer;
3. die Größe des Grundstücks und bei bebauten Grundstücken die Art der Bebauung;
4. die Bezeichnung des anzeigepflichtigen Vorgangs und den Tag der Beurkundung, bei einem Vorgang, der einer Genehmigung bedarf, auch die Bezeichnung desjenigen, dessen Genehmigung erforderlich ist;
5. den Kaufpreis oder die sonstige Gegenleistung (§ 9);
6. den Namen der Urkundsperson.

(2) Die Anzeigen, die sich auf Anteile an einer Gesellschaft beziehen, müssen außerdem enthalten:
1. die Firma, den Ort der Geschäftsführung sowie die Wirtschafts-Identifikationsnummer der Gesell-

[neue Fassung:]

den Namen desjenigen, der nach der vertraglichen Vereinbarung die Grunderwerbsteuer trägt, sowie Name und Anschrift dessen gesetzlichen Vertreters und gegebenenfalls die Angabe, ob und um welche begünstigte Person im Sinne des § 3 Nummer 3 bis 7 es sich bei dem Erwerber handelt; bei nicht natürlichen Personen sind bis zur Einführung der Wirtschafts-Identifikationsnummer gemäß § 139c der Abgabenordnung die Register- und die für die Besteuerung nach dem Einkommen vergebene Steuernummer des Veräußerers und des Erwerbers anzugeben;
2. die Bezeichnung des Grundstücks nach Grundbuch, Kataster, Straße und Hausnummer, den Anteil des Veräußerers und des Erwerbers am Grundstück und bei Wohnungs- und Teileigentum die genaue Bezeichnung des Wohnungs- und Teileigentums sowie den Miteigentumsanteil;
3. die Größe des Grundstücks und bei bebauten Grundstücken die Art der Bebauung;
4. die Bezeichnung des anzeigepflichtigen Vorgangs, den Tag der Beurkundung und die Urkundennummer, bei einem Vorgang, der einer Genehmigung bedarf, auch die Bezeichnung desjenigen, dessen Genehmigung erforderlich ist, bei einem Vorgang unter einer Bedingung auch die Bezeichnung der Bedingung;
5. den Kaufpreis oder die sonstige Gegenleistung (§ 9);
6. den Namen und die Anschrift der Urkundsperson.

(2) Die Anzeigen, die sich auf Anteile an einer Gesellschaft beziehen, müssen außerdem enthalten:
1. die Firma, den Ort der Geschäftsführung sowie die Wirtschafts-Identifikationsnummer der Gesell-

[alte Fassung:]	*[neue Fassung:]*
schaft gemäß § 139c der Abgabenordnung, 2. die Bezeichnung des oder der Gesellschaftsanteile; 3. bei mehreren beteiligten Rechtsträgern eine Beteiligungsübersicht.	schaft gemäß § 139c der Abgabenordnung; bis zur Einführung der Wirtschafts-Identifikationsnummer gemäß § 139c der Abgabenordnung ist die Register- und die für die Besteuerung nach dem Einkommen vergebene Steuernummer der Gesellschaft anzugeben; 2. die Bezeichnung des oder der Gesellschaftsanteile; 3. bei mehreren beteiligten Rechtsträgern eine Beteiligungsübersicht.

§ 21[1] **Urkundenaushändigung.** Die Gerichte, Behörden und Notare dürfen Urkunden, die einen anzeigepflichtigen Vorgang betreffen, den Beteiligten erst aushändigen und Ausfertigungen oder beglaubigte Abschriften den Beteiligten erst erteilen, wenn sie die Anzeigen in allen Teilen vollständig (§§ 18 und 20) an das Finanzamt abgesandt haben.

§ 22[2] **Unbedenklichkeitsbescheinigung.** (1) [1]Der Erwerber eines Grundstücks darf in das Grundbuch erst dann eingetragen werden, wenn eine Bescheinigung des für die Besteuerung zuständigen Finanzamts vorgelegt wird (§ 17 Abs. 1 Satz 1) oder Bescheinigungen der für die Besteuerung zuständigen Finanzämter (§ 17 Abs. 1 Satz 2) vorgelegt werden, daß der Eintragung steuerliche Bedenken nicht entgegenstehen. [2]Die obersten Finanzbehörden der Länder können im Einvernehmen mit den Landesjustizverwaltungen Ausnahmen hiervon vorsehen.

(2) [1]Das Finanzamt hat die Bescheinigung zu erteilen, wenn die Grunderwerbsteuer entrichtet, sichergestellt oder gestundet worden ist oder wenn Steuerfreiheit gegeben ist. [2]Es darf die Bescheinigung auch in anderen Fällen erteilen, wenn nach seinem Ermessen die Steuerforderung nicht gefährdet ist. [3]Das Finanzamt hat die Bescheinigung schriftlich zu erteilen. [4]Eine elektronische Übermittlung der Bescheinigung ist ausgeschlossen.

Achter Abschnitt.[3] Durchführung

§ 22a[4] **Ermächtigung.** [1]Zur Vereinfachung des Besteuerungsverfahrens wird das Bundesministerium der Finanzen ermächtigt, im Benehmen mit dem Bundesministerium des Innern, für Bau und Heimat und mit Zustimmung des Bundesrates durch Rechtsverordnung ein Verfahren zur elektronischen Übermittlung der Anzeige und der Abschrift der Urkunde im Sinne des § 18 näher zu bestimmen. [2]Die Authentifizierung des Datenübermittlers sowie die Ver-

---

[1] § 21 geänd. durch G v. 2.11.2015 (BGBl. I S. 1834); zur Anwendung siehe § 23 Abs. 13.

[2] § 22 Abs. 1 Satz 2 angef. durch G v. 24.3.1999 (BGBl. I S. 402); Abs. 2 Sätze 3 und 4 angef. mWv 28.8.2002 durch G v. 21.8.2002 (BGBl. I S. 3322).

[3] Achter Abschnitt (§ 22a) eingef., bish. Achter Abschnitt wird Neunter Abschnitt mWv 5.11.2011 durch G v. 1.11.2011 (BGBl. I S. 2131).

[4] § 22a eingef. mWv 5.11.2011 durch G v. 1.11.2011 (BGBl. I S. 2131); Satz 1 geänd. mWv 27.6. 2020 durch VO v. 19.6.2020 (BGBl. I S. 1328).

traulichkeit und Integrität des übermittelten elektronischen Dokuments sind sicherzustellen. [3]Soweit von dieser Ermächtigung nicht Gebrauch gemacht wurde, ist die elektronische Übermittlung der Anzeige und der Abschrift der Urkunde im Sinne des § 18 ausgeschlossen.

Neunter Abschnitt.[1)] Übergangs- und Schlußvorschriften

§ 23[2)] Anwendungsbereich. (1) [1]Dieses Gesetz ist auf Erwerbsvorgänge anzuwenden, die nach dem 31. Dezember 1982 verwirklicht werden. [2]Es ist auf Antrag auch auf Erwerbsvorgänge anzuwenden, die vor dem 1. Januar 1983, jedoch nach dem Tag der Verkündung des Gesetzes, 22. Dezember 1982, verwirklicht werden.

(2) [1]Auf vor dem 1. Januar 1983 verwirklichte Erwerbsvorgänge sind vorbehaltlich des Absatzes 1 Satz 2 die bis zum Inkrafttreten dieses Gesetzes geltenden Vorschriften anzuwenden. [2]Dies gilt insbesondere, wenn für einen vor dem 1. Januar 1983 verwirklichten Erwerbsvorgang Steuerbefreiung in Anspruch genommen und nach dem 31. Dezember 1982 ein Nacherhebungstatbestand verwirklicht wurde.

(3) § 1 Abs. 2a, § 9 Abs. 1 Nr. 8, § 13 Nr. 6, § 16 Abs. 5, § 17 Abs. 3 Nr. 2 und § 19 Abs. 1 Nr. 3a in der Fassung des Gesetzes vom 20. Dezember 1996 (BGBl. I S. 2049) sind erstmals auf Rechtsgeschäfte anzuwenden, die die Voraussetzungen des § 1 Abs. 2a in der Fassung des Gesetzes vom 20. Dezember 1996 (BGBl. I S. 2049) nach dem 31. Dezember 1996 erfüllen.

(4) [1]§ 8 Abs. 2 und § 11 Abs. 1 in der Fassung des Gesetzes vom 20. Dezember 1996 (BGBl. I S. 2049) sind erstmals auf Erwerbsvorgänge anzuwenden, die nach dem 31. Dezember 1996 verwirklicht werden. [2]§ 10 ist letztmals auf Erwerbsvorgänge anzuwenden, die vor dem 1. Januar 1997 verwirklicht werden.

(5) § 4 Nr. 1 in der Fassung des Gesetzes vom 24. März 1999 (BGBl. I S. 402) ist erstmals auf Erwerbsvorgänge anzuwenden, die nach dem 31. Dezember 1997 verwirklicht werden.

(6) [1]§ 1 Abs. 6, § 8 Abs. 2, § 9 Abs. 1 und § 17 Abs. 3 Satz 1 Nr. 1 in der Fassung des Gesetzes vom 24. März 1999 (BGBl. I S. 402) sind erstmals auf Erwerbsvorgänge anzuwenden, die nach dem Tage der Verkündung des Gesetzes[3)] verwirklicht werden. [2]§ 1 Abs. 2a und 3, § 5 Abs. 3, § 13 Nr. 5 und 6, § 16 Abs. 4 und § 19 Abs. 1 Satz 1 Nr. 3a bis 7 und Abs. 2 Nr. 4 in der Fassung des Gesetzes vom 24. März 1999 (BGBl. I S. 402) sind erstmals auf Erwerbsvorgänge anzuwenden, die nach dem 31. Dezember 1999 verwirklicht werden.

(7) [1]§ 1 Abs. 2a Satz 3, § 2 Abs. 1 Satz 2 Nr. 3, § 6 Abs. 3 Satz 2, § 16 Abs. 4, § 19 Abs. 1 Satz 1 Nr. 8 und § 19 Abs. 2 Nr. 4 in der Fassung des Gesetzes vom

---

[1)] Achter Abschnitt (§ 22a) eingef., bish. Achter Abschnitt wird Neunter Abschnitt mWv 5.11.2011 durch G v. 1.11.2011 (BGBl. I S. 2131).

[2)] § 23 Abs. 3 und 4 geänd., Abs. 5 und 6 angef. durch G v. 24.3.1999 (BGBl. I S. 402); Abs. 7 angef. durch G v. 20.12.2001 (BGBl. I S. 3794); Abs. 8 angef. durch G v. 22.12.2009 (BGBl. I S. 3950); Abs. 10 angef. durch G v. 22.6.2011 (BGBl. I S. 1126); Abs. 9 neu gef., Abs. 11 angef. durch G v. 26.6.2013 (BGBl. I S. 1809); Abs. 12 angef. durch G v. 25.7.2014 (BGBl. I S. 1266); Abs. 13 und 14 angef. durch G v. 2.11.2015 (BGBl. I S. 1834); Abs. 15 angef. durch G v. 18.7.2016 (BGBl. I S. 1679); Abs. 16 angef. durch G v. 11.12.2018 (BGBl. I S. 2338); Abs. 7 Satz 3 und Abs. 17 angef. durch G v. 21.12.2020 (BGBl. I S. 3096).

[3)] Verkündet am 31. März 1999.

20. Dezember 2001 (BGBl. I S. 3794) sind erstmals auf Erwerbsvorgänge anzuwenden, die nach dem 31. Dezember 2001 verwirklicht werden. [2] § 1 Abs. 7 ist letztmals auf Erwerbsvorgänge anzuwenden, die bis zum 31. Dezember 2001 verwirklicht werden. [3] § 5 Absatz 3 Satz 2 und § 6 Absatz 3 Satz 3 in der Fassung des Artikels 33 des Gesetzes vom 21. Dezember 2020 (BGBl. I S. 3096) sind erstmals auf Erwerbsvorgänge anzuwenden, die nach dem 31. Januar 2020 verwirklicht werden.

(8) [1] Die §§ 6a und 19 Absatz 2 Nummer 4a in der Fassung des Artikels 7 des Gesetzes vom 22. Dezember 2009 (BGBl. I S. 3950) sind erstmals auf Erwerbsvorgänge anzuwenden, die nach dem 31. Dezember 2009 verwirklicht werden. [2] § 6a ist nicht anzuwenden, wenn ein im Zeitraum vom 1. Januar 2008 bis 31. Dezember 2009 verwirklichter Erwerbsvorgang rückgängig gemacht wird und deshalb nach § 16 Absatz 1 oder 2 die Steuer nicht zu erheben oder eine Steuerfestsetzung aufzuheben oder zu ändern ist.

(9) Soweit Steuerbescheide für Erwerbsvorgänge von Lebenspartnern noch nicht bestandskräftig sind, ist § 3 Nummer 3 bis 7 in der Fassung des Artikels 29 des Gesetzes vom 8. Dezember 2010 (BGBl. I S. 1768) erstmals auf Erwerbsvorgänge anzuwenden, die nach dem 31. Juli 2001 verwirklicht werden.

(10) § 6a Satz 4 in der Fassung des Artikels 12 des Gesetzes vom 22. Juni 2011 (BGBl. I S. 1126) ist erstmals auf Erwerbsvorgänge anzuwenden, die nach dem 31. Dezember 2009 verwirklicht werden.

(11) § 1 Absatz 3a und 6 Satz 1, § 4 Nummer 4 und 5, § 6a Satz 1, § 8 Absatz 2 Satz 1 Nummer 3, § 13 Nummer 7, § 16 Absatz 5, § 17 Absatz 3 Satz 1 Nummer 2, § 19 Absatz 1 Satz 1 Nummer 7a und Absatz 2 Nummer 5, § 20 Absatz 2 Nummer 3 in der Fassung des Artikels 26 des Gesetzes vom 26. Juni 2013 (BGBl. I S. 1809) sind erstmals auf Erwerbsvorgänge anzuwenden, die nach dem 6. Juni 2013 verwirklicht werden.

(12) § 6a Satz 1 bis 3 sowie § 16 Absatz 5 in der am 31. Juli 2014 geltenden Fassung sind auf Erwerbsvorgänge anzuwenden, die nach dem 6. Juni 2013 verwirklicht werden.

(13) § 1 Absatz 2a und § 21 in der am 6. November 2015 geltenden Fassung sind auf Erwerbsvorgänge anzuwenden, die nach dem 5. November 2015 verwirklicht werden.

(14) [1] § 8 Absatz 2 und § 17 Absatz 3a in der am 6. November 2015 geltenden Fassung sind auf Erwerbsvorgänge anzuwenden, die nach dem 31. Dezember 2008 verwirklicht werden. [2] Soweit Steuer- und Feststellungsbescheide, die vor dem 6. November 2015 für Erwerbsvorgänge nach dem 31. Dezember 2008 ergangen sind, wegen § 176 Absatz 1 Satz 1 Nummer 1 der Abgabenordnung nicht geändert werden können, ist die festgesetzte Steuer vollstreckbar.

(15) § 19 Absatz 3 Satz 2 in der am 23. Juli 2016 geltenden Fassung ist auf Erwerbsvorgänge anzuwenden, die nach dem 22. Juli 2016 verwirklicht werden.

(16) [1] § 1 Absatz 4 und § 18 Absatz 2 Satz 2 in der am 15. Dezember 2018 geltenden Fassung sind auf Erwerbsvorgänge anzuwenden, die nach dem 14. Dezember 2018 verwirklicht werden. [2] Der Zeitpunkt der erstmaligen Anwendung des § 20 in der am 15. Dezember 2018 geltenden Fassung wird durch die Rechtsverordnung im Sinne des § 22a Satz 1 bestimmt.

(17) § 1 Absatz 1 Nummer 3 Satz 2 Buchstabe a und b und § 19 Absatz 6 in der Fassung des Artikels 32 des Gesetzes vom 21. Dezember 2020 (BGBl. I S. 3096) sind erstmals auf Erwerbsvorgänge anzuwenden, die nach dem 28. Dezember 2020 verwirklicht werden.

§§ 24 bis 27 (weggefallen)

§ 28 (Inkrafttreten)[1)]

[1)] Das Gesetz in seiner ursprünglichen Fassung ist am 1.1.1983 in Kraft getreten.

170. Grundsteuergesetz (GrStG)[1) 2) 3)]

Vom 7. August 1973
(BGBl. I S. 965)

FNA 611-7

geänd. durch Art. 15 Einführungsgesetz zur Abgabenordnung v. 14.12.1976 (BGBl. I S. 3341), § 41 Einigungsvertrag v. 31.8.1990 (BGBl. II S. 889, 986), Art. 12 Standortsicherungsgesetz v. 13.9.1993 (BGBl. I S. 1569), Art. 6 Abs. 56 Eisenbahnneuordnungsgesetz v. 27.12.1993 (BGBl. I S. 2378), Art. 12 Abs. 43 Postneuordnungsgesetz v. 14.9.1994 (BGBl. I S. 2325), Art. 9 Gesetz zur Fortsetzung der Unternehmenssteuerreform v. 29.10.1997 (BGBl. I S. 2590), Art. 9 Gesetz zur Änderung des Einführungsgesetzes zur Insolvenzordnung und anderer Gesetze (EGInsOÄndG) v. 19.12.1998 (BGBl. I S. 3836), Art. 11 Steuerbereinigungsgesetz 1999 (StBereinG 1999) v. 22.12.1999 (BGBl. I S. 2601), Art. 21 Steuer-Euroglättungsgesetz v. 19.12.2000 (BGBl. I S. 1790), Art. 29 Gesetz zur Umbenennung des Bundesgrenzschutzes in Bundespolizei v. 21.6.2005 (BGBl. I S. 1818), Art. 6 Gesetz zur Beschleunigung der Umsetzung von Öffentlich Privaten Partnerschaften und zur Verbesserung gesetzlicher Rahmenbedingungen für Öffentlich Private Partnerschaften v. 1.9.2005 (BGBl. I S. 2676), Art. 38 Jahressteuergesetz 2009 (JStG 2009) v. 19.12.2008 (BGBl. I S. 2794), Art. 3 Gesetz zur Reform des Grundsteuer- und Bewertungsrechts (Grundsteuer-Reformgesetz – GrStRefG) v. 26.11.2019 (BGBl. I S. 1794), Art. 1 Gesetz zur Änderung des Grundsteuergesetzes zur Mobilisierung von baureifen Grundstücken für die Bebauung v. 30.11.2019 (BGBl. I S. 1875) und Art. 31 Jahressteuergesetz 2020 (JStG 2020) v. 21.12.2020 (BGBl. I S. 3096)

Inhaltsübersicht[4)]

Abschnitt I. Steuerpflicht

Abschnitt II. Bemessung der Grundsteuer

---

1) Verkündet als Art. 1 des G zur Reform des Grundsteuerrechts v. 7.8.1973 (BGBl. I S. 965); Inkrafttreten gem. Art. 8 dieses G am 12.8.1973.

2) Zur Anwendung im Beitrittsgebiet siehe §§ 40 bis 46 sowie Einigungsvertrag mit Anlage I Kapitel IV Abschnitt II Nr. 14.

3) Zu abweichendem Landesrecht siehe u.a.:
– **Baden-Württemberg:** Gesetz zur Regelung einer Landesgrundsteuer (Landesgrundsteuergesetz – LGrStG) v. 4.11.2020 (GBl. S. 974).

4) Inhaltsübersicht eingef. durch G v. 26.11.2019 (BGBl. I S. 1794).

Abschnitt I. Steuerpflicht

§ 1 Heberecht. (1) Die Gemeinde bestimmt, ob von dem in ihrem Gebiet liegenden Grundbesitz Grundsteuer zu erheben ist.

(2) Bestehen in einem Land keine Gemeinden, so stehen das Recht des Absatzes 1 und die in diesem Gesetz bestimmten weiteren Rechte dem Land zu.

(3) Für den in gemeindefreien Gebieten liegenden Grundbesitz bestimmt die Landesregierung durch Rechtsverordnung, wer die nach diesem Gesetz den Gemeinden zustehenden Befugnisse ausübt.

§ 2 Steuergegenstand.

[Fassung bis 31.12.2024:]

Steuergegenstand ist der Grundbesitz im Sinne des Bewertungsgesetzes[2]:
1. die Betriebe der Land- und Forstwirtschaft (§§ 33, 48a und 51a des Bewertungsgesetzes). [2]Diesen stehen die in § 99 Abs. 1 Nr. 2 des Bewertungsgesetzes bezeichneten Betriebsgrundstücke gleich;
2. die Grundstücke (§§ 68, 70 des Bewertungsgesetzes). [2]Diesen stehen die in § 99 Abs. 1 Nr. 1 des Bewertungsgesetzes bezeichneten Betriebsgrundstücke gleich.

[Fassung ab 1.1.2025:[1])]

Steuergegenstand ist der inländische Grundbesitz im Sinne des Bewertungsgesetzes:
1. die Betriebe der Land- und Forstwirtschaft (§§ 232 bis 234, 240 des Bewertungsgesetzes); diesen stehen die in § 218 Satz 2 des Bewertungsgesetzes bezeichneten Betriebsgrundstücke gleich;
2. die Grundstücke (§§ 243, 244 des Bewertungsgesetzes); diesen stehen die in § 218 Satz 3 des Bewertungsgesetzes bezeichneten Betriebsgrundstücke gleich.

(Fortsetzung nächstes Blatt)

[1]) § 2 neu gef. durch G v. 26.11.2019 (BGBl. I S. 1794); zur Anwendung siehe § 37 Abs. 1 n.F.; Nr. 1 geänd. durch G v. 21.12.2020 (BGBl. I S. 3096).

[2]) Nr. **180**.

[Fassung bis EZ 2024:]

[Fassung ab EZ 2025:]

Geschäftstätigkeit auf die in § 5 Absatz 1 Nummer 10 Buchstabe a und b des Körperschaftsteuergesetzes genannten Bereiche beschränkt und von der Körperschaftsteuer befreit ist.

[2] Der Abschlag auf die Steuermesszahl nach Satz 1 wird auf Antrag für jeden Erhebungszeitraum innerhalb des Hauptveranlagungszeitraums gewährt, wenn nachgewiesen wird, dass die jeweiligen Voraussetzungen am Hauptveranlagungsstichtag vorlagen. [3] Entfallen die Voraussetzungen des Satzes 1 während des Hauptveranlagungszeitraums, ist dies nach § 19 Absatz 2 anzuzeigen.

(5) [1] Die Steuermesszahl nach Absatz 1 Nummer 2 wird für bebaute Grundstücke um 10 Prozent ermäßigt, wenn sich auf dem Grundstück Gebäude befinden, die Baudenkmäler im Sinne des jeweiligen Landesdenkmalschutzgesetzes sind. [2] Stehen auf einem Grundstück nur ein Teil der Gebäude oder nur Teile eines Gebäudes im Sinne des jeweiligen Landesdenkmalschutzgesetzes unter Denkmalschutz, so ist die Ermäßigung der Steuermesszahl entsprechend anteilig zu gewähren.

§ 16[1)] Hauptveranlagung. (1) [1] Die Steuermeßbeträge werden auf den Hauptfeststellungszeitpunkt (*§ 21 Abs. 2 des Bewertungsgesetzes*[2)] [***ab EZ 2025:*** § 221 Absatz 2 des Bewertungsgesetzes]) allgemein festgesetzt (Hauptveranlagung). [2] Dieser Zeitpunkt ist der Hauptveranlagungszeitpunkt.

(2) [1] Der bei der Hauptveranlagung festgesetzte Steuermeßbetrag gilt vorbehaltlich der §§ 17 und 20 von dem Kalenderjahr an, das zwei Jahre nach dem Hauptveranlagungszeitpunkt beginnt. [2] Dieser Steuermeßbetrag bleibt unbeschadet der §§ 17 und 20 bis zu dem Zeitpunkt maßgebend, von dem an die Steuermeßbeträge der nächsten Hauptveranlagung wirksam werden. [3] Der sich

[1)] § 16 Abs. 3 neu gef. durch G v. 14.12.1976 (BGBl. I S. 3341). Abs. 1 Satz 1 geänd. durch G v. 26.11.2019 (BGBl. I S. 1794); zur Anwendung siehe § 37 Abs. 1 n.F.

[2)] Nr. **180**.

nach den Sätzen 1 und 2 ergebende Zeitraum ist der Hauptveranlagungszeitraum.

(3) Ist die Festsetzungsfrist (§ 169 der Abgabenordnung) bereits abgelaufen, so kann die Hauptveranlagung unter Zugrundelegung der Verhältnisse vom Hauptveranlagungszeitpunkt mit Wirkung für einen späteren Veranlagungszeitpunkt vorgenommen werden, für den diese Frist noch nicht abgelaufen ist.

§ 17[1)] **Neuveranlagung.** (1) Wird eine Wertfortschreibung (*§ 22 Abs. 1 des Bewertungsgesetzes*[2)] [***ab EZ 2025:*** § 222 Absatz 1 des Bewertungsgesetzes]) oder eine Artfortschreibung oder Zurechnungsfortschreibung (*§ 22 Abs. 2 des Bewertungsgesetzes* [***ab EZ 2025:*** § 222 Absatz 2 des Bewertungsgesetzes]) durchgeführt, so wird der Steuermeßbetrag auf den Fortschreibungszeitpunkt neu festgesetzt (Neuveranlagung).

(2) Der Steuermeßbetrag wird auch dann neu festgesetzt, wenn dem Finanzamt bekannt wird, daß

1. Gründe, die im Feststellungsverfahren über den *Einheitswert* [***ab EZ 2025:*** Grundsteuerwert] nicht zu berücksichtigen sind, zu einem anderen als dem für den letzten Veranlagungszeitpunkt festgesetzten Steuermeßbetrag führen oder
2. die letzte Veranlagung fehlerhaft ist; § 176 der Abgabenordnung ist hierbei entsprechend anzuwenden; das gilt jedoch nur für Veranlagungszeitpunkte, die vor der Verkündung der maßgeblichen Entscheidung eines obersten Gerichts des Bundes liegen.

(3) [1] Der Neuveranlagung werden die Verhältnisse im Neuveranlagungszeitpunkt zugrunde gelegt. [2] Neuveranlagungszeitpunkt ist

1. in den Fällen des Absatzes 1 der Beginn des Kalenderjahres, auf den die Fortschreibung durchgeführt wird;
2. in den Fällen des Absatzes 2 Nr. 1 der Beginn des Kalenderjahres, auf den sich erstmals ein abweichender Steuermeßbetrag ergibt. [2] § 16 Abs. 3 ist entsprechend anzuwenden;
3. in den Fällen des Absatzes 2 Nr. 2 der Beginn des Kalenderjahres, in dem der Fehler dem Finanzamt bekannt wird, bei einer Erhöhung des Steuermeßbetrags jedoch frühestens der Beginn des Kalenderjahres, in dem der Steuermeßbescheid erteilt wird.

(4) Treten die Voraussetzungen für eine Neuveranlagung während des Zeitraums zwischen dem Hauptveranlagungszeitpunkt und dem Zeitpunkt des Wirksamwerdens der Steuermeßbeträge (§ 16 Abs. 2) ein, so wird die Neuveranlagung auf den Zeitpunkt des Wirksamwerdens der Steuermeßbeträge vorgenommen.

§ 18[3)] **Nachveranlagung.** (1) Wird eine Nachfeststellung (*§ 23 Abs. 1 des Bewertungsgesetzes*[2)] [***ab EZ 2025:*** § 223 Absatz 1 des Bewertungsgesetzes])

[1)] § 17 Abs. 2 Satz 1 Nr. 2 neu gef., Satz 2 aufgeh. durch G v. 14.12.1976 (BGBl. I S. 3341); Abs. 1 geänd. durch G v. 26.11.2019 (BGBl. I S. 1794); zur Anwendung siehe § 37 Abs. 1 n.F.; Abs. 2 Nr. 1 geänd. **mWv 1.1.2025** durch G v. 21.12.2020 (BGBl. I S. 3096).

[2)] Nr. **180**.

[3)] § 18 Abs. 1 geänd. durch G v. 26.11.2019 (BGBl. I S. 1794); zur Anwendung siehe § 37 Abs. 1 n.F.; Abs. 2 und Abs. 3 Satz 2 Nr. 1 geänd. **mWv 1.1.2025** durch G v. 21.12.2020 (BGBl. I S. 3096).

durchgeführt, so wird der Steuermeßbetrag auf den Nachfeststellungszeitpunkt nachträglich festgesetzt (Nachveranlagung).

(2) Der Steuermeßbetrag wird auch dann nachträglich festgesetzt, wenn der Grund für die Befreiung des Steuergegenstandes von der Grundsteuer wegfällt, der für die Berechnung der Grundsteuer maßgebende *Einheitswert* [***ab EZ 2025:*** Grundsteuerwert] (§ 13 Abs. 1) aber bereits festgestellt ist.

(3) [1]Der Nachveranlagung werden die Verhältnisse im Nachveranlagungszeitpunkt zugrunde gelegt. [2]Nachveranlagungszeitpunkt ist

1. in den Fällen des Absatzes 1 der Beginn des Kalenderjahres, auf den der *Einheitswert* [***ab EZ 2025:*** Grundsteuerwert] nachträglich festgestellt wird;
2. in den Fällen des Absatzes 2 der Beginn des Kalenderjahres, der auf den Wegfall des Befreiungsgrundes folgt. [2]§ 16 Abs. 3 ist entsprechend anzuwenden.

(4) Treten die Voraussetzungen für eine Nachveranlagung während des Zeitraums zwischen dem Hauptveranlagungszeitpunkt und dem Zeitpunkt des Wirksamwerdens der Steuermeßbeträge (§ 16 Abs. 2) ein, so wird die Nachveranlagung auf den Zeitpunkt des Wirksamwerdens der Steuermeßbeträge vorgenommen.

§ 19[1)] Anzeigepflicht. (1) [1]Jede Änderung in der Nutzung oder in den Eigentumsverhältnissen eines ganz oder teilweise von der Grundsteuer befreiten Steuergegenstandes hat derjenige anzuzeigen, der nach § 10 als Steuerschuldner in Betracht kommt. [2]Die Anzeige ist innerhalb von drei Monaten nach Eintritt der Änderung bei dem Finanzamt zu erstatten, das für die Festsetzung des Steuermeßbetrags zuständig ist.

[***ab EZ 2025:***

(2) [1]Den Wegfall der Voraussetzungen für die ermäßigte Steuermesszahl nach § 15 Absatz 4 hat derjenige anzuzeigen, der nach § 10 als Steuerschuldner in Betracht kommt. [2]Die Anzeige ist innerhalb von drei Monaten nach dem Wegfall der Voraussetzungen bei dem Finanzamt zu erstatten, das für die Festsetzung des Steuermessbetrags zuständig ist.]

§ 20[2)] Aufhebung des Steuermeßbetrags. (1) Der Steuermeßbetrag wird aufgehoben,

1. wenn der *Einheitswert* [***ab EZ 2025:*** Grundsteuerwert] aufgehoben wird oder
2. wenn dem Finanzamt bekannt wird, daß
   a) für den ganzen Steuergegenstand ein Befreiungsgrund eingetreten ist oder
   b) der Steuermeßbetrag fehlerhaft festgesetzt worden ist.

(2) Der Steuermeßbetrag wird aufgehoben

1. in den Fällen des Absatzes 1 Nr. 1 mit Wirkung vom Aufhebungszeitpunkt (*§ 24 Abs. 2 des Bewertungsgesetzes*[3)] [***ab EZ 2025:*** § 224 Absatz 2 des Bewertungsgesetzes]) an;

[1)] § 19 Abs. 2 angef. durch G v. 26.11.2019 (BGBl. I S. 1794); zur Anwendung siehe § 37 Abs. 1 n.F..

[2)] § 20 Abs. 1 Nr. 2 geänd. durch G v. 14.12.1976 (BGBl. I S. 3341); Abs. 1 Nr. 1 und Abs. 2 Nr. 1 geänd. durch G v. 26.11.2019 (BGBl. I S. 1794); zur Anwendung siehe § 37 Abs. 1 n.F..

[3)] Nr. **180**.

2. in den Fällen des Absatzes 1 Nr. 2 Buchstabe a mit Wirkung vom Beginn des Kalenderjahres an, der auf den Eintritt des Befreiungsgrundes folgt. [2] § 16 Abs. 3 ist entsprechend anzuwenden;
3. in den Fällen des Absatzes 1 Nr. 2 Buchstabe b mit Wirkung vom Beginn des Kalenderjahres an, in dem der Fehler dem Finanzamt bekannt wird.

(3) Treten die Voraussetzungen für eine Aufhebung während des Zeitraums zwischen dem Hauptveranlagungszeitpunkt und dem Zeitpunkt des Wirksamwerdens der Steuermeßbeträge (§ 16 Abs. 2) ein, so wird die Aufhebung auf den Zeitpunkt des Wirksamwerdens der Steuermeßbeträge vorgenommen.

§ 21[1)] Änderung von Steuermeßbescheiden. [1] Bescheide über die Neuveranlagung oder die Nachveranlagung von Steuermeßbeträgen können schon vor dem maßgebenden Veranlagungszeitpunkt erteilt werden. [2] Sie sind zu ändern oder aufzuheben, wenn sich bis zu diesem Zeitpunkt Änderungen ergeben, die zu einer abweichenden Festsetzung führen.

[Fassung bis EZ 2024:]

§ 22 Zerlegung des Steuermeßbetrags

(1) [1] Erstreckt sich der Steuergegenstand über mehrere Gemeinden, so ist der Steuermeßbetrag vorbehaltlich des § 24 in die auf die einzelnen Gemeinden entfallenden Anteile zu zerlegen (Zerlegungsanteile). [2] Für den Zerlegungsmaßstab gilt folgendes:
1. [1] Bei Betrieben der Land- und Forstwirtschaft ist der auf den Wohnungswert entfallende Teil des Steuermeßbetrags der Gemeinde zuzuweisen, in der sich der Wohnteil oder dessen wertvollster Teil befindet. [2] Der auf den Wirtschaftswert entfallende Teil des Steuermeßbetrags ist in dem Verhältnis zu zerlegen, in dem die auf die einzelnen Gemeinden entfallenden Flächengrößen zueinander stehen.
2. [1] Bei Grundstücken ist der Steuermeßbetrag in dem Verhältnis zu zerlegen, in dem die auf die einzel-

[Fassung ab EZ 2025:[2)]]

§ 22 Zerlegung des Steuermessbetrags

(1) Erstreckt sich der Steuergegenstand über mehrere Gemeinden, so ist der Steuermessbetrag vorbehaltlich des § 24 anteilig in die auf die einzelnen Gemeinden entfallenden Anteile zu zerlegen (Zerlegungsanteile).

(Fortsetzung nächstes Blatt)

---

1) Zur Anwendung siehe § 36 Abs. 3.

2) § 22 neu gef. durch G v. 26.11.2019 (BGBl. I S. 1794); zur Anwendung siehe § 37 Abs. 1 n.F.

[Fassung bis EZ 2024:]

[Fassung ab EZ 2025:]

das Kalenderjahr festgesetzt worden ist (Erlaßzeitraum). ²Maßgebend für die Entscheidung über den Erlaß sind die Verhältnisse des Erlaßzeitraums.

(2) ¹Der Erlaß wird nur auf Antrag gewährt. ²Der Antrag ist bis zu dem auf den Erlaßzeitraum folgenden 31. März zu stellen.

(3) ¹In den Fällen des § 32 bedarf es keiner jährlichen Wiederholung des Antrags. ²Der Steuerschuldner ist verpflichtet, eine Änderung der maßgeblichen Verhältnisse der Gemeinde binnen drei Monaten nach Eintritt der Änderung anzuzeigen.]

Abschnitt V.[1] Übergangs- und Schlussvorschriften

[Fassung bis EZ 2024:]

§ 36[3] Steuervergünstigung für abgefundene Kriegsbeschädigte

(1) ¹Der Veranlagung der Steuermeßbeträge für Grundbesitz solcher Kriegsbeschädigten, die zum Erwerb oder zur wirtschaftlichen Stärkung ihres Grundbesitzes eine Kapitalabfindung auf Grund des Bundesversorgungsgesetzes in der Fassung der Bekanntmachung vom 22. Januar 1982 (BGBl. I S. 21), zuletzt geändert durch die Verordnung vom 15. Juni 1999 (BGBl. I S. 1328), erhalten haben, ist der um die Kapitalabfindung verminderte Einheitswert zugrunde zu legen. ²Die Vergünstigung wird nur so lange gewährt, als die Versorgungsgebührnisse wegen der Kapitalabfindung in der gesetzlichen Höhe gekürzt werden.

(2) Die Steuervergünstigung nach Absatz 1 ist auch für ein Grundstück

[Fassung ab EZ 2025:[2]]

§ 36 Sondervorschriften für die Hauptveranlagung 2025

(1) Auf den 1. Januar 2025 findet eine Hauptveranlagung der Grundsteuermessbeträge statt (Hauptveranlagung 2025)

(2) ¹Die in der Hauptveranlagung 2025 festgesetzten Steuermessbeträge

[1] Abschnittsüberschrift eingef. durch G v. 26.11.2019 (BGBl. I S. 1794).

[2] § 36 neu gef. durch G v. 26.11.2019 (BGBl. I S. 1794); Abs. 3 angef. durch G v. 21.12.2020 (BGBl. I S. 3096).

[3] § 36 Abs. 1 Satz 1 geänd. durch G v. 22.12.1999 (BGBl. I S. 2601).

[Fassung bis EZ 2024:]

eines gemeinnützigen Wohnungs- oder Siedlungsunternehmens zu gewähren, wenn die folgenden Voraussetzungen sämtlich erfüllt sind:

1. Der Kriegsbeschädigte muß für die Zuweisung des Grundstücks die Kapitalabfindung an das Wohnungs- oder Siedlungsunternehmen bezahlt haben.
2. Er muß entweder mit dem Unternehmen einen Mietvertrag mit Kaufanwartschaft in der Weise abgeschlossen haben, daß er zur Miete wohnt, bis das Eigentum an dem Grundstück von ihm erworben ist, oder seine Rechte als Mieter müssen durch den Mietvertrag derart geregelt sein, daß das Mietverhältnis dem Eigentumserwerb fast gleichkommt.
3. Es muß sichergestellt sein, daß die Steuervergünstigung in vollem Umfang dem Kriegsbeschädigten zugute kommt.

(3) [1] Lagen die Voraussetzungen des Absatzes 1 oder des Absatzes 2 bei einem verstorbenen Kriegsbeschädigten zur Zeit seines Todes vor und hat seine Witwe das Grundstück ganz oder teilweise geerbt, so ist auch der Witwe die Steuervergünstigung zu gewähren, wenn sie in dem Grundstück wohnt. [2] Verheiratet sich die Witwe wieder, so fällt die Steuervergünstigung weg.

[Fassung ab EZ 2025:]

gelten abweichend von § 16 Absatz 2 vorbehaltlich der §§ 17 bis 20 mit Wirkung von dem am 1. Januar 2025 beginnenden Kalenderjahr an. [2] Der Beginn dieses Kalenderjahres ist der Hauptveranlagungszeitpunkt.

(3) [1] Bescheide über die Hauptveranlagung können schon vor dem Hauptveranlagungszeitpunkt erteilt werden. [2] § 21 Satz 2 ist entsprechend anzuwenden.

[bis EZ 2024:[1)]]

§ 37 Sondervorschriften für die Hauptveranlagung 1974

(1) Auf den 1. Januar 1974 findet eine Hauptveranlagung der Grundsteuermeßbeträge statt (Hauptveranlagung 1974).

[ab EZ 2025:[2)]]

§ 37 Anwendung des Gesetzes

(1) Diese Fassung des Gesetzes gilt erstmals für die Grundsteuer des Kalenderjahres 2025.

---

1) § 37 Abs. 1 Satz 2 und Abs. 4 aufgeh. durch G v. 22.12.1999 (BGBl. I S. 2601).

2) Bish. § 37 aufgeh., bish. § 38 wird § 37 und Abs. 1 geänd., Abs. 2 angef. durch G v. 26.11.2019 (BGBl. I S. 1794); Abs. 3 angef. durch G v. 30.11.2019 (BGBl. I S. 1875).

[bis EZ 2024:]

(2) [1]Die Hauptveranlagung 1974 gilt mit Wirkung von dem am 1. Januar 1974 beginnenden Kalenderjahr

[ab EZ 2025:]

(2) Für die Grundsteuer bis einschließlich zum Kalenderjahr 2024 findet das Grundsteuergesetz in der

(Fortsetzung nächstes Blatt)

180. Bewertungsgesetz (BewG) [1) 2)3)]

In der Fassung der Bekanntmachung vom 1. Februar 1991[4)]
(BGBl. I S. 230)

FNA 610-7

geänd. durch Art. 8 Steueränderungsgesetz 1991 v. 24.6.1991 (BGBl. I S. 1322), Art. 13 Steueränderungsgesetz 1992 v. 25.2.1992 (BGBl. I S. 297), Art. 3 Zinsabschlaggesetz v. 9.11.1992 (BGBl. I S. 1853), Art. 24 Gesetz zur Umsetzung des Föderalen Konsolidierungsprogramms v. 23.6.1993 (BGBl. I S. 944), Art. 9 Standortsicherungsgesetz v. 13.9.1993 (BGBl. I S. 1569), Art. 14 Mißbrauchsbekämpfungs- und Steuerbereinigungsgesetz v. 21.12.1993 (BGBl. I S. 2310), Art. 28 Pflege-Versicherungsgesetz v. 26.5.1994 (BGBl. I S. 1014), Art. 26 Agrarsozialreformgesetz 1995 v. 29.7.1994 (BGBl. I S. 1890), Art. 12 Abs. 38 Postneuordnungsgesetz v. 14.9.1994 (BGBl. I S. 2325, ber. BGBl. I 1996 S. 103), Art. 6 Entschädigungs- und Ausgleichsleistungsgesetz v. 27.9.1994 (BGBl. I S. 2624), Art. 22 Jahressteuergesetz 1996 v. 11.10.1995 (BGBl. I S. 1250), Art. 6 Gesetz zur Neuregelung der steuerrechtlichen Wohneigentumsförderung v. 15.12.1995 (BGBl. I S. 1783), Art. 1 Jahressteuergesetz 1997 v. 20.12.1996 (BGBl. I S. 2049), Art. 6 Gesetz zur Fortsetzung der Unternehmenssteuerreform v. 29.10.1997 (BGBl. I S. 2590), Art. 2 Gesetz zur Anpassung steuerlicher Vorschriften der Land- und Forstwirtschaft v. 29.6.1998 (BGBl. I S. 1692), Art. 17 Steuer-Euroglättungsgesetz v. 19.12.2000 (BGBl. I S. 1790), Art. 20 Gesetz zur Reform des Wohnungsbaurechts v. 13.9.2001 (BGBl. I S. 2376), Art. 105 Siebente Zuständigkeitsanpassungsverordnung v. 29.10.2001 (BGBl. I S. 2785), Art. 1 ÄndG v. 10.12.2001 (BGBl. I S. 3435), Art. 14 Steueränderungsgesetz 2001 v. 20.12.2001 (BGBl. I S. 3794), Art. 115 Neunte Zuständigkeitsanpassungsverordnung v. 31.10.2006 (BGBl. I S. 2407), Art. 8 Gesetz über steuerliche Begleitmaßnahmen zur Einführung der Europäischen Gesellschaft und zur Änderung weiterer steuerrechtlicher Vorschriften (SEStEG) v. 7.12.2006 (BGBl. I S. 2782), Art. 18 Jahressteuergesetz 2007[5)] v. 13.12.2006 (BGBl. I S. 2878), Art. 13a Nr. 1 Finanzmarktrichtlinie-Umsetzungsgesetz v. 16.7.2007 (BGBl. I S. 1330), Art. 21 Jahressteuergesetz 2008 v. 20.12.2007 (BGBl. I S. 3150), Art. 2 und 3 Erbschaftsteuerreformgesetz 2009 v. 24.12.2008 (BGBl. I S. 3018), Art. 13 Jahressteuergesetz 2010 (JStG 2010) v. 8.12.2010 (BGBl. I S. 1768), Art. 7 Steuervereinfachungsgesetz 2011 v. 1.11.2011 (BGBl. I S. 2131), Art. 10 Gesetz zur Umsetzung der Beitreibungsrichtlinie sowie zur Änderung steuerlicher Vorschriften (Beitreibungsrichtlinie-Umsetzungsgesetz – BeitrRLUmsG) v. 7.12.2011 (BGBl. I S. 2592), Art. 13 Abs. 3 Gesetz zur Neuordnung der Organisation der landwirtschaftlichen Sozialversicherung (LSV-Neuordnungsgesetz – LSV-NOG) v. 12.4.2012 (BGBl. I S. 579), Art. 20 Gesetz zur Umsetzung der Amtshilferichtlinie sowie zur Änderung steuerlicher Vorschriften (Amtshilferichtlinie-Umsetzungsgesetz – AmtshilfeRLUmsG) v. 26.6.2013 (BGBl. I S. 1809), Art. 3 Gesetz zur Anpassung des Investmentsteuergesetzes und anderer Gesetze an das AIFM-Umsetzungsgesetz (AIFM-Steuer-Anpassungsgesetz – AIFM-StAnpG) v. 18.12.2013 (BGBl. I S. 4318), Art. 6 Gesetz zur Anpassung steuerlicher Regelungen an die Rechtsprechung des Bundesverfassungsgerichts v. 18.7.2014 (BGBl. I S. 1042), Art. 231 Zehnte Zuständigkeitsanpassungsverordnung v. 31.8.2015 (BGBl. I S. 1474), Art. 9 Steueränderungsgesetz 2015 v. 2.11.2015 (BGBl. I S. 1834), Art. 2 Gesetz zur Anpassung des Erbschaftsteuer- und Schenkungsteuergesetzes an die Rechtsprechung des Bundesverfassungsgerichts v. 4.11.2016 (BGBl. I S. 2464), Urteil des BVerfG – 1 BvL 11/14, 1 BvL 12/14, 1 BvL 1/15, 1 BvR 639/11, 1 BvR 889/12 – v. 10.4.2018 (BGBl. I S. 531), Art. 1 und 2 Gesetz zur Reform des Grundsteuer- und Bewertungsrechts (Grundsteuer-Reformgesetz – GrStRefG) v. 26.11. 2019 (BGBl. I S. 1794), Art. 25 Gesetz zur weiteren steuerlichen Förderung der Elektromobilität und zur Änderung weiterer steuerlicher Vorschriften v. 12.12.2019 (BGBl. I S. 2451) und Art. 30 Jahressteuergesetz 2020 (JStG 2020) v. 21.12.2020 (BGBl. I S. 3096)

[1)] Zur Anwendung siehe § 265 und § 266.

[2)] Die Änderungen durch G v. 26.11.2019 (BGBl. I S. 1794) treten teilweise erst **mWv 1.1.2025** in Kraft und sind insoweit im Text noch nicht berücksichtigt.

[3)] Zu abweichendem Landesrecht siehe u.a.:
– **Baden-Württemberg:** Gesetz zur Regelung einer Landesgrundsteuer (Landesgrundsteuergesetz – LGrStG).

[4)] Neubekanntmachung des BewG idF der Bek. v. 30.5.1985 (BGBl. I S. 845) in der ab 1.1.1991 geltenden Fassung.

[5)] Die Änderungen von „vom Hundert" bzw. „Hundertsatz/Hundertsätze" in „Prozent" bzw. „Prozentsatz/Prozentsätze" durch das JStG 2007 sind durchgeführt, aber nicht im Einzelnen nachgewiesen.

Nichtamtliche Inhaltsübersicht

Erster Teil. Allgemeine Bewertungsvorschriften

Zweiter Teil. Besondere Bewertungsvorschriften

Erster Abschnitt. Einheitsbewertung

A. Allgemeines

B. Land- und forstwirtschaftliches Vermögen

I. Allgemeines

§ 244[1)] Grundstück. (1) Jede wirtschaftliche Einheit des Grundvermögens bildet ein Grundstück im Sinne dieses Abschnitts.

(2) [1] Ein Anteil des Eigentümers eines Grundstücks an anderem Grundvermögen (zum Beispiel an gemeinschaftlichen Hofflächen oder Garagen) ist in die wirtschaftliche Einheit Grundstück einzubeziehen, wenn der Anteil zusammen mit dem Grundstück genutzt wird. [2] Das gilt nicht, wenn das gemeinschaftliche Grundvermögen nach den Anschauungen des Verkehrs als selbständige wirtschaftliche Einheit anzusehen ist (§ 2 Absatz 1 Satz 3 und 4).

(3) Als Grundstück gelten auch:
1. das Erbbaurecht zusammen mit dem Erbbaurechtsgrundstück,
2. ein Gebäude auf fremdem Grund und Boden zusammen mit dem dazugehörenden Grund und Boden,
3. jedes Wohnungseigentum und Teileigentum nach dem Wohnungseigentumsgesetz sowie
4. jedes Wohnungserbbaurecht und Teilerbbaurecht zusammen mit dem anteiligen belasteten Grund und Boden.

§ 245[2)] Gebäude, Gebäudeteile und Anlagen für den Zivilschutz. Gebäude, Gebäudeteile und Anlagen, die wegen der in § 1 des Zivilschutz- und Katastrophenhilfegesetzes bezeichneten Zwecke geschaffen worden sind und im Frieden nicht oder nur gelegentlich oder geringfügig für andere Zwecke benutzt werden, bleiben bei der Ermittlung des Grundsteuerwerts außer Betracht.

II. Unbebaute Grundstücke

§ 246[2)] Begriff der unbebauten Grundstücke. (1) [1] Unbebaute Grundstücke sind Grundstücke, auf denen sich keine benutzbaren Gebäude befinden. [2] Die Benutzbarkeit beginnt zum Zeitpunkt der Bezugsfertigkeit. [3] Gebäude sind als bezugsfertig anzusehen, wenn den zukünftigen Bewohnern oder sonstigen vorgesehenen Benutzern die bestimmungsgemäße Gebäudenutzung zugemutet werden kann. [4] Nicht entscheidend für den Zeitpunkt der Bezugsfertigkeit ist die Abnahme durch die Bauaufsichtsbehörde.

(2) [1] Befinden sich auf dem Grundstück Gebäude, die auf Dauer keiner Nutzung zugeführt werden können, so gilt das Grundstück als unbebaut. [2] Als unbebaut gilt auch ein Grundstück, auf dem infolge von Zerstörung oder Verfall der Gebäude auf Dauer kein benutzbarer Raum mehr vorhanden ist.

§ 247[2)] Bewertung der unbebauten Grundstücke. (1) Der Grundsteuerwert unbebauter Grundstücke ermittelt sich regelmäßig durch Multiplikation ihrer Fläche mit dem jeweiligen Bodenrichtwert (§ 196 des Baugesetzbuchs[3)]).

(2) Die Bodenrichtwerte sind von den Gutachterausschüssen im Sinne der §§ 192 ff. des Baugesetzbuchs auf den Hauptfeststellungzeitpunkt zu ermitteln, zu veröffentlichen und nach amtlich vorgeschriebenem Datensatz durch Datenfernübertragung an die zuständigen Finanzbehörden zu übermitteln.

[1)] 7. Abschnitt (§§ 218–263) eingef. durch G v. 26.11.2019 (BGBl. I S. 1794); zur Anwendung siehe § 266; Abs. 3 Nr. 4 neu gef. mWv 29.12.2020 durch G v. 21.12.2020 (BGBl. I S. 3096).

[2)] 7. Abschnitt (§§ 218–263) eingef. durch G v. 26.11.2019 (BGBl. I S. 1794); zur Anwendung siehe § 266.

[3)] Nr. **200**.

(3) Wird von den Gutachterausschüssen im Sinne der §§ 192 ff. des Baugesetzbuchs kein Bodenrichtwert ermittelt, ist der Wert des unbebauten Grundstücks aus den Werten vergleichbarer Flächen abzuleiten.

III. Bebaute Grundstücke

§ 248[1)] Begriff der bebauten Grundstücke. [1] Bebaute Grundstücke sind Grundstücke, auf denen sich benutzbare Gebäude befinden. [2] Wird ein Gebäude in Bauabschnitten errichtet, ist der bezugsfertige Teil als benutzbares Gebäude anzusehen.

§ 249[1)] Grundstücksarten. (1) Bei der Bewertung bebauter Grundstücke sind die folgenden Grundstücksarten zu unterscheiden:
1. Einfamilienhäuser,
2. Zweifamilienhäuser,
3. Mietwohngrundstücke,
4. Wohnungseigentum,
5. Teileigentum,
6. Geschäftsgrundstücke,
7. gemischt genutzte Grundstücke und
8. sonstige bebaute Grundstücke.

(2) [1] Einfamilienhäuser sind Wohngrundstücke, die eine Wohnung enthalten und kein Wohnungseigentum sind. [2] Ein Grundstück gilt auch dann als Einfamilienhaus, wenn es zu weniger als 50 Prozent der Wohn- und Nutzfläche zu anderen als Wohnzwecken mitbenutzt und dadurch die Eigenart als Einfamilienhaus nicht wesentlich beeinträchtigt wird.

(3) [1] Zweifamilienhäuser sind Wohngrundstücke, die zwei Wohnungen enthalten und kein Wohnungseigentum sind. [2] Ein Grundstück gilt auch dann als Zweifamilienhaus, wenn es zu weniger als 50 Prozent der Wohn- und Nutzfläche zu anderen als Wohnzwecken mitbenutzt und dadurch die Eigenart als Zweifamilienhaus nicht wesentlich beeinträchtigt wird.

(4) Mietwohngrundstücke sind Grundstücke, die zu mehr als 80 Prozent der Wohn- und Nutzfläche Wohnzwecken dienen und nicht Ein- und Zweifamilienhäuser oder Wohnungseigentum sind.

(5) Wohnungseigentum ist das Sondereigentum an einer Wohnung in Verbindung mit dem Miteigentumsanteil an dem gemeinschaftlichen Eigentum, zu dem es gehört.

(6) Teileigentum ist das Sondereigentum an nicht zu Wohnzwecken dienenden Räumen eines Gebäudes in Verbindung mit dem Miteigentum an dem gemeinschaftlichen Eigentum, zu dem es gehört.

(7) Geschäftsgrundstücke sind Grundstücke, die zu mehr als 80 Prozent der Wohn- und Nutzfläche eigenen oder fremden betrieblichen oder öffentlichen Zwecken dienen und nicht Teileigentum sind.

(8) Gemischt genutzte Grundstücke sind Grundstücke, die teils Wohnzwecken, teils eigenen oder fremden betrieblichen oder öffentlichen Zwecken

---

[1)] 7. Abschnitt (§§ 218–263) eingef. durch G v. 26.11.2019 (BGBl. I S. 1794); zur Anwendung siehe § 266.

dienen und nicht Ein- und Zweifamilienhäuser, Mietwohngrundstücke, Wohnungseigentum, Teileigentum oder Geschäftsgrundstücke sind.

(9) Sonstige bebaute Grundstücke sind solche Grundstücke, die nicht unter die Absätze 2 bis 8 fallen.

(10) [1] Eine Wohnung ist in der Regel die Zusammenfassung mehrerer Räume, die in ihrer Gesamtheit so beschaffen sein müssen, dass die Führung eines selbständigen Haushalts möglich ist. [2] Die Zusammenfassung der Räume muss eine von anderen Wohnungen oder Räumen, insbesondere Wohnräumen, baulich getrennte, in sich abgeschlossene Wohneinheit bilden und einen selbständigen Zugang haben. [3] Daneben ist erforderlich, dass die für die Führung eines selbständigen Haushalts notwendigen Nebenräume (Küche, Bad oder Dusche, Toilette) vorhanden sind. [4] Die Wohnfläche soll mindestens 20 Quadratmeter betragen.

§ 250[1)] Bewertung der bebauten Grundstücke. (1) Der Grundsteuerwert bebauter Grundstücke ist nach dem Ertragswertverfahren (Absatz 2) oder dem Sachwertverfahren (Absatz 3) zu ermitteln.

(2) Im Ertragswertverfahren nach den §§ 252 bis 257 sind zu bewerten:

1. Einfamilienhäuser,
2. Zweifamilienhäuser,
3. Mietwohngrundstücke,
4. Wohnungseigentum.

(3) Im Sachwertverfahren nach den §§ 258 bis 260 sind zu bewerten:

1. Geschäftsgrundstücke,
2. gemischt genutzte Grundstücke,
3. Teileigentum,
4. sonstige bebaute Grundstücke.

§ 251[1)] Mindestwert. [1] Der für ein bebautes Grundstück anzusetzende Wert darf nicht geringer sein als 75 Prozent des Werts, mit dem der Grund und Boden allein als unbebautes Grundstück zu bewerten wäre (§ 247). [2] Bei der Bewertung von Ein- und Zweifamilienhäusern im Sinne des § 249 Absatz 2 und 3 ist bei der Ermittlung des Mindestwerts § 257 Absatz 1 Satz 2 anzuwenden.

§ 252[1)] Bewertung im Ertragswertverfahren. [1] Im Ertragswertverfahren ermittelt sich der Grundsteuerwert aus der Summe des kapitalisierten Reinertrags nach § 253 (Barwert des Reinertrags) und des abgezinsten Bodenwerts nach § 257. [2] Mit dem Grundsteuerwert sind die Werte für den Grund und Boden, die Gebäude, die baulichen Anlagen, insbesondere Außenanlagen, und die sonstigen Anlagen abgegolten.

§ 253[1)] Ermittlung des kapitalisierten Reinertrags. (1) [1] Zur Ermittlung des kapitalisierten Reinertrags ist vom Reinertrag des Grundstücks auszugehen. [2] Dieser ergibt sich aus dem Rohertrag des Grundstücks (§ 254) abzüglich der Bewirtschaftungskosten (§ 255).

[1)] 7. Abschnitt (§§ 218–263) eingef. durch G v. 26.11.2019 (BGBl. I S. 1794); zur Anwendung siehe § 266.

(2) [1]Der Reinertrag des Grundstücks ist mit dem sich aus Anlage 37 ergebenden Vervielfältiger zu kapitalisieren. [2]Maßgebend für den Vervielfältiger sind der Liegenschaftszinssatz nach § 256 und die Restnutzungsdauer des Gebäudes. [3]Die Restnutzungsdauer ist grundsätzlich der Unterschiedsbetrag zwischen der wirtschaftlichen Gesamtnutzungsdauer, die sich aus Anlage 38 ergibt, und dem Alter des Gebäudes am Bewertungsstichtag. [4]Sind nach der Bezugsfertigkeit des Gebäudes Veränderungen eingetreten, die die wirtschaftliche Gesamtnutzungsdauer des Gebäudes wesentlich verlängert haben, ist von einer der Verlängerung entsprechenden Restnutzungsdauer auszugehen. [5]Die Restnutzungsdauer eines noch nutzbaren Gebäudes beträgt mindestens 30 Prozent der wirtschaftlichen Gesamtnutzungsdauer. [6]Bei einer bestehenden Abbruchverpflichtung für das Gebäude ist die Restnutzungsdauer abweichend von den Sätzen 3 bis 5 auf den Unterschiedsbetrag zwischen der tatsächlichen Gesamtnutzungsdauer und dem Alter des Gebäudes am Bewertungsstichtag begrenzt.

§ 254[1)] Rohertrag des Grundstücks. Der jährliche Rohertrag des Grundstücks ergibt sich aus den in Anlage 39 nach Land, Gebäudeart, Wohnfläche und Baujahr des Gebäudes angegebenen monatlichen Nettokaltmieten je Quadratmeter Wohnfläche einschließlich der in Abhängigkeit der Mietniveaustufen festgelegten Zu- und Abschläge.

§ 255[1)] Bewirtschaftungskosten. [1]Als Bewirtschaftungskosten werden die bei ordnungsgemäßer Bewirtschaftung und zulässiger Nutzung marktüblich entstehenden jährlichen Verwaltungskosten, Betriebskosten, Instandhaltungskosten und das Mietausfallwagnis berücksichtigt, die nicht durch Umlagen oder sonstige Kostenübernahmen gedeckt sind. [2]Sie ergeben sich aus den pauschalierten Erfahrungssätzen nach Anlage 40.

§ 256[1)] Liegenschaftszinssätze. (1) [1]Liegenschaftszinssätze sind die Zinssätze, mit denen der Wert von Grundstücken abhängig von der Grundstücksart durchschnittlich und marktüblich verzinst wird. [2]Bei der Bewertung bebauter Grundstücke gelten die folgenden Zinssätze:

1. 2,5 Prozent für Ein- und Zweifamilienhäuser,
2. 3,0 Prozent für Wohnungseigentum,
3. 4,0 Prozent für Mietwohngrundstücke mit bis zu sechs Wohnungen,
4. 4,5 Prozent für Mietwohngrundstücke mit mehr als sechs Wohnungen.

(2) [1]Bei der Bewertung von Ein- und Zweifamilienhäusern im Sinne des § 249 Absatz 2 und 3 verringert sich der Zinssatz nach Absatz 1 Satz 2 Nummer 1 um jeweils 0,1 Prozentpunkte für jede vollen 100 Euro, die der Bodenrichtwert oder der Bodenwert nach § 247 Absatz 3 je Quadratmeter den Betrag von 500 Euro je Quadratmeter übersteigt. [2]Ab einem Bodenrichtwert oder Bodenwert nach § 247 Absatz 3 je Quadratmeter in Höhe von 1 500 Euro je Quadratmeter beträgt der Zinssatz für Ein- und Zweifamilienhäuser einheitlich 1,5 Prozent.

(3) [1]Bei der Bewertung von Wohnungseigentum im Sinne des § 249 Absatz 5 verringert sich der Zinssatz nach Absatz 1 Satz 2 Nummer 1 um jeweils 0,1

[1)] 7. Abschnitt (§§ 218–263) eingef. durch G v. 26.11.2019 (BGBl. I S. 1794); zur Anwendung siehe § 266.

Prozentpunkte für jede vollen 100 Euro, die der Bodenrichtwert oder der Bodenwert nach § 247 Absatz 3 je Quadratmeter den Betrag von 2 000 Euro je Quadratmeter übersteigt. [2] Ab einem Bodenrichtwert oder Bodenwert nach § 247 Absatz 3 je Quadratmeter in Höhe von 3 000 Euro je Quadratmeter beträgt der Zinssatz für Wohnungseigentum einheitlich 2 Prozent.

§ 257[1)] Ermittlung des abgezinsten Bodenwerts. (1) [1] Zur Ermittlung des abgezinsten Bodenwerts ist vom Bodenwert nach § 247 auszugehen. [2] Bei der Bewertung von Ein- und Zweifamilienhäusern im Sinne des § 249 Absatz 2 und 3 sind zur Berücksichtigung abweichender Grundstücksgrößen beim Bodenwert die Umrechnungskoeffizienten nach Anlage 36 anzuwenden.

(2) [1] Der Bodenwert nach Absatz 1 ist mit Ausnahme des Werts von selbständig nutzbaren Teilflächen nach Absatz 3 mit dem sich aus Anlage 41 ergebenden Abzinsungsfaktor abzuzinsen. [2] Der jeweilige Abzinsungsfaktor bestimmt sich nach dem Liegenschaftszinssatz nach § 256 und der Restnutzungsdauer des Gebäudes nach § 253 Absatz 2 Satz 3 bis 6.

(3) Eine selbständig nutzbare Teilfläche ist ein Teil eines Grundstücks, der für die angemessene Nutzung der Gebäude nicht benötigt wird und selbständig genutzt oder verwertet werden kann.

§ 258[1)] Bewertung im Sachwertverfahren. (1) Bei Anwendung des Sachwertverfahrens ist der Wert der Gebäude (Gebäudesachwert) getrennt vom Bodenwert zu ermitteln.

(2) Der Bodenwert ist der Wert des unbebauten Grundstücks nach § 247.

(3) [1] Die Summe aus Bodenwert (§ 247) und Gebäudesachwert (§ 259) ergibt den vorläufigen Sachwert des Grundstücks. [2] Dieser ist zur Ermittlung des Grundsteuerwerts im Sachwertverfahren mit der Wertzahl nach § 260 zu multiplizieren. [3] Mit dem Grundsteuerwert sind die Werte für den Grund und Boden, die Gebäude, die baulichen Anlagen, insbesondere Außenanlagen, und die sonstigen Anlagen abgegolten.

§ 259[1)] Ermittlung des Gebäudesachwerts. (1) Bei der Ermittlung des Gebäudesachwerts ist von den Normalherstellungskosten des Gebäudes in Anlage 42 auszugehen.

(2) Der Gebäudenormalherstellungswert ergibt sich durch Multiplikation der jeweiligen nach Absatz 3 an den Hauptfeststellungszeitpunkt angepassten Normalherstellungskosten mit der Brutto-Grundfläche des Gebäudes.

(3) [1] Die Anpassung der Normalherstellungskosten erfolgt anhand der vom Statistischen Bundesamt veröffentlichten Baupreisindizes. [2] Dabei ist auf die Preisindizes für die Bauwirtschaft abzustellen, die das Statistische Bundesamt für den Neubau in konventioneller Bauart von Wohn- und Nichtwohngebäuden jeweils für das Vierteljahr vor dem Hauptfeststellungzeitpunkt ermittelt hat. [3] Diese Preisindizes sind für alle Bewertungsstichtage des folgenden Hauptfeststellungszeitraums anzuwenden. [4] Das Bundesministerium der Finanzen veröffentlicht die maßgebenden Baupreisindizes im Bundessteuerblatt.

(4) [1] Vom Gebäudenormalherstellungswert ist eine Alterswertminderung abzuziehen. [2] Die Alterswertminderung ergibt sich durch Multiplikation des

---

[1)] 7. Abschnitt (§§ 218–263) eingef. durch G v. 26.11.2019 (BGBl. I S. 1794); zur Anwendung siehe § 266.

Gebäudenormalherstellungswerts mit dem Verhältnis des Alters des Gebäudes am Bewertungsstichtag zur wirtschaftlichen Gesamtnutzungsdauer nach Anlage 38. [3] Sind nach Bezugsfertigkeit des Gebäudes Veränderungen eingetreten, die die wirtschaftliche Gesamtnutzungsdauer des Gebäudes wesentlich verlängert haben, ist von einem der Verlängerung entsprechenden späteren Baujahr auszugehen. [4] Der nach Abzug der Alterswertminderung verbleibende Gebäudewert ist mit mindestens 30 Prozent des Gebäudenormalherstellungswerts anzusetzen. [5] Bei bestehender Abbruchverpflichtung für das Gebäude ist die Alterswertminderung abweichend von den Sätzen 2 bis 4 auf das Verhältnis des Alters des Gebäudes am Bewertungsstichtag zur tatsächlichen Gesamtnutzungsdauer begrenzt.

§ 260[1)] **Wertzahlen.** Zur Ermittlung des Grundsteuerwerts ist der vorläufige Sachwert des Grundstücks im Sinne des § 258 Absatz 3 mit der sich aus Anlage 43 ergebenden Wertzahl zu multiplizieren.

IV. Sonderfälle

§ 261[2)] **Erbbaurecht.** [1] Bei Erbbaurechten ist für das Erbbaurecht und das Erbbaurechtsgrundstück ein Gesamtwert nach den §§ 243 bis 260 zu ermitteln, der festzustellen wäre, wenn die Belastung mit dem Erbbaurecht nicht bestünde. [2] Der ermittelte Wert ist dem Erbbauberechtigten zuzurechnen. [3] Für Wohnungserbbaurechte und Teilerbbaurechte gelten die Sätze 1 und 2 entsprechend.

§ 262[1)] **Gebäude auf fremdem Grund und Boden.** [1] Bei einem Gebäude auf fremdem Grund und Boden ist für den Grund und Boden sowie für das Gebäude auf fremdem Grund und Boden ein Gesamtwert nach den §§ 243 bis 260 zu ermitteln. [2] Der ermittelte Wert ist dem Eigentümer des Grund und Bodens zuzurechnen.

V. Ermächtigungen

§ 263[1)] **Ermächtigungen.** (1) [1] Das Bundesministerium der Finanzen wird ermächtigt, durch Rechtsverordnung mit Zustimmung des Bundesrates die folgenden Anlagen zu ändern:

1. die Anlagen 27 bis 33 durch Anpassung der darin aufgeführten Bewertungsfaktoren und Zuschläge zum Reinertrag an die Ergebnisse der Erhebungen nach § 2 des Landwirtschaftsgesetzes oder an die Erhebungen der Finanzverwaltung zum nächsten Feststellungszeitpunkt,
2. im Einvernehmen mit dem Bundesministerium für Ernährung und Landwirtschaft die Anlagen 34 und 35 durch Anpassung des darin aufgeführten Umrechnungsschlüssels und der Gruppen der Zweige eines Tierbestands an geänderte wirtschaftliche oder technische Entwicklungen und
3. die Anlagen 36 bis 43 durch Anpassung der darin aufgeführten Bewertungsfaktoren des Ertrags- und Sachwertverfahrens an geänderte wirtschaftliche oder technische Verhältnisse.

[1)] 7. Abschnitt (§§ 218–263) eingef. durch G v. 26.11.2019 (BGBl. I S. 1794); zur Anwendung siehe § 266.

[2)] § 261 eingef. durch G v. 26.11.2019 (BGBl. I S. 1794); zur Anwendung siehe § 266; Satz 3 angef. mWv 29.12.2020 durch G v. 21.12.2020 (BGBl. I S. 3096).

[2] In der jeweiligen Rechtsverordnung kann das Bundesministerium der Finanzen zur Sicherstellung der Gleichmäßigkeit der Besteuerung, insbesondere zur Sicherstellung einer relations- und realitätsgerechten Abbildung der Grundsteuerwerte, anordnen, dass ab dem nächsten Feststellungszeitpunkt Grundsteuerwerte unter Berücksichtigung der tatsächlichen Verhältnisse und der geänderten Wertverhältnisse durch Anwendung der jeweils angepassten Anlagen 27 bis 43 festgestellt werden.

(Fortsetzung nächstes Blatt)

Land	Gebäudeart*	Wohnfläche** (je Wohnung)	Baujahr des Gebäudes bis 1948	1949 bis 1978	1979 bis 1990	1991 bis 2000	ab 2001
		von 60 m² bis unter 100 m²	5,21	5,27	5,14	5,62	6,04
		100 m² und mehr	5,03	5,09	4,96	5,43	5,81
	Mietwohngrundstück	unter 60 m²	6,37	6,44	6,27	6,86	7,37
		von 60 m² bis unter 100 m²	5,74	5,80	5,65	6,18	6,64
		100 m² und mehr	5,64	5,71	5,57	6,08	6,53
Schleswig-Holstein	Einfamilienhaus	unter 60 m²	6,57	6,90	7,00	7,20	7,64
		von 60 m² bis unter 100 m²	5,69	5,97	6,05	6,23	6,62
		100 m² und mehr	5,71	5,99	6,08	6,25	6,64
	Zweifamilienhaus	unter 60 m²	6,79	7,12	7,24	7,45	7,90
		von 60 m² bis unter 100 m²	5,75	6,04	6,13	6,31	6,69
		100 m² und mehr	5,55	5,82	5,91	6,08	6,45
	Mietwohngrundstück	unter 60 m²	6,80	7,15	7,26	7,46	7,92
		von 60 m² bis unter 100 m²	6,12	6,43	6,53	6,71	7,12
		100 m² und mehr	6,03	6,33	6,43	6,61	7,03
Thüringen	Einfamilienhaus	unter 60 m²	6,63	6,54	6,32	6,84	7,47
		von 60 m² bis unter 100 m²	5,74	5,67	5,47	5,92	6,46
		100 m² und mehr	5,76	5,69	5,49	5,94	6,48
	Zweifamilienhaus	unter 60 m²	6,48	6,39	6,17	6,69	7,29
		von 60 m² bis unter 100 m²	5,48	5,41	5,23	5,68	6,18
		100 m² und mehr	5,29	5,21	5,04	5,47	5,95
	Mietwohngrundstück	unter 60 m²	6,64	6,55	6,33	6,85	7,48
		von 60 m² bis unter 100 m²	5,98	5,89	5,70	6,17	6,73
		100 m² und mehr	5,89	5,80	5,61	6,07	6,62

* **Amtl. Anm.:** Für Wohnungseigentum gelten die Nettokaltmieten für Mietwohngrundstücke.

** **Amtl. Anm.:** Flächen, die zu anderen als Wohnzwecken genutzt werden, gelten als Wohnfläche. Für diese Flächen ist bei Mietwohngrundstücken die für Wohnungen mit einer Fläche unter 60 m² geltende monatliche Nettokaltmiete in Euro je Quadratmeter Nutzfläche (ohne Zubehörräume) anzusetzen. Bei Ein- und Zweifamilienhäusern sind diese Flächen zu der jeweiligen Wohnfläche zu addieren.

Nettokaltmiete – Festwert – für einen Garagenstellplatz (Einzelgarage/Tiefgarage)	35 EUR/Monat

II. Mietniveaustufen

Zur Berücksichtigung von Mietniveauunterschieden zwischen Gemeinden eines Landes sind die Nettokaltmieten zu I. durch folgende Ab- oder Zuschläge anzupassen:

Mietniveaustufe 1	– 22,5 %
Mietniveaustufe 2	– 10,0 %
Mietniveaustufe 3	+/– 0 %
Mietniveaustufe 4	+ 10,0 %
Mietniveaustufe 5	+ 20,0 %
Mietniveaustufe 6 und höher	+ 32,5 %

Die gemeindebezogene Einordnung in die Mietniveaustufen ergibt sich aus der Rechtsverordnung zur Durchführung des § 254 des Bewertungsgesetzes in der jeweils aktuellen Fassung.

Anlage 40[1)]
(zu § 255)

Bewirtschaftungskosten

Pauschalierte Bewirtschaftungskosten für Verwaltung, Instandhaltung und Mietausfallwagnis in Prozent des Rohertrags des Grundstücks nach § 254

Restnutzungsdauer	Grundstücksart		
	1	2	3
	Ein- und Zweifamilienhäuser	Wohnungseigentum	Mietwohngrundstück
≥ 60 Jahre	18	23	21
40 bis 59 Jahre	21	25	23
20 bis 39 Jahre	25	29	27
< 20 Jahre	27	31	29

Anlage 41[2)]
(zu § 257 Absatz 2)

Abzinsungsfaktoren

Restnutzungsdauer (Jahre)	Zinssatz										
	1,5 %	**1,6 %**	**1,7 %**	**1,8 %**	**1,9 %**	**2,0 %**	**2,1 %**	**2,2 %**	**2,3 %**	**2,4 %**	**2,5 %**
1	0,9852	0,9843	0,9833	0,9823	0,9814	0,9804	0,9794	0,9785	0,9775	0,9766	0,9756
2	0,9707	0,9688	0,9668	0,9649	0,9631	0,9612	0,9593	0,9574	0,9555	0,9537	0,9518
3	0,9563	0,9535	0,9507	0,9479	0,9451	0,9423	0,9396	0,9368	0,9341	0,9313	0,9286
4	0,9422	0,9385	0,9348	0,9311	0,9275	0,9238	0,9202	0,9166	0,9131	0,9095	0,9060
5	0,9283	0,9237	0,9192	0,9147	0,9102	0,9057	0,9013	0,8969	0,8925	0,8882	0,8839
6	0,9145	0,9092	0,9038	0,8985	0,8932	0,8880	0,8828	0,8776	0,8725	0,8674	0,8623
7	0,9010	0,8948	0,8887	0,8826	0,8766	0,8706	0,8646	0,8587	0,8528	0,8470	0,8413
8	0,8877	0,8807	0,8738	0,8670	0,8602	0,8535	0,8468	0,8402	0,8337	0,8272	0,8207
9	0,8746	0,8669	0,8592	0,8517	0,8442	0,8368	0,8294	0,8221	0,8149	0,8078	0,8007
10	0,8617	0,8532	0,8449	0,8366	0,8284	0,8203	0,8123	0,8044	0,7966	0,7889	0,7812
11	0,8489	0,8398	0,8307	0,8218	0,8130	0,8043	0,7956	0,7871	0,7787	0,7704	0,7621
12	0,8364	0,8266	0,8169	0,8073	0,7978	0,7885	0,7793	0,7702	0,7612	0,7523	0,7436

(Fortsetzung nächstes Blatt)

1) Anl. 40 angef. durch G v. 26.11.2019 (BGBl. I S. 1794); zur Anwendung siehe § 266; geänd. mWv 29.12.2020 durch G v. 21.12.2020 (BGBl. I S. 3096).
2) Anl. 41 angef. durch G v. 26.11.2019 (BGBl. I S. 1794); zur Anwendung siehe § 266.

198. Gesetz zur Sicherstellung ordnungsgemäßer Planungs- und Genehmigungsverfahren während der COVID-19 Pandemie (Planungssicherstellungsgesetz – PlanSiG) [1)2)]

Vom 20. Mai 2020
(BGBl. I S. 1041)

FNA 2129-66

geänd. durch Art. 7 Investitionen-BeschleunigungsG v. 3.12.2020 (BGBl. I S. 2694)

Der Bundestag hat mit Zustimmung des Bundesrates das folgende Gesetz beschlossen:

§ 1 [3)4)] **Anwendungsbereich.** Dieses Gesetz gilt für Verfahren nach

1.–3. *(hier nicht wiedergegeben)*

4. dem Baugesetzbuch[5)] in der Fassung der Bekanntmachung vom 3. November 2017 (BGBl. I S. 3634), das durch Artikel 6 des Gesetzes vom 27. März 2020 (BGBl. I S. 587) geändert worden ist;

5. dem Raumordnungsgesetz[6)] vom 22. Dezember 2008 (BGBl. I S. 2986), das zuletzt durch Artikel 2 Absatz 15 des Gesetzes vom 20. Juli 2017 (BGBl. I S. 2808) geändert worden ist;

6.–24. *(hier nicht wiedergegeben)*

§ 2 [4)] **Ortsübliche und öffentliche Bekanntmachungen.** (1) [1] Ist in Verfahren nach den in § 1 genannten Gesetzen eine ortsübliche oder öffentliche Bekanntmachung angeordnet und ist nach den dafür geltenden Vorschriften der Anschlag an einer Amtstafel oder die Auslegung zur Einsichtnahme vorgesehen, so können der Anschlag oder die Auslegung durch eine Veröffentlichung des Inhalts der Bekanntmachung im Internet ersetzt werden, wenn die jeweilige Bekanntmachungsfrist spätestens mit Ablauf des 31. März 2021 endet. [2] Zusätzlich hat zumindest eine Bekanntmachung in einem amtlichen Veröffentlichungsblatt oder einer örtlichen Tageszeitung zu erfolgen.

[1)] **Amtl. Anm.:** Dieses Gesetz dient der Umsetzung der Richtlinie 2011/92/EU des Europäischen Parlaments und des Rates vom 13. Dezember 2011 über die Umweltverträglichkeitsprüfung bei bestimmten öffentlichen und privaten Projekten (ABl. L 26 vom 28.1.2012, S. 1), die durch die Richtlinie 2014/52/EU (ABl. L 124 vom 25.4.2014, S. 1) geändert worden ist, Richtlinie 2010/75/EU des Europäischen Parlaments und des Rates vom 24. November 2010 über Industrieemissionen (integrierte Vermeidung und Verminderung der Umweltverschmutzung), (ABl. L 334 vom 17.12.2010, S. 17), Richtlinie 2001/42/EG des Europäischen Parlaments und des Rates vom 27. Juni 2001 über die Prüfung der Umweltauswirkungen bestimmter Pläne und Programme (ABl. L 197 vom 21.7.2001, S. 30), Richtlinie 2012/18/EU des Europäischen Parlaments und des Rates vom 4. Juli 2012 zur Beherrschung der Gefahren schwerer Unfälle mit gefährlichen Stoffen, zur Änderung und anschließenden Aufhebung der Richtlinie 96/82/EG des Rates (ABl. L 197 vom 24.7.2012, S. 1).

[2)] Das Gesetz tritt **mit Ablauf des 31.12.2025 außer Kraft**, mit Ausnahme der §§ 1–5, die bereits **mit Ablauf des 31.3.2021 außer Kraft** treten, vgl. § 7 Abs. 2.

[3)] § 1 Nr. 23 geänd., Nr. 24 angef. mWv 10.12.2020 durch G v. 3.12.2020 (BGBl. I S. 2694).

[4)] Beachte zum Außerkrafttreten § 7 Abs. 2 Satz 1.

[5)] Nr. **200**.

[6)] Nr. **100**.

(2) Für die Veröffentlichung im Internet gilt § 27a Absatz 1 Satz 2 und Absatz 2 des Verwaltungsverfahrensgesetzes entsprechend.

§ 3[1] Auslegung von Unterlagen oder Entscheidungen. (1) [1] Ist in Verfahren nach den in § 1 genannten Gesetzen eine Auslegung von Unterlagen oder Entscheidungen angeordnet, auf die nach den für die Auslegung geltenden Vorschriften nicht verzichtet werden kann, so kann die Auslegung durch eine Veröffentlichung im Internet ersetzt werden, wenn die jeweilige Auslegungsfrist spätestens mit Ablauf des 31. März 2021 endet. [2] Für die Veröffentlichung im Internet gilt § 27a Absatz 1 Satz 2 des Verwaltungsverfahrensgesetzes entsprechend. [3] In der Bekanntmachung der Auslegung ist darauf hinzuweisen, dass und wo die Veröffentlichung im Internet erfolgt. [4] Soweit Regelungen in den in § 1 genannten Gesetzen den Zugang über ein zentrales Internetportal vorsehen, bleiben diese unberührt. [5] Der Vorhabenträger hat Anspruch darauf, dass seine Betriebs- und Geschäftsgeheimnisse von der Behörde nicht unbefugt offenbart werden. [6] Er kann der Veröffentlichung im Internet widersprechen, wenn er die Gefährdung von Betriebs- oder Geschäftsgeheimnissen oder wichtiger Sicherheitsbelange befürchtet. [7] Widerspricht der Vorhabenträger der Veröffentlichung im Internet, hat die Behörde das Verfahren bis zu einer Auslegung auszusetzen.

(2) [1] Die angeordnete Auslegung soll daneben als zusätzliches Informationsangebot erfolgen, soweit dies nach Feststellung der zuständigen Behörde den Umständen nach möglich ist. [2] Unterbleibt eine Auslegung, hat die zuständige Behörde zusätzlich zur Veröffentlichung nach Absatz 1 Satz 1 andere leicht zu erreichende Zugangsmöglichkeiten, etwa durch öffentlich zugängliche Lesegeräte oder in begründeten Fällen durch Versendung zur Verfügung zu stellen. [3] Auf diese Zugangsmöglichkeiten ist in der Bekanntmachung nach § 2 Absatz 1 hinzuweisen.

(3) Die Behörde kann von einem Vorhabenträger verlangen, dass er die Unterlagen, die er bei der Behörde zum Zwecke der Bekanntmachung durch die Behörde einzureichen hat, in einem verkehrsüblichen elektronischen Format einreicht.

§ 4[1] Erklärungen zur Niederschrift. (1) In Verfahren nach den in § 1 genannten Gesetzen kann die Abgabe von Erklärungen zur Niederschrift bei der Behörde ausgeschlossen werden, wenn die jeweilige Erklärungsfrist spätestens mit Ablauf des 31. März 2021 endet und die zuständige Behörde festgestellt hat, dass innerhalb der Erklärungsfrist eine Entgegennahme zur Niederschrift nicht oder nur mit unverhältnismäßigem Aufwand möglich sein würde.

(2) [1] In Fällen des Absatzes 1 hat die zuständige Behörde einen Zugang für die Abgabe von elektronischen Erklärungen bereitzuhalten. [2] In den Bekanntmachungen, in denen sonst auf die Möglichkeit der Abgabe von Erklärungen zur Niederschrift hingewiesen wird, ist auf die Möglichkeit der Abgabe elektronischer Erklärungen und den Ausschluss der Abgabe von Erklärungen zur Niederschrift hinzuweisen.

§ 5[1] Erörterungstermine, mündliche Verhandlungen und Antragskonferenzen. (1) Ist in Verfahren nach den in § 1 genannten Gesetzen die Durchführung eines Erörterungstermins oder einer mündlichen Verhandlung in das

[1] Beachte zum Außerkraftreten § 7 Abs. 2 Satz 1.

Ermessen der Behörde gestellt, können bei der Ermessensentscheidung auch geltende Beschränkungen aufgrund der COVID-19-Pandemie und das Risiko der weiteren Ausbreitung des Virus berücksichtigt werden.

(2) Ist in Verfahren nach den in § 1 genannten Gesetzen die Durchführung eines Erörterungstermins oder einer mündlichen Verhandlung angeordnet, auf die nach den dafür geltenden Vorschriften nicht verzichtet werden kann, genügt eine Online-Konsultation nach Absatz 4.

(3) [1] Die zur Teilnahme an einem Erörterungstermin oder einer mündlichen Verhandlung Berechtigten sind von der Durchführung der ersatzweisen Online-Konsultation zu benachrichtigen. [2] § 73 Absatz 6 Satz 2 bis 4 des Verwaltungsverfahrensgesetzes gilt entsprechend.

(4) [1] Für die Online-Konsultation werden den zur Teilnahme Berechtigten die sonst im Erörterungstermin oder der mündlichen Verhandlung zu behandelnden Informationen zugänglich gemacht. [2] Ihnen ist innerhalb einer vorher bekannt zu machenden angemessenen Frist Gelegenheit zu geben, sich schriftlich oder elektronisch dazu zu äußern. [3] Die zuständige Behörde hat geeignete Vorkehrungen dafür zu treffen, dass nur die nach den Sätzen 1 und 2 Berechtigten Zugang zu der Online-Konsultation haben. [4] Die Regelungen über die Online-Konsultation lassen den bereits eingetretenen Ausschluss von Einwendungen unberührt. [5] § 3 Absatz 1 Sätze 5 bis 7 gelten entsprechend.

(5) [1] Die Online-Konsultation nach Absatz 4 kann mit Einverständnis der zur Teilnahme Berechtigten durch eine Telefon- oder Videokonferenz ersetzt werden. [2] Absatz 4 gilt mit Ausnahme von Satz 2 in diesem Fall entsprechend. [3] Über die Telefon- oder Videokonferenz ist ein Protokoll zu führen.

(6) In Verfahren nach den in § 1 genannten Gesetzen kann die zuständige Behörde anstelle der Durchführung einer Antragskonferenz Gelegenheit zur schriftlichen oder elektronischen Stellungnahme geben.

(7) § 3 Absatz 3 gilt entsprechend.

§ 6 Übergangsregelung. (1) [1] Die Regelungen dieses Gesetzes sind auch auf bereits vor Inkrafttreten dieses Gesetzes begonnene, aber noch nicht abgeschlossene Verfahren anwendbar. [2] Ein Verfahrensschritt, der bereits begonnen wurde, ist jedoch zu wiederholen, wenn er nach diesem Gesetz durchgeführt werden soll. [3] Abweichend von Satz 2 ist ein Verfahrensschritt, der bereits vor dem 16. März 2020 begonnen wurde, nicht zu wiederholen, wenn der Beteiligungsschritt in diesem Verfahrensschritt, der teilweise oder ganz entfallen oder erschwert worden ist, nach diesem Gesetz hätte entfallen können und lediglich der Hinweis auf das Unterbleiben einer einzelnen Beteiligungsmöglichkeit vorab nicht erteilt werden konnte.

(2) Für Verfahrensschritte, bei denen von einer Regelung nach den §§ 2 bis 5 Gebrauch gemacht worden ist und die mit Ablauf des 31. März 2021 noch nicht abgeschlossen sind, gelten die Bestimmungen dieses Gesetzes bis zum Abschluss des jeweiligen Verfahrensschrittes weiter.

(3) [1] Die für die in § 1 genannten Verfahren geltenden Fehlerfolgenregelungen sind entsprechend anzuwenden und bleiben im Übrigen unberührt. [2] Fehler bei Bekanntmachungen haben keine Auswirkung auf die Rechtmäßigkeit der Verfahren, wenn der Hinweiszweck der Bekanntmachung erfüllt ist.

§ 7 Inkrafttreten, Außerkrafttreten. (1) Dieses Gesetz tritt am Tag nach der Verkündung[1] in Kraft.

(2) [1] Die §§ 1 bis 5 des Planungssicherstellungsgesetzes treten mit Ablauf des 31. März 2021 außer Kraft. [2] Im Übrigen tritt das Gesetz mit Ablauf des 31. Dezember 2025 außer Kraft.

[1] Verkündet am 28.5.2020.

200. Baugesetzbuch (BauGB) [1)2)]

In der Fassung der Bekanntmachung vom 3. November 2017[3)]

(BGBl. I S. 3634)

FNA 213-1

geänd. durch Art. 2 HochwasserschutzG II v. 30.6.2017 (BGBl. I S. 2193), Art. 6 G zum Schutz der Bevölkerung bei einer epidemischen Lage von nationaler Tragweite v. 27.3.2020 (BGBl. I S. 587) und Art. 2 G zur Vereinheitlichung des Energieeinsparrechts für Gebäude und zur Änd. weiterer Gesetze v. 8.8.2020 (BGBl. I S. 1728)

Zum BauGB haben die **Länder** ua folgende Vorschriften erlassen:

- **Baden-Württemberg:** AusführungsG zum BauGB v. 23.6.2009 (GBl. S. 251); Gutachterausschuß-VO v. 11.12.1989 (GBl. S. 541), zuletzt geänd. durch VO v. 7.5.2020 (GBl. S. 261); DurchführungsVO zum BauGB v. 2.3.1998 (GBl. S. 185), zuletzt geänd. durch VO v. 23.2.2017 (GBl. S. 99);
- **Bayern:** AusführungsG zum Bau- und RaumordnungsG 1998 v. 9.5.1998 (GVBl. S. 242); UmlegungsausschussVO v. 18.1.1961 (BayRS III S. 483), zuletzt geänd. durch V v. 30.9.2014 (GVBl S. 411); Gerichtliche ZuständigkeitsVO Justiz v. 11.6.2012 (GVBl. S. 295), zuletzt geänd. durch V v. 24.11.2020 (GVBl. S. 654); GutachterausschussVO v. 5.4.2005 (GVBl. S. 88), zuletzt geänd. durch V v. 26.3.2019 (GVBl. S. 98); Bauwesen-ZuständigkeitsVO v. 5.7.1994 (GVBl. S. 573), zuletzt geänd. durch V v. 16.6.2020 (GVBl. S. 310);
- **Berlin:** BauGB-AusführungsG idF der Bek. v. 7.11.1999 (GVBl. S. 578), zuletzt geänd. durch G v. 12.10.2020 (GVBl. S. 807); BauGB-DurchführungsVO v. 5.6.2018 (GVBl. S. 407), geänd. durch VO v. 15.12.2020 (GVBl. S. 1506); ErschließungsbeitragsG v. 12.7.1995 (GVBl. S. 444), zuletzt geänd. durch G v. 12.10.2020 (GVBl. S. 807);
- **Brandenburg:** UmlegungsausschussVO v. 23.2.2009 (GVBl. II S. 101); GutachterausschussVO v. 12.5.2010 (GVBl. II Nr. 27), geänd. durch VO v. 21.9.2017 (GVBl. II Nr. 52); Gutachterausschuss-GebührenO v. 30.7.2010 (GVBl. II Nr. 51), zuletzt geänd. durch VO v. 21.1.2019 (GVBl. II Nr. 7);
- **Bremen:** BauGB-DurchführungsVO v. 22.6.1993 (Brem.GBl. S. 234), zuletzt geänd. durch Bek. v. 20.10.2020 (Brem.GBl. S. 1172); Erschließungsanlagen-BeitragserhebungsG v. 12.6.1973 (Brem.GBl. S. 127), zuletzt geänd. durch G v. 25.5.2010 (Brem.GBl. S. 365); ErschließungsbeitragsG v. 20.12.1982 (Brem.GBl. S. 405), zuletzt geänd. durch G v. 25.5.2010 (Brem.GBl. S. 365); GutachterausschussVO v. 2.9.2008 (Brem.GBl. S. 321), geänd. durch VO v. 17.6.2014 (Brem.GBl. S. 314); BauGB-GenehmigungswegfallG idF der Bek. v. 7.7.1987 (Brem.GBl. S. 215), zuletzt geänd. durch G v. 26.5.1998 (Brem. GBl. S. 134);
- **Hamburg:** BauleitplanfeststellungsG idF der Bek. v. 30.11.1999 (HmbGVBl. S. 271), zuletzt geänd. durch G v. 26.6.2020 (HmbGVBl. S. 380); GutachterausschussVO v. 12.5.2009 (HmbGVBl. S. 124); Enteignungsverfahren-DurchführungsVO v. 18.2.2004 (HmbGVBl. S. 107); BodenordnungskommissionsG v. 29.4.1997 (HmbGVBl. S. 131), zuletzt geänd. durch G v. 18.12.2020 (HmbGVBl. S. 703);

[1)] **Amtl. Anm.:** Dieses Gesetz dient der Umsetzung folgender Richtlinien:

1. Richtlinie 92/43/EWG des Rates vom 21. Mai 1992 zur Erhaltung der natürlichen Lebensräume sowie der wild lebenden Tiere und Pflanzen (ABl. L 206 vom 22.7.1992, S. 7), die zuletzt durch die Richtlinie 2013/17/EU (ABl. L 158 vom 10.6.2013, S. 193) geändert worden ist,
2. Richtlinie 2001/42/EG des Europäischen Parlaments und des Rates vom 27. Juni 2001 über die Prüfung der Umweltauswirkungen bestimmter Pläne und Programme (ABl. L 197 vom 21.7.2001, S. 30),
3. Richtlinie 2009/147/EG des Europäischen Parlaments und des Rates vom 30. November 2009 über die Erhaltung der wildlebenden Vogelarten (ABl. L 20 vom 26.1.2010, S. 7), die zuletzt durch die Richtlinie 2013/17/EU (ABl. L 158 vom 10.6.2013, S. 193) geändert worden ist,
4. Richtlinie 2011/92/EU des Europäischen Parlaments und des Rates vom 13. Dezember 2011 über die Umweltverträglichkeitsprüfung bei bestimmten öffentlichen und privaten Projekten (ABl. L 26 vom 28.1.2012, S. 1), die zuletzt durch die Richtlinie 2014/52/EU (ABl. L 124 vom 25.4.2014, S. 1) geändert worden ist.

[2)] Beachte hierzu ua das Planungssicherstellungsgesetz (Nr. **198**) v. 20.5.2020 (BGBl. I S. 1041).

[3)] Neubekanntmachung des BauGB idF der Bek. v. 23.9.2004 (BGBl. I S. 2414) in der ab 1.10.2017 geltenden Fassung.

– **Hessen:** Ausführungsverordnung zum Baugesetzbuch (BauGB-AV) v. 15.6.2018 (GVBl. S. 258)
– **Mecklenburg-Vorpommern:** BaugesetzbuchausführungsG v. 30.1.1998 (GVOBl. M-V S. 110), zuletzt geänd. durch G v. 28.10.2010 (GVOBl. M-V S. 615); GutachterausschusslandesVO v. 29.6. 2011 (GVOBl. M-V S. 441); Enteignungsverfahren-DurchführungsVO v. 4.5.1993 (GVOBl. M-V S. 515); AnzeigepflichtVO v. 5.2.1998 (GVOBl. M-V S. 124), geänd. durch VO v. 10.10.2000 (GVOBl. M-V S. 530);
– **Niedersachsen:** NBauGB-DurchführungsG v. 13.5.2009 (Nds. GVBl. S. 169); Baugesetzbuch-DVO idF der Bek. v. 24.5.2005 (Nds. GVBl. S. 183), zuletzt geänd. durch G v. 15.7.2020 (Nds. GVBl. S. 244); Gutachterausschuss-GebührenO v. 25.6.2019 (Nds. GVBl. S. 156);
– **Nordrhein-Westfalen:** Baugesetzbuch-AusführungsG v. 3.2.2015 (GV. NRW. S. 211), geänd. durch G v. 21.7.2018 (GV. NRW. S. 408); BauGB-DurchführungsVO v. 7.7.1987 (GV. NRW. S. 220), zuletzt geänd. durch VO v. 28.8.2018 (GV. NRW. S. 468); GrundstückswertermittlungsVO v. 8.12.2020 (GV. NRW. S. 1186); BaulandsachenzusammenfassungsVO v. 21.10.1994 (GV. NRW. S. 961), zuletzt geänd. durch VO v. 24.9.2014 (GV. NRW. S. 647);
– **Rheinland-Pfalz:** BauGB-ZuständigkeitsVO v. 21.12.2007 (GVBl. 2008 S. 22); UmlegungsausschussVO v. 27.6.2007 (GVBl. S. 102); GutachterausschussVO v. 20.4.2005 (GVBl. S. 139), zuletzt geänd. durch G v. 19.12.2018 (GVBl. S. 448);
– **Saarland:** BauGB-ZuständigkeitsVO v. 13.12.2012 (Amtsbl. 2013 I S. 3), zuletzt geänd. durch VO v. 7.4.2020 (Amtsbl. I S. 249); GutachterausschußVO v. 21.8.1990 (Amtsbl. S. 957), zuletzt geänd. durch VO v. 12.11.2015 (Amtsbl. I S. 888); UmlegungsausschußV v. 11.9.1998 (Amtsbl. S. 950), zuletzt geänd. durch G v. 4.12.2019 (Amtsbl. 2020 I S. 211);
– **Sachsen:** GutachterausschussVO v. 15.11.2011 (SächsGVBl. S. 598), zuletzt geänd. durch VO v. 10.8.2014 (SächsGVBl. S. 455);
– **Sachsen-Anhalt:** Durchführung des Baugesetzbuchs LSA v. 1.12.1999 (MBl. LSA 2000 S. 227); GutachterausschussVO v. 18.12.2013 (GVBl. LSA S. 555), geänd. durch G v. 7.7.2020 (GVBl. LSA S. 372); Bodenordnung-VO v. 31.10.1991 (GVBl. LSA S. 430), zuletzt geänd. durch G v. 19.3.2002 (GVBl. LSA S. 130); UntersagungsVO zur Bebauungsteilgenehmigung v. 2.1.1998 (GVBl. LSA S. 2);
– **Schleswig-Holstein:** Baugesetzbuch-AusführungsG v. 21.10.1998 (GVOBl. Schl.-H. S. 303), zuletzt geänd. durch G v. 8.10.2009 (GVOBl. Schl.-H. S. 640); Vierte BundesbauG-DurchführungsVO v. 30.3.1961 (GVOBl. Schl.-H. S. 45), zuletzt geänd. durch VO v. 17.10.1980 (GVOBl. Schl.-H. S. 315); Sechste BundesbauG-DurchführungsVO v. 14.6.1961 (GVOBl. Schl.-H. S. 108); GutachterausschussVO v. 16.7.2014 (GVOBl. Schl.-H. S. 158), zuletzt geänd. durch VO v. 16.1.2019 (GVOBl. Schl.-H. S. 30); BauGB-ZuständigkeitsVO v. 21.8.1987 (GVOBl. Schl.-H. S. 319), zuletzt geänd. durch VO v. 16.1.2019 (GVOBl. Schl.-H. S. 30);
– **Thüringen:** Vorläufige BauGB-ZuständigkeitsVO v. 25.3.1991 (GVBl. S. 67); UmlegungsausschussVO v. 22.3.2005 (GVBl. S. 155), zuletzt geänd. durch G v. 18.12.2018 (GVBl. S. 731); GutachterausschussVO v. 23.9.2013 (GVBl. S. 302), geänd. durch G v. 18.12.2018 (GVBl. S. 731).

Außerdem haben die Länder **Bauordnungen** und ua folgende zugehörige Vorschriften erlassen:
– **Baden-Württemberg:** LandesbauO idF der Bek. v. 5.3.2010 (GBl. S. 357, ber. S. 416), zuletzt geänd. durch G v. 18.7.2019 (GBl. S. 313); Allgemeine LBO-AusführungsVO v. 5.2.2010 (GBl. S. 24), zuletzt geänd. durch VO v. 8.12.2020 (GBl. S. 1182); VersammlungsstättenVO v. 28.4.2004 (GBl. S. 311, ber. S. 653), zuletzt geänd. durch VO v. 8.12.2020 (GBl. S. 1182); Elektrische Betriebsräume-VO v. 28.10.1975 (GBl. S. 788, ber. 1976 S. 256), aufgeh. durch VO v. 8.12.2020 (GBl. S. 1182, 1192); CampingplatzVO v. 15.7.1984 (GBl. S. 545, ber. 1985 S. 20), zuletzt geänd. durch VO v. 23.2.2017 (GBl. S. 99); BauprüfVO v. 10.5.2010 (GBl. S. 446), zuletzt geänd. durch VO v. 8.10.2019 (GBl. S. 422); Verfahrensverordnung zur LBO v. 13.11.1995 (GBl. S. 794), zuletzt geänd. durch VO v. 28.7.2020 (GBl. S. 662); VerkaufsstättenVO v. 11.2.1997 (GBl. S. 84), zuletzt geänd. durch VO v. 23.2.2017 (GBl. S. 99); GaragenVO v. 7.7.1997 (GBl. S. 332), zuletzt geänd. durch VO v. 8.12.2020 (GBl. S. 1182);
– **Bayern:** BauO idF der Bek. v. 14.8.2007 (GVBl. S. 588), zuletzt geänd. durch G v. 23.12.2020 (GVBl. S. 663); Elektrische Anlagen-BetriebsräumebauVO v. 13.4.1977 (BayRS III S. 575), zuletzt geänd. durch V v. 8.12.1997 (GVBl. S. 827); VersammlungsstättenVO v. 2.11.2007 (GVBl. S. 736), zuletzt geänd. durch V v. 7.8.2018 (GVBl. S. 694); Garagen- und Stellplatzverordnung v. 30.11.1993 (GVBl. S. 910), zuletzt geänd. durch V v. 7.8.2018 (GVBl. S. 694); BauvorlagenVO v. 10.11.2007 (GVBl. S. 792), zuletzt geänd. durch G v. 23.12.2020 (GVBl. S. 663); FeuerungsVO v. 11.11.2007 (GVBl. S. 800), zuletzt geänd. durch V v. 7.8.2018 (GVBl. S. 694); FeuerbeschauVO v. 5.6.1999 (GVBl. S. 270), zuletzt geänd. durch V v. 16.5.2019 (GVBl. S. 315); PrüfsachverständigenVO v. 29.11.2007 (GVBl. S. 829), zuletzt geänd. durch G v. 23.12.2020 (GVBl. S. 663);

- **Berlin:** BauO v. 29.9.2005 (GVBl. S. 495), zuletzt geänd. durch G v. 12.10.2020 (GVBl. S. 807); Betriebs-Verordnung (BetrVO) v. 10.10.2007 (GVBl. S. 516), zuletzt geänd. durch VO v. 10.5.2019 (GVBl. S. 273); Bautechnische PrüfungsVO v. 12.2.2010 (GVBl. S. 62), zuletzt geänd. durch VO v. 15.12.2020 (GVBl. S. 1506); BauverfahrensVO v. 15.11.2017 (GVBl. S. 636, ber. 2018 S. 147), zuletzt geänd. durch VO v. 20.9.2020 (GVBl. S. 742);
- **Brandenburg:** BauO idF der Bek. v. 15.11.2018 (GVBl. I Nr. 39), zuletzt geänd. durch G v. 18.12.2020 (GVBl. I Nr. 44); Garagen- und StellplatzVO v. 8.11.2017 (GVBl. II Nr. 61); Bautechnische PrüfungsVO v. 10.9.2008 (GVBl. II S. 374), zuletzt geänd. durch VO v. 24.6.2020 (GVBl. II Nr. 55); BauvorlagenVO v. 7.11.2016 (GVBl. II Nr. 60), geänd. durch G v. 15.10.2018 (GVBl. I Nr. 22); FeuerungsVO v. 13.1.2006 (GVBl. II S. 58), geänd. durch VO v. 13.9.2010 (GVBl. II Nr. 61 S. 1); Verkaufsstätten-BauVO v. 8.11.2017 (GVBl. II Nr. 60); BaugebührenO v. 20.8.2009 (GVBl. II S. 562), zuletzt geänd. durch VO v. 5.10.2016 (GVBl. II Nr. 53);
- **Bremen:** Landesbauordnung v. 4.9.2018 (Brem.GBl. S. 320), zuletzt geänd. durch G v. 22.9.2020 (Brem.GBl. S. 963); VO über die Prüfingenieure und Prüfsachverständigen (BremPPV) v. 7.1.2016 (Brem.GBl. S. 41); BauvorlagenVO v. 2.5.2019 (Brem.GBl. S. 368);
- **Hamburg:** BauO v. 14.12.2005 (HmbGVBl. S. 525, ber. S. 563), zuletzt geänd. durch G v. 20.2.2020 (HmbGVBl. S. 148); FeuerungsVO v. 25.9.2007 (HmbGVBl. S. 338), geänd. durch VO v. 2.11.2010 (HmbGVBl. S. 582); BauvorlagenVO v. 30.6.2020 (HmbGVBl. S. 391); BaugebührenO v. 23.5.2006 (HmbGVBl. S. 261), zuletzt geänd. durch VO v. 1.12.2020 (HmbGVBl. S. 680); GaragenVO v. 17.1.2012 (HmbGVBl. S. 8);
- **Hessen:** BauO v. 28.5.2018 (GVBl. S. 198), zuletzt geänd. durch G v. 3.6.2020 (GVBl. S. 378); Bauprodukte- und Bauartenverordnung v. 20.1.2004 (GVBl. I S. 56), zuletzt geänd. durch VO v. 4.12.2017 (GVBl. S. 396); FeuerungsVO v. 15.10.2020 (GVBl. S. 748); Prüfberechtigten- und PrüfsachverständigenVO v. 18.12.2006 (GVBl. I S. 745), zuletzt geänd. durch VO v. 2.12.2020 (GVBl. S. 854, ber. 927); GaragenVO v. 17.11.2014 (GVBl. S. 286);
- **Mecklenburg-Vorpommern:** LandesbauO idF der Bek. v. 15.10.2015 (GVOBl. M-V S. 334, ber. 2016 S. 28), zuletzt geänd. durch G v. 19.11.2019 (GVOBl. M-V S. 682); BauvorlagenVO v. 10.7.2006 (GVOBl. M-V S. 612), geänd. durch VO v. 28.6.2016 (GVOBl. M-V S. 519); Bauprodukte- und BauartenVO v. 10.7.2006 (GVOBl. M-V S. 610), zuletzt geänd. durch VO v. 14.7.2015 (GVOBl. M-V S. 190); CampingplatzVO v. 9.1.1996 (GVOBl. M-V S. 84), zuletzt geänd. durch VO v. 7.12.2010 (GVOBl. M-V S. 771); BauprüfVO v. 14.4.2016 (GVOBl. M-V S. 171);
- **Niedersachsen:** NBauO v. 3.4.2012 (Nds. GVBl. S. 46), zuletzt geänd. durch G v. 10.11.2020 (Nds. GVBl. S. 384); NBauO-DurchführungsVO v. 26.9.2012 (Nds. GVBl. S. 382), zuletzt geänd. durch VO v. 19.9.2019 (Nds. GVBl. S. 277); Elektrische Anlagen-BetriebsräumebauVO v. 25.1.2011 (Nds. GVBl. S. 19); VersammlungsstättenVO v. 8.11.2004 (Nds. GVBl. S. 426), zuletzt geänd. durch VO v. 13.11.2012 (Nds. GVBl. S. 438); CampingplatzVO v. 12.4.1984 (Nds. GVBl. S. 109), zuletzt geänd. durch VO v. 13.11.2012 (Nds. GVBl. S. 438); Bautechnische PrüfungsVO v. 24.7.1987 (Nds. GVBl. S. 129), zuletzt geänd. durch VO v. 12.11.2019 (Nds. GVBl. S. 350); BauvorlagenVO v. 7.11.2012 (Nds. GVBl. S. 419); Garagen- und StellplatzVO v. 4.9.1989 (Nds. GVBl. S. 327), zuletzt geänd. durch VO v. 11.10.2012 (Nds. GVBl. S. 401); VerkaufsstättenVO v. 17.1.1997 (Nds. GVBl. S. 31), zuletzt geänd. durch VO v. 13.11.2012 (Nds. GVBl. S. 438); BaugebührenO v. 13.1.1998 (Nds. GVBl. S. 3), zuletzt geänd. durch VO v. 7.11.2020 (Nds. GVBl. S. 394); FeuerungsVO v. 27.3.2008 (Nds. GVBl. S. 96), zuletzt geänd. durch VO v. 30.6.2020 (Nds. GVBl. S. 199);
- **Nordrhein-Westfalen:** LandesbauO v. 21.7.2018 (GV. NRW. S. 421), zuletzt geänd. durch G v. 1.12.2020 (GV. NRW. S. 1109); SonderbauvO v. 2.12.2016 (GV. NRW. 2017 S. 2, ber. 2020 S. 148, 2020 148); Camping- und WochenendplatzVO v. 24.3.2011 (GV. NRW. S. 197), zuletzt geänd. durch VO v. 10.12.2018 (GV. NRW. S. 680); Bautechnische PrüfungsVO v. 6.12.1995 (GV. NRW. S. 1241), zuletzt geänd. durch VO v. 10.12.2018 (GV. NRW. S. 670); FeuerungsVO v. 10.12.2018 (GV. NRW. S. 675);
- **Rheinland-Pfalz:** LandesbauO v. 24.11.1998 (GVBl. S. 365), zuletzt geänd. durch G v. 18.6.2019 (GVBl. S. 112); VersammlungsstättenVO v. 13.3.2018 (GVBl. S. 29), geänd. durch VO v. 15.11.2018 (GVBl. S. 388); LandesVO über Betriebsräume für elektrische Anlagen v. 6.7.1977 (GVBl. S. 254), geänd. durch G v. 16.12.2002 (GVBl. S. 481); Camping- und WochenendplatzVO v. 18.9.1984 (GVBl. S. 195), zuletzt geänd. durch VO v. 8.8.2017 (GVBl. S. 184); GaragenVO v. 13.7.1990 (GVBl. S. 243), geänd. durch G v. 16.12.2002 (GVBl. S. 481); VerkaufsstättenVO v. 8.7.1998 (GVBl. S. 229), zuletzt geänd. durch G v. 16.12.2002 (GVBl. S. 481); VO über die Gebühren für Amtshandlungen der Bauaufsichtsbehörden und über die Vergütung der Leistungen der Prüfingenieurinnen und Prüfingenieure für Baustatik v. 9.1.2007 (GVBl. S. 22), zuletzt geänd. durch VO v. 13.7.2020 (GVBl. S. 331);

– **Saarland:** LandesbauO v. 18.2.2004 (Amtsbl. S. 822), zuletzt geänd. durch G v. 4.12.2019 (Amtsbl. 2020 I S. 211, ber. S. 760); BauvorlagenVO v. 15.6.2011 (Amtsbl. I S. 254), zuletzt geänd. durch G v. 4.12.2019 (Amtsbl. 2020 I S. 211); GaragenVO idF der Bek. v. 30.8.1976 (Amtsbl. S. 951), geänd. durch VO v. 25.8.2008 (Amtsbl. S. 1470); Prüfberechtigten- und PrüfsachverständigenVO v. 26.1. 2011 (Amtsbl. I S. 30), zuletzt geänd. durch VO v. 29.7.2020 (Amtsbl. I S. 748); Technische PrüfVO v. 26.1.2011 (Amtsbl. I S. 30, 48), zuletzt geänd. durch VO v. 12.11.2015 (Amtsbl. I S. 888); VersammlungsstättenVO v. 25.8.2008 (Amtsbl. S. 1489), zuletzt geänd. durch VO v. 13.10.2020 (Amtsbl. I S. 1042); Elektrische Anlagen-BetriebsräumebauVO v. 27.1.2014 (Amtsbl. I S. 17); Camping- und WochenendplatzVO v. 22.6.1999 (Amtsbl. S. 1158), zuletzt geänd. durch G v. 15.7. 2015 (Amtsbl. I S. 632); VerkaufsstättenVO v. 25.9.2000 (Amtsbl. S. 1934), zuletzt geänd. durch G v. 15.7.2015 (Amtsbl. I S. 632);
– **Sachsen:** BauO idF der Bek. v. 11.5.2016 (SächsGVBl. S. 186), zuletzt geänd. durch G v. 11.12. 2018 (SächsGVBl. S. 706); BauO-DurchführungsVO v. 2.9.2004 (SächsGVBl. S. 427), zuletzt geänd. durch VO v. 30.3.2020 (SächsGVBl. S. 180); VwV zur BauO v. 18.3.2005 (SächsABl. SDr. S. 59, ber. S. 363), zuletzt geänd. durch VwV v. 9.5.2019 (SächsABl. S. 782); RLn für die Durchführung von Bauaufgaben des Freistaates Sachsen im Zuständigkeitsbereich des Staatshochbauverwaltung; VO über Bauvorlagen und bautechnische Prüfungen v. 2.9.1997 (SächsABl. S. 533);
– **Sachsen-Anhalt:** BauO idF der Bek. v. 10.9.2013 (GVBl. LSA S. 440), zuletzt geänd. durch G v. 18.11.2020 (GVBl. LSA S. 660); BaugebührenO v. 4.5.2006 (GVBl. LSA S. 315), zuletzt geänd. durch VO v. 17.8.2018 (GVBl. LSA S. 284); FeuerungsVO v. 27.3.2006 (GVBl. LSA S. 177), geänd. durch VO v. 20.10.2008 (GVBl. LSA S. 374)
– **Schleswig-Holstein:** LandesbauO v. 22.1.2009 (GVOBl. Schl.-H. S. 6), zuletzt geänd. durch G v. 1.10.2019 (GVOBl. Schl.-H. S. 398); Allg. LandesVO zur Durchführung der LBO v. 25.4.1968 (GVOBl. Schl.-H. S. 105), zuletzt geänd. durch VO v. 10.7.1980 (GVOBl. Schl.-H. S. 263); VersammlungsstättenVO v. 11.9.2014 (GVOBl. Schl.-H. S. 245), geänd. durch VO v. 16.9.2019 (GVOBl. Schl.-H. S. 395); Landesverordnung über den Bau von Betriebsräumen für elektrische Anlagen v. 25.2.2020 (GVOBl. Schl.-H. S. 140); BauvorlagenVO v. 3.4.2019 (GVOBl. Schl.-H. S. 87); LandesVO über die Zuständigkeiten der Landesbauämter v. 19.5.1995 (GVOBl. Schl.-H. S. 227); LandesVO über die Prüfingenieurinnen oder Prüfingenieure für Baustatik, sowie Prüfsachverständigen v. 12.11.2018 (GVOBl. Schl.-H. S. 703, 705); GaragenVO v. 22.4.2020 (GVOBl. Schl.-H. S. 203); FeuerungsVO v. 25.2.2020 (GVOBl. Schl.-H. S. 142); BaugebührenVO v. 12.11. 2018 (GVOBl. Schl.-H. S. 703), geänd. durch VO v. 14.7.2020 (GVOBl. Schl.-H. S. 445); VerkaufsstättenVO v. 15.11.2019 (GVOBl. Schl.-H. S. 536); Camping- und WochenendplatzVO v. 13.7.2010 (GVOBl. Schl.-H. S. 522), geänd. durch VO v. 24.7.2015 (GVOBl. Schl.-H. S. 301);
– **Thüringen:** BauO v. 13.3.2014 (GVBl. S. 49), zuletzt geänd. durch G v. 23.11.2020 (GVBl. S. 561); BauvorlagenVO v. 23.3.2010 (GVBl. S. 129), geänd. durch VO v. 2.12.2015 (GVBl. S. 212); FeuerungsVO v. 10.8.2009 (GVBl. S. 745), geänd. durch VO v. 25.11.2014 (GVBl. S. 712).

besondere auch auf sonstige Maßnahmen im Sinne des Absatzes 2 Satz 3 anzuwenden.

Fünfter Teil. Private Initiativen

§ 171f Private Initiativen zur Stadtentwicklung, Landesrecht. 1 Nach Maßgabe des Landesrechts[1)] können unbeschadet sonstiger Maßnahmen nach diesem Gesetzbuch Gebiete festgelegt werden, in denen in privater Verantwortung standortbezogene Maßnahmen durchgeführt werden, die auf der Grundlage eines mit den städtebaulichen Zielen der Gemeinde abgestimmten Konzepts der Stärkung oder Entwicklung von Bereichen der Innenstädte, Stadtteilzentren, Wohnquartiere und Gewerbezentren sowie von sonstigen für die städtebauliche Entwicklung bedeutsamen Bereichen dienen. 2 Zur Finanzierung der Maßnahmen und gerechten Verteilung des damit verbundenen Aufwands können durch Landesrecht Regelungen getroffen werden.

Sechster Teil. Erhaltungssatzung und städtebauliche Gebote

Erster Abschnitt. Erhaltungssatzung

§ 172[2)] Erhaltung baulicher Anlagen und der Eigenart von Gebieten (Erhaltungssatzung) (1) 1 Die Gemeinde kann in einem Bebauungsplan oder durch eine sonstige Satzung Gebiete bezeichnen, in denen

1. zur Erhaltung der städtebaulichen Eigenart des Gebiets auf Grund seiner städtebaulichen Gestalt (Absatz 3),
2. zur Erhaltung der Zusammensetzung der Wohnbevölkerung (Absatz 4) oder
3. bei städtebaulichen Umstrukturierungen (Absatz 5)

der Rückbau, die Änderung oder die Nutzungsänderung baulicher Anlagen der Genehmigung bedürfen. 2 In den Fällen des Satzes 1 Nummer 1 bedarf auch die Errichtung baulicher Anlagen der Genehmigung. 3 Auf die Satzung ist § 16 Absatz 2 entsprechend anzuwenden. 4 Die Landesregierungen werden ermächtigt, für die Grundstücke in Gebieten einer Satzung nach Satz 1 Nummer 2 durch Rechtsverordnung mit einer Geltungsdauer von höchstens fünf Jahren zu bestimmen, dass die Begründung von Wohnungseigentum oder Teileigentum (§ 1 des Wohnungseigentumsgesetzes[3)]) an Gebäuden, die ganz oder teilweise Wohnzwecken zu dienen bestimmt sind, nicht ohne Genehmigung erfolgen darf. 5 Ein solches Verbot gilt als Verbot im Sinne des § 135 des Bürgerlichen Gesetzbuchs[4)]. 6 In den Fällen des Satzes 4 ist § 22 Absatz 2 Satz 3 und 4, Absatz 6 und 8 entsprechend anzuwenden.

(2) Ist der Beschluss über die Aufstellung einer Erhaltungssatzung gefasst und ortsüblich bekannt gemacht, ist § 15 Absatz 1 auf die Durchführung eines Vorhabens im Sinne des Absatzes 1 entsprechend anzuwenden.

(3) 1 In den Fällen des Absatzes 1 Satz 1 Nummer 1 darf die Genehmigung nur versagt werden, wenn die bauliche Anlage allein oder im Zusammenhang mit anderen baulichen Anlagen das Ortsbild, die Stadtgestalt oder das Landschaftsbild prägt oder sonst von städtebaulicher, insbesondere geschichtlicher oder künst-

---

1) Siehe hierzu ua G zur Stärkung der Quartiersentwicklung durch Privatinitiative v. 9.12.2014 (GBl. S. 687).

2) § 172 Abs. 4 Satz 3 Nr. 1a geänd. mWv 1.11.2020 durch G v. 8.8.2020 (BGBl. I S. 1728).

3) Nr. **80**.

4) Nr. **1**.

lerischer Bedeutung ist. [2]Die Genehmigung zur Errichtung der baulichen Anlage darf nur versagt werden, wenn die städtebauliche Gestalt des Gebiets durch die beabsichtigte bauliche Anlage beeinträchtigt wird.

(4) [1]In den Fällen des Absatzes 1 Satz 1 Nummer 2 und Satz 4 darf die Genehmigung nur versagt werden, wenn die Zusammensetzung der Wohnbevölkerung aus besonderen städtebaulichen Gründen erhalten werden soll. [2]Sie ist zu erteilen, wenn auch unter Berücksichtigung des Allgemeinwohls die Erhaltung der baulichen Anlage oder ein Absehen von der Begründung von Wohnungseigentum oder Teileigentum wirtschaftlich nicht mehr zumutbar ist. [3]Die Genehmigung ist ferner zu erteilen, wenn

1. die Änderung einer baulichen Anlage der Herstellung des zeitgemäßen Ausstattungszustands einer durchschnittlichen Wohnung unter Berücksichtigung der bauordnungsrechtlichen Mindestanforderungen dient,
1a. die Änderung einer baulichen Anlage der Anpassung an die baulichen oder anlagentechnischen Mindestanforderungen des Gebäudeenergiegesetzes[1)] oder der Energieeinsparverordnung[2)] vom 24. Juli 2007 (BGBl. I S. 1519), die zuletzt durch Artikel 257 der Verordnung vom 19. Juni 2020 (BGBl. I S. 1328) geändert worden ist, wenn diese nach § 111 Absatz 1 des Gebäudeenergiegesetzes weiter anzuwenden ist, dient,
2. das Grundstück zu einem Nachlass gehört und Wohnungseigentum oder Teileigentum zugunsten von Miterben oder Vermächtnisnehmern begründet werden soll,
3. das Wohnungseigentum oder Teileigentum zur eigenen Nutzung an Familienangehörige des Eigentümers veräußert werden soll,
4. ohne die Genehmigung Ansprüche Dritter auf Übertragung von Wohnungseigentum oder Teileigentum nicht erfüllt werden können, zu deren Sicherung vor dem Wirksamwerden des Genehmigungsvorbehalts eine Vormerkung im Grundbuch eingetragen ist,
5. das Gebäude im Zeitpunkt der Antragstellung zur Begründung von Wohnungseigentum oder Teileigentum nicht zu Wohnzwecken genutzt wird oder
6. sich der Eigentümer verpflichtet, innerhalb von sieben Jahren ab der Begründung von Wohnungseigentum Wohnungen nur an die Mieter zu veräußern; eine Frist nach § 577a Absatz 2 Satz 1 des Bürgerlichen Gesetzbuchs[3)] verkürzt sich um fünf Jahre; die Frist nach § 577a Absatz 1 des Bürgerlichen Gesetzbuchs[3)] entfällt.

[4]In den Fällen des Satzes 3 Nummer 6 kann in der Genehmigung bestimmt werden, dass auch die Veräußerung von Wohnungseigentum an dem Gebäude während der Dauer der Verpflichtung der Genehmigung der Gemeinde bedarf. [5]Diese Genehmigungspflicht kann auf Ersuchen der Gemeinde in das Wohnungsgrundbuch eingetragen werden; sie erlischt nach Ablauf der Verpflichtung.

(5) [1]In den Fällen des Absatzes 1 Satz 1 Nummer 3 darf die Genehmigung nur versagt werden, um einen den sozialen Belangen Rechnung tragenden Ablauf auf der Grundlage eines Sozialplans (§ 180) zu sichern. [2]Ist ein Sozialplan nicht aufgestellt worden, hat ihn die Gemeinde in entsprechender An-

(Fortsetzung nächstes Blatt)

---

1) Nr. **215**.
2) Nr. **221**.
3) Nr. **1**.

bereitgestellt werden können, kann bei der Zulassung dieser Vorhaben bis zum Ablauf des 31. Dezember 2020 von den Vorschriften dieses Gesetzbuchs oder den aufgrund dieses Gesetzbuchs erlassenen Vorschriften in erforderlichem Umfang, erforderlichenfalls auch befristet, unter der Voraussetzung abgewichen werden, dass Vorhabenträger der Bund, ein Land, ein Landkreis oder eine Gemeinde oder ein im Auftrag eines der Vorgenannten tätiger Dritter ist. [2] Zuständig ist die höhere Verwaltungsbehörde. [3] Die Gemeinde ist anzuhören; diese Anhörung tritt auch an die Stelle des in § 14 Absatz 2 Satz 2 vorgesehenen Einvernehmens. [4] Satz 3 findet keine Anwendung, wenn Vorhabenträger die Gemeinde oder in deren Auftrag ein Dritter ist. [5] Für Vorhaben nach Satz 1 gilt § 35 Absatz 5 Satz 2 erster Halbsatz und Satz 3 entsprechend. [6] § 246 Absatz 13 Satz 3 gilt entsprechend auch bei zwischenzeitlichen Nutzungsänderungen zu Anlagen für gesundheitliche Zwecke nach Satz 1. [7] Die Rückbauverpflichtung nach Satz 5 entfällt, wenn eine nach Satz 6 zulässige Nutzung aufgenommen wird oder wenn sich die Zulässigkeit der nachfolgenden Nutzung aus § 30 Absatz 1, 2 oder § 33 ergibt. [8] Die Sicherstellung der Rückbauverpflichtung nach Satz 5 in entsprechender Anwendung des § 35 Absatz 5 Satz 3 ist nicht erforderlich, wenn Vorhabenträger der Bund, ein Land, ein Landkreis oder eine Gemeinde ist. [9] Wenn Vorhabenträger der Bund, ein Land, ein Landkreis oder ein im Auftrag eines der Vorgenannten tätiger Dritter ist, gilt § 37 Absatz 3 entsprechend; im Übrigen findet § 37 bis zum Ablauf des 31. Dezember 2020 auf Vorhaben nach Satz 1 keine Anwendung.

(2) In Verfahren zur Genehmigung von baulichen Anlagen im Sinne des Absatzes 1 Satz 1 gilt bis zum Ablauf des 31. Dezember 2020 das Einvernehmen abweichend von § 36 Absatz 2 Satz 2 als erteilt, wenn es nicht innerhalb eines Monats verweigert wird.

(3) Bei Vorhaben nach Absatz 1 im Außenbereich gilt § 18 Absatz 3 Satz 2 des Bundesnaturschutzgesetzes bis zum Ablauf des 31. Dezember 2020 entsprechend.

(4) Die Befristung in Absatz 1 Satz 1 bezieht sich nicht auf die Geltungsdauer einer Genehmigung, sondern auf den Zeitraum, bis zu dessen Ende im bauaufsichtlichen Zulassungsverfahren von der Vorschrift Gebrauch gemacht werden kann.

§ 247 Sonderregelungen für Berlin als Hauptstadt der Bundesrepublik Deutschland. (1) Bei der Aufstellung von Bauleitplänen und sonstigen Satzungen nach diesem Gesetzbuch soll in der Abwägung den Belangen, die sich aus der Entwicklung Berlins als Hauptstadt Deutschlands ergeben, und den Erfordernissen der Verfassungsorgane des Bundes für die Wahrnehmung ihrer Aufgabe besonders Rechnung getragen werden.

(2) Die Belange und Erfordernisse nach Absatz 1 werden zwischen Bund und Berlin in einem Gemeinsamen Ausschuss erörtert.

(3) [1] Kommt es in dem Ausschuss zu keiner Übereinstimmung, können die Verfassungsorgane des Bundes ihre Erfordernisse eigenständig feststellen; sie haben dabei eine geordnete städtebauliche Entwicklung Berlins zu berücksichtigen. [2] Die Bauleitpläne und sonstigen Satzungen nach diesem Gesetzbuch sind so anzupassen, dass den festgestellten Erfordernissen in geeigneter Weise Rechnung getragen wird.

(4) Haben die Verfassungsorgane des Bundes Erfordernisse nach Absatz 3 Satz 1 festgestellt und ist zu deren Verwirklichung die Aufstellung eines Bauleit-

plans oder einer sonstigen Satzung nach diesem Gesetzbuch geboten, soll der Bauleitplan oder die Satzung aufgestellt werden.

(5) (weggefallen)

(6) (weggefallen)

(7) Die Entwicklung der Parlaments- und Regierungsbereiche in Berlin entspricht den Zielen und Zwecken einer städtebaulichen Entwicklungsmaßnahme nach § 165 Absatz 2.

(8) [1] Ist im Rahmen von Genehmigungs-, Zustimmungs- oder sonstigen Verfahren für Vorhaben der Verfassungsorgane des Bundes Ermessen auszuüben oder sind Abwägungen oder Beurteilungen vorzunehmen, sind die von den Verfassungsorganen des Bundes entsprechend Absatz 3 festgestellten Erfordernisse mit dem ihnen nach dem Grundgesetz zukommenden Gewicht zu berücksichtigen. [2] Absatz 2 ist entsprechend anzuwenden.

§ 248 Sonderregelung zur sparsamen und effizienten Nutzung von Energie. [1] In Gebieten mit Bebauungsplänen oder Satzungen nach § 34 Absatz 4 Satz 1 Nummer 2 oder 3 sind bei Maßnahmen an bestehenden Gebäuden zum Zwecke der Energieeinsparung geringfügige Abweichungen von dem festgesetzten Maß der baulichen Nutzung, der Bauweise und der überbaubaren Grundstücksfläche zulässig, soweit dies mit nachbarlichen Interessen und baukulturellen Belangen vereinbar ist. [2] Satz 1 gilt entsprechend für Anlagen zur Nutzung solarer Strahlungsenergie in, an und auf Dach- und Außenwandflächen. [3] In den im Zusammenhang bebauten Ortsteilen gelten die Sätze 1 und 2 entsprechend für Abweichungen vom Erfordernis des Einfügens in die Eigenart der näheren Umgebung (§ 34 Absatz 1 Satz 1).

§ 249[1)] Sonderregelungen zur Windenergie. (1) [1] Werden in einem Flächennutzungsplan zusätzliche Flächen für die Nutzung von Windenergie dargestellt, folgt daraus nicht, dass die vorhandenen Darstellungen des Flächennutzungsplans zur Erzielung der Rechtswirkungen des § 35 Absatz 3 Satz 3 nicht ausreichend sind. [2] Satz 1 gilt entsprechend bei der Änderung oder Aufhebung von Darstellungen zum Maß der baulichen Nutzung. [3] Die Sätze 1 und 2 gelten für Bebauungspläne, die aus den Darstellungen des Flächennutzungsplans entwickelt werden, entsprechend.

(2) [1] Nach § 9 Absatz 2 Satz 1 Nummer 2 kann auch festgesetzt werden, dass die im Bebauungsplan festgesetzten Windenergieanlagen nur zulässig sind, wenn sichergestellt ist, dass nach der Errichtung der im Bebauungsplan festgesetzten Windenergieanlagen andere im Bebauungsplan bezeichnete Windenergieanlagen innerhalb einer im Bebauungsplan zu bestimmenden angemessenen Frist zurückgebaut werden. [2] Die Standorte der zurückzubauenden Windenergieanlagen können auch außerhalb des Bebauungsplangebiets oder außerhalb des Gemeindegebiets liegen. [3] Darstellungen im Flächennutzungsplan, die die Rechtswirkungen des § 35 Absatz 3 Satz 3 haben, können mit Bestimmungen entsprechend den Sätzen 1 und 2 mit Wirkung für die Zulässigkeit der Windenergieanlagen nach § 35 Absatz 1 Nummer 5 verbunden sein.

(3) [1] Die Länder können durch Landesgesetze bestimmen, dass § 35 Absatz 1 Nummer 5 auf Vorhaben, die der Erforschung, Entwicklung oder Nutzung der Windenergie dienen, nur Anwendung findet, wenn sie bestimmte Mindest-

[1)] § 249 Abs. 3 neu gef. mWv 14.8.2020 durch G v. 8.8.2020 (BGBl. I S. 1728).

abstände zu den im Landesgesetz bezeichneten zulässigen baulichen Nutzungen zu Wohnzwecken einhalten. [2]Ein Mindestabstand nach Satz 1 darf höchstens 1 000 Meter von der Mitte des Mastfußes der Windenergieanlage bis zur nächstgelegenen im Landesgesetz bezeichneten baulichen Nutzung zu Wohnzwecken betragen. [3]Die weiteren Einzelheiten, insbesondere zur Abstandsfestlegung und zu den Auswirkungen der festgelegten Abstände auf Ausweisungen in geltenden Flächennutzungsplänen und Raumordnungsplänen, sind in den Landesgesetzen nach Satz 1 zu regeln. [4]Auf der Grundlage von § 249 Absatz 3 in der bis zum 14. August 2020 geltenden Fassung[1)] erlassene Landesgesetze gelten fort; sie können geändert werden, sofern die wesentlichen Elemente der in dem fortgeltenden Landesgesetz enthaltenen Regelung beibehalten werden.

Anlage 1
(zu § 2 Absatz 4 und den §§ 2a und 4c)

[Umweltbericht]

Der Umweltbericht nach § 2 Absatz 4 und § 2a Satz 2 Nummer 2 hat folgende Bestandteile:

1. Eine Einleitung mit folgenden Angaben:
   a) Kurzdarstellung des Inhalts und der wichtigsten Ziele des Bauleitplans, einschließlich einer Beschreibung der Festsetzungen des Plans mit Angaben über Standorte, Art und Umfang sowie Bedarf an Grund und Boden der geplanten Vorhaben;
   b) Darstellung der in einschlägigen Fachgesetzen und Fachplänen festgelegten Ziele des Umweltschutzes, die für den Bauleitplan von Bedeutung sind, und der Art, wie diese Ziele und die Umweltbelange bei der Aufstellung des Bauleitplans berücksichtigt wurden;
2. eine Beschreibung und Bewertung der erheblichen Umweltauswirkungen, die in der Umweltprüfung nach § 2 Absatz 4 Satz 1 ermittelt wurden; hierzu gehören folgende Angaben:
   a) eine Bestandsaufnahme der einschlägigen Aspekte des derzeitigen Umweltzustands (Basisszenario), einschließlich der Umweltmerkmale der Gebiete, die voraussichtlich erheblich beeinflusst werden, und eine Übersicht über die voraussichtliche Entwicklung des Umweltzustands bei Nichtdurchführung der Planung, soweit diese Entwicklung gegenüber dem Basisszenario mit zumutbarem Aufwand auf der Grundlage der verfügbaren Umweltinformationen und wissenschaftlichen Erkenntnisse abgeschätzt werden kann;
   b) eine Prognose über die Entwicklung des Umweltzustands bei Durchführung der Planung; hierzu sind, soweit möglich, insbesondere die

(Fortsetzung nächstes Blatt)

[1)] § 249 Abs. 3 in der bis zum 14.8.2020 geltenden Fassung lautet:
„(3) Die Länder können durch bis zum 31. Dezember 2015 zu verkündende Landesgesetze bestimmen, dass § 35 Absatz 1 Nummer 5 auf Vorhaben, die der Erforschung, Entwicklung oder Nutzung der Windenergie dienen, nur Anwendung findet, wenn sie einen bestimmten Abstand zu den im Landesgesetz bezeichneten zulässigen baulichen Nutzungen einhalten. Die Einzelheiten, insbesondere zur Abstandsfestlegung und zu den Auswirkungen der festgelegten Abstände auf Ausweisungen in geltenden Flächennutzungsplänen und Raumordnungsplänen, sind in den Landesgesetzen nach Satz 1 zu regeln. Die Länder können in den Landesgesetzen nach Satz 1 auch Abweichungen von den festgelegten Abständen zulassen.“

215. Gesetz zur Einsparung von Energie und zur Nutzung erneuerbarer Energien zur Wärme- und Kälteerzeugung in Gebäuden (Gebäudeenergiegesetz – GEG) [1)2)]

Vom 8. August 2020

(BGBl. I S. 1728)

FNA 754-30

Inhaltsübersicht

[1)] **Amtl. Anm.:** Artikel 1 dieses Gesetzes *[Red. Anm.: G zur Vereinheitlichung des Energieeinsparrechts für Gebäude und zur Änd. weiterer Gesetze v. 8.8.2020 (BGBl. I S. 1728)]* dient der Umsetzung der Richtlinie 2010/31/EU des Europäischen Parlaments und des Rates vom 19. Mai 2010 über die Gesamtenergieeffizienz von Gebäuden (Neufassung) (ABl. L 153 vom 18.6.2010, S.13; L 155 vom 22.6. 2010, S. 61) und der Richtlinie (EU) 2018/844 des Europäischen Parlaments und des Rates vom 30. Mai 2018 zur Änderung der Richtlinie 2010/31/EU über die Gesamtenergieeffizienz von Gebäuden und der Richtlinie 2012/27/EU über Energieeffizienz (ABl. L 156 vom 19.6.2018, S. 75) und der Richtlinie (EU) 2018/2002 des Europäischen Parlaments und des Rates vom 11. Dezember 2018 zur Änderung der Richtlinie 2012/27/EU zur Energieeffizienz (ABl. L 328 vom 21.12.2018, S. 210) und der Richtlinie (EU) 2018/2001 des Europäischen Parlaments und des Rates vom 11. Dezember 2018 zur Förderung der Nutzung von Energie aus erneuerbaren Quellen (Neufassung) (ABl. L 328 vom 21.12. 2018, S. 82).

[2)] Verkündet als Art. 1 G v. 8.8.2020 (BGBl. I S. 1728); Inkrafttreten gem. Art. 10 Abs. 1 Satz 1 dieses G am 1.11.2020.

Teil 1. Allgemeiner Teil

§ 1 Zweck und Ziel. (1) Zweck dieses Gesetzes ist ein möglichst sparsamer Einsatz von Energie in Gebäuden einschließlich einer zunehmenden Nutzung erneuerbarer Energien zur Erzeugung von Wärme, Kälte und Strom für den Gebäudebetrieb.

(2) Unter Beachtung des Grundsatzes der Wirtschaftlichkeit soll das Gesetz im Interesse des Klimaschutzes, der Schonung fossiler Ressourcen und der Minderung der Abhängigkeit von Energieimporten dazu beitragen, die energie- und klimapolitischen Ziele der Bundesregierung sowie eine weitere Erhöhung des Anteils erneuerbarer Energien am Endenergieverbrauch für Wärme und Kälte zu erreichen und eine nachhaltige Entwicklung der Energieversorgung zu ermöglichen.

§ 2 Anwendungsbereich. (1) [1] Dieses Gesetz ist anzuwenden auf
1. Gebäude, soweit sie nach ihrer Zweckbestimmung unter Einsatz von Energie beheizt oder gekühlt werden, und
2. deren Anlagen und Einrichtungen der Heizungs-, Kühl-, Raumluft- und Beleuchtungstechnik sowie der Warmwasserversorgung.

[2] Der Energieeinsatz für Produktionsprozesse in Gebäuden ist nicht Gegenstand dieses Gesetzes.

(2) Mit Ausnahme der §§ 74 bis 78 ist dieses Gesetz nicht anzuwenden auf
1. Betriebsgebäude, die überwiegend zur Aufzucht oder zur Haltung von Tieren genutzt werden,
2. Betriebsgebäude, soweit sie nach ihrem Verwendungszweck großflächig und lang anhaltend offen gehalten werden müssen,
3. unterirdische Bauten,

4. Unterglasanlagen und Kulturräume für Aufzucht, Vermehrung und Verkauf von Pflanzen,
5. Traglufthallen und Zelte,
6. Gebäude, die dazu bestimmt sind, wiederholt aufgestellt und zerlegt zu werden, und provisorische Gebäude mit einer geplanten Nutzungsdauer von bis zu zwei Jahren,
7. Gebäude, die dem Gottesdienst oder anderen religiösen Zwecken gewidmet sind,
8. Wohngebäude, die
   a) für eine Nutzungsdauer von weniger als vier Monaten jährlich bestimmt sind oder
   b) für eine begrenzte jährliche Nutzungsdauer bestimmt sind und deren zu erwartender Energieverbrauch für die begrenzte jährliche Nutzungsdauer weniger als 25 Prozent des zu erwartenden Energieverbrauchs bei ganzjähriger Nutzung beträgt, und
9. sonstige handwerkliche, landwirtschaftliche, gewerbliche, industrielle oder für öffentliche Zwecke genutzte Betriebsgebäude, die nach ihrer Zweckbestimmung
   a) auf eine Raum-Solltemperatur von weniger als 12 Grad Celsius beheizt werden oder
   b) jährlich weniger als vier Monate beheizt sowie jährlich weniger als zwei Monate gekühlt werden.

(3) Auf Bestandteile von Anlagen der Heizungs-, Kühl- und Raumlufttechnik sowie der Warmwasserversorgung, die sich nicht im räumlichen Zusammenhang mit Gebäuden nach Absatz 1 Satz 1 Nummer 1 befinden, ist dieses Gesetz nicht anzuwenden.

§ 3 Begriffsbestimmungen. (1) Im Sinne dieses Gesetzes ist

1. „Abwärme" die Wärme oder Kälte, die aus technischen Prozessen und aus baulichen Anlagen stammenden Abluft- und Abwasserströmen entnommen wird,
2. „Aperturfläche" die Lichteintrittsfläche einer solarthermischen Anlage,
3. „Baudenkmal" ein nach Landesrecht geschütztes Gebäude oder eine nach Landesrecht geschützte Gebäudemehrheit,
4. „beheizter Raum" ein Raum, der nach seiner Zweckbestimmung direkt oder durch Raumverbund beheizt wird,
5. „Brennwertkessel" ein Heizkessel, der die energetische Nutzung des in den Abgasen enthaltenen Wasserdampfes durch Kondensation des Wasserdampfes im Betrieb vorsieht,
6. „einseitig angebautes Wohngebäude" ein Wohngebäude, von dessen nach einer Himmelsrichtung weisenden vertikalen Flächen ein Anteil von 80 Prozent oder mehr an ein anderes Wohngebäude oder ein Nichtwohngebäude mit einer Raum-Solltemperatur von mindestens 19 Grad Celsius angrenzt,

7. „Elektroenergiebedarf für Nutzeranwendungen“ die weiteren Elektroenergieverbräuche nach DIN V 18599-9: 2018-09[1],
8. „Energiebedarfsausweis“ ein Energieausweis, der auf der Grundlage des berechneten Energiebedarfs ausgestellt wird,
9. „Energieverbrauchsausweis“ ein Energieausweis, der auf der Grundlage des erfassten Energieverbrauchs ausgestellt wird,
10. „Gebäudenutzfläche“ die Nutzfläche eines Wohngebäudes nach DIN V 18599: 2018-09, die beheizt oder gekühlt wird,
11. „gekühlter Raum“ ein Raum, der nach seiner Zweckbestimmung direkt oder durch Raumverbund gekühlt wird,
12. „Gesamtenergiebedarf“ der nach Maßgabe dieses Gesetzes bestimmte Jahres-Primärenergiebedarf
    a) eines Wohngebäudes für Heizung, Warmwasserbereitung, Lüftung sowie Kühlung oder
    b) eines Nichtwohngebäudes für Heizung, Warmwasserbereitung, Lüftung, Kühlung sowie eingebaute Beleuchtung,
13. „Geothermie“ die dem Erdboden entnommene Wärme,
14. „Heizkessel“ ein aus Kessel und Brenner bestehender Wärmeerzeuger, der dazu dient, die durch die Verbrennung freigesetzte Wärme an einen Wärmeträger zu übertragen,
15. „Jahres-Primärenergiebedarf“ der jährliche Gesamtenergiebedarf eines Gebäudes, der zusätzlich zum Energiegehalt der eingesetzten Energieträger und von elektrischem Strom auch die vorgelagerten Prozessketten bei der Gewinnung, Umwandlung, Speicherung und Verteilung mittels Primärenergiefaktoren einbezieht,
16. „Kälte aus erneuerbaren Energien“ die dem Erdboden oder dem Wasser entnommene und technisch nutzbar gemachte oder aus Wärme nach Absatz 2 Nummer 1 bis 5 technisch nutzbar gemachte Kälte,
17. „kleines Gebäude“ ein Gebäude mit nicht mehr als 50 Quadratmetern Nutzfläche,
18. „Klimaanlage“ die Gesamtheit aller zu einer gebäudetechnischen Anlage gehörenden Anlagenbestandteile, die für eine Raumluftbehandlung erforderlich sind, durch die die Temperatur geregelt wird,
19. „Nah-/Fernwärme“ die Wärme, die mittels eines Wärmeträgers durch ein Wärmenetz verteilt wird,
20. „Nah-/Fernkälte“ die Kälte, die mittels eines Kälteträgers durch ein Kältenetz verteilt wird,
21. „Nennleistung“ die vom Hersteller festgelegte und im Dauerbetrieb unter Beachtung des vom Hersteller angegebenen Wirkungsgrades als einhaltbar garantierte größte Wärme- oder Kälteleistung in Kilowatt,
22. „Nettogrundfläche“ die Nutzfläche eines Nichtwohngebäudes nach DIN V 18599: 2018-09, die beheizt oder gekühlt wird,
23. „Nichtwohngebäude“ ein Gebäude, das nicht unter Nummer 33 fällt,

---

[1] **Amtlicher Hinweis:** Alle zitierten DIN-Vornormen und -Normen sind im Beuth-Verlag GmbH, Berlin, veröffentlicht und beim Deutschen Patent- und Markenamt in München archivmäßig gesichert niedergelegt.

24. „Niedertemperatur-Heizkessel" ein Heizkessel, der kontinuierlich mit einer Eintrittstemperatur von 35 Grad Celsius bis 40 Grad Celsius betrieben werden kann und in dem es unter bestimmten Umständen zur Kondensation des in den Abgasen enthaltenen Wasserdampfes kommen kann,
25. „Niedrigstenergiegebäude" ein Gebäude, das eine sehr gute Gesamtenergieeffizienz aufweist und dessen Energiebedarf sehr gering ist und, soweit möglich, zu einem ganz wesentlichen Teil durch Energie aus erneuerbaren Quellen gedeckt werden soll,
26. „Nutzfläche"
    a) bei einem Wohngebäude die Gebäudenutzfläche oder
    b) bei einem Nichtwohngebäude die Nettogrundfläche,
27. „Nutzfläche mit starkem Publikumsverkehr" die öffentlich zugängliche Nutzfläche, die während ihrer Öffnungszeiten von einer großen Zahl von Menschen aufgesucht wird; eine solche Fläche kann sich insbesondere in einer öffentlichen oder einer privaten Einrichtung befinden, die für gewerbliche, freiberufliche, kulturelle, soziale oder behördliche Zwecke genutzt wird,
28. „oberste Geschossdecke" die zugängliche Decke beheizter Räume zum unbeheizten Dachraum,
29. „Stromdirektheizung" ein Gerät zur direkten Erzeugung von Raumwärme durch Ausnutzung des elektrischen Widerstands auch in Verbindung mit Festkörper-Wärmespeichern,
30. „Umweltwärme" die der Luft, dem Wasser oder der aus technischen Prozessen und baulichen Anlagen stammenden Abwasserströmen entnommene und technisch nutzbar gemachte Wärme oder Kälte mit Ausnahme der aus technischen Prozessen und baulichen Anlagen stammenden Abluftströmen entnommenen Wärme,
31. „Wärme- und Kälteenergiebedarf" die Summe aus
    a) der zur Deckung des Wärmebedarfs für Heizung und Warmwasserbereitung jährlich benötigten Wärmemenge, einschließlich des thermischen Aufwands für Übergabe, Verteilung und Speicherung der Energiemenge und
    b) der zur Deckung des Kältebedarfs für Raumkühlung jährlich benötigten Kältemenge, einschließlich des thermischen Aufwands für Übergabe, Verteilung und Speicherung der Energiemenge,
32. „Wohnfläche" die Fläche, die nach der Wohnflächenverordnung[1] vom 25. November 2003 (BGBl. I S. 2346) oder auf der Grundlage anderer Rechtsvorschriften oder anerkannter Regeln der Technik zur Berechnung von Wohnflächen ermittelt worden ist,
33. „Wohngebäude" ein Gebäude, das nach seiner Zweckbestimmung überwiegend dem Wohnen dient, einschließlich von Wohn-, Alten- oder Pflegeheimen sowie ähnlicher Einrichtungen,
34. „zweiseitig angebautes Wohngebäude" ein Wohngebäude, von dessen nach zwei unterschiedlichen Himmelsrichtungen weisenden vertikalen Flächen im Mittel ein Anteil von 80 Prozent oder mehr an ein anderes Wohngebäude oder ein Nichtwohngebäude mit einer Raum-Solltemperatur von mindestens 19 Grad Celsius angrenzt.

---

[1] Nr. **147**.

(2) Erneuerbare Energien im Sinne dieses Gesetzes ist oder sind
1. Geothermie,
2. Umweltwärme,
3. die technisch durch im unmittelbaren räumlichen Zusammenhang mit dem Gebäude stehenden Anlagen zur Erzeugung von Strom aus solarer Strahlungsenergie oder durch solarthermische Anlagen zur Wärme- oder Kälteerzeugung nutzbar gemachte Energie,
4. die technisch durch gebäudeintegrierte Windkraftanlagen zur Wärme- oder Kälteerzeugung nutzbar gemachte Energie,
5. die aus fester, flüssiger oder gasförmiger Biomasse erzeugte Wärme; die Abgrenzung erfolgt nach dem Aggregatzustand zum Zeitpunkt des Eintritts der Biomasse in den Wärmeerzeuger; oder
6. Kälte aus erneuerbaren Energien.

(3) Biomasse im Sinne von Absatz 2 Nummer 5 ist oder sind
1. Biomasse im Sinne der Biomasseverordnung vom 21. Juni 2001 (BGBl. I S. 1234) in der bis zum 31. Dezember 2011 geltenden Fassung,
2. Altholz der Kategorien A I und A II nach § 2 Nummer 4 Buchstabe a und b der Altholzverordnung vom 15. August 2002 (BGBl. I S. 3302), die zuletzt durch Artikel 120 der Verordnung vom 19. Juni 2020 (BGBl. I S. 1328) geändert worden ist,
3. biologisch abbaubare Anteile von Abfällen aus Haushalten und Industrie,
4. Deponiegas,
5. Klärgas,
6. Klärschlamm im Sinne der Klärschlammverordnung vom 27. September 2017 (BGBl. I S. 3465), die zuletzt durch Artikel 137 der Verordnung vom 19. Juni 2020 (BGBl. I S. 1328) geändert worden ist, in der jeweils geltenden Fassung oder
7. Pflanzenölmethylester.

§ 4 Vorbildfunktion der öffentlichen Hand. (1) [1] Einem Nichtwohngebäude, das sich im Eigentum der öffentlichen Hand befindet und von einer Behörde genutzt wird, kommt eine Vorbildfunktion zu. [2] § 13 Absatz 2 des Bundes-Klimaschutzgesetzes vom 12. Dezember 2019 (BGBl. I S. 2513) bleibt unberührt.

(2) Wenn die öffentliche Hand ein Nichtwohngebäude im Sinne des Absatzes 1 Satz 1 errichtet oder einer grundlegenden Renovierung gemäß § 52 Absatz 2 unterzieht, muss sie prüfen, ob und in welchem Umfang Erträge durch die Errichtung einer im unmittelbaren räumlichen Zusammenhang mit dem Gebäude stehenden Anlage zur Erzeugung von Strom aus solarer Strahlungsenergie oder durch solarthermische Anlagen zur Wärme- und Kälteerzeugung erzielt und genutzt werden können.

(3) [1] Die öffentliche Hand informiert über die Erfüllung der Vorbildfunktion im Internet oder auf sonstige geeignete Weise; dies kann im Rahmen der Information der Öffentlichkeit nach den Bestimmungen des Bundes und der Länder über den Zugang zu Umweltinformationen geschehen. [2] Der Bund berichtet über die Erfüllung der Vorbildfunktion im Klimaschutzbericht der Bundesregierung.

§ 5 Grundsatz der Wirtschaftlichkeit. [1] Die Anforderungen und Pflichten, die in diesem Gesetz oder in den auf Grund dieses Gesetzes erlassenen Rechtsverordnungen aufgestellt werden, müssen nach dem Stand der Technik erfüllbar sowie für Gebäude gleicher Art und Nutzung und für Anlagen oder Einrichtungen wirtschaftlich vertretbar sein. [2] Anforderungen und Pflichten gelten als wirtschaftlich vertretbar, wenn generell die erforderlichen Aufwendungen innerhalb der üblichen Nutzungsdauer durch die eintretenden Einsparungen erwirtschaftet werden können. [3] Bei bestehenden Gebäuden, Anlagen und Einrichtungen ist die noch zu erwartende Nutzungsdauer zu berücksichtigen.

§ 6 Verordnungsermächtigung zur Verteilung der Betriebskosten und zu Abrechnungs- und Verbrauchsinformationen. (1) Die Bundesregierung wird ermächtigt, durch Rechtsverordnung mit Zustimmung des Bundesrates vorzuschreiben, dass

1. der Energieverbrauch der Benutzer von heizungs-, kühl- oder raumlufttechnischen oder der Versorgung mit Warmwasser dienenden gemeinschaftlichen Anlagen oder Einrichtungen erfasst wird,
2. die Betriebskosten dieser Anlagen oder Einrichtungen so auf die Benutzer zu verteilen sind, dass dem Energieverbrauch der Benutzer Rechnung getragen wird,
3. die Benutzer in regelmäßigen, im Einzelnen zu bestimmenden Abständen auf klare und verständliche Weise Informationen erhalten über Daten, die für die Einschätzung, den Vergleich und die Steuerung des Energieverbrauchs und der Betriebskosten von heizungs-, kühl- oder raumlufttechnischen oder der Versorgung mit Warmwasser dienenden gemeinschaftlichen Anlagen oder Einrichtungen relevant sind, und über Stellen, bei denen weitergehende Informationen und Dienstleistungen zum Thema Energieeffizienz verfügbar sind,
4. die zum Zwecke der Datenverarbeitung eingesetzte Technik einem Stand der Technik entsprechen muss, der Datenschutz, Datensicherheit und Interoperabilität gewährleistet, und
5. bei einem Wechsel des Abrechnungsdienstleisters oder einer Übernahme der Abrechnung durch den Gebäudeeigentümer die für die Abrechnung notwendigen Daten dem neuen Abrechnungsdienstleister oder dem Gebäudeeigentümer zugänglich gemacht werden müssen.

(2) In der Rechtsverordnung nach Absatz 1 können die Erfassung und Kostenverteilung abweichend von Vereinbarungen der Benutzer und von Vorschriften des Wohnungseigentumsgesetzes[1)] geregelt und es kann näher bestimmt werden, wie diese Regelungen sich auf die Rechtsverhältnisse zwischen den Beteiligten auswirken.

(3) In der Rechtsverordnung nach Absatz 1 ist vorzusehen, dass auf Antrag des Verpflichteten von den Anforderungen befreit werden kann, soweit diese im Einzelfall wegen besonderer Umstände durch einen unangemessenen Aufwand oder in sonstiger Weise zu einer unbilligen Härte führen.

(4) In der Rechtsverordnung nach Absatz 1 sind die erforderlichen technischen und organisatorischen Maßnahmen nach den Artikeln 24, 25 und 32 der Verordnung (EU) 2016/679 des Europäischen Parlaments und des Rates vom

---

[1)] Nr. **80**.

27. April 2016 zum Schutz natürlicher Personen bei der Verarbeitung personenbezogener Daten, zum freien Datenverkehr und zur Aufhebung der Richtlinie 95/46/EG (Datenschutz-Grundverordnung) (ABl. L 119 vom 4.5.2016, S. 1; L 314 vom 22.11.2016, S. 72; L 127 vom 23.5.2018, S. 2) in der jeweils geltenden Fassung zur Sicherstellung von Datenschutz und Datensicherheit bei der Verarbeitung der für die in Absatz 1 Nummer 1 bis 4 genannten Zwecke erforderlichen personenbezogenen Daten festzulegen.

(5) Die Rechtsverordnung nach Absatz 1 hat vorzusehen, dass der Stand der Technik nach Absatz 1 Nummer 4 jeweils in Technischen Richtlinien und Schutzprofilen des Bundesamts für Sicherheit in der Informationstechnik festgelegt wird.

§ 6a Verordnungsermächtigung zur Versorgung mit Fernkälte. [1] Das Bundesministerium für Wirtschaft und Energie kann im Einvernehmen mit dem Bundesministerium der Justiz und für Verbraucherschutz durch Rechtsverordnung mit Zustimmung des Bundesrates die Allgemeinen Bedingungen für die Versorgung mit Fernkälte einschließlich von Rahmenregelungen über die Entgelte ausgewogen gestalten und hierbei unter angemessener Berücksichtigung der beiderseitigen Interessen

1. die Bestimmungen der Verträge einheitlich festsetzen,
2. Regelungen über den Vertragsschluss, den Gegenstand und die Beendigung der Verträge treffen sowie
3. die Rechte und Pflichten der Vertragsparteien festlegen.

[2] Satz 1 gilt entsprechend für Bedingungen öffentlich-rechtlich gestalteter Versorgungsverhältnisse mit Ausnahme der Regelung des Verwaltungsverfahrens.

§ 7 Regeln der Technik. (1) Das Bundesministerium für Wirtschaft und Energie kann gemeinsam mit dem Bundesministerium des Innern, für Bau und Heimat durch Bekanntmachung im Bundesanzeiger auf Veröffentlichungen sachverständiger Stellen über anerkannte Regeln der Technik hinweisen, soweit in diesem Gesetz auf solche Regeln Bezug genommen wird.

(2) Zu den anerkannten Regeln der Technik gehören auch Normen, technische Vorschriften oder sonstige Bestimmungen anderer Mitgliedstaaten der Europäischen Union und anderer Vertragsstaaten des Abkommens über den Europäischen Wirtschaftsraum sowie der Republik Türkei, wenn ihre Einhaltung das geforderte Schutzniveau in Bezug auf Energieeinsparung und Wärmeschutz dauerhaft gewährleistet.

(3) [1] Wenn eine Bewertung von Baustoffen, Bauteilen und Anlagen im Hinblick auf die Anforderungen dieses Gesetzes auf Grund anerkannter Regeln der Technik nicht möglich ist, weil solche Regeln nicht vorliegen oder wesentlich von ihnen abgewichen wird, sind der nach Landesrecht zuständigen Behörde die erforderlichen Nachweise für eine anderweitige Bewertung vorzulegen. [2] Satz 1 ist nicht anzuwenden auf Baustoffe, Bauteile und Anlagen,

1. wenn für sie die Bewertung auch im Hinblick auf die Anforderungen zur Energieeinsparung im Sinne dieses Gesetzes durch die Verordnung (EU) Nr. 305/2011 des Europäischen Parlaments und des Rates vom 9. März 2011 zur Festlegung harmonisierter Bedingungen für die Vermarktung von Bauprodukten und zur Aufhebung der Richtlinie 89/106/EWG des Rates (ABl. L 88 vom 4.4.2011, S. 5; L 103 vom 12.4.2013, S. 10; L 92 vom 8.4.2015,

S. 118), die zuletzt durch die Delegierte Verordnung (EU) Nr. 574/2014 (ABl. L 159 vom 28.5.2014, S. 41) geändert worden ist, oder durch nationale Rechtsvorschriften zur Umsetzung oder Durchführung von Rechtsvorschriften der Europäischen Union gewährleistet wird, erforderliche CE-Kennzeichnungen angebracht wurden und nach den genannten Vorschriften zulässige Klassen und Leistungsstufen nach Maßgabe landesrechtlicher Vorschriften eingehalten werden oder

2. bei denen nach bauordnungsrechtlichen Vorschriften über die Verwendung von Bauprodukten auch die Einhaltung dieses Gesetzes sichergestellt wird.

(4) Verweisen die nach diesem Gesetz anzuwendenden datierten technischen Regeln auf undatierte technische Regeln, sind diese in der Fassung anzuwenden, die dem Stand zum Zeitpunkt der Herausgabe der datierten technischen Regel entspricht.

(5) Das Bundesministerium für Wirtschaft und Energie und das Bundesministerium des Innern, für Bau und Heimat werden dem Deutschen Bundestag bis zum 31. Dezember 2022 gemeinsam einen Bericht über die Ergebnisse von Forschungsprojekten zu Methodiken zur ökobilanziellen Bewertung von Wohn- und Nichtwohngebäuden vorlegen.

§ 8 Verantwortliche. (1) Für die Einhaltung der Vorschriften dieses Gesetzes ist der Bauherr oder Eigentümer verantwortlich, soweit in diesem Gesetz nicht ausdrücklich ein anderer Verantwortlicher bezeichnet ist.

(2) Für die Einhaltung der Vorschriften dieses Gesetzes sind im Rahmen ihres jeweiligen Wirkungskreises auch die Personen verantwortlich, die im Auftrag des Eigentümers oder des Bauherren bei der Errichtung oder Änderung von Gebäuden oder der Anlagentechnik in Gebäuden tätig werden.

§ 9 Überprüfung der Anforderungen an zu errichtende und bestehende Gebäude. (1) [1]Das Bundesministerium für Wirtschaft und Energie und das Bundesministerium des Innern, für Bau und Heimat werden die Anforderungen an zu errichtende Gebäude nach Teil 2 und die Anforderungen an bestehende Gebäude nach Teil 3 Abschnitt 1 nach Maßgabe von § 5 und unter Wahrung des Grundsatzes der Technologieoffenheit im Jahr 2023 überprüfen und nach Maßgabe der Ergebnisse der Überprüfung innerhalb von sechs Monaten nach Abschluss der Überprüfung einen Gesetzgebungsvorschlag für eine Weiterentwicklung der Anforderungen an zu errichtende und bestehende Gebäude vorlegen. [2]Die Bezahlbarkeit des Bauens und Wohnens ist ein zu beachtender wesentlicher Eckpunkt.

(2) Das Bundesministerium für Wirtschaft und Energie und das Bundesministerium des Innern, für Bau und Heimat werden unter Wahrung der Maßgaben des Absatzes 1 bis zum Jahr 2023 prüfen, auf welche Weise und in welchem Umfang synthetisch erzeugte Energieträger in flüssiger oder gasförmiger Form bei der Erfüllung der Anforderungen an zu errichtende Gebäude nach Teil 2 und bei der Erfüllung der Anforderungen an bestehende Gebäude nach Teil 3 Abschnitt 1 Berücksichtigung finden können.

Teil 2. Anforderungen an zu errichtende Gebäude

Abschnitt 1. Allgemeiner Teil

§ 10 Grundsatz und Niedrigstenergiegebäude. (1) Wer ein Gebäude errichtet, hat dieses als Niedrigstenergiegebäude nach Maßgabe von Absatz 2 zu errichten.

(2) Das Gebäude ist so zu errichten, dass

1. der Gesamtenergiebedarf für Heizung, Warmwasserbereitung, Lüftung und Kühlung, bei Nichtwohngebäuden auch für eingebaute Beleuchtung, den jeweiligen Höchstwert nicht überschreitet, der sich nach § 15 oder § 18 ergibt,
2. Energieverluste beim Heizen und Kühlen durch baulichen Wärmeschutz nach Maßgabe von § 16 oder § 19 vermieden werden und
3. der Wärme- und Kälteenergiebedarf zumindest anteilig durch die Nutzung erneuerbarer Energien nach Maßgabe der §§ 34 bis 45 gedeckt wird.

(3) Die Anforderungen an die Errichtung von einem Gebäude nach diesem Gesetz finden keine Anwendung, soweit ihre Erfüllung anderen öffentlich-rechtlichen Vorschriften zur Standsicherheit, zum Brandschutz, zum Schallschutz, zum Arbeitsschutz oder zum Schutz der Gesundheit entgegensteht.

(4) Bei einem zu errichtenden Nichtwohngebäude ist die Anforderung nach Absatz 2 Nummer 3 nicht für Gebäudezonen mit mehr als 4 Metern Raumhöhe anzuwenden, die durch dezentrale Gebläse oder Strahlungsheizungen beheizt werden.

(5) Die Anforderung nach Absatz 2 Nummer 3 ist nicht auf ein Gebäude, das der Landesverteidigung dient, anzuwenden, soweit ihre Erfüllung der Art und dem Hauptzweck der Landesverteidigung entgegensteht.

§ 11 Mindestwärmeschutz. (1) Bei einem zu errichtenden Gebäude sind Bauteile, die gegen die Außenluft, das Erdreich oder gegen Gebäudeteile mit wesentlich niedrigeren Innentemperaturen abgrenzen, so auszuführen, dass die Anforderungen des Mindestwärmeschutzes nach DIN 4108-2: 2013-02 und DIN 4108-3: 2018-10 erfüllt werden.

(2) Ist bei einem zu errichtenden Gebäude bei aneinandergereihter Bebauung die Nachbarbebauung nicht gesichert, müssen die Gebäudetrennwände den Anforderungen an den Mindestwärmeschutz nach Absatz 1 genügen.

§ 12 Wärmebrücken. Ein Gebäude ist so zu errichten, dass der Einfluss konstruktiver Wärmebrücken auf den Jahres-Heizwärmebedarf nach den anerkannten Regeln der Technik und nach den im jeweiligen Einzelfall wirtschaftlich vertretbaren Maßnahmen so gering wie möglich gehalten wird.

§ 13 Dichtheit. [1] Ein Gebäude ist so zu errichten, dass die wärmeübertragende Umfassungsfläche einschließlich der Fugen dauerhaft luftundurchlässig nach den anerkannten Regeln der Technik abgedichtet ist. [2] Öffentlich-rechtliche Vorschriften über den zum Zweck der Gesundheit und Beheizung erforderlichen Mindestluftwechsel bleiben unberührt.

§ 14 Sommerlicher Wärmeschutz. (1) [1] Ein Gebäude ist so zu errichten, dass der Sonneneintrag durch einen ausreichenden baulichen sommerlichen Wärmeschutz nach den anerkannten Regeln der Technik begrenzt wird. [2] Bei der Ermittlung eines ausreichenden sommerlichen Wärmeschutzes nach den Absätzen 2 und 3 bleiben die öffentlich-rechtlichen Vorschriften über die erforderliche Tageslichtversorgung unberührt.

(2) [1] Ein ausreichender sommerlicher Wärmeschutz nach Absatz 1 liegt vor, wenn die Anforderungen nach DIN 4108-2: 2013-02 Abschnitt 8 eingehalten werden und die rechnerisch ermittelten Werte des Sonnenenergieeintrags über transparente Bauteile in Gebäude (Sonneneintragskennwert) die in DIN 4108-2: 2013-02 Abschnitt 8.3.3 festgelegten Anforderungswerte nicht überschreiten. [2] Der Sonneneintragskennwert des zu errichtenden Gebäudes ist nach dem in DIN 4108-2: 2013-02 Abschnitt 8.3.2 genannten Verfahren zu bestimmen.

(3) Ein ausreichender sommerlicher Wärmeschutz nach Absatz 1 liegt auch vor, wenn mit einem Berechnungsverfahren nach DIN 4108-2: 2013-02 Abschnitt 8.4 (Simulationsrechnung) gezeigt werden kann, dass unter den dort genannten Randbedingungen die für den Standort des Gebäudes in DIN 4108-2: 2013-02 Abschnitt 8.4 Tabelle 9 angegebenen Übertemperatur-Gradstunden nicht überschritten werden.

(4) Wird bei Gebäuden mit Anlagen zur Kühlung die Berechnung nach Absatz 3 durchgeführt, sind bauliche Maßnahmen zum sommerlichen Wärmeschutz gemäß DIN 4108-2: 2013-02 Abschnitt 4.3 insoweit vorzusehen, wie sich die Investitionen für diese baulichen Maßnahmen innerhalb deren üblicher Nutzungsdauer durch die Einsparung von Energie zur Kühlung unter Zugrundelegung der im Gebäude installierten Anlagen zur Kühlung erwirtschaften lassen.

(5) Auf Berechnungen nach den Absätzen 2 bis 4 kann unter den Voraussetzungen des Abschnitts 8.2.2 der DIN 4108-2: 2013-02 verzichtet werden.

Abschnitt 2. Jahres-Primärenergiebedarf und baulicher Wärmeschutz bei zu errichtenden Gebäuden

Unterabschnitt 1. Wohngebäude

§ 15 Gesamtenergiebedarf. (1) Ein zu errichtendes Wohngebäude ist so zu errichten, dass der Jahres-Primärenergiebedarf für Heizung, Warmwasserbereitung, Lüftung und Kühlung das 0,75fache des auf die Gebäudenutzfläche bezogenen Wertes des Jahres-Primärenergiebedarfs eines Referenzgebäudes, das die gleiche Geometrie, Gebäudenutzfläche und Ausrichtung wie das zu errichtende Gebäude aufweist und der technischen Referenzausführung der Anlage 1 entspricht, nicht überschreitet.

(2) Der Höchstwert des Jahres-Primärenergiebedarfs eines zu errichtenden Wohngebäudes nach Absatz 1 ist nach Maßgabe des § 20, der §§ 22 bis 24, des § 25 Absatz 1 bis 3 und 10, der §§ 26 bis 29, des § 31 und des § 33 zu berechnen.

§ 16 Baulicher Wärmeschutz. Ein zu errichtendes Wohngebäude ist so zu errichten, dass der Höchstwert des spezifischen, auf die wärmeübertragende Umfassungsfläche bezogenen Transmissionswärmeverlusts das 1,0fache des entsprechenden Wertes des jeweiligen Referenzgebäudes nach § 15 Absatz 1 nicht überschreitet.

§ 17 Aneinandergereihte Bebauung. [1] Werden aneinandergereihte Wohngebäude gleichzeitig errichtet, dürfen sie hinsichtlich der Anforderungen der

§§ 12, 14, 15 und 16 wie ein Gebäude behandelt werden. [2]Die Vorschriften des Teiles 5 bleiben unberührt.

Unterabschnitt 2. Nichtwohngebäude

§ 18 Gesamtenergiebedarf. (1) [1]Ein zu errichtendes Nichtwohngebäude ist so zu errichten, dass der Jahres-Primärenergiebedarf für Heizung, Warmwasserbereitung, Lüftung, Kühlung und eingebaute Beleuchtung das 0,75fache des auf die Nettogrundfläche bezogenen Wertes des Jahres-Primärenergiebedarfs eines Referenzgebäudes, das die gleiche Geometrie, Nettogrundfläche, Ausrichtung und Nutzung, einschließlich der Anordnung der Nutzungseinheiten, wie das zu errichtende Gebäude aufweist und der technischen Referenzausführung der Anlage 2 entspricht, nicht überschreitet. [2]Die technische Referenzausführung in der Anlage 2 Nummer 1.13 bis 9 ist nur insoweit zu berücksichtigen, wie eines der dort genannten Systeme in dem zu errichtenden Gebäude ausgeführt wird.

(2) Der Höchstwert des Jahres-Primärenergiebedarfs nach Absatz 1 eines zu errichtenden Nichtwohngebäudes ist nach Maßgabe der §§ 21 bis 24, des § 25 Absatz 1, 2 und 4 bis 8, der §§ 26 und 27, des § 30 und der §§ 32 und 33 zu berechnen.

(3) [1]Wird ein zu errichtendes Nichtwohngebäude für die Berechnung des Jahres-Primärenergiebedarfs nach unterschiedlichen Nutzungen unterteilt und kommt für die unterschiedlichen Nutzungen jeweils das Berechnungsverfahren nach § 21 Absatz 1 und 2 mit deren jeweiligen Randbedingungen zur Anwendung, muss die Unterteilung hinsichtlich der Nutzung sowie der verwendeten Berechnungsverfahren und Randbedingungen beim Referenzgebäude mit der des zu errichtenden Gebäudes übereinstimmen. [2]Bei der Unterteilung hinsichtlich der anlagentechnischen Ausstattung und der Tageslichtversorgung sind Unterschiede zulässig, die durch die technische Ausführung des zu errichtenden Gebäudes bedingt sind.

§ 19 Baulicher Wärmeschutz. Ein zu errichtendes Nichtwohngebäude ist so zu errichten, dass die Höchstwerte der mittleren Wärmedurchgangskoeffizienten der wärmeübertragenden Umfassungsfläche der Anlage 3 nicht überschritten werden.

Abschnitt 3. Berechnungsgrundlagen und verfahren

§ 20 Berechnung des Jahres-Primärenergiebedarfs eines Wohngebäudes. (1) Für das zu errichtende Wohngebäude und das Referenzgebäude ist der Jahres-Primärenergiebedarf nach DIN V 18599: 2018-09 zu ermitteln.

(2) [1]Bis zum 31. Dezember 2023 kann für das zu errichtende Wohngebäude und das Referenzgebäude der Jahres-Primärenergiebedarf auch nach DIN V 4108-6: 2003-06, geändert durch DIN V 4108-6 Berichtigung 1: 2004-03, in Verbindung mit DIN V 4701-10: 2003-08 ermittelt werden, wenn das Gebäude nicht gekühlt wird. [2]Der in diesem Rechengang zu bestimmende Jahres-Heizwärmebedarf ist nach dem Monatsbilanzverfahren nach DIN V 4108-6: 2003-06, geändert durch DIN V 4108-6 Berichtigung 1: 2004-03, mit den dort in Anhang D.3 genannten Randbedingungen zu ermitteln. [3]Als Referenzklima ist abweichend von DIN V 4108-6: 2003-06, geändert durch DIN V 4108-6 Berichtigung 1: 2004-03, das Klima nach DIN V 18599-10: 2018-09 Anhang E zu verwenden. [4]Der Nutzwärmebedarf für die Warmwasserbereitung nach DIN V 4701-10: 2003-08 ist mit 12,5 Kilowattstunden je Quadratmeter Gebäuden-

utzfläche und Jahr anzusetzen. [5] Zur Berücksichtigung von Lüftungsanlagen mit Wärmerückgewinnung sind die methodischen Hinweise in DIN V 4701-10: 2003-08 Abschnitt 4.1 zu beachten.

(3) Die Berechnungen sind für das zu errichtende Gebäude und das Referenzgebäude mit demselben Verfahren durchzuführen.

(4) Abweichend von DIN V 18599-1: 2018-09 sind bei der Berechnung des Endenergiebedarfs diejenigen Anteile nicht zu berücksichtigen, die durch in unmittelbarem räumlichen Zusammenhang zum Gebäude gewonnene solare Strahlungsenergie sowie Umweltwärme gedeckt werden.

(5) Abweichend von DIN V 18599-1: 2018-09 ist bei der Berechnung des Primärenergiebedarfs der Endenergiebedarf für elektrische Nutzeranwendungen in der Bilanzierung nicht zu berücksichtigen.

(6) Werden in den Berechnungen nach den Absätzen 1 und 2 Wärmedurchgangskoeffizienten berechnet, sind folgende Berechnungsverfahren anzuwenden:

1. DIN V 18599-2: 2018-09 Abschnitt 6.1.4.3 für die Berechnung der an Erdreich grenzenden Bauteile,
2. DIN 4108-4: 2017-03 in Verbindung mit DIN EN ISO 6946: 2008-04 für die Berechnung opaker Bauteile und
3. DIN 4108-4: 2017-03 für die Berechnung transparenter Bauteile sowie von Vorhangfassaden.

§ 21 Berechnung des Jahres-Primärenergiebedarfs eines Nichtwohngebäudes. (1) Für das zu errichtende Nichtwohngebäude und das Referenzgebäude ist der Jahres-Primärenergiebedarf nach DIN V 18599: 2018-09 zu ermitteln.

(2) [1] Soweit sich bei einem Nichtwohngebäude Flächen hinsichtlich ihrer Nutzung, ihrer technischen Ausstattung, ihrer inneren Lasten oder ihrer Versorgung mit Tageslicht wesentlich unterscheiden, ist das Gebäude nach Maßgabe der DIN V 18599: 2018-09 in Verbindung mit § 18 Absatz 3 für die Berechnung nach Absatz 1 in Zonen zu unterteilen. [2] Die Vereinfachungen zur Zonierung, zur pauschalierten Zuweisung der Eigenschaften der Hüllfläche und zur Ermittlung von tageslichtversorgten Bereichen gemäß DIN V 18599-1: 2018-09 Anhang D dürfen nach Maßgabe der dort angegebenen Bedingungen auch für zu errichtende Nichtwohngebäude verwendet werden.

(3) [1] Für Nutzungen, die nicht in DIN V 18599-10: 2018-09 aufgeführt sind, kann

1. die Nutzung 17 der Tabelle 5 in DIN V 18599-10: 2018-09 verwendet werden oder
2. eine Nutzung auf der Grundlage der DIN V 18599-10: 2018-09 unter Anwendung gesicherten allgemeinen Wissensstandes individuell bestimmt und verwendet werden.

[2] Steht bei der Errichtung eines Nichtwohngebäudes die Nutzung einer Zone noch nicht fest, ist nach Satz 1 Nummer 1 zu verfahren. [3] In den Fällen des Satzes 1 Nummer 2 ist die individuell bestimmte Nutzung zu begründen und den Berechnungen beizufügen. [4] Wird bei der Errichtung eines Nichtwohngebäudes in einer Zone keine Beleuchtungsanlage eingebaut, ist eine direkt-indirekte Beleuchtung mit stabförmigen Leuchtstofflampen mit einem Durchmesser von 16 Millimetern und mit einem elektronischen Vorschaltgerät anzunehmen.

(4) § 20 Absatz 3 bis 6 ist entsprechend anzuwenden.

§ 22 Primärenergiefaktoren. (1) [1] Zur Ermittlung des Jahres-Primärenergiebedarfs nach § 20 Absatz 1 oder Absatz 2 und nach § 21 Absatz 1 und 2 sind als Primärenergiefaktoren die Werte für den nicht erneuerbaren Anteil der Anlage 4 mit folgenden Maßgaben zu verwenden:

1. für flüssige oder gasförmige Biomasse kann abweichend von Anlage 4 Nummer 6 und 7 für den nicht erneuerbaren Anteil der Wert 0,3 verwendet werden,
   a) wenn die flüssige oder gasförmige Biomasse im unmittelbaren räumlichen Zusammenhang mit dem Gebäude oder mit mehreren Gebäuden, die im räumlichen Zusammenhang stehen, erzeugt wird und
   b) diese Gebäude unmittelbar mit der flüssigen oder gasförmigen Biomasse versorgt werden; mehrere Gebäude müssen gemeinsam versorgt werden,
2. für gasförmige Biomasse, die aufbereitet und in das Erdgasnetz eingespeist worden ist (Biomethan) und in zu errichtenden Gebäuden eingesetzt wird, kann abweichend von Anlage 4 Nummer 6 für den nicht erneuerbaren Anteil
   a) der Wert 0,7 verwendet werden, wenn die Nutzung des Biomethans in einem Brennwertkessel erfolgt, oder
   b) der Wert 0,5 verwendet werden, wenn die Nutzung des Biomethans in einer hocheffizienten KWK-Anlage im Sinne des § 2 Nummer 8a des Kraft-Wärme-Kopplungsgesetzes vom 21. Dezember 2015 (BGBl. I S. 2498), das zuletzt durch Artikel 266 der Verordnung vom 19. Juni 2020 (BGBl. I S. 1328) geändert worden ist, erfolgt, und wenn
   c) bei der Aufbereitung und Einspeisung des Biomethans die Voraussetzungen nach Anlage 1 Nummer 1 Buchstabe a bis c des Erneuerbare-Energien-Gesetzes vom 25. Oktober 2008 (BGBl. I S. 2074) in der am 31. Juli 2014 geltenden Fassung erfüllt worden sind, und
   d) die Menge des entnommenen Biomethans im Wärmeäquivalent am Ende eines Kalenderjahres der Menge von Gas aus Biomasse entspricht, das an anderer Stelle in das Gasnetz eingespeist worden ist, und Massenbilanzsysteme für den gesamten Transport und Vertrieb des Biomethans von seiner Herstellung über seine Einspeisung in das Erdgasnetz und seinen Transport im Erdgasnetz bis zu seiner Entnahme aus dem Erdgasnetz verwendet worden sind,
3. für gasförmige Biomasse, die unter Druck verflüssigt worden ist (biogenes Flüssiggas) und in zu errichtenden Gebäuden eingesetzt wird, kann abweichend von Anlage 4 Nummer 6 für den nicht erneuerbaren Anteil
   a) der Wert 0,7 verwendet werden, wenn die Nutzung des biogenen Flüssiggases in einem Brennwertkessel erfolgt, oder
   b) der Wert 0,5 verwendet werden, wenn die Nutzung des biogenen Flüssiggases in einer hocheffizienten KWK-Anlage im Sinne des § 2 Nummer 8a des Kraft-Wärme-Kopplungsgesetzes erfolgt, und wenn
   c) die Menge des entnommenen Gases am Ende eines Kalenderjahres der Menge von Gas aus Biomasse entspricht, das an anderer Stelle hergestellt worden ist, und Massenbilanzsysteme für den gesamten Transport und Vertrieb des biogenen Flüssiggases von seiner Herstellung über seine Zwischenlagerung und seinen Transport bis zu seiner Einlagerung in den Verbrauchstank verwendet worden sind,

4. für die Versorgung eines neu zu errichtenden Gebäudes mit aus Erdgas oder Flüssiggas erzeugter Wärme darf abweichend von Anlage 4 Nummer 15 für die in einer hocheffizienten KWK-Anlage im Sinne des § 2 Nummer 8a des Kraft-Wärme-Kopplungsgesetzes erzeugte Wärme für den nicht erneuerbaren Anteil der Wert 0,6 verwendet werden, wenn
   a) die Wärmerzeugungsanlage das zu errichtende Gebäude und ein oder mehrere bestehende Gebäude, die mit dem zu errichtenden Gebäude in einem räumlichen Zusammenhang stehen, dauerhaft mit Wärme versorgt und
   b) vorhandene mit fossilen Brennstoffen beschickte Heizkessel des oder der mitversorgten bestehenden Gebäude außer Betrieb genommen werden.

[2] Durch eine Maßnahme nach Satz 1 Nummer 4 darf die Wärmeversorgung des oder der mitversorgten bestehenden Gebäude nicht in der Weise verändert werden, dass die energetische Qualität dieses oder dieser Gebäude verschlechtert wird.

(2) [1] Wird ein zu errichtendes Gebäude mit Fernwärme versorgt, kann zur Ermittlung des Jahres-Primärenergiebedarfs nach § 20 Absatz 1 oder Absatz 2 und nach § 21 Absatz 1 und 2 als Primärenergiefaktor der Wert für den nicht erneuerbaren Anteil nach Maßgabe der Sätze 2 und 3 sowie von Absatz 3 verwendet werden, den das Fernwärmeversorgungsunternehmen für den Wärmeträger in dem Wärmenetz, an das das Gebäude angeschlossen wird, ermittelt und veröffentlicht hat. [2] Der ermittelte und veröffentlichte Wert nach Satz 1 kann verwendet werden, wenn das Fernwärmeversorgungsunternehmen zur Ermittlung des Primärenergiefaktors die zur Erzeugung und Verteilung der Wärme in einem Wärmenetz eingesetzten Brennstoffe und Strom, einschließlich Hilfsenergien, ermittelt, mit den Primärenergiefaktoren der Anlage 4 gewichtet und auf die abgegebene Wärmemenge bezogen sowie die Anwendung dieses Berechnungsverfahrens in der Veröffentlichung angegeben hat. [3] Wird in einem Wärmenetz Wärme genutzt, die in einer KWK-Anlage erzeugt wird, kann der ermittelte und veröffentlichte Wert nach Satz 1 verwendet werden, wenn das Fernwärmeversorgungsunternehmen zur Ermittlung des Primärenergiefaktors der Wärme aus der KWK-Anlage das Berechnungsverfahren nach DIN V 18599-1: 2018-09 Anhang A Abschnitt A.4 mit den Primärenergiefaktoren der Anlage 4 angewendet und die Anwendung dieser Methode in der Veröffentlichung angegeben hat.

(3) [1] Liegt der ermittelte und veröffentlichte Wert des Primärenergiefaktors eines Wärmenetzes unter einem Wert von 0,3, ist als Primärenergiefaktor der Wert von 0,3 zu verwenden. [2] Abweichend von Satz 1 darf ein ermittelter und veröffentlichter Wert, der unter 0,3 liegt, verwendet werden, wenn der Wert von 0,3 um den Wert von 0,001 für jeden Prozentpunkt des aus erneuerbaren Energien oder aus Abwärme erzeugten Anteils der in einem Wärmenetz genutzten Wärme verringert wird und das Fernwärmeversorgungsunternehmen dies in der Veröffentlichung angegeben hat.

(4) Hat das Fernwärmeversorgungsunternehmen den Primärenergiefaktor für den Wärmeträger in dem Wärmenetz, an das das zu errichtende Gebäude angeschlossen wird, nicht ermittelt und veröffentlicht, kann als Primärenergiefaktor der Wert für den nicht erneuerbaren Anteil verwendet werden, der in den nach § 20 Absatz 1 oder Absatz 2 und nach § 21 Absatz 1 und 2 zur Ermittlung des Jahres-Primärenergiebedarfs zu verwendenden Berechnungsverfahren für die genutzte Fernwärme aufgeführt ist.

(5) [1] Das Bundesministerium für Wirtschaft und Energie wird gemeinsam mit dem Bundesministerium des Innern, für Bau und Heimat das Berechnungsverfahren zur Ermittlung der Primärenergiefaktoren von Wärmenetzen, in denen Wärme genutzt wird, die in KWK-Anlagen erzeugt wird, überprüfen. [2] Dabei wird unter Beachtung des Grundsatzes der Wirtschaftlichkeit die Umstellung des Berechnungsverfahrens auf ein Verfahren zur Ermittlung des Brennstoffanteils für die Wärmeerzeugung untersucht, das der in DIN EN 15316-4-5: 2017-09 Abschnitt 6.2.2.1.6.3 beschriebenen Methode entspricht. [3] In die Untersuchung wird die Ermittlung eines Faktors einbezogen, mit dem der Anteil bestehender Gebäude an den an ein Fernwärmenetz angeschlossenen Gebäuden berücksichtigt wird. [4] Das Bundesministerium für Wirtschaft und Energie hat gemeinsam mit dem Bundesministerium des Innern, für Bau und Heimat dem Deutschen Bundestag bis zum 31. Dezember 2025 einen Bericht über das Ergebnis der Überprüfung vorzulegen. [5] Der Bericht enthält einen Vorschlag für eine gesetzliche Regelung zur Umstellung des Berechnungsverfahrens ab dem Jahr 2030.

§ 23 Anrechnung von Strom aus erneuerbaren Energien. (1) Strom aus erneuerbaren Energien, der in einem zu errichtenden Gebäude eingesetzt wird, darf bei der Ermittlung des Jahres-Primärenergiebedarfs des zu errichtenden Gebäudes nach § 20 Absatz 1 oder Absatz 2 und nach § 21 Absatz 1 und 2 nach Maßgabe der Absätze 2 bis 4 in Abzug gebracht werden, soweit er

1. im unmittelbaren räumlichen Zusammenhang zu dem Gebäude erzeugt wird und
2. vorrangig in dem Gebäude unmittelbar nach Erzeugung oder nach vorübergehender Speicherung selbst genutzt und nur die überschüssige Strommenge in das öffentliche Netz eingespeist wird.

(2) [1] Bei der Ermittlung des Jahres-Primärenergiebedarfs des zu errichtenden Wohngebäudes dürfen vom Ausgangswert in Abzug gebracht werden:

1. für eine Anlage zur Erzeugung von Strom aus erneuerbaren Energien ohne Nutzung eines elektrochemischen Speichers 150 Kilowattstunden je Kilowatt installierter Nennleistung und ab einer Anlagengröße mit einer Nennleistung in Kilowatt in Höhe des 0,03fachen der Gebäudenutzfläche geteilt durch die Anzahl der beheizten oder gekühlten Geschosse nach DIN V 18599-1: 2018-09 zuzüglich das 0,7fache des jährlichen absoluten elektrischen Endenergiebedarfs der Anlagentechnik, jedoch insgesamt höchstens 30 Prozent des Jahres-Primärenergiebedarfs des Referenzgebäudes nach § 15 Absatz 1, und
2. für eine Anlage zur Erzeugung von Strom aus erneuerbaren Energien mit Nutzung eines elektrochemischen Speichers von mindestens 1 Kilowattstunde Nennkapazität je Kilowatt installierter Nennleistung der Erzeugungsanlage 200 Kilowattstunden je Kilowatt installierter Nennleistung und ab einer Anlagengröße mit einer Nennleistung in Kilowatt in Höhe des 0,03fachen der Gebäudenutzfläche geteilt durch die Anzahl der beheizten oder gekühlten Geschosse nach DIN V 18599-1: 2018-09 zuzüglich das 1,0fache des jährlichen absoluten elektrischen Endenergiebedarfs der Anlagentechnik, jedoch insgesamt höchstens 45 Prozent des Jahres-Primärenergiebedarfs des Referenzgebäudes nach § 15 Absatz 1.

[2] Als Ausgangswert ist der Jahres-Primärenergiebedarf nach § 20 Absatz 1 oder Absatz 2 zu verwenden, der sich ohne Anrechnung des Stroms aus erneuerbaren Energien nach Absatz 1 ergibt.

(3) [1] Bei der Ermittlung des Jahres-Primärenergiebedarfs des zu errichtenden Nichtwohngebäudes dürfen vom Ausgangswert in Abzug gebracht werden:

1. für eine Anlage zur Erzeugung von Strom aus erneuerbaren Energien ohne Nutzung eines elektrochemischen Speichers 150 Kilowattstunden je Kilowatt installierter Nennleistung und ab einer Anlagengröße von 0,01 Kilowatt Nennleistung je Quadratmeter Nettogrundfläche zuzüglich das 0,7fache des jährlichen absoluten elektrischen Endenergiebedarfs der Anlagentechnik, jedoch insgesamt höchstens 30 Prozent des Jahres-Primärenergiebedarfs des Referenzgebäudes nach § 18 Absatz 1 und gleichzeitig insgesamt höchstens das 1,8fache des bilanzierten endenergetischen Jahresertrags der Anlage, und
2. für eine Anlage zur Erzeugung von Strom aus erneuerbaren Energien mit Nutzung eines elektrochemischen Speichers von mindestens 1 Kilowattstunde Nennkapazität je Kilowatt installierter Nennleistung der Erzeugungsanlage 200 Kilowattstunden je Kilowatt installierter Nennleistung und ab einer Anlagengröße von 0,01 Kilowatt Nennleistung je Quadratmeter Nettogrundfläche zuzüglich das 1,0fache des jährlichen absoluten elektrischen Endenergiebedarfs der Anlagentechnik, jedoch insgesamt höchstens 45 Prozent des Jahres-Primärenergiebedarfs des Referenzgebäudes nach § 18 Absatz 1 und gleichzeitig insgesamt höchstens das 1,8fache des bilanzierten endenergetischen Jahresertrags der Anlage.

[2] Als Ausgangswert ist der Jahres-Primärenergiebedarf nach § 21 Absatz 1 und 2 zu verwenden, der sich ohne Anrechnung des Stroms aus erneuerbaren Energien nach Absatz 1 ergibt.

(4) [1] Wenn in einem zu errichtenden Gebäude Strom aus erneuerbaren Energien für Stromdirektheizungen genutzt wird oder in einem zu errichtenden Nichtwohngebäude die Nutzung von Strom für Lüftung, Kühlung, Beleuchtung und Warmwasserversorgung die Energienutzung für die Beheizung überwiegt, ist abweichend von den Absätzen 2 und 3 der monatliche Ertrag der Anlage zur Erzeugung von Strom aus erneuerbaren Energien dem tatsächlichen Strombedarf gegenüberzustellen. [2] Für die Berechnung ist der monatliche Ertrag nach DIN V 18599-9: 2018-09 zu bestimmen. [3] Bei Anlagen zur Erzeugung von Strom aus solarer Strahlungsenergie sind die monatlichen Stromerträge unter Verwendung der mittleren monatlichen Strahlungsintensitäten der Referenzklimazone Potsdam nach DIN V 18599-10: 2018-09 Anhang E sowie der Standardwerte zur Ermittlung der Nennleistung des Photovoltaikmoduls nach DIN V 18599-9: 2018-09 Anhang B zu ermitteln.

§ 24 Einfluss von Wärmebrücken. [1] Unbeschadet der Regelung in § 12 ist der verbleibende Einfluss von Wärmebrücken bei der Ermittlung des Jahres-Primärenergiebedarfs nach § 20 Absatz 1 oder Absatz 2 und nach § 21 Absatz 1 und 2 nach einer der in DIN V 18599-2: 2018-09 oder bis zum 31. Dezember 2023 auch in DIN V 4108-6: 2003-06, geändert durch DIN V 4108-6 Berichtigung 1: 2004-03 genannten Vorgehensweisen zu berücksichtigen. [2] Soweit dabei Gleichwertigkeitsnachweise zu führen sind, ist dies für solche Wärmebrücken nicht erforderlich, bei denen die angrenzenden Bauteile kleinere Wärmedurchgangskoeffizienten aufweisen als in den Musterlösungen der DIN 4108 Beiblatt 2: 2019-06 zugrunde gelegt sind. [3] Wärmebrückenzuschläge mit Überprüfung und Einhaltung der Gleichwertigkeit nach DIN V 18599-2: 2018-09 oder DIN V 4108-6: 2003-06, geändert durch DIN V 4108-6 Berichtigung 1: 2004-03 sind nach DIN 4108 Beiblatt 2: 2019-06 zu ermitteln. [4] Abweichend von DIN V

4108-6: 2003-06, geändert durch DIN V 4108-6 Berichtigung 1: 2004-03 kann bei Nachweis der Gleichwertigkeit nach DIN 4108 Beiblatt 2: 2019-06 der pauschale Wärmebrückenzuschlag nach Kategorie A oder Kategorie B verwendet werden.

§ 25 Berechnungsrandbedingungen. (1) [1]Bei den Berechnungen für die Ermittlung des Jahres-Primärenergiebedarfs nach § 20 Absatz 1 oder Absatz 2 und nach § 21 Absatz 1 und 2 ist für das zu errichtende Gebäude eine Ausstattung mit einem System für die Gebäudeautomation der Klasse C nach DIN V 18599-11: 2018-09 zugrunde zu legen. [2]Eine Gebäudeautomation der Klassen A oder B nach DIN V 18599-11: 2018-09 kann zugrunde gelegt werden, wenn das zu errichtende Gebäude mit einem System einer dieser Klassen ausgestattet ist.

(2) Bei den Berechnungen für die Ermittlung des Jahres-Primärenergiebedarfs nach § 20 Absatz 1 oder Absatz 2 und nach § 21 Absatz 1 und 2 ist für das zu errichtende Gebäude und das Referenzgebäude ein Verschattungsfaktor von 0,9 zugrunde zu legen, soweit die baulichen Bedingungen nicht detailliert berücksichtigt werden.

(3) Bei den Berechnungen für die Ermittlung des Jahres-Primärenergiebedarfs nach § 20 Absatz 1 sind für den Anteil mitbeheizter Flächen für das zu errichtende Wohngebäude und das Referenzgebäude die Standardwerte nach DIN V 18599: 2018-09 Tabelle 4 zu verwenden.

(4) Bei den Berechnungen für die Ermittlung des Jahres-Primärenergiebedarfs nach § 21 Absatz 1 und 2 sind für das zu errichtende Nichtwohngebäude die in DIN V 18599-10: 2018-09 Tabelle 5 bis 9 aufgeführten Nutzungsrandbedingungen und Klimadaten zu verwenden; bei der Berechnung des Referenzgebäudes müssen die in DIN V 18599-10: 2018-09 Tabelle 5 enthaltenen Werte angesetzt werden.

(5) Bei den Berechnungen für die Ermittlung des Jahres-Primärenergiebedarfs nach § 21 Absatz 1 und 2 sind für das zu errichtende Nichtwohngebäude und das Referenzgebäude bei Heizsystemen in Raumhöhen von 4 Metern oder weniger ein Absenkbetrieb gemäß DIN V 18599-2: 2018-09 Gleichung 29 und bei Heizsystemen in Raumhöhen von mehr als 4 Metern ein Abschaltbetrieb gemäß DIN V 18599-2: 2018-09 Gleichung 30 zugrunde zu legen, jeweils mit einer Dauer gemäß den Nutzungsrandbedingungen in DIN V 18599-10: 2018-09 Tabelle 5.

(6) Bei den Berechnungen für die Ermittlung des Jahres-Primärenergiebedarfs nach § 21 Absatz 1 und 2 ist für das zu errichtende Nichtwohngebäude und das Referenzgebäude ein Verbauungsindex von 0,9 zugrunde zu legen, soweit die Verbauung nicht genau nach DIN V 18599-4: 2018-09 Abschnitt 5.5.2 ermittelt wird.

(7) Bei den Berechnungen für die Ermittlung des Jahres-Primärenergiebedarfs nach § 21 Absatz 1 und 2 ist für das zu errichtende Nichtwohngebäude und das Referenzgebäude der Wartungsfaktor in den Zonen der Nutzungen 14, 15 und 22 nach DIN V 18599-10: 2018-09 Tabelle 5 mit 0,6 und im Übrigen mit 0,8 anzusetzen.

(8) [1]Bei den Berechnungen für die Ermittlung des Jahres-Primärenergiebedarfs nach § 21 Absatz 1 und 2 darf abweichend von DIN V 18599-10: 2018-09 für das zu errichtende Nichtwohngebäude und das Referenzgebäude bei Zonen der DIN V 18599-10: 2018-09 Tabelle 5 Nutzung 6 und 7 die tatsächliche Beleuchtungsstärke angesetzt werden, jedoch bei Zonen der Nutzung 6 nicht

mehr als 1 500 Lux und bei Zonen der Nutzung 7 nicht mehr als 1 000 Lux. [2]Beim Referenzgebäude ist der Primärenergiebedarf für die Beleuchtung mit dem Tabellenverfahren nach DIN V 18599-4: 2018-09 zu berechnen.

(9) [1] Für die Ermittlung des Höchstwerts des Transmissionswärmeverlusts nach § 16 ist die wärmeübertragende Umfassungsfläche eines Wohngebäudes in Quadratmetern nach den in DIN V 18599-1: 2018-09 Abschnitt 8 angegebenen Bemaßungsregeln so festzulegen, dass sie mindestens alle beheizten und gekühlten Räume einschließt. [2] Für alle umschlossenen Räume sind dabei die gleichen Bedingungen anzunehmen, die bei der Berechnung nach § 20 Absatz 1 oder Absatz 2 in Verbindung mit § 20 Absatz 3 und 4, § 22 und den Absätzen 1 bis 3 zugrunde zu legen sind.

(10) [1] Das beheizte Gebäudevolumen eines Wohngebäudes in Kubikmetern ist das Volumen, das von der nach Absatz 9 ermittelten wärmeübertragenden Umfassungsfläche umschlossen wird. [2] Die Gebäudenutzfläche eines Wohngebäudes ist nach DIN V 18599-1: 2018-09 Gleichung 30 zu ermitteln. [3] Abweichend von Satz 1 ist die Gebäudenutzfläche nach DIN V 18599-1: 2018-09 Gleichung 31 zu ermitteln, wenn die durchschnittliche Geschosshöhe eines Wohngebäudes, gemessen von der Oberfläche des Fußbodens zur Oberfläche des Fußbodens des darüber liegenden Geschosses, mehr als 3 Meter oder weniger als 2,5 Meter beträgt.

(11) Abweichend von DIN V 18599-10: 2018-09 sind die Zonen nach DIN V 18599-10: 2018-09 Tabelle 5 Nutzung 32 und 33 als unbeheizt und ungekühlt anzunehmen und damit nicht Gegenstand von Berechnungen und Anforderungen nach diesem Gesetz.

§ 26 Prüfung der Dichtheit eines Gebäudes. (1) [1] Wird die Luftdichtheit eines zu errichtenden Gebäudes vor seiner Fertigstellung nach DIN EN ISO 9972: 2018-12 Anhang NA überprüft, darf die gemessene Netto-Luftwechselrate bei der Ermittlung des Jahres-Primärenergiebedarfs nach § 20 Absatz 1 oder Absatz 2 und nach § 21 Absatz 1 und 2 nach Maßgabe der Absätze 2 bis 5 als Luftwechselrate in Ansatz gebracht werden. [2] Bei der Überprüfung der Luftdichtheit sind die Messungen nach den Absätzen 2 bis 5 sowohl mit Über- als auch mit Unterdruck durchzuführen. [3] Die genannten Höchstwerte sind für beide Fälle einzuhalten.

(2) Der bei einer Bezugsdruckdifferenz von 50 Pascal gemessene Volumenstrom in Kubikmeter pro Stunde darf

1. ohne raumlufttechnische Anlagen höchstens das 3fache des beheizten oder gekühlten Luftvolumens des Gebäudes in Kubikmetern betragen und
2. mit raumlufttechnischen Anlagen höchstens das 1,5fache des beheizten oder gekühlten Luftvolumens des Gebäudes in Kubikmetern betragen.

(3) Abweichend von Absatz 2 darf bei Gebäuden mit einem beheizten oder gekühlten Luftvolumen von über 1 500 Kubikmetern der bei einer Bezugsdruckdifferenz von 50 Pascal gemessene Volumenstrom in Kubikmeter pro Stunde

1. ohne raumlufttechnische Anlagen höchstens das 4,5fache der Hüllfläche des Gebäudes in Quadratmetern betragen und
2. mit raumlufttechnischen Anlagen höchstens das 2,5fache der Hüllfläche des Gebäudes in Quadratmetern betragen.

(4) Wird bei Nichtwohngebäuden die Dichtheit lediglich für bestimmte Zonen berücksichtigt oder ergeben sich für einzelne Zonen aus den Absätzen 2

und 3 unterschiedliche Anforderungen, so kann der Nachweis der Dichtheit für diese Zonen getrennt durchgeführt werden.

(5) Besteht ein Gebäude aus gleichartigen, nur von außen erschlossenen Nutzeinheiten, so darf die Messung nach Absatz 1 nach Maßgabe von DIN EN ISO 9972: 2018-12 Anhang NB auf eine Stichprobe dieser Nutzeinheiten begrenzt werden.

§ 27 Gemeinsame Heizungsanlage für mehrere Gebäude. [1] Wird ein zu errichtendes Gebäude mit Wärme aus einer Heizungsanlage versorgt, aus der auch andere Gebäude oder Teile davon Wärme beziehen, ist es abweichend von DIN V 18599: 2018-09 und bis zum 31. Dezember 2023 auch von DIN V 4701-10: 2003-08 zulässig, bei der Ermittlung des Jahres-Primärenergiebedarfs des zu errichtenden Gebäudes eigene zentrale Einrichtungen der Wärmeerzeugung, Wärmespeicherung oder Warmwasserbereitung anzunehmen, die hinsichtlich ihrer Bauart, ihres Baualters und ihrer Betriebsweise den gemeinsam genutzten Einrichtungen entsprechen, hinsichtlich ihrer Größe und Leistung jedoch nur auf das zu berechnende Gebäude ausgelegt sind. [2] Soweit dabei zusätzliche Wärmeverteil- und Warmwasserleitungen zur Verbindung der versorgten Gebäude verlegt werden, sind deren Wärmeverluste anteilig zu berücksichtigen.

§ 28 Anrechnung mechanisch betriebener Lüftungsanlagen. (1) Im Rahmen der Berechnung nach § 20 Absatz 1 oder Absatz 2 ist bei mechanischen Lüftungsanlagen die Anrechnung der Wärmerückgewinnung oder einer regelungstechnisch verminderten Luftwechselrate nur zulässig, wenn

1. die Dichtheit des Gebäudes nach § 13 in Verbindung mit § 26 nachgewiesen wird,
2. die Lüftungsanlage mit Einrichtungen ausgestattet ist, die eine Beeinflussung der Luftvolumenströme jeder Nutzeinheit durch den Nutzer erlauben und
3. sichergestellt ist, dass die aus der Abluft gewonnene Wärme vorrangig vor der vom Heizsystem bereitgestellten Wärme genutzt wird.

(2) Die bei der Anrechnung der Wärmerückgewinnung anzusetzenden Kennwerte der Lüftungsanlage sind nach den anerkannten Regeln der Technik zu bestimmen oder den allgemeinen bauaufsichtlichen Zulassungen der verwendeten Produkte zu entnehmen.

(3) Auf ein Wohngebäude mit nicht mehr als zwei Wohnungen, von denen eine nicht mehr als 50 Quadratmeter Gebäudenutzfläche hat, ist Absatz 1 Nummer 2 nicht anzuwenden.

§ 29 Berechnung des Jahres-Primärenergiebedarfs und des Transmissionswärmeverlustes bei aneinandergereihter Bebauung von Wohngebäuden. (1) Bei der Berechnung des Jahres-Primärenergiebedarfs nach § 20 und des Transmissionswärmeverlustes von aneinandergereihten Wohngebäuden werden Gebäudetrennwände zwischen

1. Gebäuden, die nach ihrem Verwendungszweck auf Innentemperaturen von mindestens 19 Grad Celsius beheizt werden, als nicht wärmedurchlässig angenommen und bei der Ermittlung der wärmeübertragenden Umfassungsfläche nicht berücksichtigt,
2. Wohngebäuden und Gebäuden, die nach ihrem Verwendungszweck auf Innentemperaturen von mindestens 12 Grad Celsius und weniger als 19 Grad

Celsius beheizt werden, bei der Berechnung des Wärmedurchgangskoeffizienten mit einem Temperatur-Korrekturfaktor nach DIN V 18599-2: 2018-09 oder bis zum 31. Dezember 2023 auch nach DIN V 4108-6: 2003-06, geändert durch DIN V 4108-6 Berichtigung 1: 2004-03, gewichtet und

3. Wohngebäuden und Gebäuden oder Gebäudeteilen, in denen keine beheizten Räume im Sinne des § 3 Absatz 1 Nummer 4 vorhanden sind, bei der Berechnung des Wärmedurchgangskoeffizienten mit einem Temperaturfaktor in Höhe von 0,5 gewichtet.

(2) Werden beheizte Teile eines Gebäudes getrennt berechnet, ist Absatz 1 Nummer 1 sinngemäß für die Trennflächen zwischen den Gebäudeteilen anzuwenden.

§ 30 Zonenweise Berücksichtigung von Energiebedarfsanteilen bei einem zu errichtenden Nichtwohngebäude. (1) Ist ein zu errichtendes Nichtwohngebäude nach § 21 Absatz 2 für die Berechnung des Jahres-Primärenergiebedarfs nach § 21 Absatz 1 in Zonen zu unterteilen, sind Energiebedarfsanteile nach Maßgabe der Absätze 2 bis 7 in die Ermittlung des Jahres-Primärenergiebedarfs einer Zone einzubeziehen.

(2) Der Primärenergiebedarf für das Heizungssystem und die Heizfunktion der raumlufttechnischen Anlage ist zu bilanzieren, wenn die Raum-Solltemperatur des Gebäudes oder einer Gebäudezone für den Heizfall mindestens 12 Grad Celsius beträgt und eine durchschnittliche Nutzungsdauer für die Gebäudebeheizung auf Raum-Solltemperatur von mindestens vier Monaten pro Jahr vorgesehen ist.

(3) Der Primärenergiebedarf für das Kühlsystem und die Kühlfunktion der raumlufttechnischen Anlage ist zu bilanzieren, wenn für das Gebäude oder eine Gebäudezone für den Kühlfall der Einsatz von Kühltechnik und eine durchschnittliche Nutzungsdauer für Gebäudekühlung auf Raum-Solltemperatur von mehr als zwei Monaten pro Jahr und mehr als zwei Stunden pro Tag vorgesehen sind.

(4) Der Primärenergiebedarf für die Dampfversorgung ist zu bilanzieren, wenn für das Gebäude oder eine Gebäudezone eine solche Versorgung wegen des Einsatzes einer raumlufttechnischen Anlage nach Absatz 3 für durchschnittlich mehr als zwei Monate pro Jahr und mehr als zwei Stunden pro Tag vorgesehen ist.

(5) Der Primärenergiebedarf für Warmwasser ist zu bilanzieren, wenn ein Nutzenergiebedarf für Warmwasser in Ansatz zu bringen ist und der durchschnittliche tägliche Nutzenergiebedarf für Warmwasser wenigstens 0,2 Kilowattstunden pro Person und Tag oder 0,2 Kilowattstunden pro Beschäftigtem und Tag beträgt.

(6) Der Primärenergiebedarf für Beleuchtung ist zu bilanzieren, wenn in einem Gebäude oder einer Gebäudezone eine Beleuchtungsstärke von mindestens 75 Lux erforderlich ist und eine durchschnittliche Nutzungsdauer von mehr als zwei Monaten pro Jahr und mehr als zwei Stunden pro Tag vorgesehen ist.

(7) [1] Der Primärenergiebedarf für Hilfsenergien ist zu bilanzieren, wenn er beim Heizungssystem und bei der Heizfunktion der raumlufttechnischen Anlage, beim Kühlsystem und bei der Kühlfunktion der raumlufttechnischen Anlage, bei der Dampfversorgung, bei der Warmwasseranlage und der Beleuchtung auftritt. [2] Der Anteil des Primärenergiebedarfs für Hilfsenergien für Lüftung ist zu bilan-

zieren, wenn eine durchschnittliche Nutzungsdauer der Lüftungsanlage von mehr als zwei Monaten pro Jahr und mehr als zwei Stunden pro Tag vorgesehen ist.

§ 31 Vereinfachtes Nachweisverfahren für ein zu errichtendes Wohngebäude. (1) Ein zu errichtendes Wohngebäude erfüllt die Anforderungen nach § 10 Absatz 2 in Verbindung mit den §§ 15 bis 17 und den §§ 34 bis 45, wenn

1. es die Voraussetzungen nach Anlage 5 Nummer 1 erfüllt und
2. seine Ausführung einer der in Anlage 5 Nummer 2 beschriebenen Ausführungsvarianten unter Berücksichtigung der Beschreibung der Wärmeschutz- und Anlagenvarianten nach Anlage 5 Nummer 3 entspricht.

(2) Das Bundesministerium für Wirtschaft und Energie macht gemeinsam mit dem Bundesministerium des Innern, für Bau und Heimat im Bundesanzeiger bekannt, welche Angaben für die auf Grundlage von Absatz 1 zu errichtenden Wohngebäude ohne besondere Berechnungen in Energiebedarfsausweisen zu verwenden sind.

§ 32 Vereinfachtes Berechnungsverfahren für ein zu errichtendes Nichtwohngebäude. (1) Abweichend von § 21 Absatz 1 und 2 darf der Jahres-Primärenergiebedarf des zu errichtenden Nichtwohngebäudes und des Referenzgebäudes unter Verwendung eines Ein-Zonen-Modells ermittelt werden, wenn

1. die Summe der Nettogrundflächen aus der typischen Hauptnutzung und den Verkehrsflächen des Gebäudes mehr als zwei Drittel der gesamten Nettogrundfläche des Gebäudes beträgt,
2. in dem Gebäude die Beheizung und die Warmwasserbereitung für alle Räume auf dieselbe Art erfolgen,
3. das Gebäude nicht gekühlt wird,
4. höchstens 10 Prozent der Nettogrundfläche des Gebäudes durch Glühlampen, Halogenlampen oder durch die Beleuchtungsart „indirekt" nach DIN V 18599: 2018-09 beleuchtet werden und
5. außerhalb der Hauptnutzung keine raumlufttechnische Anlage eingesetzt wird, deren Werte für die spezifische Leistungsaufnahme der Ventilatoren die entsprechenden Werte der Anlage 2 Nummer 6.1 und 6.2 überschreiten.

(2) Das vereinfachte Berechnungsverfahren kann angewandt werden für

1. ein Bürogebäude, auch mit Verkaufseinrichtung, einen Gewerbebetrieb oder eine Gaststätte,
2. ein Gebäude des Groß- und Einzelhandels mit höchstens 1 000 Quadratmetern Nettogrundfläche, wenn neben der Hauptnutzung nur Büro-, Lager-, Sanitär- oder Verkehrsflächen vorhanden sind,
3. einen Gewerbebetrieb mit höchstens 1 000 Quadratmetern Nettogrundfläche, wenn neben der Hauptnutzung nur Büro-, Lager-, Sanitär- oder Verkehrsflächen vorhanden sind,
4. eine Schule, eine Turnhalle, einen Kindergarten und eine Kindertagesstätte oder eine ähnliche Einrichtung,
5. eine Beherbergungsstätte ohne Schwimmhalle, Sauna oder Wellnessbereich oder
6. eine Bibliothek.

(3) [1] Bei Anwendung des vereinfachten Verfahrens sind abweichend von den Maßgaben des § 21 Absatz 2 bei der Berechnung des Jahres-Primärenergiebedarfs die Bestimmungen für die Nutzung und die Werte für den Nutzenergiebedarf für Warmwasser der Anlage 6 zu verwenden. [2] § 30 Absatz 5 ist entsprechend anzuwenden.

(4) [1] Abweichend von Absatz 1 Nummer 3 kann das vereinfachte Verfahren auch angewendet werden, wenn in einem Bürogebäude eine Verkaufseinrichtung, ein Gewerbebetrieb oder eine Gaststätte gekühlt wird und die Nettogrundfläche der gekühlten Räume jeweils 450 Quadratmeter nicht übersteigt. [2] Der Energiebedarf für die Kühlung von Anlagen der Datenverarbeitung bleibt als Energieeinsatz für Produktionsprozesse im Sinne von § 2 Absatz 1 Satz 2 außer Betracht.

(5) [1] Bei Anwendung des vereinfachten Verfahrens sind in den Fällen des Absatzes 4 Satz 1 der Höchstwert und der Referenzwert des Jahres-Primärenergiebedarfs pauschal um 50 Kilowattstunden pro Quadratmeter und Jahr je Quadratmeter gekühlter Nettogrundfläche der Verkaufseinrichtung, des Gewerbebetriebes oder der Gaststätte zu erhöhen. [2] Dieser Betrag ist im Energiebedarfsausweis als elektrische Energie für Kühlung auszuweisen.

(6) Der Jahres-Primärenergiebedarf für Beleuchtung darf vereinfacht für den Bereich der Hauptnutzung berechnet werden, der die geringste Tageslichtversorgung aufweist.

(7) [1] Der im vereinfachten Verfahren ermittelte Jahres-Primärenergiebedarf des Referenzgebäudes nach § 18 Absatz 1 in Verbindung mit der Anlage 2 ist um 10 Prozent zu reduzieren. [2] Der reduzierte Wert ist der Höchstwert des Jahres-Primärenergiebedarfs des zu errichtenden Gebäudes.

(8) § 20 Absatz 3 ist entsprechend anzuwenden.

§ 33 Andere Berechnungsverfahren. Werden in einem Gebäude bauliche oder anlagentechnische Komponenten eingesetzt, für deren energetische Bewertung weder anerkannte Regeln der Technik noch nach § 50 Absatz 4 Satz 2 bekannt gemachte gesicherte Erfahrungswerte vorliegen, so dürfen die energetischen Eigenschaften dieser Komponenten unter Verwendung derselben Randbedingungen wie in den Berechnungsverfahren und Maßgaben nach den §§ 20 bis 30 durch dynamisch-thermische Simulationsrechnungen ermittelt werden oder es sind hierfür andere Komponenten anzusetzen, die ähnliche energetische Eigenschaften besitzen und für deren energetische Bewertung anerkannte Regeln der Technik oder bekannt gemachte gesicherte Erfahrungswerte vorliegen.

Abschnitt 4. Nutzung von erneuerbaren Energien zur Wärme- und Kälteerzeugung bei einem zu errichtenden Gebäude

§ 34 Nutzung erneuerbarer Energien zur Deckung des Wärme- und Kälteenergiebedarfs. (1) Der Wärme- und Kälteenergiebedarf im Sinne des § 10 Absatz 2 Nummer 3 ist nach den Vorschriften des § 20, des § 21 und der §§ 24 bis 29 zu ermitteln.

(2) [1] Die Maßnahmen nach den §§ 35 bis 45 können miteinander kombiniert werden. [2] Die prozentualen Anteile der tatsächlichen Nutzung der einzelnen Maßnahmen im Verhältnis der jeweils nach den §§ 35 bis 45 vorgesehenen Nutzung müssen in der Summe 100 Prozent Erfüllungsgrad ergeben.

(3) Wenn mehrere zu errichtende Nichtwohngebäude, die sich im Eigentum der öffentlichen Hand befinden und von mindestens einer Behörde genutzt werden, in einer Liegenschaft stehen, kann die Anforderung nach § 10 Absatz 2 Nummer 3 auch dadurch erfüllt werden, dass der Wärme- und Kälteenergiebedarf dieser Gebäude insgesamt in einem Umfang gedeckt wird, der der Summe der einzelnen Maßgaben der §§ 35 bis 45 entspricht.

(4) § 31 bleibt unberührt.

§ 35 Nutzung solarthermischer Anlagen. (1) Die Anforderung nach § 10 Absatz 2 Nummer 3 ist erfüllt, wenn durch die Nutzung von solarer Strahlungsenergie mittels solarthermischer Anlagen der Wärme- und Kälteenergiebedarf zu mindestens 15 Prozent gedeckt wird.

(2) Die Anforderung bezüglich des Mindestanteils nach Absatz 1 gilt als erfüllt, wenn

1. bei Wohngebäuden mit höchstens zwei Wohnungen solarthermische Anlagen mit einer Fläche von mindestens 0,04 Quadratmetern Aperturfläche je Quadratmeter Nutzfläche installiert und betrieben werden und
2. bei Wohngebäuden mit mehr als zwei Wohnungen solarthermische Anlagen mit einer Fläche von mindestens 0,03 Quadratmetern Aperturfläche je Quadratmeter Nutzfläche installiert und betrieben werden.

(3) [1] Wird eine solarthermische Anlage mit Flüssigkeiten als Wärmeträger genutzt, müssen die darin enthaltenen Kollektoren oder das System mit dem europäischen Prüfzeichen „Solar Keymark“ zertifiziert sein, solange und soweit die Verwendung einer CE-Kennzeichnung nach Maßgabe eines Durchführungsrechtsaktes auf der Grundlage der Richtlinie 2009/125/EG des Europäischen Parlaments und des Rates vom 21. Oktober 2009 zur Schaffung eines Rahmens für die Festlegung von Anforderungen an die umweltgerechte Gestaltung energieverbrauchsrelevanter Produkte (ABl. L 285 vom 31.10.2009, S. 10), die zuletzt durch die Richtlinie 2012/27/EU (ABl. L 315 vom 14.11.2012, S. 1) geändert worden ist, nicht zwingend vorgeschrieben ist. [2] Die Zertifizierung muss nach den anerkannten Regeln der Technik erfolgen.

§ 36 Nutzung von Strom aus erneuerbaren Energien. [1] Die Anforderung nach § 10 Absatz 2 Nummer 3 ist erfüllt, wenn durch die Nutzung von Strom aus erneuerbaren Energien nach Maßgabe des § 23 Absatz 1 der Wärme- und Kälteenergiebedarf zu mindestens 15 Prozent gedeckt wird. [2] Wird bei Wohngebäuden Strom aus solarer Strahlungsenergie genutzt, gilt die Anforderung bezüglich des Mindestanteils nach Satz 1 als erfüllt, wenn eine Anlage zur Erzeugung von Strom aus solarer Strahlungsenergie installiert und betrieben wird, deren Nennleistung in Kilowatt mindestens das 0,03fache der Gebäudenutzfläche geteilt durch die Anzahl der beheizten oder gekühlten Geschosse nach DIN V 18599-1: 2018-09 beträgt.

§ 37 Nutzung von Geothermie oder Umweltwärme. Die Anforderung nach § 10 Absatz 2 Nummer 3 ist erfüllt, wenn durch die Nutzung von Geothermie, Umweltwärme oder Abwärme aus Abwasser, die mittels elektrisch oder mit fossilen Brennstoffen angetriebener Wärmepumpen technisch nutzbar gemacht wird, der Wärme- und Kälteenergiebedarf zu mindestens 50 Prozent aus den Anlagen zur Nutzung dieser Energien gedeckt wird.

§ 38 Nutzung von fester Biomasse. (1) Die Anforderung nach § 10 Absatz 2 Nummer 3 ist erfüllt, wenn durch die Nutzung von fester Biomasse nach Maßgabe des Absatzes 2 der Wärme- und Kälteenergiebedarf zu mindestens 50 Prozent gedeckt wird.

(2) Wenn eine Feuerungsanlage im Sinne der Verordnung über kleine und mittlere Feuerungsanlagen vom 26. Januar 2010 (BGBl. I S. 38), die zuletzt durch Artikel 105 der Verordnung vom 19. Juni 2020 (BGBl. I S. 1328) geändert worden ist, in der jeweils geltenden Fassung betrieben wird, müssen folgende Voraussetzungen erfüllt sein:

1. die Biomasse muss genutzt werden in einem
   a) Biomassekessel oder
   b) automatisch beschickten Biomasseofen mit Wasser als Wärmeträger,
2. es darf ausschließlich Biomasse nach § 3 Absatz 1 Nummer 4, 5, 5a, 8 oder Nummer 13 der Verordnung über kleine und mittlere Feuerungsanlagen eingesetzt werden.

§ 39 Nutzung von flüssiger Biomasse. (1) Die Anforderung nach § 10 Absatz 2 Nummer 3 ist erfüllt, wenn durch die Nutzung von flüssiger Biomasse nach Maßgabe der Absätze 2 und 3 der Wärme- und Kälteenergiebedarf zu mindestens 50 Prozent gedeckt wird.

(2) Die Nutzung muss in einer KWK-Anlage oder in einem Brennwertkessel erfolgen.

(3) [1] Unbeschadet des Absatzes 2 muss die zur Wärmeerzeugung eingesetzte Biomasse den Anforderungen an einen nachhaltigen Anbau und eine nachhaltige Herstellung, die die Biomassestrom-Nachhaltigkeitsverordnung vom 23. Juli 2009 (BGBl. I S. 2174), die zuletzt durch Artikel 262 der Verordnung vom 19. Juni 2020 (BGBl. I S. 1328) geändert worden ist, in der jeweils geltenden Fassung stellt, genügen. [2] § 10 der Biomassestrom-Nachhaltigkeitsverordnung ist nicht anzuwenden.

§ 40 Nutzung von gasförmiger Biomasse. (1) Die Anforderung nach § 10 Absatz 2 Nummer 3 ist erfüllt, wenn durch die Nutzung von gasförmiger Biomasse nach Maßgabe der Absätze 2 bis 4 der Wärme- und Kälteenergiebedarf mindestens zu dem Anteil nach Absatz 2 Satz 2 gedeckt wird.

(2) [1] Die Nutzung muss in einer hocheffizienten KWK-Anlage im Sinne des § 2 Nummer 8a des Kraft-Wärme-Kopplungsgesetzes oder in einem Brennwertkessel erfolgen. [2] Der Wärme- und Kälteenergiebedarf muss

1. zu mindestens 30 Prozent gedeckt werden, wenn die Nutzung in einer KWK-Anlage nach Satz 1 erfolgt oder
2. zu mindestens 50 Prozent gedeckt werden, wenn die Nutzung in einem Brennwertkessel erfolgt.

(3) Wenn Biomethan genutzt wird, müssen unbeschadet des Absatzes 2 folgende Voraussetzungen erfüllt sein:

1. bei der Aufbereitung und Einspeisung des Biomethans müssen die Voraussetzungen nach Anlage 1 Nummer 1 Buchstabe a bis c des Erneuerbare-Energien-Gesetzes vom 25. Oktober 2008 (BGBl. I S. 2074) in der am 31. Juli 2014 geltenden Fassung erfüllt worden sein und

2. die Menge des entnommenen Biomethans im Wärmeäquivalent am Ende eines Kalenderjahres muss der Menge von Gas aus Biomasse entsprechen, das an anderer Stelle in das Gasnetz eingespeist worden ist, und es müssen Massenbilanzsysteme für den gesamten Transport und Vertrieb des Biomethans von seiner Herstellung über seine Einspeisung in das Erdgasnetz und seinen Transport im Erdgasnetz bis zu seiner Entnahme aus dem Erdgasnetz verwendet worden sein.

(4) Wenn biogenes Flüssiggas genutzt wird, muss die Menge des entnommenen Gases am Ende eines Kalenderjahres der Menge von Gas aus Biomasse entsprechen, das an anderer Stelle hergestellt worden ist, und müssen Massenbilanzsysteme für den gesamten Transport und Vertrieb des biogenen Flüssiggases von seiner Herstellung über seine Zwischenlagerung und seinen Transport bis zu seiner Einlagerung in den Verbrauchstank verwendet worden sein.

§ 41 Nutzung von Kälte aus erneuerbaren Energien. (1) [1] Die Anforderung nach § 10 Absatz 2 Nummer 3 ist erfüllt, wenn durch die Nutzung von Kälte aus erneuerbaren Energien nach Maßgabe der Absätze 2 bis 4 der Wärme- und Kälteenergiebedarf mindestens in Höhe des Anteils nach Satz 2 gedeckt wird. [2] Maßgeblicher Anteil ist der Anteil, der nach den §§ 35 bis 40 für diejenige erneuerbare Energie gilt, aus der die Kälte erzeugt wird. [3] Wird die Kälte mittels einer thermischen Kälteerzeugungsanlage durch die direkte Zufuhr von Wärme erzeugt, ist der Anteil maßgebend, der auch im Fall einer reinen Wärmeerzeugung aus dem gleichen Energieträger gilt. [4] Wird die Kälte unmittelbar durch Nutzung von Geothermie oder Umweltwärme bereitgestellt, so ist der auch bei Wärmeerzeugung aus diesem Energieträger geltende Anteil von 50 Prozent am Wärme- und Kälteenergiebedarf maßgebend.

(2) Die Kälte muss technisch nutzbar gemacht werden

1. durch unmittelbare Kälteentnahme aus dem Erdboden oder aus Grund- oder Oberflächenwasser oder
2. durch thermische Kälteerzeugung mit Wärme aus erneuerbaren Energien im Sinne des § 3 Absatz 2 Nummer 1 bis 5.

(3) [1] Die Kälte muss zur Deckung des Kältebedarfs für Raumkühlung nach § 3 Absatz 1 Nummer 31 Buchstabe b genutzt werden. [2] Der Endenergieverbrauch für die Erzeugung der Kälte, für die Rückkühlung und für die Verteilung der Kälte muss nach der jeweils besten verfügbaren Technik gesenkt worden sein.

(4) Die für die Erfüllung der Anforderung nach Absatz 1 anrechenbare Kältemenge umfasst die für die Zwecke nach Absatz 3 Satz 1 nutzbar gemachte Kälte, nicht jedoch die zum Antrieb thermischer Kälteerzeugungsanlagen genutzte Wärme.

(5) Die technischen Anforderungen nach den §§ 35 bis 40 sind entsprechend anzuwenden, solange und soweit die Verwendung einer CE-Kennzeichnung nach Maßgabe eines Durchführungsrechtsaktes auf der Grundlage der Richtlinie 2009/125/EG nicht zwingend vorgeschrieben ist.

§ 42 Nutzung von Abwärme. (1) Anstelle der anteiligen Deckung des Wärme- und Kälteenergiebedarfs durch die Nutzung erneuerbarer Energien kann die Anforderung nach § 10 Absatz 2 Nummer 3 auch dadurch erfüllt werden, dass durch die Nutzung von Abwärme nach Maßgabe der Absätze 2 und 3 der

Wärme- und Kälteenergiebedarf direkt oder mittels Wärmepumpen zu mindestens 50 Prozent gedeckt wird.

(2) Sofern Kälte genutzt wird, die durch eine Anlage technisch nutzbar gemacht wird, der Abwärme unmittelbar zugeführt wird, ist § 41 Absatz 3 und 4 entsprechend anzuwenden.

(3) Sofern Abwärme durch eine andere Anlage genutzt wird, muss die Nutzung nach dem Stand der Technik erfolgen.

§ 43 Nutzung von Kraft-Wärme-Kopplung. (1) Anstelle der anteiligen Deckung des Wärme- und Kälteenergiebedarfs durch die Nutzung erneuerbarer Energien kann die Anforderung nach § 10 Absatz 2 Nummer 3 auch dadurch erfüllt werden, dass

1. durch die Nutzung von Wärme aus einer hocheffizienten KWK-Anlage im Sinne des § 2 Nummer 8a des Kraft-Wärme-Kopplungsgesetzes der Wärme- und Kälteenergiebedarf zu mindestens 50 Prozent gedeckt wird oder
2. durch die Nutzung von Wärme aus einer Brennstoffzellenheizung der Wärme- und Kälteenergiebedarf zu mindestens 40 Prozent gedeckt wird.

(2) [1] Sofern Kälte genutzt wird, die durch eine Anlage technisch nutzbar gemacht wird, der unmittelbar Wärme aus einer KWK-Anlage zugeführt wird, muss die KWK-Anlage den Anforderungen des Absatzes 1 Nummer 1 genügen. [2] § 41 Absatz 3 und 4 ist entsprechend anzuwenden.

§ 44 Fernwärme oder Fernkälte. (1) [1] Anstelle der anteiligen Deckung des Wärme- und Kälteenergiebedarfs durch die Nutzung erneuerbarer Energien kann die Anforderung nach § 10 Absatz 2 Nummer 3 auch dadurch erfüllt werden, dass durch den Bezug von Fernwärme oder Fernkälte nach Maßgabe von Absatz 2 der Wärme- und Kälteenergiebedarf mindestens in Höhe des Anteils nach den Sätzen 2 und 3 gedeckt wird. [2] Maßgeblicher Anteil ist der Anteil, der nach den §§ 35 bis 40 oder nach den §§ 42 und 43 für diejenige Energie anzuwenden ist, aus der die Fernwärme oder Fernkälte ganz oder teilweise stammt. [3] Bei der Berechnung nach Satz 1 wird nur die bezogene Menge der Fernwärme oder Fernkälte angerechnet, die rechnerisch aus erneuerbaren Energien, aus Anlagen zur Nutzung von Abwärme oder aus KWK-Anlagen stammt.

(2) [1] Die in dem Wärme- oder Kältenetz insgesamt verteilte Wärme oder Kälte muss stammen zu

1. einem wesentlichen Anteil aus erneuerbaren Energien,
2. mindestens 50 Prozent aus Anlagen zur Nutzung von Abwärme,
3. mindestens 50 Prozent aus KWK-Anlagen oder
4. mindestens 50 Prozent durch eine Kombination der in den Nummern 1 bis 3 genannten Maßnahmen.

[2] § 35 und die §§ 37 bis 43 sind entsprechend anzuwenden.

§ 45 Maßnahmen zur Einsparung von Energie. Anstelle der anteiligen Deckung des Wärme- und Kälteenergiebedarfs durch die Nutzung erneuerbarer Energien kann die Anforderung nach § 10 Absatz 2 Nummer 3 auch dadurch erfüllt werden, dass bei einem Wohngebäude die Anforderungen nach § 16 sowie bei einem Nichtwohngebäude die Anforderungen nach § 19 um mindestens 15 Prozent unterschritten werden.

Teil 3. Bestehende Gebäude

Abschnitt 1. Anforderungen an bestehende Gebäude

§ 46 Aufrechterhaltung der energetischen Qualität; entgegenstehende Rechtsvorschriften. (1) [1]Außenbauteile eines bestehenden Gebäudes dürfen nicht in einer Weise verändert werden, dass die energetische Qualität des Gebäudes verschlechtert wird. [2]Satz 1 ist nicht anzuwenden auf Änderungen von Außenbauteilen, wenn die Fläche der geänderten Bauteile nicht mehr als 10 Prozent der gesamten Fläche der jeweiligen Bauteilgruppe nach Anlage 7 betrifft.

(2) Die Anforderungen an ein bestehendes Gebäude nach diesem Teil sind nicht anzuwenden, soweit ihre Erfüllung anderen öffentlich-rechtlichen Vorschriften zur Standsicherheit, zum Brandschutz, zum Schallschutz, zum Arbeitsschutz oder zum Schutz der Gesundheit entgegensteht.

§ 47 Nachrüstung eines bestehenden Gebäudes. (1) [1]Eigentümer eines Wohngebäudes sowie Eigentümer eines Nichtwohngebäudes, die nach ihrer Zweckbestimmung jährlich mindestens vier Monate auf Innentemperaturen von mindestens 19 Grad Celsius beheizt werden, müssen dafür sorgen, dass oberste Geschossdecken, die nicht den Anforderungen an den Mindestwärmeschutz nach DIN 4108-2: 2013-02 genügen, so gedämmt sind, dass der Wärmedurchgangskoeffizient der obersten Geschossdecke 0,24 Watt pro Quadratmeter und Kelvin nicht überschreitet. [2]Die Pflicht nach Satz 1 gilt als erfüllt, wenn anstelle der obersten Geschossdecke das darüber liegende Dach entsprechend gedämmt ist oder den Anforderungen an den Mindestwärmeschutz nach DIN 4108-2: 2013-02 genügt.

(2) [1]Wird der Wärmeschutz nach Absatz 1 Satz 1 durch Dämmung in Deckenzwischenräumen ausgeführt und ist die Dämmschichtdicke im Rahmen dieser Maßnahmen aus technischen Gründen begrenzt, so gelten die Anforderungen als erfüllt, wenn die nach anerkannten Regeln der Technik höchstmögliche Dämmschichtdicke eingebaut wird, wobei ein Bemessungswert der Wärmeleitfähigkeit von 0,035 Watt pro Meter und Kelvin einzuhalten ist. [2]Abweichend von Satz 1 ist ein Bemessungswert der Wärmeleitfähigkeit von 0,045 Watt pro Meter und Kelvin einzuhalten, soweit Dämmmaterialien in Hohlräume eingeblasen oder Dämmmaterialien aus nachwachsenden Rohstoffen verwendet werden. [3]Wird der Wärmeschutz nach Absatz 1 Satz 2 als Zwischensparrendämmung ausgeführt und ist die Dämmschichtdicke wegen einer innenseitigen Bekleidung oder der Sparrenhöhe begrenzt, sind die Sätze 1 und 2 entsprechend anzuwenden.

(3) [1]Bei einem Wohngebäude mit nicht mehr als zwei Wohnungen, von denen der Eigentümer eine Wohnung am 1. Februar 2002 selbst bewohnt hat, ist die Pflicht nach Absatz 1 erst im Fall eines Eigentümerwechsels nach dem 1. Februar 2002 von dem neuen Eigentümer zu erfüllen. [2]Die Frist zur Pflichterfüllung beträgt zwei Jahre ab dem ersten Eigentumsübergang nach dem 1. Februar 2002.

(4) Die Absätze 1 bis 3 sind nicht anzuwenden, soweit die für eine Nachrüstung erforderlichen Aufwendungen durch die eintretenden Einsparungen nicht innerhalb angemessener Frist erwirtschaftet werden können.

§ 48 Anforderungen an ein bestehendes Gebäude bei Änderung. [1] Soweit bei beheizten oder gekühlten Räumen eines Gebäudes Außenbauteile im Sinne der Anlage 7 erneuert, ersetzt oder erstmalig eingebaut werden, sind diese Maßnahmen so auszuführen, dass die betroffenen Flächen des Außenbauteils die Wärmedurchgangskoeffizienten der Anlage 7 nicht überschreiten. [2] Ausgenommen sind Änderungen von Außenbauteilen, die nicht mehr als 10 Prozent der gesamten Fläche der jeweiligen Bauteilgruppe des Gebäudes betreffen. [3] Nimmt der Eigentümer eines Wohngebäudes mit nicht mehr als zwei Wohnungen Änderungen im Sinne der Sätze 1 und 2 an dem Gebäude vor und werden unter Anwendung des § 50 Absatz 1 und 2 für das gesamte Gebäude Berechnungen nach § 50 Absatz 3 durchgeführt, hat der Eigentümer vor Beauftragung der Planungsleistungen ein informatorisches Beratungsgespräch mit einer nach § 88 zur Ausstellung von Energieausweisen berechtigten Person zu führen, wenn ein solches Beratungsgespräch als einzelne Leistung unentgeltlich angeboten wird. [4] Wer geschäftsmäßig an oder in einem Gebäude Arbeiten im Sinne des Satzes 3 für den Eigentümer durchführen will, hat bei Abgabe eines Angebots auf die Pflicht zur Führung eines Beratungsgesprächs schriftlich hinzuweisen.

§ 49 Berechnung des Wärmedurchgangskoeffizienten. (1) [1] Der Wärmedurchgangskoeffizient eines Bauteils nach § 48 wird unter Berücksichtigung der neuen und der vorhandenen Bauteilschichten berechnet. [2] Für die Berechnung sind folgende Verfahren anzuwenden:

1. DIN V 18599-2: 2018-09 Abschnitt 6.1.4.3 für die Berechnung der an Erdreich grenzenden Bauteile,
2. DIN 4108-4: 2017-03 in Verbindung mit DIN EN ISO 6946: 2008-04 für die Berechnung opaker Bauteile und
3. DIN 4108-4: 2017-03 für die Berechnung transparenter Bauteile sowie von Vorhangfassaden.

(2) [1] Werden bei Maßnahmen nach § 48 Gefälledächer durch die keilförmige Anordnung einer Dämmschicht aufgebaut, so ist der Wärmedurchgangskoeffizient nach Anhang C der DIN EN ISO 6946: 2008-04 in Verbindung mit DIN 4108-4: 2017-03 zu ermitteln. [2] Dabei muss der Bemessungswert des Wärmedurchgangswiderstandes am tiefsten Punkt der neuen Dämmschicht den Mindestwärmeschutz nach § 11 erfüllen.

§ 50 Energetische Bewertung eines bestehenden Gebäudes. (1) [1] Die Anforderungen des § 48 gelten als erfüllt, wenn

1. das geänderte Wohngebäude insgesamt
   a) den Jahres-Primärenergiebedarf für Heizung, Warmwasserbereitung, Lüftung und Kühlung den auf die Gebäudenutzfläche bezogenen Wert des Jahres-Primärenergiebedarfs eines Referenzgebäudes, das die gleiche Geometrie, Gebäudenutzfläche und Ausrichtung wie das geänderte Gebäude aufweist und der technischen Referenzausführung der Anlage 1 entspricht, um nicht mehr als 40 Prozent überschreitet und
   b) den Höchstwert des spezifischen, auf die wärmeübertragende Umfassungsfläche bezogenen Transmissionswärmeverlusts nach Absatz 2 um nicht mehr als 40 Prozent überschreitet,

2. das geänderte Nichtwohngebäude insgesamt
   a) den Jahres-Primärenergiebedarf für Heizung, Warmwasserbereitung, Lüftung, Kühlung und eingebaute Beleuchtung den auf die Nettogrundfläche bezogenen Wert des Jahres-Primärenergiebedarfs eines Referenzgebäudes, das die gleiche Geometrie, Nettogrundfläche, Ausrichtung und Nutzung, einschließlich der Anordnung der Nutzungseinheiten, wie das geänderte Gebäude aufweist und der technischen Referenzausführung der Anlage 2 entspricht, um nicht mehr als 40 Prozent überschreitet und
   b) das auf eine Nachkommastelle gerundete 1,25fache der Höchstwerte der mittleren Wärmedurchgangskoeffizienten der wärmeübertragenden Umfassungsfläche gemäß der Anlage 3 um nicht mehr als 40 Prozent überschreitet.

[2] § 18 Absatz 1 Satz 2 ist entsprechend anzuwenden.

(2) Der Höchstwert nach Absatz 1 Satz 1 Nummer 1 Buchstabe b beträgt

1. bei einem freistehenden Wohngebäude mit einer Gebäudenutzfläche von bis zu 350 Quadratmetern 0,40 Watt pro Quadratmeter und Kelvin,
2. bei einem freistehenden Wohngebäude mit einer Gebäudenutzfläche von mehr als 350 Quadratmetern 0,50 Watt pro Quadratmeter und Kelvin,
3. bei einem einseitig angebauten Wohngebäude 0,45 Watt pro Quadratmeter und Kelvin oder
4. bei allen anderen Wohngebäuden 0,65 Watt pro Quadratmeter und Kelvin.

(3) In den Fällen des Absatzes 1 sind die Berechnungsverfahren nach § 20 Absatz 1 oder Absatz 2 oder nach § 21 Absatz 1 und 2 unter Beachtung der Maßgaben nach § 20 Absatz 3 bis 6, der §§ 22 bis 30 und der §§ 32 und 33 sowie nach Maßgabe von Absatz 4 entsprechend anzuwenden.

(4) [1] Fehlen Angaben zu geometrischen Abmessungen eines Gebäudes, können diese durch vereinfachtes Aufmaß ermittelt werden. [2] Liegen energetische Kennwerte für bestehende Bauteile und Anlagenkomponenten nicht vor, können gesicherte Erfahrungswerte für Bauteile und Anlagenkomponenten vergleichbarer Altersklassen verwendet werden. [3] In den Fällen der Sätze 1 und 2 können anerkannte Regeln der Technik verwendet werden. [4] Die Einhaltung solcher Regeln wird vermutet, soweit Vereinfachungen für die Datenaufnahme und die Ermittlung der energetischen Eigenschaften sowie gesicherte Erfahrungswerte verwendet werden, die vom Bundesministerium für Wirtschaft und Energie und vom Bundesministerium des Innern, für Bau und Heimat gemeinsam im Bundesanzeiger bekannt gemacht worden sind.

(5) Absatz 4 kann auch in den Fällen des § 48 sowie des § 51 angewendet werden.

§ 51 Anforderungen an ein bestehendes Gebäude bei Erweiterung und Ausbau. (1) Bei der Erweiterung und dem Ausbau eines Gebäudes um beheizte oder gekühlte Räume darf

1. bei Wohngebäuden der spezifische, auf die wärmeübertragende Umfassungsfläche bezogene Transmissionswärmeverlust der Außenbauteile der neu hinzukommenden beheizten oder gekühlten Räume das 1,2fache des entsprechenden Wertes des Referenzgebäudes gemäß der Anlage 1 nicht überschreiten oder
2. bei Nichtwohngebäuden die mittleren Wärmedurchgangskoeffizienten der wärmeübertragenden Umfassungsfläche der Außenbauteile der neu hin-

zukommenden beheizten oder gekühlten Räume das auf eine Nachkommastelle gerundete 1,25fache der Höchstwerte gemäß der Anlage 3 nicht überschreiten.

(2) Ist die hinzukommende zusammenhängende Nutzfläche größer als 50 Quadratmeter, sind außerdem die Anforderungen an den sommerlichen Wärmeschutz nach § 14 einzuhalten.

Abschnitt 2. Nutzung erneuerbarer Energien zur Wärmeerzeugung bei bestehenden öffentlichen Gebäuden

§ 52 Pflicht zur Nutzung von erneuerbaren Energien bei einem bestehenden öffentlichen Gebäude. (1) [1] Wenn die öffentliche Hand ein bestehendes Nichtwohngebäude, das sich in ihrem Eigentum befindet und von mindestens einer Behörde genutzt wird, gemäß Absatz 2 grundlegend renoviert, muss sie den Wärme- und Kälteenergiebedarf dieses Gebäudes durch die anteilige Nutzung von erneuerbaren Energien nach Maßgabe der Absätze 3 und 4 decken. [2] Auf die Berechnung des Wärme- und Kälteenergiebedarfs ist § 34 Absatz 1 entsprechend anzuwenden.

(2) Eine grundlegende Renovierung ist jede Maßnahme, durch die an einem Gebäude in einem zeitlichen Zusammenhang von nicht mehr als zwei Jahren

1. ein Heizkessel ausgetauscht oder die Heizungsanlage auf einen fossilen Energieträger oder auf einen anderen fossilen Energieträger als den bisher eingesetzten umgestellt wird und
2. mehr als 20 Prozent der Oberfläche der Gebäudehülle renoviert werden.

(3) [1] Bei der Nutzung von gasförmiger Biomasse wird die Pflicht nach Absatz 1 dadurch erfüllt, dass der Wärme- und Kälteenergiebedarf zu mindestens 25 Prozent durch gasförmige Biomasse gedeckt wird. [2] Die Nutzung von gasförmiger Biomasse muss in einem Heizkessel, der der besten verfügbaren Technik entspricht, oder in einer KWK-Anlage erfolgen. [3] Im Übrigen ist § 40 Absatz 2 und 3 entsprechend anzuwenden.

(4) Bei Nutzung sonstiger erneuerbarer Energien wird die Pflicht nach Absatz 1 dadurch erfüllt, dass der Wärme- und Kälteenergiebedarf zu mindestens 15 Prozent durch erneuerbare Energien nach folgenden Maßgaben gedeckt wird:

1. bei der Nutzung von solarer Strahlungsenergie durch solarthermische Anlagen ist § 35 Absatz 2 entsprechend anzuwenden,
2. bei der Nutzung von fester Biomasse ist § 38 Absatz 2 entsprechend anzuwenden,
3. bei der Nutzung von flüssiger Biomasse ist § 39 Absatz 2 und 3 entsprechend anzuwenden,
4. bei der Nutzung von Kälte aus erneuerbaren Energien ist § 41 Absatz 2 bis 5 entsprechend anzuwenden.

(5) Wenn mehrere bestehende Nichtwohngebäude, die sich im Eigentum der öffentlichen Hand befinden und von mindestens einer Behörde genutzt werden, in einer Liegenschaft stehen, kann die Pflicht nach Absatz 1 auch dadurch erfüllt werden, dass der Wärme- und Kälteenergiebedarf dieser Gebäude insgesamt in einem Umfang gedeckt wird, der der Summe der einzelnen Maßgaben der Absätze 3 und 4 entspricht.

§ 53 Ersatzmaßnahmen. (1) [1] Die Pflicht nach § 52 Absatz 1 kann auch dadurch erfüllt werden, dass

1. der Wärme- und Kälteenergiebedarf des renovierten Gebäudes zu mindestens 50 Prozent gedeckt wird aus
   a) einer Anlage zur Nutzung von Abwärme nach Maßgabe von § 42 Absatz 2 und 3 oder
   b) einer KWK-Anlage nach Maßgabe von § 43,
2. Maßnahmen zur Einsparung von Energie nach Maßgabe von Absatz 2 getroffen werden oder
3. Fernwärme oder Fernkälte nach Maßgabe von § 44 bezogen wird.

[2] § 41 Absatz 1 Satz 3 und § 52 Absatz 5 sind entsprechend anzuwenden.

(2) [1] Bei Maßnahmen zur Einsparung von Energie muss das auf eine Nachkommastelle gerundete 1,25fache der Höchstwerte der mittleren Wärmedurchgangskoeffizienten der wärmeübertragenden Umfassungsfläche nach Anlage 3 um mindestens 10 Prozent unterschritten werden. [2] Satz 1 gilt auch dann als erfüllt, wenn das Gebäude nach der grundlegenden Renovierung insgesamt den Jahres-Primärenergiebedarf des Referenzgebäudes nach Anlage 2 und das auf eine Nachkommastelle gerundete 1,25fache der Höchstwerte der mittleren Wärmedurchgangskoeffizienten der wärmeübertragenden Umfassungsfläche nach Anlage 3 einhält.

(3) [1] Die Pflicht nach § 52 Absatz 1 kann auch dadurch erfüllt werden, dass auf dem Dach des öffentlichen Gebäudes solarthermische Anlagen mit einer Fläche von mindestens 0,06 Quadratmetern Brutto-Kollektorfläche je Quadratmeter Nettogrundfläche von dem Eigentümer oder einem Dritten installiert und betrieben werden, wenn die mit diesen Anlagen erzeugte Wärme oder Kälte Dritten zur Deckung des Wärme- und Kälteenergiebedarfs von Gebäuden zur Verfügung gestellt wird und von diesen Dritten nicht zur Erfüllung der Anforderung nach § 10 Absatz 2 Nummer 3 genutzt wird. [2] § 35 Absatz 3 ist entsprechend anzuwenden.

§ 54 Kombination. [1] Zur Erfüllung der Pflicht nach § 52 Absatz 1 können die Maßnahmen nach § 52 Absatz 3 und 4 und die Ersatzmaßnahmen nach § 53 untereinander und miteinander kombiniert werden. [2] Die prozentualen Anteile der einzelnen Maßnahmen an der nach § 52 Absatz 3 und 4 sowie nach § 53 vorgesehenen Nutzung müssen in der Summe mindestens 100 ergeben.

§ 55 Ausnahmen. (1) [1] Die Pflicht nach § 52 Absatz 1 besteht nicht, soweit ihre Erfüllung im Einzelfall wegen besonderer Umstände durch einen unangemessenen Aufwand oder in sonstiger Weise zu einer unbilligen Härte führt. [2] Dies ist insbesondere der Fall, wenn jede Maßnahme, mit der die Pflicht nach § 52 Absatz 1 erfüllt werden kann, mit Mehrkosten verbunden ist und diese Mehrkosten auch unter Berücksichtigung der Vorbildfunktion nicht unerheblich sind. [3] Bei der Berechnung sind alle Kosten und Einsparungen zu berücksichtigen, auch solche, die innerhalb der noch zu erwartenden Nutzungsdauer der Anlagen oder Gebäudeteile zu erwarten sind.

(2) Die Pflicht nach § 52 Absatz 1 besteht ferner nicht bei einem Gebäude im Eigentum einer Gemeinde oder eines Gemeindeverbandes, wenn

1. die Gemeinde oder der Gemeindeverband zum Zeitpunkt des Beginns der grundlegenden Renovierung überschuldet ist oder durch die Erfüllung der

Pflicht nach § 52 Absatz 1 und die Durchführung von Ersatzmaßnahmen nach § 53 überschuldet würde,

2. jede Maßnahme, mit der die Pflicht nach § 52 Absatz 1 erfüllt werden kann, mit Mehrkosten verbunden ist, die auch unter Berücksichtigung der Vorbildfunktion nicht unerheblich sind; im Übrigen ist Absatz 1 Satz 2 und 3 entsprechend anzuwenden, und
3. die Gemeinde oder der Gemeindeverband durch Beschluss das Vorliegen der Voraussetzungen nach Nummer 2 feststellt; die jeweiligen Regelungen zur Beschlussfassung bleiben unberührt.

(3) Die Pflicht nach § 52 Absatz 1 besteht nicht für ein Gebäude, das der Landesverteidigung dient, soweit ihre Erfüllung der Art und dem Hauptzweck der Landesverteidigung entgegensteht.

§ 56 Abweichungsbefugnis. Die Länder können

1. für bestehende öffentliche Gebäude, mit Ausnahme der öffentlichen Gebäude des Bundes, eigene Regelungen zur Erfüllung der Vorbildfunktion nach § 4 treffen und zu diesem Zweck von den Vorschriften dieses Abschnitts abweichen und
2. für bestehende Gebäude, die keine öffentlichen Gebäude sind, eine Pflicht zur Nutzung von erneuerbaren Energien festlegen.

Teil 4. Anlagen der Heizungs-, Kühl- und Raumlufttechnik sowie der Warmwasserversorgung

Abschnitt 1. Aufrechterhaltung der energetischen Qualität bestehender Anlagen

Unterabschnitt 1. Veränderungsverbot

§ 57 Verbot von Veränderungen; entgegenstehende Rechtsvorschriften. (1) Eine Anlage und Einrichtung der Heizungs-, Kühl- oder Raumlufttechnik oder der Warmwasserversorgung darf, soweit sie zum Nachweis der Anforderungen energieeinsparrechtlicher Vorschriften des Bundes zu berücksichtigen war, nicht in einer Weise verändert werden, dass die energetische Qualität des Gebäudes verschlechtert wird.

(2) Die Anforderungen an Anlagen und Einrichtungen nach diesem Teil sind nicht anzuwenden, soweit ihre Erfüllung anderen öffentlich-rechtlichen Vorschriften zur Standsicherheit, zum Brandschutz, zum Schallschutz, zum Arbeitsschutz oder zum Schutz der Gesundheit entgegensteht.

Unterabschnitt 2. Betreiberpflichten

§ 58 Betriebsbereitschaft. (1) Energiebedarfssenkende Einrichtungen in Anlagen und Einrichtungen der Heizungs-, Kühl- und Raumlufttechnik sowie der Warmwasserversorgung sind vom Betreiber betriebsbereit zu erhalten und bestimmungsgemäß zu nutzen.

(2) Der Betreiber kann seine Pflicht nach Absatz 1 auch dadurch erfüllen, dass er andere anlagentechnische oder bauliche Maßnahmen trifft, die den Einfluss einer energiebedarfssenkenden Einrichtung auf den Jahres-Primärenergiebedarf ausgleicht.

§ 59 Sachgerechte Bedienung. Eine Anlage und Einrichtung der Heizungs-, Kühl- oder Raumlufttechnik oder der Warmwasserversorgung ist vom Betreiber sachgerecht zu bedienen.

§ 60 Wartung und Instandhaltung. (1) Komponenten, die einen wesentlichen Einfluss auf den Wirkungsgrad von Anlagen und Einrichtungen der Heizungs-, Kühl- und Raumlufttechnik sowie der Warmwasserversorgung haben, sind vom Betreiber regelmäßig zu warten und instand zu halten.

(2) [1] Für die Wartung und Instandhaltung ist Fachkunde erforderlich. [2] Fachkundig ist, wer die zur Wartung und Instandhaltung notwendigen Fachkenntnisse und Fertigkeiten besitzt. [3] Die Handwerksordnung bleibt unberührt.

Abschnitt 2. Einbau und Ersatz

Unterabschnitt 1. Verteilungseinrichtungen und Warmwasseranlagen

§ 61 Verringerung und Abschaltung der Wärmezufuhr sowie Ein- und Ausschaltung elektrischer Antriebe. (1) [1] Wird eine Zentralheizung in ein Gebäude eingebaut, hat der Bauherr oder der Eigentümer dafür Sorge zu tragen, dass die Zentralheizung mit zentralen selbsttätig wirkenden Einrichtungen zur Verringerung und Abschaltung der Wärmezufuhr sowie zur Ein- und Ausschaltung elektrischer Antriebe ausgestattet ist. [2] Die Regelung der Wärmezufuhr sowie der elektrischen Antriebe im Sinne von Satz 1 erfolgt in Abhängigkeit von

1. der Außentemperatur oder einer anderen geeigneten Führungsgröße und
2. der Zeit.

(2) Soweit die in Absatz 1 Satz 1 geforderte Ausstattung bei einer Zentralheizung in einem bestehenden Gebäude nicht vorhanden ist, muss der Eigentümer sie bis zum 30. September 2021 nachrüsten.

(3) Wird in einem Wohngebäude, das mehr als fünf Wohnungen hat, eine Zentralheizung eingebaut, die jede einzelne Wohnung mittels Wärmeübertrager im Durchlaufprinzip mit Wärme für die Beheizung und die Warmwasserbereitung aus dem zentralen System versorgt, kann jede einzelne Wohnung mit den Einrichtungen nach Absatz 1 ausgestattet werden.

§ 62 Wasserheizung, die ohne Wärmeübertrager an eine Nah- oder Fernwärmeversorgung angeschlossen ist. Bei einer Wasserheizung, die ohne Wärmeübertrager an eine Nah- oder Fernwärmeversorgung angeschlossen ist, kann die Pflicht nach § 61 hinsichtlich der Verringerung und Abschaltung der Wärmezufuhr auch ohne entsprechende Einrichtung in der Haus- und Kundenanlage dadurch erfüllt werden, dass die Vorlauftemperatur des Nah- oder Fernwärmenetzes in Abhängigkeit von der Außentemperatur und der Zeit durch eine entsprechende Einrichtung in der zentralen Erzeugungsanlage geregelt wird.

§ 63 Raumweise Regelung der Raumtemperatur. (1) [1] Wird eine heizungstechnische Anlage mit Wasser als Wärmeträger in ein Gebäude eingebaut, hat der Bauherr oder der Eigentümer dafür Sorge zu tragen, dass die heizungstechnische Anlage mit einer selbsttätig wirkenden Einrichtung zur raumweisen Regelung der Raumtemperatur ausgestattet ist. [2] Satz 1 ist nicht anzuwenden auf

1. eine Fußbodenheizung in Räumen mit weniger als sechs Quadratmetern Nutzfläche oder

2. ein Einzelheizgerät, das zum Betrieb mit festen oder flüssigen Brennstoffen eingerichtet ist.

(2) Mit Ausnahme von Wohngebäuden ist für Gruppen von Räumen gleicher Art und Nutzung eine Gruppenregelung zulässig.

(3) [1] Soweit die in Absatz 1 Satz 1 geforderte Ausstattung bei einem bestehenden Gebäude nicht vorhanden ist, muss der Eigentümer sie nachrüsten. [2] Absatz 1 Satz 2 und Absatz 2 sind entsprechend anzuwenden.

(4) Eine Fußbodenheizung, die vor dem 1. Februar 2002 eingebaut worden ist, darf abweichend von Absatz 1 Satz 1 mit einer Einrichtung zur raumweisen Anpassung der Wärmeleistung an die Heizlast ausgestattet werden.

§ 64 Umwälzpumpe, Zirkulationspumpe. (1) Eine Umwälzpumpe, die im Heizkreis einer Zentralheizung mit mehr als 25 Kilowatt Nennleistung eingebaut wird, ist so auszustatten, dass die elektrische Leistungsaufnahme dem betriebsbedingten Förderbedarf selbsttätig in mindestens drei Stufen angepasst wird, soweit die Betriebssicherheit des Heizkessels dem nicht entgegensteht.

(2) [1] Eine Zirkulationspumpe muss beim Einbau in eine Warmwasseranlage mit einer selbsttätig wirkenden Einrichtung zur Ein- und Ausschaltung ausgestattet werden. [2] Die Trinkwasserverordnung[1)] bleibt unberührt.

Unterabschnitt 2. Klimaanlagen und sonstige Anlagen der Raumlufttechnik

§ 65 Begrenzung der elektrischen Leistung. [1] Beim Einbau einer Klimaanlage, die eine Nennleistung für den Kältebedarf von mehr als 12 Kilowatt hat, und einer raumlufttechnischen Anlage mit Zu- und Abluftfunktion, die für einen Volumenstrom der Zuluft von wenigstens 4 000 Kubikmetern je Stunde ausgelegt ist, in ein Gebäude sowie bei der Erneuerung von einem Zentralgerät oder Luftkanalsystem einer solchen Anlage muss diese Anlage so ausgeführt werden, dass bei Auslegungsvolumenstrom der Grenzwert für die spezifische Ventilatorleistung nach DIN EN 16798-3: 2017-11 Kategorie 4 nicht überschritten wird von

1. der auf das Fördervolumen bezogenen elektrischen Leistung der Einzelventilatoren oder
2. dem gewichteten Mittelwert der auf das jeweilige Fördervolumen bezogenen elektrischen Leistung aller Zu- und Abluftventilatoren.

[2] Der Grenzwert für die spezifische Ventilatorleistung der Kategorie 4 kann um Zuschläge nach DIN EN 16798: 2017-11 Abschnitt 9.5.2.2 für Gas- und Schwebstofffilter- sowie Wärmerückführungsbauteile der Klasse H2 nach DIN EN 13053: 2012-02 erweitert werden.

§ 66 Regelung der Be- und Entfeuchtung. (1) Soweit eine Anlage nach § 65 Satz 1 dazu bestimmt ist, die Feuchte der Raumluft unmittelbar zu verändern, muss diese Anlage beim Einbau in ein Gebäude und bei Erneuerung des Zentralgerätes einer solcher Anlage mit einer selbsttätig wirkenden Regelungseinrichtung ausgestattet werden, bei der getrennte Sollwerte für die Be- und die Entfeuchtung eingestellt werden können und als Führungsgröße mindestens die direkt gemessene Zu- oder Abluftfeuchte dient.

---

1) Nr. **149**.

(2) [1] Sind solche Einrichtungen in einer bestehenden Anlage nach § 65 Satz 1 nicht vorhanden, muss der Betreiber sie innerhalb von sechs Monaten nach Ablauf der Frist des § 76 Absatz 1 Satz 2 nachrüsten. [2] Für sonstige raumlufttechnische Anlagen ist Satz 1 entsprechend anzuwenden.

§ 67 Regelung der Volumenströme. (1) Beim Einbau einer Anlage nach § 65 Satz 1 in Gebäude und bei der Erneuerung eines Zentralgerätes oder eines Luftkanalsystems einer solcher Anlage muss diese Anlage mit einer Einrichtung zur selbsttätigen Regelung der Volumenströme in Abhängigkeit von den thermischen und stofflichen Lasten oder zur Einstellung der Volumenströme in Abhängigkeit von der Zeit ausgestattet werden, wenn der Zuluftvolumenstrom dieser Anlage höher ist als

1. neun Kubikmeter pro Stunde je Quadratmeter versorgter Nettogrundfläche des Nichtwohngebäudes oder
2. neun Kubikmeter pro Stunde je Quadratmeter versorgter Gebäudenutzfläche des Wohngebäudes.

(2) Absatz 1 ist nicht anzuwenden, soweit in den versorgten Räumen auf Grund des Arbeits- und Gesundheitsschutzes erhöhte Zuluftvolumenströme erforderlich oder Laständerungen weder messtechnisch noch hinsichtlich des zeitlichen Verlaufs erfassbar sind.

§ 68 Wärmerückgewinnung. [1] Wird eine Anlage nach § 65 Satz 1 in Gebäude eingebaut oder ein Zentralgerät einer solchen Anlage erneuert, muss diese mit einer Einrichtung zur Wärmerückgewinnung ausgestattet sein, es sei denn, die rückgewonnene Wärme kann nicht genutzt werden oder das Zu- und das Abluftsystem sind räumlich vollständig getrennt. [2] Die Einrichtung zur Wärmerückgewinnung muss mindestens der DIN EN 13053: 2007-11 Klassifizierung H3 entsprechen. [3] Für die Betriebsstundenzahl sind die Nutzungsrandbedingungen nach DIN V 18599-10: 2018-09 und für den Luftvolumenstrom der Außenluftvolumenstrom maßgebend.

Unterabschnitt 3. Wärmedämmung von Rohrleitungen und Armaturen

§ 69 Wärmeverteilungs- und Warmwasserleitungen sowie Armaturen. Werden Wärmeverteilungs- und Warmwasserleitungen sowie Armaturen erstmalig in ein Gebäude eingebaut oder werden sie ersetzt, hat der Bauherr oder der Eigentümer dafür Sorge zu tragen, dass die Wärmeabgabe der Rohrleitungen und Armaturen nach Anlage 8 begrenzt wird.

§ 70 Kälteverteilungs- und Kaltwasserleitungen sowie Armaturen. Werden Kälteverteilungs- und Kaltwasserleitungen sowie Armaturen, die zu Klimaanlagen oder sonstigen Anlagen der Raumlufttechnik im Sinne des § 65 Satz 1 gehören, erstmalig in ein Gebäude eingebaut oder werden sie ersetzt, hat der Bauherr oder der Eigentümer dafür Sorge zu tragen, dass die Wärmeaufnahme der eingebauten oder ersetzten Kälteverteilungs- und Kaltwasserleitungen sowie Armaturen nach Anlage 8 begrenzt wird.

Unterabschnitt 4. Nachrüstung bei heizungstechnischen Anlagen; Betriebsverbot für Heizkessel

§ 71 Dämmung von Wärmeverteilungs- und Warmwasserleitungen.

(1) Der Eigentümer eines Gebäudes hat dafür Sorge zu tragen, dass bei heizungstechnischen Anlagen bisher ungedämmte, zugängliche Wärmeverteilungs- und Warmwasserleitungen, die sich nicht in beheizten Räumen befinden, die Wärmeabgabe der Rohrleitungen nach Anlage 8 begrenzt wird.

(2) Absatz 1 ist nicht anzuwenden, soweit die für eine Nachrüstung erforderlichen Aufwendungen durch die eintretenden Einsparungen nicht innerhalb angemessener Frist erwirtschaftet werden können.

§ 72 Betriebsverbot für Heizkessel, Ölheizungen. (1) Eigentümer von Gebäuden dürfen ihre Heizkessel, die mit einem flüssigen oder gasförmigen Brennstoff beschickt werden und vor dem 1. Januar 1991 eingebaut oder aufgestellt worden sind, nicht mehr betreiben.

(2) Eigentümer von Gebäuden dürfen ihre Heizkessel, die mit einem flüssigen oder gasförmigen Brennstoff beschickt werden und ab dem 1. Januar 1991 eingebaut oder aufgestellt worden sind, nach Ablauf von 30 Jahren nach Einbau oder Aufstellung nicht mehr betreiben.

(3) Die Absätze 1 und 2 sind nicht anzuwenden auf

1. Niedertemperatur-Heizkessel und Brennwertkessel sowie
2. heizungstechnische Anlagen, deren Nennleistung weniger als 4 Kilowatt oder mehr als 400 Kilowatt beträgt.

(4) [1] Ab dem 1. Januar 2026 dürfen Heizkessel, die mit Heizöl oder mit festem fossilem Brennstoff beschickt werden, zum Zwecke der Inbetriebnahme in ein Gebäude nur eingebaut oder in einem Gebäude nur aufgestellt werden, wenn

1. ein Gebäude so errichtet worden ist oder errichtet wird, dass der Wärme- und Kälteenergiebedarf nach § 10 Absatz 2 Nummer 3 anteilig durch erneuerbare Energien nach Maßgabe der §§ 34 bis 41 und nicht durch Maßnahmen nach den §§ 42 bis 45 gedeckt wird,
2. ein bestehendes öffentliches Gebäude nach § 52 Absatz 1 so geändert worden ist oder geändert wird, dass der Wärme- und Kälteenergiebedarf anteilig durch erneuerbare Energien nach Maßgabe von § 52 Absatz 3 und 4 gedeckt wird und die Pflicht nach § 52 Absatz 1 nicht durch eine Ersatzmaßnahme nach § 53 erfüllt worden ist oder erfüllt wird,
3. ein bestehendes Gebäude so errichtet oder geändert worden ist oder geändert wird, dass der Wärme- und Kälteenergiebedarf anteilig durch erneuerbare Energien gedeckt wird, oder
4. bei einem bestehenden Gebäude kein Anschluss an ein Gasversorgungsnetz oder an ein Fernwärmeverteilungsnetz hergestellt werden kann, weil kein Gasversorgungsnetz der allgemeinen Versorgung oder kein Verteilungsnetz eines Fernwärmeversorgungsunternehmens am Grundstück anliegt und eine anteilige Deckung des Wärme- und Kälteenergiebedarfs durch erneuerbare Energien technisch nicht möglich ist oder zu einer unbilligen Härte führt.

[2] Die Pflichten nach § 10 Absatz 2 Nummer 3 und nach § 52 Absatz 1 bleiben unberührt.

(5) Absatz 4 Satz 1 ist nicht anzuwenden, wenn die Außerbetriebnahme einer mit Heizöl oder mit festem fossilem Brennstoff betriebenen Heizung und der

Einbau einer neuen nicht mit Heizöl oder mit festem fossilem Brennstoff betriebenen Heizung im Einzelfall wegen besonderer Umstände durch einen unangemessenen Aufwand oder in sonstiger Weise zu einer unbilligen Härte führen.

§ 73 Ausnahme. (1) Bei einem Wohngebäude mit nicht mehr als zwei Wohnungen, von denen der Eigentümer eine Wohnung am 1. Februar 2002 selbst bewohnt hat, sind die Pflichten nach § 71 und § 72 Absatz 1 und 2 erst im Falle eines Eigentümerwechsels nach dem 1. Februar 2002 von dem neuen Eigentümer zu erfüllen.

(2) Die Frist zur Pflichterfüllung beträgt zwei Jahre ab dem ersten Eigentumsübergang nach dem 1. Februar 2002.

Abschnitt 3. Energetische Inspektion von Klimaanlagen

§ 74 Betreiberpflicht. (1) Der Betreiber von einer in ein Gebäude eingebauten Klimaanlage mit einer Nennleistung für den Kältebedarf von mehr als 12 Kilowatt oder einer kombinierten Klima- und Lüftungsanlage mit einer Nennleistung für den Kältebedarf von mehr als 12 Kilowatt hat innerhalb der in § 76 genannten Zeiträume energetische Inspektionen dieser Anlage durch eine berechtigte Person im Sinne des § 77 Absatz 1 durchführen zu lassen.

(2) [1] Der Betreiber kann die Pflicht nach Absatz 1 Satz 1 durch eine stichprobenweise Inspektion nach Maßgabe von § 75 Absatz 4 erfüllen, wenn er mehr als zehn Klimaanlagen mit einer Nennleistung für den Kältebedarf von mehr als 12 Kilowatt und bis zu 70 Kilowatt oder mehr als zehn kombinierte Klima- und Lüftungsanlagen mit einer Nennleistung für den Kältebedarf von mehr als 12 Kilowatt und bis zu 70 Kilowatt betreibt, die in vergleichbare Nichtwohngebäude eingebaut und nach Anlagentyp und Leistung gleichartig sind. [2] Ein Nichtwohngebäude ist vergleichbar, wenn es nach demselben Plan errichtet wird, der für mehrere Nichtwohngebäude an verschiedenen Standorten erstellt wurde. [3] Nach Anlagentyp und Leistung gleichartige Klimaanlagen oder kombinierte Klima- und Lüftungsanlagen sind Anlagen gleicher Bauart, gleicher Funktion und gleicher Kühlleistung je Quadratmeter Nettogrundfläche.

(3) [1] Die Pflicht nach Absatz 1 besteht nicht, wenn eine Klimaanlage oder eine kombinierte Klima- und Lüftungsanlage in ein Nichtwohngebäude eingebaut ist, das mit einem System für die Gebäudeautomation und Gebäuderegelung nach Maßgabe von Satz 2 ausgestattet ist. [2] Das System muss in der Lage sein,

1. den Energieverbrauch des Gebäudes kontinuierlich zu überwachen, zu protokollieren, zu analysieren und dessen Anpassung zu ermöglichen,
2. einen Vergleichsmaßstab in Bezug auf die Energieeffizienz des Gebäudes aufzustellen, Effizienzverluste der vorhandenen gebäudetechnischen Systeme zu erkennen und die für die gebäudetechnischen Einrichtungen oder die gebäudetechnische Verwaltung zuständige Person zu informieren und
3. die Kommunikation zwischen den vorhandenen, miteinander verbundenen gebäudetechnischen Systemen und anderen gebäudetechnischen Anwendungen innerhalb des Gebäudes zu ermöglichen und gemeinsam mit verschiedenen Typen gebäudetechnischer Systeme betrieben zu werden.

(4) Die Pflicht nach Absatz 1 besteht nicht, wenn eine Klimaanlage oder eine kombinierte Klima- und Lüftungsanlage in ein Wohngebäude eingebaut ist, das ausgestattet ist mit

1. einer kontinuierlichen elektronischen Überwachungsfunktion, die die Effizienz der vorhandenen gebäudetechnischen Systeme misst und den Eigentümer oder Verwalter des Gebäudes darüber informiert, wenn sich die Effizienz erheblich verschlechtert hat und eine Wartung der vorhandenen gebäudetechnischen Systeme erforderlich ist, und
2. einer wirksamen Regelungsfunktion zur Gewährleistung einer optimalen Erzeugung, Verteilung, Speicherung oder Nutzung von Energie.

§ 75 Durchführung und Umfang der Inspektion. (1) Die Inspektion einer Klimaanlage oder einer kombinierten Klima- und Lüftungsanlage umfasst Maßnahmen zur Prüfung der Komponenten, die den Wirkungsgrad der Anlage beeinflussen, und der Anlagendimensionierung im Verhältnis zum Kühlbedarf des Gebäudes.

(2) Die Inspektion bezieht sich insbesondere auf

1. die Überprüfung und Bewertung der Einflüsse, die für die Auslegung der Anlage verantwortlich sind, insbesondere Veränderungen der Raumnutzung und -belegung, der Nutzungszeiten, der inneren Wärmequellen sowie der relevanten bauphysikalischen Eigenschaften des Gebäudes und der vom Betreiber geforderten Sollwerte hinsichtlich Luftmengen, Temperatur, Feuchte, Betriebszeit sowie Toleranzen, und
2. die Feststellung der Effizienz der wesentlichen Komponenten.

(3) Die Inspektion einer Klimaanlage mit einer Nennleistung für den Kältebedarf von mehr als 70 Kilowatt oder einer kombinierten Klima- und Lüftungsanlage mit einer Nennleistung für den Kältebedarf von mehr als 70 Kilowatt ist nach DIN SPEC 15240: 2019-03 durchzuführen.

(4) [1] In den Fällen des § 74 Absatz 2 ist bei einem Betrieb von bis zu 200 Klimaanlagen jede zehnte Anlage und bei einem Betrieb von mehr als 200 Klimaanlagen jede 20. [2] Anlage einer Inspektion nach Maßgabe der Absätze 1 bis 3 zu unterziehen.

§ 76 Zeitpunkt der Inspektion. (1) [1] Die Inspektion ist erstmals im zehnten Jahr nach der Inbetriebnahme oder der Erneuerung wesentlicher Bauteile wie Wärmeübertrager, Ventilator oder Kältemaschine durchzuführen. [2] Abweichend von Satz 1 ist eine Klimaanlage oder eine kombinierte Klima- und Lüftungsanlage, die am 1. Oktober 2018 mehr als zehn Jahre alt war und noch keiner Inspektion unterzogen wurde, spätestens bis zum 31. Dezember 2022 erstmals einer Inspektion zu unterziehen.

(2) [1] Nach der erstmaligen Inspektion ist die Anlage wiederkehrend spätestens alle zehn Jahre einer Inspektion zu unterziehen. [2] Wenn an der Klimaanlage oder der kombinierten Klima- und Lüftungsanlage nach der erstmaligen Inspektion oder nach einer wiederkehrenden Inspektion keine Änderungen vorgenommen wurden oder in Bezug auf den Kühlbedarf des Gebäudes keine Änderungen eingetreten sind, muss die Prüfung der Anlagendimensionierung nicht wiederholt werden.

§ 77 Fachkunde des Inspektionspersonals. (1) Eine Inspektion darf nur von einer fachkundigen Person durchgeführt werden.

(2) Fachkundig ist insbesondere

1. eine Person mit einem berufsqualifizierenden Hochschulabschluss in einer der Fachrichtungen Versorgungstechnik oder Technische Gebäudeausrüstung mit mindestens einem Jahr Berufserfahrung in Planung, Bau, Betrieb oder Prüfung raumlufttechnischer Anlagen,
2. eine Person mit einem berufsqualifizierenden Hochschulabschluss in einer der Fachrichtungen Maschinenbau, Elektrotechnik, Verfahrenstechnik oder Bauingenieurwesen oder einer anderen technischen Fachrichtung mit einem Ausbildungsschwerpunkt bei der Versorgungstechnik oder der Technischen Gebäudeausrüstung mit mindestens drei Jahren Berufserfahrung in Planung, Bau, Betrieb oder Prüfung raumlufttechnischer Anlagen,
3. eine Person, die für ein zulassungspflichtiges anlagentechnisches Gewerbe die Voraussetzungen zur Eintragung in die Handwerksrolle erfüllt,
4. eine Person, die für ein zulassungsfreies Handwerk in einem der Bereiche nach Nummer 3 einen Meistertitel erworben hat,
5. eine Person, die auf Grund ihrer Ausbildung berechtigt ist, ein zulassungspflichtiges Handwerk in einem der Bereiche nach Nummer 3 ohne Meistertitel selbständig auszuüben,
6. eine Person, die staatlich anerkannter oder geprüfter Techniker ist, dessen Ausbildungsschwerpunkt auch die Beurteilung von Lüftungs- und Klimaanlagen umfasst.

(3) Eine gleichwertige Aus- oder Fortbildung, die in einem anderen Mitgliedstaat der Europäischen Union, einem anderen Vertragsstaat des Abkommens über den Europäischen Wirtschaftsraum oder der Schweiz erworben worden ist und durch einen entsprechenden Nachweis belegt werden kann, ist den in Absatz 2 genannten Aus- und Fortbildungen gleichgestellt.

§ 78 Inspektionsbericht; Registriernummern. (1) Die inspizierende Person hat einen Inspektionsbericht mit den Ergebnissen der Inspektion und Ratschlägen in Form von kurz gefassten fachlichen Hinweisen für Maßnahmen zur kosteneffizienten Verbesserung der energetischen Eigenschaften der Anlage, für deren Austausch oder für Alternativlösungen zu erstellen.

(2) [1] Die inspizierende Person hat den Inspektionsbericht unter Angabe ihres Namens, ihrer Anschrift und Berufsbezeichnung sowie des Datums der Inspektion und des Ausstellungsdatums eigenhändig zu unterschreiben oder mit einem Faksimile der Unterschrift zu versehen. [2] Der Inspektionsbericht ist dem Betreiber zu übergeben.

(3) Vor Übergabe des Inspektionsberichts an den Betreiber hat die inspizierende Person die nach § 98 Absatz 2 zugeteilte Registriernummer einzutragen.

(4) Zur Sicherstellung des Vollzugs der Inspektionspflicht nach § 74 Absatz 1 hat der Betreiber den Inspektionsbericht der nach Landesrecht zuständigen Behörde auf Verlangen vorzulegen.

Teil 5. Energieausweise

§ 79 Grundsätze des Energieausweises. (1) [1] Energieausweise dienen ausschließlich der Information über die energetischen Eigenschaften eines Gebäudes und sollen einen überschlägigen Vergleich von Gebäuden ermöglichen. [2] Ein Energieausweis ist als Energiebedarfsausweis oder als Energieverbrauchsausweis nach Maßgabe der §§ 80 bis 86 auszustellen. [3] Es ist zulässig, sowohl den Energiebedarf als auch den Energieverbrauch anzugeben.

(2) [1] Ein Energieausweis wird für ein Gebäude ausgestellt. [2] Er ist für Teile von einem Gebäude auszustellen, wenn die Gebäudeteile nach § 106 getrennt zu behandeln sind.

(3) [1] Ein Energieausweis ist für eine Gültigkeitsdauer von zehn Jahren auszustellen. [2] Unabhängig davon verliert er seine Gültigkeit, wenn nach § 80 Absatz 2 ein neuer Energieausweis erforderlich wird.

(4) [1] Auf ein kleines Gebäude sind die Vorschriften dieses Abschnitts nicht anzuwenden. [2] Auf ein Baudenkmal ist § 80 Absatz 3 bis 7 nicht anzuwenden.

§ 80[1)] Ausstellung und Verwendung von Energieausweisen. (1) [1] Wird ein Gebäude errichtet, ist ein Energiebedarfsausweis unter Zugrundelegung der energetischen Eigenschaften des fertiggestellten Gebäudes auszustellen. [2] Der Eigentümer hat sicherzustellen, dass der Energieausweis unverzüglich nach Fertigstellung des Gebäudes ausgestellt und ihm der Energieausweis oder eine Kopie hiervon übergeben wird. [3] Die Sätze 1 und 2 sind für den Bauherren entsprechend anzuwenden, wenn der Eigentümer nicht zugleich Bauherr des Gebäudes ist. [4] Der Eigentümer hat den Energieausweis der nach Landesrecht zuständigen Behörde auf Verlangen vorzulegen.

(2) [1] Werden bei einem bestehenden Gebäude Änderungen im Sinne des § 48 ausgeführt, ist ein Energiebedarfsausweis unter Zugrundelegung der energetischen Eigenschaften des geänderten Gebäudes auszustellen, wenn unter Anwendung des § 50 Absatz 1 und 2 für das gesamte Gebäude Berechnungen nach § 50 Absatz 3 durchgeführt werden. [2] Absatz 1 Satz 2 bis 4 ist entsprechend anzuwenden.

(3) [1] Soll ein mit einem Gebäude bebautes Grundstück oder Wohnungs- oder Teileigentum verkauft, ein Erbbaurecht an einem bebauten Grundstück begründet oder übertragen oder ein Gebäude, eine Wohnung oder eine sonstige selbständige Nutzungseinheit vermietet, verpachtet oder verleast werden, ist ein Energieausweis auszustellen, wenn nicht bereits ein gültiger Energieausweis für das Gebäude vorliegt. [2] In den Fällen des Satzes 1 ist für Wohngebäude, die weniger als fünf Wohnungen haben und für die der Bauantrag vor dem 1. November 1977 gestellt worden ist, ein Energiebedarfsausweis auszustellen. [3] Satz 2 ist nicht anzuwenden, wenn das Wohngebäude

1. schon bei der Baufertigstellung das Anforderungsniveau der Wärmeschutzverordnung vom 11. August 1977 (BGBl. I S. 1554) erfüllt hat oder
2. durch spätere Änderungen mindestens auf das in Nummer 1 bezeichnete Anforderungsniveau gebracht worden ist.

[4] Bei der Ermittlung der energetischen Eigenschaften des Wohngebäudes nach Satz 3 können die Bestimmungen über die vereinfachte Datenerhebung nach § 50 Absatz 4 angewendet werden.

(4) [1] Im Falle eines Verkaufs oder der Bestellung eines Rechts im Sinne des Absatzes 3 Satz 1 hat der Verkäufer oder der Immobilienmakler dem potenziellen Käufer spätestens bei der Besichtigung einen Energieausweis oder eine Kopie hiervon vorzulegen. [2] Die Vorlagepflicht wird auch durch einen deutlich sicht-

---

[1)] Siehe hierzu Bek. der Muster von Energieausweisen nach dem GebäudeenergieG v. 8.10.2020 (BAnz AT 03.12.2020 B1).

baren Aushang oder ein deutlich sichtbares Auslegen während der Besichtigung erfüllt. [3] Findet keine Besichtigung statt, haben der Verkäufer oder der Immobilienmakler den Energieausweis oder eine Kopie hiervon dem potenziellen Käufer unverzüglich vorzulegen. [4] Der Energieausweis oder eine Kopie hiervon ist spätestens dann unverzüglich vorzulegen, wenn der potenzielle Käufer zur Vorlage auffordert. [5] Unverzüglich nach Abschluss des Kaufvertrages hat der Verkäufer oder der Immobilienmakler dem Käufer den Energieausweis oder eine Kopie hiervon zu übergeben. [6] Im Falle des Verkaufs eines Wohngebäudes mit nicht mehr als zwei Wohnungen hat der Käufer nach Übergabe des Energieausweises ein informatorisches Beratungsgespräch zum Energieausweis mit einer nach § 88 zur Ausstellung von Energieausweisen berechtigten Person zu führen, wenn ein solches Beratungsgespräch als einzelne Leistung unentgeltlich angeboten wird.

(5) Im Falle einer Vermietung, Verpachtung oder eines Leasings im Sinne des Absatzes 3 Satz 1 ist für den Vermieter, den Verpächter, den Leasinggeber oder den Immobilienmakler Absatz 4 Satz 1 bis 5 entsprechend anzuwenden.

(6) [1] Der Eigentümer eines Gebäudes, in dem sich mehr als 250 Quadratmeter Nutzfläche mit starkem Publikumsverkehr befinden, der auf behördlicher Nutzung beruht, hat sicherzustellen, dass für das Gebäude ein Energieausweis ausgestellt wird. [2] Der Eigentümer hat den nach Satz 1 ausgestellten Energieausweis an einer für die Öffentlichkeit gut sichtbaren Stelle auszuhängen. [3] Wird die in Satz 1 genannte Nutzfläche nicht oder nicht überwiegend vom Eigentümer selbst genutzt, so trifft die Pflicht zum Aushang des Energieausweises den Nutzer. [4] Der Eigentümer hat ihm zu diesem Zweck den Energieausweis oder eine Kopie hiervon zu übergeben. [5] Zur Erfüllung der Pflicht nach Satz 2 ist es ausreichend, von einem Energieausweis nur einen Auszug nach dem Muster gemäß § 85 Absatz 8 auszuhängen.

(7) [1] Der Eigentümer eines Gebäudes, in dem sich mehr als 500 Quadratmeter Nutzfläche mit starkem Publikumsverkehr befinden, der nicht auf behördlicher Nutzung beruht, hat einen Energieausweis an einer für die Öffentlichkeit gut sichtbaren Stelle auszuhängen, sobald für das Gebäude ein Energieausweis vorliegt. [2] Absatz 6 Satz 3 bis 5 ist entsprechend anzuwenden.

§ 81 Energiebedarfsausweis. (1) [1] Wird ein Energieausweis für ein zu errichtendes Gebäude auf der Grundlage des berechneten Energiebedarfs ausgestellt, sind die Ergebnisse der nach den §§ 15 und 16 oder nach den §§ 18 und 19 erforderlichen Berechnungen zugrunde zu legen. [2] In den Fällen des § 31 Absatz 1 sind die Kennwerte zu verwenden, die in den Bekanntmachungen nach § 31 Absatz 2 der jeweils zutreffenden Ausstattungsvariante zugewiesen sind.

(2) Wird ein Energieausweis für ein bestehendes Gebäude auf der Grundlage des berechneten Energiebedarfs ausgestellt, ist auf die erforderlichen Berechnungen § 50 Absatz 3 und 4 entsprechend anzuwenden.

§ 82 Energieverbrauchsausweis. (1) [1] Wird ein Energieausweis auf der Grundlage des erfassten Endenergieverbrauchs ausgestellt, sind der witterungsbereinigte Endenergie- und Primärenergieverbrauch nach Maßgabe der Absätze 2 bis 5 zu berechnen. [2] Die Bestimmungen des § 50 Absatz 4 über die vereinfachte Datenerhebung sind entsprechend anzuwenden.

(2) [1] Bei einem Wohngebäude ist der Endenergieverbrauch für Heizung und Warmwasserbereitung zu ermitteln und in Kilowattstunden pro Jahr und Qua-

dratmeter Gebäudenutzfläche anzugeben. [2] Ist im Fall dezentraler Warmwasserbereitung in einem Wohngebäude der hierauf entfallende Verbrauch nicht bekannt, ist der Endenergieverbrauch um eine Pauschale von 20 Kilowattstunden pro Jahr und Quadratmeter Gebäudenutzfläche zu erhöhen. [3] Im Fall der Kühlung von Raumluft in einem Wohngebäude ist der für Heizung und Warmwasser ermittelte Endenergieverbrauch um eine Pauschale von 6 Kilowattstunden pro Jahr und Quadratmeter gekühlter Gebäudenutzfläche zu erhöhen. [4] Ist die Gebäudenutzfläche nicht bekannt, kann sie bei Wohngebäuden mit bis zu zwei Wohneinheiten mit beheiztem Keller pauschal mit dem 1,35fachen Wert der Wohnfläche, bei sonstigen Wohngebäuden mit dem 1,2fachen Wert der Wohnfläche angesetzt werden. [5] Bei Nichtwohngebäuden ist der Endenergieverbrauch für Heizung, Warmwasserbereitung, Kühlung, Lüftung und eingebaute Beleuchtung zu ermitteln und in Kilowattstunden pro Jahr und Quadratmeter Nettogrundfläche anzugeben.

(3) [1] Der Endenergieverbrauch für die Heizung ist einer Witterungsbereinigung zu unterziehen. [2] Der Primärenergieverbrauch wird auf der Grundlage des Endenergieverbrauchs und der Primärenergiefaktoren nach § 22 errechnet.

(4) [1] Zur Ermittlung des Energieverbrauchs sind die folgenden Verbrauchsdaten zu verwenden:

1. Verbrauchsdaten aus Abrechnungen von Heizkosten nach der Verordnung über Heizkostenabrechnung[1)] in der Fassung der Bekanntmachung vom 5. Oktober 2009 (BGBl. I S. 3250) für das gesamte Gebäude,
2. andere geeignete Verbrauchsdaten, insbesondere Abrechnungen von Energielieferanten oder sachgerecht durchgeführte Verbrauchsmessungen, oder
3. eine Kombination von Verbrauchsdaten nach den Nummern 1 und 2.

[2] Den zu verwendenden Verbrauchsdaten sind mindestens die Abrechnungen aus einem zusammenhängenden Zeitraum von 36 Monaten zugrunde zu legen, der die jüngste Abrechnungsperiode einschließt, deren Ende nicht mehr als 18 Monate zurückliegen darf. [3] Bei der Ermittlung nach Satz 2 sind längere Leerstände rechnerisch angemessen zu berücksichtigen. [4] Der maßgebliche Energieverbrauch ist der durchschnittliche Verbrauch in dem zugrunde gelegten Zeitraum.

(5) [1] Für die Witterungsbereinigung des Endenergieverbrauchs und die angemessene rechnerische Berücksichtigung längerer Leerstände sowie die Berechnung des Primärenergieverbrauchs auf der Grundlage des ermittelten Endenergieverbrauchs ist ein den anerkannten Regeln der Technik entsprechendes Verfahren anzuwenden. [2] Die Einhaltung der anerkannten Regeln der Technik wird vermutet, soweit bei der Ermittlung des Energieverbrauchs Vereinfachungen verwendet werden, die vom Bundesministerium für Wirtschaft und Energie und vom Bundesministerium des Innern, für Bau und Heimat im Bundesanzeiger gemeinsam bekannt gemacht worden sind.

§ 83 Ermittlung und Bereitstellung von Daten. (1) [1] Der Aussteller ermittelt die Daten, die in den Fällen des § 80 Absatz 3 Satz 3 benötigt werden, sowie die Daten, die nach § 81 Absatz 1 und 2 in Verbindung mit den §§ 20 bis 33 und § 50 oder nach § 82 Absatz 1, 2 Satz 1 oder Satz 5 und Absatz 4 Satz 1 Grundlage für die Ausstellung des Energieausweises sind, selbst oder verwendet die ent-

---

1) Nr. **218**.

sprechenden vom Eigentümer des Gebäudes bereitgestellten Daten. [2] Der Aussteller hat dafür Sorge zu tragen, dass die von ihm ermittelten Daten richtig sind.

(2) [1] Wird ein Energiebedarfsausweis ausgestellt und stellt der Aussteller keine eigenen Berechnungen, die nach den §§ 15 und 16, nach den §§ 18 und 19 oder nach § 50 Absatz 3 erforderlich sind, an, hat er die Berechnungen einzusehen oder sich vom Eigentümer zur Verfügung stellen zu lassen. [2] Wird ein Energieverbrauchsausweis ausgestellt und stellt der Aussteller keine eigenen Berechnungen nach § 82 Absatz 1 an, hat er die Berechnungen einzusehen oder sich vom Eigentümer zur Verfügung stellen zu lassen.

(3) [1] Stellt der Eigentümer des Gebäudes die Daten bereit, hat er dafür Sorge zu tragen, dass die Daten richtig sind. [2] Der Aussteller muss die vom Eigentümer bereitgestellten Daten sorgfältig prüfen und darf die Daten seinen Berechnungen nicht zugrunde legen, wenn Zweifel an deren Richtigkeit bestehen.

§ 84 Empfehlungen für die Verbesserung der Energieeffizienz.

(1) [1] Der Aussteller hat ein bestehendes Gebäude, für das er einen Energieausweis erstellt, vor Ort zu begehen oder sich für eine Beurteilung der energetischen Eigenschaften geeignete Bildaufnahmen des Gebäudes zur Verfügung stellen zu lassen und im Energieausweis Empfehlungen für Maßnahmen zur kosteneffizienten Verbesserung der energetischen Eigenschaften des Gebäudes (Energieeffizienz) in Form von kurz gefassten fachlichen Hinweisen zu geben (Modernisierungsempfehlungen), es sei denn, die fachliche Beurteilung hat ergeben, dass solche Maßnahmen nicht möglich sind. [2] Die Modernisierungsempfehlungen beziehen sich auf Maßnahmen am gesamten Gebäude, an einzelnen Außenbauteilen sowie an Anlagen und Einrichtungen im Sinne dieses Gesetzes.

(2) [1] Die Bestimmungen des § 50 Absatz 4 über die vereinfachte Datenerhebung sind entsprechend anzuwenden. [2] Sind Modernisierungsempfehlungen nicht möglich, hat der Aussteller dies im Energieausweis zu vermerken.

§ 85[1)] Angaben im Energieausweis. (1) Ein Energieausweis muss mindestens folgende Angaben zur Ausweisart und zum Gebäude enthalten:

1. Fassung dieses Gesetzes, auf deren Grundlage der Energieausweis erstellt wird,
2. Energiebedarfsausweis im Sinne des § 81 oder Energieverbrauchsausweis im Sinne des § 82 mit Hinweisen zu den Aussagen der jeweiligen Ausweisart über die energetische Qualität des Gebäudes,
3. Ablaufdatum des Energieausweises,
4. Registriernummer,
5. Anschrift des Gebäudes,
6. Art des Gebäudes: Wohngebäude oder Nichtwohngebäude,
7. bei einem Wohngebäude: Gebäudetyp,
8. bei einem Nichtwohngebäude: Hauptnutzung oder Gebäudekategorie,
9. im Falle des § 79 Absatz 2 Satz 2: Gebäudeteil,
10. Baujahr des Gebäudes,
11. Baujahr des Wärmeerzeugers; bei einer Fern- oder Nahwärmeversorgung: Baujahr der Übergabestation,

[1)] Siehe hierzu Bek. der Muster von Energieausweisen nach dem GebäudeenergieG v. 8.10.2020 (BAnz AT 03.12.2020 B1).

12. bei einem Wohngebäude: Anzahl der Wohnungen und Gebäudenutzfläche; bei Ermittlung der Gebäudenutzfläche aus der Wohnfläche gemäß § 82 Absatz 2 Satz 4 ist darauf hinzuweisen,
13. bei einem Nichtwohngebäude: Nettogrundfläche,
14. wesentliche Energieträger für Heizung und Warmwasser,
15. bei Neubauten: Art der genutzten erneuerbaren Energie, deren Anteil an der Deckung des Wärme- und Kälteenergiebedarfs sowie der Anteil zur Pflichterfüllung; alternativ: Maßnahmen nach den §§ 42, 43, 44 oder 45,
16. Art der Lüftung und, falls vorhanden, Art der Kühlung,
17. inspektionspflichtige Klimaanlagen oder kombinierte Lüftungs- und Klimaanlage im Sinne des § 74 und Fälligkeitsdatum der nächsten Inspektion,
18. der Anlass der Ausstellung des Energieausweises,
19. Durchführung der Datenerhebung durch Eigentümer oder Aussteller,
20. Name, Anschrift und Berufsbezeichnung des Ausstellers, Ausstellungsdatum und Unterschrift des Ausstellers.

(2) Ein Energiebedarfsausweis im Sinne des § 81 muss zusätzlich zu den Angaben nach Absatz 1 mindestens folgende Angaben enthalten:

1. bei Neubau eines Wohn- oder Nichtwohngebäudes: Ergebnisse der nach § 81 Absatz 1 Satz 1 erforderlichen Berechnungen, einschließlich der Anforderungswerte, oder im Fall des § 81 Absatz 1 Satz 2 die in der Bekanntmachung nach § 31 Absatz 2 genannten Kennwerte und nach Maßgabe von Absatz 6 die sich aus dem Jahres-Primärenergiebedarf ergebenden Treibhausgasemissionen, ausgewiesen als äquivalente Kohlendioxidemissionen, in Kilogramm pro Jahr und Quadratmeter der Gebäudenutzfläche bei Wohngebäuden oder der Nettogrundfläche bei Nichtwohngebäuden,
2. in den Fällen des § 80 Absatz 2 bei bestehenden Wohn- oder Nichtwohngebäuden: Ergebnisse der nach § 81 Absatz 2 erforderlichen Berechnungen, einschließlich der Anforderungswerte, und nach Maßgabe von Absatz 6 die sich aus dem Jahres-Primärenergiebedarf ergebenden Treibhausgasemissionen, ausgewiesen als äquivalente Kohlendioxidemissionen, in Kilogramm pro Jahr und Quadratmeter der Gebäudenutzfläche bei Wohngebäuden oder der Nettogrundfläche bei Nichtwohngebäuden,
3. bei Neubau eines Wohn- oder Nichtwohngebäudes: Einhaltung des sommerlichen Wärmeschutzes,
4. das für die Energiebedarfsrechnung verwendete Verfahren:
   a) Verfahren nach den §§ 20, 21,
   b) Modellgebäudeverfahren nach § 31,
   c) Verfahren nach § 32 oder
   d) Vereinfachungen nach § 50 Absatz 4,
5. bei einem Wohngebäude: der Endenergiebedarf für Wärme,
6. bei einem Wohngebäude: Vergleichswerte für Endenergie,
7. bei einem Nichtwohngebäude: der Endenergiebedarf für Wärme und der Endenergiebedarf für Strom,
8. bei einem Nichtwohngebäude: Gebäudezonen mit jeweiliger Nettogrundfläche und deren Anteil an der gesamten Nettogrundfläche,

9. bei einem Nichtwohngebäude: Aufteilung des jährlichen Endenergiebedarfs auf Heizung, Warmwasser, eingebaute Beleuchtung, Lüftung, Kühlung einschließlich Befeuchtung.

(3) Ein Energieverbrauchsausweis im Sinne des § 82 muss zusätzlich zu den Angaben nach Absatz 1 mindestens folgende Angaben enthalten:

1. bei einem Wohngebäude: Endenergie- und Primärenergieverbrauch des Gebäudes für Heizung und Warmwasser entsprechend den Berechnungen nach § 82 Absatz 1, 2 Satz 1 und Absatz 3 in Kilowattstunden pro Jahr und Quadratmeter Gebäudenutzfläche und nach Maßgabe von Absatz 6 die sich aus dem Primärenergieverbrauch ergebenden Treibhausgasemissionen, ausgewiesen als äquivalente Kohlendioxidemissionen, in Kilogramm pro Jahr und Quadratmeter Gebäudenutzfläche,
2. bei einem Nichtwohngebäude: Endenergieverbrauch des Gebäudes für Wärme und Endenergieverbrauch für den zur Heizung, Warmwasserbereitung, Kühlung und zur Lüftung und für die eingebaute Beleuchtung eingesetzten Strom sowie Primärenergieverbrauch entsprechend den Berechnungen nach § 82 Absatz 1, 2 Satz 5 und Absatz 3 in Kilowattstunden pro Jahr und Quadratmeter Nettogrundfläche und nach Maßgabe von Absatz 6 die sich aus dem Primärenergieverbrauch ergebenden Treibhausgasemissionen, ausgewiesen als äquivalente Kohlendioxidemissionen, in Kilogramm pro Jahr und Quadratmeter Nettogrundfläche des Gebäudes,
3. Daten zur Verbrauchserfassung, einschließlich Angaben zu Leerständen,
4. bei einem Nichtwohngebäude: Gebäudenutzung,
5. bei einem Wohngebäude: Vergleichswerte für Endenergie,
6. bei einem Nichtwohngebäude: Vergleichswerte für den Energieverbrauch, die jeweils vom Bundesministerium für Wirtschaft und Energie gemeinsam mit dem Bundesministerium des Innern, für Bau und Heimat im Bundesanzeiger bekannt gemacht worden sind.

(4) Modernisierungsempfehlungen nach § 84 sind Bestandteil der Energieausweise.

(5) Ein Energieausweis ist vom Aussteller unter Angabe seines Namens, seiner Anschrift und Berufsbezeichnung sowie des Ausstellungsdatums eigenhändig oder durch Nachbildung der Unterschrift zu unterschreiben.

(6) Zur Ermittlung der Treibhausgasemissionen für die nach Absatz 2 Nummer 1 und 2 sowie nach Absatz 3 Nummer 1 und 2 zu machenden Angaben sind die Berechnungsregelungen und Emissionsfaktoren der Anlage 9 anzuwenden.

(7) Vor Übergabe des neu ausgestellten Energieausweises an den Eigentümer hat der Aussteller die nach § 98 Absatz 2 zugeteilte Registriernummer einzutragen.

(8) Das Bundesministerium für Wirtschaft und Energie erstellt gemeinsam mit dem Bundesministerium des Innern, für Bau und Heimat Muster zu den Energiebedarfs- und den Energieverbrauchsausweisen, nach denen Energieausweise auszustellen sind, sowie Muster für den Aushang von Energieausweisen nach § 80 Absatz 6 und 7 und macht diese im Bundesanzeiger bekannt.

§ 86 Energieeffizienzklasse eines Wohngebäudes. (1) Im Energieausweis ist die Energieeffizienzklasse des Wohngebäudes entsprechend der Einteilung nach Absatz 2 in Verbindung mit Anlage 10 anzugeben.

(2) Die Energieeffizienzklassen gemäß Anlage 10 ergeben sich unmittelbar aus dem Endenergieverbrauch oder Endenergiebedarf.

§ 87 Pflichtangaben in einer Immobilienanzeige. (1) Wird vor dem Verkauf, der Vermietung, der Verpachtung oder dem Leasing eines Gebäudes, einer Wohnung oder einer sonstigen selbständigen Nutzungseinheit eine Immobilienanzeige in kommerziellen Medien aufgegeben und liegt zu diesem Zeitpunkt ein Energieausweis vor, so hat der Verkäufer, der Vermieter, der Verpächter, der Leasinggeber oder der Immobilienmakler, wenn eine dieser Personen die Veröffentlichung der Immobilienanzeige verantwortet, sicherzustellen, dass die Immobilienanzeige folgende Pflichtangaben enthält:

1. die Art des Energieausweises: Energiebedarfsausweis im Sinne von § 81 oder Energieverbrauchsausweis im Sinne von § 82,
2. den im Energieausweis genannten Wert des Endenergiebedarfs oder des Endenergieverbrauchs für das Gebäude,
3. die im Energieausweis genannten wesentlichen Energieträger für die Heizung des Gebäudes,
4. bei einem Wohngebäude das im Energieausweis genannte Baujahr und
5. bei einem Wohngebäude die im Energieausweis genannte Energieeffizienzklasse.

(2) Bei einem Nichtwohngebäude ist bei einem Energiebedarfsausweis und bei einem Energieverbrauchsausweis als Pflichtangabe nach Absatz 1 Nummer 2 der Endenergiebedarf oder Endenergieverbrauch sowohl für Wärme als auch für Strom jeweils getrennt aufzuführen.

(3) Bei Energieausweisen, die nach dem 30. September 2007 und vor dem 1. Mai 2014 ausgestellt worden sind, und bei Energieausweisen nach § 112 Absatz 2 sind die Pflichten der Absätze 1 und 2 nach Maßgabe des § 112 Absatz 3 und 4 zu erfüllen.

§ 88 Ausstellungsberechtigung für Energieausweise. (1) Zur Ausstellung eines Energieausweises ist nur eine Person berechtigt,

1. die nach bauordnungsrechtlichen Vorschriften der Länder zur Unterzeichnung von bautechnischen Nachweisen des Wärmeschutzes oder der Energieeinsparung bei der Errichtung von Gebäuden berechtigt ist, im Rahmen der jeweiligen Nachweisberechtigung,
2. die eine der in Absatz 2 genannten Voraussetzungen erfüllt und einen berufsqualifizierenden Hochschulabschluss erworben hat
   a) in einer der Fachrichtungen Architektur, Innenarchitektur, Hochbau, Bauingenieurwesen, Technische Gebäudeausrüstung, Physik, Bauphysik, Maschinenbau oder Elektrotechnik oder
   b) in einer anderen technischen oder naturwissenschaftlichen Fachrichtung mit einem Ausbildungsschwerpunkt auf einem unter Buchstabe a genannten Gebiet,
3. die eine der in Absatz 2 genannten Voraussetzungen erfüllt und
   a) für ein zulassungspflichtiges Bau-, Ausbau- oder anlagentechnisches Gewerbe oder für das Schornsteinfegerhandwerk die Voraussetzungen zur Eintragung in die Handwerksrolle erfüllt,
   b) für ein zulassungsfreies Handwerk in einem der Bereiche nach Buchstabe a einen Meistertitel erworben hat oder

c) auf Grund ihrer Ausbildung berechtigt ist, ein zulassungspflichtiges Handwerk in einem der Bereiche nach Buchstabe a ohne Meistertitel selbständig auszuüben, oder

4. die eine der in Absatz 2 genannten Voraussetzungen erfüllt und staatlich anerkannter oder geprüfter Techniker ist, dessen Ausbildungsschwerpunkt auch die Beurteilung der Gebäudehülle, die Beurteilung von Heizungs- und Warmwasserbereitungsanlagen oder die Beurteilung von Lüftungs- und Klimaanlagen umfasst.

(2) Voraussetzung für die Ausstellungsberechtigung nach Absatz 1 Nummer 2 bis 4 ist

1. während des Studiums ein Ausbildungsschwerpunkt im Bereich des energiesparenden Bauens oder nach einem Studium ohne einen solchen Schwerpunkt eine mindestens zweijährige Berufserfahrung in wesentlichen bau- oder anlagentechnischen Tätigkeitsbereichen des Hochbaus,
2. eine erfolgreiche Schulung im Bereich des energiesparenden Bauens, die den wesentlichen Inhalten der Anlage 11 entspricht, oder
3. eine öffentliche Bestellung als vereidigter Sachverständiger für ein Sachgebiet im Bereich des energiesparenden Bauens oder in wesentlichen bau- oder anlagentechnischen Tätigkeitsbereichen des Hochbaus.

(3) Wurde der Inhalt der Schulung nach Absatz 2 Nummer 2 auf Wohngebäude beschränkt, so ist der erfolgreiche Teilnehmer der Schulung nur berechtigt, Energieausweise für Wohngebäude auszustellen.

(4) § 77 Absatz 3 ist auf Aus- oder Fortbildungen im Sinne des Absatzes 1 Nummer 2 bis 4 entsprechend anzuwenden.

Teil 6. Finanzielle Förderung der Nutzung erneuerbarer Energien für die Erzeugung von Wärme oder Kälte und von Energieeffizienzmaßnahmen

§ 89 Fördermittel. [1] Die Nutzung erneuerbarer Energien für die Erzeugung von Wärme oder Kälte, die Errichtung besonders energieeffizienter und die Verbesserung der Energieeffizienz bestehender Gebäude können durch den Bund nach Maßgabe des Bundeshaushaltes gefördert werden. [2] Gefördert werden können

1. Maßnahmen zur Nutzung erneuerbarer Energien für die Erzeugung von Wärme oder Kälte in bereits bestehenden Gebäuden nach Maßgabe des § 90,
2. Maßnahmen zur Nutzung erneuerbarer Energien für die Erzeugung von Wärme oder Kälte in neu zu errichtenden Gebäuden nach Maßgabe des § 90, wenn die Vorgaben des § 91 eingehalten werden,
3. Maßnahmen zur Errichtung besonders energieeffizienter Gebäude, wenn mit der geförderten Maßnahme die Anforderungen nach den §§ 15 und 16 sowie nach den §§ 18 und 19 übererfüllt werden, und
4. Maßnahmen zur Verbesserung der Energieeffizienz bei der Sanierung bestehender Gebäude, wenn mit der geförderten Maßnahme die Anforderungen nach den §§ 47 und 48 sowie § 50 und nach den §§ 61 bis 73 übererfüllt werden.

[3] Einzelheiten werden insbesondere durch Verwaltungsvorschriften des Bundesministeriums für Wirtschaft und Energie im Einvernehmen mit dem Bundesministerium der Finanzen geregelt.

§ 90 Geförderte Maßnahmen zur Nutzung erneuerbarer Energien.

(1) Gefördert werden können Maßnahmen im Zusammenhang mit der Nutzung erneuerbarer Energien zur Bereitstellung von Wärme oder Kälte, insbesondere die Errichtung oder Erweiterung von

1. solarthermischen Anlagen,
2. Anlagen zur Nutzung von Biomasse,
3. Anlagen zur Nutzung von Geothermie und Umweltwärme sowie
4. Wärmenetzen, Speichern und Übergabestationen für Wärmenutzer, wenn sie auch aus Anlagen nach den Nummern 1 bis 3 gespeist werden.

(2) [1] Vorbehaltlich weitergehender Anforderungen an die Förderung in den Regelungen nach § 89 Satz 3 ist

1. eine solarthermische Anlage mit Flüssigkeiten als Wärmeträger nur förderfähig, wenn die darin enthaltenen Kollektoren oder das System mit dem europäischen Prüfzeichen „Solar Keymark" zertifiziert sind oder ist,
2. eine Anlage zur Nutzung von fester Biomasse nur förderfähig, wenn der Umwandlungswirkungsgrad mindestens folgende Werte erreicht:
   a) 89 Prozent bei einer Anlage zur Heizung oder Warmwasserbereitung, die der Erfüllung der Anforderung nach § 10 Absatz 2 Nummer 3 oder der Pflicht nach § 52 Absatz 1 dient,
   b) 70 Prozent bei einer Anlage, die nicht der Heizung oder Warmwasserbereitung dient,
3. eine Wärmepumpe zur Nutzung von Geothermie, Umweltwärme oder Abwärme nur förderfähig, wenn sie die Anforderungen der Richtlinie 2009/28/EG erfüllt.

[2] Die Zertifizierung von einer solarthermischen Anlage mit dem europäischen Prüfzeichen „Solar Keymark" muss nach den anerkannten Regeln der Technik erfolgen. [3] Der Umwandlungswirkungsgrad eines Biomassekessels ist der nach DIN EN 303-5: 2012-10 ermittelte Kesselwirkungsgrad, der Umwandlungswirkungsgrad eines Biomasseofens der nach DIN EN 14785: 2006-09 ermittelte feuerungstechnische Wirkungsgrad und in den übrigen Fällen des Satzes 1 Nummer 2 der nach den anerkannten Regeln der Technik berechnete Wirkungsgrad.

§ 91 Verhältnis zu den Anforderungen an ein Gebäude. (1) Maßnahmen können nicht gefördert werden, soweit sie der Erfüllung der Anforderungen nach § 10 Absatz 2, der Pflicht nach § 52 Absatz 1 oder einer landesrechtlichen Pflicht nach § 56 dienen.

(2) Absatz 1 ist nicht bei den folgenden Maßnahmen anzuwenden:

1. die Errichtung eines Wohngebäudes, bei dem
   a) der Jahres-Primärenergiebedarf für Heizung, Warmwasserbereitung, Lüftung und Kühlung das 0,55fache des auf die Gebäudenutzfläche bezogenen Wertes des Jahres-Primärenergiebedarfs eines Referenzgebäudes, das die gleiche Geometrie, Gebäudenutzfläche und Ausrichtung wie das zu errich-

tende Gebäude aufweist und der technischen Referenzausführung der Anlage 1 entspricht, nicht überschreitet und

b) der Höchstwert des spezifischen, auf die wärmeübertragende Umfassungsfläche bezogenen Transmissionswärmeverlustes das 0,7fache des entsprechenden Wertes des jeweiligen Referenzgebäudes nach § 15 Absatz 1 nicht überschreitet,

2. die Errichtung eines Nichtwohngebäudes, bei dem
   a) der Jahres-Primärenergiebedarf für Heizung, Warmwasserbereitung, Lüftung, Kühlung und eingebaute Beleuchtung das 0,7fache des auf die Nettogrundfläche bezogenen Wertes des Jahres-Primärenergiebedarfs eines Referenzgebäudes, das die gleiche Geometrie, Nettogrundfläche, Ausrichtung und Nutzung, einschließlich der Anordnung der Nutzungseinheiten, wie das zu errichtende Gebäude aufweist und der technischen Referenzausführung der Anlage 2 entspricht, nicht überschreitet und
   b) die Höchstwerte der mittleren Wärmedurchgangskoeffizienten der wärmeübertragenden Umfassungsfläche der Anlage 3 unterschritten werden,
3. Maßnahmen, die technische oder sonstige Anforderungen erfüllen, die
   a) im Falle des § 10 Absatz 2 Nummer 3 anspruchsvoller als die Anforderungen nach den §§ 35 bis 41 oder
   b) im Falle des § 56 anspruchsvoller als die Anforderungen nach der landesrechtlichen Pflicht sind,
4. Maßnahmen, die den Wärme- und Kälteenergiebedarf zu einem Anteil decken, der
   a) im Falle des § 10 Absatz 2 Nummer 3 oder des § 52 Absatz 1 um 50 Prozent höher als der Mindestanteil nach den §§ 35 bis 41 oder dem § 52 Absatz 3 und 4 ist oder
   b) im Falle des § 56 höher als der landesrechtlich vorgeschriebene Mindestanteil ist,
5. Maßnahmen, die mit weiteren Maßnahmen zur Steigerung der Energieeffizienz verbunden werden,
6. Maßnahmen zur Nutzung solarthermischer Anlagen auch für die Heizung eines Gebäudes und
7. Maßnahmen zur Nutzung von Tiefengeothermie.

(3) Die Förderung kann in den Fällen des Absatzes 2 auf die Gesamtmaßnahme bezogen werden.

(4) Einzelheiten werden in den Regelungen nach § 89 Satz 3 geregelt.

(5) Fördermaßnahmen durch das Land oder durch ein Kreditinstitut, an dem der Bund oder das Land beteiligt sind, bleiben unberührt.

Teil 7. Vollzug

§ 92 Erfüllungserklärung. (1) [1] Für ein zu errichtendes Gebäude hat der Bauherr oder Eigentümer der nach Landesrecht zuständigen Behörde durch eine Erfüllungserklärung nachzuweisen oder zu bescheinigen, dass die Anforderungen dieses Gesetzes eingehalten werden. [2] Die Erfüllungserklärung ist nach Fertigstellung des Gebäudes vorzulegen, soweit das Landesrecht nicht einen anderen Zeitpunkt der Vorlage bestimmt. [3] Das Landesrecht bestimmt, wer zur Ausstellung der Erfüllungserklärung berechtigt ist.

(2) [1] Werden bei einem bestehenden Gebäude Änderungen im Sinne des § 48 Satz 1 ausgeführt, hat der Eigentümer der nach Landesrecht zuständigen Behörde eine Erfüllungserklärung unter Zugrundelegung der energetischen Eigenschaften des geänderten Gebäudes abzugeben, wenn unter Anwendung des § 50 Absatz 1 und 2 für das gesamte Gebäude Berechnungen nach § 50 Absatz 3 durchgeführt werden. [2] Die Pflicht nach Satz 1 besteht auch in den Fällen des § 51. [3] Absatz 1 Satz 2 und 3 ist entsprechend anzuwenden.

§ 93 Pflichtangaben in der Erfüllungserklärung. [1] In der Erfüllungserklärung sind für das gesamte Gebäude oder, soweit die Berechnungen für unterschiedliche Zonen zu erfolgen haben, stattdessen für jede Zone, unter Beachtung der sich aus diesem Gesetz ergebenden Berechnungsvorgaben, technischen Anforderungen und Randbedingungen die zur Überprüfung erforderlichen Angaben zu machen. [2] Erforderliche Berechnungen sind beizufügen. [3] Das Landesrecht bestimmt den näheren Umfang der Nachweispflicht.

§ 94 Verordnungsermächtigung. [1] Die Landesregierungen werden ermächtigt, durch Rechtsverordnung das Verfahren zur Erfüllungserklärung, die Berechtigung zur Ausstellung der Erfüllungserklärung, die Pflichtangaben in der Erfüllungserklärung und die vorzulegenden Nachweise zu regeln, einen von § 92 Absatz 1 Satz 2 abweichenden Zeitpunkt für die Vorlage der Erfüllungserklärung zu bestimmen und weitere Bestimmungen zum Vollzug der Anforderungen und Pflichten dieses Gesetzes zu treffen. [2] Die Landesregierungen werden ferner ermächtigt, durch Rechtsverordnung zu bestimmen, dass Aufgaben des Vollzugs dieses Gesetzes abweichend von § 92 Absatz 1 Satz 1 und Absatz 2 Satz 1 einer geeigneten Stelle, einer Fachvereinigung oder einem Sachverständigen übertragen werden. [3] Die Landesregierungen können die Ermächtigungen nach den Sätzen 1 und 2 durch Rechtsverordnung auf andere Behörden übertragen.

§ 95 Behördliche Befugnisse. [1] Die zuständige Behörde kann im Einzelfall die zur Erfüllung der Verpflichtungen aus diesem Gesetz erforderlichen Anordnungen treffen. [2] Dritte, die für den Bauherren oder Eigentümer an der Planung, Errichtung oder Änderung von Gebäuden oder technischen Anlagen eines Gebäudes beteiligt sind, haben Anordnungen der Behörde, die sich auch an sie richten, unmittelbar zu befolgen.

§ 96 Private Nachweise. (1) Wer geschäftsmäßig an oder in einem bestehenden Gebäude Arbeiten durchführt, hat dem Eigentümer unverzüglich nach Abschluss der Arbeiten in folgenden Fällen schriftlich zu bestätigen, dass die von ihm geänderten oder eingebauten Bau- oder Anlagenteile den Anforderungen der in den Nummern 1 bis 8 genannten Vorschriften entsprechen (Unternehmererklärung):

1. Änderung von Außenbauteilen im Sinne von § 48,
2. Dämmung oberster Geschossdecken im Sinne von § 47 Absatz 1, auch in Verbindung mit Absatz 3,
3. Einbau von Zentralheizungen nach den §§ 61 bis 63,
4. Ausstattung von Zentralheizungen mit Regelungseinrichtungen nach den §§ 61 bis 63,
5. Einbau von Umwälzpumpen in Zentralheizungen und Zirkulationspumpen in Warmwasseranlagen nach § 64,

6. erstmaliger Einbau, Ersatz oder Wärmedämmung von Wärmeverteilungs- und Warmwasserleitungen nach den §§ 69 und 71 oder von Kälteverteilungs- und Kaltwasserleitungen in Klimaanlagen oder sonstigen Anlagen der Raumlufttechnik nach § 70,
7. Einbau von Klima- und raumlufttechnischen Anlagen oder Zentralgeräten und Luftkanalsystemen solcher Anlagen nach den §§ 65 bis 68 oder
8. Ausrüstung von Anlagen nach Nummer 7 mit Einrichtung zur Feuchteregelung nach § 66.

(2) [1] Zum Zwecke des Nachweises der Erfüllung der Pflichten aus den in Absatz 1 genannten Vorschriften ist die Unternehmererklärung von dem Eigentümer mindestens zehn Jahre aufzubewahren. [2] Der Eigentümer hat die Unternehmererklärung der nach Landesrecht zuständigen Behörde auf Verlangen vorzulegen.

(3) [1] In einer Unternehmererklärung nach Absatz 1 ist zusätzlich anzugeben:
1. im Falle von Arbeiten nach Absatz 1 Nummer 3 die Aufwandszahl der Zentralheizung für die Bereitstellung von Raumwärme und, soweit die Zentralheizung mit einer zentralen Warmwasserbereitung verbunden ist, auch die Aufwandszahl für die Warmwasserbereitung,
2. im Falle von Arbeiten nach Absatz 1 Nummer 7 der gewichtete Mittelwert der auf das jeweilige Fördervolumen bezogenen elektrischen Leistung aller Zu- und Abluftventilatoren sowie der Wärmerückgewinnungsgrad, soweit Anforderungen nach § 68 einzuhalten sind.

[2] Die nach Satz 1 anzugebenden Eigenschaften können nach anerkannten technischen Regeln berechnet werden oder aus Herstellerangaben auf der Grundlage solcher Regeln bestimmt werden; alternativ dürfen Angaben aus Bekanntmachungen nach § 50 Absatz 4 verwendet werden. [3] Die jeweilige Grundlage nach Satz 2 ist ebenfalls in der Unternehmererklärung anzugeben.

(4) Wer Gebäude geschäftsmäßig mit fester, gasförmiger oder flüssiger Biomasse zum Zweck der Erfüllung von Anforderungen nach diesem Gesetz beliefert, muss dem Eigentümer des Gebäudes mit der Abrechnung bestätigen, dass
1. im Falle der Nutzung von Biomethan die Anforderungen nach § 40 Absatz 3 erfüllt sind,
2. im Falle der Nutzung von biogenem Flüssiggas die Anforderungen nach § 40 Absatz 4 erfüllt sind,
3. im Falle der Nutzung von flüssiger Biomasse nach § 39 die Brennstoffe die Anforderungen an einen nachhaltigen Anbau und eine nachhaltige Herstellung nach der Biomassestrom-Nachhaltigkeitsverordnung in der jeweils geltenden Fassung erfüllen oder
4. es sich im Falle der Nutzung von fester Biomasse nach § 38 um Brennstoffe nach § 3 Absatz 1 Nummer 4, 5, 5a oder 8 der Verordnung über kleine und mittlere Feuerungsanlagen handelt.

(5) [1] Mit den Bestätigungen nach Absatz 4 wird die Erfüllung der Pflichten aus den Vorschriften nach den §§ 38 bis 40 nachgewiesen. [2] In den Fällen des Absatzes 4 Nummer 1 bis 3 sind die Abrechnungen und Bestätigungen in den ersten 15 Jahren nach Inbetriebnahme der Heizungsanlage von dem Eigentümer jeweils mindestens fünf Jahre nach Lieferung aufzubewahren. [3] Der Eigentümer hat die Abrechnungen und Bestätigungen der nach Landesrecht zuständigen Behörde auf Verlangen vorzulegen.

(6) [1]Kommt bei der Ermittlung des Jahres-Primärenergiebedarfs eines zu errichtenden Gebäudes § 22 Absatz 1 Satz 1 Nummer 2 oder Nummer 3 zur Anwendung, muss sich der Eigentümer vom Lieferanten bei Vertragsabschluss bescheinigen lassen, dass

1. die vereinbarte Biomethanlieferung die Anforderungen nach § 22 Absatz 1 Satz 1 Nummer 2 Buchstabe c und d erfüllt oder
2. die vereinbarte Lieferung von biogenem Flüssiggas die Anforderungen nach § 22 Absatz 1 Satz 1 Nummer 3 Buchstabe c in der gesamten Laufzeit des Liefervertrags erfüllt.

[2]Die Bescheinigung ist der zuständigen Behörde innerhalb von einem Monat nach Fertigstellung des Gebäudes vorzulegen. [3]Die Pflicht nach Satz 2 besteht auch, wenn der Eigentümer den Lieferanten wechselt. [4]Die Abrechnungen der Lieferung von Biomethan oder von biogenem Flüssiggas müssen die Bestätigung des Lieferanten enthalten, dass im Fall der Lieferung von Biomethan die Anforderungen nach § 22 Absatz 1 Satz 1 Nummer 2 Buchstabe c und d oder im Fall der Lieferung von biogenem Flüssiggas die Anforderungen nach § 22 Absatz 1 Satz 1 Nummer 3 Buchstabe c im Abrechnungszeitraum erfüllt worden sind. [5]Die Abrechnungen sind vom Eigentümer mindestens fünf Jahre ab dem Zeitpunkt der Lieferung aufzubewahren.

§ 97 Aufgaben des bevollmächtigten Bezirksschornsteinfegers.

(1) Bei einer heizungstechnischen Anlage prüft der bevollmächtigte Bezirksschornsteinfeger als Beliehener im Rahmen der Feuerstättenschau nach § 14 des Schornsteinfeger-Handwerksgesetzes vom 26. November 2008 (BGBl. I S. 2242), das zuletzt durch Artikel 57 Absatz 7 des Gesetzes vom 12. Dezember 2019 (BGBl. I S. 2652) geändert worden ist, ob

1. ein Heizkessel, der nach § 72 Absatz 1 bis 3, auch in Verbindung mit § 73, außer Betrieb genommen werden musste, weiterhin betrieben wird,
2. Wärmeverteilungs- und Warmwasserleitungen, die nach § 71, auch in Verbindung mit § 73, gedämmt werden mussten, weiterhin ungedämmt sind und
3. ein mit Heizöl beschickter Heizkessel entgegen § 72 Absatz 4 und 5 eingebaut ist.

(2) Bei einer heizungstechnischen Anlage, die in ein bestehendes Gebäude eingebaut wird, prüft der bevollmächtigte Bezirksschornsteinfeger im Rahmen der bauordnungsrechtlichen Abnahme der Anlage oder, wenn eine solche Abnahme nicht vorgesehen ist, als Beliehener im Rahmen der ersten Feuerstättenschau nach dem Einbau außerdem, ob

1. die Anforderungen nach § 57 Absatz 1 erfüllt sind,
2. eine Zentralheizung mit einer zentralen selbsttätig wirkenden Einrichtung zur Verringerung und Abschaltung der Wärmezufuhr sowie zur Ein- und Ausschaltung elektrischer Antriebe nach § 61 Absatz 1 ausgestattet ist,
3. eine Umwälzpumpe in einer Zentralheizung mit einer Vorrichtung zur selbsttätigen Anpassung der elektrischen Leistungsaufnahme nach § 64 Absatz 1 ausgestattet ist und
4. bei Wärmeverteilungs- und Warmwasserleitungen sowie Armaturen die Wärmeabgabe nach § 69 begrenzt ist.

(3) [1]Der bevollmächtigte Bezirksschornsteinfeger weist den Eigentümer bei Nichterfüllung der Pflichten oder bei Nichtbeachtung eines Verbots aus den in

den Absätzen 1 und 2 genannten Vorschriften schriftlich auf diese Pflichten oder Verbote hin und setzt eine angemessene Frist zu deren Nacherfüllung oder zur Beseitigung eines verbotswidrigen Zustands. [2] Werden die Pflichten nicht innerhalb der festgesetzten Frist erfüllt oder wird ein verbotswidriger Zustand nicht beseitigt, unterrichtet der bevollmächtigte Bezirksschornsteinfeger unverzüglich die nach Landesrecht zuständige Behörde.

(4) [1] Bei einer Zentralheizung, die in einem bestehenden Gebäude vorhanden ist, prüft der bevollmächtigte Bezirksschornsteinfeger als Beliehener im Rahmen der Feuerstättenschau, ob der Eigentümer zur Nachrüstung nach § 61 Absatz 2 verpflichtet ist und diese Pflicht erfüllt wurde. [2] Bei Nichterfüllung der Pflicht unterrichtet der bevollmächtigte Bezirksschornsteinfeger unverzüglich die nach Landesrecht zuständige Behörde.

(5) [1] Die Erfüllung der Pflichten aus den in den Absätzen 1, 2 und 4 genannten Vorschriften kann durch Vorlage der Unternehmererklärungen gegenüber dem bevollmächtigten Bezirksschornsteinfeger nachgewiesen werden. [2] Es bedarf dann keiner weiteren Prüfung durch den bevollmächtigten Bezirksschornsteinfeger.

§ 98 Registriernummer. (1) [1] Wer einen Inspektionsbericht nach § 78 oder einen Energieausweis nach § 79 ausstellt, hat für diesen Bericht oder für diesen Energieausweis bei der Registrierstelle eine Registriernummer zu beantragen. [2] Der Antrag ist grundsätzlich elektronisch zu stellen. [3] Eine Antragstellung in Papierform ist zulässig, soweit die elektronische Antragstellung für den Antragsteller eine unbillige Härte bedeuten würde. [4] Bei der Antragstellung sind Name und Anschrift der nach Satz 1 antragstellenden Person, das Land und die Postleitzahl der Belegenheit des Gebäudes, das Ausstellungsdatum des Inspektionsberichts oder des Energieausweises anzugeben sowie

1. in den Fällen des § 78 die Nennleistung der inspizierten Klimaanlage oder der kombinierten Klima- und Lüftungsanlage,
2. in den Fällen des § 79
   a) die Art des Energieausweises: Energiebedarfs- oder Energieverbrauchsausweis und
   b) die Art des Gebäudes: Wohn- oder Nichtwohngebäude, Neubau oder bestehendes Gebäude.

(2) [1] Die Registrierstelle teilt dem Antragsteller für jeden neu ausgestellten Inspektionsbericht oder Energieausweis eine Registriernummer zu. [2] Die Registriernummer ist unverzüglich nach Antragstellung zu erteilen.

§ 99 Stichprobenkontrollen von Energieausweisen und Inspektionsberichten über Klimaanlagen. (1) Die zuständige Behörde (Kontrollstelle) unterzieht Inspektionsberichte über Klimaanlagen oder über kombinierte Klima- und Lüftungsanlagen nach § 78 und Energieausweise nach § 79 nach Maßgabe der folgenden Absätze einer Stichprobenkontrolle.

(2) [1] Die Stichproben müssen jeweils einen statistisch signifikanten Prozentanteil aller in einem Kalenderjahr neu ausgestellten Energieausweise und neu ausgestellten Inspektionsberichte über Klimaanlagen erfassen. [2] Die Stichprobenkontrolle von Energieausweisen, die nach dem Inkrafttreten des Gesetzes bis zum 31. Juli 2021 ausgestellt werden und auf die die Vorschriften dieses Gesetzes anzuwenden sind, kann nach dem 31. Juli 2021 durchgeführt werden.

(3) [1] Die Kontrollstelle kann bei der Registrierstelle Registriernummern und dort vorliegende Angaben nach § 98 Absatz 1 zu neu ausgestellten Energieausweisen und Inspektionsberichten über im jeweiligen Land belegene Gebäude und Klimaanlagen verarbeiten, soweit dies für die Vorbereitung der Durchführung der Stichprobenkontrollen erforderlich ist. [2] Nach dem Abschluss der Stichprobenkontrolle hat die Kontrollstelle die Daten nach Satz 1 jedenfalls im Einzelfall unverzüglich zu löschen. [3] Kommt es auf Grund der Stichprobenkontrolle zur Einleitung eines Bußgeldverfahrens gegen den Ausweisaussteller nach § 108 Absatz 1 Nummer 15, 17 oder 21 oder gegen die inspizierende Person nach § 108 Absatz 1 Nummer 11 oder 21, so sind abweichend von Satz 2 die Daten nach Satz 1, soweit diese im Rahmen des Bußgeldverfahrens erforderlich sind, erst nach dessen rechtskräftigem Abschluss unverzüglich zu löschen.

(4) [1] Die gezogene Stichprobe von Energieausweisen wird von der Kontrollstelle auf der Grundlage der nachstehenden Optionen oder gleichwertiger Maßnahmen überprüft:

1. Validitätsprüfung der Eingabe-Gebäudedaten, die zur Ausstellung des Energieausweises verwendet wurden, und der im Energieausweis angegebenen Ergebnisse,
2. Prüfung der Eingabe-Gebäudedaten und Überprüfung der im Energieausweis angegebenen Ergebnisse einschließlich der abgegebenen Modernisierungsempfehlungen,
3. vollständige Prüfung der Eingabe-Gebäudedaten, die zur Ausstellung des Energieausweises verwendet wurden, vollständige Überprüfung der im Energieausweis angegebenen Ergebnisse einschließlich der abgegebenen Modernisierungsempfehlungen und, falls dies insbesondere auf Grund des Einverständnisses des Eigentümers des Gebäudes möglich ist, Inaugenscheinnahme des Gebäudes zur Prüfung der Übereinstimmung zwischen den im Energieausweis angegebenen Spezifikationen mit dem Gebäude, für das der Energieausweis erstellt wurde.

[2] Wird im Rahmen der Stichprobe ein Energieausweis gezogen, der bereits auf der Grundlage von Landesrecht einer zumindest gleichwertigen Überprüfung unterzogen wurde, und ist die Überprüfung einer der Optionen nach Satz 1 gleichwertig, findet insofern keine erneute Überprüfung statt.

(5) Aussteller von Energieausweisen sind verpflichtet, Kopien der von ihnen ausgestellten Energieausweise und der zu deren Ausstellung verwendeten Daten und Unterlagen zwei Jahre ab dem Ausstellungsdatum des jeweiligen Energieausweises aufzubewahren, um die Durchführung von Stichprobenkontrollen und Bußgeldverfahren zu ermöglichen.

(6) [1] Die Kontrollstelle kann zur Durchführung der Überprüfung nach Absatz 4 Satz 1 in Verbindung mit Absatz 1 vom jeweiligen Aussteller die Übermittlung einer Kopie des Energieausweises und die zu dessen Ausstellung verwendeten Daten und Unterlagen verlangen. [2] Der Aussteller ist verpflichtet, dem Verlangen der Kontrollbehörde zu entsprechen. [3] Der Energieausweis sowie die Daten und Unterlagen sind der Kontrollstelle grundsätzlich in elektronischer Form zu übermitteln. [4] Die Kontrollstelle darf hierfür ein Datenformat vorgeben. [5] Eine Übermittlung in Papierform ist zulässig, soweit die elektronische Übermittlung für den Antragsteller eine unbillige Härte bedeuten würde. [6] Angaben zum Eigentümer und zur Adresse des Gebäudes darf die Kontrollstelle nur verlangen, soweit dies zur Durchführung der Überprüfung im Einzelfall erforderlich

ist. [7] Werden die in Satz 6 genannten Angaben von der Kontrollstelle nicht verlangt, hat der Aussteller Angaben zum Eigentümer und zur Adresse des Gebäudes in der Kopie des Energieausweises sowie in den zu dessen Ausstellung verwendeten Daten und Unterlagen vor der Übermittlung unkenntlich zu machen. [8] Im Fall der Übermittlung von Angaben nach Satz 6 in Verbindung mit Satz 2 hat der Aussteller des Energieausweises den Eigentümer des Gebäudes hierüber unverzüglich zu informieren.

(7) [1] Die vom Aussteller nach Absatz 6 übermittelten Kopien von Energieausweisen, Daten und Unterlagen dürfen, soweit sie personenbezogene Daten enthalten, von der Kontrollstelle nur für die Durchführung der Stichprobenkontrollen und hieraus resultierender Bußgeldverfahren gegen den Ausweisaussteller nach § 108 Absatz 1 Nummer 15, 17 oder 21 verarbeitet werden, soweit dies im Einzelfall jeweils erforderlich ist. [2] Die in Satz 1 genannten Kopien, Daten und Unterlagen dürfen nur so lange gespeichert oder aufbewahrt werden, wie dies zur Durchführung der Stichprobenkontrollen und der Bußgeldverfahren im Einzelfall erforderlich ist. [3] Sie sind nach Durchführung der Stichprobenkontrollen und bei Einleitung von Bußgeldverfahren nach deren rechtskräftigem Abschluss jeweils im Einzelfall unverzüglich zu löschen oder zu vernichten. [4] Im Übrigen bleiben die Verordnung (EU) 2016/679, das Bundesdatenschutzgesetz und die Datenschutzgesetze der Länder in der jeweils geltenden Fassung unberührt.

(8) Die Absätze 5 bis 7 sind auf die Durchführung der Stichprobenkontrolle von Inspektionsberichten über Klimaanlagen entsprechend anzuwenden.

§ 100 Nicht personenbezogene Auswertung von Daten. (1) Die Kontrollstelle kann den nicht personenbezogenen Anteil der Daten, die sie im Rahmen des § 99 Absatz 3 Satz 1, Absatz 4, 6 Satz 1 bis 5 und Absatz 8 verarbeitet hat, unbefristet zur Verbesserung der Erfüllung von Aufgaben der Energieeinsparung auswerten.

(2) Die Auswertung kann sich bei Energieausweisen insbesondere auf folgende Merkmale beziehen:

1. Art des Energieausweises: Energiebedarfs- oder Energieverbrauchsausweis,
2. Anlass der Ausstellung des Energieausweises nach § 80 Absatz 1 bis 6,
3. Art des Gebäudes: Wohn- oder Nichtwohngebäude, Neubau oder bestehendes Gebäude,
4. Gebäudeeigenschaften, wie die Eigenschaften der wärmeübertragendenden Umfassungsfläche und die Art der heizungs-, kühl- und raumlufttechnischen Anlagentechnik sowie der Warmwasserversorgung, bei Nichtwohngebäuden auch die Art der Nutzung und die Zonierung,
5. Werte des Endenergiebedarfs oder -verbrauchs sowie des Primärenergiebedarfs oder -verbrauchs für das Gebäude,
6. wesentliche Energieträger für Heizung und Warmwasser,
7. Einsatz erneuerbarer Energien und
8. Land und Landkreis der Belegenheit des Gebäudes ohne Angabe des Ortes, der Straße und der Hausnummer.

(3) Die Auswertung kann sich bei Inspektionsberichten über Klimaanlagen insbesondere auf folgende Merkmale beziehen:

1. Nennleistung der inspizierten Klimaanlage,

2. Art des Gebäudes: Wohn- oder Nichtwohngebäude und
3. Land und Landkreis der Belegenheit des Gebäudes, ohne Angabe des Ortes, der Straße und der Hausnummer.

§ 101 Verordnungsermächtigung; Erfahrungsberichte der Länder.

(1) Die Landesregierungen werden ermächtigt, zu den in § 78 und in den §§ 98 bis 100 getroffenen Regelungen zur Erfassung und Kontrolle von Inspektionsberichten und Energieausweisen sowie zur nicht personenbezogenen Auswertung der hierbei erhobenen und gespeicherten Daten durch Rechtsverordnung Regelungen zu erlassen

1. zur Art der Durchführung der Erfassung und Kontrolle von Inspektionsberichten und Energieausweisen sowie zur nicht personenbezogenen Auswertung der hierbei erhobenen und gespeicherten Daten, die über die Vorgaben der in § 78 und in den §§ 98 bis 100 getroffenen Regelungen hinausgehen, sowie
2. zum Verfahren, die auch von den in § 78 und in den §§ 98 bis 100 getroffenen Regelungen abweichen können.

(2) [1] Die Landesregierungen werden ermächtigt, durch Rechtsverordnung die Übertragung von Aufgaben zur Erfassung und Kontrolle von Inspektionsberichten und Energieausweisen sowie zur nicht personenbezogenen Auswertung der hierbei erhobenen und gespeicherten Daten, die in § 78 und in den §§ 98 bis 100 und in einer Rechtsverordnung nach Absatz 1 geregelt sind, auf folgende Stellen zu regeln:

1. auf bestehende Behörden in den Ländern, auch auf bestehende Körperschaften oder Anstalten des öffentlichen Rechts, die der Aufsicht des jeweiligen Landes unterstehen, oder
2. auf Fachvereinigungen oder Sachverständige (Beleihung).

[2] Bei der Übertragung im Wege der Beleihung können die Landesregierungen in der Rechtsverordnung nach Satz 1 Nummer 2 auch die Voraussetzungen und das Verfahren der Beleihung regeln; dabei muss sichergestellt werden, dass die Aufgaben von der beliehenen Stelle entsprechend den in § 78 und in den §§ 98 bis 100 getroffenen Regelungen und der Rechtsverordnung nach Absatz 1 wahrgenommen werden. [3] Beliehene unterstehen der Aufsicht der jeweils zuständigen Behörde.

(3) Die Landesregierungen können die Ermächtigungen nach den Absätzen 1 und 2 Satz 1 und 2 durch Rechtsverordnung auf andere Behörden übertragen.

(4) [1] Die Länder berichten der Bundesregierung erstmals zum 1. März 2024, danach alle drei Jahre, über die wesentlichen Erfahrungen mit den Stichprobenkontrollen nach § 99. [2] Die Berichte dürfen keine personenbezogenen Daten enthalten.

§ 102 Befreiungen. (1) [1] Die nach Landesrecht zuständigen Behörden haben auf Antrag des Eigentümers oder Bauherren von den Anforderungen dieses Gesetzes zu befreien, soweit

1. die Ziele dieses Gesetzes durch andere als in diesem Gesetz vorgesehene Maßnahmen im gleichen Umfang erreicht werden oder

2. die Anforderungen im Einzelfall wegen besonderer Umstände durch einen unangemessenen Aufwand oder in sonstiger Weise zu einer unbilligen Härte führen.

[2] Eine unbillige Härte liegt insbesondere vor, wenn die erforderlichen Aufwendungen innerhalb der üblichen Nutzungsdauer, bei Anforderungen an bestehende Gebäude innerhalb angemessener Frist durch die eintretenden Einsparungen nicht erwirtschaftet werden können.

(2) Absatz 1 ist auf die Vorschriften von Teil 5 nicht anzuwenden.

(3) [1] Die Erfüllung der Voraussetzungen nach Absatz 1 Satz 1 Nummer 1 hat der Eigentümer oder der Bauherr darzulegen und nachzuweisen. [2] Die nach Landesrecht zuständige Behörde kann auf Kosten des Eigentümers oder Bauherrn die Vorlage einer Beurteilung der Erfüllung der Voraussetzungen nach Absatz 1 Satz 1 Nummer 1 durch qualifizierte Sachverständige verlangen.

§ 103 Innovationsklausel. (1) [1] Bis zum 31. Dezember 2023 können die nach Landesrecht zuständigen Behörden auf Antrag nach § 102 Absatz 1 Satz 1 Nummer 1

1. von den Anforderungen des § 10 Absatz 2 befreien, wenn
   a) ein Wohngebäude so errichtet wird, dass die Treibhausgasemissionen des Gebäudes gleichwertig begrenzt werden und der Höchstwert des Jahres-Endenergiebedarfs für Heizung, Warmwasserbereitung, Lüftung und Kühlung das 0,75fache des auf die Gebäudenutzfläche bezogenen Wertes des Jahres-Endenergiebedarfs eines Referenzgebäudes, das die gleiche Geometrie, Gebäudenutzfläche und Ausrichtung wie das zu errichtende Gebäude aufweist und der technischen Referenzausführung der Anlage 1 entspricht, nicht überschreitet oder
   b) ein Nichtwohngebäude so errichtet wird, dass die Treibhausgasemissionen des Gebäudes gleichwertig begrenzt werden und der Höchstwert des Jahres-Endenergiebedarfs für Heizung, Warmwasserbereitung, Lüftung, Kühlung und eingebaute Beleuchtung das 0,75fache des auf die Nettogrundfläche bezogenen Wertes des Jahres-Endenergiebedarfs eines Referenzgebäudes, das die gleiche Geometrie, Nettogrundfläche, Ausrichtung und Nutzung, einschließlich der Anordnung der Nutzungseinheiten, wie das zu errichtende Gebäude aufweist und der technischen Referenzausführung der Anlage 2 entspricht, nicht überschreitet oder
2. von den Anforderungen des § 50 Absatz 1 in Verbindung mit § 48 befreien, wenn
   a) ein Wohngebäude so geändert wird, dass die Treibhausgasemissionen des Gebäudes gleichwertig begrenzt werden und der Jahres-Endenergiebedarf für Heizung, Warmwasserbereitung, Lüftung und Kühlung das 1,4fache des auf die Gebäudenutzfläche bezogenen Wertes des Jahres-Endenergiebedarfs eines Referenzgebäudes, das die gleiche Geometrie, Gebäudenutzfläche und Ausrichtung wie das geänderte Gebäude aufweist und der technischen Referenzausführung der Anlage 1 entspricht, nicht überschreitet oder
   b) ein Nichtwohngebäude so geändert wird, dass die Treibhausgasemissionen des Gebäudes gleichwertig begrenzt werden und der Jahres-Endenergiebedarf für Heizung, Warmwasserbereitung, Lüftung, Kühlung und eingebaute Beleuchtung das 1,4fache des auf die Nettogrundfläche bezogenen Wertes des Jahres-Endenergiebedarfs eines Referenzgebäudes, das die gleiche Geo-

metrie, Nettogrundfläche, Ausrichtung und Nutzung, einschließlich der Anordnung der Nutzungseinheiten, wie das geänderte Gebäude aufweist und der technischen Referenzausführung der Anlage 2 entspricht, nicht überschreitet.

[2] Die technische Referenzausführung in den Nummern 1.13 bis 9 der Anlage 2 ist nur insoweit zu berücksichtigen, wie eines der dort genannten Systeme in dem zu errichtenden Gebäude ausgeführt wird oder in dem geänderten Gebäude ausgeführt ist. [3] In den Fällen des Satzes 1 Nummer 1 darf der spezifische, auf die wärmeübertragende Umfassungsfläche bezogene Transmissionswärmeverlust eines zu errichtenden Wohngebäudes das 1,2fache des entsprechenden Wertes eines Referenzgebäudes nach der Anlage 1 und ein zu errichtendes Nichtwohngebäude das 1,25fache der Höchstwerte der mittleren Wärmedurchgangskoeffizienten der wärmeübertragenden Umfassungsfläche nach der Anlage 3 nicht überschreiten.

(2) [1] Der Antragsteller hat der nach Landesrecht zuständigen Behörde spätestens ein Jahr nach Abschluss der Maßnahme nach Absatz 1 einen Bericht mit den wesentlichen Erfahrungen bei der Anwendung der Regelung, insbesondere über Investitionskosten, Energieverbräuche und, soweit synthetisch erzeugte Energieträger in flüssiger oder gasförmiger Form genutzt werden, über die Herkunft, die Erzeugung und die Kosten dieser Energieträger sowie die Bestimmung der Treibhausgasemissionen, vorzulegen. [2] Die Länder können der Bundesregierung Daten der Berichte nach Satz 1 zum Zwecke der Auswertung zur Verfügung stellen.

(3) [1] Bis zum 31. Dezember 2025 können Bauherren oder Eigentümer bei Änderung ihrer Gebäude, die in räumlichem Zusammenhang stehen, eine Vereinbarung über die gemeinsame Erfüllung der Anforderungen nach § 50 Absatz 1 in Verbindung mit § 48 treffen, wenn sichergestellt ist, dass die von der Vereinbarung erfassten geänderten Gebäude in ihrer Gesamtheit die Anforderungen nach § 50 Absatz 1 erfüllen. [2] Jedes geänderte Gebäude, das von der Vereinbarung erfasst wird, muss eine Mindestqualität der Anforderungen an die wärmeübertragende Umfassungsfläche einhalten. [3] Die Mindestqualität nach Satz 2 gilt als erfüllt, wenn die Wärmedurchgangskoeffizienten der geänderten Außenbauteile jedes einzelnen Gebäudes die Höchstwerte der Wärmedurchgangskoeffizienten nach § 48 in Verbindung mit Anlage 7 um nicht mehr als 40 Prozent überschreiten.

(4) [1] Einer Vereinbarung nach Absatz 3 muss eine einheitliche Planung zugrunde liegen, die eine Realisierung der Maßnahmen an allen von der Vereinbarung erfassten Gebäuden in einem zeitlichen Zusammenhang von nicht mehr als drei Jahren vorsieht. [2] Der zuständigen Behörde ist die Vereinbarung anzuzeigen. [3] § 107 Absatz 5 bis 7 ist entsprechend anzuwenden.

Teil 8. Besondere Gebäude, Bußgeldvorschriften, Anschluss- und Benutzungszwang

§ 104 Kleine Gebäude und Gebäude aus Raumzellen. [1] Werden bei einem zu errichtenden kleinen Gebäude die für den Fall des erstmaligen Einbaus anzuwendenden Höchstwerte der Wärmedurchgangskoeffizienten der Außenbauteile nach § 48 eingehalten, gelten die Anforderungen des § 10 Absatz 2 als erfüllt. [2] Satz 1 ist auf ein Gebäude entsprechend anzuwenden, das für eine

Nutzungsdauer von höchstens fünf Jahren bestimmt und aus Raumzellen von jeweils bis zu 50 Quadratmetern Nutzfläche zusammengesetzt ist.

§ 105 Baudenkmäler und sonstige besonders erhaltenswerte Bausubstanz. Soweit bei einem Baudenkmal, bei auf Grund von Vorschriften des Bundes- oder Landesrechts besonders geschützter Bausubstanz oder bei sonstiger besonders erhaltenswerter Bausubstanz die Erfüllung der Anforderungen dieses Gesetzes die Substanz oder das Erscheinungsbild beeinträchtigt oder andere Maßnahmen zu einem unverhältnismäßig hohen Aufwand führen, kann von den Anforderungen dieses Gesetzes abgewichen werden.

§ 106 Gemischt genutzte Gebäude. (1) Teile eines Wohngebäudes, die sich hinsichtlich der Art ihrer Nutzung und der gebäudetechnischen Ausstattung wesentlich von der Wohnnutzung unterscheiden und die einen nicht unerheblichen Teil der Gebäudenutzfläche umfassen, sind getrennt als Nichtwohngebäude zu behandeln.

(2) Teile eines Nichtwohngebäudes, die dem Wohnen dienen und einen nicht unerheblichen Teil der Nettogrundfläche umfassen, sind getrennt als Wohngebäude zu behandeln.

(3) Die Berechnung von Trennwänden und Trenndecken zwischen Gebäudeteilen richtet sich in den Fällen der Absätze 1 und 2 nach § 29 Absatz 1.

§ 107 Wärmeversorgung im Quartier. (1) [1] In den Fällen des § 10 Absatz 2 oder des § 50 Absatz 1 in Verbindung mit § 48 können Bauherren oder Eigentümer, deren Gebäude in räumlichem Zusammenhang stehen, Vereinbarungen über eine gemeinsame Versorgung ihrer Gebäude mit Wärme oder Kälte treffen, um die jeweiligen Anforderungen nach § 10 Absatz 2 oder nach § 50 Absatz 1 in Verbindung mit § 48 zu erfüllen. [2] Gegenstand von Vereinbarungen nach Satz 1 können insbesondere sein:

1. die Errichtung und der Betrieb gemeinsamer Anlagen zur zentralen oder dezentralen Erzeugung, Verteilung, Nutzung oder Speicherung von Wärme und Kälte aus erneuerbaren Energien oder Kraft-Wärme-Kopplung,
2. die gemeinsame Erfüllung der Anforderung nach § 10 Absatz 2 Nummer 3,
3. die Benutzung von Grundstücken, deren Betreten und die Führung von Leitungen über Grundstücke.

(2) [1] Treffen Bauherren oder Eigentümer eine Vereinbarung nach Absatz 1, sind die Anforderungen nach § 10 Absatz 2 Nummer 1 und 2 und nach § 50 Absatz 1 in Verbindung mit § 48 für jedes Gebäude, das von der Vereinbarung erfasst wird, einzuhalten. [2] § 103 Absatz 3 bleibt unberührt.

(3) Treffen Bauherren oder Eigentümer eine Vereinbarung zur gemeinsamen Erfüllung der Anforderung nach § 10 Absatz 2 Nummer 3, muss der Wärme- und Kälteenergiebedarf ihrer Gebäude insgesamt in einem Umfang durch Maßnahmen nach den §§ 35 bis 45 gedeckt werden, der mindestens der Summe entspricht, die sich aus den einzelnen Deckungsanteilen nach den §§ 35 bis 45 ergibt.

(4) [1] Dritte, insbesondere Energieversorgungsunternehmen, können an Vereinbarungen im Sinne des Absatzes 1 beteiligt werden. [2] § 22 bleibt unberührt.

(5) Die Vereinbarung ist der zuständigen Behörde auf Verlangen vorzulegen.

(6) Eine Vereinbarung im Sinne des Absatzes 1 bedarf der Schriftform, soweit nicht durch Rechtsvorschriften eine andere Form vorgeschrieben ist.

(7) [1] Die Regelungen der Absätze 1 bis 5 sind entsprechend anwendbar, wenn die Gebäude, die im räumlichen Zusammenhang stehen und nach den Absätzen 1 bis 4 gemeinsam Anforderungen dieses Gesetzes erfüllen, einem Eigentümer gehören. [2] An die Stelle der Vereinbarung nach Absatz 1 tritt eine schriftliche Dokumentation des Eigentümers, die der zuständigen Behörde auf Verlangen vorzulegen ist.

§ 108 Bußgeldvorschriften. (1) Ordnungswidrig handelt, wer vorsätzlich oder leichtfertig

1. entgegen § 15 Absatz 1, § 16, § 18 Absatz 1 Satz 1 oder § 19 ein dort genanntes Gebäude nicht richtig errichtet,
2. entgegen § 47 Absatz 1 Satz 1 nicht dafür sorgt, dass eine dort genannte Geschossdecke gedämmt ist,
3. entgegen § 48 Satz 1 eine dort genannte Maßnahme nicht richtig ausführt,
4. entgegen § 61 Absatz 1 Satz 1 nicht dafür Sorge trägt, dass eine Zentralheizung mit einer dort genannten Einrichtung ausgestattet ist,
5. entgegen § 61 Absatz 2 eine dort genannte Ausstattung nicht, nicht richtig oder nicht rechtzeitig nachrüstet,
6. entgegen § 63 Absatz 1 Satz 1 nicht dafür Sorge trägt, dass eine heizungstechnische Anlage mit Wasser als Wärmeträger mit einer dort genannten Einrichtung ausgestattet ist,
7. entgegen § 69, § 70 oder § 71 Absatz 1 nicht dafür Sorge trägt, dass die Wärmeabgabe oder Wärmeaufnahme dort genannter Leitungen oder Armaturen begrenzt wird,
8. entgegen § 72 Absatz 1 oder 2 einen Heizkessel betreibt,
9. entgegen § 72 Absatz 4 Satz 1 einen Heizkessel einbaut oder aufstellt,
10. entgegen § 74 Absatz 1 eine Inspektion nicht, nicht richtig oder nicht rechtzeitig durchführen lässt,
11. entgegen § 77 Absatz 1 eine Inspektion durchführt,
12. entgegen § 80 Absatz 1 Satz 2, auch in Verbindung mit Satz 3, nicht sicherstellt, dass ein Energieausweis oder eine Kopie übergeben wird,
13. entgegen § 80 Absatz 4 Satz 1 oder 4, jeweils auch in Verbindung mit Absatz 5, einen Energieausweis oder eine Kopie nicht, nicht richtig, nicht vollständig oder nicht rechtzeitig vorlegt,
14. entgegen § 80 Absatz 4 Satz 5, auch in Verbindung mit Absatz 5, einen Energieausweis oder eine Kopie nicht, nicht richtig, nicht vollständig oder nicht rechtzeitig übergibt,
15. entgegen § 83 Absatz 1 Satz 2 oder Absatz 3 Satz 1 nicht dafür Sorge trägt, dass dort genannte Daten richtig sind,
16. entgegen § 87 Absatz 1, auch in Verbindung mit Absatz 2, nicht sicherstellt, dass die Immobilienanzeige die dort genannten Pflichtangaben enthält,
17. entgegen § 88 Absatz 1 einen Energieausweis ausstellt,
18. entgegen § 96 Absatz 1 eine Bestätigung nicht, nicht richtig, nicht vollständig, nicht in der vorgeschriebenen Weise oder nicht rechtzeitig vornimmt,

19. entgegen § 96 Absatz 5 Satz 2 eine Abrechnung nicht oder nicht mindestens fünf Jahre aufbewahrt,
20. entgegen § 96 Absatz 6 Satz 1, auch in Verbindung mit Satz 2, eine Bescheinigung nicht, nicht richtig, nicht vollständig oder nicht rechtzeitig ausstellen lässt oder nicht, nicht richtig, nicht vollständig oder nicht rechtzeitig vorlegt oder
21. einer vollziehbaren Anordnung nach § 99 Absatz 6 Satz 1, auch in Verbindung mit Absatz 8, zuwiderhandelt.

(2) Die Ordnungswidrigkeit kann in den Fällen des Absatzes 1 Nummer 1 bis 9 mit einer Geldbuße bis zu fünfzigtausend Euro, in den Fällen des Absatzes 1 Nummer 10 bis 17 mit einer Geldbuße bis zu zehntausend Euro und in den übrigen Fällen mit einer Geldbuße bis zu fünftausend Euro geahndet werden.

§ 109 Anschluss- und Benutzungszwang. Die Gemeinden und Gemeindeverbände können von einer Bestimmung nach Landesrecht, die sie zur Begründung eines Anschluss- und Benutzungszwangs an ein Netz der öffentlichen Fernwärme- oder Fernkälteversorgung ermächtigt, auch zum Zwecke des Klima- und Ressourcenschutzes Gebrauch machen.

Teil 9. Übergangsvorschriften

§ 110 Anforderungen an Anlagen der Heizungs-, Kühl- und Raumlufttechnik sowie der Warmwasserversorgung und an Anlagen zur Nutzung erneuerbarer Energien. Die technischen Anforderungen dieses Gesetzes an Anlagen der Heizungs-, Kühl- und Raumlufttechnik sowie der Warmwasserversorgung und an Anlagen zur Nutzung erneuerbarer Energien gelten, solange und soweit ein Durchführungsrechtsakt auf der Grundlage der Richtlinie 2009/125/EG nicht etwas anderes vorschreibt.

§ 111 Allgemeine Übergangsvorschriften. (1) [1] Die Vorschriften dieses Gesetzes sind nicht anzuwenden auf Vorhaben, welche die Errichtung, die Änderung, die grundlegende Renovierung, die Erweiterung oder den Ausbau von Gebäuden zum Gegenstand haben, falls die Bauantragstellung oder der Antrag auf Zustimmung oder die Bauanzeige vor dem Inkrafttreten dieses Gesetzes erfolgte. [2] Für diese Vorhaben sind die Bestimmungen der mit dem Inkrafttreten dieses Gesetzes zugleich abgelösten oder geänderten Rechtsvorschriften in den zum Zeitpunkt der Bauantragstellung oder des Antrags auf Zustimmung oder der Bauanzeige jeweils geltenden Fassungen weiter anzuwenden. [3] Die Sätze 1 und 2 sind entsprechend anzuwenden auf alle Fälle nicht genehmigungsbedürftiger Vorhaben; für Vorhaben, die nach Maßgabe des Bauordnungsrechts der zuständigen Behörde zur Kenntnis zu geben sind, ist dabei auf den Zeitpunkt des Eingangs der Kenntnisgabe bei der zuständigen Behörde und für sonstige nicht genehmigungsbedürftige, insbesondere genehmigungs-, anzeige- und verfahrensfreie Vorhaben auf den Zeitpunkt des Beginns der Bauausführung abzustellen.

(2) [1] Auf Vorhaben, welche die Errichtung, die Änderung, die grundlegende Renovierung, die Erweiterung oder den Ausbau von Gebäuden zum Gegenstand haben, ist dieses Gesetz in der zum Zeitpunkt der Bauantragstellung, des Antrags auf Zustimmung oder der Bauanzeige geltenden Fassung anzuwenden. [2] Satz 1 ist entsprechend anzuwenden auf alle Fälle nicht genehmigungsbedürftiger Vor-

haben; für Vorhaben, die nach Maßgabe des Bauordnungsrechts der zuständigen Behörde zur Kenntnis zu geben sind, ist dabei auf den Zeitpunkt des Eingangs der Kenntnisgabe bei der zuständigen Behörde und für sonstige nicht genehmigungsbedürftige, insbesondere genehmigungs-, anzeige- und verfahrensfreie Vorhaben auf den Zeitpunkt des Beginns der Bauausführung abzustellen.

(3) Auf Verlangen des Bauherren ist abweichend von den Absätzen 1 und 2 das jeweils neue Recht anzuwenden, wenn über den Bauantrag oder über den Antrag auf Zustimmung oder nach einer Bauanzeige noch nicht bestandskräftig entschieden worden ist.

§ 112 Übergangsvorschriften für Energieausweise. (1) Wird nach dem 1. November 2020 ein Energieausweis gemäß § 80 Absatz 1, 2 oder Absatz 3 für ein Gebäude ausgestellt, auf das vor dem Inkrafttreten dieses Gesetzes geltende Rechtsvorschriften anzuwenden sind, ist in der Kopfzeile zumindest der ersten Seite des Energieausweises in geeigneter Form die angewandte Fassung der für den Energieausweis maßgeblichen Rechtsvorschrift anzugeben.

(2) Wird nach dem 1. November 2020 ein Energieausweis gemäß § 80 Absatz 3 Satz 1 oder Absatz 6 Satz 1 für ein Gebäude ausgestellt, sind die Vorschriften der Energieeinsparverordnung[1)] bis zum 1. Mai 2021 weiter anzuwenden.

(3) [1] § 87 ist auf Energieausweise, die nach dem 30. September 2007 und vor dem 1. Mai 2014 ausgestellt worden sind, mit den folgenden Maßgaben anzuwenden. [2] Als Pflichtangabe nach § 87 Absatz 1 Nummer 2 ist in Immobilienanzeigen anzugeben:

1. bei Energiebedarfsausweisen für Wohngebäude der Wert des Endenergiebedarfs, der auf Seite 2 des Energieausweises gemäß dem bei Ausstellung maßgeblichen Muster angegeben ist,
2. bei Energieverbrauchsausweisen für Wohngebäude der Energieverbrauchskennwert, der auf Seite 3 des Energieausweises gemäß dem bei Ausstellung maßgeblichen Muster angegeben ist; ist im Energieverbrauchskennwert der Energieverbrauch für Warmwasser nicht enthalten, so ist der Energieverbrauchskennwert um eine Pauschale von 20 Kilowattstunden pro Jahr und Quadratmeter Gebäudenutzfläche zu erhöhen,
3. bei Energiebedarfsausweisen für Nichtwohngebäude der Gesamtwert des Endenergiebedarfs, der Seite 2 des Energieausweises gemäß dem bei Ausstellung maßgeblichen Muster zu entnehmen ist,
4. bei Energieverbrauchsausweisen für Nichtwohngebäude sowohl der Heizenergieverbrauchs- als auch der Stromverbrauchskennwert, die Seite 3 des Energieausweises gemäß dem bei Ausstellung maßgeblichen Muster zu entnehmen sind.

[3] Bei Energieausweisen für Wohngebäude nach Satz 1, bei denen noch keine Energieeffizienzklasse angegeben ist, darf diese freiwillig angegeben werden, wobei sich die Klasseneinteilung gemäß § 86 aus dem Endenergieverbrauch oder dem Endenergiebedarf des Gebäudes ergibt.

(4) In den Fällen des § 80 Absatz 4 und 5 sind begleitende Modernisierungsempfehlungen zu noch geltenden Energieausweisen, die nach Maßgabe der am 1. Oktober 2007 oder am 1. Oktober 2009 in Kraft getretenen Fassung der

---

1) Nr. **221**.

Energieeinsparverordnung ausgestellt worden sind, dem potenziellen Käufer oder Mieter zusammen mit dem Energieausweis vorzulegen und dem Käufer oder neuen Mieter mit dem Energieausweis zu übergeben; für die Vorlage und die Übergabe sind im Übrigen die Vorgaben des § 80 Absatz 4 und 5 entsprechend anzuwenden.

§ 113 Übergangsvorschriften für Aussteller von Energieausweisen.

(1) Zur Ausstellung von Energieausweisen für bestehende Wohngebäude nach § 80 Absatz 3 sind ergänzend zu § 88 auch Personen berechtigt, die vor dem 25. April 2007 nach Maßgabe der Richtlinie des Bundesministeriums für Wirtschaft und Technologie über die Förderung der Beratung zur sparsamen und rationellen Energieverwendung in Wohngebäuden vor Ort vom 7. September 2006 (BAnz S. 6379) als Antragsberechtigte beim Bundesamt für Wirtschaft und Ausfuhrkontrolle registriert worden sind.

(2) [1] Zur Ausstellung von Energieausweisen für bestehende Wohngebäude nach § 80 Absatz 3 sind ergänzend zu § 88 auch Personen berechtigt, die am 25. April 2007 über eine abgeschlossene Berufsausbildung im Baustoff-Fachhandel oder in der Baustoffindustrie und eine erfolgreich abgeschlossene Weiterbildung zum Energiefachberater im Baustoff-Fachhandel oder in der Baustoffindustrie verfügt haben. [2] Satz 1 ist entsprechend auf Personen anzuwenden, die eine solche Weiterbildung vor dem 25. April 2007 begonnen haben, nach erfolgreichem Abschluss der Weiterbildung.

(3) [1] Zur Ausstellung von Energieausweisen für bestehende Wohngebäude nach § 80 Absatz 3 sind ergänzend zu § 88 auch Personen berechtigt, die am 25. April 2007 über eine abgeschlossene Fortbildung auf der Grundlage des § 42a der Handwerksordnung für Energieberatung im Handwerk verfügt haben. [2] Satz 1 ist entsprechend auf Personen anzuwenden, die eine solche Fortbildung vor dem 25. April 2007 begonnen haben, nach erfolgreichem Abschluss der Fortbildung.

§ 114 Übergangsvorschrift über die vorläufige Wahrnehmung von Vollzugsaufgaben der Länder durch das Deutsche Institut für Bautechnik. [1] Bis zum Inkrafttreten der erforderlichen jeweiligen landesrechtlichen Regelungen zur Aufgabenübertragung nimmt das Deutsche Institut für Bautechnik vorläufig die Aufgaben des Landesvollzugs als Registrierstelle nach § 98 und als Kontrollstelle nach § 99 wahr. [2] Die vorläufige Aufgabenwahrnehmung als Kontrollstelle nach Satz 1 bezieht sich nur auf die Überprüfung von Stichproben auf der Grundlage der in § 99 Absatz 4 Satz 1 Nummer 1 und 2 geregelten Optionen oder gleichwertiger Maßnahmen, soweit diese Aufgaben elektronisch durchgeführt werden können. [3] Die Sätze 1 und 2 sind längstens fünf Jahre nach Inkrafttreten dieser Regelung anzuwenden.

Anlage 1
(zu § 15 Absatz 1)

Technische Ausführung des Referenzgebäudes (Wohngebäude)

Nummer	Bauteile/Systeme	Referenzausführung/Wert (Maßeinheit)	
		Eigenschaft (zu den Nummern 1.1 bis 4)	
1.1	Außenwand (einschließlich Einbauten, wie Rollladenkäs-	Wärmedurchgangskoeffizient	$U = 0{,}28\ W/(m^2 \cdot K)$

Nummer	Bauteile/Systeme	Referenzausführung/Wert (Maßeinheit)	
		Eigenschaft (zu den Nummern 1.1 bis 4)	
	ten), Geschossdecke gegen Außenluft		
1.2	Außenwand gegen Erdreich, Bodenplatte, Wände und Decken zu unbeheizten Räumen	Wärmedurchgangskoeffizient	$U = 0{,}35\ W/(m^2 \cdot K)$
1.3	Dach, oberste Geschossdecke, Wände zu Abseiten	Wärmedurchgangskoeffizient	$U = 0{,}20\ W/(m^2 \cdot K)$
1.4	Fenster, Fenstertüren	Wärmedurchgangskoeffizient	$U_W = 1{,}3\ W/(m^2 \cdot K)$
		Gesamtenergiedurchlassgrad der Verglasung	Bei Berechnung nach • DIN V 4108-6: 2003-06: $g_\perp = 0{,}60$ • DIN V 18599-2: 2018-09: $g = 0{,}60$
1.5	Dachflächenfenster, Glasdächer und Lichtbänder	Wärmedurchgangskoeffizient	$U_W = 1{,}4\ W/(m^2 \cdot K)$
		Gesamtenergiedurchlassgrad der Verglasung	Bei Berechnung nach • DIN V 4108-6: 2003-06: $g_\perp = 0{,}60$ • DIN V 18599-2: 2018-09: $g = 0{,}60$
1.6	Lichtkuppeln	Wärmedurchgangskoeffizient	$U_W = 2{,}7\ W/(m^2 \cdot K)$
		Gesamtenergiedurchlassgrad der Verglasung	Bei Berechnung nach • DIN V 4108-6: 2003-06: $g_\perp = 0{,}64$ • DIN V 18599-2: 2018-09: $g = 0{,}64$
1.7	Außentüren; Türen gegen unbeheizte Räume	Wärmedurchgangskoeffizient	$U = 1{,}8\ W/(m^2 \cdot K)$
2	Bauteile nach den Nummern 1.1 bis 1.7	Wärmebrückenzuschlag	$\Delta U_{WB} = 0{,}05\ W/(m^2 \cdot K)$
3	Solare Wärmegewinne über opake Bauteile	wie das zu errichtende Gebäude	
4	Luftdichtheit der Gebäudehülle	Bemessungswert n_{50}	Bei Berechnung nach • DIN V 4108-6: 2003-06: mit Dichtheitsprüfung • DIN V 18599-2: 2018-09: nach Kategorie I
5	Sonnenschutzvorrichtung	keine Sonnenschutzvorrichtung	
6	Heizungsanlage	• Wärmeerzeugung durch Brennwertkessel (verbessert, bei der Berechnung nach § 20 Absatz 1 nach 1994), Erdgas, Aufstellung: – für Gebäude bis zu 500 m² Gebäudenutzfläche innerhalb der thermischen Hülle – für Gebäude mit mehr als 500 m² Gebäudenutzfläche außerhalb der thermischen Hülle • Auslegungstemperatur 55/45 °C, zentrales Verteilsystem innerhalb der wärmeübertragenden Umfassungsfläche, innen liegende Stränge und Anbindeleitungen, Standard-Leitungslängen nach DIN V 4701-10: 2003-08 Tabelle 5.3-2, Pumpe auf Bedarf ausgelegt (geregelt, Δp const), Rohrnetz ausschließlich statisch hydraulisch abgeglichen • Wärmeübergabe mit freien statischen Heizflächen, Anordnung an normaler Außenwand, Thermostatventile mit Pro-	

Nummer	Bauteile/Systeme	Referenzausführung/Wert (Maßeinheit)	
		Eigenschaft (zu den Nummern 1.1 bis 4)	
		portionalbereich 1 K nach DIN V 4701-10: 2003-08 bzw. P-Regler (nicht zertifiziert) nach DIN V 18599-5: 2018-09	
7	Anlage zur Warmwasserbereitung	• zentrale Warmwasserbereitung • gemeinsame Wärmebereitung mit Heizungsanlage nach Nummer 6 • bei Berechnung nach § 20 Absatz 1: allgemeine Randbedingungen gemäß DIN V 18599-8: 2018–09 Tabelle 6, Solaranlage mit Flachkollektor nach 1998 sowie Speicher ausgelegt gemäß DIN V 18599-8: 2018-09 Abschnitt 6.4.3 • bei Berechnung nach § 20 Absatz 2: Solaranlage mit Flachkollektor zur ausschließlichen Trinkwassererwärmung entsprechend den Vorgaben nach DIN V 4701-10: 2003-08 Tabelle 5.1-10 mit Speicher, indirekt beheizt (stehend), gleiche Aufstellung wie Wärmeerzeuger, – kleine Solaranlage bei $A_N \leq 500$ m² (bivalenter Solarspeicher – große Solaranlage bei $A_N > 500$ m² • Verteilsystem mit Zirkulation, innerhalb der wärmeübertragenden Umfassungsfläche, innen liegende Stränge, gemeinsame Installationswand, Standard-Leitungslängen nach DIN V 4701-10: 2003-08 Tabelle 5.1-2	
8	Kühlung	keine Kühlung	
9	Lüftung	zentrale Abluftanlage, nicht bedarfsgeführt mit geregeltem DC-Ventilator, • DIN V 4701: 2003-08: Anlagen-Luftwechsel $n_A = 0{,}4\ h^{-1}$ • DIN-V 18599-10: 2018-09: nutzungsbedingter Mindestaußenluftwechsel n_{Nutz}: 0,55 h^{-1}	
10	Gebäudeautomation	Klasse C nach DIN V 18599-11: 2018-09	

Anlage 2
(zu § 18 Absatz 1)

Technische Ausführung des Referenzgebäudes (Nichtwohngebäude)

Nummer	Bauteile/Systeme	Eigenschaft (zu den Nummern 1.1 bis 1.13)	Referenzausführung/Wert (Maßeinheit)	
			Raum-Solltemperaturen im Heizfall ≥ 19 °C	Raum-Solltemperaturen im Heizfall von 12 bis < 19 °C
1.1	Außenwand (einschließlich Einbauten, wie Rollladenkästen), Geschossdecke gegen Außenluft	Wärmedurchgangskoeffizient	U = 0,28 W/(m² · K)	U = 0,35 W/(m² · K)
1.2	Vorhangfassade (siehe auch Nummer 1.14)	Wärmedurchgangskoeffizient	U = 1,4 W/(m² · K)	U = 1,9 W/(m² · K)
		Gesamtenergiedurchlassgrad der Verglasung	g = 0,48	g = 0,60
		Lichttransmissionsgrad der Verglasung	$\tau_{v,D65,SNA} = 0{,}72$	$\tau_{v,D65,SNA} = 0{,}78$

Nummer	Bauteile/Systeme	Eigenschaft (zu den Nummern 1.1 bis 1.13)	Referenzausführung/Wert (Maßeinheit)	
			Raum-Solltemperaturen im Heizfall ≥ 19 °C	Raum-Solltemperaturen im Heizfall von 12 bis < 19 °C
1.3	Wand gegen Erdreich, Bodenplatte, Wände und Decken zu unbeheizten Räumen (außer Abseitenwände nach Nummer 1.4)	Wärmedurchgangskoeffizient	$U = 0{,}35\ W/(m^2 \cdot K)$	$U = 0{,}35\ W/(m^2 \cdot K)$
1.4	Dach (soweit nicht unter Nummer 1.5), oberste Geschossdecke, Wände zu Abseiten	Wärmedurchgangskoeffizient	$U = 0{,}20\ W/(m^2 \cdot K)$	$U = 0{,}35\ W/(m^2 \cdot K)$
1.5	Glasdächer	Wärmedurchgangskoeffizient	$U_W = 2{,}7\ W/(m^2 \cdot K)$	$U_W = 2{,}7\ W/(m^2 \cdot K)$
		Gesamtenergiedurchlassgrad der Verglasung	$g = 0{,}63$	$g = 0{,}63$
		Lichttransmissionsgrad der Verglasung	$\tau_{v,D65,SNA} = 0{,}76$	$\tau_{v,D65,SNA} = 0{,}76$
1.6	Lichtbänder	Wärmedurchgangskoeffizient	$U_W = 2{,}4\ W/(m^2 \cdot K)$	$U_W = 2{,}4\ W/(m^2 \cdot K)$
		Gesamtenergiedurchlassgrad der Verglasung	$g = 0{,}55$	$g = 0{,}55$
		Lichttransmissionsgrad der Verglasung	$\tau_{v,D65,SNA} = 0{,}48$	$\tau_{v,D65,SNA} = 0{,}48$
1.7	Lichtkuppeln	Wärmedurchgangskoeffizient	$U_W = 2{,}7\ W/(m^2 \cdot K)$	$U_W = 2{,}7\ W/(m^2 \cdot K)$
		Gesamtenergiedurchlassgrad der Verglasung	$g = 0{,}64$	$g = 0{,}64$
		Lichttransmissionsgrad der Verglasung	$\tau_{v,D65,SNA} = 0{,}59$	$\tau_{v,D65,SNA} = 0{,}59$
1.8	Fenster, Fenstertüren (siehe auch Nummer 1.14)	Wärmedurchgangskoeffizient	$U_W = 1{,}3\ W/(m^2 \cdot K)$	$U_W = 1{,}9\ W/(m^2 \cdot K)$
		Gesamtenergiedurchlassgrad der Verglasung	$g = 0{,}60$	$g = 0{,}60$
		Lichttransmissionsgrad der Verglasung	$\tau_{v,D65,SNA} = 0{,}78$	$\tau_{v,D65,SNA} = 0{,}78$
1.9	Dachflächenfenster (siehe auch Nummer 1.14)	Wärmedurchgangskoeffizient	$U_W = 1{,}4\ W/(m^2 \cdot K)$	$U_W = 1{,}9\ W/(m^2 \cdot K)$
		Gesamtenergiedurchlassgrad der Verglasung	$g = 0{,}60$	$g = 0{,}60$
		Lichttransmissionsgrad der Verglasung	$\tau_{v,D65,SNA} = 0{,}78$	$\tau_{v,D65,SNA} = 0{,}78$
1.10	Außentüren; Türen gegen unbeheizte Räume; Tore	Wärmedurchgangskoeffizient	$U = 1{,}8\ W/(m^2 \cdot K)$	$U = 2{,}9\ W/(m^2 \cdot K)$
1.11	Bauteile in den Nummern 1.1 und 1.3 bis 1.10	Wärmebrückenzuschlag	$\Delta U_{WB} = 0{,}05\ W/(m^2 \cdot K)$	$\Delta U_{WB} = 0{,}1\ W/(m^2 \cdot K)$
1.12	Gebäudedichtheit	Kategorie nach DIN V 18599-2: 2018-09 Tabelle 7	Kategorie I	

Nummer	Bauteile/Systeme	Eigenschaft (zu den Nummern 1.1 bis 1.13)	Referenzausführung/Wert (Maßeinheit)	
			Raum-Solltemperaturen im Heizfall ≥ 19 °C	Raum-Solltemperaturen im Heizfall von 12 bis < 19 °C
1.13	Tageslichtversorgung bei Sonnen- oder Blendschutz oder bei Sonnen- und Blendschutz	Tageslichtversorgungsfaktor $C_{TL,Vers,SA}$ nach DIN V 18599-4: 2018-09	• kein Sonnen- oder Blendschutz vorhanden: 0,70 • Blendschutz vorhanden: 0,15	
1.14	Sonnenschutzvorrichtung	Für das Referenzgebäude ist die tatsächliche Sonnenschutzvorrichtung des zu errichtenden Gebäudes anzunehmen; sie ergibt sich gegebenenfalls aus den Anforderungen zum sommerlichen Wärmeschutz nach § 14 oder aus Erfordernissen des Blendschutzes. Soweit hierfür Sonnenschutzverglasung zum Einsatz kommt, sind für diese Verglasung folgende Kennwerte anzusetzen: • anstelle der Werte der Nummer 1.2 – Gesamtenergiedurchlassgrad der Verglasung g: $g = 0{,}35$ – Lichttransmissionsgrad der Verglasung $\tau_{v,D65,SNA}$: $\tau_{v,D65,SNA} = 0{,}58$ • anstelle der Werte der Nummern 1.8 und 1.9: – Gesamtenergiedurchlassgrad der Verglasung g: $g = 0{,}35$ – Lichttransmissionsgrad der Verglasung $\tau_{v,D65,SNA}$: $\tau_{v,D65,SNA} = 0{,}62$		
2	Solare Wärmegewinne über opake Bauteile	Wie beim zu errichtenden Gebäude		
3.1	Beleuchtungsart	direkt/indirekt mit elektronischem Vorschaltgerät und stabförmiger Leuchtstofflampe		
3.2	Regelung der Beleuchtung	Präsenzkontrolle: – in Zonen der Nutzungen 4, 15 bis 19, 21 und 31*: mit Präsenzmelder – im Übrigen: manuell Konstantlichtkontrolle/tageslichtabhängige Kontrolle: – in Zonen der Nutzungen 5, 9, 10, 14, 22.1 bis 22.3, 29, 37 bis 40*: Konstantlichtkontrolle gemäß DIN V 18599-4: 2018-09 Abschnitt 5.4.6 – in Zonen der Nutzungen 1 bis 4, 8, 12, 28, 31 und 36*: tageslichtabhängige Kontrolle, Kontrollart „gedimmt, nicht ausschaltend" gemäß DIN V 18599-4: 2018-09 Abschnitt 5.5.4 (einschließlich Konstantlichtkontrolle) – im Übrigen: manuell		
4.1	Heizung (Raumhöhen ≤ 4 m) – Wärmeerzeuger	Brennwertkessel (verbessert, nach 1994) nach DIN V 18599-5: 2018-09, Erdgas, Aufstellung außerhalb der thermischen Hülle, Wasserinhalt > 0,15 l/kW		
4.2	Heizung (Raumhöhen ≤ 4 m) – Wärmeverteilung	– <u>bei statischer Heizung und Umluftheizung (dezentrale Nachheizung in RLT-Anlage):</u> Zweirohrnetz, außen liegende Verteilleitungen im unbeheizten Bereich, innen liegende Steigstränge, innen liegende Anbindeleitungen, Systemtemperatur 55/45 °C, ausschließlich statisch hy-		

Nummer	Bauteile/Systeme	Eigenschaft (zu den Nummern 1.1 bis 1.13)	Referenzausführung/Wert (Maßeinheit)	
			Raum-Solltemperaturen im Heizfall ≥ 19 °C	Raum-Solltemperaturen im Heizfall von 12 bis < 19 °C
		draulisch abgeglichen, Δp const, Pumpe auf Bedarf ausgelegt, Pumpe mit intermittierendem Betrieb, keine Überströmventile, für den Referenzfall sind die Rohrleitungslängen und die Umgebungstemperaturen gemäß den Standardwerten nach DIN V 18599-5: 2018-09 zu ermitteln. – bei zentralem RLT-Gerät: Zweirohrnetz, Systemtemperatur 70/55 °C, ausschließlich statisch hydraulisch abgeglichen, Δp const, Pumpe auf Bedarf ausgelegt, für den Referenzfall sind die Rohrleitungslängen und die Lage der Rohrleitungen wie beim zu errichtenden Gebäude anzunehmen.		
4.3	Heizung (Raumhöhen ≤ 4 m) – Wärmeübergabe	– bei statischer Heizung: freie Heizflächen an der Außenwand (bei Anordnung vor Glasflächen mit Strahlungsschutz), ausschließlich statisch hydraulisch abgeglichen, P-Regler (nicht zertifiziert), keine Hilfsenergie – bei Umluftheizung (dezentrale Nachheizung in RLT-Anlage): Regelgröße Raumtemperatur, hohe Regelgüte.		
4.4	Heizung (Raumhöhen > 4 m)	Dezentrales Heizsystem: Wärmeerzeuger gemäß DIN V 18599-5: 2018-09 Tabelle 52: – Dezentraler Warmlufterzeuger – nicht kondensierend – Leistung 25 bis 50 kW je Gerät – Energieträger Erdgas – Leistungsregelung 1 (einstufig oder mehrstufig/modulierend ohne Anpassung der Verbrennungsluftmenge) Wärmeübergabe gemäß DIN V 18599-5: 2018-09 Tabelle 16 und Tabelle 22: – Radialventilator, Auslass horizontal, ohne Warmluftrückführung, Raumtemperaturregelung P-Regler (nicht zertifiziert)		
5.1	Warmwasser – zentrales System	Wärmeerzeuger: allgemeine Randbedingungen gemäß DIN V 18599-8: 2018-09 Tabelle 6, Solaranlage mit Flachkollektor (nach 1998) zur ausschließlichen Trinkwassererwärmung nach DIN V 18599-8: 2018-09 mit Standardwerten gemäß Tabelle 19 bzw. Abschnitt 6.4.3, jedoch abweichend auch für zentral warmwasserversorgte Nettogrundflächen über 3 000 m^2 Restbedarf über Wärmeerzeuger der Heizung Wärmespeicherung: bivalenter, außerhalb der thermischen Hülle aufgestellter Speicher nach DIN V 18599-8: 2018-09 Abschnitt 6.4.3 Wärmeverteilung: mit Zirkulation, für den Referenzfall sind die Rohrleitungslänge und die Lage der Rohrleitungen wie beim zu errichtenden Gebäude anzunehmen.		
5.2	Warmwasser – dezentrales System	hydraulisch geregelter Elektro-Durchlauferhitzer, eine Zapfstelle und 6 Meter Leitungslänge pro Gerät bei Gebäudezonen, die einen Warmwasserbedarf von höchstens 200 Wh / (m^2 · d) aufweisen		
6.1	Raumlufttechnik – Abluftanlage	spezifische Leistungsaufnahme Ventilator P_{SFP} = 1,0 kW/(m^3/s)		

Nummer	Bauteile/Systeme	Eigenschaft (zu den Nummern 1.1 bis 1.13)	Referenzausführung/Wert (Maßeinheit)	
			Raum-Solltemperaturen im Heizfall ≥ 19 °C	Raum-Solltemperaturen im Heizfall von 12 bis < 19 °C
6.2	Raumlufttechnik – Zu- und Abluftanlage	– Luftvolumenstromregelung: Soweit für Zonen der Nutzungen 4, 8, 9, 12, 13, 23, 24, 35, 37 und 40* eine Zu- und Abluftanlage vorgesehen wird, ist diese mit bedarfsabhängiger Luftvolumenstromregelung Kategorie IDA-C4 gemäß DIN V 18599-7: 2018-09 Abschnitt 5.8.1 auszulegen. – Spezifische Leistungsaufnahme: – Zuluftventilator P_{SFP} = 1,5 kW/(m³/s) – Abluftventilator P_{SFP} = 1,0 kW/(m³/s) Erweiterte P_{SFP}-Zuschläge nach DIN EN 16798-3: 2017-11 Abschnitt 9.5.2.2 können für HEPA-Filter, Gasfilter sowie Wärmerückführungsbauteile der Klassen H2 oder H1 nach DIN EN 13053:2007-11 angerechnet werden. – Wärmerückgewinnung über Plattenwärmeübertrager: Temperaturänderungsgrad $\eta_{t,comp}$ = 0,6 Zulufttemperatur 18 °C Druckverhältniszahl f_P = 0,4 – Luftkanalführung: innerhalb des Gebäudes – bei Kühlfunktion: Auslegung für 6/12 °C, keine indirekte Verdunstungskühlung		
6.3	Raumlufttechnik – Luftbefeuchtung	für den Referenzfall ist die Einrichtung zur Luftbefeuchtung wie beim zu errichtenden Gebäude anzunehmen		
6.4	Raumlufttechnik – Nur-Luft-Klimaanlagen	als kühllastgeregeltes Variabel-Volumenstrom-System ausgeführt: Druckverhältniszahl: f_P = 0,4 konstanter Vordruck Luftkanalführung: innerhalb des Gebäudes		
7	Raumkühlung	– Kältesystem: Kaltwasser-Ventilatorkonvektor, Brüstungsgerät Kaltwassertemperatur 14/18 °C – Kaltwasserkreis Raumkühlung: Überströmung 10 % spezifische elektrische Leistung der Verteilung $P_{d,spez}$ = 30 W_{el}/$kW_{Kälte}$ hydraulisch abgeglichen, geregelte Pumpe, Pumpe hydraulisch entkoppelt, saisonale sowie Nacht- und Wochenendabschaltung nach DIN V 18599-7: 2018-09, Anhang D		
8	Kälteerzeugung	Erzeuger: Kolben/Scrollverdichter mehrstufig schaltbar, R134a, außenluftgekühlt, kein Speicher, Baualterfaktor $f_{c,B}$ = 1,0, Freikühlfaktor f_{FC} = 1,0 Kaltwassertemperatur: – bei mehr als 5 000 m² mittels Raumkühlung konditionierter Nettogrundfläche, für diesen Konditionierungsanteil 14/18 °C – im Übrigen: 6/12 °C Kaltwasserkreis Erzeuger inklusive RLT-Kühlung: Überströmung 30 %		

Nummer	Bauteile/Systeme	Eigenschaft (zu den Nummern 1.1 bis 1.13)	Referenzausführung/Wert (Maßeinheit)	
			Raum-Solltemperaturen im Heizfall ≥ 19 °C	Raum-Solltemperaturen im Heizfall von 12 bis < 19 °C
		spezifische elektrische Leistung der Verteilung $P_{d,spez} = 20\ W_{el}/kW_{Kälte}$ hydraulisch abgeglichen, ungeregelte Pumpe, Pumpe hydraulisch entkoppelt, saisonale sowie Nacht- und Wochenendabschaltung nach DIN V 18599-7: 2018-09, Anhang D, Verteilung außerhalb der konditionierten Zone. Der Primärenergiebedarf für das Kühlsystem und die Kühlfunktion der raumlufttechnischen Anlage darf für Zonen der Nutzungen 1 bis 3, 8, 10, 16, 18 bis 20 und 31* nur zu 50 % angerechnet werden.		
9	Gebäudeautomation	Klasse C nach DIN V 18599-11: 2018-09		

* **Amtl. Anm.:** Nutzungen nach Tabelle 5 der DIN V 18599-10: 2018-09.

Anlage 3
(zu § 19)

Höchstwerte der mittleren Wärmedurchgangskoeffizienten der wärmeübertragenden Umfassungsfläche (Nichtwohngebäude)

Nummer	Bauteile	Höchstwerte der Mittelwerte der Wärmedurchgangskoeffizienten	
		Zonen mit Raum-Solltemperaturen im Heizfall ≥ 19 °C	Zonen mit Raum-Solltemperaturen im Heizfall von 12 bis < 19 °C
1	Opake Außenbauteile, soweit nicht in Bauteilen der Nummern 3 und 4 enthalten	$\bar{U} = 0{,}28\ W/(m^2 \cdot K)$	$\bar{U} = 0{,}50\ W/(m^2 \cdot K)$
2	Transparente Außenbauteile, soweit nicht in Bauteilen der Nummern 3 und 4 enthalten	$\bar{U} = 1{,}5\ W/(m^2 \cdot K)$	$\bar{U} = 2{,}8\ W/(m^2 \cdot K)$
3	Vorhangfassade	$\bar{U} = 1{,}5\ W/(m^2 \cdot K)$	$\bar{U} = 3{,}0\ W/(m^2 \cdot K)$
4	Glasdächer, Lichtbänder, Lichtkuppeln	$\bar{U} = 2{,}5\ W/(m^2 \cdot K)$	$\bar{U} = 3{,}1\ W/(m^2 \cdot K)$
Bei der Berechnung des Mittelwerts des jeweiligen Bauteils sind die Bauteile nach Maßgabe ihres Flächenanteils zu berücksichtigen. Die Wärmedurchgangskoeffizienten von Bauteilen gegen unbeheizte Räume (außer Dachräumen) oder Erdreich sind zusätzlich mit dem Faktor 0,5 zu gewichten. Bei der Berechnung des Mittelwerts der an das Erdreich angrenzenden Bodenplatten bleiben die Flächen unberücksichtigt, die mehr als 5 Meter vom äußeren Rand des Gebäudes entfernt sind. Die Berechnung ist für Zonen mit unterschiedlichen Raum-Solltemperaturen im Heizfall getrennt durchzuführen. Für die Berechnung des Wärmedurchgangskoeffizienten der an Erdreich grenzenden Bauteile ist DIN V 18599-2: 2018-09 Abschnitt 6.1.4.3 und für opake Bauteile ist DIN 4108-4: 2017-03 in Verbindung mit DIN EN ISO 6946: 2008-04 anzuwenden. Für die Berechnung des Wärmedurchgangskoeffizienten transparenter Bauteile sowie von Vorhangfassaden ist DIN 4108-4: 2017-03 anzuwenden.			

Anlage 4
(zu § 22 Absatz 1)

Primärenergiefaktoren

Nummer	Kategorie	Energieträger	Primärenergiefaktoren nicht erneuerbarer Anteil
1	Fossile Brennstoffe	Heizöl	1,1
2		Erdgas	1,1
3		Flüssiggas	1,1
4		Steinkohle	1,1
5		Braunkohle	1,2
6	Biogene Brennstoffe	Biogas	1,1
7		Bioöl	1,1
8		Holz	0,2
9	Strom	netzbezogen	1,8
10		gebäudenah erzeugt (aus Photovoltaik oder Windkraft)	0,0
11		Verdrängungsstrommix für KWK	2,8
12	Wärme, Kälte	Erdwärme, Geothermie, Solarthermie, Umgebungswärme	0,0
13		Erdkälte, Umgebungskälte	0,0
14		Abwärme	0,0
15		Wärme aus KWK, gebäudeintegriert oder gebäudenah	nach Verfahren B gemäß DIN V 18599-9: 2018-09 Abschnitt 5.2.5 oder DIN V 18599-9: 2018-09 Abschnitt 5.3.5.1
16	Siedlungsabfälle		0,0

Anlage 5
(zu § 31 Absatz 1)

Vereinfachtes Nachweisverfahren für ein zu errichtendes Wohngebäude

1. Voraussetzungen für die Anwendung des vereinfachten Nachweisverfahrens

Das vereinfachte Nachweisverfahren nach § 31 Absatz 1 kann auf ein zu errichtendes Wohngebäude angewendet werden, wenn sämtliche der folgenden Voraussetzungen erfüllt sind:

a) Das Gebäude ist ein Wohngebäude im Sinne des § 3 Nummer 33; wird ein gemischt genutztes Gebäude nach § 106 Absatz 1 oder Absatz 2 in zwei Gebäudeteile aufgeteilt, kann das vereinfachte Nachweisverfahren nach § 31 Absatz 1 bei Erfüllung aller anderen Voraussetzungen auf den Wohngebäudeteil angewendet werden.

b) Das Gebäude darf nicht mit einer Klimaanlage ausgestattet sein.

c) Die Wärmebrücken, die im Rahmen von rechnerischen Nachweisen zu berücksichtigen wären, sind so auszuführen, dass sie mindestens gleichwertig mit den Musterlösungen nach DIN 4108 Beiblatt 2: 2019-06 sind; die §§ 12 und 24 bleiben unberührt.

d) Die Dichtheit des Gebäudes ist nach § 26 zu prüfen und muss die dort genannten Grenzwerte einhalten.

e) Damit der sommerliche Wärmeschutz auch ohne Nachweisrechnung als ausreichend angesehen werden kann, muss das Gebäude folgende Voraussetzungen erfüllen:

aa) beim kritischen Raum (Raum mit der höchsten Wärmeeinstrahlung im Sommer) beträgt der Fensterflächenanteil bezogen auf die Grundfläche dieses Raums nicht mehr als 35 Prozent,

bb) sämtliche Fenster in Ost-, Süd- oder Westorientierung (inklusive derer eines eventuellen Glasvorbaus) sind mit außen liegenden Sonnenschutzvorrichtungen mit einem Abminderungsfaktor $F_C \leq 0,30$ ausgestattet.

f) Die beheizte Bruttogrundfläche des Gebäudes $A_{BGF, Gebäude}$[1] darf nicht kleiner als 115 Quadratmeter und nicht größer als 2 300 Quadratmeter sein.

g) Die mittlere Geschosshöhe[2] nach DIN V 18599-1: 2018-09 des Gebäudes darf nicht kleiner als 2,5 Meter und nicht größer als 3 Meter sein.

h) Die Kompaktheit des Gebäudes in Bezug auf das Verhältnis von Bruttoumfang beheizter Bruttogrundfläche $A_{BGF, Geschoss}$ jedes beheizten Geschosses muss folgende Voraussetzung erfüllen: Das Quadrat des Bruttoumfangs U_{brutto} in Meter darf höchstens das 20fache der beheizten Bruttogrundfläche eines beheizten Geschosses $A_{BGF, Geschoss}$ in Quadratmeter betragen; bei einem angebauten Gebäude ist in den Bruttoumfang auch derjenige Anteil einzurechnen, der an benachbarte beheizte Gebäude angrenzt.

i) Bei Gebäuden mit beheizten Räumen in mehreren Geschossen müssen die beheizten Bruttogeschossflächen aller Geschosse ohne Vor- oder Rücksprünge deckungsgleich sein; nur das oberste Geschoss darf eine kleinere beheizte Bruttogeschossfläche als das darunter liegende Geschoss besitzen.[3]

j) Insgesamt darf das Gebäude nicht mehr als sechs beheizte Geschosse besitzen.

k) Der Fensterflächenanteil des Gebäudes[4] darf bei zweiseitig angebauten Gebäuden nicht mehr als 35 Prozent, bei allen anderen Gebäuden nicht mehr als 30 Prozent an der gesamten Fassadenfläche des Gebäudes betragen.

l) Die Gesamtfläche spezieller Fenstertüren an der gesamten Fassadenfläche des Gebäudes darf bei freistehenden Gebäuden und einseitig angebauten Gebäuden 4,5 Prozent und bei zweiseitig angebauten Gebäuden 5,5 Prozent nicht überschreiten.

m) Die Fläche der in nördliche Richtung orientierten[5] Fenster des Gebäudes darf nicht größer sein als der Mittelwert der Fensterflächen anderer Orientierungen.

n) Der Anteil von Dachflächenfenstern, Lichtkuppeln und ähnlichen transparenten Bauteilen im Dachbereich darf nicht mehr als 6 Prozent der Dachfläche betragen.

o) Die Gesamtfläche aller Außentüren[6] darf bei Ein- und Zweifamilienhäusern 2,7 Prozent, ansonsten 1,5 Prozent der beheizten Bruttogrundfläche des Gebäudes nicht überschreiten.

2. Ausführungsvarianten

Bei den Angaben in den Tabellen 1 bis 3 handelt es sich um Mindestqualitäten für die energetische Qualität des Wärmeschutzes und der Anlagen; die Anforderungen an den baulichen Wärmeschutz ergeben sich aus Nummer 3 Buchstabe a; die Anforderungen an die jeweilige Anlage ergeben sich aus Nummer 3 Buchstabe b. Durchkreuzte graue Tabellenfelder geben an, dass das vereinfachte Nachweisverfahren nach § 31 Absatz 1 für die jeweilige Anlagenvariante bei diesen Gebäudegrößen nicht anwendbar ist.

a) Ausführungsvarianten für ein freistehendes Wohngebäude
Bei einem freistehenden Gebäude erfüllen die Ausführungsvarianten nach Maßgabe von Tabelle 1 die Anforderungen des § 10 Absatz 2 in Verbindung mit den §§ 15 bis 17 und den §§ 34 bis 45.

Tabelle 1. Ausführungsvarianten für ein freistehendes Gebäude

---

[1] **Amtl. Anm.:** Die „beheizte Bruttogrundfläche des Gebäudes A_{BGF}" ist die Summe der Bruttogrundflächen aller beheizten Geschosse, wobei bei Gebäuden mit zwei oder mehr beheizten Geschossen nur 80 Prozent der Bruttogrundfläche des obersten beheizten Geschosses eingerechnet werden.

[2] **Amtl. Anm.:** Die „mittlere Geschosshöhe des Gebäudes" ist der flächengewichtete Durchschnitt der Geschosshöhen aller beheizten Geschosse des Gebäudes.

[3] **Amtl. Anm.:** Kellerabgänge und Kellervorräume sind keine beheizten Geschosse im Sinne dieser Regelung, soweit sie nur indirekt beheizt sind.

[4] **Amtl. Anm.:** Der Fensterflächenanteil ist der Quotient aus Fensterfläche und der Summe aus Fensterfläche und Außenwand-/Fassadenfläche. Die Fensterfläche ist einschließlich Fenstertüren und spezieller Fenstertüren zu ermitteln; spezielle Fenstertüren sind barrierefreie Fenstertüren gemäß DIN 18040-2: 2011-09 sowie Schiebe-, Hebe-Schiebe-, Falt- und Faltschiebetüren.

[5] **Amtl. Anm.:** Fenster sind in nördliche Richtungen orientiert, wenn die Senkrechte auf die Fensterfläche nicht mehr als 22,5 Grad von der Nordrichtung abweicht.

[6] **Amtl. Anm.:** Öffnungsmaße von Fenstern und Türen werden gemäß DIN V 18599-1: 2018-09 mit den lichten Rohbaumaßen innen ermittelt.

<table>
<tr><td rowspan="4">Anlagenvariante Nummer</td><td></td><td>1</td><td>2</td><td>3</td><td>4</td><td>5</td><td>6</td><td>7</td><td>8</td><td>9</td><td>10</td><td>11</td><td>12</td><td>13</td><td>14</td><td>15</td></tr>
<tr><td rowspan="2">Beheizte Bruttogrundfläche des Gebäudes A_{BGF} in m^2 von</td><td>115</td><td>141</td><td>166</td><td>196</td><td>236</td><td>281</td><td>341</td><td>406</td><td>491</td><td>581</td><td>701</td><td>881</td><td>1101</td><td>1401</td><td>1801</td></tr>
<tr><td>140</td><td>165</td><td>195</td><td>235</td><td>280</td><td>340</td><td>405</td><td>490</td><td>580</td><td>700</td><td>880</td><td>1100</td><td>1400</td><td>1800</td><td>2300</td></tr>
<tr><td>Anlagenvariante</td><td colspan="15">Erforderliche Wärmeschutzvariante</td></tr>
<tr><td>1</td><td>Kessel für feste Biomasse, Pufferspeicher und zentrale Trinkwassererwärmung</td><td colspan="15">D</td></tr>
<tr><td>2</td><td>Brennwertgerät zur Verfeuerung von Erdgas oder leichtem Heizöl, Solaranlage zur zentralen Trinkwassererwärmung, Lüftungsanlage mit Wärmerückgewinnung</td><td colspan="4">B</td><td colspan="11">A</td></tr>
<tr><td>3</td><td>Brennwertgerät zur Verfeuerung von Erdgas oder leichtem Heizöl, Solaranlage zur zentralen Trinkwassererwärmung und Heizungsunterstützung (Kombianlage), Pufferspeicher, Lüftungsanlage mit Wärmerückgewinnung</td><td colspan="15">C</td></tr>
<tr><td>4</td><td>Nah-/Fernwärmeversorgung oder lokale Kraft-Wärme-Kopplung, zentrale Trinkwassererwärmung</td><td colspan="4">D</td><td colspan="7">C</td><td colspan="4">B</td></tr>
<tr><td>5</td><td>Nah-/Fernwärmeversorgung oder lokale Kraft-Wärme-Kopplung, zentrale Trinkwassererwärmung, Lüftungsanlage mit Wärmerückgewinnung</td><td colspan="15">D</td></tr>
<tr><td>6</td><td>Luft-Wasser-Wärmepumpe, zentrale Trinkwassererwärmung</td><td colspan="15">D</td></tr>
<tr><td>7</td><td>Luft-Wasser-Wärmepumpe, dezentrale Trinkwassererwärmung</td><td colspan="5">D</td><td colspan="5">C</td><td colspan="2">B</td><td colspan="2">A</td><td>X</td></tr>
<tr><td>8</td><td>Luft-Wasser-Wärmepumpe, dezentrale Trinkwassererwärmung, Lüftungsanlage mit Wärmerückgewinnung</td><td colspan="13">D</td><td colspan="2">C</td></tr>
<tr><td>9</td><td>Wasser-Wasser-Wärmepumpe, zentrale Trinkwassererwärmung</td><td colspan="15">D</td></tr>
<tr><td>10</td><td>Sole-Wasser-Wärmepumpe, zentrale Trinkwassererwärmung</td><td colspan="15">D</td></tr>
</table>

b) Ausführungsvarianten für ein einseitig angebautes Wohngebäude

Bei einem einseitig angebauten Gebäude gemäß § 3 Absatz 1 Nummer 6 erfüllen die Ausführungsvarianten nach Maßgabe von Tabelle 2 die Anforderungen des § 10 Absatz 2 in Verbindung mit den §§ 15 bis 17 und den §§ 34 bis 45.

Tabelle 2. Ausführungsvarianten für ein einseitig angebautes Gebäude

Anlagenvariante Nummer	Beheizte Bruttogrundfläche des Gebäudes A_{BGF} in m²		1	2	3	4	5	6	7	8	9	10	11	12	13	14	15
		von	115	141	166	196	236	281	341	406	491	581	701	881	1101	1401	1801
		bis	140	165	195	235	280	340	405	490	580	700	880	1100	1400	1800	2300
	Anlagenvariante		Erforderliche Wärmeschutzvariante														
1	Kessel für feste Biomasse, Pufferspeicher und zentrale Trinkwassererwärmung		D														
2	Brennwertgerät zur Verfeuerung von Erdgas oder leichtem Heizöl, Solaranlage zur zentralen Trinkwassererwärmung, Lüftungsanlage mit Wärmerückgewinnung		B				A										
3	Brennwertgerät zur Verfeuerung von Erdgas oder leichtem Heizöl, Solaranlage zur zentralen Trinkwassererwärmung und Heizungsunterstützung (Kombianlage), Pufferspeicher, Lüftungsanlage mit Wärmerückgewinnung		C														
4	Nah-/Fernwärmeversorgung oder lokale Kraft-Wärme-Kopplung, zentrale Trinkwassererwärmung		D				C	B									A
5	Nah-/Fernwärmeversorgung oder lokale Kraft-Wärme-Kopplung, zentrale Trinkwassererwärmung, Lüftungsanlage mit Wärmerückgewinnung		D														
6	Luft-Wasser-Wärmepumpe, zentrale Trinkwassererwärmung		D														
7	Luft-Wasser-Wärmepumpe, dezentrale Trinkwassererwärmung		D				C		B					A			
8	Luft-Wasser-Wärmepumpe, dezentrale Trinkwassererwärmung, Lüftungsanlage mit Wärmerückgewinnung		D												C		
9	Wasser-Wasser-Wärmepumpe, zentrale Trinkwassererwärmung		D														
10	Sole-Wasser-Wärmepumpe, zentrale Trinkwassererwärmung		D														

c) Ausführungsvarianten für ein zweiseitig angebautes Wohngebäude
Bei einem zweiseitig angebauten Gebäude gemäß § 3 Absatz 1 Nummer 34 erfüllen die Ausführungsvarianten nach Maßgabe von Tabelle 3 die Anforderungen des § 10 Absatz 2 in Verbindung mit den §§ 15 bis 17 und den §§ 34 bis 45.

Tabelle 3. Ausführungsvarianten für ein zweiseitig angebautes Gebäude

<table>
<tr><th rowspan="4">Anlagenvariante Nummer</th><th colspan="2"></th><th>1</th><th>2</th><th>3</th><th>4</th><th>5</th><th>6</th><th>7</th><th>8</th><th>9</th><th>10</th><th>11</th><th>12</th><th>13</th><th>14</th><th>15</th></tr>
<tr><th rowspan="2">Beheizte Bruttogrundfläche des Gebäudes A_{BGF} in m^2</th><th>von</th><th>115</th><th>141</th><th>166</th><th>196</th><th>236</th><th>281</th><th>341</th><th>406</th><th>491</th><th>581</th><th>701</th><th>881</th><th>1101</th><th>1401</th><th>1801</th></tr>
<tr><th>bis</th><th>140</th><th>165</th><th>195</th><th>235</th><th>280</th><th>340</th><th>405</th><th>490</th><th>580</th><th>700</th><th>880</th><th>1100</th><th>1400</th><th>1800</th><th>2300</th></tr>
<tr><th colspan="2">Anlagenvariante</th><th colspan="15">Erforderliche Wärmeschutzvariante</th></tr>
<tr><td>1</td><td colspan="2">Kessel für feste Biomasse, Pufferspeicher und zentrale Trinkwassererwärmung</td><td colspan="15">D</td></tr>
<tr><td>2</td><td colspan="2">Brennwertgerät zur Verfeuerung von Erdgas oder leichtem Heizöl, Solaranlage zur zentralen Trinkwassererwärmung, Lüftungsanlage mit Wärmerückgewinnung</td><td colspan="4">B</td><td colspan="11">A</td></tr>
<tr><td>3</td><td colspan="2">Brennwertgerät zur Verfeuerung von Erdgas oder leichtem Heizöl, Solaranlage zur zentralen Trinkwassererwärmung und Heizungsunterstützung (Kombianlage), Pufferspeicher, Lüftungsanlage mit Wärmerückgewinnung</td><td colspan="11">C</td><td colspan="4">D</td></tr>
<tr><td>4</td><td colspan="2">Nah-/Fernwärmeversorgung oder lokale Kraft-Wärme-Kopplung, zentrale Trinkwassererwärmung</td><td colspan="4">D</td><td colspan="9">B</td><td colspan="2">A</td></tr>
<tr><td>5</td><td colspan="2">Nah-/Fernwärmeversorgung oder lokale Kraft-Wärme-Kopplung, zentrale Trinkwassererwärmung, Lüftungsanlage mit Wärmerückgewinnung</td><td colspan="15">D</td></tr>
<tr><td>6</td><td colspan="2">Luft-Wasser-Wärmepumpe, zentrale Trinkwassererwärmung</td><td colspan="15">D</td></tr>
<tr><td>7</td><td colspan="2">Luft-Wasser-Wärmepumpe, dezentrale Trinkwassererwärmung</td><td colspan="4">D</td><td colspan="6">B</td><td colspan="2">A</td><td colspan="3"></td></tr>
<tr><td>8</td><td colspan="2">Luft-Wasser-Wärmepumpe, dezentrale Trinkwassererwärmung, Lüftungsanlage mit Wärmerückgewinnung</td><td colspan="11">D</td><td colspan="3">C</td><td>B</td></tr>
<tr><td>9</td><td colspan="2">Wasser-Wasser-Wärmepumpe, zentrale Trinkwassererwärmung</td><td colspan="15">D</td></tr>
<tr><td>10</td><td colspan="2">Sole-Wasser-Wärmepumpe, zentrale Trinkwassererwärmung</td><td colspan="15">D</td></tr>
</table>

3. Beschreibung der Wärmeschutz- und Anlagenvarianten

a) Baulicher Wärmeschutz
Der bauliche Wärmeschutz genügt dann einer der in der Tabelle Spalte 3 genannten Wärmeschutzvarianten, wenn sämtliche der dort genannten Wärmedurchgangskoeffizienten nicht überschritten

werden. Für die Bestimmung der Wärmedurchgangskoeffizienten des ausgeführten Wohngebäudes ist § 20 Absatz 6 entsprechend anzuwenden.

Tabelle. Varianten des baulichen Wärmeschutzes

Spalte	1	2	3			
			Wärmeschutz-Variante			
Nummer	Bauteil	Eigenschaft	A	B	C	D
1	Außenwände, Geschossdecke nach unten gegen Außenluft	Höchstwert des Wärmedurchgangskoeffizienten U [W/(m² · K)]	0,15	0,19	0,23	0,28
2	Außenwände gegen Erdreich, Bodenplatte, Wände und Decken nach unten zu unbeheizten Räumen		0,20	0,26	0,29	0,35
3	Dach, oberste Geschossdecke, Wände zu Abseiten		0,11	0,14	0,16	0,20
4	Fenster, Fenstertüren		0,90	0,95	1,1	1,3
5	Dachflächenfenster		1,4	1,4	1,4	1,4
6	Lichtkuppeln und ähnliche Bauteile		1,8	1,8	1,8	1,8
7	Außentüren		1,8	1,8	1,8	1,8
8	Spezielle Fenstertüren[1)]		1,6	1,6	1,6	1,6

b) Anforderung an die Anlagenvarianten

Das vereinfachte Nachweisverfahren nach § 31 Absatz 1 ist nur für Wohngebäude mit Zentralheizungen nach Maßgabe der Nummer 2 Tabelle 1 bis 3 bei Ausstattung des Gebäudes mit den dort beschriebenen Anlagenvarianten anwendbar. Dabei sind folgende Voraussetzungen einzuhalten:

aa) Die Auslegungstemperatur des Heizkreises darf 55/45 Grad Celsius nicht überschreiten. Alle Steige- und Anbindungsleitungen der Heizung und Warmwasserversorgung sind innerhalb des beheizten Gebäudevolumens zu verlegen.

bb) Wenn die Ausführungsvariante eine Lüftungsanlage mit Wärmerückgewinnung vorsieht, darf der verbesserte Standardwert für den Gesamt-Temperaturänderungsgrad nach DIN V 18599-6: 2018-09 Abschnitt 5.2.2.2 nicht unterschritten werden.

cc) Wenn die Ausführungsvariante einen Kessel für feste Biomasse vorsieht, muss dieser über eine automatische Beschickung verfügen. Die Vorgaben der Verordnung über kleine und mittlere Feuerungsanlagen sind einzuhalten. Die Kennwerte des Kessels dürfen die in DIN V 18599-5: 2018-09 Abschnitt 6.5.4.3.7 angegebenen Standardwerte nicht unterschreiten.

dd) Wenn die Ausführungsvariante ein Brennwertgerät zur Verfeuerung von Erdgas oder leichtem Heizöl vorsieht, dürfen die Kennwerte des Kessels die in DIN V 18599-5: 2018-09 Abschnitt 6.5.4.3.7 angegebenen verbesserten Standardwerte nicht unterschreiten.

ee) Wenn die Ausführungsvariante eine Solaranlage zur Trinkwassererwärmung und Heizungsunterstützung (Kombianlage) vorsieht, muss der Solarkollektor mindestens eine Kollektorfläche in Höhe des 0,17fachen der mit 0,8 potenzierten Bruttogrundfläche des Gebäudes $A_{BGF,\ Gebäude}$ aufweisen. Das Speichervolumen darf nicht weniger als 70 Liter je Quadratmeter Kollektorfläche betragen.

ff) Wenn die Ausführungsvariante eine Solaranlage zur Trinkwassererwärmung vorsieht, muss der Solarkollektor mindestens eine Kollektorfläche in Höhe des 0,09fachen der mit 0,8 potenzierten Bruttogrundfläche des Gebäudes $A_{BGF,\ Gebäude}$ aufweisen. Das Speichervolumen darf nicht weniger als 77 Liter je Quadratmeter Kollektorfläche betragen.

gg) Wenn die Ausführungsvariante eine Wärmeversorgung aus einem Nah-/Fernwärmenetz oder eine Wärmeversorgung über ein lokales Gerät zur Kraft-Wärme-Kopplung vorsieht, muss ein Primärenergiefaktor für die Wärme von 0,60 oder besser dauerhaft eingehalten werden.

hh) Wenn die Ausführungsvariante eine Luft-Wasser-Wärmepumpe vorsieht, muss die Wärmepumpe mindestens die in DIN V 18599-5: 2018-09 Anhang C.1 Tabelle 60 bis 62 angegebenen Leistungszahlen aufweisen.

---

1) **Amtl. Anm.:** Spezielle Fenstertüren sind Fenstertüren mit Klapp-, Falt-, Schiebe- oder Hebemechanismus.

ii) Wenn die Ausführungsvariante eine Wasser-Wasser-Wärmepumpe vorsieht, muss die Wärmepumpe mindestens die in DIN V 18599-5: 2018-09 Anhang C.1 Tabelle 64 angegebenen Leistungszahlen aufweisen.

jj) Wenn die Ausführungsvariante eine Sole-Wasser-Wärmepumpe vorsieht, muss die Wärmepumpe mindestens die in DIN V 18599-5: 2018-09 Anhang C.1 Tabelle 63 angegebenen Leistungszahlen aufweisen.

kk) Eine zentrale Trinkwassererwärmungsanlage ist gemäß DIN V 18599-8: 2018-09 ein Heizungssystem, bei dem die Wärme in einem Gerät erzeugt und über Verteilleitungen an mehrere Räume eines Gebäudes transportiert wird. Wenn eine Ausführung eine zentrale Trinkwassererwärmung vorsieht, erfolgt diese über den Wärmeerzeuger der Heizung; bei den Anlagenvarianten 2 und 3 über den Wärmeerzeuger der Heizung in Kombination mit der Solaranlage.

ll) Eine dezentrale Trinkwassererwärmungsanlage ist gemäß DIN V 18599-8: 2018-09 ein System, bei dem die Wärme zur Trinkwassererwärmung in einem Gerät erzeugt und im gleichen Raum übergeben wird. Wenn eine Ausführungsvariante eine dezentrale Trinkwassererwärmung vorsieht, erfolgt diese über direkt-elektrische Systeme.

Anlage 6
(zu § 32 Absatz 3)

Zu verwendendes Nutzungsprofil für die Berechnungen des Jahres-Primärenergiebedarfs beim vereinfachten Berechnungsverfahren für ein zu errichtendes Nichtwohngebäude

Nummer	Gebäudetyp und Hauptnutzung	Nutzung	Nutzenergiebedarf Warmwasser*
1	Bürogebäude mit der Hauptnutzung Einzelbüro, Gruppenbüro, Großraumbüro, Besprechung, Sitzung, Seminar	Einzelbüro	0
2	Bürogebäude mit Verkaufseinrichtung oder Gewerbebetrieb und der Hauptnutzung Einzelbüro, Gruppenbüro, Großraumbüro, Besprechung, Sitzung, Seminar	Einzelbüro	0
3	Bürogebäude mit Gaststätte und der Hauptnutzung Einzelbüro, Gruppenbüro, Großraumbüro, Besprechung, Sitzung, Seminar	Einzelbüro	1,5 kWh je Sitzplatz in der Gaststätte und Tag
4	Gebäude des Groß- und Einzelhandels bis 1 000 Quadratmeter Nettogrundfläche mit der Hauptnutzung Groß-, Einzelhandel/Kaufhaus	Einzelhandel/Kaufhaus	0
5	Gewerbebetriebe bis 1 000 Quadratmeter Nettogrundfläche mit der Hauptnutzung Gewerbe	Gewerbliche und industrielle Hallen – leichte Arbeit, überwiegend sitzende Tätigkeit	1,5 kWh je Beschäftigten und Tag
6	Schule, Kindergarten und -tagesstätte, ähnliche Einrichtungen mit der Hauptnutzung Klassenzimmer, Gruppenraum	Klassenzimmer/Gruppenraum	Ohne Duschen: 65 Wh je Quadratmeter und Tag, 200 Nutzungstage
7	Turnhalle mit der Hauptnutzung Turnhalle	Turnhalle	1,5 kWh je Person und Tag
8	Beherbergungsstätte ohne Schwimmhalle, Sauna oder Wellnessbereich mit der Hauptnutzung Hotelzimmer	Hotelzimmer	250 Wh je Quadratmeter und Tag, 365 Nutzungstage

Nummer	Gebäudetyp und Hauptnutzung	Nutzung	Nutzenergiebedarf Warmwasser*
9	Bibliothek mit der Hauptnutzung Lesesaal, Freihandbereich	Bibliothek, Lesesaal	0

* **Amtl. Anm.:** Die flächenbezogenen Werte beziehen sich auf die gesamte Nettogrundfläche des Gebäudes; der monatliche Nutzenergiebedarf für Trinkwarmwasser ist nach DIN V 18599-10: 2018-09, Tabelle 7, Fußnote a zu berechnen.

Anlage 7
(zu § 48)

Höchstwerte der Wärmedurchgangskoeffizienten von Außenbauteilen bei Änderung an bestehenden Gebäuden

Nummer	Erneuerung, Ersatz oder erstmaliger Einbau von Außenbauteilen	Wohngebäude und Zonen von Nichtwohngebäuden mit Raum-Solltemperatur ≥ 19 °C	Zonen von Nichtwohngebäuden mit Raum-Solltemperatur von 12 bis < 19 °C
		Höchstwerte der Wärmedurchgangskoeffizienten U_{max}	
	Bauteilgruppe: Außenwände		
1a*1	Außenwände: – Ersatz oder – erstmaliger Einbau	$U = 0{,}24\ W/(m^2 \cdot K)$	$U = 0{,}35\ W/(m^2 \cdot K)$
1b*1,*2	Außenwände: – Anbringen von Bekleidungen (Platten oder plattenartige Bauteile), Verschalungen, Mauervorsatzschalen oder Dämmschichten auf der Außenseite einer bestehenden Wand oder – Erneuerung des Außenputzes einer bestehenden Wand	$U = 0{,}24\ W/(m^2 \cdot K)$	$U = 0{,}35\ W/(m^2 \cdot K)$
	Bauteilgruppe: Fenster, Fenstertüren, Dachflächenfenster, Glasdächer, Außentüren und Vorhangfassaden		
2a	Gegen Außenluft abgrenzende Fenster und Fenstertüren: – Ersatz oder erstmaliger Einbau des gesamten Bauteils oder – Einbau zusätzlicher Vor- oder Innenfenster	$U_w = 1{,}3\ W/(m^2 \cdot K)$	$U_w = 1{,}9\ W/(m^2 \cdot K)$
2b	Gegen Außenluft abgrenzende Dachflächenfenster: – Ersatz oder erstmaliger Einbau des gesamten Bauteils oder – Einbau zusätzlicher Vor- oder Innenfenster	$U_w = 1{,}4\ W/(m^2 \cdot K)$	$U_w = 1{,}9\ W/(m^2 \cdot K)$
2c*3	Gegen Außenluft abgrenzende Fenster, Fenstertüren und Dachflächenfenster: – Ersatz der Verglasung oder verglaster Flügelrahmen	$U_g = 1{,}1\ W/(m^2 \cdot K)$	Keine Anforderung
2d	Vorhangfassaden in Pfosten-Riegel-Konstruktion, deren Bauart DIN EN ISO 12631: 2018-01 entspricht: – Ersatz oder erstmaliger Einbau des gesamten Bauteils	$U_c = 1{,}5\ W/(m^2 \cdot K)$	$U_c = 1{,}9\ W/(m^2 \cdot K)$
2e*3	Gegen Außenluft abgrenzende Glasdächer: – Ersatz oder erstmaliger Einbau des gesamten Bauteils oder	$U_w/U_g = 2{,}0\ W/(m^2 \cdot K)$	$U_w/U_g = 2{,}7\ W/(m^2 \cdot K)$

Nummer	Erneuerung, Ersatz oder erstmaliger Einbau von Außenbauteilen	Wohngebäude und Zonen von Nichtwohngebäuden mit Raum-Solltemperatur ≥ 19 °C	Zonen von Nichtwohngebäuden mit Raum-Solltemperatur von 12 bis < 19 °C
		Höchstwerte der Wärmedurchgangskoeffizienten U_{max}	
	– Ersatz der Verglasung oder verglaster Flügelrahmen		
2f	Gegen Außenluft abgrenzende Fenstertüren mit Klapp-, Falt-, Schiebe- oder Hebemechanismus: – Ersatz oder erstmaliger Einbau des gesamten Bauteils	U_w = 1,6 W/(m² · K)	U_w = 1,9 W/(m² · K)
3a[*4]	Gegen Außenluft abgrenzende Fenster, Fenstertüren und Dachflächenfenster mit Sonderverglasung: – Ersatz oder erstmaliger Einbau des gesamten Bauteils oder – Einbau zusätzlicher Vor- oder Innenfenster	U_w/U_g = 2,0 W/(m² · K)	U_w/U_g = 2,8 W/(m² · K)
3b[*4]	Gegen Außenluft abgrenzende Fenster, Fenstertüren und Dachflächenfenster mit Sonderverglasung: – Ersatz der Sonderverglasung oder verglaster Flügelrahmen	U_g = 1,6 W/(m² · K)	Keine Anforderung
3c[*3,*4]	Vorhangfassaden in Pfosten-Riegel-Konstruktion, deren Bauart DIN EN ISO 12631: 2018-01 entspricht, mit Sonderverglasung: – Ersatz oder erstmaliger Einbau des gesamten Bauteils	U_c = 2,3 W/(m² · K)	U_c = 3,0 W/(m² · K)
4	Einbau neuer Außentüren (ohne rahmenlose Türanlagen aus Glas, Karusselltüren und kraftbetätigte Türen)	U = 1,8 W/(m² · K) (Türfläche)	U = 1,8 W/(m² · K) (Türfläche)
	Bauteilgruppe: Dachflächen sowie Decken und Wände gegen unbeheizte Dachräume		
5a[*1]	Gegen Außenluft abgrenzende Dachflächen einschließlich Dachgauben sowie gegen unbeheizte Dachräume abgrenzende Decken (oberste Geschossdecken) und Wände (einschließlich Abseitenwände): – Ersatz oder – erstmaliger Einbau Anzuwenden nur auf opake Bauteile	U = 0,24 W/(m² · K)	U = 0,35 W/(m² · K)
5b[*1,*5]	Gegen Außenluft abgrenzende Dachflächen einschließlich Dachgauben sowie gegen unbeheizte Dachräume abgrenzende Decken (oberste Geschossdecken) und Wände (einschließlich Abseitenwände): – Ersatz oder Neuaufbau einer Dachdeckung einschließlich der darunter liegenden Lattungen und Verschalungen oder – Aufbringen oder Erneuerung von Bekleidungen oder Verschalungen oder Einbau von Dämmschichten auf der kalten Seite von Wänden oder – Aufbringen oder Erneuerung von Bekleidungen oder Verschalungen oder Einbau von Dämmschichten auf der kalten Seite von obersten Geschossdecken Anzuwenden nur auf opake Bauteile	U = 0,24 W/(m² · K)	U = 0,35 W/(m² · K)

Nummer	Erneuerung, Ersatz oder erstmaliger Einbau von Außenbauteilen	Wohngebäude und Zonen von Nichtwohngebäuden mit Raum-Solltemperatur ≥ 19 °C	Zonen von Nichtwohngebäuden mit Raum-Solltemperatur von 12 bis < 19 °C
		Höchstwerte der Wärmedurchgangskoeffizienten U_{max}	
5c*1,*5	Gegen Außenluft abgrenzende Dachflächen mit Abdichtung: – Ersatz einer Abdichtung, die flächig das Gebäude wasserdicht abdichtet, durch eine neue Schicht gleicher Funktion (bei Kaltdachkonstruktionen einschließlich darunter liegender Lattungen) Anzuwenden nur auf opake Bauteile	U = 0,20 W/(m² · K)	U = 0,35 W/(m² · K)
	Bauteilgruppe: Wände gegen Erdreich oder unbeheizte Räume (mit Ausnahme von Dachräumen) sowie Decken nach unten gegen Erdreich, Außenluft oder unbeheizte Räume		
6a*1	Wände, die an Erdreich oder an unbeheizte Räume (mit Ausnahme von Dachräumen) grenzen, und Decken, die beheizte Räume nach unten zum Erdreich oder zu unbeheizten Räumen abgrenzen: – Ersatz oder – erstmaliger Einbau	U = 0,30 W/(m² · K)	Keine Anforderung
6b*1,*5	Wände, die an Erdreich oder an unbeheizte Räume (mit Ausnahme von Dachräumen) grenzen, und Decken, die beheizte Räume nach unten zum Erdreich oder zu unbeheizten Räumen abgrenzen: – Anbringen oder Erneuern von außenseitigen Bekleidungen oder Verschalungen, Feuchtigkeitssperren oder Drainagen oder – Anbringen von Deckenbekleidungen auf der Kaltseite	U = 0,30 W/(m² · K)	Keine Anforderung
6c*1,*5	Decken, die beheizte Räume nach unten zum Erdreich, zur Außenluft oder zu unbeheizten Räumen abgrenzen: – Aufbau oder Erneuerung von Fußbodenaufbauten auf der beheizten Seite	U = 0,50 W/(m² · K)	Keine Anforderung
6d*1	Decken, die beheizte Räume nach unten zur Außenluft abgrenzen: – Ersatz oder – Erstmaliger Einbau	U = 0,24 W/(m² · K)	U = 0,35 W/(m² · K)
6e*1,*5	Decken, die beheizte Räume nach unten zur Außenluft abgrenzen, – Anbringen oder Erneuern von außenseitigen Bekleidungen oder Verschalungen, Feuchtigkeitssperren oder Drainagen oder – Anbringen von Deckenbekleidungen auf der Kaltseite	U = 0,24 W/(m² · K)	U = 0,35 W/(m² · K)

*1 **Amtl. Anm.**: Werden Maßnahmen nach den Nummern 1a, 1b, 5a, 5b, 5c, 6a, 6b, 6c, 6d oder 6e ausgeführt und ist die Dämmschichtdicke im Rahmen dieser Maßnahmen aus technischen Gründen begrenzt, so gelten die Anforderungen als erfüllt, wenn die nach anerkannten Regeln der Technik höchstmögliche Dämmschichtdicke eingebaut wird, wobei ein Bemessungswert der Wärmeleitfähigkeit von λ = 0,035 W/(m · K) einzuhalten ist. Abweichend von Satz 1 ist ein Bemessungswert der Wärmeleitfähigkeit von λ = 0,045 W/(m · K) einzuhalten, soweit Dämmmaterialien in Hohlräume eingeblasen oder Dämmmaterialien aus nachwachsenden Rohstoffen verwendet werden. Wird bei Maßnahmen nach Nummer 5b eine Dachdeckung einschließlich darunter liegender Lattungen und

Verschalungen ersetzt oder neu aufgebaut, sind die Sätze 1 und 2 entsprechend anzuwenden, wenn der Wärmeschutz als Zwischensparrendämmung ausgeführt wird und die Dämmschichtdicke wegen einer innenseitigen Bekleidung oder der Sparrenhöhe begrenzt ist. Die Sätze 1 bis 3 sind bei Maßnahmen nach den Nummern 5a, 5b, und 5c nur auf opake Bauteile anzuwenden.

*2 **Amtl. Anm.:** Werden Maßnahmen nach Nummer 1b ausgeführt, müssen die dort genannten Anforderungen nicht eingehalten werden, wenn die Außenwand nach dem 31. Dezember 1983 unter Einhaltung energiesparrechtlicher Vorschriften errichtet oder erneuert worden ist.

*3 **Amtl. Anm.:** Bei Ersatz der Verglasung oder verglaster Flügelrahmen gelten die Anforderungen nach den Nummern 2c, 2e und 3c nicht, wenn der vorhandene Rahmen zur Aufnahme der vorgeschriebenen Verglasung ungeeignet ist. Werden bei Maßnahmen nach Nummer 2c oder bei Maßnahmen nach Nummer 2e Verglasungen oder verglaste Flügelrahmen ersetzt und ist die Glasdicke im Rahmen dieser Maßnahmen aus technischen Gründen begrenzt, so gelten die Anforderungen als erfüllt, wenn eine Verglasung mit einem Wärmedurchgangskoeffizienten von höchstens 1,3 W/(m² · K) eingebaut wird. Werden Maßnahmen nach Nummer 2c an Kasten- oder Verbundfenstern durchgeführt, so gelten die Anforderungen als erfüllt, wenn eine Glastafel mit einer infrarot-reflektierenden Beschichtung mit einer Emissivität $\varepsilon_n \leq 0{,}2$ eingebaut wird.

*4 **Amtl. Anm.:** Sonderverglasungen im Sinne der Nummern 3a, 3b und 3c sind

- Schallschutzverglasungen mit einem bewerteten Schalldämmmaß der Verglasung von $R_{w,R} \geq 40$ dB nach DIN EN ISO 717-1: 2013-06 oder einer vergleichbaren Anforderung,
- Isolierglas-Sonderaufbauten zur Durchschusshemmung, Durchbruchhemmung oder Sprengwirkungshemmung nach anerkannten Regeln der Technik oder
- Isolierglas-Sonderaufbauten als Brandschutzglas mit einer Einzelelementdicke von mindestens 18 mm nach DIN 4102-13: 1990-05 oder einer vergleichbaren Anforderung.

*5 **Amtl. Anm.:** Werden Maßnahmen nach den Nummern 5b, 5c, 6b, 6c oder 6e ausgeführt, müssen die dort genannten Anforderungen nicht eingehalten werden, wenn die Bauteilfläche nach dem 31. Dezember 1983 unter Einhaltung energiesparrechtlicher Vorschriften errichtet oder erneuert worden ist.

Anlage 8
(zu den §§ 69, 70 und 71 Absatz 1)

Anforderungen an die Wärmedämmung von Rohrleitungen und Armaturen

1. Wärmedämmung von Wärmeverteilungs- und Warmwasserleitungen sowie Armaturen in den Fällen des § 69 und § 71 Absatz 1

a) Wärmeverteilungs- und Warmwasserleitungen sowie Armaturen sind wie folgt zu dämmen:

aa) Bei Leitungen und Armaturen mit einem Innendurchmesser von bis zu 22 Millimetern beträgt die Mindestdicke der Dämmschicht, bezogen auf eine Wärmeleitfähigkeit von 0,035 Watt pro Meter und Kelvin, 20 Millimeter.

bb) Bei Leitungen und Armaturen mit einem Innendurchmesser von mehr als 22 Millimetern und bis zu 35 Millimetern beträgt die Mindestdicke der Dämmschicht, bezogen auf eine Wärmeleitfähigkeit von 0,035 Watt pro Meter und Kelvin, 30 Millimeter.

cc) Bei Leitungen und Armaturen mit einem Innendurchmesser von mehr als 35 Millimetern und bis zu 100 Millimetern ist die Mindestdicke der Dämmschicht, bezogen auf eine Wärmeleitfähigkeit von 0,035 Watt pro Meter und Kelvin, gleich dem Innendurchmesser.

dd) Bei Leitungen und Armaturen mit einem Innendurchmesser von mehr als 100 Millimetern beträgt die Mindestdicke der Dämmschicht, bezogen auf eine Wärmeleitfähigkeit von 0,035 Watt pro Meter und Kelvin, 100 Millimeter.

ee) Bei Leitungen und Armaturen nach den Doppelbuchstaben aa bis dd, die sich in Wand- und Deckendurchbrüchen, im Kreuzungsbereich von Leitungen, an Leitungsverbindungsstellen oder bei zentralen Leitungsnetzverteilern befinden, beträgt die Mindestdicke der Dämmschicht, bezogen auf eine Wärmeleitfähigkeit von 0,035 Watt pro Meter und Kelvin, die Hälfte des jeweiligen Wertes nach den Doppelbuchstaben aa bis dd.

ff) Bei Wärmeverteilungsleitungen nach den Doppelbuchstaben aa bis dd, die nach dem 31. Januar 2002 in Bauteilen zwischen beheizten Räumen verschiedener Nutzer verlegt werden, beträgt die Mindestdicke der Dämmschicht, bezogen auf eine Wärmeleitfähigkeit von 0,035 Watt pro Meter und Kelvin, die Hälfte des jeweiligen Wertes nach den Doppelbuchstaben aa bis dd.

gg) Bei Leitungen und Armaturen nach Doppelbuchstabe ff, die sich in einem Fußbodenaufbau befinden, beträgt die Mindestdicke der Dämmschicht, bezogen auf eine Wärmeleitfähigkeit von 0,035 Watt pro Meter und Kelvin, 6 Millimeter.

hh) Soweit in den Fällen des § 69 Wärmeverteilungs- und Warmwasserleitungen an Außenluft grenzen, beträgt die Mindestdicke der Dämmschicht, bezogen auf eine Wärmeleitfähigkeit von 0,035 Watt pro Meter und Kelvin, das Zweifache des jeweiligen Wertes nach den Doppelbuchstaben aa bis dd.

b) In den Fällen des § 69 ist Buchstabe a nicht anzuwenden, soweit sich Wärmeverteilungsleitungen nach Buchstabe a Doppelbuchstabe aa bis dd in beheizten Räumen oder in Bauteilen zwischen beheizten Räumen eines Nutzers befinden und ihre Wärmeabgabe durch frei liegende Absperreinrichtungen beeinflusst werden kann.

c) In Fällen des § 69 ist Buchstabe a nicht anzuwenden auf Warmwasserleitungen bis zu einem Wasserinhalt von 3 Litern, die weder in den Zirkulationskreislauf einbezogen noch mit elektrischer Begleitheizung ausgestattet sind (Stichleitungen) und sich in beheizten Räumen befinden.

2. Wärmedämmung von Kälteverteilungs- und Kaltwasserleitungen sowie Armaturen in den Fällen des § 70

Bei Kälteverteilungs- und Kaltwasserleitungen sowie Armaturen von Raumlufttechnik- und Klimakältesystemen beträgt die Mindestdicke der Dämmschicht, bezogen auf eine Wärmeleitfähigkeit von 0,035 Watt pro Meter und Kelvin, 6 Millimeter.

3. Materialien mit anderen Wärmeleitfähigkeiten

Bei Materialien mit anderen Wärmeleitfähigkeiten als 0,035 Watt pro Meter und Kelvin sind die Mindestdicken der Dämmschichten entsprechend umzurechnen. Für die Umrechnung und die Wärmeleitfähigkeit des Dämmmaterials sind die in anerkannten Regeln der Technik enthaltenen Berechnungsverfahren und Rechenwerte zu verwenden.

4. Gleichwertige Begrenzung

Bei Wärmeverteilungs- und Warmwasserleitungen sowie Kälteverteilungs- und Kaltwasserleitungen dürfen die Mindestdicken der Dämmschichten nach den Nummern 1 und 2 insoweit vermindert werden, als eine gleichwertige Begrenzung der Wärmeabgabe oder der Wärmeaufnahme auch bei anderen Rohrdämmstoffanordnungen und unter Berücksichtigung der Dämmwirkung der Leitungswände sichergestellt ist.

Anlage 9
(zu § 85 Absatz 6)

Umrechnung in Treibhausgasemissionen

1. Angabe in Energiebedarfsausweisen

Die mit dem Gebäudebetrieb verbundene emittierte Menge von Treibhausgasen berechnet sich für die Angabe in Energiebedarfsausweisen wie folgt:

a) Die Treibhausgasemissionen berechnen sich bei fossilen Brennstoffen, bei Biomasse, bei Strom und bei Abwärme aus dem Produkt des nach § 20 oder nach § 21 ermittelten endenergetischen Bedarfswerts des Gebäudes bezüglich des betreffenden Energieträgers und dem auf die eingesetzte Energiemenge bezogenen Emissionsfaktor nach Nummer 3. Der Emissionsfaktor für „gebäudenahe Erzeugung" bei gasförmiger und flüssiger Biomasse darf dabei nur verwendet werden, wenn die Voraussetzungen des § 22 Absatz 1 Nummer 1 oder Nummer 2 erfüllt sind.

b) Wird Wärme aus einer gebäudeintegrierten oder gebäudenahen Kraft-Wärme-Kopplungsanlage bezogen, ist der Emissionsfaktor nach DIN V 18599-9: 2018-09 unter singgemäßer Anwendung der einschlägigen Regelungen in DIN V 18599-1: 2018-09 Anhang A Abschnitt A.4 zu bestimmen und jeweils mit dem nach § 20 oder nach § 21 ermittelten, durch die Kraft-Wärme-Kopplungsanlage gedeckten endenergetischen Bedarfswert des Gebäudes zu multiplizieren.

c) Wird Fernwärme oder -kälte zur Deckung des Endenergiebedarfs (Wärme, Kälte) eingesetzt, die ganz oder teilweise aus Kraft-Wärme-Kopplungsanlagen stammt, und hat der Betreiber des Wärmenetzes einen Emissionsfaktor auf der Grundlage der DIN V 18599-1: 2018-09 Anhang A Abschnitt A.4 und unter Verwendung der Emissionsfaktoren nach Nummer 3 ermittelt und veröffentlicht, ist dieser Emissionsfaktor zu verwenden und mit dem nach § 20 oder nach § 21 ermittelten endenergetischen Bedarfswert des Gebäudes zu multiplizieren.

d) Wird Fernwärme oder -kälte zur Deckung des Endenergiebedarfs (Wärme, Kälte) eingesetzt, die ganz oder teilweise aus Kraft-Wärme-Kopplungsanlagen stammt, und hat der Betreiber des Versorgungsnetzes keinen Emissionsfaktor ermittelt und veröffentlicht, ist der auf die für die Fernwärme oder -kälte eingesetzten Brennstoffe bezogene Emissionsfaktor nach Nummer 3 zu verwenden und mit dem nach § 20 oder nach § 21 ermittelten endenergetischen Bedarfswert des Gebäudes zu multiplizieren.

e) Bei der Ermittlung der Emissionsfaktoren nach Buchstabe c sind die Vorkettenemissionen der einzelnen Energieträger und die Netzverluste zu berücksichtigen. Zur Berücksichtigung der Vorkettenemissionen kann ein pauschaler Aufschlag von 20 Prozent, mindestens aber von 40 Gramm Kohlendioxid-Äquivalent pro Kilowattstunde, auf den ohne Berücksichtigung der Vorkettenemissionen bestimmten Emissionsfaktor angewendet werden.

f) Falls der Wärme-, Kälte- und Strombedarf des Gebäudes aus unterschiedlichen Brennstoffen und Energieträgern gedeckt wird, so ist die Gesamttreibhausgasemission als die Summe der nach § 20 oder nach § 21 ermittelten endenergetischen Bedarfswerte des Gebäudes bezüglich der einzelnen Brennstoffe und Energieträger, jeweils multipliziert mit den betreffenden Emissionsfaktoren, zu ermitteln.

g) Wird Strom aus gebäudenaher erneuerbarer Erzeugung nach § 23 Absatz 2 oder Absatz 3 bilanziell bei der Ermittlung des Primärenergiebedarfs angerechnet, sind zur Ermittlung der Treibhausgasemissionen des Gebäudes zunächst die Emissionen nach Buchstabe a zu ermitteln, die sich ohne Anrechnung von Strom aus gebäudenaher Erzeugung ergeben würden. Der nach Satz 1 ermittelte Wert ist durch den Endenergiebedarf des Gebäudes zu dividieren. Der nach Satz 2 ermittelte mittlere Emissionsfaktor des Gebäudes ist mit dem durch 1,8 dividierten, nach § 23 Absatz 2 oder Absatz 3 ermittelten primärenergetisch anrechenbaren Anteil des Stroms aus gebäudenaher Erzeugung zu multiplizieren. Die Treibhausgasemissionen des Gebäudes ergeben sich nach Abzug des nach Satz 3 ermittelten Werts von den nach Satz 1 ermittelten Emissionen des Gebäudes.

h) Für Gebäude, auf die § 23 Absatz 4 anzuwenden ist, ist abweichend von Buchstabe g das in § 23 Absatz 4 bestimmte Verfahren zur Bestimmung des endenergetischen Strombedarfswerts nach Anrechnung des gebäudenah erzeugten erneuerbaren Stroms anzuwenden. Der nach Satz 1 ermittelte Wert ist dann zur Ermittlung der Treibhausgasemissionen des Gebäudes nach Buchstabe a oder Buchstabe f zu verwenden.

2. Angabe in Energieverbrauchsausweisen

Die mit dem Gebäudebetrieb verbundenen Treibhausgasemissionen berechnen sich als Summe der Energieverbrauchswerte aus dem Energieverbrauchsausweis bezüglich der einzelnen Energieträger, jeweils multipliziert mit den entsprechenden Emissionsfaktoren nach Nummer 3.

3. Emissionsfaktoren

Nummer	Kategorie	Energieträger	Emissionsfaktor [g CO_2-Äquivalent pro kWh]
1	Fossile Brennstoffe	Heizöl	310
2		Erdgas	240
3		Flüssiggas	270
4		Steinkohle	400
5		Braunkohle	430
6	Biogene Brennstoffe	Biogas	140
7		Biogas, gebäudenah erzeugt	75
8		Biogenes Flüssiggas	180
9		Bioöl	210
10		Bioöl, gebäudenah erzeugt	105
11		Holz	20
12	Strom	netzbezogen	560
13		gebäudenah erzeugt (aus Photovoltaik oder Windkraft)	0
14		Verdrängungsstrommix	860
15	Wärme, Kälte	Erdwärme, Geothermie, Solarthermie, Umgebungswärme	0
16		Erdkälte, Umgebungskälte	0

Nummer	Kategorie	Energieträger	Emissionsfaktor [g CO_2-Äquivalent pro kWh]
17		Abwärme aus Prozessen	40
18		Wärme aus KWK, gebäudeintegriert oder gebäudenah	nach DIN V 18599-9:2018-09
19		Wärme aus Verbrennung von Siedlungsabfällen (unter pauschaler Berücksichtigung von Hilfsenergie und Stützfeuerung)	20
20	Nah-/Fernwärme aus KWK mit Deckungsanteil der KWK an der Wärmeerzeugung von mindestens 70 Prozent	Brennstoff: Stein-/Braunkohle	300
21		Gasförmige und flüssige Brennstoffe	180
22		Erneuerbarer Brennstoff	40
23	Nah-/Fernwärme aus Heizwerken	Brennstoff: Stein-/Braunkohle	400
24		Gasförmige und flüssige Brennstoffe	300
25		Erneuerbarer Brennstoff	60

Anlage 10
(zu § 86)

Energieeffizienzklassen von Wohngebäuden

Energieeffizienzklasse	Endenergie [Kilowattstunden pro Quadratmeter Gebäudenutzfläche und Jahr]
A+	≤ 30
A	≤ 50
B	≤ 75
C	≤ 100
D	≤ 130
E	≤ 160
F	≤ 200
G	≤ 250
H	> 250

Anlage 11
(zu § 88 Absatz 2 Nummer 2)

Anforderungen an die Inhalte der Schulung für die Berechtigung zur Ausstellung von Energieausweisen

1. Zweck der Schulung

Die nach § 88 Absatz 2 Nummer 2 verlangte Schulung soll die Aussteller von Energieausweisen in die Lage versetzen, bei der Ausstellung solcher Energieausweise die Vorschriften dieses Gesetzes einschließlich des technischen Regelwerks zum energiesparenden Bauen sachgemäß anzuwenden. Die Schulung soll praktische Übungen einschließen und insbesondere die im Folgenden genannten Fachkenntnisse vermitteln.

2. Inhaltliche Schwerpunkte der Schulung zu Wohngebäuden

a) Bestandsaufnahme und Dokumentation des Gebäudes, der Baukonstruktion und der technischen Anlagen
Ermittlung, Bewertung und Dokumentation des Einflusses der geometrischen und energetischen Kennwerte der Gebäudehülle einschließlich aller Einbauteile und Wärmebrücken, der Luftdichtheit und Erkennen von Leckagen, der bauphysikalischen Eigenschaften von Baustoffen und Bauprodukten einschließlich der damit verbundenen konstruktiv-statischen Aspekte, der energetischen Kennwerte

von anlagentechnischen Komponenten einschließlich deren Betriebseinstellung und Wartung, der Auswirkungen des Nutzerverhaltens und von Leerstand und von Klimarandbedingungen und Witterungseinflüssen auf den Energieverbrauch.

b) Beurteilung der Gebäudehülle
Ermittlung von Eingangs- und Berechnungsgrößen für die energetische Berechnung, wie zum Beispiel Wärmeleitfähigkeit, Wärmedurchlasswiderstand, Wärmedurchgangskoeffizient, Transmissionswärmeverlust, Lüftungswärmebedarf und nutzbare interne und solare Wärmegewinne. Durchführung der erforderlichen Berechnungen nach DIN V 18599 oder DIN V 4108-6 sowie Anwendung vereinfachter Annahmen und Berechnungs- und Beurteilungsmethoden. Berücksichtigung von Maßnahmen des sommerlichen Wärmeschutzes und Berechnung nach DIN 4108-2, Kenntnisse über Luftdichtheitsmessungen und die Ermittlung der Luftdichtheitsrate.

c) Beurteilung von Heizungs- und Warmwasserbereitungsanlagen
Detaillierte Beurteilung von Komponenten einer Heizungsanlage zur Wärmeerzeugung, Wärmespeicherung, Wärmeverteilung und Wärmeabgabe. Kenntnisse über die Interaktion von Gebäudehülle und Anlagentechnik, Durchführung der Berechnungen nach DIN V 18599 oder DIN V 4701-10, Beurteilung von Systemen der alternativen und erneuerbaren Energie- und Wärmeerzeugung.

d) Beurteilung von Lüftungs- und Klimaanlagen
Bewertung unterschiedlicher Arten von Lüftungsanlagen und deren Konstruktionsmerkmalen, Berücksichtigung der Brand- und Schallschutzanforderungen für lüftungstechnische Anlagen, Durchführung der Berechnungen nach DIN V 18599 oder DIN V 4701-10, Grundkenntnisse über Klimaanlagen.

e) Erbringung der Nachweise
Kenntnisse über energetische Anforderungen an Wohngebäude und das Bauordnungsrecht, insbesondere des Mindestwärmeschutzes, die Durchführung der Nachweise und Berechnungen des Jahres-Primärenergiebedarfs, die Ermittlung des Energieverbrauchs und seine rechnerische Bewertung einschließlich der Witterungsbereinigung und über die Ausstellung eines Energieausweises.

f) Grundlagen der Beurteilung von Modernisierungsempfehlungen einschließlich ihrer technischen Machbarkeit und Wirtschaftlichkeit
Kenntnisse und Erfahrungswerte über Amortisations- und Wirtschaftlichkeitsberechnung für einzelne Bauteile und Anlagen einschließlich Investitionskosten und Kosteneinsparungen, über erfahrungsgemäß wirtschaftlich rentable, im Allgemeinen verwirklichungsfähige Modernisierungsempfehlungen für kosteneffiziente Verbesserungen der energetischen Eigenschaften des Wohngebäudes, über Vor- und Nachteile bestimmter Verbesserungsvorschläge unter Berücksichtigung bautechnischer und rechtlicher Rahmenbedingungen (zum Beispiel bei Wechsel des Heizenergieträgers, Grenzbebauung, Grenzabstände), über aktuelle Förderprogramme, über tangierte bauphysikalische und statisch-konstruktive Einflüsse, wie zum Beispiel Wärmebrücken, Tauwasseranfall (Kondensation), Wasserdampftransport, Schimmelpilzbefall, Bauteilanschlüsse und Vorschläge für weitere Abdichtungsmaßnahmen, über die Auswahl von Materialien zur Herstellung der Luftdichtheit nach den Gesichtspunkten der Verträglichkeit der Wirksamkeit sowie der Dauerhaftigkeit und über Auswirkungen von wärmeschutztechnischen Maßnahmen auf den Schall- und Brandschutz. Erstellung erfahrungsgemäß wirtschaftlich rentabler, im Allgemeinen verwirklichungsfähiger Modernisierungsempfehlungen für kosteneffiziente Verbesserungen der energetischen Eigenschaften.

3. Inhaltliche Schwerpunkte der Schulung zu Nichtwohngebäuden

Zusätzlich zu den unter Nummer 2 aufgeführten Schwerpunkten soll die Schulung insbesondere die nachfolgenden Fachkenntnisse zu Nichtwohngebäuden vermitteln:

a) Bestandsaufnahme und Dokumentation des Gebäudes, der Baukonstruktion und der technischen Anlagen
Energetische Modellierung eines Gebäudes – hierzu gehören beheiztes oder gekühltes Volumen, konditionierte oder nicht konditionierte Räume, Versorgungsbereich der Anlagentechnik –, Ermittlung der Systemgrenze und Einteilung des Gebäudes in Zonen nach entsprechenden Nutzungsrandbedingungen, Zuordnung von geometrischen und energetischen Kenngrößen zu den Zonen und Versorgungsbereichen, Zusammenwirken von Gebäude und Anlagentechnik mit Verrechnung von Bilanzanteilen, Anwendung vereinfachter Verfahren, zum Beispiel die Anwendung des Ein-Zonen-Modells, Bestimmung von Wärmequellen und -senken und des Nutzenergiebedarfs von Zonen, Ermittlung, Bewertung und Dokumentation der energetischen Kennwerte von raumlufttechnischen Anlagen, insbesondere von Klimaanlagen, und Beleuchtungssystemen.

b) Beurteilung der Gebäudehülle
Ermittlung von Eingangs- und Berechnungsgrößen und energetische Bewertung von Fassadensystemen, insbesondere von Vorhang- und Glasfassaden, Bewertung von Systemen für den sommerlichen Wärmeschutz und von Verbauungs- und Verschattungssituationen.

c) Beurteilung von Heizungs- und Warmwasserbereitungsanlagen
Berechnung des Endenergiebedarfs für Heizungs- und Warmwasserbereitung einschließlich der Verluste in den technischen Prozessschritten nach DIN V 18599-5 und DIN V 18599-8, Beurteilung von Kraft-Wärme-Kopplungsanlagen nach DIN V 18599-9, Bilanzierung von Nah- und Fernwärmesystemen und der Nutzung erneuerbarer Energien.

d) Beurteilung von raumlufttechnischen Anlagen und sonstigen Anlagen zur Kühlung
Berechnung des Kühlbedarfs von Gebäuden (Nutzkälte) und der Nutzenergie für die Luftaufbereitung, Bewertung unterschiedlicher Arten von raumlufttechnischen Anlagen und deren Konstruktionsmerkmalen, Berücksichtigung der Brand- und Schallschutzanforderungen für diese Anlagen, Berechnung des Energiebedarfs für die Befeuchtung mit einem Dampferzeuger, Ermittlung von Übergabe- und Verteilverlusten, Bewertung von Bauteiltemperierungen, Durchführung der Berechnungen nach DIN V 18599-2, DIN V 18599-3 und DIN V 18599-7 und der Nutzung erneuerbarer Energien.

e) Beurteilung von Beleuchtungs- und Belichtungssystemen
Berechnung des Endenergiebedarfs für die Beleuchtung nach DIN V 18599-4, Bewertung der Tageslichtnutzung, zum Beispiel der Fenster, der Tageslichtsysteme, des Beleuchtungsniveaus, des Wartungswertes sowie der Beleuchtungsstärke, der tageslichtabhängigen Kunstlichtregelung, zum Beispiel der Art, der Kontrollstrategie, des Funktionsumfangs, sowie des Schaltsystems und der Kunstlichtbeleuchtung, zum Beispiel der Lichtquelle, der Vorschaltgeräte sowie der Leuchten.

f) Erbringung der Nachweise
Kenntnisse über energetische Anforderungen an Nichtwohngebäude und das Bauordnungsrecht, insbesondere den Mindestwärmeschutz, Durchführung der Nachweise und Berechnungen des Jahres-Primärenergiebedarfs, Ermittlung des Energieverbrauchs und seine rechnerische Bewertung einschließlich der Witterungsbereinigung, Ausstellung eines Energieausweises.

g) Grundlagen der Beurteilung von Modernisierungsempfehlungen einschließlich ihrer technischen Machbarkeit und Wirtschaftlichkeit
Erstellung von erfahrungsgemäß wirtschaftlich rentablen, im Allgemeinen verwirklichungsfähigen Modernisierungsempfehlungen für kosteneffiziente Verbesserungen der energetischen Eigenschaften für Nichtwohngebäude.

4. Umfang der Schulung

Der Umfang der Fortbildung insgesamt sowie der einzelnen Schwerpunkte soll dem Zweck und den Anforderungen dieser Anlage sowie der Vorbildung der jeweiligen Teilnehmer Rechnung tragen.

220. Gesetz zur Einsparung von Energie in Gebäuden (Energieeinsparungsgesetz – EnEG) [1)2)]

In der Fassung der Bekanntmachung vom 1. September 2005[3)]
(BGBl. I S. 2684)

FNA 754-4

geänd. durch Art. 1 Drittes ÄndG v. 28.3.2009 (BGBl. I S. 643), Art. 1 Viertes ÄndG v. 4.7.2013 (BGBl. I S. 2197) und Art. 10 Abs. 1 Satz 2 Nr. 1 G zur Vereinheitlichung des Energieeinsparrechts für Gebäude und zur Änd. weiterer Gesetze v. 8.8.2020 (BGBl. I S. 1728)

§ 1 Energiesparender Wärmeschutz bei zu errichtenden Gebäuden.

(1) Wer ein Gebäude errichtet, das seiner Zweckbestimmung nach beheizt oder gekühlt werden muss, hat, um Energie zu sparen, den Wärmeschutz nach Maßgabe der nach Absatz 2 zu erlassenden Rechtsverordnung so zu entwerfen und auszuführen, dass beim Heizen und Kühlen vermeidbare Energieverluste unterbleiben.

(2) [1]Die Bundesregierung wird ermächtigt, durch Rechtsverordnung[4)] mit Zustimmung des Bundesrates Anforderungen an den Wärmeschutz von Gebäuden und ihren Bauteilen festzusetzen. [2]Die Anforderungen können sich auf die Begrenzung des Wärmedurchgangs sowie der Lüftungswärmeverluste und auf ausreichende raumklimatische Verhältnisse beziehen. [3]Bei der Begrenzung des Wärmedurchgangs ist der gesamte Einfluss der die beheizten oder gekühlten Räume nach außen und zum Erdreich abgrenzenden sowie derjenigen Bauteile zu berücksichtigen, die diese Räume gegen Räume abweichender Temperatur abgrenzen. [4]Bei der Begrenzung von Lüftungswärmeverlusten ist der gesamte Einfluss der Lüftungseinrichtungen, der Dichtheit von Fenstern und Türen sowie der Fugen zwischen einzelnen Bauteilen zu berücksichtigen.

(3) Soweit andere Rechtsvorschriften höhere Anforderungen an den baulichen Wärmeschutz stellen, bleiben sie unberührt.

§ 2 Energiesparende Anlagentechnik bei Gebäuden. (1) Wer Heizungs-, raumlufttechnische, Kühl-, Beleuchtungs- sowie Warmwasserversorgungsanlagen oder -einrichtungen in Gebäude einbaut oder einbauen lässt oder in Gebäuden aufstellt oder aufstellen lässt, hat bei Entwurf, Auswahl und Ausführung dieser Anlagen und Einrichtungen nach Maßgabe der nach den Absätzen 2 und 3 zu erlassenden Rechtsverordnungen dafür Sorge zu tragen, dass nicht mehr Energie verbraucht wird, als zur bestimmungsgemäßen Nutzung erforderlich ist.

(2) [1]Die Bundesregierung wird ermächtigt, durch Rechtsverordnung[5)] mit Zustimmung des Bundesrates vorzuschreiben, welchen Anforderungen die Beschaffenheit und die Ausführung der in Absatz 1 genannten Anlagen und Einrich-

---

[1)] **Aufgehoben mit Ablauf des 31.10.2020** durch Art. 10 Abs. 1 Satz 2 Nr. 1 G v. 8.8.2020 (BGBl. I S. 1728); siehe ab dem 1.11.2020 das Gebäudeenergiegesetz (Nr. **215**) v. 8.8.2020 (BGBl. I S. 1728).

[2)] **Amtl. Anm.:** Dieses Gesetz dient der Umsetzung der Richtlinie 2002/91/EG des Europäischen Parlaments und des Rates vom 16. Dezember 2002 über die Gesamtenergieeffizienz von Gebäuden (ABl. EG 2003 Nr. L 1 S. 65).

[3)] Neubekanntmachung des EnEG v. 22.7.1976 (BGBl. I S. 1873) in der ab 8.9.2005 geltenden Fassung.

[4)] Siehe die EnergieeinsparVO (Nr. **221**).

[5)] Siehe die HeizkostenVO (Nr. **218**) und die EnergieeinsparVO (Nr. **221**).

tungen genügen müssen, damit vermeidbare Energieverluste unterbleiben. [2] Für zu errichtende Gebäude können sich die Anforderungen beziehen auf

1. den Wirkungsgrad, die Auslegung und die Leistungsaufteilung der Wärme- und Kälteerzeuger,
2. die Ausbildung interner Verteilungsnetze,
3. die Begrenzung der Warmwassertemperatur,
4. die Einrichtungen der Regelung und Steuerung der Wärme- und Kälteversorgungssysteme,
5. den Einsatz von Wärmerückgewinnungsanlagen,
6. die messtechnische Ausstattung zur Verbrauchserfassung,
7. die Effizienz von Beleuchtungssystemen, insbesondere den Wirkungsgrad von Beleuchtungseinrichtungen, die Verbesserung der Tageslichtnutzung, die Ausstattung zur Regelung und Abschaltung dieser Systeme,
8. weitere Eigenschaften der Anlagen und Einrichtungen, soweit dies im Rahmen der Zielsetzung des Absatzes 1 auf Grund der technischen Entwicklung erforderlich wird.

(3) [1] Die Absätze 1 und 2 gelten entsprechend, soweit in bestehende Gebäude bisher nicht vorhandene Anlagen oder Einrichtungen eingebaut oder vorhandene ersetzt, erweitert oder umgerüstet werden. [2] Bei wesentlichen Erweiterungen oder Umrüstungen können die Anforderungen auf die gesamten Anlagen oder Einrichtungen erstreckt werden. [3] Außerdem können Anforderungen zur Ergänzung der in Absatz 1 genannten Anlagen und Einrichtungen mit dem Ziel einer nachträglichen Verbesserung des Wirkungsgrades und einer Erfassung des Energieverbrauchs gestellt werden.

(4) Soweit andere Rechtsvorschriften höhere Anforderungen an die in Absatz 1 genannten Anlagen und Einrichtungen stellen, bleiben sie unberührt.

§ 2a[1)] Zu errichtende Niedrigstenergiegebäude. (1) [1] Wer nach dem 31. Dezember 2020 ein Gebäude errichtet, das nach seiner Zweckbestimmung beheizt oder gekühlt werden muss, hat das Gebäude, um Energie zu sparen, als Niedrigstenergiegebäude nach Maßgabe der nach Absatz 2 zu erlassenden Rechtsverordnung zu errichten. [2] Für zu errichtende Nichtwohngebäude, die im Eigentum von Behörden stehen und von Behörden genutzt werden sollen, gilt die Pflicht nach Satz 1 nach dem 31. Dezember 2018. [3] Ein Niedrigstenergiegebäude ist ein Gebäude, das eine sehr gute Gesamtenergieeffizienz aufweist; der Energiebedarf des Gebäudes muss sehr gering sein und soll, soweit möglich, zu einem ganz wesentlichen Teil durch Energie aus erneuerbaren Quellen gedeckt werden. [4] Die §§ 1 und 2 bleiben unberührt.

(2) Die Bundesregierung wird ermächtigt, durch Rechtsverordnung mit Zustimmung des Bundesrates die Anforderungen an die Gesamtenergieeffizienz von Niedrigstenergiegebäuden zu regeln, denen zu errichtende Gebäude genügen müssen.

(Fortsetzung nächstes Blatt)

---

1) § 2a eingef. mWv 13.7.2013 durch G v. 4.7.2013 (BGBl. I S. 2197).

221. Verordnung über energiesparenden Wärmeschutz und energiesparende Anlagentechnik bei Gebäuden (Energieeinsparverordnung – EnEV)[1)2)]

Vom 24. Juli 2007
(BGBl. I S. 1519)

FNA 754-4-10

geänd. durch Art. 1 ÄndVO v. 29.4.2009 (BGBl. I S. 954), Art. 4 G zur Anpassung des BauproduktenG und weiterer Rechtsvorschriften an die VO (EU) Nr. 305/2011 zur Festlegung harmonisierter Bedingungen für die Vermarktung von Bauprodukten v. 5.12.2012 (BGBl. I S. 2449), Art. 1a Viertes G zur Änd. des EnergieeinsparungsG v. 4.7.2013 (BGBl. I S. 2197), Art. 1 Zweite ÄndVO v. 18.11.2013 (BGBl. I S. 3951), Art. 326 Zehnte ZuständigkeitsanpassungsVO v. 31.8.2015 (BGBl. I S. 1474), Art. 3 VO zum AsylverfahrensbeschleunigungsG v. 24.10.2015 (BGBl. I S. 1789), Art. 257 Elfte ZuständigkeitsanpassungsVO v. 19.6.2020 (BGBl. I S. 1328) und Art. 10 Abs. 1 Satz 2 Nr. 2 G zur Vereinheitlichung des Energieeinsparrechts für Gebäude und zur Änd. weiterer Gesetze v. 8.8.2020 (BGBl. I S. 1728)

Zur EnergieeinsparVO wurden folgende Ländervorschriften erlassen:

- **Baden-Württemberg:** Verordnung der Landesregierung und des Umweltministeriums zur Durchführung der Energieeinsparverordnung (EnEV-Durchführungsverordnung - EnEV-DVO) v. 8.11.2016 (GBl. S. 600, ber. 2017 S. 74), zuletzt geänd. durch G v. 11.2.2020 (GBl. S. 37); Landesbauordnung für Baden-Württemberg (LBO) idF der Bek. v. 5.3.2010 (GBl. S. 357, ber. S. 416), zuletzt geänd. durch G v. 18.7.2019 (GBl. S. 313)
- **Bayern:** Verordnung zur Ausführung energiewirtschaftlicher Vorschriften (AVEn) v. 22.1.2002 (GVBl. S. 18), zuletzt geänd. durch G v. 23.12.2020 (GVBl. S. 663); Art. 61 Bayerische Bauordnung (BayBO) idF der Bek. v. 14.8.2007 (GVBl. S. 588), zuletzt geänd. durch G v. 23.12.2020 (GVBl. S. 663)
- **Berlin:** Verordnung zur Durchführung der Energieeinsparverordnung in Berlin (EnEV-Durchführungsverordnung Berlin – EnEV-DVO Bln) v. 18.12.2009 (GVBl. S. 889), zuletzt geänd. durch VO v. 9.1.2018 (GVBl. S. 144); §§ 55, 66, 67 Bauordnung für Berlin (BauO Bln) v. 29.9.2005 (GVBl. S. 495), zuletzt geänd. durch G v. 12.10.2020 (GVBl. S. 807)
- **Brandenburg:** Brandenburgische Bauordnung idF der Bek. v. 15.11.2018 (GVBl. I Nr. 39), zuletzt geänd. durch G v. 18.12.2020 (GVBl. I Nr. 44); Verordnung über die Anwendung von Verordnungen nach § 14 des Geräte- und Produktsicherheitsgesetzes für bauliche Anlagen im Land Brandenburg (BbgBauGPSGV) v. 19.12.2006 (GVBl. 2007 II S. 22)
- **Bremen:** Verordnung zur Durchführung der Energieeinsparverordnung und des Erneuerbare- Energien-Wärmegesetzes im Land Bremen (EnEV/EEWärmeGV) v. 8.12.2015 (Brem.GBl. S. 546), geänd. durch Bek. v. 20.10.2020 (Brem.GBl. S. 1172); §§ 56, 70 Bremische Landesbauordnung (Brem LBO) v. 4.9.2018 (Brem.GBl. S. 320), zuletzt geänd. durch G v. 22.9.2020 (Brem.GBl. S. 963)
- **Hamburg:** Hamburgisches Gesetz zum Schutz des Klimas (Hamburgisches Klimaschutzgesetz – HmbKliSchG) v. 20.2.2020 (HmbGVBl. S. 148), geänd. durch G v. 12.5.2020 (HmbGVBl. S. 280); Hamburgische Bauordnung (HBauO) v. 14.12.2005 (HmbGVBl. S. 525, ber. S. 563), zuletzt geänd. durch G v. 20.2.2020 (HmbGVBl. S. 148)
- **Hessen:** Verordnung über das Verfahren nach der Verordnung über Heizkostenabrechnung und der Energieeinsparverordnung (Heizkosten- und Energieverfahrensverordnung – HEVV) v. 3.2.2009 (GVBl. I S. 30), zuletzt geänd. durch VO v. 17.2.2020 (GVBl. S. 122); Hessische Bauordnung (HBO) v. 28.5.2018 (GVBl. S. 198), zuletzt geänd. durch G v. 3.6.2020 (GVBl. S. 378)
- **Mecklenburg-Vorpommern:** Verordnung zur Durchführung der Energieeinsparverordnung (EnEV-Durchführungsverordnung – EnEVDVO M-V) v. 21.9.2010 (GVOBl. M-V S. 521); Landesbauordnung

---

[1)] **Aufgehoben mit Ablauf des 31.10.2020** durch Art. 10 Abs. 1 Satz 2 Nr. 2 G v. 8.8.2020 (BGBl. I S. 1728); siehe ab dem 1.11.2020 das Gebäudeenergiegesetz (Nr. **215**) v. 8.8.2020 (BGBl. I S. 1728).

[2)] **Amtl. Anm.:** Die §§ 1 bis 5, 8, 9, 11 Abs. 3, §§ 12, 15 bis 22, § 24 Abs. 1, §§ 26, 27 und 29 dienen der Umsetzung der Richtlinie 2002/91/EG des Europäischen Parlaments und des Rates vom 16. Dezember 2002 über die Gesamtenergieeffizienz von Gebäuden (ABl. EG Nr. L 1 S. 65). § 13 Abs. 1 bis 3 und § 27 dienen der Umsetzung der Richtlinie 92/42/EWG des Rates vom 21. Mai 1992 über die Wirkungsgrade von mit flüssigen oder gasförmigen Brennstoffen beschickten neuen Warmwasserheizkesseln (ABl. EG Nr. L 167 S. 17, L 195 S. 32), zuletzt geändert durch die Richtlinie 2005/32/EG des Europäischen Parlaments und des Rates vom 6. Juli 2005 (ABl. EU Nr. L 191 S. 29).

Mecklenburg-Vorpommern (LBauO M-V) idF der Bek. v. 15.10.2015 (GVOBl. M-V S. 334, ber. 2016 S. 28), zuletzt geänd. durch G v. 19.11.2019 (GVOBl. M-V S. 682)
– **Niedersachsen:** Verordnung zur Durchführung der Energieeinsparverordnung (DVO – EnEV) v. 18.8. 2008 (Nds. GVBl. S. 269), zuletzt geänd. durch VO v. 2.3.2018 (Nds. GVBl. S. 40); Niedersächsische Bauordnung v. 3.4.2012 (Nds. GVBl. S. 46), zuletzt geänd. durch G v. 10.11.2020 (Nds. GVBl. S. 384)
– **Nordrhein-Westfalen:** Verordnung zur Umsetzung der Energieeinsparverordnung (EnEV – UVO) v. 31.5.2002 (GV. NRW. S. 210, ber. S. 367), zuletzt geänd. durch VO v. 8.10.2018 (GV. NRW. S. 581); Bauordnung für das Land Nordrhein-Westfalen (Landesbauordnung 2018 – BauO NRW 2018) v. 21.7. 2018 (GV. NRW. S. 421), zuletzt geänd. durch G v. 1.12.2020 (GV. NRW. S. 1109)
– **Rheinland-Pfalz:** Landesverordnung über Zuständigkeiten auf dem Gebiet der Energieeinsparung (EnEZV) v. 4.3.2005 (GVBl. S. 84), zuletzt geänd. durch VO v. 24.7.2014 (GVBl. S. 145); Landesbauordnung Rheinland-Pfalz (LBauO) v. 24.11.1998 (GVBl. S. 365), zuletzt geänd. durch G v. 18.6.2019 (GVBl. S. 112)
– **Saarland:** Gesetz über Zuständigkeiten nach der Energieeinsparverordnung und dem Erneuerbare-Energien-Wärmegesetz v. 18.5.2016 (Amtsbl. I S. 570); Landesbauordnung v. 18.2.2004 (Amtsbl. S. 822), zuletzt geänd. durch G v. 4.12.2019 (Amtsbl. 2020 I S. 211, ber. S. 760)
– **Sachsen:** Verordnung der Sächsischen Staatsregierung zur Durchführung der Energieeinsparverordnung (EnEV-Durchführungsverordnung – SächsEnEVDVO) v. 19.9.2016 (SächsGVBl. S. 346), geänd. durch VO v. 26.6.2017 (SächsGVBl. S. 367); Sächsische Bauordnung (SächsBO) idF der Bek. v. 11.5. 2016 (SächsGVBl. S. 186), zuletzt geänd. durch G v. 11.12.2018 (SächsGVBl. S. 706)
– **Sachsen-Anhalt:** Energieeinspar-Durchführungsverordnung v. 12.12.2018 (GVBl. LSA S. 427); Bauordnung des Landes Sachsen-Anhalt (BauO LSA) idF der Bek. v. 10.9.2013 (GVBl. LSA S. 440), zuletzt geänd. durch G v. 18.11.2020 (GVBl. LSA S. 660)
– **Schleswig-Holstein:** Landesverordnung über die zuständigen Behörden nach dem Energieeinsparungsgesetz v. 27.9.2002 (GVOBl. Schl.-H. S. 210), zuletzt geänd. durch VO v. 23.9.2016 (GVOBl. Schl.-H. S. 835); Landesbauordnung für das Land Schleswig-Holstein (LBO) v. 22.1.2009 (GVOBl. Schl.-H. S. 6), zuletzt geänd. durch G v. 1.10.2019 (GVOBl. Schl.-H. S. 398)
– **Thüringen:** Thüringer Verordnung über Zuständigkeiten auf den Gebieten der Energieeinsparung und der Verbrauchskennzeichnung v. 5.12.2006 (GVBl. S. 553), zuletzt geänd. durch G v. 18.12.2018 (GVBl. S. 731); Thüringer Bauordnung (ThürBO) v. 13.3.2014 (GVBl. S. 49), zuletzt geänd. durch G v. 23.11.2020 (GVBl. S. 561)

Auf Grund des § 1 Abs. 2, des § 2 Abs. 2 und 3, des § 3 Abs. 2, des § 4, jeweils in Verbindung mit § 5, sowie des § 5a Satz 1 und 2 des Energieeinsparungsgesetzes[1] in der Fassung der Bekanntmachung vom 1. September 2005 (BGBl. I S. 2684) verordnet die Bundesregierung:

Inhaltsübersicht[2]

---

[1] Nr. **220**.

[2] Inhaltsübersicht geänd. mWv 1.10.2009 durch VO v. 29.4.2009 (BGBl. I S. 954); geänd. mWv 13.7. 2013 durch G v. 4.7.2013 (BGBl. I S. 2197) und nichtamtlich an weitere Änderungen durch dieses G angepasst; geänd. mWv 1.5.2014 durch VO v. 18.11.2013 (BGBl. I S. 3951); geänd. mWv 28.10.2015 durch VO v. 24.10.2015 (BGBl. I S. 1789).

224. Gesetz zur Förderung Erneuerbarer Energien im Wärmebereich (Erneuerbare-Energien-Wärmegesetz – EEWärmeG) [1) 2)3)]

Vom 7. August 2008
(BGBl. I S. 1658)

FNA 754-21

geänd. durch Art. 3 G zur Änd. der Förderung von Biokraftstoffen v. 15.7.2009 (BGBl. I S. 1804), Art. 2 Europarechtsanpassungsgesetz Erneuerbare Energien v. 12.4.2011 (BGBl. I S. 619), Art. 14 G zur Anpassung der Rechtsgrundlagen für die Fortentwicklung des Emissionshandels v. 21.7.2011 (BGBl. I S. 1475), Art. 7 G zur Neuregelung des Rechtsrahmens für die Förderung der Stromerzeugung aus erneuerbaren Energien v. 28.7.2011 (BGBl. I S. 1634), Art. 2 Abs. 68 G zur Änd. von Vorschriften über Verkündung und Bekanntmachungen sowie der ZPO, des EGZPO und der AO v. 22.12.2011 (BGBl. I S. 3044), Art. 14 G zur grundlegenden Reform des EEG und zur Änd. weiterer Bestimmungen des Energiewirtschaftsrechts v. 21.7.2014 (BGBl. I S. 1066), Art. 333 Zehnte ZuständigkeitsanpassungsVO v. 31.8.2015 (BGBl. I S. 1474), Art. 9 AsylverfahrensbeschleunigungsG v. 20.10.2015 (BGBl. I S. 1722), Art. 261 Elfte ZuständigkeitsanpassungsVO v. 19.6.2020 (BGBl. I S. 1328) und Art. 10 Abs. 1 Satz 2 Nr. 3 G zur Vereinheitlichung des Energieeinsparrechts für Gebäude und zur Änd. weiterer Gesetze v. 8.8.2020 (BGBl. I S. 1728)

Der Bundestag hat das folgende Gesetz beschlossen:

Inhaltsübersicht[4)]

Teil 1. Allgemeine Bestimmungen

Teil 2. Nutzung Erneuerbarer Energien

---

1) **Aufgehoben mit Ablauf des 31.10.2020** durch Art. 10 Abs. 1 Satz 2 Nr. 3 G v. 8.8.2020 (BGBl. I S. 1728); siehe ab dem 1.11.2020 das Gebäudeenergiegesetz (Nr. **215**) v. 8.8.2020 (BGBl. I S. 1728).

2) Zum EEWärmeG haben die Länder ua folgende Vorschriften erlassen:
- **Berlin:** G zur Durchführung des EEWärmeG v. 21.6.2011 (GVBl. S. 303), geänd. durch G v. 15.10.2014 (GVBl. S. 362)
- **Brandenburg:** G zur Durchführung des EEWärmeG v. 4.12.2015 (GVBl. I Nr. 34)
- **Nordrhein-Westfalen:** G zur Durchführung des EEWärmeG v. 17.12.2009 (GV. NRW. S. 875)
- **Sachsen-Anhalt:** G zur Ausführung des EEWärmeG v. 18.12.2012 (GVBl. LSA S. 649); Erneuerbare-Energien-WärmeG-Durchführungsverordnung v. 1.2.2013 (GVBl. LSA S. 54)

3) Zu abweichendem Landesrecht siehe:
- **Bayern:** Abweichungen im G über die Zuständigkeiten zum Vollzug wirtschaftsrechtlicher Vorschriften mWv 1.1.2011; vgl. Hinweis v. 27.1.2011 (BGBl. I S. 64)
- **Bremen:** Abweichungen in der VO zur Durchführung der EnEV und des EEWärmeG mWv 29.12.2010; vgl. Hinweis v. 27.1.2011 (BGBl. I S. 63)
- **Sachsen-Anhalt:** Abweichungen in der VO zur Durchführung des EEWärmeG iVm G zur Ausführung des EEWärmeG mWv 9.2.2013; vgl. Hinweis v. 18.3.2013 (BGBl. I S. 489)

4) Inhaltsübersicht geänd. mWv 1.5.2011 durch G v. 12.4.2011 (BGBl. I S. 619); mWv 1.5.2011 durch G v. 12.4.2011 (BGBl. I S. 619); mWv 24.10.2015 durch G v. 20.10.2015 (BGBl. I S. 1722).

Teil 1. Allgemeine Bestimmungen

§ 1[1] Zweck und Ziel des Gesetzes. (1) Zweck dieses Gesetzes ist es, insbesondere im Interesse des Klimaschutzes, der Schonung fossiler Ressourcen und der Minderung der Abhängigkeit von Energieimporten, eine nachhaltige Entwicklung der Energieversorgung zu ermöglichen und die Weiterentwicklung von Technologien zur Erzeugung von Wärme und Kälte aus Erneuerbaren Energien zu fördern.

(2) Um den Zweck des Absatzes 1 unter Wahrung der wirtschaftlichen Vertretbarkeit zu erreichen, verfolgt dieses Gesetz das Ziel, dazu beizutragen, den Anteil Erneuerbarer Energien am Endenergieverbrauch für Wärme und Kälte bis zum Jahr 2020 auf 14 Prozent zu erhöhen.

§ 1a[2] Vorbildfunktion öffentlicher Gebäude. [1]Öffentlichen Gebäuden kommt eine Vorbildfunktion im Rahmen des Zwecks und Ziels nach § 1 zu. [2]Diese Vorbildfunktion kommt auch öffentlichen Gebäuden im Ausland zu, die sich im Eigentum der öffentlichen Hand befinden.

§ 2[3] Begriffsbestimmungen. (1) Erneuerbare Energien im Sinne dieses Gesetzes sind

1. die dem Erdboden entnommene Wärme (Geothermie),
2. die der Luft oder dem Wasser entnommene und technisch nutzbar gemachte Wärme mit Ausnahme von Abwärme (Umweltwärme),
3. die durch Nutzung der Solarstrahlung zur Deckung des Wärmeenergiebedarfs technisch nutzbar gemachte Wärme (solare Strahlungsenergie),
4. die aus fester, flüssiger und gasförmiger Biomasse erzeugte Wärme. Die Abgrenzung erfolgt nach dem Aggregatszustand zum Zeitpunkt des Eintritts der Biomas-

[1] § 1 Abs. 1 und 2 geänd. mWv 1.5.2011 durch G v. 12.4.2011 (BGBl. I S. 619).

[2] § 1a eingef. mWv 1.5.2011 durch G v. 12.4.2011 (BGBl. I S. 619).

[3] § 2 Abs. 1 Nr. 2, 3 und 4 Buchst. f geänd., Nr. 5 angef., Abs. 2 Nr. 2 und 3 eingef., bish. Nr. 2 wird Nr. 4, bish. Nr. 3 und 4 werden Nr. 5 und 6, Nr. 7–9 eingef., bish. Nr. 5 wird Nr. 10 mWv 1.5.2011 durch G v. 12.4.2011 (BGBl. I S. 619); Abs. 1 Nr. 4 Satz 3 Buchst. a neu gef. mWv 1.1.2012 durch G v. 28.7.2011 (BGBl. I S. 1634); Abs. 2 Nr. 9 geänd. mWv 8.9.2015 durch VO v. 31.8.2015 (BGBl. I S. 1474); Abs. 2 Nr. 9 geänd. mWv 27.6.2020 durch VO v. 19.6.2020 (BGBl. I S. 1328).

230. Gesetz zur Regelung von Ingenieur- und Architektenleistungen [1)2)]

Vom 4. November 1971

(BGBl. I S. 1745, 1749)

FNA 402-24-8

geänd. durch Art. 1 ÄndG v. 12.11.1984 (BGBl. I S. 1337) und Art. 1 G zur Änd. des Gesetzes zur Regelung von Ingenieur- und Architektenleistungen und anderer Gesetze v. 12.11.2020 (BGBl. I S. 2392)

§ 1[3)] Ermächtigung zum Erlass einer Honorarordnung für Ingenieur- und Architektenleistungen. (1) [1]Die Bundesregierung wird ermächtigt, durch Rechtsverordnung mit Zustimmung des Bundesrates eine Honorarordnung für Ingenieur- und Architektenleistungen zu erlassen und Folgendes zu regeln:

1. die Grundlagen und Maßstäbe zur Berechnung von Honoraren,
2. Honorartafeln zur Honorarorientierung für Grundleistungen, auch in Abgrenzung zu besonderen Leistungen,
3. eine Regelung, wonach bestimmte in den Honorartafeln angegebene Honorarsätze für Grundleistungen für den Fall als vereinbart gelten, dass keine wirksame Honorarvereinbarung getroffen wurde,
4. die bei der Honorarvereinbarung einzuhaltende Form und die zu beachtenden Hinweispflichten.

[2]Bei der Bestimmung der Honorartafeln zur Honorarorientierung nach Satz 1 Nummer 2 ist zur Ermittlung angemessener Honorare den berechtigten Interessen der Ingenieure und Architekten und der zur Zahlung Verpflichteten Rechnung zu tragen. [3]Diese sind an der Art und dem Umfang der Aufgabe sowie an der Leistung des Ingenieurs oder Architekten auszurichten.

(2) [1]Grundleistungen im Sinne des Absatzes 1 Nummer 2 und 3 sind Leistungen, die regelmäßig im Rahmen von Flächen-, Objekt- oder Fachplanungen auszuführen sind. [2]Sie umfassen insbesondere auch Leistungen der Beratung, Planung, Maßnahmendurchführung sowie Leistungen im Zusammenhang mit Vergabeverfahren.

§ 2[4)] Unverbindlichkeit der Kopplung von Grundstückskaufverträgen mit Ingenieur- und Architektenverträgen. [1]Eine Vereinbarung, durch die der Erwerber eines Grundstücks sich im Zusammenhang mit dem Erwerb verpflichtet, bei der Planung oder Ausführung eines Bauwerks auf dem Grundstück die Leistungen eines bestimmten Ingenieurs oder Architekten in Anspruch zu nehmen, ist unwirksam. [2]Die Wirksamkeit des auf den Erwerb des Grundstücks gerichteten Vertrages bleibt unberührt.

---

1) Verkündet als Art. 10 G v. 4.11.1971 (BGBl. I S. 1745); Inkrafttreten gem. Art. 11 § 2 Abs. 1 dieses G am 10.11.1971.

2) Dieses G gilt mit der Maßgabe in Anl. I Kap. I Abschn. III Nr. 2 des Einigungsvertrags v. 31.8.1990 (BGBl. II S. 889, 997) in der ehemaligen DDR einschl. Berlin/Ost.

3) § 1 neu gef. mWv 19.11.2020 durch G v. 12.11.2020 (BGBl. I S. 2392).

4) § 2 aufgeh., bish. § 3 wird § 2 mWv 19.11.2020 durch G v. 12.11.2020 (BGBl. I S. 2392).

231. Verordnung über die Honorare für Architekten- und Ingenieurleistungen (Honorarordnung für Architekten und Ingenieure – HOAI)

Vom 10. Juli 2013
(BGBl. I S. 2276)

FNA 402-24-8-2-3

geänd. durch Art. 1 Erste ÄndVO v. 2.12.2020 (BGBl. I S. 2636)

Auf Grund der §§ 1 und 2 des Gesetzes zur Regelung von Ingenieur- und Architektenleistungen[1] vom 4. November 1971 (BGBl. I S. 1745, 1749), die durch Artikel 1 des Gesetzes vom 12. November 1984 (BGBl. I S. 1337) geändert worden sind, verordnet die Bundesregierung:

Inhaltsübersicht[2]

Teil 1. Allgemeine Vorschriften

Teil 2. Flächenplanung

Abschnitt 1. Bauleitplanung

Abschnitt 2. Landschaftsplanung

---

[1] Nr. **230**.

[2] Die Inhaltsübersicht wurde nichtamtlich an die nachträglichen Änderungen angepasst.

Teil 1. Allgemeine Vorschriften

§ 1[1)] **Anwendungsbereich.** [1]Diese Verordnung gilt für Honorare für Ingenieur- und Architektenleistungen, soweit diese Leistungen durch diese Verordnung erfasst sind. [2]Die Regelungen dieser Verordnung können zum Zwecke der Honorarberechnung einer Honorarvereinbarung zugrunde gelegt werden.

§ 2 Begriffsbestimmungen. (1) [1]Objekte sind Gebäude, Innenräume, Freianlagen, Ingenieurbauwerke, Verkehrsanlagen. [2]Objekte sind auch Tragwerke und Anlagen der Technischen Ausrüstung.

(2) Neubauten und Neuanlagen sind Objekte, die neu errichtet oder neu hergestellt werden.

(3) [1]Wiederaufbauten sind Objekte, bei denen die zerstörten Teile auf noch vorhandenen Bau- oder Anlagenteilen wiederhergestellt werden. [2]Wiederaufbauten gelten als Neubauten, sofern eine neue Planung erforderlich ist.

(4) Erweiterungsbauten sind Ergänzungen eines vorhandenen Objekts.

(5) Umbauten sind Umgestaltungen eines vorhandenen Objekts mit wesentlichen Eingriffen in Konstruktion oder Bestand.

(6) Modernisierungen sind bauliche Maßnahmen zur nachhaltigen Erhöhung des Gebrauchswertes eines Objekts, soweit diese Maßnahmen nicht unter Absatz 4, 5 oder 8 fallen.

(7) Mitzuverarbeitende Bausubstanz ist der Teil des zu planenden Objekts, der bereits durch Bauleistungen hergestellt ist und durch Planungs- oder Überwachungsleistungen technisch oder gestalterisch mitverarbeitet wird.

(8) Instandsetzungen sind Maßnahmen zur Wiederherstellung des zum bestimmungsgemäßen Gebrauch geeigneten Zustandes (Soll-Zustandes) eines Objekts, soweit diese Maßnahmen nicht unter Absatz 3 fallen.

(9) Instandhaltungen sind Maßnahmen zur Erhaltung des Soll-Zustandes eines Objekts.

(10) [1]Kostenschätzung ist die überschlägige Ermittlung der Kosten auf der Grundlage der Vorplanung. [2]Die Kostenschätzung ist die vorläufige Grundlage für Finanzierungsüberlegungen. [3]Der Kostenschätzung liegen zugrunde:

1. Vorplanungsergebnisse,
2. Mengenschätzungen,
3. erläuternde Angaben zu den planerischen Zusammenhängen, Vorgängen sowie Bedingungen und
4. Angaben zum Baugrundstück und zu dessen Erschließung.

[4]Wird die Kostenschätzung nach § 4 Absatz 1 Satz 3 auf der Grundlage der DIN 276 in der Fassung vom Dezember 2008 (DIN 276-1: 2008-12) erstellt, müssen die Gesamtkosten nach Kostengruppen mindestens bis zur ersten Ebene der Kostengliederung ermittelt werden.

(11) [1]Kostenberechnung ist die Ermittlung der Kosten auf der Grundlage der Entwurfsplanung. [2]Der Kostenberechnung liegen zugrunde:

1. durchgearbeitete Entwurfszeichnungen oder Detailzeichnungen wiederkehrender Raumgruppen,

---

[1)] § 1 neu gef. mWv 1.1.2021 durch VO v. 2.12.2020 (BGBl. I S. 2636).

2. Mengenberechnungen und
3. für die Berechnung und Beurteilung der Kosten relevante Erläuterungen.

[3] Wird die Kostenberechnung nach § 4 Absatz 1 Satz 3 auf der Grundlage der DIN 276 erstellt, müssen die Gesamtkosten nach Kostengruppen mindestens bis zur zweiten Ebene der Kostengliederung ermittelt werden.

§ 2a[1] Honorartafeln und Basishonorarsatz. (1) [1] Die Honorartafeln dieser Verordnung weisen Orientierungswerte aus, die an der Art und dem Umfang der Aufgabe sowie an der Leistung ausgerichtet sind. [2] Die Honorartafeln enthalten für jeden Leistungsbereich Honorarspannen vom Basishonorarsatz bis zum oberen Honorarsatz, gegliedert nach den einzelnen Honorarzonen und den zugrunde liegenden Ansätzen für Flächen, anrechenbare Kosten oder Verrechnungseinheiten.

(2) Basishonorarsatz ist der jeweils untere in den Honorartafeln dieser Verordnung enthaltene Honorarsatz.

§ 3[2] Leistungen und Leistungsbilder. (1) [1] Grundleistungen sind Leistungen, die regelmäßig im Rahmen von Flächen-, Objekt- oder Fachplanungen auszuführen sind. [2] Sie sind zur ordnungsgemäßen Erfüllung eines Auftrags im Allgemeinen erforderlich und in Leistungsbildern erfasst. [3] Die Leistungsbilder gliedern sich in Leistungsphasen nach den Regelungen in den Teilen 2 bis 4 und der Anlage 1.

(2) [1] Neben Grundleistungen können Besondere Leistungen vereinbart werden. [2] Die Aufzählung der Besonderen Leistungen in dieser Verordnung und in den Leistungsbildern ihrer Anlagen ist nicht abschließend. [3] Die Besonderen Leistungen können auch für Leistungsbilder und Leistungsphasen, denen sie nicht zugeordnet sind, vereinbart werden, soweit sie dort keine Grundleistungen darstellen.

(3) Die Wirtschaftlichkeit der Leistung ist stets zu beachten.

§ 4[3] Anrechenbare Kosten. (1) [1] Anrechenbare Kosten sind Teil der Kosten für die Herstellung, den Umbau, die Modernisierung, Instandhaltung oder Instandsetzung von Objekten sowie für die damit zusammenhängenden Aufwendungen. [2] Sie sind nach allgemein anerkannten Regeln der Technik oder nach Verwaltungsvorschriften (Kostenvorschriften) auf der Grundlage ortsüblicher Preise zu ermitteln. [3] Wird in dieser Verordnung im Zusammenhang mit der Kostenermittlung die DIN 276 in Bezug genommen, so ist die Fassung vom Dezember 2008 (DIN 276-1: 2008-12) bei der Ermittlung der anrechenbaren Kosten zugrunde zu legen. [4] Umsatzsteuer, die auf die Kosten von Objekten entfällt, ist nicht Bestandteil der anrechenbaren Kosten.

(2) Die anrechenbaren Kosten richten sich nach den ortsüblichen Preisen, wenn der Auftraggeber
1. selbst Lieferungen oder Leistungen übernimmt,
2. von bauausführenden Unternehmen oder von Lieferanten sonst nicht übliche Vergünstigungen erhält,
3. Lieferungen oder Leistungen in Gegenrechnung ausführt oder

[1] § 2a eingef. mWv 1.1.2021 durch VO v. 2.12.2020 (BGBl. I S. 2636).
[2] § 3 neu gef. mWv 1.1.2021 durch VO v. 2.12.2020 (BGBl. I S. 2636).
[3] § 4 Abs. 3 Satz 2 geänd. mWv 1.1.2021 durch VO v. 2.12.2020 (BGBl. I S. 2636).

4. vorhandene oder vorbeschaffte Baustoffe oder Bauteile einbauen lässt.

(3) [1]Der Umfang der mitzuverarbeitenden Bausubstanz im Sinne des § 2 Absatz 7 ist bei den anrechenbaren Kosten angemessen zu berücksichtigen. [2]Umfang und Wert der mitzuverarbeitenden Bausubstanz sind zum Zeitpunkt der Kostenberechnung oder, sofern keine Kostenberechnung vorliegt, zum Zeitpunkt der Kostenschätzung objektbezogen zu ermitteln und in Textform zu vereinbaren.

§ 5[1)] Honorarzonen. (1) Die Grundleistungen der Flächen-, Objekt- oder Fachplanungen werden zur Berechnung der Honorare nach den jeweiligen Planungsanforderungen Honorarzonen zugeordnet, die von der Honorarzone I aus ansteigend den Schwierigkeitsgrad der Planung einstufen.

(2) [1]Die Honorarzonen sind anhand der Bewertungsmerkmale in den Honorarregelungen der jeweiligen Leistungsbilder der Teile 2 bis 4 und der Anlage 1 zu ermitteln. [2]Die Zurechnung zu den einzelnen Honorarzonen ist nach Maßgabe der Bewertungsmerkmale und gegebenenfalls der Bewertungspunkte sowie unter Berücksichtigung der Regelbeispiele in den Objektlisten der Anlagen dieser Verordnung vorzunehmen.

§ 6[2)] Grundlagen des Honorars. (1) [1]Bei der Ermittlung des Honorars für Grundleistungen im Sinne des § 3 Absatz 1 sind zugrunde zu legen
1. das Leistungsbild,
2. die Honorarzone und
3. die dazugehörige Honorartafel zur Honorarorientierung.

[2]Zusätzlich zu den Grundlagen nach Satz 1 ermittelt sich das Honorar
1. für die Leistungsbilder des Teils 2 und der Anlage 1 Nummer 1.1 nach der Größe der Fläche,
2. für die Leistungsbilder der Teile 3 und 4 und der Anlage 1 Nummer 1.2, 1.3 und 1.4.5 nach den anrechenbaren Kosten des Objekts auf der Grundlage der Kostenberechnung oder, sofern keine Kostenberechnung vorliegt, auf der Grundlage der Kostenschätzung,
3. für das Leistungsbild der Anlage 1 Nummer 1.4.2 nach Verrechnungseinheiten.

(2) [1]Honorare für Grundleistungen bei Umbauten und Modernisierungen gemäß § 2 Absatz 5 und 6 sind zu ermitteln nach
1. den anrechenbaren Kosten,
2. der Honorarzone, welcher der Umbau oder die Modernisierung in sinngemäßer Anwendung der Bewertungsmerkmale zuzuordnen ist,
3. den Leistungsphasen,
4. der Honorartafel zur Honorarorientierung und
5. dem Umbau- oder Modernisierungszuschlag auf das Honorar.

[2]Der Umbau- oder Modernisierungszuschlag ist unter Berücksichtigung des Schwierigkeitsgrads der Leistungen in Textform zu vereinbaren. [3]Die Höhe

---

[1)] § 5 Abs. 1 neu gef., Abs. 2 aufgeh., bish. Abs. 3 wird Abs. 2 und Satz 1 geänd. mWv 1.1.2021 durch VO v. 2.12.2020 (BGBl. I S. 2636).

[2)] § 6 Abs. 1 neu gef., Abs. 2 Satz 1 einl. Satzteil und Nr. 4, Sätze 2, 3 geänd., Satz 4 neu gef.. Abs. 3 aufgeh. mWv 1.1.2021 durch VO v. 2.12.2020 (BGBl. I S. 2636).

des Zuschlags auf das Honorar ist in den jeweiligen Honorarregelungen der Leistungsbilder der Teile 3 und 4 und in Anlage 1 Nummer 1.2 geregelt. [4] Sofern keine Vereinbarung in Textform getroffen wurde, gilt ein Zuschlag von 20 Prozent ab einem durchschnittlichen Schwierigkeitsgrad als vereinbart.

§ 7[1)] Honorarvereinbarung. (1) [1] Das Honorar richtet sich nach der Vereinbarung, die die Vertragsparteien in Textform treffen. [2] Sofern keine Vereinbarung über die Höhe des Honorars in Textform getroffen wurde, gilt für Grundleistungen der jeweilige Basishonorarsatz als vereinbart, der sich bei der Anwendung der Honorargrundlagen des § 6 ergibt.

(2) [1] Der Auftragnehmer hat den Auftraggeber, sofern dieser Verbraucher ist, vor Abgabe von dessen verbindlicher Vertragserklärung zur Honorarvereinbarung in Textform darauf hinzuweisen, dass ein höheres oder niedrigeres Honorar als die in den Honorartafeln dieser Verordnung enthaltenen Werte vereinbart werden kann. [2] Erfolgt der Hinweis nach Satz 1 nicht oder nicht rechtzeitig, gilt für die zwischen den Vertragsparteien vereinbarten Grundleistungen anstelle eines höheren Honorars ein Honorar in Höhe des jeweiligen Basishonorarsatzes als vereinbart.

§ 8[2)] Berechnung des Honorars in besonderen Fällen. (1) [1] Werden dem Auftragnehmer nicht alle Leistungsphasen eines Leistungsbildes übertragen, so dürfen nur die für die übertragenen Phasen vorgesehenen Prozentsätze berechnet und vereinbart werden. [2] Die Vereinbarung hat in Textform zu erfolgen.

(2) [1] Werden dem Auftragnehmer nicht alle Grundleistungen einer Leistungsphase übertragen, so darf für die übertragenen Grundleistungen nur ein Honorar berechnet und vereinbart werden, das dem Anteil der übertragenen Grundleistungen an der gesamten Leistungsphase entspricht. [2] Die Vereinbarung hat in Textform zu erfolgen. [3] Entsprechend ist zu verfahren, wenn dem Auftragnehmer wesentliche Teile von Grundleistungen nicht übertragen werden.

(3) Die gesonderte Vergütung eines zusätzlichen Koordinierungs- oder Einarbeitungsaufwands ist in Textform zu vereinbaren.

§ 9[3)] Berechnung des Honorars bei Beauftragung von Einzelleistungen. (1) [1] Wird die Vorplanung oder Entwurfsplanung bei Gebäuden und Innenräumen, Freianlagen, Ingenieurbauwerken, Verkehrsanlagen, der Tragwerksplanung und der Technischen Ausrüstung als Einzelleistung in Auftrag gegeben, können für die Leistungsbewertung der jeweiligen Leistungsphase

1. für die Vorplanung höchstens der Prozentsatz der Vorplanung und der Prozentsatz der Grundlagenermittlung und
2. für die Entwurfsplanung höchstens der Prozentsatz der Entwurfsplanung und der Prozentsatz der Vorplanung

zum Zweck der Honorarberechnung herangezogen werden. [2] Die Vereinbarung hat in Textform zu erfolgen.

[1)] § 7 neu gef. mWv 1.1.2021 durch VO v. 2.12.2020 (BGBl. I S. 2636).

[2)] § 8 Abs. 1 Satz 2, Abs. 2 Satz 2, Abs. 3 geänd. mWv 1.1.2021 durch VO v. 2.12.2020 (BGBl. I S. 2636).

[3)] § 9 Abs. 1 Satz 1 abschl. Satzteil und Satz 2, Abs. 2 Satz 3, Abs. 3 Sätze 1 und 2 geänd. mWv 1.1.2021 durch VO v. 2.12.2020 (BGBl. I S. 2636).

(2) [1] Zur Bauleitplanung ist Absatz 1 Satz 1 Nummer 2 für den Entwurf der öffentlichen Auslegung entsprechend anzuwenden. [2] Bei der Landschaftsplanung ist Absatz 1 Satz 1 Nummer 1 für die vorläufige Fassung sowie Absatz 1 Satz 1 Nummer 2 für die abgestimmte Fassung entsprechend anzuwenden. [3] Die Vereinbarung hat in Textform zu erfolgen.

(3) [1] Wird die Objektüberwachung bei der Technischen Ausrüstung oder bei Gebäuden als Einzelleistung in Auftrag gegeben, können für die Leistungsbewertung der Objektüberwachung zum Zweck der Honorarberechnung höchstens der Prozentsatz der Objektüberwachung und die Prozentsätze der Grundlagenermittlung und Vorplanung herangezogen werden. [2] Die Vereinbarung hat in Textform zu erfolgen.

§ 10[1)] Berechnung des Honorars bei vertraglichen Änderungen des Leistungsumfangs. (1) Einigen sich Auftraggeber und Auftragnehmer während der Laufzeit des Vertrags darauf, dass der Umfang der beauftragten Leistung geändert wird, und ändern sich dadurch die anrechenbaren Kosten, Flächen oder Verrechnungseinheiten, so ist die Honorarberechnungsgrundlage für die Grundleistungen, die infolge des veränderten Leistungsumfangs zu erbringen sind, durch Vereinbarung in Textform anzupassen.

(2) Einigen sich Auftraggeber und Auftragnehmer über die Wiederholung von Grundleistungen, ohne dass sich dadurch die anrechenbaren Kosten, Flächen oder Verrechnungseinheiten ändern, ist das Honorar für diese Grundleistungen entsprechend ihrem Anteil an der jeweiligen Leistungsphase in Textform zu vereinbaren.

§ 11 Auftrag für mehrere Objekte. (1) Umfasst ein Auftrag mehrere Objekte, so sind die Honorare vorbehaltlich der folgenden Absätze für jedes Objekt getrennt zu berechnen.

(2) Umfasst ein Auftrag mehrere vergleichbare Gebäude, Ingenieurbauwerke, Verkehrsanlagen oder Tragwerke mit weitgehend gleichartigen Planungsbedingungen, die derselben Honorarzone zuzuordnen sind und die im zeitlichen und örtlichen Zusammenhang als Teil einer Gesamtmaßnahme geplant und errichtet werden sollen, ist das Honorar nach der Summe der anrechenbaren Kosten zu berechnen.

(3) Umfasst ein Auftrag mehrere im Wesentlichen gleiche Gebäude, Ingenieurbauwerke, Verkehrsanlagen oder Tragwerke, die im zeitlichen oder örtlichen Zusammenhang unter gleichen baulichen Verhältnissen geplant und errichtet werden sollen, oder mehrere Objekte nach Typenplanung oder Serienbauten, so sind die Prozentsätze der Leistungsphasen 1 bis 6 für die erste bis vierte Wiederholung um 50 Prozent, für die fünfte bis siebte Wiederholung um 60 Prozent und ab der achten Wiederholung um 90 Prozent zu mindern.

(4) Umfasst ein Auftrag Grundleistungen, die bereits Gegenstand eines anderen Auftrags über ein gleiches Gebäude, Ingenieurbauwerk oder Tragwerk zwischen den Vertragsparteien waren, so ist Absatz 3 für die Prozentsätze der beauftragten Leistungsphasen in Bezug auf den neuen Auftrag auch dann anzuwenden, wenn die Grundleistungen nicht im zeitlichen oder örtlichen Zusammenhang erbracht werden sollen.

[1)] § 10 neu gef. mWv 1.1.2021 durch VO v. 2.12.2020 (BGBl. I S. 2636).

§ 12[1)] Instandsetzungen und Instandhaltungen. (1) Honorare für Grundleistungen bei Instandsetzungen und Instandhaltungen von Objekten sind nach den anrechenbaren Kosten, der Honorarzone, den Leistungsphasen und der Honorartafel zur Honorarorientierung, der die Instandhaltungs- oder Instandsetzungsmaßnahme zuzuordnen ist, zu ermitteln.

(2) Für Grundleistungen bei Instandsetzungen und Instandhaltungen von Objekten kann in Textform vereinbart werden, dass der Prozentsatz für die Objektüberwachung oder Bauoberleitung um bis zu 50 Prozent der Bewertung dieser Leistungsphase erhöht wird.

§ 13[2)] Interpolation. Zwischenstufen der in den Honorartafeln angegebenen anrechenbaren Kosten und Flächen oder Verrechnungseinheiten sind durch lineare Interpolation zu ermitteln.

§ 14[3)] Nebenkosten. (1) [1]Der Auftragnehmer kann neben den Honoraren dieser Verordnung auch die für die Ausführung des Auftrags erforderlichen Nebenkosten in Rechnung stellen; ausgenommen sind die abziehbaren Vorsteuern gemäß § 15 Absatz 1 des Umsatzsteuergesetzes in der jeweils geltenden Fassung. [2]Die Vertragsparteien können in Textform vereinbaren, dass abweichend von Satz 1 eine Erstattung ganz oder teilweise ausgeschlossen ist.

(2) Zu den Nebenkosten gehören insbesondere:

1. Versandkosten, Kosten für Datenübertragungen,
2. Kosten für Vervielfältigungen von Zeichnungen und schriftlichen Unterlagen sowie für die Anfertigung von Filmen und Fotos,
3. Kosten für ein Baustellenbüro einschließlich der Einrichtung, Beleuchtung und Beheizung,
4. Fahrtkosten für Reisen, die über einen Umkreis von 15 Kilometern um den Geschäftssitz des Auftragnehmers hinausgehen, in Höhe der steuerlich zulässigen Pauschalsätze, sofern nicht höhere Aufwendungen nachgewiesen werden,
5. Trennungsentschädigungen und Kosten für Familienheimfahrten in Höhe der steuerlich zulässigen Pauschalsätze, sofern nicht höhere Aufwendungen an Mitarbeiter oder Mitarbeiterinnen des Auftragnehmers auf Grund von tariflichen Vereinbarungen bezahlt werden,
6. Entschädigungen für den sonstigen Aufwand bei längeren Reisen nach Nummer 4, sofern die Entschädigungen vor der Geschäftsreise in Textform vereinbart worden sind,
7. Entgelte für nicht dem Auftragnehmer obliegende Leistungen, die von ihm im Einvernehmen mit dem Auftraggeber Dritten übertragen worden sind.

(3) [1]Nebenkosten können pauschal oder nach Einzelnachweis abgerechnet werden. [2]Sie sind nach Einzelnachweis abzurechnen, sofern keine pauschale Abrechnung in Textform vereinbart worden ist.

[1)] § 12 Abs. 1 neu gef., Abs. 2 geänd. mWv 1.1.2021 durch VO v. 2.12.2020 (BGBl. I S. 2636).

[2)] § 13 geänd. mWv 1.1.2021 durch VO v. 2.12.2020 (BGBl. I S. 2636).

[3)] § 14 Abs. 1 Sätze 1 und 2, Abs. 2 Nr. 6, Abs. 3 Satz 2 geänd. mWv 1.1.2021 durch VO v. 2.12.2020 (BGBl. I S. 2636).

§ 15[1] **Fälligkeit des Honorars, Abschlagszahlungen.** [1] Für die Fälligkeit der Honorare für die von dieser Verordnung erfassten Leistungen gilt § 650g Absatz 4 des Bürgerlichen Gesetzbuchs[2] entsprechend. [2] Für das Recht, Abschlagszahlungen zu verlangen, gilt § 632a des Bürgerlichen Gesetzbuchs[2] entsprechend.

§ 16 Umsatzsteuer. (1) [1] Der Auftragnehmer hat Anspruch auf Ersatz der gesetzlich geschuldeten Umsatzsteuer für nach dieser Verordnung abrechenbare Leistungen, sofern nicht die Kleinunternehmerregelung nach § 19 des Umsatzsteuergesetzes angewendet wird. [2] Satz 1 ist auch hinsichtlich der um die nach § 15 des Umsatzsteuergesetzes abziehbaren Vorsteuer gekürzten Nebenkosten anzuwenden, die nach § 14 dieser Verordnung weiterberechenbar sind.

(2) [1] Auslagen gehören nicht zum Entgelt für die Leistung des Auftragnehmers. [2] Sie sind als durchlaufende Posten im umsatzsteuerrechtlichen Sinn einschließlich einer gegebenenfalls enthaltenen Umsatzsteuer weiter zu berechnen.

Teil 2. Flächenplanung

Abschnitt 1. Bauleitplanung

§ 17[3] **Anwendungsbereich.** (1) Leistungen der Bauleitplanung umfassen die Vorbereitung der Aufstellung von Flächennutzungs- und Bebauungsplänen im Sinne des § 1 Absatz 2 des Baugesetzbuches[4] in der jeweils geltenden Fassung die erforderlichen Ausarbeitungen und Planfassungen sowie die Mitwirkung beim Verfahren.

(2) Leistungen beim Städtebaulichen Entwurf sind Besondere Leistungen.

§ 18 Leistungsbild Flächennutzungsplan. (1) [1] Die Grundleistungen bei Flächennutzungsplänen sind in drei Leistungsphasen unterteilt und werden wie folgt in Prozentsätzen der Honorare des § 20 bewertet:

1. für die Leistungsphase 1 (Vorentwurf für die frühzeitigen Beteiligungen)
   Vorentwurf für die frühzeitigen Beteiligungen nach den Bestimmungen des Baugesetzbuches mit 60 Prozent,
2. für die Leistungsphase 2 (Entwurf zur öffentlichen Auslegung)
   Entwurf für die öffentliche Auslegung nach den Bestimmungen des Baugesetzbuches mit 30 Prozent,
3. für die Leistungsphase 3 (Plan zur Beschlussfassung)
   Plan für den Beschluss durch die Gemeinde mit 10 Prozent.

[2] Der Vorentwurf, Entwurf oder Plan ist jeweils in der vorgeschriebenen Fassung mit Begründung anzufertigen.

(2) [1] Anlage 2 regelt, welche Grundleistungen jede Leistungsphase umfasst. [2] Anlage 9 enthält Beispiele für Besondere Leistungen.

---

[1] § 15 neu gef. mWv 1.1.2021 durch VO v. 2.12.2020 (BGBl. I S. 2636).
[2] Nr. **1**.
[3] § 17 Abs. 1 geänd., Abs. 2 neu gef. mWv 1.1.2021 durch VO v. 2.12.2020 (BGBl. I S. 2636).
[4] Nr. **200**.

§ 19 Leistungsbild Bebauungsplan. (1) [1]Die Grundleistungen bei Bebauungsplänen sind in drei Leistungsphasen unterteilt und werden wie folgt in Prozentsätzen der Honorare des § 21 bewertet:

1. für die Leistungsphase 1 (Vorentwurf für die frühzeitigen Beteiligungen) Vorentwurf für die frühzeitigen Beteiligungen nach den Bestimmungen des Baugesetzbuches mit 60 Prozent,
2. für die Leistungsphase 2 (Entwurf zur öffentlichen Auslegung) Entwurf für die öffentliche Auslegung nach den Bestimmungen des Baugesetzbuches mit 30 Prozent,
3. für die Leistungsphase 3 (Plan zur Beschlussfassung) Plan für den Beschluss durch die Gemeinde mit 10 Prozent.

[2]Der Vorentwurf, Entwurf oder Plan ist jeweils in der vorgeschriebenen Fassung mit Begründung anzufertigen.

(2) [1]Anlage 3 regelt, welche Grundleistungen jede Leistungsphase umfasst. [2]Anlage 9 enthält Beispiele für Besondere Leistungen.

§ 20[1)] Honorare für Grundleistungen bei Flächennutzungsplänen.

(1) Für die in § 18 und Anlage 2 genannten Grundleistungen bei Flächennutzungsplänen sind die in der nachstehenden Honorartafel aufgeführten Honorarspannen Orientierungswerte:

Fläche in Hektar	Honorarzone I geringe Anforderungen		Honorarzone II durchschnittliche Anforderungen		Honorarzone III hohe Anforderungen	
	von	bis	von	bis	von	bis
	Euro		Euro		Euro	
1 000	70 439	85 269	85 269	100 098	100 098	114 927
1 250	78 957	95 579	95 579	112 202	112 202	128 824
1 500	86 492	104 700	104 700	122 909	122 909	141 118
1 750	93 260	112 894	112 894	132 527	132 527	152 161
2 000	99 407	120 334	120 334	141 262	141 262	162 190
2 500	111 311	134 745	134 745	158 178	158 178	181 612
3 000	121 868	147 525	147 525	173 181	173 181	198 838
3 500	131 387	159 047	159 047	186 707	186 707	214 367
4 000	140 069	169 557	169 557	199 045	199 045	228 533
5 000	155 461	188 190	188 190	220 918	220 918	253 647
6 000	168 813	204 352	204 352	239 892	239 892	275 431
7 000	180 589	218 607	218 607	256 626	256 626	294 645
8 000	191 097	231 328	231 328	271 559	271 559	311 790
9 000	200 556	242 779	242 779	285 001	285 001	327 224
10 000	209 126	253 153	253 153	297 179	297 179	341 206
11 000	216 893	262 555	262 555	308 217	308 217	353 878
12 000	223 912	271 052	271 052	318 191	318 191	365 331
13 000	230 331	278 822	278 822	327 313	327 313	375 804
14 000	236 214	285 944	285 944	335 673	335 673	385 402
15 000	241 614	292 480	292 480	343 346	343 346	394 213

[1)] § 20 Abs. 1 einl. Satzteil neu gef., Abs. 6 geänd. mWv 1.1.2021 durch VO v. 2.12.2020 (BGBl. I S. 2636).

(2) Das Honorar für die Aufstellung von Flächennutzungsplänen ist nach der Fläche des Plangebiets in Hektar und nach der Honorarzone zu berechnen.

(3) Welchen Honorarzonen die Grundleistungen zugeordnet werden, richtet sich nach folgenden Bewertungsmerkmalen:

1. zentralörtliche Bedeutung und Gemeindestruktur,
2. Nutzungsvielfalt und Nutzungsdichte,
3. Einwohnerstruktur, Einwohnerentwicklung und Gemeinbedarfsstandorte,
4. Verkehr und Infrastruktur,
5. Topografie, Geologie und Kulturlandschaft,
6. Klima-, Natur- und Umweltschutz.

(4) [1] Sind auf einen Flächennutzungsplan Bewertungsmerkmale aus mehreren Honorarzonen anwendbar und bestehen deswegen Zweifel, welcher Honorarzone der Flächennutzungsplan zugeordnet werden kann, so ist zunächst die Anzahl der Bewertungspunkte zu ermitteln. [2] Zur Ermittlung der Bewertungspunkte werden die Bewertungsmerkmale wie folgt gewichtet:

1. geringe Anforderungen: 1 Punkt,
2. durchschnittliche Anforderungen: 2 Punkte,
3. hohe Anforderungen: 3 Punkte.

(5) Der Flächennutzungsplan ist anhand der nach Absatz 4 ermittelten Bewertungspunkte einer der Honorarzonen zuzuordnen:

1. Honorarzone I: bis zu 9 Punkte,
2. Honorarzone II: 10 bis 14 Punkte,
3. Honorarzone III: 15 bis 18 Punkte.

(6) Werden Teilflächen bereits aufgestellter Flächennutzungspläne (Planausschnitte) geändert oder überarbeitet, kann das Honorar auch abweichend von den Grundsätzen des Absatzes 2 vereinbart werden.

§ 21[1)] Honorare für Grundleistungen bei Bebauungsplänen. (1) Für die in § 19 und Anlage 3 genannten Grundleistungen bei Bebauungsplänen sind die in der nachstehenden Honorartafel aufgeführten Honorarspannen Orientierungswerte:

Fläche in Hektar	Honorarzone I geringe Anforderungen		Honorarzone II durchschnittliche Anforderungen		Honorarzone III hohe Anforderungen	
	von	bis	von	bis	von	bis
	Euro		Euro		Euro	
0,5	5 000	5 335	5 335	7 838	7 838	10 341
1	5 000	8 799	8 799	12 926	12 926	17 054
2	7 699	14 502	14 502	21 305	21 305	28 109
3	10 306	19 413	19 413	28 521	28 521	37 628
4	12 669	23 866	23 866	35 062	35 062	46 258
5	14 864	28 000	28 000	41 135	41 135	54 271
6	16 931	31 893	31 893	46 856	46 856	61 818
7	18 896	35 595	35 595	52 294	52 294	68 992

1) § 21 Abs. 1 einl. Satzteil neu gef. mWv 1.1.2021 durch VO v. 2.12.2020 (BGBl. I S. 2636).

Fläche in Hektar	Honorarzone I geringe Anforderungen von	bis	Honorarzone II durchschnittliche Anforderungen von	bis	Honorarzone III hohe Anforderungen von	bis
	Euro		Euro		Euro	
8	20 776	39 137	39 137	57 497	57 497	75 857
9	22 584	42 542	42 542	62 501	62 501	82 459
10	24 330	45 830	45 830	67 331	67 331	88 831
15	32 325	60 892	60 892	89 458	89 458	118 025
20	39 427	74 270	74 270	109 113	109 113	143 956
25	46 385	87 376	87 376	128 366	128 366	169 357
30	52 975	99 791	99 791	146 606	146 606	193 422
40	65 342	123 086	123 086	180 830	180 830	238 574
50	76 901	144 860	144 860	212 819	212 819	280 778
60	87 599	165 012	165 012	242 425	242 425	319 838
80	107 471	202 445	202 445	297 419	297 419	392 393
100	125 791	236 955	236 955	348 119	348 119	459 282

(2) Das Honorar für die Aufstellung von Bebauungsplänen ist nach der Fläche des Plangebiets in Hektar und nach der Honorarzone zu berechnen.

(3) Welchen Honorarzonen die Grundleistungen zugeordnet werden, richtet sich nach folgenden Bewertungsmerkmalen:

1. Nutzungsvielfalt und Nutzungsdichte,
2. Baustruktur und Baudichte,
3. Gestaltung und Denkmalschutz,
4. Verkehr und Infrastruktur,
5. Topografie und Landschaft,
6. Klima-, Natur- und Umweltschutz.

(4) Für die Ermittlung der Honorarzone bei Bebauungsplänen ist § 20 Absatz 4 und 5 entsprechend anzuwenden.

(5) Wird die Größe des Plangebiets im förmlichen Verfahren während der Leistungserbringung geändert, so ist das Honorar für die Leistungsphasen, die bis zur Änderung noch nicht erbracht sind, nach der geänderten Größe des Plangebiets zu berechnen.

Abschnitt 2. Landschaftsplanung

§ 22 Anwendungsbereich. (1) Landschaftsplanerische Leistungen umfassen das Vorbereiten und das Erstellen der für die Pläne nach Absatz 2 erforderlichen Ausarbeitungen.

(2) Die Bestimmungen dieses Abschnitts sind für folgende Pläne anzuwenden:

1. Landschaftspläne,
2. Grünordnungspläne und Landschaftsplanerische Fachbeiträge,
3. Landschaftsrahmenpläne,
4. Landschaftspflegerische Begleitpläne,
5. Pflege- und Entwicklungspläne.

§ 23 Leistungsbild Landschaftsplan. (1) Die Grundleistungen bei Landschaftsplänen sind in vier Leistungsphasen unterteilt und werden wie folgt in Prozentsätzen der Honorare des § 28 bewertet:

1. für die Leistungsphase 1 (Klären der Aufgabenstellung und Ermitteln des Leistungsumfangs) mit 3 Prozent,
2. für die Leistungsphase 2 (Ermitteln der Planungsgrundlagen) mit 37 Prozent,
3. für die Leistungsphase 3 (Vorläufige Fassung) mit 50 Prozent,
4. für die Leistungsphase 4 (Abgestimmte Fassung) mit 10 Prozent.

(2) [1] Anlage 4 regelt die Grundleistungen jeder Leistungsphase. [2] Anlage 9 enthält Beispiele für Besondere Leistungen.

§ 24 Leistungsbild Grünordnungsplan. (1) Die Grundleistungen bei Grünordnungsplänen und Landschaftsplanerischen Fachbeiträgen sind in vier Leistungsphasen zusammengefasst und werden wie folgt in Prozentsätzen der Honorare des § 29 bewertet:

1. für die Leistungsphase 1 (Klären der Aufgabenstellung und Ermitteln des Leistungsumfangs) mit 3 Prozent,
2. für die Leistungsphase 2 (Ermitteln der Planungsgrundlagen) mit 37 Prozent,
3. für die Leistungsphase 3 (Vorläufige Fassung) mit 50 Prozent,
4. für die Leistungsphase 4 (Abgestimmte Fassung) mit 10 Prozent.

(2) [1] Anlage 5 regelt die Grundleistungen jeder Leistungsphase. [2] Anlage 9 enthält Beispiele für Besondere Leistungen.

§ 25 Leistungsbild Landschaftsrahmenplan. (1) Die Grundleistungen bei Landschaftsrahmenplänen sind in vier Leistungsphasen unterteilt und werden wie folgt in Prozentsätzen der Honorare des § 30 bewertet:

1. für die Leistungsphase 1 (Klären der Aufgabenstellung und Ermitteln des Leistungsumfangs) mit 3 Prozent,
2. für die Leistungsphase 2 (Ermitteln der Planungsgrundlagen) mit 37 Prozent,
3. für die Leistungsphase 3 (Vorläufige Fassung) mit 50 Prozent,
4. für die Leistungsphase 4 (Abgestimmte Fassung) mit 10 Prozent.

(2) [1] Anlage 6 regelt die Grundleistungen jeder Leistungsphase. [2] Anlage 9 enthält Beispiele für Besondere Leistungen.

§ 26 Leistungsbild Landschaftspflegerischer Begleitplan. (1) Die Grundleistungen bei Landschaftspflegerischen Begleitplänen sind in vier Leistungsphasen unterteilt und werden wie folgt in Prozentsätzen der Honorare des § 31 bewertet:

1. für die Leistungsphase 1 (Klären der Aufgabenstellung und Ermitteln des Leistungsumfangs) mit 3 Prozent,
2. für die Leistungsphase 2 (Ermitteln und Bewerten der Planungsgrundlagen) mit 37 Prozent,
3. für die Leistungsphase 3 (Vorläufige Fassung) mit 50 Prozent,
4. für die Leistungsphase 4 (Abgestimmte Fassung) mit 10 Prozent.

(2) [1] Anlage 7 regelt die Grundleistungen jeder Leistungsphase. [2] Anlage 9 enthält Beispiele für Besondere Leistungen.

§ 27 Leistungsbild Pflege- und Entwicklungsplan. (1) Die Grundleistungen bei Pflege- und Entwicklungsplänen sind in vier Leistungsphasen zusammengefasst und werden wie folgt in Prozentsätzen der Honorare des § 32 bewertet:
1. für die Leistungsphase 1 (Zusammenstellen der Ausgangsbedingungen) mit 3 Prozent,
2. für die Leistungsphase 2 (Ermitteln der Planungsgrundlagen) mit 37 Prozent,
3. für die Leistungsphase 3 (Vorläufige Fassung) mit 50 Prozent und
4. für die Leistungsphase 4 (Abgestimmte Fassung) mit 10 Prozent.

(2) [1] Anlage 8 regelt die Grundleistungen jeder Leistungsphase. [2] Anlage 9 enthält Beispiele für Besondere Leistungen.

§ 28[1)] Honorare für Grundleistungen bei Landschaftsplänen. (1) Für die in § 23 und Anlage 4 genannten Grundleistungen bei Landschaftsplänen sind die in der nachstehenden Honorartafel aufgeführten Honorarspannen Orientierungswerte:

Fläche in Hektar	Honorarzone I geringe Anforderungen		Honorarzone II durchschnittliche Anforderungen		Honorarzone III hohe Anforderungen	
	von	bis	von	bis	von	bis
	Euro		Euro		Euro	
1 000	23 403	27 963	27 963	32 826	32 826	37 385
1 250	26 560	31 735	31 735	37 254	37 254	42 428
1 500	29 445	35 182	35 182	41 300	41 300	47 036
1 750	32 119	38 375	38 375	45 049	45 049	51 306
2 000	34 620	41 364	41 364	48 558	48 558	55 302
2 500	39 212	46 851	46 851	54 999	54 999	62 638
3 000	43 374	51 824	51 824	60 837	60 837	69 286
3 500	47 199	56 393	56 393	66 201	66 201	75 396
4 000	50 747	60 633	60 633	71 178	71 178	81 064
5 000	57 180	68 319	68 319	80 200	80 200	91 339
6 000	63 562	75 944	75 944	89 151	89 151	101 533
7 000	69 505	83 045	83 045	97 487	97 487	111 027
8 000	75 095	89 724	89 724	105 329	105 329	119 958
9 000	80 394	96 055	96 055	112 761	112 761	128 422
10 000	85 445	102 090	102 090	119 845	119 845	136 490
11 000	89 986	107 516	107 516	126 214	126 214	143 744
12 000	94 309	112 681	112 681	132 278	132 278	150 650
13 000	98 438	117 615	117 615	138 069	138 069	157 246
14 000	102 392	122 339	122 339	143 615	143 615	163 562
15 000	106 187	126 873	126 873	148 938	148 938	169 623

(2) Das Honorar für die Aufstellung von Landschaftsplänen ist nach der Fläche des Planungsgebiets in Hektar und nach der Honorarzone zu berechnen.

(3) Welchen Honorarzonen die Grundleistungen zugeordnet werden, richtet sich nach folgenden Bewertungsmerkmalen:

---

1) § 28 Abs. 1 einl. Satzteil neu gef., Abs. 6 geänd. mWv 1.1.2021 durch VO v. 2.12.2020 (BGBl. I S. 2636).

1. topographische Verhältnisse,
2. Flächennutzung,
3. Landschaftsbild,
4. Anforderungen an Umweltsicherung und Umweltschutz,
5. ökologische Verhältnisse,
6. Bevölkerungsdichte.

(4) [1] Sind auf einen Landschaftsplan Bewertungsmerkmale aus mehreren Honorarzonen anwendbar und bestehen deswegen Zweifel, welcher Honorarzone der Landschaftsplan zugeordnet werden kann, so ist zunächst die Anzahl der Bewertungspunkte zu ermitteln. [2] Zur Ermittlung der Bewertungspunkte werden die Bewertungsmerkmale wie folgt gewichtet:

1. die Bewertungsmerkmale gemäß Absatz 3 Nummer 1, 2, 3 und 6 mit je bis zu 6 Punkten und
2. die Bewertungsmerkmale gemäß Absatz 3 Nummer 4 und 5 und mit je bis zu 9 Punkten.

(5) Der Landschaftsplan ist anhand der nach Absatz 4 ermittelten Bewertungspunkte einer der Honorarzonen zuzuordnen:

1. Honorarzone I: bis zu 16 Punkte,
2. Honorarzone II: 17 bis 30 Punkte,
3. Honorarzone III: 31 bis 42 Punkte.

(6) Werden Teilflächen bereits aufgestellter Landschaftspläne (Planausschnitte) geändert oder überarbeitet, kann das Honorar abweichend von den Grundsätzen des Absatzes 2 vereinbart werden.

§ 29[1)] Honorare für Grundleistungen bei Grünordnungsplänen.

(1) Für die in § 24 und Anlage 5 genannten Grundleistungen bei Grünordnungsplänen und Landschaftsplanerischen Fachbeiträgen sind die in der nachstehenden Honorartafel aufgeführten Honorarspannen Orientierungswerte:

Fläche in Hektar	Honorarzone I geringe Anforderungen		Honorarzone II durchschnittliche Anforderungen		Honorarzone III hohe Anforderungen	
	von	bis	von	bis	von	bis
	Euro		Euro		Euro	
1,5	5 219	6 067	6 067	6 980	6 980	7 828
2	6 008	6 985	6 985	8 036	8 036	9 013
3	7 450	8 661	8 661	9 965	9 965	11 175
4	8 770	10 195	10 195	11 730	11 730	13 155
5	10 006	11 632	11 632	13 383	13 383	15 009
10	15 445	17 955	17 955	20 658	20 658	23 167
15	20 183	23 462	23 462	26 994	26 994	30 274
20	24 513	28 496	28 496	32 785	32 785	36 769
25	28 560	33 201	33 201	38 199	38 199	42 840
30	32 394	37 658	37 658	43 326	43 326	48 590

[1)] § 29 Abs. 1 einl. Satzteil neu gef. mWv 1.1.2021 durch VO v. 2.12.2020 (BGBl. I S. 2636).

Fläche in Hektar	Honorarzone I geringe Anforderungen von	bis	Honorarzone II durchschnittliche Anforderungen von	bis	Honorarzone III hohe Anforderungen von	bis
	Euro		Euro		Euro	
40	39 580	46 011	46 011	52 938	52 938	59 370
50	46 282	53 803	53 803	61 902	61 902	69 423
75	61 579	71 586	71 586	82 362	82 362	92 369
100	75 430	87 687	87 687	100 887	100 887	113 145
125	88 255	102 597	102 597	118 042	118 042	132 383
150	100 288	116 585	116 585	134 136	134 136	150 433
175	111 675	129 822	129 822	149 366	149 366	167 513
200	122 516	142 425	142 425	163 866	163 866	183 774
225	133 555	155 258	155 258	178 630	178 630	200 333
250	144 284	167 730	167 730	192 980	192 980	216 426

(2) Das Honorar für Grundleistungen bei Grünordnungsplänen ist nach der Fläche des Planungsgebiets in Hektar und nach der Honorarzone zu berechnen.

(3) Welchen Honorarzonen die Grundleistungen zugeordnet werden, richtet sich nach folgenden Bewertungsmerkmalen:

1. Topographie,
2. ökologische Verhältnisse,
3. Flächennutzungen und Schutzgebiete,
4. Umwelt-, Klima-, Denkmal- und Naturschutz,
5. Erholungsvorsorge,
6. Anforderung an die Freiraumgestaltung.

(4) [1] Sind auf einen Grünordnungsplan Bewertungsmerkmale aus mehreren Honorarzonen anwendbar und bestehen deswegen Zweifel, welcher Honorarzone der Grünordnungsplan zugeordnet werden kann, so ist zunächst die Anzahl der Bewertungspunkte zu ermitteln. [2] Zur Ermittlung der Bewertungspunkte werden die Bewertungsmerkmale wie folgt gewichtet:

1. die Bewertungsmerkmale gemäß Absatz 3 Nummer 1, 2, 3 und 5 mit je bis zu 6 Punkten und
2. die Bewertungsmerkmale gemäß Absatz 3 Nummer 4 und 6 mit je bis zu 9 Punkten.

(5) Der Grünordnungsplan ist anhand der nach Absatz 4 ermittelten Bewertungspunkte einer der Honorarzonen zuzuordnen:

1. Honorarzone I: bis zu 16 Punkte,
2. Honorarzone II: 17 bis 30 Punkte,
3. Honorarzone III: 31 bis 42 Punkte.

(6) Wird die Größe des Planungsgebiets während der Leistungserbringung geändert, so ist das Honorar für die Leistungsphasen, die bis zur Änderung noch nicht erbracht sind, nach der geänderten Größe des Planungsgebiets zu berechnen.

§ 30[1] Honorare für Grundleistungen bei Landschaftsrahmenplänen.

(1) Für die in § 25 und Anlage 6 genannten Grundleistungen bei Landschaftsrahmenplänen sind die in der nachstehenden Honorartafel aufgeführten Honorarspannen Orientierungswerte:

Fläche in Hektar	Honorarzone I geringe Anforderungen		Honorarzone II durchschnittliche Anforderungen		Honorarzone III hohe Anforderungen	
	von	bis	von	bis	von	bis
	Euro		Euro		Euro	
5 000	61 880	71 935	71 935	82 764	82 764	92 820
6 000	67 933	78 973	78 973	90 861	90 861	101 900
7 000	73 473	85 413	85 413	98 270	98 270	110 210
8 000	78 600	91 373	91 373	105 128	105 128	117 901
9 000	83 385	96 936	96 936	111 528	111 528	125 078
10 000	87 880	102 161	102 161	117 540	117 540	131 820
12 000	96 149	111 773	111 773	128 599	128 599	144 223
14 000	103 631	120 471	120 471	138 607	138 607	155 447
16 000	110 477	128 430	128 430	147 763	147 763	165 716
18 000	116 791	135 769	135 769	156 208	156 208	175 186
20 000	122 649	142 580	142 580	164 043	164 043	183 974
25 000	138 047	160 480	160 480	184 638	184 638	207 070
30 000	152 052	176 761	176 761	203 370	203 370	228 078
40 000	177 097	205 875	205 875	236 867	236 867	265 645
50 000	199 330	231 721	231 721	266 604	266 604	298 995
60 000	219 553	255 230	255 230	293 652	293 652	329 329
70 000	238 243	276 958	276 958	318 650	318 650	357 365
80 000	253 946	295 212	295 212	339 652	339 652	380 918
90 000	268 420	312 038	312 038	359 011	359 011	402 630
100 000	281 843	327 643	327 643	376 965	376 965	422 765

(2) Das Honorar für Grundleistungen bei Landschaftsrahmenplänen ist nach der Fläche des Planungsgebiets in Hektar und nach der Honorarzone zu berechnen.

(3) Welchen Honorarzonen die Grundleistungen zugeordnet werden, richtet sich nach folgenden Bewertungsmerkmalen:

1. topographische Verhältnisse,
2. Raumnutzung und Bevölkerungsdichte,
3. Landschaftsbild,
4. Anforderungen an Umweltsicherung, Klima- und Naturschutz,
5. ökologische Verhältnisse,
6. Freiraumsicherung und Erholung.

(4) [1] Sind für einen Landschaftsrahmenplan Bewertungsmerkmale aus mehreren Honorarzonen anwendbar und bestehen deswegen Zweifel, welcher Honorarzone der Landschaftsrahmenplan zugeordnet werden kann, so ist zunächst die Anzahl der Bewertungspunkte zu ermitteln. [2] Zur Ermittlung der Bewertungspunkte werden die Bewertungsmerkmale wie folgt gewichtet:

[1] § 30 Abs. 1 einl. Satzteil neu gef. mWv 1.1.2021 durch VO v. 2.12.2020 (BGBl. I S. 2636).

1. die Bewertungsmerkmale gemäß Absatz 3 Nummer 1, 2, 3 und 6 mit je bis zu 6 Punkten und
2. die Bewertungsmerkmale gemäß Absatz 3 Nummer 4 und 5 mit je bis zu 9 Punkten.

(5) Der Landschaftsrahmenplan ist anhand der nach Absatz 4 ermittelten Bewertungspunkte einer der Honorarzonen zuzuordnen:

1. Honorarzone I: bis zu 16 Punkte,
2. Honorarzone II: 17 bis 30 Punkte,
3. Honorarzone III: 31 bis 42 Punkte.

(6) Wird die Größe des Planungsgebiets während der Leistungserbringung geändert, so ist das Honorar für die Leistungsphasen, die bis zur Änderung noch nicht erbracht sind, nach der geänderten Größe des Planungsgebiets zu berechnen.

§ 31[1)] Honorare für Grundleistungen bei Landschaftspflegerischen Begleitplänen. (1) Für die in § 26 und Anlage 7 genannten Grundleistungen bei Landschaftspflegerischen Begleitplänen sind die in der nachstehenden Honorartafel aufgeführten Honorarspannen Orientierungswerte:

Fläche in Hektar	Honorarzone I geringe Anforderungen		Honorarzone II durchschnittliche Anforderungen		Honorarzone III hohe Anforderungen	
	von	bis	von	bis	von	bis
	Euro		Euro		Euro	
6	5 324	6 189	6 189	7 121	7 121	7 986
8	6 130	7 126	7 126	8 199	8 199	9 195
12	7 600	8 836	8 836	10 166	10 166	11 401
16	8 947	10 401	10 401	11 966	11 966	13 420
20	10 207	11 866	11 866	13 652	13 652	15 311
40	15 755	18 315	18 315	21 072	21 072	23 632
100	29 126	33 859	33 859	38 956	38 956	43 689
200	47 180	54 846	54 846	63 103	63 103	70 769
300	62 748	72 944	72 944	83 925	83 925	94 121
400	76 829	89 314	89 314	102 759	102 759	115 244
500	89 855	104 456	104 456	120 181	120 181	134 782
600	102 062	118 647	118 647	136 508	136 508	153 093
700	113 602	132 062	132 062	151 942	151 942	170 402
800	124 575	144 819	144 819	166 620	166 620	186 863
1 200	167 729	194 985	194 985	224 338	224 338	251 594
1 600	207 279	240 961	240 961	277 235	277 235	310 918
2 000	244 349	284 056	284 056	326 817	326 817	366 524
2 400	279 559	324 987	324 987	373 910	373 910	419 338
3 200	343 814	399 683	399 683	459 851	459 851	515 720
4 000	400 847	465 985	465 985	536 133	536 133	601 270

(2) Das Honorar für Grundleistungen bei Landschaftspflegerischen Begleitplänen ist nach der Fläche des Planungsgebiets in Hektar und nach der Honorarzone zu berechnen.

[1)] § 31 Abs. 1 einl. Satzteil neu gef. mWv 1.1.2021 durch VO v. 2.12.2020 (BGBl. I S. 2636).

(3) Welchen Honorarzonen die Grundleistungen zugeordnet werden, richtet sich nach folgenden Bewertungsmerkmalen:

1. ökologisch bedeutsame Strukturen und Schutzgebiete,
2. Landschaftsbild und Erholungsnutzung,
3. Nutzungsansprüche,
4. Anforderungen an die Gestaltung von Landschaft und Freiraum,
5. Empfindlichkeit gegenüber Umweltbelastungen und Beeinträchtigungen von Natur und Landschaft,
6. potenzielle Beeinträchtigungsintensität der Maßnahme.

(4) [1] Sind für einen Landschaftspflegerischen Begleitplan Bewertungsmerkmale aus mehreren Honorarzonen anwendbar und bestehen deswegen Zweifel, welcher Honorarzone der Landschaftspflegerische Begleitplan zugeordnet werden kann, so ist zunächst die Anzahl der Bewertungspunkte zu ermitteln. [2] Zur Ermittlung der Bewertungspunkte werden die Bewertungsmerkmale wie folgt gewichtet:

1. die Bewertungsmerkmale gemäß Absatz 3 Nummer 1, 2, 3 und 4 mit je bis zu 6 Punkten und
2. die Bewertungsmerkmale gemäß Absatz 3 Nummer 5 und 6 mit je bis zu 9 Punkten.

(5) Der Landschaftspflegerische Begleitplan ist anhand der nach Absatz 4 ermittelten Bewertungspunkte einer der Honorarzonen zuzuordnen:

1. Honorarzone I: bis zu 16 Punkte,
2. Honorarzone II: 17 bis 30 Punkte,
3. Honorarzone III: 31 bis 42 Punkte.

(6) Wird die Größe des Planungsgebiets während der Leistungserbringung geändert, so ist das Honorar für die Leistungsphasen, die bis zur Änderung noch nicht erbracht sind, nach der geänderten Größe des Planungsgebiets zu berechnen.

§ 32[1)] Honorare für Grundleistungen bei Pflege- und Entwicklungsplänen. (1) Für die in § 27 und Anlage 8 genannten Grundleistungen bei Pflege- und Entwicklungsplänen sind die in der nachstehenden Honorartafel aufgeführten Honorarspannen Orientierungswerte:

Fläche in Hektar	Honorarzone I geringe Anforderungen		Honorarzone II durchschnittliche Anforderungen		Honorarzone III hohe Anforderungen	
	von	bis	von	bis	von	bis
	Euro		Euro		Euro	
5	3 852	7 704	7 704	11 556	11 556	15 408
10	4 802	9 603	9 603	14 405	14 405	19 207
15	5 481	10 963	10 963	16 444	16 444	21 925
20	6 029	12 058	12 058	18 087	18 087	24 116
30	6 906	13 813	13 813	20 719	20 719	27 626
40	7 612	15 225	15 225	22 837	22 837	30 450
50	8 213	16 425	16 425	24 638	24 638	32 851

[1)] § 32 Abs. 1 einl. Satzteil neu gef. mWv 1.1.2021 durch VO v. 2.12.2020 (BGBl. I S. 2636).

Fläche in Hektar	Honorarzone I geringe Anforderungen von	bis	Honorarzone II durchschnittliche Anforderungen von	bis	Honorarzone III hohe Anforderungen von	bis
	Euro		Euro		Euro	
75	9 433	18 866	18 866	28 298	28 298	37 731
100	10 408	20 816	20 816	31 224	31 224	41 633
150	11 949	23 899	23 899	35 848	35 848	47 798
200	13 165	26 330	26 330	39 495	39 495	52 660
300	15 318	30 636	30 636	45 954	45 954	61 272
400	17 087	34 174	34 174	51 262	51 262	68 349
500	18 621	37 242	37 242	55 863	55 863	74 484
750	21 833	43 666	43 666	65 500	65 500	87 333
1 000	24 507	49 014	49 014	73 522	73 522	98 029
1 500	28 966	57 932	57 932	86 898	86 898	115 864
2 500	36 065	72 131	72 131	108 196	108 196	144 261
5 000	49 288	98 575	98 575	147 863	147 863	197 150
10 000	69 015	138 029	138 029	207 044	207 044	276 058

(2) Das Honorar für Grundleistungen bei Pflege- und Entwicklungsplänen ist nach der Fläche des Planungsgebiets in Hektar und nach der Honorarzone zu berechnen.

(3) Welchen Honorarzonen die Grundleistungen zugeordnet werden, richtet sich nach folgenden Bewertungsmerkmalen:

1. fachliche Vorgaben,
2. Differenziertheit des floristischen Inventars oder der Pflanzengesellschaften,
3. Differenziertheit des faunistischen Inventars,
4. Beeinträchtigungen oder Schädigungen von Naturhaushalt und Landschaftsbild,
5. Aufwand für die Festlegung von Zielaussagen sowie für Pflege- und Entwicklungsmaßnahmen.

(4) [1] Sind für einen Pflege- und Entwicklungsplan Bewertungsmerkmale aus mehreren Honorarzonen anwendbar und bestehen deswegen Zweifel, welcher Honorarzone der Pflege- und Entwicklungsplan zugeordnet werden kann, so ist zunächst die Anzahl der Bewertungspunkte zu ermitteln. [2] Zur Ermittlung der Bewertungspunkte werden die Bewertungsmerkmale wie folgt gewichtet:

1. das Bewertungsmerkmal gemäß Absatz 3 Nummer 1 mit bis zu 4 Punkten,
2. die Bewertungsmerkmale gemäß Absatz 3 Nummer 4 und 5 mit je bis zu 6 Punkten und
3. die Bewertungsmerkmale gemäß Absatz 3 Nummer 2 und 3 mit je bis zu 9 Punkten.

(5) Der Pflege- und Entwicklungsplan ist anhand der nach Absatz 4 ermittelten Bewertungspunkte einer der Honorarzonen zuzuordnen:

1. Honorarzone I: bis zu 13 Punkte,
2. Honorarzone II: 14 bis 24 Punkte,
3. Honorarzone III: 25 bis 34 Punkte.

(6) Wird die Größe des Planungsgebiets während der Leistungserbringung geändert, so ist das Honorar für die Leistungsphasen, die bis zur Änderung noch

nicht erbracht sind, nach der geänderten Größe des Planungsgebiets zu berechnen.

Teil 3. Objektplanung

Abschnitt 1. Gebäude und Innenräume

§ 33 Besondere Grundlagen des Honorars. (1) Für Grundleistungen bei Gebäuden und Innenräumen sind die Kosten der Baukonstruktion anrechenbar.

(2) Für Grundleistungen bei Gebäuden und Innenräumen sind auch die Kosten für Technische Anlagen, die der Auftragnehmer nicht fachlich plant oder deren Ausführung er nicht fachlich überwacht,

1. vollständig anrechenbar bis zu einem Betrag von 25 Prozent der sonstigen anrechenbaren Kosten und
2. zur Hälfte anrechenbar mit dem Betrag, der 25 Prozent der sonstigen anrechenbaren Kosten übersteigt.

(3) Nicht anrechenbar sind insbesondere die Kosten für das Herrichten, für die nichtöffentliche Erschließung sowie für Leistungen zur Ausstattung und zu Kunstwerken, soweit der Auftragnehmer die Leistungen weder plant noch bei der Beschaffung mitwirkt oder ihre Ausführung oder ihren Einbau fachlich überwacht.

§ 34 Leistungsbild Gebäude und Innenräume. (1) Das Leistungsbild Gebäude und Innenräume umfasst Leistungen für Neubauten, Neuanlagen, Wiederaufbauten, Erweiterungsbauten, Umbauten, Modernisierungen, Instandsetzungen und Instandhaltungen.

(2) Leistungen für Innenräume sind die Gestaltung oder Erstellung von Innenräumen ohne wesentliche Eingriffe in Bestand oder Konstruktion.

(3) Die Grundleistungen sind in neun Leistungsphasen unterteilt und werden wie folgt in Prozentsätzen der Honorare des § 35 bewertet:

1. für die Leistungsphase 1 (Grundlagenermittlung) mit je 2 Prozent für Gebäude und Innenräume,
2. für die Leistungsphase 2 (Vorplanung) mit je 7 Prozent für Gebäude und Innenräume,
3. für die Leistungsphase 3 (Entwurfsplanung) mit 15 Prozent für Gebäude und Innenräume,
4. für die Leistungsphase 4 (Genehmigungsplanung) mit 3 Prozent für Gebäude und 2 Prozent für Innenräume,
5. für die Leistungsphase 5 (Ausführungsplanung) mit 25 Prozent für Gebäude und 30 Prozent für Innenräume,
6. für die Leistungsphase 6 (Vorbereitung der Vergabe) mit 10 Prozent für Gebäude und 7 Prozent für Innenräume,
7. für die Leistungsphase 7 (Mitwirkung bei der Vergabe) mit 4 Prozent für Gebäude und 3 Prozent für Innenräume,
8. für die Leistungsphase 8 (Objektüberwachung – Bauüberwachung und Dokumentation) mit 32 Prozent für Gebäude und Innenräume,
9. für die Leistungsphase 9 (Objektbetreuung) mit je 2 Prozent für Gebäude und Innenräume.

(4) Anlage 10 Nummer 10.1 regelt die Grundleistungen jeder Leistungsphase und enthält Beispiele für Besondere Leistungen.

§ 35[1)] Honorare für Grundleistungen bei Gebäuden und Innenräumen. (1) Für die in § 34 und der Anlage 10 Nummer 10.1 genannten Grundleistungen für Gebäude und Innenräume sind die in der nachstehenden Honorartafel aufgeführten Honorarspannen Orientierungswerte:

[1)] § 35 Abs. 1 einl. Satzteil neu gef. mWv 1.1.2021 durch VO v. 2.12.2020 (BGBl. I S. 2636).

Anrechenbare Kosten in Euro	Honorarzone I sehr geringe Anforderungen von	bis	Honorarzone II geringe Anforderungen von	bis	Honorarzone III durchschnittliche Anforderungen von	bis	Honorarzone IV hohe Anforderungen von	bis	Honorarzone V sehr hohe Anforderungen von	bis
	Euro		Euro		Euro		Euro		Euro	
25 000	3 120	3 657	3 657	4 339	4 339	5 412	5 412	6 094	6 094	6 631
35 000	4 217	4 942	4 942	5 865	5 865	7 315	7 315	8 237	8 237	8 962
50 000	5 804	6 801	6 801	8 071	8 071	10 066	10 066	11 336	11 336	12 333
75 000	8 342	9 776	9 776	11 601	11 601	14 469	14 469	16 293	16 293	17 727
100 000	10 790	12 644	12 644	15 005	15 005	18 713	18 713	21 074	21 074	22 928
150 000	15 500	18 164	18 164	21 555	21 555	26 883	26 883	30 274	30 274	32 938
200 000	20 037	23 480	23 480	27 863	27 863	34 751	34 751	39 134	39 134	42 578
300 000	28 750	33 692	33 692	39 981	39 981	49 864	49 864	56 153	56 153	61 095
500 000	45 232	53 006	53 006	62 900	62 900	78 449	78 449	88 343	88 343	96 118
750 000	64 666	75 781	75 781	89 927	89 927	112 156	112 156	126 301	126 301	137 416
1 000 000	83 182	97 479	97 479	115 675	115 675	144 268	144 268	162 464	162 464	176 761
1 500 000	119 307	139 813	139 813	165 911	165 911	206 923	206 923	233 022	233 022	253 527
2 000 000	153 965	180 428	180 428	214 108	214 108	267 034	267 034	300 714	300 714	327 177
3 000 000	220 161	258 002	258 002	306 162	306 162	381 843	381 843	430 003	430 003	467 843
5 000 000	343 879	402 984	402 984	478 207	478 207	596 416	596 416	671 640	671 640	730 744
7 500 000	493 923	578 816	578 816	686 862	686 862	856 648	856 648	964 694	964 694	1 049 587
10 000 000	638 277	747 981	747 981	887 604	887 604	1 107 012	1 107 012	1 246 635	1 246 635	1 356 339
15 000 000	915 129	1 072 416	1 072 416	1 272 601	1 272 601	1 587 176	1 587 176	1 787 360	1 787 360	1 944 648
20 000 000	1 180 414	1 383 298	1 383 298	1 641 513	1 641 513	2 047 281	2 047 281	2 305 496	2 305 496	2 508 380
25 000 000	1 436 874	1 683 837	1 683 837	1 998 153	1 998 153	2 492 079	2 492 079	2 806 395	2 806 395	3 053 358

(2) Welchen Honorarzonen die Grundleistungen für Gebäude zugeordnet werden, richtet sich nach folgenden Bewertungsmerkmalen:

1. Anforderungen an die Einbindung in die Umgebung,
2. Anzahl der Funktionsbereiche,
3. gestalterische Anforderungen,
4. konstruktive Anforderungen,
5. technische Ausrüstung,
6. Ausbau.

(3) Welchen Honorarzonen die Grundleistungen für Innenräume zugeordnet werden, richtet sich nach folgenden Bewertungsmerkmalen:

1. Anzahl der Funktionsbereiche,
2. Anforderungen an die Lichtgestaltung,
3. Anforderungen an die Raumzuordnung und Raumproportion,
4. technische Ausrüstung,
5. Farb- und Materialgestaltung,
6. konstruktive Detailgestaltung.

(4) [1] Sind für ein Gebäude Bewertungsmerkmale aus mehreren Honorarzonen anwendbar und bestehen deswegen Zweifel, welcher Honorarzone das Gebäude oder der Innenraum zugeordnet werden kann, so ist zunächst die Anzahl der Bewertungspunkte zu ermitteln. [2] Zur Ermittlung der Bewertungspunkte werden die Bewertungsmerkmale wie folgt gewichtet:

1. die Bewertungsmerkmale gemäß Absatz 2 Nummer 1, 4 bis 6 mit je bis zu 6 Punkten und
2. die Bewertungsmerkmale gemäß Absatz 2 Nummer 2 und 3 mit je bis zu 9 Punkten.

(5) [1] Sind für Innenräume Bewertungsmerkmale aus mehreren Honorarzonen anwendbar und bestehen deswegen Zweifel, welcher Honorarzone das Gebäude oder der Innenraum zugeordnet werden kann, so ist zunächst die Anzahl der Bewertungspunkte zu ermitteln. [2] Zur Ermittlung der Bewertungspunkte werden die Bewertungsmerkmale wie folgt gewichtet:

1. die Bewertungsmerkmale gemäß Absatz 3 Nummer 1 bis 4 mit je bis zu 6 Punkten und
2. die Bewertungsmerkmale gemäß Absatz 3 Nummer 5 und 6 mit je bis zu 9 Punkten.

(6) Das Gebäude oder der Innenraum ist anhand der nach Absatz 5 ermittelten Bewertungspunkte einer der Honorarzonen zuzuordnen:

1.	Honorarzone I:	bis zu 10 Punkte,
2.	Honorarzone II:	11 bis 18 Punkte,
3.	Honorarzone III:	19 bis 26 Punkte,
4.	Honorarzone IV:	27 bis 34 Punkte,
5.	Honorarzone V:	35 bis 42 Punkte.

(7) Für die Zuordnung zu den Honorarzonen ist die Objektliste der Anlage 10 Nummer 10.2 und Nummer 10.3 zu berücksichtigen.

§ 36[1)] Umbauten und Modernisierungen von Gebäuden und Innenräumen. (1) Für Umbauten und Modernisierungen von Gebäuden kann bei einem durchschnittlichen Schwierigkeitsgrad ein Zuschlag gemäß § 6 Absatz 2 Satz 3 bis 33 Prozent auf das ermittelte Honorar in Textform vereinbart werden.

(2) Für Umbauten und Modernisierungen von Innenräumen in Gebäuden kann bei einem durchschnittlichen Schwierigkeitsgrad ein Zuschlag gemäß § 6 Absatz 2 Satz 3 bis 50 Prozent auf das ermittelte Honorar in Textform vereinbart werden.

§ 37[2)] Aufträge für Gebäude und Freianlagen oder für Gebäude und Innenräume. (1) § 11 Absatz 1 ist nicht anzuwenden, wenn die getrennte Berechnung der Honorare für Freianlagen weniger als 7 500 Euro anrechenbare Kosten ergeben würde.

(2) [1] Werden Grundleistungen für Innenräume in Gebäuden, die neu gebaut, wiederaufgebaut, erweitert oder umgebaut werden, einem Auftragnehmer übertragen, dem auch Grundleistungen für dieses Gebäude nach § 34 übertragen werden, so sind die Grundleistungen für Innenräume bei der Vereinbarung des Honorars für die Grundleistungen am Gebäude zu berücksichtigen. [2] Ein gesondertes Honorar nach § 11 Absatz 1 darf für die Grundleistungen für Innenräume nicht berechnet werden.

Abschnitt 2. Freianlagen

§ 38 Besondere Grundlagen des Honorars. (1) Für Grundleistungen bei Freianlagen sind die Kosten für Außenanlagen anrechenbar, insbesondere für folgende Bauwerke und Anlagen, soweit diese durch den Auftragnehmer geplant oder überwacht werden:

1. Einzelgewässer mit überwiegend ökologischen und landschaftsgestalterischen Elementen,
2. Teiche ohne Dämme,
3. flächenhafter Erdbau zur Geländegestaltung,
4. einfache Durchlässe und Uferbefestigungen als Mittel zur Geländegestaltung, soweit keine Grundleistungen nach Teil 4 Abschnitt 1 erforderlich sind,
5. Lärmschutzwälle als Mittel zur Geländegestaltung,
6. Stützbauwerke und Geländeabstützungen ohne Verkehrsbelastung als Mittel zur Geländegestaltung, soweit keine Tragwerke mit durchschnittlichem Schwierigkeitsgrad erforderlich sind,
7. Stege und Brücken, soweit keine Grundleistungen nach Teil 4 Abschnitt 1 erforderlich sind,
8. Wege ohne Eignung für den regelmäßigen Fahrverkehr mit einfachen Entwässerungsverhältnissen sowie andere Wege und befestigte Flächen, die als Gestaltungselement der Freianlagen geplant werden und für die keine Grundleistungen nach Teil 3 Abschnitt 3 und 4 erforderlich sind.

(2) Nicht anrechenbar sind für Grundleistungen bei Freianlagen die Kosten für

[1)] § 36 Abs. 1 und 2 geänd. mWv 1.1.2021 durch VO v. 2.12.2020 (BGBl. I S. 2636).
[2)] § 37 Abs. 2 Satz 1 geänd. mWv 1.1.2021 durch VO v. 2.12.2020 (BGBl. I S. 2636).

1. das Gebäude sowie die in § 33 Absatz 3 genannten Kosten und
2. den Unter- und Oberbau von Fußgängerbereichen ausgenommen die Kosten für die Oberflächenbefestigung.

§ 39 Leistungsbild Freianlagen. (1) Freianlagen sind planerisch gestaltete Freiflächen und Freiräume sowie entsprechend gestaltete Anlagen in Verbindung mit Bauwerken oder in Bauwerken und landschaftspflegerische Freianlagenplanungen in Verbindung mit Objekten.

(2) § 34 Absatz 1 gilt entsprechend.

(3) Die Grundleistungen bei Freianlagen sind in neun Leistungsphasen unterteilt und werden wie folgt in Prozentsätzen der Honorare des § 40 bewertet:

1. für die Leistungsphase 1 (Grundlagenermittlung) mit 3 Prozent,
2. für die Leistungsphase 2 (Vorplanung) mit 10 Prozent,
3. für die Leistungsphase 3 (Entwurfsplanung) mit 16 Prozent,
4. für die Leistungsphase 4 (Genehmigungsplanung) mit 4 Prozent,
5. für die Leistungsphase 5 (Ausführungsplanung) mit 25 Prozent,
6. für die Leistungsphase 6 (Vorbereitung der Vergabe) mit 7 Prozent,
7. für die Leistungsphase 7 (Mitwirkung bei der Vergabe) mit 3 Prozent,
8. für die Leistungsphase 8 (Objektüberwachung – Bauüberwachung und Dokumentation) mit 30 Prozent und
9. für die Leistungsphase 9 (Objektbetreuung) mit 2 Prozent.

(4) Anlage 11 Nummer 11.1 regelt die Grundleistungen jeder Leistungsphase und enthält Beispiele für Besondere Leistungen.

§ 40[1)] Honorare für Grundleistungen bei Freianlagen. (1) Für die in § 39 und der Anlage 11 Nummer 11.1 genannten Grundleistungen für Freianlagen sind die in der nachstehenden Honorartafel aufgeführten Honorarspannen Orientierungswerte:

[1)] § 40 Abs. 1 einl. Satzteil neu gef. mWv 1.1.2021 durch VO v. 2.12.2020 (BGBl. I S. 2636).

Anrechenbare Kosten in Euro	Honorarzone I sehr geringe Anforderungen von Euro	bis	Honorarzone II geringe Anforderungen von Euro	bis	Honorarzone III durchschnittliche Anforderungen von Euro	bis	Honorarzone IV hohe Anforderungen von Euro	bis	Honorarzone V sehr hohe Anforderungen von Euro	bis
20 000	3 643	4 348	4 348	5 229	5 229	6 521	6 521	7 403	7 403	8 108
25 000	4 406	5 259	5 259	6 325	6 325	7 888	7 888	8 954	8 954	9 807
30 000	5 147	6 143	6 143	7 388	7 388	9 215	9 215	10 460	10 460	11 456
35 000	5 870	7 006	7 006	8 426	8 426	10 508	10 508	11 928	11 928	13 064
40 000	6 577	7 850	7 850	9 441	9 441	11 774	11 774	13 365	13 365	14 638
50 000	7 953	9 492	9 492	11 416	11 416	14 238	14 238	16 162	16 162	17 701
60 000	9 287	11 085	11 085	13 332	13 332	16 627	16 627	18 874	18 874	20 672
75 000	11 227	13 400	13 400	16 116	16 116	20 100	20 100	22 816	22 816	24 989
100 000	14 332	17 106	17 106	20 574	20 574	25 659	25 659	29 127	29 127	31 901
125 000	17 315	20 666	20 666	24 855	24 855	30 999	30 999	35 188	35 188	38 539
150 000	20 201	24 111	24 111	28 998	28 998	36 166	36 166	41 053	41 053	44 963
200 000	25 746	30 729	30 729	36 958	36 958	46 094	46 094	52 323	52 323	57 306
250 000	31 053	37 063	37 063	44 576	44 576	55 594	55 594	63 107	63 107	69 117
350 000	41 147	49 111	49 111	59 066	59 066	73 667	73 667	83 622	83 622	91 586
500 000	55 300	66 004	66 004	79 383	79 383	99 006	99 006	112 385	112 385	123 088
650 000	69 114	82 491	82 491	99 212	99 212	123 736	123 736	140 457	140 457	153 834
800 000	82 430	98 384	98 384	118 326	118 326	147 576	147 576	167 518	167 518	183 472
1 000 000	99 578	118 851	118 851	142 942	142 942	178 276	178 276	202 368	202 368	221 641
1 250 000	120 238	143 510	143 510	172 600	172 600	215 265	215 265	244 355	244 355	267 627
1 500 000	140 204	167 340	167 340	201 261	201 261	251 011	251 011	284 931	284 931	312 067

(2) Welchen Honorarzonen die Grundleistungen zugeordnet werden, richtet sich nach folgenden Bewertungsmerkmalen:

1. Anforderungen an die Einbindung in die Umgebung,
2. Anforderungen an Schutz, Pflege und Entwicklung von Natur und Landschaft,
3. Anzahl der Funktionsbereiche,
4. gestalterische Anforderungen,
5. Ver- und Entsorgungseinrichtungen.

(3) [1] Sind für eine Freianlage Bewertungsmerkmale aus mehreren Honorarzonen anwendbar und bestehen deswegen Zweifel, welcher Honorarzone die Freianlage zugeordnet werden kann, so ist zunächst die Anzahl der Bewertungspunkte zu ermitteln. [2] Zur Ermittlung der Bewertungspunkte werden die Bewertungsmerkmale wie folgt gewichtet:

1. die Bewertungsmerkmale gemäß Absatz 2 Nummer 1, 2 und 4 mit je bis zu 8 Punkten,
2. die Bewertungsmerkmale gemäß Absatz 2 Nummer 3 und 5 mit je bis zu 6 Punkten.

(4) Die Freianlage ist anhand der nach Absatz 3 ermittelten Bewertungspunkte einer der Honorarzonen zuzuordnen:

1.	Honorarzone I:	bis zu 8 Punkte,
2.	Honorarzone II:	9 bis 15 Punkte,
3.	Honorarzone III:	16 bis 22 Punkte,
4.	Honorarzone IV:	23 bis 29 Punkte,
5.	Honorarzone V:	30 bis 36 Punkte.

(5) Für die Zuordnung zu den Honorarzonen ist die Objektliste der Anlage 11 Nummer 11.2 zu berücksichtigen.

(6) § 36 Absatz 1 ist für Freianlagen entsprechend anzuwenden.

Abschnitt 3. Ingenieurbauwerke

§ 41 Anwendungsbereich. Ingenieurbauwerke umfassen:

1. Bauwerke und Anlagen der Wasserversorgung,
2. Bauwerke und Anlagen der Abwasserentsorgung,
3. Bauwerke und Anlagen des Wasserbaus ausgenommen Freianlagen nach § 39 Absatz 1,
4. Bauwerke und Anlagen für Ver- und Entsorgung mit Gasen, Feststoffen und wassergefährdenden Flüssigkeiten, ausgenommen Anlagen der Technischen Ausrüstung nach § 53 Absatz 2,
5. Bauwerke und Anlagen der Abfallentsorgung,
6. konstruktive Ingenieurbauwerke für Verkehrsanlagen,
7. sonstige Einzelbauwerke, ausgenommen Gebäude und Freileitungsmaste.

§ 42 Besondere Grundlagen des Honorars. (1) [1] Für Grundleistungen bei Ingenieurbauwerken sind die Kosten der Baukonstruktion anrechenbar. [2] Die Kosten für die Anlagen der Maschinentechnik, die der Zweckbestimmung des

Ingenieurbauwerks dienen, sind anrechenbar, soweit der Auftragnehmer diese plant oder deren Ausführung überwacht.

(2) Für Grundleistungen bei Ingenieurbauwerken sind auch die Kosten für Technische Anlagen, die der Auftragnehmer nicht fachlich plant oder deren Ausführung der Auftragnehmer nicht fachlich überwacht,

1. vollständig anrechenbar bis zum Betrag von 25 Prozent der sonstigen anrechenbaren Kosten und
2. zur Hälfte anrechenbar mit dem Betrag, der 25 Prozent der sonstigen anrechenbaren Kosten übersteigt.

(3) Nicht anrechenbar sind, soweit der Auftragnehmer die Anlagen weder plant noch ihre Ausführung überwacht, die Kosten für

1. das Herrichten des Grundstücks,
2. die öffentliche und die nichtöffentliche Erschließung, die Außenanlagen, das Umlegen und Verlegen von Leitungen,
3. verkehrsregelnde Maßnahmen während der Bauzeit,
4. die Ausstattung und Nebenanlagen von Ingenieurbauwerken.

§ 43[1)] Leistungsbild Ingenieurbauwerke. (1) [1] § 34 Absatz 1 gilt entsprechend. [2] Die Grundleistungen für Ingenieurbauwerke sind in neun Leistungsphasen unterteilt und werden wie folgt in Prozentsätzen der Honorare des § 44 bewertet:

1. für die Leistungsphase 1 (Grundlagenermittlung) mit 2 Prozent,
2. für die Leistungsphase 2 (Vorplanung) mit 20 Prozent,
3. für die Leistungsphase 3 (Entwurfsplanung) mit 25 Prozent,
4. für die Leistungsphase 4 (Genehmigungsplanung) mit 5 Prozent,
5. für die Leistungsphase 5 (Ausführungsplanung) mit 15 Prozent,
6. für die Leistungsphase 6 (Vorbereitung der Vergabe) mit 13 Prozent,
7. für die Leistungsphase 7 (Mitwirkung bei der Vergabe) mit 4 Prozent,
8. für die Leistungsphase 8 (Bauoberleitung) mit 15 Prozent,
9. für die Leistungsphase 9 (Objektbetreuung) mit 1 Prozent.

(2) Abweichend von Absatz 1 Nummer 2 wird die Leistungsphase 2 bei Objekten nach § 41 Nummer 6 und 7, die eine Tragwerksplanung erfordern, mit 10 Prozent bewertet.

(3) Die Vertragsparteien können abweichend von Absatz 1 in Textform vereinbaren, dass

1. die Leistungsphase 4 mit 5 bis 8 Prozent bewertet wird, wenn dafür ein eigenständiges Planfeststellungsverfahren erforderlich ist,
2. die Leistungsphase 5 mit 15 bis 35 Prozent bewertet wird, wenn ein überdurchschnittlicher Aufwand an Ausführungszeichnungen erforderlich wird.

(4) Anlage 12 Nummer 12.1 regelt die Grundleistungen jeder Leistungsphase und enthält Beispiele für Besondere Leistungen.

[1)] § 43 Abs. 3 einl. Satzteil geänd. mWv 1.1.2021 durch VO v. 2.12.2020 (BGBl. I S. 2636).

§ 44[1)] Honorare für Grundleistungen bei Ingenieurbauwerken.

(1) Für die in § 43 und der Anlage 12 Nummer 12.1 genannten Grundleistungen bei Ingenieurbauwerken sind die in der nachstehenden Honorartafel aufgeführten Honorarspannen Orientierungswerte:

[1)] § 44 Abs. 1 einl. Satzteil neu gef., Abs. 6 geänd., Abs. 7 aufgeh. mWv 1.1.2021 durch VO v. 2.12.2020 (BGBl. I S. 2636).

Anrechenbare Kosten in Euro	Honorarzone I sehr geringe Anforderungen von	bis	Honorarzone II geringe Anforderungen von	bis	Honorarzone III durchschnittliche Anforderungen von	bis	Honorarzone IV hohe Anforderungen von	bis	Honorarzone V sehr hohe Anforderungen von	bis
	Euro		Euro		Euro		Euro		Euro	
25 000	3 449	4 109	4 109	4 768	4 768	5 428	5 428	6 036	6 036	6 696
35 000	4 475	5 331	5 331	6 186	6 186	7 042	7 042	7 831	7 831	8 687
50 000	5 897	7 024	7 024	8 152	8 152	9 279	9 279	10 320	10 320	11 447
75 000	8 069	9 611	9 611	11 154	11 154	12 697	12 697	14 121	14 121	15 663
100 000	10 079	12 005	12 005	13 932	13 932	15 859	15 859	17 637	17 637	19 564
150 000	13 786	16 422	16 422	19 058	19 058	21 693	21 693	24 126	24 126	26 762
200 000	17 215	20 506	20 506	23 797	23 797	27 088	27 088	30 126	30 126	33 417
300 000	23 534	28 033	28 033	32 532	32 532	37 031	37 031	41 185	41 185	45 684
500 000	34 865	41 530	41 530	48 195	48 195	54 861	54 861	61 013	61 013	67 679
750 000	47 576	56 672	56 672	65 767	65 767	74 863	74 863	83 258	83 258	92 354
1 000 000	59 264	70 594	70 594	81 924	81 924	93 254	93 254	103 712	103 712	115 042
1 500 000	80 998	96 482	96 482	111 967	111 967	127 452	127 452	141 746	141 746	157 230
2 000 000	101 054	120 373	120 373	139 692	139 692	159 011	159 011	176 844	176 844	196 163
3 000 000	137 907	164 272	164 272	190 636	190 636	217 001	217 001	241 338	241 338	267 702
5 000 000	203 584	242 504	242 504	281 425	281 425	320 345	320 345	356 272	356 272	395 192
7 500 000	278 415	331 642	331 642	384 868	384 868	438 095	438 095	487 227	487 227	540 453
10 000 000	347 568	414 014	414 014	480 461	480 461	546 908	546 908	608 244	608 244	674 690
15 000 000	474 901	565 691	565 691	656 480	656 480	747 270	747 270	831 076	831 076	921 866
20 000 000	592 324	705 563	705 563	818 801	818 801	932 040	932 040	1 036 568	1 036 568	1 149 806
25 000 000	702 770	837 123	837 123	971 476	971 476	1 105 829	1 105 829	1 229 848	1 229 848	1 364 201

(2) Welchen Honorarzonen die Grundleistungen zugeordnet werden, richtet sich nach folgenden Bewertungsmerkmalen:

1. geologische und baugrundtechnische Gegebenheiten,
2. technische Ausrüstung und Ausstattung,
3. Einbindung in die Umgebung oder in das Objektumfeld,
4. Umfang der Funktionsbereiche oder der konstruktiven oder technischen Anforderungen,
5. fachspezifische Bedingungen.

(3) [1] Sind für Ingenieurbauwerke Bewertungsmerkmale aus mehreren Honorarzonen anwendbar und bestehen deswegen Zweifel, welcher Honorarzone das Objekt zugeordnet werden kann, so ist zunächst die Anzahl der Bewertungspunkte zu ermitteln. [2] Zur Ermittlung der Bewertungspunkte werden die Bewertungsmerkmale wie folgt gewichtet:

1. die Bewertungsmerkmale gemäß Absatz 2 Nummer 1, 2 und 3 mit bis zu 5 Punkten,
2. das Bewertungsmerkmal gemäß Absatz 2 Nummer 4 mit bis zu 10 Punkten,
3. das Bewertungsmerkmal gemäß Absatz 2 Nummer 5 mit bis zu 15 Punkten.

(4) Das Ingenieurbauwerk ist anhand der nach Absatz 3 ermittelten Bewertungspunkte einer der Honorarzonen zuzuordnen:

1.	Honorarzone I:	bis zu 10 Punkte,
2.	Honorarzone II:	11 bis 17 Punkte,
3.	Honorarzone III:	18 bis 25 Punkte,
4.	Honorarzone IV:	26 bis 33 Punkte,
5.	Honorarzone V:	34 bis 40 Punkte.

(5) Für die Zuordnung zu den Honorarzonen ist die Objektliste der Anlage 12 Nummer 12.2 zu berücksichtigen.

(6) Für Umbauten und Modernisierungen von Ingenieurbauwerken kann bei einem durchschnittlichen Schwierigkeitsgrad ein Zuschlag gemäß § 6 Absatz 2 Satz 3 bis 33 Prozent in Textform vereinbart werden.

Abschnitt 4. Verkehrsanlagen

§ 45 Anwendungsbereich. Verkehrsanlagen sind:

1. Anlagen des Straßenverkehrs ausgenommen selbstständige Rad-, Geh- und Wirtschaftswege und Freianlagen nach § 39 Absatz 1,
2. Anlagen des Schienenverkehrs,
3. Anlagen des Flugverkehrs.

§ 46[1)] Besondere Grundlagen des Honorars. (1) [1] Für Grundleistungen bei Verkehrsanlagen sind die Kosten der Baukonstruktion anrechenbar. [2] Soweit der Auftragnehmer die Ausstattung von Anlagen des Straßen-, Schienen- und Flugverkehrs einschließlich der darin enthaltenen Entwässerungsanlagen, die der Zweckbestimmung der Verkehrsanlagen dienen, plant oder deren Ausführung überwacht, sind die dadurch entstehenden Kosten anrechenbar.

[1)] § 46 Abs. 5 Nr. 2 geänd. mWv 1.1.2021 durch VO v. 2.12.2020 (BGBl. I S. 2636).

(2) Für Grundleistungen bei Verkehrsanlagen sind auch die Kosten für Technische Anlagen, die der Auftragnehmer nicht fachlich plant oder deren Ausführung der Auftragnehmer nicht fachlich überwacht,

1. vollständig anrechenbar bis zu einem Betrag von 25 Prozent der sonstigen anrechenbaren Kosten und
2. zur Hälfte anrechenbar mit dem Betrag, der 25 Prozent der sonstigen anrechenbaren Kosten übersteigt.

(3) Nicht anrechenbar sind, soweit der Auftragnehmer die Anlagen weder plant noch ihre Ausführung überwacht, die Kosten für

1. das Herrichten des Grundstücks,
2. die öffentliche und die nichtöffentliche Erschließung, die Außenanlagen, das Umlegen und Verlegen von Leitungen,
3. die Nebenanlagen von Anlagen des Straßen-, Schienen- und Flugverkehrs,
4. verkehrsregelnde Maßnahmen während der Bauzeit.

(4) Für Grundleistungen der Leistungsphasen 1 bis 7 und 9 bei Verkehrsanlagen sind

1. die Kosten für Erdarbeiten einschließlich Felsarbeiten anrechenbar bis zu einem Betrag von 40 Prozent der sonstigen anrechenbaren Kosten nach Absatz 1 und
2. 10 Prozent der Kosten für Ingenieurbauwerke anrechenbar, wenn dem Auftragnehmer für diese Ingenieurbauwerke nicht gleichzeitig Grundleistungen nach § 43 übertragen werden.

(5) Die nach den Absätzen 1 bis 4 ermittelten Kosten sind für Grundleistungen des § 47 Absatz 1 Satz 2 Nummer 1 bis 7 und 9

1. bei Straßen, die mehrere durchgehende Fahrspuren mit einer gemeinsamen Entwurfsachse und einer gemeinsamen Entwurfsgradiente haben, wie folgt anteilig anrechenbar:
   a) bei dreistreifigen Straßen zu 85 Prozent,
   b) bei vierstreifigen Straßen zu 70 Prozent und
   c) bei mehr als vierstreifigen Straßen zu 60 Prozent,
2. bei Gleis- und Bahnsteiganlagen, die zwei Gleise mit einem gemeinsamen Planum haben, zu 90 Prozent anrechenbar. Das Honorar für Gleis- und Bahnsteiganlagen mit mehr als zwei Gleisen oder Bahnsteigen kann abweichend von den Grundsätzen des Satzes 1, der Absätze 1 bis 4 und der §§ 47 und 48 vereinbart werden.

§ 47 Leistungsbild Verkehrsanlagen. (1) [1] § 34 Absatz 1 gilt entsprechend. [2] Die Grundleistungen für Verkehrsanlagen sind in neun Leistungsphasen unterteilt und werden wie folgt in Prozentsätzen der Honorare des § 48 bewertet:

1. für die Leistungsphase 1 (Grundlagenermittlung) mit 2 Prozent,
2. für die Leistungsphase 2 (Vorplanung) mit 20 Prozent,
3. für die Leistungsphase 3 (Entwurfsplanung) mit 25 Prozent,
4. für die Leistungsphase 4 (Genehmigungsplanung) mit 8 Prozent,
5. für die Leistungsphase 5 (Ausführungsplanung) mit 15 Prozent,
6. für die Leistungsphase 6 (Vorbereitung der Vergabe) mit 10 Prozent,
7. für die Leistungsphase 7 (Mitwirkung bei der Vergabe) mit 4 Prozent,

8. für die Leistungsphase 8 (Bauoberleitung) mit 15 Prozent,
9. für die Leistungsphase 9 (Objektbetreuung) mit 1 Prozent.

(2) Anlage 13 Nummer 13.1 regelt die Grundleistungen jeder Leistungsphase und enthält Beispiele für Besondere Leistungen.

§ 48[1)] Honorare für Grundleistungen bei Verkehrsanlagen. (1) Für die in § 47 und der Anlage 13 Nummer 13.1 genannten Grundleistungen bei Verkehrsanlagen sind die in der nachstehenden Honorartafel aufgeführten Honorarspannen Orientierungswerte:

[1)] § 48 Abs. 1 einl. Satzteil neu gef., Abs. 6 geänd. mWv 1.1.2021 durch VO v. 2.12.2020 (BGBl. I S. 2636).

Anrechenbare Kosten in Euro	Honorarzone I sehr geringe Anforderungen von	bis	Honorarzone II geringe Anforderungen von	bis	Honorarzone III durchschnittliche Anforderungen von	bis	Honorarzone IV hohe Anforderungen von	bis	Honorarzone V sehr hohe Anforderungen von	bis
	Euro		Euro		Euro		Euro		Euro	
25 000	3 882	4 624	4 624	5 366	5 366	6 108	6 108	6 793	6 793	7 535
35 000	4 981	5 933	5 933	6 885	6 885	7 837	7 837	8 716	8 716	9 668
50 000	6 487	7 727	7 727	8 967	8 967	10 207	10 207	11 352	11 352	12 592
75 000	8 759	10 434	10 434	12 108	12 108	13 783	13 783	15 328	15 328	17 003
100 000	10 839	12 911	12 911	14 983	14 983	17 056	17 056	18 968	18 968	21 041
150 000	14 634	17 432	17 432	20 229	20 229	23 027	23 027	25 610	25 610	28 407
200 000	18 106	21 567	21 567	25 029	25 029	28 490	28 490	31 685	31 685	35 147
300 000	24 435	29 106	29 106	33 778	33 778	38 449	38 449	42 761	42 761	47 433
500 000	35 622	42 433	42 433	49 243	49 243	56 053	56 053	62 339	62 339	69 149
750 000	48 001	57 178	57 178	66 355	66 355	75 532	75 532	84 002	84 002	93 179
1 000 000	59 267	70 597	70 597	81 928	81 928	93 258	93 258	103 717	103 717	115 047
1 500 000	80 009	95 305	95 305	110 600	110 600	125 896	125 896	140 015	140 015	155 311
2 000 000	98 962	117 881	117 881	136 800	136 800	155 719	155 719	173 183	173 183	192 102
3 000 000	133 441	158 951	158 951	184 462	184 462	209 973	209 973	233 521	233 521	259 032
5 000 000	194 094	231 200	231 200	268 306	268 306	305 412	305 412	339 664	339 664	376 770
7 500 000	262 407	312 573	312 573	362 739	362 739	412 905	412 905	459 212	459 212	509 378
10 000 000	324 978	387 107	387 107	449 235	449 235	511 363	511 363	568 712	568 712	630 840
15 000 000	439 179	523 140	523 140	607 101	607 101	691 062	691 062	768 564	768 564	852 525
20 000 000	543 619	647 546	647 546	751 473	751 473	855 401	855 401	951 333	951 333	1 055 260
25 000 000	641 265	763 860	763 860	886 454	886 454	1 009 049	1 009 049	1 122 213	1 122 213	1 244 808

(2) Welchen Honorarzonen die Grundleistungen zugeordnet werden, richtet sich nach folgenden Bewertungsmerkmalen:

1. geologische und baugrundtechnische Gegebenheiten,
2. technische Ausrüstung und Ausstattung,
3. Einbindung in die Umgebung oder das Objektumfeld,
4. Umfang der Funktionsbereiche oder der konstruktiven oder technischen Anforderungen,
5. fachspezifische Bedingungen.

(3) [1] Sind für Verkehrsanlagen Bewertungsmerkmale aus mehreren Honorarzonen anwendbar und bestehen deswegen Zweifel, welcher Honorarzone das Objekt zugeordnet werden kann, so ist zunächst die Anzahl der Bewertungspunkte zu ermitteln. [2] Zur Ermittlung der Bewertungspunkte werden die Bewertungsmerkmale wie folgt gewichtet:

1. die Bewertungsmerkmale gemäß Absatz 2 Nummer 1, 2 mit bis zu 5 Punkten,
2. das Bewertungsmerkmal gemäß Absatz 2 Nummer 3 mit bis zu 15 Punkten,
3. das Bewertungsmerkmal gemäß Absatz 2 Nummer 4 mit bis zu 10 Punkten,
4. das Bewertungsmerkmal gemäß Absatz 2 Nummer 5 mit bis zu 5 Punkten.

(4) Die Verkehrsanlage ist anhand der nach Absatz 3 ermittelten Bewertungspunkte einer der Honorarzonen zuzuordnen:

1.	Honorarzone I:	bis zu 10 Punkte,
2.	Honorarzone II:	11 bis 17 Punkte,
3.	Honorarzone III:	18 bis 25 Punkte,
4.	Honorarzone IV:	26 bis 33 Punkte,
5.	Honorarzone V:	34 bis 40 Punkte.

(5) Für die Zuordnung zu den Honorarzonen ist die Objektliste der Anlage 13 Nummer 13.2 zu berücksichtigen.

(6) Für Umbauten und Modernisierungen von Verkehrsanlagen kann bei einem durchschnittlichen Schwierigkeitsgrad ein Zuschlag gemäß § 6 Absatz 2 Satz 3 bis 33 Prozent in Textform vereinbart werden.

Teil 4. Fachplanung

Abschnitt 1. Tragwerksplanung

§ 49 Anwendungsbereich. (1) Leistungen der Tragwerksplanung sind die statische Fachplanung für die Objektplanung Gebäude und Ingenieurbauwerke.

(2) Das Tragwerk bezeichnet das statische Gesamtsystem der miteinander verbundenen, lastabtragenden Konstruktionen, die für die Standsicherheit von Gebäuden, Ingenieurbauwerken und Traggerüsten bei Ingenieurbauwerken maßgeblich sind.

§ 50[1] Besondere Grundlagen des Honorars. (1) Bei Gebäuden und zugehörigen baulichen Anlagen sind 55 Prozent der Baukonstruktionskosten und 10 Prozent der Kosten der Technischen Anlagen anrechenbar.

---

[1] § 50 Abs. 2 geänd. mWv 1.1.2021 durch VO v. 2.12.2020 (BGBl. I S. 2636).

(2) Die Vertragsparteien können bei Gebäuden mit einem hohen Anteil an Kosten der Gründung und der Tragkonstruktionen in Textform vereinbaren, dass die anrechenbaren Kosten abweichend von Absatz 1 nach Absatz 3 ermittelt werden.

(3) Bei Ingenieurbauwerken sind 90 Prozent der Baukonstruktionskosten und 15 Prozent der Kosten der Technischen Anlagen anrechenbar.

(4) [1] Für Traggerüste bei Ingenieurbauwerken sind die Herstellkosten einschließlich der zugehörigen Kosten für Baustelleneinrichtungen anrechenbar. [2] Bei mehrfach verwendeten Bauteilen ist der Neuwert anrechenbar.

(5) Die Vertragsparteien können vereinbaren, dass Kosten von Arbeiten, die nicht in den Absätzen 1 bis 3 erfasst sind, ganz oder teilweise anrechenbar sind, wenn der Auftragnehmer wegen dieser Arbeiten Mehrleistungen für das Tragwerk nach § 51 erbringt.

§ 51 Leistungsbild Tragwerksplanung. (1) Die Grundleistungen der Tragwerksplanung sind für Gebäude und zugehörige bauliche Anlagen sowie für Ingenieurbauwerke nach § 41 Nummer 1 bis 5 in den Leistungsphasen 1 bis 6 sowie für Ingenieurbauwerke nach § 41 Nummer 6 und 7 in den Leistungsphasen 2 bis 6 zusammengefasst und werden wie folgt in Prozentsätzen der Honorare des § 52 bewertet:

1. für die Leistungsphase 1 (Grundlagenermittlung) mit 3 Prozent,
2. für die Leistungsphase 2 (Vorplanung) mit 10 Prozent,
3. für die Leistungsphase 3 (Entwurfsplanung) mit 15 Prozent,
4. für die Leistungsphase 4 (Genehmigungsplanung) mit 30 Prozent,
5. für die Leistungsphase 5 (Ausführungsplanung) mit 40 Prozent,
6. für die Leistungsphase 6 (Vorbereitung der Vergabe) mit 2 Prozent.

(2) Die Leistungsphase 5 ist abweichend von Absatz 1 mit 30 Prozent der Honorare des § 52 zu bewerten

1. im Stahlbetonbau, sofern keine Schalpläne in Auftrag gegeben werden,
2. im Holzbau mit unterdurchschnittlichem Schwierigkeitsgrad.

(3) Die Leistungsphase 5 ist abweichend von Absatz 1 mit 20 Prozent der Honorare des § 52 zu bewerten, sofern nur Schalpläne in Auftrag gegeben werden.

(4) Bei sehr enger Bewehrung kann die Bewertung der Leistungsphase 5 um bis zu 4 Prozent erhöht werden.

(5) [1] Anlage 14 Nummer 14.1 regelt die Grundleistungen jeder Leistungsphase und enthält Beispiele für Besondere Leistungen. [2] Für Ingenieurbauwerke nach § 41 Nummer 6 und 7 sind die Grundleistungen der Tragwerksplanung zur Leistungsphase 1 im Leistungsbild der Ingenieurbauwerke gemäß § 43 enthalten.

§ 52[1)] Honorare für Grundleistungen bei Tragwerksplanungen.

(1) Für die in § 51 und der Anlage 14 Nummer 14.1 genannten Grundleistungen der Tragwerksplanungen sind die in der nachstehenden Honorartafel aufgeführten Honorarspannen Orientierungswerte:

[1)] § 52 Abs. 1 einl. Satzeil neu gef., Abs. 4 geänd., Abs. 5 aufgeh. mWv 1.1.2021 durch VO v. 2.12. 2020 (BGBl. I S. 2636).

Anrechenbare Kosten in Euro	Honorarzone I sehr geringe Anforderungen von (Euro)	Honorarzone I bis (Euro)	Honorarzone II geringe Anforderungen von (Euro)	Honorarzone II bis (Euro)	Honorarzone III durchschnittliche Anforderungen von (Euro)	Honorarzone III bis (Euro)	Honorarzone IV hohe Anforderungen von (Euro)	Honorarzone IV bis (Euro)	Honorarzone V sehr hohe Anforderungen von (Euro)	Honorarzone V bis (Euro)
10 000	1 461	1 624	1 624	2 064	2 064	2 575	2 575	3 015	3 015	3 178
15 000	2 011	2 234	2 234	2 841	2 841	3 543	3 543	4 149	4 149	4 373
25 000	3 006	3 340	3 340	4 247	4 247	5 296	5 296	6 203	6 203	6 537
50 000	5 187	5 763	5 763	7 327	7 327	9 139	9 139	10 703	10 703	11 279
75 000	7 135	7 928	7 928	10 080	10 080	12 572	12 572	14 724	14 724	15 517
100 000	8 946	9 940	9 940	12 639	12 639	15 763	15 763	18 461	18 461	19 455
150 000	12 303	13 670	13 670	17 380	17 380	21 677	21 677	25 387	25 387	26 754
250 000	18 370	20 411	20 411	25 951	25 951	32 365	32 365	37 906	37 906	39 947
350 000	23 909	26 565	26 565	33 776	33 776	42 125	42 125	49 335	49 335	51 992
500 000	31 594	35 105	35 105	44 633	44 633	55 666	55 666	65 194	65 194	68 705
750 000	43 463	48 293	48 293	61 401	61 401	76 578	76 578	89 686	89 686	94 515
1 000 000	54 495	60 550	60 550	76 984	76 984	96 014	96 014	112 449	112 449	118 504
1 250 000	64 940	72 155	72 155	91 740	91 740	114 418	114 418	134 003	134 003	141 218
1 500 000	74 938	83 265	83 265	105 865	105 865	132 034	132 034	154 635	154 635	162 961
2 000 000	93 923	104 358	104 358	132 684	132 684	165 483	165 483	193 808	193 808	204 244
3 000 000	129 059	143 398	143 398	182 321	182 321	227 389	227 389	266 311	266 311	280 651
5 000 000	192 384	213 760	213 760	271 781	271 781	338 962	338 962	396 983	396 983	418 359
7 500 000	264 487	293 874	293 874	373 640	373 640	466 001	466 001	545 767	545 767	575 154
10 000 000	331 398	368 220	368 220	468 166	468 166	583 892	583 892	683 838	683 838	720 660
15 000 000	455 117	505 686	505 686	642 943	642 943	801 873	801 873	939 131	939 131	989 699

(2) Die Honorarzone wird nach dem statisch-konstruktiven Schwierigkeitsgrad anhand der in Anlage 14 Nummer 14.2 dargestellten Bewertungsmerkmale ermittelt.

(3) Sind für ein Tragwerk Bewertungsmerkmale aus mehreren Honorarzonen anwendbar und bestehen deswegen Zweifel, welcher Honorarzone das Tragwerk zugeordnet werden kann, so ist für die Zuordnung die Mehrzahl der in den jeweiligen Honorarzonen nach Absatz 2 aufgeführten Bewertungsmerkmale und ihre Bedeutung im Einzelfall maßgebend.

(4) Für Umbauten und Modernisierungen kann bei einem durchschnittlichen Schwierigkeitsgrad ein Zuschlag gemäß § 6 Absatz 2 Satz 3 bis 50 Prozent in Textform vereinbart werden.

Abschnitt 2. Technische Ausrüstung

§ 53 Anwendungsbereich. (1) Die Leistungen der Technischen Ausrüstung umfassen die Fachplanungen für Objekte.

(2) Zur Technischen Ausrüstung gehören folgende Anlagengruppen:
1. Abwasser-, Wasser- und Gasanlagen,
2. Wärmeversorgungsanlagen,
3. Lufttechnische Anlagen,
4. Starkstromanlagen,
5. Fernmelde- und informationstechnische Anlagen,
6. Förderanlagen,
7. nutzungsspezifische Anlagen und verfahrenstechnische Anlagen,
8. Gebäudeautomation und Automation von Ingenieurbauwerken.

§ 54[1] Besondere Grundlagen des Honorars. (1) [1]Das Honorar für Grundleistungen bei der Technischen Ausrüstung richtet sich für das jeweilige Objekt im Sinne des § 2 Absatz 1 Satz 1 nach der Summe der anrechenbaren Kosten der Anlagen jeder Anlagengruppe. [2]Dies gilt für nutzungsspezifische Anlagen nur, wenn die Anlagen funktional gleichartig sind. [3]Anrechenbar sind auch sonstige Maßnahmen für Technische Anlagen.

(2) [1]Umfasst ein Auftrag für unterschiedliche Objekte im Sinne des § 2 Absatz 1 Satz 1 mehrere Anlagen, die unter funktionalen und technischen Kriterien eine Einheit bilden, werden die anrechenbaren Kosten der Anlagen jeder Anlagengruppe zusammengefasst. [2]Dies gilt für nutzungsspezifische Anlagen nur, wenn diese Anlagen funktional gleichartig sind. [3]§ 11 Absatz 1 ist nicht anzuwenden.

(3) [1]Umfasst ein Auftrag im Wesentlichen gleiche Anlagen, die unter weitgehend vergleichbaren Bedingungen für im Wesentlichen gleiche Objekte geplant werden, ist die Rechtsfolge des § 11 Absatz 3 anzuwenden. [2]Umfasst ein Auftrag im Wesentlichen gleiche Anlagen, die bereits Gegenstand eines anderen Vertrags zwischen den Vertragsparteien waren, ist die Rechtsfolge des § 11 Absatz 4 anzuwenden.

(4) Nicht anrechenbar sind die Kosten für die nichtöffentliche Erschließung und die Technischen Anlagen in Außenanlagen, soweit der Auftragnehmer diese nicht plant oder ihre Ausführung nicht überwacht.

---

[1] § 54 Abs. 5 Satz 1 geänd. mWv 1.1.2021 durch VO v. 2.12.2020 (BGBl. I S. 2636).

(5) [1] Werden Teile der Technischen Ausrüstung in Baukonstruktionen ausgeführt, so können die Vertragsparteien in Textform vereinbaren, dass die Kosten hierfür ganz oder teilweise zu den anrechenbaren Kosten gehören. [2] Satz 1 ist entsprechend für Bauteile der Kostengruppe Baukonstruktionen anzuwenden, deren Abmessung oder Konstruktion durch die Leistung der Technischen Ausrüstung wesentlich beeinflusst wird.

§ 55 Leistungsbild Technische Ausrüstung. (1) [1] Das Leistungsbild Technische Ausrüstung umfasst Grundleistungen für Neuanlagen, Wiederaufbauten, Erweiterungsbauten, Umbauten, Modernisierungen, Instandhaltungen und Instandsetzungen. [2] Die Grundleistungen bei der Technischen Ausrüstung sind in neun Leistungsphasen zusammengefasst und werden wie folgt in Prozentsätzen der Honorare des § 56 bewertet:

1. für die Leistungsphase 1 (Grundlagenermittlung) mit 2 Prozent,
2. für die Leistungsphase 2 (Vorplanung) mit 9 Prozent,
3. für die Leistungsphase 3 (Entwurfsplanung) mit 17 Prozent,
4. für die Leistungsphase 4 (Genehmigungsplanung) mit 2 Prozent,
5. für die Leistungsphase 5 (Ausführungsplanung) mit 22 Prozent,
6. für die Leistungsphase 6 (Vorbereitung der Vergabe) mit 7 Prozent,
7. für die Leistungsphase 7 (Mitwirkung bei der Vergabe) mit 5 Prozent,
8. für die Leistungsphase 8 (Objektüberwachung – Bauüberwachung) mit 35 Prozent,
9. für die Leistungsphase 9 (Objektbetreuung) mit 1 Prozent.

(2) Die Leistungsphase 5 ist abweichend von Absatz 1 Satz 2 mit einem Abschlag von jeweils 4 Prozent zu bewerten, sofern das Anfertigen von Schlitz- und Durchbruchsplänen oder das Prüfen der Montage- und Werkstattpläne der ausführenden Firmen nicht in Auftrag gegeben wird.

(3) Anlage 15 Nummer 15.1 regelt die Grundleistungen jeder Leistungsphase und enthält Beispiele für Besondere Leistungen.

§ 56[1)] Honorare für Grundleistungen der Technischen Ausrüstung.

(1) Für die in § 55 und der Anlage 15 Nummer 15.1 genannten Grundleistungen bei einzelnen Anlagen sind die in der nachstehenden Honorartafel aufgeführten Honorarspannen Orientierungswerte:

Anrrechenbare Kosten in Euro	Honorarzone I geringe Anforderungen		Honorarzone II durchschnittliche Anforderungen		Honorarzone III hohe Anforderungen	
	von	bis	von	bis	von	bis
	Euro		Euro		Euro	
5 000	2 132	2 547	2 547	2 990	2 990	3 405
10 000	3 689	4 408	4 408	5 174	5 174	5 893
15 000	5 084	6 075	6 075	7 131	7 131	8 122
25 000	7 615	9 098	9 098	10 681	10 681	12 164
35 000	9 934	11 869	11 869	13 934	13 934	15 869

1) § 56 Abs. 1 einl. Satzteil neu gef., Abs. 5 geänd., Abs. 6 aufgeh. mWv 1.1.2021 durch VO v. 2.12.2020 (BGBl. I S. 2636).

Anrechenbare Kosten in Euro	Honorarzone I geringe Anforderungen von	bis	Honorarzone II durchschnittliche Anforderungen von	bis	Honorarzone III hohe Anforderungen von	bis
	Euro		Euro		Euro	
50 000	13 165	15 729	15 729	18 465	18 465	21 029
75 000	18 122	21 652	21 652	25 418	25 418	28 948
100 000	22 723	27 150	27 150	31 872	31 872	36 299
150 000	31 228	37 311	37 311	43 800	43 800	49 883
250 000	46 640	55 726	55 726	65 418	65 418	74 504
500 000	80 684	96 402	96 402	113 168	113 168	128 886
750 000	111 105	132 749	132 749	155 836	155 836	177 480
1 000 000	139 347	166 493	166 493	195 448	195 448	222 594
1 250 000	166 043	198 389	198 389	232 891	232 891	265 237
1 500 000	191 545	228 859	228 859	268 660	268 660	305 974
2 000 000	239 792	286 504	286 504	336 331	336 331	383 044
2 500 000	285 649	341 295	341 295	400 650	400 650	456 296
3 000 000	329 420	393 593	393 593	462 044	462 044	526 217
3 500 000	371 491	443 859	443 859	521 052	521 052	593 420
4 000 000	412 126	492 410	492 410	578 046	578 046	658 331

(2) Welchen Honorarzonen die Grundleistungen zugeordnet werden, richtet sich nach folgenden Bewertungsmerkmalen:

1. Anzahl der Funktionsbereiche,
2. Integrationsansprüche,
3. technische Ausgestaltung,
4. Anforderungen an die Technik,
5. konstruktive Anforderungen.

(3) Für die Zuordnung zu den Honorarzonen ist die Objektliste der Anlage 15 Nummer 15.2 zu berücksichtigen.

(4) [1] Werden Anlagen einer Gruppe verschiedenen Honorarzonen zugeordnet, so ergibt sich das Honorar nach Absatz 1 aus der Summe der Einzelhonorare. [2] Ein Einzelhonorar wird dabei für alle Anlagen ermittelt, die einer Honorarzone zugeordnet werden. [3] Für die Ermittlung des Einzelhonorars ist zunächst das Honorar für die Anlagen jeder Honorarzone zu berechnen, das sich ergeben würde, wenn die gesamten anrechenbaren Kosten der Anlagengruppe nur der Honorarzone zugeordnet würden, für die das Einzelhonorar berechnet wird. [4] Das Einzelhonorar ist dann nach dem Verhältnis der Summe der anrechenbaren Kosten der Anlagen einer Honorarzone zu den gesamten anrechenbaren Kosten der Anlagengruppe zu ermitteln.

(5) Für Umbauten und Modernisierungen kann bei einem durchschnittlichen Schwierigkeitsgrad ein Zuschlag gemäß § 6 Absatz 2 Satz 3 bis 50 Prozent in Textform vereinbart werden.

Teil 5. Übergangs- und Schlussvorschriften

§ 57[1] Übergangsvorschrift. (1) Diese Verordnung ist nicht auf Grundleistungen anzuwenden, die vor dem 17. Juli 2013 vertraglich vereinbart wurden; insoweit bleiben die bisherigen Vorschriften anwendbar.

(2) Die durch die Erste Verordnung zur Änderung der Honorarordnung für Architekten und Ingenieure vom 2. Dezember 2020 (BGBl. I S. 2636) geänderten Vorschriften sind erst auf diejenigen Vertragsverhältnisse anzuwenden, die nach Ablauf des 31. Dezember 2020 begründet worden sind.

§ 58 Inkrafttreten, Außerkrafttreten. [1] Diese Verordnung tritt am Tag nach der Verkündung[2] in Kraft. [2] Gleichzeitig tritt die Honorarordnung für Architekten und Ingenieure vom 11. August 2009 (BGBl. I S. 2732) außer Kraft.

Der Bundesrat hat zugestimmt.

Anlage 1[3]
(zu § 3 Absatz 1)

Weitere Fachplanungs- und Beratungsleistungen

1.1 Umweltverträglichkeitsstudie

1.1.1
Leistungsbild Umweltverträglichkeitsstudie

(1) Die Grundleistungen bei Umweltverträglichkeitsstudien sind in vier Leistungsphasen unterteilt und werden wie folgt in Prozentsätzen der Honorare in Nummer 1.1.2 bewertet:

1. für die Leistungsphase 1 (Klären der Aufgabenstellung und Ermitteln des Leistungsumfangs) mit 3 Prozent,
2. für die Leistungsphase 2 (Grundlagenermittlung) mit 37 Prozent,
3. für die Leistungsphase 3 (Vorläufige Fassung) mit 50 Prozent,
4. für die Leistungsphase 4 (Abgestimmte Fassung) mit 10 Prozent.

(2) Das Leistungsbild setzt sich wie folgt zusammen:
Leistungsphase 1: Klären der Aufgabenstellung und Ermitteln des Leistungsumfangs
- Zusammenstellen und Prüfen der vom Auftraggeber zur Verfügung gestellten untersuchungsrelevanten Unterlagen,
- Ortsbesichtigungen,
- Abgrenzen der Untersuchungsräume,
- Ermitteln der Untersuchungsinhalte,
- Konkretisieren weiteren Bedarfs an Daten und Unterlagen,
- Beraten zum Leistungsumfang für ergänzende Untersuchungen und Fachleistungen,
- Aufstellen eines verbindlichen Arbeitsplans unter Berücksichtigung der sonstigen Fachbeiträge.

Leistungsphase 2: Grundlagenermittlung
- Ermitteln und Beschreiben der untersuchungsrelevanten Sachverhalte auf Grund vorhandener Unterlagen,
- Beschreiben der Umwelt einschließlich des rechtlichen Schutzstatus, der fachplanerischen Vorgaben und Ziele sowie der für die Bewertung relevanten Funktionselemente für jedes Schutzgut einschließlich der Wechselwirkungen,

---

[1] § 57 Abs. 2 angef., Abs. 1 geänd. mWv 1.1.2021 durch VO v. 2.12.2020 (BGBl. I S. 2636).
[2] Verkündet am 16.7.2013.
[3] Anl. 1 geänd. mWv 1.1.2021 durch VO v. 2.12.2020 (BGBl. I S. 2636).

– Beschreiben der vorhandenen Beeinträchtigungen der Umwelt,
– Bewerten der Funktionselemente und der Leistungsfähigkeit der einzelnen Schutzgüter hinsichtlich ihrer Bedeutung und Empfindlichkeit,
– Raumwiderstandsanalyse, soweit nach Art des Vorhabens erforderlich, einschließlich des Ermittelns konfliktarmer Bereiche,
– Darstellen von Entwicklungstendenzen des Untersuchungsraums für den Prognose-Null-Fall,
– Überprüfen der Abgrenzung des Untersuchungsraums und der Untersuchungsinhalte,
– Zusammenfassendes Darstellen der Erfassung und Bewertung als Grundlage für die Erörterung mit dem Auftraggeber.

Leistungsphase 3: Vorläufige Fassung
– Ermitteln und Beschreiben der Umweltauswirkungen und Erstellen der vorläufigen Fassung,
– Mitwirken bei der Entwicklung und der Auswahl vertieft zu untersuchender planerischer Lösungen,
– Mitwirken bei der Optimierung von bis zu drei planerischen Lösungen (Hauptvarianten) zur Vermeidung von Beeinträchtigungen,
– Ermitteln, Beschreiben und Bewerten der unmittelbaren und mittelbaren Auswirkungen von bis zu drei planerischen Lösungen (Hauptvarianten) auf die Schutzgüter im Sinne des Gesetzes über die Umweltverträglichkeitsprüfung vom 24. Februar 2010 (BGBl. I S. 94) einschließlich der Wechselwirkungen,
– Einarbeiten der Ergebnisse vorhandener Untersuchungen zum Gebiets- und Artenschutz sowie zum Boden- und Wasserschutz,
– Vergleichendes Darstellen und Bewerten der Auswirkungen von bis zu drei planerischen Lösungen,
– Zusammenfassendes vergleichendes Bewerten des Projekts mit dem Prognose-Null-Fall,
– Erstellen von Hinweisen auf Maßnahmen zur Vermeidung und Verminderung von Beeinträchtigungen sowie zur Ausgleichbarkeit der unvermeidbaren Beeinträchtigungen,
– Erstellen von Hinweisen auf Schwierigkeiten bei der Zusammenstellung der Angaben,
– Zusammenführen und Darstellen der Ergebnisse als vorläufige Fassung in Text und Karten einschließlich des Herausarbeitens der grundsätzlichen Lösung der wesentlichen Teile der Aufgabe,
– Abstimmen der Vorläufigen Fassung mit dem Auftraggeber.

Leistungsphase 4: Abgestimmte Fassung
Darstellen der mit dem Auftraggeber abgestimmten Fassung der Umweltverträglichkeitsstudie in Text und Karte einschließlich einer Zusammenfassung.

(3) Im Leistungsbild Umweltverträglichkeitsstudie können insbesondere die Besonderen Leistungen der Anlage 9 Anwendung finden.

1.1.2
Honorare für Grundleistungen bei Umweltverträglichkeitsstudien

(1) Für die in Nummer 1.1.1 genannten Grundleistungen bei Umweltverträglichkeitsstudien sind die in der nachstehenden Honorartafel aufgeführten Honorarspannen Orientierungswerte:

Fläche in Hektar	Honorarzone I geringe Anforderungen		Honorarzone II durchschnittliche Anforderungen		Honorarzone III hohe Anforderungen	
	von	bis	von	bis	von	bis
	Euro		Euro		Euro	
50	10 176	12 862	12 862	15 406	15 406	18 091
100	14 972	18 923	18 923	22 666	22 666	26 617
150	18 942	23 940	23 940	28 676	28 676	33 674
200	22 454	28 380	28 380	33 994	33 994	39 919
300	28 644	36 203	36 203	43 364	43 364	50 923
400	34 117	43 120	43 120	51 649	51 649	60 653
500	39 110	49 431	49 431	59 209	59 209	69 530
750	50 211	63 461	63 461	76 014	76 014	89 264

Fläche in Hektar	Honorarzone I geringe Anforderungen von	bis	Honorarzone II durchschnittliche Anforderungen von	bis	Honorarzone III hohe Anforderungen von	bis
	Euro		Euro		Euro	
1 000	60 004	75 838	75 838	90 839	90 839	106 674
1 500	77 182	97 550	97 550	116 846	116 846	137 213
2 000	92 278	116 629	116 629	139 698	139 698	164 049
2 500	105 963	133 925	133 925	160 416	160 416	188 378
3 000	118 598	149 895	149 895	179 544	179 544	210 841
4 000	141 533	178 883	178 883	214 266	214 266	251 615
5 000	162 148	204 937	204 937	245 474	245 474	288 263
6 000	182 186	230 263	230 263	275 810	275 810	323 887
7 000	201 072	254 133	254 133	304 401	304 401	357 461
8 000	218 466	276 117	276 117	330 734	330 734	388 384
9 000	234 394	296 247	296 247	354 846	354 846	416 700
10 000	249 492	315 330	315 330	377 704	377 704	443 542

(2) Das Honorar für die Erstellung von Umweltverträglichkeitsstudien berechnet sich nach der Gesamtfläche des Untersuchungsraums in Hektar und nach der Honorarzone.

(3) Umweltverträglichkeitsstudien sind folgenden Honorarzonen zuzuordnen:

1. Honorarzone I (Geringe Anforderungen),
2. Honorarzone II (Durchschnittliche Anforderungen),
3. Honorarzone III (Hohe Anforderungen).

(4) Die Zuordnung zu den Honorarzonen ist anhand folgender Bewertungsmerkmale für zu erwartende nachteilige Auswirkungen auf die Umwelt zu ermitteln:

1. Bedeutung des Untersuchungsraums für die Schutzgüter im Sinne des Gesetzes über die Umweltverträglichkeitsprüfung (UVPG),
2. Ausstattung des Untersuchungsraums mit Schutzgebieten,
3. Landschaftsbild und -struktur,
4. Nutzungsansprüche,
5. Empfindlichkeit des Untersuchungsraums gegenüber Umweltbelastungen und -beeinträchtigungen,
6. Intensität und Komplexität potenzieller nachteiliger Wirkfaktoren auf die Umwelt.

(5) Sind für eine Umweltverträglichkeitsstudie Bewertungsmerkmale aus mehreren Honorarzonen anwendbar und bestehen deswegen Zweifel, welcher Honorarzone die Umweltverträglichkeitsstudie zugeordnet werden kann, ist die Anzahl der Bewertungspunkte nach Absatz 4 zu ermitteln; die Umweltverträglichkeitsstudie ist nach der Summe der Bewertungspunkte folgenden Honorarzonen zuzuordnen:

1. Honorarzone I: Umweltverträglichkeitsstudien mit bis zu 16 Punkten,
2. Honorarzone II: Umweltverträglichkeitsstudien mit 17 bis 30 Punkten,
3. Honorarzone III: Umweltverträglichkeitsstudien mit 31 bis 42 Punkten.

(6) Bei der Zuordnung einer Umweltverträglichkeitsstudie zu den Honorarzonen werden nach dem Schwierigkeitsgrad der Anforderungen die Bewertungsmerkmale wie folgt gewichtet:

1. die Bewertungsmerkmale gemäß Absatz 4 Nummer 1 bis 4 mit je bis zu 6 Punkten und
2. die Bewertungsmerkmale gemäß Absatz 4 Nummer 5 und 6 mit je bis zu 9 Punkten.

(7) Wird die Größe des Untersuchungsraums während der Leistungserbringung geändert, so ist das Honorar für die Leistungsphasen, die bis zur Änderung noch nicht erbracht sind, nach der geänderten Größe des Untersuchungsraums zu berechnen.

1.2 Bauphysik

1.2.1
Anwendungsbereich

(1) Zu den Grundleistungen für Bauphysik gehören:

– Wärmeschutz und Energiebilanzierung,

– Bauakustik (Schallschutz),

– Raumakustik.

(2) Wärmeschutz und Energiebilanzierung umfassen den Wärmeschutz von Gebäuden und Ingenieurbauwerken und die fachübergreifende Energiebilanzierung.

(3) Die Bauakustik umfasst den Schallschutz von Objekten zur Erreichung eines regelgerechten Luft- und Trittschallschutzes und zur Begrenzung der von außen einwirkenden Geräusche sowie der Geräusche von Anlagen der Technischen Ausrüstung. Dazu gehört auch der Schutz der Umgebung vor schädlichen Umwelteinwirkungen durch Lärm (Schallimmissionsschutz).

(4) Die Raumakustik umfasst die Beratung zu Räumen mit besonderen raumakustischen Anforderungen.

(5) Die Besonderen Grundlagen der Honorare werden gesondert in den Teilgebieten Wärmeschutz und Energiebilanzierung, Bauakustik, Raumakustik aufgeführt.

1.2.2
Leistungsbild Bauphysik

(1) Die Grundleistungen für Bauphysik sind in sieben Leistungsphasen unterteilt und werden wie folgt in Prozentsätzen der Honorare in Nummer 1.2.3 bewertet:

1. für die Leistungsphase 1 (Grundlagenermittlung) mit 3 Prozent,
2. für die Leistungsphase 2 (Mitwirken bei der Vorplanung) mit 20 Prozent,
3. für die Leistungsphase 3 (Mitwirken bei der Entwurfsplanung) mit 40 Prozent,
4. für die Leistungsphase 4 (Mitwirken bei der Genehmigungsplanung) mit 6 Prozent,
5. für die Leistungsphase 5 (Mitwirken bei der Ausführungsplanung) mit 27 Prozent,
6. für die Leistungsphase 6 (Mitwirken bei der Vorbereitung der Vergabe) mit 2 Prozent,
7. für die Leistungsphase 7 (Mitwirken bei der Vergabe) mit 2 Prozent.

(2) Das Leistungsbild setzt sich wie folgt zusammen:

Grundleistungen	Besondere Leistungen
LPH 1 Grundlagenermittlung	
a) Klären der Aufgabenstellung b) Festlegen der Grundlagen, Vorgaben und Ziele	– Mitwirken bei der Ausarbeitung von Auslobungen und bei Vorprüfungen für Wettbewerbe – Bestandsaufnahme bestehender Gebäude, Ermitteln und Bewerten von Kennwerten – Schadensanalyse bestehender Gebäude – Mitwirken bei Vorgaben für Zertifizierungen
LPH 2 Mitwirkung bei der Vorplanung	
a) Analyse der Grundlagen b) Klären der wesentlichen Zusammenhänge von Gebäude und technischen Anlagen einschließlich Betrachtung von Alternativen c) Vordimensionieren der relevanten Bauteile des Gebäudes d) Mitwirken beim Abstimmen der fachspezifischen Planungskonzepte der Objektplanung und der Fachplanungen e) Erstellen eines Gesamtkonzeptes in Abstimmung mit der Objektplanung und den Fachplanungen	– Mitwirken beim Klären von Vorgaben für Fördermaßnahmen und bei deren Umsetzung – Mitwirken an Projekt-, Käufer- oder Mieterbaubeschreibungen – Erstellen eines fachübergreifenden Bauteilkatalogs

Grundleistungen	Besondere Leistungen
f) Erstellen von Rechenmodellen, Auflisten der wesentlichen Kennwerte als Arbeitsgrundlage für Objektplanung und Fachplanungen	
LPH 3 Mitwirkung bei der Entwurfsplanung	
a) Fortschreiben der Rechenmodelle und der wesentlichen Kennwerte für das Gebäude b) Mitwirken beim Fortschreiben der Planungskonzepte der Objektplanung und Fachplanung bis zum vollständigen Entwurf c) Bemessen der Bauteile des Gebäudes d) Erarbeiten von Übersichtsplänen und des Erläuterungsberichtes mit Vorgaben, Grundlagen und Auslegungsdaten	– Simulationen zur Prognose des Verhaltens von Bauteilen, Räumen, Gebäuden und Freiräumen
LPH 4 Mitwirkung bei der Genehmigungsplanung	
a) Mitwirken beim Aufstellen der Genehmigungsplanung und bei Vorgesprächen mit Behörden b) Aufstellen der förmlichen Nachweise c) Vervollständigen und Anpassen der Unterlagen	– Mitwirken bei Vorkontrollen in Zertifizierungsprozessen – Mitwirken beim Einholen von Zustimmungen im Einzelfall
LPH 5 Mitwirkung bei der Ausführungsplanung	
a) Durcharbeiten der Ergebnisse der Leistungsphasen 3 und 4 unter Beachtung der durch die Objektplanung integrierten Fachplanungen b) Mitwirken bei der Ausführungsplanung durch ergänzende Angaben für die Objektplanung und Fachplanungen	– Mitwirken beim Prüfen und Anerkennen der Montage- und Werkstattplanung der ausführenden Unternehmen auf Übereinstimmung mit der Ausführungsplanung
LPH 6 Mitwirkung bei der Vorbereitung der Vergabe	
Beiträge zu Ausschreibungsunterlagen	
LPH 7 Mitwirkung bei der Vergabe	
Mitwirken beim Prüfen und Bewerten der Angebote auf Erfüllung der Anforderungen	– Prüfen von Nebenangeboten
LPH 8 Objektüberwachung u. Dokumentation	
	– Mitwirken bei der Baustellenkontrolle – Messtechnisches Überprüfen der Qualität der Bauausführung und von Bauteil- oder Raumeigenschaften
LPH 9 Objektbetreuung	
	– Mitwirken bei Audits in Zertifizierungsprozessen

1.2.3
Honorare für Grundleistungen für Wärmeschutz und Energiebilanzierung

(1) Das Honorar für die Grundleistungen nach Nummer 1.2.2 Absatz 2 richtet sich nach den anrechenbaren Kosten des Gebäudes gemäß § 33 nach der Honorarzone nach § 35, der das Gebäude zuzuordnen ist, und nach der Honorartafel in Absatz 2.

(2) Für die in Nummer 1.2.2 Absatz 2 genannten Grundleistungen für Wärmeschutz und Energiebilanzierung sind die in der nachstehenden Honorartafel aufgeführten Honorarspannen Orientierungswerte:

Anrechenbare Kosten in Euro	Honorarzone I sehr geringe Anforderungen		Honorarzone II geringe Anforderungen		Honorarzone III durchschnittliche Anforderungen		Honorarzone IV hohe Anforderungen		Honorarzone V sehr hohe Anforderungen	
	von	bis	von	bis	von	bis	von	bis	von	bis
	Euro		Euro		Euro		Euro		Euro	
250 000	1 757	2 023	2 023	2 395	2 395	2 928	2 928	3 300	3 300	3 566
275 000	1 789	2 061	2 061	2 440	2 440	2 982	2 982	3 362	3 362	3 633
300 000	1 821	2 097	2 097	2 484	2 484	3 036	3 036	3 422	3 422	3 698
350 000	1 883	2 168	2 168	2 567	2 567	3 138	3 138	3 537	3 537	3 822
400 000	1 941	2 235	2 235	2 647	2 647	3 235	3 235	3 646	3 646	3 941
500 000	2 049	2 359	2 359	2 793	2 793	3 414	3 414	3 849	3 849	4 159
600 000	2 146	2 471	2 471	2 926	2 926	3 576	3 576	4 031	4 031	4 356
750 000	2 273	2 617	2 617	3 099	3 099	3 788	3 788	4 270	4 270	4 614
1 000 000	2 440	2 809	2 809	3 327	3 327	4 066	4 066	4 583	4 583	4 953
1 250 000	2 748	3 164	3 164	3 747	3 747	4 579	4 579	5 162	5 162	5 579
1 500 000	3 050	3 512	3 512	4 159	4 159	5 083	5 083	5 730	5 730	6 192
2 000 000	3 639	4 190	4 190	4 962	4 962	6 065	6 065	6 837	6 837	7 388
2 500 000	4 213	4 851	4 851	5 745	5 745	7 022	7 022	7 916	7 916	8 554
3 500 000	5 329	6 136	6 136	7 266	7 266	8 881	8 881	10 012	10 012	10 819
5 000 000	6 944	7 996	7 996	9 469	9 469	11 573	11 573	13 046	13 046	14 098
7 500 000	9 532	10 977	10 977	12 999	12 999	15 887	15 887	17 909	17 909	19 354
10 000 000	12 033	13 856	13 856	16 408	16 408	20 055	20 055	22 607	22 607	24 430
15 000 000	16 856	19 410	19 410	22 986	22 986	28 094	28 094	31 670	31 670	34 224
20 000 000	21 516	24 776	24 776	29 339	29 339	35 859	35 859	40 423	40 423	43 683
25 000 000	26 056	30 004	30 004	35 531	35 531	43 427	43 427	48 954	48 954	52 902

(3) Für Umbauten und Modernisierungen kann bei einem durchschnittlichen Schwierigkeitsgrad ein Zuschlag gemäß § 6 Absatz 2 Satz 3 bis 33 Prozent auf das Honorar in Textform vereinbart werden.

1.2.4
Honorare für Grundleistungen der Bauakustik

(1) Für Grundleistungen der Bauakustik sind die Kosten für Baukonstruktionen und Anlagen der Technischen Ausrüstung anrechenbar. Der Umfang der mitzuverarbeitenden Bausubstanz kann angemessen berücksichtigt werden.

(2) Die Vertragsparteien können vereinbaren, dass die Kosten für besondere Bauausführungen ganz oder teilweise zu den anrechenbaren Kosten gehören, wenn hierdurch dem Auftragnehmer ein erhöhter Arbeitsaufwand entsteht.

(3) Für die in Nummer 1.2.2 Absatz 2 genannten Grundleistungen der Bauakustik sind die in der nachstehenden Honorartafel aufgeführten Honorarspannen Orientierungswerte:

Anrechenbare Kosten in Euro	Honorarzone I geringe Anforderungen		Honorarzone II durchschnittliche Anforderungen		Honorarzone III hohe Anforderungen	
	von	bis	von	bis	von	bis
	Euro		Euro		Euro	
250 000	1 729	1 985	1 985	2 284	2 284	2 625
275 000	1 840	2 113	2 113	2 431	2 431	2 794
300 000	1 948	2 237	2 237	2 574	2 574	2 959
350 000	2 156	2 475	2 475	2 847	2 847	3 273
400 000	2 353	2 701	2 701	3 108	3 108	3 573
500 000	2 724	3 127	3 127	3 598	3 598	4 136
600 000	3 069	3 524	3 524	4 055	4 055	4 661
750 000	3 553	4 080	4 080	4 694	4 694	5 396
1 000 000	4 291	4 927	4 927	5 669	5 669	6 516
1 250 000	4 968	5 704	5 704	6 563	6 563	7 544
1 500 000	5 599	6 429	6 429	7 397	7 397	8 503
2 000 000	6 763	7 765	7 765	8 934	8 934	10 270
2 500 000	7 830	8 990	8 990	10 343	10 343	11 890
3 500 000	9 766	11 213	11 213	12 901	12 901	14 830
5 000 000	12 345	14 174	14 174	16 307	16 307	18 746
7 500 000	16 114	18 502	18 502	21 287	21 287	24 470
10 000 000	19 470	22 354	22 354	25 719	25 719	29 565
15 000 000	25 422	29 188	29 188	33 582	33 582	38 604
20 000 000	30 722	35 273	35 273	40 583	40 583	46 652
25 000 000	35 585	40 857	40 857	47 008	47 008	54 037

(4) Für Umbauten und Modernisierungen kann bei einem durchschnittlichen Schwierigkeitsgrad ein Zuschlag gemäß § 6 Absatz 2 Satz 3 bis 33 Prozent auf das Honorar in Textform vereinbart werden.

(5) Die Leistungen der Bauakustik werden den Honorarzonen anhand folgender Bewertungsmerkmale zugeordnet:

1. Art der Nutzung,
2. Anforderungen des Immissionsschutzes,
3. Anforderungen des Emissionsschutzes,
4. Art der Hüllkonstruktion, Anzahl der Konstruktionstypen,
5. Art und Intensität der Außenlärmbelastung,
6. Art und Umfang der Technischen Ausrüstung.

(6) § 52 Absatz 3 ist sinngemäß anzuwenden.

(7) Objektliste für die Bauakustik
Die nachstehend aufgeführten Innenräume werden in der Regel den Honorarzonen wie folgt zugeordnet:

Objektliste – Bauakustik	Honorarzone		
	I	II	III
Wohnhäuser, Heime, Schulen, Verwaltungsgebäude oder Banken mit jeweils durchschnittlicher Technischer Ausrüstung oder entsprechendem Ausbau	X		
Heime, Schulen, Verwaltungsgebäude mit jeweils überdurchschnittlicher Technischer Ausrüstung oder entsprechendem Ausbau		X	
Wohnhäuser mit versetzten Grundrissen		X	
Wohnhäuser mit Außenlärmbelastungen		X	
Hotels, soweit nicht in Honorarzone III erwähnt		X	
Universitäten oder Hochschulen		X	
Krankenhäuser, soweit nicht in Honorarzone III erwähnt		X	
Gebäude für Erholung, Kur oder Genesung		X	
Versammlungsstätten, soweit nicht in Honorarzone III erwähnt		X	
Werkstätten mit schutzbedürftigen Räumen		X	
Hotels mit umfangreichen gastronomischen Einrichtungen			X
Gebäude mit gewerblicher Nutzung oder Wohnnutzung			X
Krankenhäuser in bauakustisch besonders ungünstigen Lagen oder mit ungünstiger Anordnung der Versorgungseinrichtungen			X
Theater-, Konzert- oder Kongressgebäude			X
Tonstudios oder akustische Messräume			X

1.2.5
Honorare für Grundleistungen der Raumakustik

(1) Das Honorar für jeden Innenraum, für den Grundleistungen zur Raumakustik erbracht werden, richtet sich nach den anrechenbaren Kosten nach Absatz 2, nach der Honorarzone, der der Innenraum zuzuordnen ist, sowie nach der Honorartafel in Absatz 3.

(2) Für Grundleistungen der Raumakustik sind die Kosten für Baukonstruktionen und Technische Ausrüstung sowie die Kosten für die Ausstattung (DIN 276 – 1: 2008-12, Kostengruppe 610) des Innenraums anrechenbar. Die Kosten für die Baukonstruktionen und Technische Ausrüstung werden für die Anrechnung durch den Bruttorauminhalt des Gebäudes geteilt und mit dem Rauminhalt des Innenraums multipliziert. Der Umfang der mitzuverarbeitenden Bausubstanz kann angemessen berücksichtigt werden.

(3) Für die in Nummer 1.2.2 Absatz 2 genannten Grundleistungen der Raumakustik sind die in der nachstehenden Honorartafel aufgeführten Honorarspannen Orientierungswerte:

Anrechenbare Kosten in Euro	Honorarzone I sehr geringe Anforderungen von	bis	Honorarzone II geringe Anforderungen von	bis	Honorarzone III durchschnittliche Anforderungen von	bis	Honorarzone IV hohe Anforderungen von	bis	Honorarzone V sehr hohe Anforderungen von	bis
	Euro		Euro		Euro		Euro		Euro	
50 000	1 714	2 226	2 226	2 737	2 737	3 279	3 279	3 790	3 790	4 301
75 000	1 805	2 343	2 343	2 882	2 882	3 452	3 452	3 990	3 990	4 528
100 000	1 892	2 457	2 457	3 021	3 021	3 619	3 619	4 183	4 183	4 748
150 000	2 061	2 676	2 676	3 291	3 291	3 942	3 942	4 557	4 557	5 171
200 000	2 225	2 888	2 888	3 551	3 551	4 254	4 254	4 917	4 917	5 581
250 000	2 384	3 095	3 095	3 806	3 806	4 558	4 558	5 269	5 269	5 980
300 000	2 540	3 297	3 297	4 055	4 055	4 857	4 857	5 614	5 614	6 371
400 000	2 844	3 693	3 693	4 541	4 541	5 439	5 439	6 287	6 287	7 136
500 000	3 141	4 078	4 078	5 015	5 015	6 007	6 007	6 944	6 944	7 881
750 000	3 860	5 011	5 011	6 163	6 163	7 382	7 382	8 533	8 533	9 684
1 000 000	4 555	5 913	5 913	7 272	7 272	8 710	8 710	10 069	10 069	11 427
1 500 000	5 896	7 655	7 655	9 413	9 413	11 275	11 275	13 034	13 034	14 792
2 000 000	7 193	9 338	9 338	11 483	11 483	13 755	13 755	15 900	15 900	18 045
2 500 000	8 457	10 979	10 979	13 501	13 501	16 172	16 172	18 694	18 694	21 217
3 000 000	9 696	12 588	12 588	15 479	15 479	18 541	18 541	21 433	21 433	24 325
4 000 000	12 115	15 729	15 729	19 342	19 342	23 168	23 168	26 781	26 781	30 395
5 000 000	14 474	18 791	18 791	23 108	23 108	27 679	27 679	31 996	31 996	36 313
6 000 000	16 786	21 793	21 793	26 799	26 799	32 100	32 100	37 107	37 107	42 113
7 000 000	19 060	24 744	24 744	30 429	30 429	36 448	36 448	42 133	42 133	47 817
7 500 000	20 184	26 204	26 204	32 224	32 224	38 598	38 598	44 618	44 618	50 638

(4) Für Umbauten und Modernisierungen kann bei einem durchschnittlichen Schwierigkeitsgrad ein Zuschlag gemäß § 6 Absatz 2 Satz 3 bis 33 Prozent auf das Honorar in Textform vereinbart werden.

(5) Innenräume werden nach den im Absatz 6 genannten Bewertungsmerkmalen folgenden Honorarzonen zugeordnet:

1. Honorarzone I: Innenräume mit sehr geringen Anforderungen,
2. Honorarzone II: Innenräume mit geringen Anforderungen,
3. Honorarzone III: Innenräume mit durchschnittlichen Anforderungen,
4. Honorarzone IV: Innenräume mit hohen Anforderungen,
5. Honorarzone V: Innenräume mit sehr hohen Anforderungen.

(6) Die Leistungen der Raumakustik werden den Honorarzonen anhand folgender Bewertungsmerkmale zugeordnet:

1. Anforderungen an die Einhaltung der Nachhallzeit,
2. Einhalten eines bestimmten Frequenzganges der Nachhallzeit,
3. Anforderungen an die räumliche und zeitliche Schallverteilung,
4. akustische Nutzungsart des Innenraums,
5. Veränderbarkeit der akustischen Eigenschaften des Innenraums.

(7) Objektliste für die Raumakustik
Die nachstehend aufgeführten Innenräume werden in der Regel den Honorarzonen wie folgt zugeordnet:

Objektliste – Raumakustik	Honorarzone				
	I	II	III	IV	V
Pausenhallen, Spielhallen, Liege- und Wandelhallen	X				
Großraumbüros		X			
Unterrichts-, Vortrags- und Sitzungsräume					
– bis 500 m^3		X			
– 500 bis 1 500 m^3			X		
– über 1 500 m^3				X	
Filmtheater					
– bis 1 000 m^3		X			
– 1 000 bis 3 000 m^3			X		
– über 3 000 m^3				X	
Kirchen					
– bis 1 000 m^3		X			
– 1 000 bis 3 000 m^3			X		
– über 3 000 m^3				X	
Sporthallen, Turnhallen					
– nicht teilbar, bis 1 000 m^3		X			
– teilbar, bis 3 000 m^3			X		
Mehrzweckhallen					
– bis 3 000 m^3				X	
– über 3 000 m^3					X
Konzertsäle, Theater, Opernhäuser					X
Tonaufnahmeräume, akustische Messräume					X
Innenräume mit veränderlichen akustischen Eigenschaften					X

(8) § 52 Absatz 3 kann sinngemäß angewendet werden.

1.3 Geotechnik

1.3.1
Anwendungsbereich

(1) Die Leistungen für Geotechnik umfassen die Beschreibung und Beurteilung der Baugrund- und Grundwasserverhältnisse für Gebäude und Ingenieurbauwerke im Hinblick auf das Objekt und die Erarbeitung einer Gründungsempfehlung. Dazu gehört auch die Beschreibung der Wechselwirkung zwischen Baugrund und Bauwerk sowie die Wechselwirkung mit der Umgebung.

(2) Die Leistungen umfassen insbesondere das Festlegen von Baugrundkennwerten und von Kennwerten für rechnerische Nachweise zur Standsicherheit und Gebrauchstauglichkeit des Objektes, die Abschätzung zum Schwankungsbereich des Grundwassers sowie die Einordnung des Baugrunds nach bautechnischen Klassifikationsmerkmalen.

1.3.2
Besondere Grundlagen des Honorars

(1) Das Honorar der Grundleistungen richtet sich nach den anrechenbaren Kosten der Tragwerksplanung nach § 50 Absatz 1 bis 3 für das gesamte Objekt aus Bauwerk und Baugrube.

(2) *(aufgehoben)*

1.3.3
Leistungsbild Geotechnik

(1) Grundleistungen umfassen die Beschreibung und Beurteilung der Baugrund- und Grundwasserverhältnisse sowie die daraus abzuleitenden Empfehlungen für die Gründung einschließlich der Angabe der Bemessungsgrößen für eine Flächen- oder Pfahlgründung, Hinweise zur Herstellung und Trockenhaltung der Baugrube und des Bauwerks, Angaben zur Auswirkung des Bauwerks auf die Umgebung und auf Nachbarbauwerke sowie Hinweise zur Bauausführung. Die Darstellung der Inhalte erfolgt im Geotechnischen Bericht.

(2) Die Grundleistungen werden in folgenden Teilleistungen zusammengefasst und wie folgt in Prozentsätzen der Honorare der Nummer 1.3.4 bewertet:

1. für die Teilleistung a (Grundlagenermittlung und Erkundungskonzept) mit 15 Prozent,
2. für die Teilleistung b (Beschreiben der Baugrund- und Grundwasserverhältnisse) mit 35 Prozent,
3. für die Teilleistung c (Beurteilung der Baugrund- und Grundwasserverhältnisse, Empfehlungen, Hinweise, Angaben zur Bemessung der Gründung) mit 50 Prozent.

(3) Das Leistungsbild setzt sich wie folgt zusammen:

Grundleistungen	Besondere Leistungen
Geotechnischer Bericht	
a) Grundlagenermittlung und Erkundungskonzept – Klären der Aufgabenstellung, Ermitteln der Baugrund- und Grundwasserverhältnisse auf Basis vorhandener Unterlagen – Festlegen und Darstellen der erforderlichen Baugrunderkundungen b) Beschreiben der Baugrund- und Grundwasserverhältnisse – Auswerten und Darstellen der Baugrunderkundungen sowie der Labor- und Felduntersuchungen – Abschätzen des Schwankungsbereichs von Wasserständen und/oder Druckhöhen im Boden – Klassifizieren des Baugrunds und Festlegen der Baugrundkennwerte c) Beurteilung der Baugrund- und Grundwasserverhältnisse, Empfehlungen, Hinweise, Angaben zur Bemessung der Gründung	– Beschaffen von Bestandsunterlagen – Vorbereiten und Mitwirken bei der Vergabe von Aufschlussarbeiten und deren Überwachung – Veranlassen von Labor- und Felduntersuchungen – Aufstellen von geotechnischen Berechnungen zur Standsicherheit oder Gebrauchstauglichkeit, wie zum Beispiel Setzungs-, Grundbruch- und Geländebruchberechnungen – Aufstellen von hydrogeologischen, geohydraulischen und besonderen numerischen Berechnungen – Beratung zu Dränanlagen, Anlagen zur Grundwasserabsenkung oder sonstigen ständigen oder bauzeitlichen Eingriffen in das Grundwasser – Beratung zu Probebelastungen sowie fachtechnisches Betreuen und Auswerten

Grundleistungen	Besondere Leistungen
– Beurteilung des Baugrunds – Empfehlung für die Gründung mit Angabe der geotechnischen Bemessungsparameter (zum Beispiel Angaben zur Bemessung einer Flächen- oder Pfahlgründung) – Angabe der zu erwartenden Setzungen für die vom Tragwerksplaner im Rahmen der Entwurfsplanung nach § 49 zu erbringenden Grundleistungen – Hinweise zur Herstellung und Trockenhaltung der Baugrube und des Bauwerks sowie Angaben zur Auswirkung der Baumaßnahme auf Nachbarbauwerke – Allgemeine Angaben zum Erdbau – Angaben zur geotechnischen Eignung von Aushubmaterial zur Wiederverwendung bei der betreffenden Baumaßnahme sowie Hinweise zur Bauausführung	– geotechnische Beratung zu Gründungselementen, Baugruben- oder Hangsicherungen und Erdbauwerken, Mitwirkung bei der Beratung zur Sicherung von Nachbarbauwerken – Untersuchungen zur Berücksichtigung dynamischer Beanspruchungen bei der Bemessung des Objekts oder seiner Gründung sowie Beratungsleistungen zur Vermeidung oder Beherrschung von dynamischen Einflüssen – Mitwirken bei der Bewertung von Nebenangeboten aus geotechnischer Sicht – Mitwirken während der Planung oder Ausführung des Objekts sowie Besprechungs- und Ortstermine – geotechnische Freigaben

1.3.4
Honorare Geotechnik

(1) Für die in Nummer 1.3.3 Absatz 3 genannten Grundleistungen sind die in der nachstehenden Honorartafel aufgeführten Honorarspannen Orientierungswerte:

Anrechenbare Kosten in Euro	Honorarzone I sehr geringe Anforderungen von	bis	Honorarzone II geringe Anforderungen von	bis	Honorarzone III durchschnittliche Anforderungen von	bis	Honorarzone IV hohe Anforderungen von	bis	Honorarzone V sehr hohe Anforderungen von	bis
	Euro		Euro		Euro		Euro		Euro	
50 000	789	1 222	1 222	1 654	1 654	2 105	2 105	2 537	2 537	2 970
75 000	951	1 472	1 472	1 993	1 993	2 537	2 537	3 058	3 058	3 579
100 000	1 086	1 681	1 681	2 276	2 276	2 896	2 896	3 491	3 491	4 086
125 000	1 204	1 863	1 863	2 522	2 522	3 210	3 210	3 869	3 869	4 528
150 000	1 309	2 026	2 026	2 742	2 742	3 490	3 490	4 207	4 207	4 924
200 000	1 494	2 312	2 312	3 130	3 130	3 984	3 984	4 802	4 802	5 621
300 000	1 800	2 786	2 786	3 772	3 772	4 800	4 800	5 786	5 786	6 772
400 000	2 054	3 179	3 179	4 304	4 304	5 478	5 478	6 603	6 603	7 728
500 000	2 276	3 522	3 522	4 768	4 768	6 069	6 069	7 315	7 315	8 561
750 000	2 740	4 241	4 241	5 741	5 741	7 307	7 307	8 808	8 808	10 308
1 000 000	3 125	4 836	4 836	6 548	6 548	8 334	8 334	10 045	10 045	11 756
1 500 000	3 765	5 827	5 827	7 889	7 889	10 041	10 041	12 103	12 103	14 165
2 000 000	4 297	6 650	6 650	9 003	9 003	11 459	11 459	13 812	13 812	16 165
3 000 000	5 175	8 009	8 009	10 842	10 842	13 799	13 799	16 633	16 633	19 467
5 000 000	6 535	10 114	10 114	13 693	13 693	17 428	17 428	21 007	21 007	24 586
7 500 000	7 878	12 192	12 192	16 506	16 506	21 007	21 007	25 321	25 321	29 635
10 000 000	8 994	13 919	13 919	18 844	18 844	23 983	23 983	28 909	28 909	33 834
15 000 000	10 839	16 775	16 775	22 711	22 711	28 905	28 905	34 840	34 840	40 776
20 000 000	12 373	19 148	19 148	25 923	25 923	32 993	32 993	39 769	39 769	46 544
25 000 000	13 708	21 215	21 215	28 722	28 722	36 556	36 556	44 063	44 063	51 570

(2) Die Honorarzone wird bei den geotechnischen Grundleistungen auf Grund folgender Bewertungsmerkmale ermittelt:

1. Honorarzone I: Gründungen mit sehr geringem Schwierigkeitsgrad, insbesondere gering setzungsempfindliche Objekte mit einheitlicher Gründungsart bei annähernd regelmäßigem Schichtenaufbau des Untergrunds mit einheitlicher Tragfähigkeit und Setzungsfähigkeit innerhalb der Baufläche;
2. Honorarzone II: Gründungen mit geringem Schwierigkeitsgrad, insbesondere
   - setzungsempfindliche Objekte sowie gering setzungsempfindliche Objekte mit bereichsweise unterschiedlicher Gründungsart oder bereichsweise stark unterschiedlichen Lasten bei annähernd regelmäßigem Schichtenaufbau des Untergrunds mit einheitlicher Tragfähigkeit und Setzungsfähigkeit innerhalb der Baufläche,
   - gering setzungsempfindliche Objekte mit einheitlicher Gründungsart bei unregelmäßigem Schichtenaufbau des Untergrunds mit unterschiedlicher Tragfähigkeit und Setzungsfähigkeit innerhalb der Baufläche;
3. Honorarzone III: Gründungen mit durchschnittlichem Schwierigkeitsgrad, insbesondere
   - stark setzungsempfindliche Objekte bei annähernd regelmäßigem Schichtenaufbau des Untergrunds mit einheitlicher Tragfähigkeit und Setzungsfähigkeit innerhalb der Baufläche,
   - setzungsempfindliche Objekte sowie gering setzungsempfindliche Bauwerke mit bereichsweise unterschiedlicher Gründungsart oder bereichsweise stark unterschiedlichen Lasten bei unregelmäßigem Schichtenaufbau des Untergrunds mit unterschiedlicher Tragfähigkeit und Setzungsfähigkeit innerhalb der Baufläche,
   - gering setzungsempfindliche Objekte mit einheitlicher Gründungsart bei unregelmäßigem Schichtenaufbau des Untergrunds mit stark unterschiedlicher Tragfähigkeit und Setzungsfähigkeit innerhalb der Baufläche;
4. Honorarzone IV: Gründungen mit hohem Schwierigkeitsgrad, insbesondere
   - stark setzungsempfindliche Objekte bei unregelmäßigem Schichtenaufbau des Untergrunds mit unterschiedlicher Tragfähigkeit und Setzungsfähigkeit innerhalb der Baufläche,
   - setzungsempfindliche Objekte sowie gering setzungsempfindliche Objekte mit bereichsweise unterschiedlicher Gründungsart oder bereichsweise stark unterschiedlichen Lasten bei unregelmäßigem Schichtenaufbau des Untergrunds mit stark unterschiedlicher Tragfähigkeit und Setzungsfähigkeit innerhalb der Baufläche;
5. Honorarzone V: Gründungen mit sehr hohem Schwierigkeitsgrad, insbesondere
   stark setzungsempfindliche Objekte bei unregelmäßigem Schichtenaufbau des Untergrunds mit stark unterschiedlicher Tragfähigkeit und Setzungsfähigkeit innerhalb der Baufläche.

(3) § 52 Absatz 3 ist sinngemäß anzuwenden.

(4) Die Aspekte des Grundwassereinflusses auf das Objekt und die Nachbarbebauung sind bei der Festlegung der Honorarzone zusätzlich zu berücksichtigen.

1.4 Ingenieurvermessung

1.4.1
Anwendungsbereich

(1) Leistungen der Ingenieurvermessung beziehen das Erfassen raumbezogener Daten über Bauwerke und Anlagen, Grundstücke und Topographie, das Erstellen von Plänen, das Übertragen von Planungen in die Örtlichkeit sowie das vermessungstechnische Überwachen der Bauausführung ein, soweit die Leistungen mit besonderen instrumentellen und vermessungstechnischen Verfahrensanforderungen erbracht werden müssen. Ausgenommen von Satz 1 sind Leistungen, die nach landesrechtlichen Vorschriften für Zwecke der Landesvermessung und des Liegenschaftskatasters durchgeführt werden.

(2) Zur Ingenieurvermessung gehören:

1. Planungsbegleitende Vermessungen für die Planung und den Entwurf von Gebäuden, Ingenieurbauwerken, Verkehrsanlagen sowie für Flächenplanungen,
2. Bauvermessung vor und während der Bauausführung und die abschließende Bestandsdokumentation von Gebäuden, Ingenieurbauwerken und Verkehrsanlagen,
3. sonstige vermessungstechnische Leistungen:
   - Vermessung an Objekten außerhalb der Planungs- und Bauphase,
   - Vermessung bei Wasserstraßen,

– Fernerkundungen, die das Aufnehmen, Auswerten und Interpretieren von Luftbildern und anderer raumbezogener Daten umfassen, die durch Aufzeichnung über eine große Distanz erfasst sind, als Grundlage insbesondere für Zwecke der Raumordnung und des Umweltschutzes,
– vermessungstechnische Leistungen zum Aufbau von geographisch-geometrischen Datenbasen für raumbezogene Informationssysteme sowie
– vermessungstechnische Leistungen, soweit sie nicht in Absatz 1 und Absatz 2 erfasst sind.

1.4.2
Grundlagen des Honorars bei der Planungsbegleitenden Vermessung

(1) Das Honorar für Grundleistungen der Planungsbegleitenden Vermessung richtet sich nach der Summe der Verrechnungseinheiten, der Honorarzone in Nummer 1.4.3 und der Honorartafel in Nummer 1.4.8.

(2) Die Verrechnungseinheiten berechnen sich aus der Größe der aufzunehmenden Flächen und deren Punktdichte. Die Punktdichte beschreibt die durchschnittliche Anzahl der für die Erfassung der planungsrelevanten Daten je Hektar zu messenden Punkte.

(3) Abhängig von der Punktdichte werden die Flächen den nachstehenden Verrechnungseinheiten (VE) je Hektar (ha) zugeordnet:

Flächenklasse 1 (bis 50 Punkte/ha)	40 VE
Flächenklasse 2 (51 – 73 Punkte/ha)	50 VE
Flächenklasse 3 (74 – 100 Punkte/ha)	60 VE
Flächenklasse 4 (101 – 131 Punkte/ha)	70 VE
Flächenklasse 5 (132 – 166 Punkte/ha)	80 VE
Flächenklasse 6 (167 – 203 Punkte/ha)	90 VE
Flächenklasse 7 (204 – 244 Punkte/ha)	100 VE
Flächenklasse 8 (245 – 335 Punkte/ha)	120 VE
Flächenklasse 9 (336 – 494 Punkte/ha)	150 VE
Flächenklasse 10 (495 – 815 Punkte/ha)	200 VE
Flächenklasse 11 (816 – 1 650 Punkte/ha)	300 VE
Flächenklasse 12 (1 651 – 4 000 Punkte/ha)	500 VE
Flächenklasse 13 (4 001 – 9 000 Punkte/ha)	800 VE.

(4) Umfasst ein Auftrag Vermessungen für mehrere Objekte, so werden die Honorare für die Vermessung jedes Objekts getrennt berechnet.

1.4.3
Honorarzonen für Grundleistungen bei der Planungsbegleitenden Vermessung

(1) Die Honorarzone wird bei der Planungsbegleitenden Vermessung auf Grund folgender Bewertungsmerkmale ermittelt:

a) Qualität der vorhandenen Daten und Kartenunterlagen

sehr hoch	1 Punkt
hoch	2 Punkte
befriedigend	3 Punkte

kaum ausreichend	4 Punkte
mangelhaft	5 Punkte

b) Qualität des vorhandenen geodätischen Raumbezugs

sehr hoch	1 Punkt
hoch	2 Punkte
befriedigend	3 Punkte
kaum ausreichend	4 Punkte
mangelhaft	5 Punkte

c) Anforderungen an die Genauigkeit

sehr gering	1 Punkt
gering	2 Punkte
durchschnittlich	3 Punkte
hoch	4 Punkte
sehr hoch	5 Punkte

d) Beeinträchtigungen durch die Geländebeschaffenheit und bei der Begehbarkeit

sehr gering	1 bis 2 Punkte
gering	3 bis 4 Punkte
durchschnittlich	5 bis 6 Punkte
hoch	7 bis 8 Punkte
sehr hoch	9 bis 10 Punkte

e) Behinderung durch Bebauung und Bewuchs

sehr gering	1 bis 3 Punkte
gering	4 bis 6 Punkte
durchschnittlich	7 bis 9 Punkte
hoch	10 bis 12 Punkte
sehr hoch	13 bis 15 Punkte

f) Behinderung durch Verkehr

sehr gering	1 bis 3 Punkte
gering	4 bis 6 Punkte
durchschnittlich	7 bis 9 Punkte
hoch	10 bis 12 Punkte
sehr hoch	13 bis 15 Punkte.

(2) Die Honorarzone ergibt sich aus der Summe der Bewertungspunkte wie folgt:

Honorarzone I	bis 13 Punkte
Honorarzone II	14 bis 23 Punkte
Honorarzone III	24 bis 34 Punkte
Honorarzone IV	35 bis 44 Punkte
Honorarzone V	45 bis 55 Punkte.

1.4.4
Leistungsbild Planungsbegleitende Vermessung

(1) Das Leistungsbild Planungsbegleitende Vermessung umfasst die Aufnahme planungsrelevanter Daten und die Darstellung in analoger und digitaler Form für die Planung und den Entwurf von Gebäuden, Ingenieurbauwerken, Verkehrsanlagen sowie für Flächenplanungen.

(2) Die Grundleistungen sind in vier Leistungsphasen zusammengefasst und werden wie folgt in Prozentsätzen der Honorare der Nummer 1.4.8 Absatz 1 bewertet:

1. für die Leistungsphase 1 (Grundlagenermittlung) mit 5 Prozent,
2. für die Leistungsphase 2 (Geodätischer Raumbezug) mit 20 Prozent,
3. für die Leistungsphase 3 (Vermessungstechnische Grundlagen) mit 65 Prozent,
4. für die Leistungsphase 4 (Digitales Geländemodell) mit 10 Prozent.

(3) Das Leistungsbild setzt sich wie folgt zusammen:

Grundleistungen	Besondere Leistungen
1. Grundlagenermittlung	
a) Einholen von Informationen und Beschaffen von Unterlagen über die Örtlichkeit und das geplante Objekt b) Beschaffen vermessungstechnischer Unterlagen und Daten c) Ortsbesichtigung d) Ermitteln des Leistungsumfangs in Abhängigkeit von den Genauigkeitsanforderungen und dem Schwierigkeitsgrad	– Schriftliches Einholen von Genehmigungen zum Betreten von Grundstücken, von Bauwerken, zum Befahren von Gewässern und für anordnungsbedürftige Verkehrssicherungsmaßnahmen
2. Geodätischer Raumbezug	
a) Erkunden und Vermarken von Lage- und Höhenfestpunkten b) Fertigen von Punktbeschreibungen und Einmessungsskizzen c) Messungen zum Bestimmen der Fest- und Passpunkte d) Auswerten der Messungen und Erstellen des Koordinaten- und Höhenverzeichnisses	– Entwurf, Messung und Auswertung von Sondernetzen hoher Genauigkeit – Vermarken auf Grund besonderer Anforderungen – Aufstellung von Rahmenmessprogrammen
3. Vermessungstechnische Grundlagen	
a) Topographische/morphologische Geländeaufnahme einschließlich Erfassen von Zwangspunkten und planungsrelevanter Objekte b) Aufbereiten und Auswerten der erfassten Daten c) Erstellen eines digitalen Lagemodells mit ausgewählten planungsrelevanten Höhenpunkten d) Übernehmen von Kanälen, Leitungen, Kabeln und unterirdischen Bauwerken aus vorhandenen Unterlagen e) Übernehmen des Liegenschaftskatasters f) Übernehmen der bestehenden öffentlich-rechtlichen Festsetzungen g) Erstellen von Plänen mit Darstellen der Situation im Planungsbereich mit ausgewählten planungsrelevanten Höhenpunkten h) Liefern der Pläne und Daten in analoger und digitaler Form	– Maßnahmen für anordnungsbedürftige Verkehrssicherung – Orten und Aufmessen des unterirdischen Bestandes – Vermessungsarbeiten unter Tage, unter Wasser oder bei Nacht – Detailliertes Aufnehmen bestehender Objekte und Anlagen neben der normalen topographischen Aufnahme wie zum Beispiel Fassaden und Innenräume von Gebäuden – Ermitteln von Gebäudeschnitten – Aufnahmen über den festgelegten Planungsbereich hinaus – Erfassen zusätzlicher Merkmale wie zum Beispiel Baumkronen – Eintragen von Eigentümerangaben – Darstellen in verschiedenen Maßstäben – Ausarbeiten der Lagepläne entsprechend der rechtlichen Bedingungen für behördliche Genehmigungsverfahren – Übernahme der Objektplanung in ein digitales Lagemodell
4. Digitales Geländemodell	
a) Selektion der die Geländeoberfläche beschreibenden Höhenpunkte und Bruchkanten aus der Geländeaufnahme b) Berechnung eines digitalen Geländemodells c) Ableitung von Geländeschnitten d) Darstellen der Höhen in Punkt-, Raster- oder Schichtlinienform e) Liefern der Pläne und Daten in analoger und digitaler Form	

1.4.5
Grundlagen des Honorars bei der Bauvermessung

(1) Das Honorar für Grundleistungen bei der Bauvermessung richtet sich nach den anrechenbaren Kosten des Objekts, der Honorarzone in Nummer 1.4.6 und der Honorartafel in Nummer 1.4.8 Absatz 2.

(2) Anrechenbare Kosten sind die Herstellungskosten des Objekts. Diese werden entsprechend § 4 Absatz 1 und

1. bei Gebäuden entsprechend § 33,
2. bei Ingenieurbauwerken entsprechend § 42,
3. bei Verkehrsanlagen entsprechend § 46

ermittelt. Anrechenbar sind bei Ingenieurbauwerken 100 Prozent, bei Gebäuden und Verkehrsanlagen 80 Prozent der ermittelten Kosten.

(3) Die Absätze 1 und 2 sowie die Nummer 1.4.6 und Nummer 1.4.7 finden keine Anwendung für vermessungstechnische Grundleistungen bei ober- und unterirdischen Leitungen, Tunnel-, Stollen- und Kavernenbauwerken, innerörtlichen Verkehrsanlagen mit überwiegend innerörtlichem Verkehr, bei Geh- und Radwegen sowie Gleis- und Bahnsteiganlagen.

1.4.6
Honorarzonen für Grundleistungen bei der Bauvermessung

(1) Die Honorarzone wird bei der Bauvermessung auf Grund folgender Bewertungsmerkmale ermittelt:

a) Beeinträchtigungen durch die Geländebeschaffenheit und bei der Begehbarkeit

sehr gering	1 Punkt
gering	2 Punkte
durchschnittlich	3 Punkte
hoch	4 Punkte
sehr hoch	5 Punkte

b) Behinderungen durch Bebauung und Bewuchs

sehr gering	1 bis 2 Punkte
gering	3 bis 4 Punkte
durchschnittlich	5 bis 6 Punkte
hoch	7 bis 8 Punkte
sehr hoch	9 bis 10 Punkte

c) Behinderung durch den Verkehr

sehr gering	1 bis 2 Punkte
gering	3 bis 4 Punkte
durchschnittlich	5 bis 6 Punkte
hoch	7 bis 8 Punkte
sehr hoch	9 bis 10 Punkte

d) Anforderungen an die Genauigkeit

sehr gering	1 bis 2 Punkte
gering	3 bis 4 Punkte
durchschnittlich	5 bis 6 Punkte
hoch	7 bis 8 Punkte
sehr hoch	9 bis 10 Punkte

e) Anforderungen durch die Geometrie des Objekts

sehr gering	1 bis 2 Punkte
gering	3 bis 4 Punkte
durchschnittlich	5 bis 6 Punkte
hoch	7 bis 8 Punkte
sehr hoch	9 bis 10 Punkte

f) Behinderung durch den Baubetrieb

sehr gering .... 1 bis 3 Punkte
gering .... 4 bis 6 Punkte
durchschnittlich .... 7 bis 9 Punkte
hoch .... 10 bis 12 Punkte
sehr hoch .... 13 bis 15 Punkte.

(2) Die Honorarzone ergibt sich aus der Summe der Bewertungspunkte wie folgt:

Honorarzone I .... bis 14 Punkte
Honorarzone II .... 15 bis 25 Punkte
Honorarzone III .... 26 bis 37 Punkte
Honorarzone IV .... 38 bis 48 Punkte
Honorarzone V .... 49 bis 60 Punkte.

1.4.7
Leistungsbild Bauvermessung

(1) Das Leistungsbild Bauvermessung umfasst die Vermessungsleistungen für den Bau und die abschließende Bestandsdokumentation von Gebäuden, Ingenieurbauwerken und Verkehrsanlagen.

(2) Die Grundleistungen werden in fünf Leistungsphasen zusammengefasst und wie folgt in Prozentsätzen der Honorare der Nummer 1.4.8 Absatz 2 bewertet:

1. für die Leistungsphase 1 (Baugeometrische Beratung) mit 2 Prozent
2. für die Leistungsphase 2 (Absteckungsunterlagen) mit 5 Prozent,
3. für die Leistungsphase 3 (Bauvorbereitende Vermessung) mit 16 Prozent,
4. für die Leistungsphase 4 (Bauausführungsvermessung) mit 62 Prozent,
5. für die Leistungsphase 5 (Vermessungstechnische Überwachung der Bauausführung) mit 15 Prozent.

(3) Das Leistungsbild setzt sich wie folgt zusammen:

Grundleistungen	Besondere Leistungen
1. Baugeometrische Beratung	
a) Ermitteln des Leistungsumfanges in Abhängigkeit vom Projekt b) Beraten, insbesondere im Hinblick auf die erforderlichen Genauigkeiten und zur Konzeption eines Messprogramms c) Festlegen eines für alle Beteiligten verbindlichen Maß-, Bezugs- und Benennungssystems	– Erstellen von vermessungstechnischen Leistungsbeschreibungen – Erarbeiten von Organisationsvorschlägen über Zuständigkeiten, Verantwortlichkeit und Schnittstellen der Objektvermessung – Erstellen von Messprogrammen für Bewegungs- und Deformationsmessungen einschließlich Vorgaben für die Baustelleneinrichtung
2. Absteckungsunterlagen	
a) Berechnen der Detailgeometrie anhand der Ausführungsplanung, Erstellen eines Absteckungsplanes und Berechnen von Absteckungsdaten einschließlich Aufzeigen von Widersprüchen (Absteckungsunterlagen)	– Durchführen von zusätzlichen Aufnahmen und ergänzende Berechnungen, falls keine qualifizierten Unterlagen aus der Leistungsphase vermessungstechnische Grundlagen vorliegen – Durchführen von Optimierungsberechnungen im Rahmen der Baugeometrie (zum Beispiel Flächennutzung, Abstandsflächen) – Erarbeitung von Vorschlägen zur Beseitigung von Widersprüchen bei der Verwendung von Zwangspunkten (zum Beispiel bauordnungsrechtliche Vorgaben)

Grundleistungen	Besondere Leistungen
3. Bauvorbereitende Vermessung	
a) Prüfen und Ergänzen des bestehenden Festpunktfelds b) Zusammenstellung und Aufbereitung der Absteckungsdaten c) Absteckung: Übertragen der Projektgeometrie (Hauptpunkte) und des Baufelds in die Örtlichkeit d) Übergabe der Lage- und Höhenfestpunkte, der Hauptpunkte und der Absteckungsunterlagen an das bauausführende Unternehmen	– Absteckung auf besondere Anforderungen (zum Beispiel Archäologie, Ausholzung, Grobabsteckung, Kampfmittelräumung)
4. Bauausführungsvermessung	
a) Messungen zur Verdichtung des Lage- und Höhenfestpunktfeldes b) Messungen zur Überprüfung und Sicherung von Fest- und Achspunkten c) Baubegleitende Absteckungen der geometriebestimmenden Bauwerkspunkte nach Lage und Höhe d) Messungen zur Erfassung von Bewegungen und Deformationen des zu erstellenden Objekts an konstruktiv bedeutsamen Punkten e) Baubegleitende Eigenüberwachungsmessungen und deren Dokumentation f) Fortlaufende Bestandserfassung während der Bauausführung als Grundlage für den Bestandplan	– Erstellen und Konkretisieren des Messprogramms – Absteckungen unter Berücksichtigung von belastungs- und fertigungstechnischen Verformungen – Prüfen der Maßgenauigkeit von Fertigteilen – Aufmaß von Bauleistungen, soweit besondere vermessungstechnische Leistungen gegeben sind – Ausgabe von Baustellenbestandsplänen während der Bauausführung – Fortführen der vermessungstechnischen Bestandspläne nach Abschluss der Grundleistungen – Herstellen von Bestandsplänen
5. Vermessungstechnische Überwachung der Bauausführung	
a) Kontrollieren der Bauausführung durch stichprobenartige Messungen an Schalungen und entstehenden Bauteilen (Kontrollmessungen) b) Fertigen von Messprotokollen c) Stichprobenartige Bewegungs- und Deformationsmessungen an konstruktiv bedeutsamen Punkten des zu erstellenden Objekts	– Prüfen der Mengenermittlungen – Beratung zu langfristigen vermessungstechnischen Objektüberwachungen im Rahmen der Ausführungskontrolle baulicher Maßnahmen und deren Durchführung – Vermessungen für die Abnahme von Bauleistungen, soweit besondere vermessungstechnische Anforderungen gegeben sind

(4) Die Leistungsphase 4 ist abweichend von Absatz 2 bei Gebäuden mit 45 bis 62 Prozent zu bewerten.

1.4.8
Honorare für Grundleistungen bei der Ingenieurvermessung

(1) Für die in Nummer 1.4.4 Absatz 3 genannten Grundleistungen der Planungsbegleitenden Vermessung sind die in der nachstehenden Honorartafel aufgeführten Honorarspannen Orientierungswerte:

Verrechnungseinheiten	Honorarzone I sehr geringe Anforderungen von	bis	Honorarzone II geringe Anforderungen von	bis	Honorarzone III durchschnittliche Anforderungen von	bis	Honorarzone IV hohe Anforderungen von	bis	Honorarzone V sehr hohe Anforderungen von	bis
	Euro		Euro		Euro		Euro		Euro	
6	658	777	777	914	914	1 051	1 051	1 170	1 170	1 289
20	953	1 123	1 123	1 306	1 306	1 489	1 489	1 659	1 659	1 828
50	1 480	1 740	1 740	2 000	2 000	2 260	2 260	2 520	2 520	2 780
103	2 225	2 616	2 616	3 007	3 007	3 399	3 399	3 790	3 790	4 182
188	3 325	3 826	3 826	4 327	4 327	4 829	4 829	5 330	5 330	5 831
278	4 320	4 931	4 931	5 542	5 542	6 153	6 153	6 765	6 765	7 376
359	5 156	5 826	5 826	6 547	6 547	7 217	7 217	7 939	7 939	8 609
435	5 881	6 656	6 656	7 437	7 437	8 212	8 212	8 994	8 994	9 768
506	6 547	7 383	7 383	8 219	8 219	9 055	9 055	9 892	9 892	10 728
659	7 867	8 859	8 859	9 815	9 815	10 809	10 809	11 765	11 765	12 757
822	9 187	10 299	10 299	11 413	11 413	12 513	12 513	13 625	13 625	14 737
1 105	11 332	12 667	12 667	14 002	14 002	15 336	15 336	16 672	16 672	18 006
1 400	13 525	14 977	14 977	16 532	16 532	18 086	18 086	19 642	19 642	21 196
2 033	17 714	19 597	19 597	21 592	21 592	23 586	23 586	25 582	25 582	27 576
2 713	21 894	24 217	24 217	26 652	26 652	29 086	29 086	31 522	31 522	33 956
3 430	26 074	28 837	28 837	31 712	31 712	34 586	34 586	37 462	37 462	40 336
4 949	34 434	38 077	38 077	41 832	41 832	45 586	45 586	49 342	49 342	53 096
7 385	46 974	51 937	51 937	57 012	57 012	62 086	62 086	67 162	67 162	72 236
11 726	67 874	75 037	75 037	82 312	82 312	89 586	89 586	96 862	96 862	104 136

(2) Für die in Nummer 1.4.7 Absatz 3 genannten Grundleistungen der Bauvermessung sind die in der nachstehenden Honorartafel aufgeführten Honorarspannen Orientierungswerte:

Anrechenbare Kosten in Euro	Honorarzone I sehr geringe Anforderungen		Honorarzone II geringe Anforderungen		Honorarzone III durchschnittliche Anforderungen		Honorarzone IV hohe Anforderungen		Honorarzone V sehr hohe Anforderungen	
	von	bis	von	bis	von	bis	von	bis	von	bis
	Euro		Euro		Euro		Euro		Euro	
50 000	4 282	4 782	4 782	5 283	5 283	5 839	5 839	6 339	6 339	6 840
75 000	4 648	5 191	5 191	5 734	5 734	6 338	6 338	6 881	6 881	7 424
100 000	5 002	5 586	5 586	6 171	6 171	6 820	6 820	7 405	7 405	7 989
150 000	5 684	6 349	6 349	7 013	7 013	7 751	7 751	8 416	8 416	9 080
200 000	6 344	7 086	7 086	7 827	7 827	8 651	8 651	9 393	9 393	10 134
250 000	6 987	7 804	7 804	8 621	8 621	9 528	9 528	10 345	10 345	11 162
300 000	7 618	8 508	8 508	9 399	9 399	10 388	10 388	11 278	11 278	12 169
400 000	8 848	9 883	9 883	10 917	10 917	12 066	12 066	13 100	13 100	14 134
500 000	10 048	11 222	11 222	12 397	12 397	13 702	13 702	14 876	14 876	16 051
600 000	11 223	12 535	12 535	13 847	13 847	15 304	15 304	16 616	16 616	17 928
750 000	12 950	14 464	14 464	15 978	15 978	17 659	17 659	19 173	19 173	20 687
1 000 000	15 754	17 596	17 596	19 437	19 437	21 483	21 483	23 325	23 325	25 166
1 500 000	21 165	23 639	23 639	26 113	26 113	28 862	28 862	31 336	31 336	33 810
2 000 000	26 393	29 478	29 478	32 563	32 563	35 990	35 990	39 075	39 075	42 160
2 500 000	31 488	35 168	35 168	38 849	38 849	42 938	42 938	46 619	46 619	50 299
3 000 000	36 480	40 744	40 744	45 008	45 008	49 745	49 745	54 009	54 009	58 273
4 000 000	46 224	51 626	51 626	57 029	57 029	63 032	63 032	68 435	68 435	73 838
5 000 000	55 720	62 232	62 232	68 745	68 745	75 981	75 981	82 494	82 494	89 007
7 500 000	78 690	87 888	87 888	97 085	97 085	107 305	107 305	116 502	116 502	125 700
10 000 000	100 876	112 667	112 667	124 458	124 458	137 559	137 559	149 350	149 350	161 140

1.4.9
Sonstige vermessungstechnische Leistungen

Für sonstige vermessungstechnische Leistungen nach Nummer 1.4.1 kann ein Honorar abweichend von den Grundsätzen gemäß Nummer 1.4 vereinbart werden.

Anlage 2
(zu § 18 Absatz 2)

Grundleistungen im Leistungsbild Flächennutzungsplan

Das Leistungsbild Flächennutzungsplan setzt sich aus folgenden Grundleistungen je Leistungsphase zusammen:

1. Leistungsphase 1: Vorentwurf für die frühzeitigen Beteiligungen
   a) Zusammenstellen und Werten des vorhandenen Grundlagenmaterials
   b) Erfassen der abwägungsrelevanten Sachverhalte
   c) Ortsbesichtigungen
   d) Festlegen ergänzender Fachleistungen und Formulieren von Entscheidungshilfen für die Auswahl anderer fachlich Beteiligter, soweit notwendig
   e) Analysieren und Darstellen des Zustandes des Plangebiets, soweit für die Planung von Bedeutung und abwägungsrelevant, unter Verwendung hierzu vorliegender Fachbeiträge
   f) Mitwirken beim Festlegen von Zielen und Zwecken der Planung
   g) Erarbeiten des Vorentwurfes in der vorgeschriebenen Fassung mit Begründung für die frühzeitigen Beteiligungen nach den Bestimmungen des Baugesetzbuchs
   h) Darlegen der wesentlichen Auswirkungen der Planung
   i) Berücksichtigen von Fachplanungen
   j) Mitwirken an der frühzeitigen Öffentlichkeitsbeteiligung einschließlich Erörterung der Planung
   k) Mitwirken an der frühzeitigen Beteiligung der Behörden und Stellen, die Träger öffentlicher Belange sind
   l) Mitwirken an der frühzeitigen Abstimmung mit den Nachbargemeinden
   m) Abstimmen des Vorentwurfes für die frühzeitigen Beteiligungen in der vorgeschriebenen Fassung mit der Gemeinde
2. Leistungsphase 2: Entwurf zur öffentlichen Auslegung
   a) Erarbeiten des Entwurfes in der vorgeschriebenen Fassung mit Begründung für die Öffentlichkeits- und Behördenbeteiligung nach den Bestimmungen des Baugesetzbuchs
   b) Mitwirken an der Öffentlichkeitsbeteiligung
   c) Mitwirken an der Beteiligung der Behörden und Stellen, die Träger öffentlicher Belange sind
   d) Mitwirken an der Abstimmung mit den Nachbargemeinden
   e) Mitwirken bei der Abwägung der Gemeinde zu Stellungnahmen aus frühzeitigen Beteiligungen
   f) Abstimmen des Entwurfs mit der Gemeinde
3. Leistungsphase 3: Plan zur Beschlussfassung
   a) Erarbeiten des Planes in der vorgeschriebenen Fassung mit Begründung für den Beschluss durch die Gemeinde
   b) Mitwirken bei der Abwägung der Gemeinde zu Stellungnahmen
   c) Erstellen des Planes in der durch Beschluss der Gemeinde aufgestellten Fassung.

(Fortsetzung nächstes Blatt)

320. Gesetz über das gerichtliche Verfahren in Landwirtschaftssachen

Vom 21. Juli 1953
(BGBl. I S. 667)

BGBl. III/FNA 317-1

geänd. durch Art. 3 Nr. 2 G zur Änd. von Wertgrenzen und Kostenvorschriften in der Zivilgerichtsbarkeit v. 27.11.1964 (BGBl. I S. 933), Art. 109 EinführungsG zum Strafgesetzbuch (EGStGB) v. 2.3.1974 (BGBl. I S. 469), Art. 6 Nr. 1 G zur Entlastung der Landgerichte und zur Vereinfachung des gerichtlichen Protokolls v. 20.12.1974 (BGBl. I S. 3651), Art. 7 G zur Ergänzung des Ersten Gesetzes zur Reform des Strafverfahrensrechts v. 20.12.1974 (BGBl. I S. 3686), Art. 2 Nr. 3 G zur Änd. des Rechts der Revision in Zivilsachen v. 8.7.1975 (BGBl. I S. 1863), Art. 7 Nr. 10 G zur Vereinfachung und Beschleunigung gerichtlicher Verfahren (Vereinfachungsnovelle) v. 3.12.1976 (BGBl. I S. 3281), Art. 4 Nr. 10 G über die Prozeßkostenhilfe v. 13.6.1980 (BGBl. I S. 677), Art. 3 G zur Neuordnung des landwirtschaftlichen Pachtrechts v. 8.11.1985 (BGBl. I S. 2065), Art 7 § 3 G zur Änderung von Kostengesetzen v. 9.12.1986 (BGBl. I S. 2326), Art. 7 Abs. 22 Rechtspflege-VereinfachungsG v. 17.12.1990 (BGBl. I S. 2847), Art. 2 Abs. 2 G zur Änd. von Vorschriften über die Prozeßkostenhilfe (Prozeßkostenhilfeänderungsgesetz – PKHÄndG) v. 10.10.1994 (BGBl. I S. 2954), Art. 8 Abs. 7 G zur Umstellung des Kostenrechts und der Steuerberatergebührenverordnung auf Euro (KostREuroUG) v. 27.4.2001 (BGBl. I S. 751), Art. 7 Abs. 21 G zur Neugliederung, Vereinfachung und Reform des Mietrechts (Mietrechtsreformgesetz) v. 19.6.2001 (BGBl. I S. 1149), Art. 2 Abs. 14 G zur Reform des Vefahrens bei Zustellungen im gerichtlichen Verfahren (Zustellungsreformgesetz – ZustRG) v. 25.6.2001 (BGBl. I S. 1206), Art. 6a G zur Anpassung der Formvorschriften des Privatrechts und anderer Vorschriften an den modernen Rechtsgeschäftsverkehr v. 13.7.2001 (BGBl. I S. 1542), Art. 15 ZivilprozessreformG v. 27.7.2001 (BGBl. I S. 1887), Art. 4 Abs. 23 KostenrechtsmodernisierungsG v. 5.5.2004 (BGBl. I S. 718), Art. 5 G zur Vereinfachung und Vereinheitlichung der Verfahrensvorschriften zur Wahl und Berufung ehrenamtlicher Richter v. 21.12.2004 (BGBl. I S. 3599), Art. 15d JustizkommunikationsG v. 22.3.2005 (BGBl. I S. 837), Art. 10a G zur Neuregelung des Rechtsberatungsrechts v. 12.12.2007 (BGBl. I S. 2840), Art. 43 FGG-ReformG v. 17.12.2008 (BGBl. I S. 2586), Art. 7 G zur Einführung einer Rechtsbehelfsbelehrung im Zivilprozess und zur Änd. anderer Vorschriften v. 5.12.2012 (BGBl. I S. 2418), Art. 17 2. KostenrechtsmodernisierungsG v. 23.7.2013 (BGBl. I S. 2586) und Art. 8 Zweites G zur Stärkung der Verfahrensrechte von Beschuldigten im Strafverfahren und zur Änd. des Schöffenrechts v. 27.3.2017 (BGBl. I S. 3295)

Erster Abschnitt. Sachliche Zuständigkeit und Einrichtung der Gerichte

§ 1[1)] **[Sachliche Zuständigkeit]** Die Bestimmungen dieses Gesetzes gelten in den Verfahren auf Grund der Vorschriften über

1. die Anzeige und Beanstandung von Landpachtverträgen im Landpachtverkehrsgesetz[2)] vom 8. November 1985 (BGBl. I S. 2075) und über den Landpachtvertrag in den Fällen des § 585b Abs. 2, der §§ 588, 590 Abs. 2, des § 591 Abs. 2 und 3, der §§ 593, 594d Abs. 2 und der §§ 595 und 595a Abs. 2 und 3 des Bürgerlichen Gesetzbuchs[3)],

1a. den Landpachtvertrag im übrigen,

2. die rechtsgeschäftliche Veräußerung, die Änderung oder Aufhebung einer Auflage, die gerichtliche Zuweisung eines Betriebes sowie die Festsetzung

---

[1)] § 1 Nr. 2 und 3 neu gef. durch G v. 28.7.1961 (BGBl. I S. 1091); Nr. 2 geänd. durch G v. 2.3.1974 (BGBl. I S. 469); Nr. 1 und 4 neu gef., Nr. 1a eingef., letzter Satzteil geänd. durch G v. 8.11.1985 (BGBl. I S. 2065); Nr. 1 und 1a geänd. mWv 1.9.2001 durch G v. 19.6.2001 (BGBl. I S. 1149).

[2)] Nr. **315**.

[3)] Nr. **1**.

von Zwangsgeld im Grundstückverkehrsgesetz[1] vom 28. Juli 1961 (Bundesgesetzbl. I S. 1091),

3. Einwendungen gegen das siedlungsrechtliche Vorkaufsrecht in § 10 des Reichssiedlungsgesetzes[2],
4. die Aufhebung von Pacht- und sonstigen Nutzungsverhältnissen sowie die Inanspruchnahme von Gebäuden oder Land in §§ 59 und 63 Abs. 3 und 4 des Bundesvertriebenengesetzes in der Fassung der Bekanntmachung vom 3. September 1971 (BGBl. I S. 1565, 1807), ferner die Festsetzung des Ersatzanspruchs und der Entschädigung nach § 7 Abs. 2 des Gesetzes zur Ergänzung des Reichssiedlungsgesetzes in der im Bundesgesetzblatt Teil III, Gliederungsnummer 2331–2, veröffentlichten bereinigten Fassung,
5. das Anerbenrecht einschließlich der Versorgungsansprüche bei Höfen, Hofgütern, Landgütern und Anerbengütern,
6. Angelegenheiten, die mit der Aufhebung der früheren Vorschriften über Erbhöfe zusammenhängen,

jedoch in den in den Nummern 5 und 6 bezeichneten Verfahren nur, soweit die beim Inkrafttreten dieses Gesetzes für diese geltenden oder die künftig erlassenen Vorschriften die Zuständigkeit von Gerichten mit ehrenamtlichen Richtern vorsehen.

§ 2[3] [Rechtsweg; Besetzung der Gerichte] (1) [1] In den in § 1 bezeichneten Verfahren sind im ersten Rechtszug die Amtsgerichte als Landwirtschaftsgerichte zuständig. [2] Die Zuständigkeit ist auch in bürgerlichen Rechtsstreitigkeiten des § 1 Nr. 1a ausschließlich. [3] Im zweiten Rechtszug sind die Oberlandesgerichte, im dritten Rechtszug der Bundesgerichtshof zuständig.

(2) Soweit dieses Gesetz nichts anderes bestimmt, ist

das Amtsgericht in der Besetzung von einem Richter beim Amtsgericht als Vorsitzenden und zwei ehrenamtlichen Richtern,

das Oberlandesgericht in der Besetzung von drei Mitgliedern des Oberlandesgerichts mit Einschluß des Vorsitzenden und zwei ehrenamtlichen Richtern,

der Bundesgerichtshof in der Besetzung von drei Mitgliedern des Bundesgerichtshofes mit Einschluß des Vorsitzenden und zwei ehrenamtlichen Richtern

tätig.

§ 3[4] [Ehrenamtliche Richter] (1) Die ehrenamtlichen Richter werden auf die Dauer von fünf Jahren berufen; wiederholte Berufung ist zulässig.

(2) Für das Recht, die Berufung zum ehrenamtlichen Richter abzulehnen, gelten die §§ 35 und 53 des Gerichtsverfassungsgesetzes sinngemäß, jedoch entscheidet über das Gesuch der Oberlandesgerichtspräsident, bei Gesuchen ehrenamtlicher Richter des Bundesgerichtshofes der Präsident des Bundesgerichtshofes; der Anhörung der Staatsanwaltschaft bedarf es nicht.

---

[1] Nr. **300**.
[2] Nr. **89**.
[3] § 2 Abs. 1 neu gef., Abs. 2 geänd. durch G v. 8.11.1985 (BGBl. I S. 2065).
[4] § 3 geänd. durch G v. 8.11.1985 (BGBl. I S. 2065); Abs. 1 geänd. mWv 1.1.2005 durch G v. 21.12.2004 (BGBl. I S. 3599).

§ 4[1)] [Vorschlagsliste] (1) [1]Die ehrenamtlichen Richter der Amtsgerichte und des Oberlandesgerichts beruft der Oberlandesgerichtspräsident auf Grund einer Vorschlagsliste. [2]Er bestimmt für jedes Gericht die erforderliche Zahl der ehrenamtlichen Richter.

(2) [1]Die Länder bestimmen, wie die Vorschlagsliste aufzustellen ist.[2)] [2]Die Liste ist dem Oberlandesgerichtspräsidenten mindestens drei Monate vor Ablauf der Amtszeit der ehrenamtlichen Richter für jedes Gericht getrennt vorzulegen.

(3) Als ehrenamtliche Richter sind nur Deutsche vorzuschlagen,

1. die die Landwirtschaft in dem Bezirk selbständig im Haupt- oder Nebenberuf ausüben oder ausgeübt haben,
2. bei denen kein Hinderungsgrund nach §§ 32 bis 34 des Gerichtsverfassungsgesetzes vorliegt,
3. die nicht Aufgaben der nach Landesrecht zuständigen Behörden auf den in § 1 Nr. 1 und 2 bezeichneten Sachgebieten wahrnehmen,
4. die nicht dem Vorstand oder der Geschäftsführung einer land- und forstwirtschaftlichen Berufsvertretung oder ihrer Untergliederungen angehören, soweit diese nach § 32 Abs. 1 am gerichtlichen Verfahren beteiligt werden.

(4) Die Zahl der vorzuschlagenden Personen soll das Eineinhalbfache der erforderlichen Zahl der ehrenamtlichen Richter betragen.

(5) Scheidet ein ehrenamtlicher Richter nach seiner Berufung aus, so kann der Oberlandesgerichtspräsident für die restliche Amtszeit des ausgeschiedenen

---

[1)] § 4 Abs. 3 neu gef., Abs. 1, Abs. 2 Satz 2 und Abs. 4–6 geänd. durch G v. 8.11.1985 (BGBl. I S. 2065); Abs. 3 Satz 2 aufgeh. mWv 5.9.2017 durch G v. 27.8.2017 (BGBl. I S. 3295).

[2)] Siehe hierzu ua

- **Baden-Württemberg:** AGLwVG v. 17.10.1978 (GBl. S. 561), geänd. durch G v. 1.7.2004 (GBl. S. 469)
- **Bayern:** Art. 44–48 AGGVG (BayRS 300-1-1-J) v. 23.6.1981 (BayRS IV S. 483), zuletzt geänd. durch V v. 26.3.2019 (GVBl. S. 98)
- **Berlin:** AusführungsG v. 3.3.1956 (GVBl. S. 221), zuletzt geänd. durch G v. 15.12.1965 (GVBl. S. 1955)
- **Brandenburg:** Art. 1 § 12 G v. 14.6.1993 (GVBl. I S. 198), geänd. durch G v. 15.12.1995 (GVBl.I S. 287)
- **Hamburg:** AusführungsG v. 6.12.1956 (BS Hbg I S. 508), zuletzt geänd durch G v. 4.12.1990 (HmbGVBl. S. 240)
- **Hessen:** Delegations- und Zuständigkeitsverordnung Landwirtschaft, Forsten und Naturschutz v. 29.10.2014 (GVBl. S. 255), geänd. durch VO v. 25.11.2015 (GVBl. S. 616)
- **Mecklenburg-Vorpommern:** AusführungsG v. 10.6.1992 (GVOBl. M-V S. 314, 320, ber. S. 363)
- **Niedersachsen:** Zweiter Teil Viertes Kapitel (§§ 70–72) Niedersächsisches JustizG v. 16.12.2014 (Nds. GVBl. S. 436), zuletzt geänd. durch G v. 11.11.2020 (Nds GVBl. S. 391)
- **Nordrhein-Westfalen:** Teil 2 Kapitel 2 Abschnitt 6 (§§ 106–108) JustizG Nordrhein-Westfalen v. 26.1.2010 (GV. NRW. S. 30), zuletzt geänd. durch G v. 1.9.2020 (GV. NRW. S. 818)
- **Rheinland-Pfalz:** AusführungsG v. 26.9.2000 (GVBl. S. 397)
- **Saarland:** §§ 57–60 JustisausfüührungsG v. 5.2.1997 (Amtsbl. S. 258), zuletzt geänd. durch G v. 13.3.2019 (Amtsbl. I S. 420)
- **Sachsen:** VO über die Beteiligung der land- und forstwirtschaftlichen Berufsvertretung in gerichtlichen Verfahren in Landwirtschaftssachen v. 17.3.1994 (SächsGVBl. S. 689), geänd. durch G v. 9.7. 2007 (SächsGVBl. S. 310)
- **Sachsen-Anhalt:** VO zur Bestimmung der land- und fortstwirtschaftlichen Berufsvertretungen in gerichtlichen Verfahren in Landwirtschaftssachen v. 22.6.2004 (GVBl. LSA S. 350)
- **Schleswig-Holstein:** Teil 3 Kapitel 6 (§§ 50, 51) LandesjustizG v. 17.4.2018 (GVOBl. Schl.-H. S. 231, ber. S. 441)
- **Thüringen:** Art. 3 Thüringer GerichtsorganisationsG v. 16.8.1993 (GVBl. S. 554)

ehrenamtlichen Richters einen neuen ehrenamtlichen Richter auf Grund der Vorschlagsliste berufen.

(6) Diese Vorschriften gelten für die ehrenamtlichen Richter des Bundesgerichtshofes entsprechend mit der Maßgabe, daß diese von dem Präsidenten des Bundesgerichtshofes auf Grund einer Vorschlagsliste berufen werden, die von dem Zentralausschuß der Deutschen Landwirtschaft aufgestellt wird.

§ 5[1)] [Ausübung des Richteramtes; Amtsverschwiegenheit] [1] Die ehrenamtlichen Richter üben das Richteramt in vollem Umfang und mit gleichem Stimmrecht wie die Berufsrichter aus. [2] Sie sind zur Amtsverschwiegenheit verpflichtet.

§ 6[2)] [Heranziehung zu den Sitzungen] (1) [1] Die ehrenamtlichen Richter sollen zu den Sitzungen nach der Reihenfolge einer Liste herangezogen werden, die der Vorsitzende des Gerichts vor Beginn des Geschäftsjahres aufstellt. [2] Hierbei kann er bestimmen, daß einzelne dieser ehrenamtlichen Richter bei Verhinderung eines anderen herangezogen werden (stellvertretende ehrenamtliche Richter). [3] Würden hiernach bei der Verhandlung in Pachtsachen zwei ehrenamtliche Richter, die beide Pächter oder beide Verpächter sind, oder in einer in § 1 Nr. 4 bezeichneten Sache zwei ehrenamtliche Richter, die beide dem Personenkreis des § 35 des Bundesvertriebenengesetzes angehören oder nicht angehören, teilnehmen, so gilt der auf Grund der Liste als zweiter heranstehende ehrenamtliche Richter für die Sitzung als verhindert.

(2) Im übrigen ist der Vorsitzende zu einer Änderung der Reihenfolge nur befugt, wenn ehrenamtliche Richter während des Geschäftsjahres ausscheiden, wenn neue ehrenamtliche Richter eintreten oder wenn die Teilnahme an einer früheren Verhandlung in derselben Sache oder die Wahrnehmung eines Termins an Ort und Stelle eine Änderung geboten erscheinen läßt.

(3) Für die Entbindung eines ehrenamtlichen Richters von der Dienstleistung an bestimmten Sitzungstagen gilt § 54 des Gerichtsverfassungsgesetzes sinngemäß.

§ 7[3)] [Amtsenthebung] (1) Ein ehrenamtlicher Richter ist seines Amtes zu entheben, wenn das Fehlen einer in § 4 Abs. 3 bezeichneten Voraussetzung nachträglich bekannt wird oder eine solche Voraussetzung nachträglich wegfällt oder wenn er sich einer groben Verletzung seiner Amtspflicht schuldig macht.

(2) [1] Über die Amtsenthebung eines ehrenamtlichen Richters des Amtsgerichts oder des Oberlandesgerichts entscheidet der Erste Zivilsenat des Oberlandesgerichts, über die Amtsenthebung eines ehrenamtlichen Richters des Bundesgerichtshofes der Erste Zivilsenat des Bundesgerichtshofes. [2] Vor der Entscheidung ist der ehrenamtliche Richter zu hören.

§ 8 [Gemeinsames Gericht] [1] Die Landesregierung kann durch Rechtsverordnung Geschäfte aus den Bezirken mehrerer Amtsgerichte einem Amtsgericht übertragen. [2] Sie kann eine solche Bestimmung auch für die Ober-

---

[1)] § 5 neu gef. durch G v. 8.11.1985 (BGBl. I S. 2065).
[2)] § 6 geänd. durch G v. 8.11.1985 (BGBl. I S. 2065).
[3)] § 7 geänd. durch G v. 8.11.1985 (BGBl. I S. 2065).

landesgerichte treffen. [3]Die Landesregierung kann diese Ermächtigung auf die Landesjustizverwaltung übertragen.[1)]

Zweiter Abschnitt.[2)] Landwirtschaftssachen der freiwilligen Gerichtsbarkeit

§ 9[3)] [Entsprechende Anwendung des FamFG] Soweit dieses Gesetz nichts anderes bestimmt, sind in Angelegenheiten des § 1 Nr. 1 und Nr. 2 bis 6 die Vorschriften des Gesetzes über das Verfahren in Familiensachen und in den Angelegenheiten der freiwilligen Gerichtsbarkeit sinngemäß anzuwenden.

§ 10 [Örtliche Zuständigkeit] [1]Örtlich zuständig ist das Amtsgericht, in dessen Bezirk die Hofstelle liegt. [2]Ist eine Hofstelle nicht vorhanden, so ist das Amtsgericht örtlich zuständig, in dessen Bezirk die Grundstücke ganz oder zum größten Teil liegen oder die Rechte im wesentlichen ausgeübt werden.

§ 11[4)] *(aufgehoben)*

§ 12[5)] [Abgabe an zuständiges Gericht] (1) [1]Hält das Gericht sich für unzuständig, so hat es die Sache an das zuständige Gericht abzugeben. [2]Der Abgabebeschluß kann nach Anhörung der Beteiligten ohne mündliche Ver-

---

[1)] Siehe hierzu ua
– **Baden-Württemberg:** Subdelegationsverordnung Justiz – SubVOJu v. 2.4.2019 (GBl. S. 109); § 4 Zuständigkeitsverordnung Justiz – ZuVOJu v. 20.11.1998 (GBl. S. 680), zuletzt geänd. durch VO v. 26.11.2020 (GBl. S. 1099)
– **Bayern:** Gerichtliche Zuständigkeitsverordnung Justiz – GZVJu v. 11.6.2012 (GVBl. S. 295), zuletzt geänd. durch V v. 24.11.2020 (GVBl. S. 654); DelegationsVO v. 28.1.2014 (GVBl. S. 22), zuletzt geänd. durch V v. 22.12.2020 (GVBl. S. 687)
– **Berlin:** VO über die Zuweisung amtsgerichtlicher Zuständigkeiten v. 8.5.2008 (GVBl. S. 116), zuletzt geänd. durch VO v. 16.9.2019 (GVBl. S. 627)
– **Brandenburg:** Gerichtszuständigkeitsverordnung – GerZV v. 2.9.2014 (GVBl. II Nr. 62), zuletzt geänd. durch VO v. 26.11.2018 (GVBl. II Nr. 89)
– **Bremen:** VO über Zuständigkeiten von Amtsgerichten v. 18.12.2018 (Brem.GBl. 2019 S. 1), geänd. durch VO v. 18.5.2020 (Brem.GBl. S. 373)
– **Hamburg:** § 2 ZuständigkeitsVO v. 1.9.1987 (HmbGVBl. S. 172), zuletzt geänd. durch VO v. 14.4.2020 (HmbGVBl. S. 214)
– **Mecklenburg-Vorpommern:** Landwirtschaftsverfahrensgesetz-AusführungsG v. 10.6.1992 (GVOBl. M-V S. 314, 320, ber. S. 363)
– **Niedersachsen:** Niedersächsisches JustizG v. 19.12.1955 (Nds. GVBl. S. 473), aufgeh. durch G v. 16.12.2014 (Nds. GVBl. S. 436)
– **Nordrhein-Westfalen:** VO zur Übertragung von Landwirtschaftssachen v. 25.8.1977 (GV. NRW. S. 342), zuletzt geänd. durch VO v. 24.9.2014 (GV. NRW. S. 647)
– **Rheinland-Pfalz:** § 5 VO über die gerichtliche Zuständigkeit in Zivilsachen v. 22.11.1985 (GVBl. S. 267), zuletzt geänd. durch VO v. 27.11.2019 (GVBl. S. 345)
– **Saarland:** §§ 57–60 G zur Ausführung bundesrechtlicher Justizgesetze v. 5.2.1997 (Amtsbl. S. 258), zuletzt geänd. durch G v. 13.3.2019 (Amtsbl. I S. 420)
– **Sachsen-Anhalt:** VO v. 19.3.1993 (GVBl. LSA S. 152); Landwirtschaftssachen-Geschäfte-ÜbertragungsVO v. 12.7.1994 (GVBl. LSA S. 803), zuletzt geänd. durch VO v. 28.7.2008 (GVBl. LSA S. 287)
– **Thüringen:** LandwirtschaftsverfahrensG-AusführungsG v. 16.8.1993 (GVBl. S. 554), geänd. durch G v. 9.9.2010 (GVBl. S. 294)

[2)] Zweiter Abschnitt Überschrift geänd. durch G v. 8.11.1985 (BGBl. I S. 2065).

[3)] § 9 geänd. durch G v. 8.11.1985 (BGBl. I S. 2065); geänd. mWv 1.9.2009 durch G v. 17.12.2008 (BGBl. I S. 2586).

[4)] § 11 aufgeh. mWv 1.9.2009 durch G v. 17.12.2008 (BGBl. I S. 2586).

[5)] § 12 Abs. 3 neu gef. durch G v. 26.7.1957 (BGBl. I S. 861); Abs. 1 Satz 5 geänd. durch G v. 3.12. 1976 (BGBl. I S. 3281); Abs. 2 Satz 1 geänd. durch G v. 8.11.1985 (BGBl. I S. 2065); Abs. 1 Satz 5 →

handlung ergehen. [3]Er ist für das in ihm bezeichnete Gericht bindend. [4]Im Falle der Abgabe an ein Gericht der streitigen Gerichtsbarkeit gilt die Rechtshängigkeit der Sache in dem Zeitpunkt als begründet, in dem der bei dem für Landwirtschaftssachen zuständigen Gericht gestellte Antrag dem Beteiligten bekanntgemacht worden ist, der nach der Abgabe Beklagter ist. [5]§ 167 der Zivilprozeßordnung ist entsprechend anzuwenden.

(2) [1]Wird in einem Rechtsstreit eine Angelegenheit des § 1 Nr. 1 oder Nr. 2 bis 6 anhängig gemacht, so hat das Prozeßgericht die Sache insoweit an das für Landwirtschaftssachen zuständige Gericht abzugeben. [2]Absatz 1 Satz 2, 3 ist anzuwenden.

§ 13[1)] [Bevollmächtigte, Beistände] (1) [1]Als Bevollmächtigte sind, soweit eine Vertretung durch Rechtsanwälte nicht geboten ist, auch berufsständische Vereinigungen der Landwirtschaft für ihre Mitglieder vertretungsbefugt. [2]Sie handeln durch ihre Organe und mit der Verfahrensvertretung beauftragten Vertreter.

(2) [1]Ehrenamtliche Richter dürfen nicht als Bevollmächtigte vor einem Spruchkörper auftreten, dem sie angehören. [2]Das Gericht weist Bevollmächtigte, die nicht vertretungsbefugt sind, durch unanfechtbaren Beschluss zurück. [3]Verfahrenshandlungen eines nicht vertretungsbefugten Bevollmächtigten und Zustellungen oder Mitteilungen an diesen Bevollmächtigten sind bis zu seiner Zurückweisung wirksam. [4]Die Sätze 1 und 2 gelten für Beistände entsprechend.

§ 14[2)] [Antragsverfahren; Anhörung der Beteiligten] (1) Das Verfahren wird, soweit nicht etwas anderes bestimmt ist, nur auf Antrag eingeleitet.

(2) [1]Das Gericht hat vor seiner Entscheidung den Beteiligten Gelegenheit zu geben, sich zur Sache zu äußern. [2]Für die Vorbereitung der Entscheidung gelten die Vorschriften des § 139 und des § 273 Abs. 1, 2, 3 Satz 1 und Abs. 4 der Zivilprozeßordnung sinngemäß.

§ 15[3)] [Mündliche Verhandlung] (1) [1]Das Gericht hat auf Antrag eines Beteiligten eine mündliche Verhandlung anzuordnen. [2]Dies gilt nicht für Verfahren vor dem Bundesgerichtshof.

(2) Wird eine mündliche Verhandlung anberaumt, so sind die Beteiligten zu laden.

(3) Bei einer Beweisaufnahme sind § 279 Abs. 2, §§ 357, 367 Abs. 1, §§ 397, 402 der Zivilprozeßordnung sinngemäß anzuwenden.

(Fortsetzung der Anm. von voriger Seite)
geänd. mWv 1.7.2002 durch G v. 25.6.2001 (BGBl. I S. 1206); Abs. 3 aufgeh. mWv 1.8.2013 durch G v. 23.7.2013 (BGBl. I S. 2586).

1) § 13 aufgeh. durch G v. 8.11.1985 (BGBl. I S. 2065); neu eingef. mWv 1.7.2008 durch G v. 12.12.2007 (BGBl. I S. 2840).

2) § 14 Abs. 2 Satz 2 geänd. durch G v. 3.12.1976 (BGBl. I S. 3281) und geänd. mWv 1.1.2002 durch G v. 27.7.2001 (BGBl. I S. 1887).

3) § 15 Abs. 4 geänd. durch G v. 3.12.1976 (BGBl. I S. 3281); Abs. 6 geänd. durch G v. 20.12.1974 (BGBl. I S. 3651); Abs. 4 geänd. mWv 1.1.2002 durch G v. 27.7.2001 (BGBl. I S. 1887); Abs. 1 Satz 2 angef., Abs. 3 aufgeh., bish. Abs. 4–6 werden Abs. 3–5 mWv 1.9.2009 durch G v. 17.12.2008 (BGBl. I S. 2586).

(4) Über das Ergebnis einer Beweisaufnahme ist stets mündlich zu verhandeln, wenn die Beteiligten nicht übereinstimmend auf mündliche Verhandlung verzichten.

(5) Die Vorschriften der §§ 159 bis 165 der Zivilprozeßordnung über die Niederschrift gelten sinngemäß.

§ 16 [Beauftragter Richter] [1] Das Gericht kann eines seiner Mitglieder mit der Beweisaufnahme oder mit örtlichen Ermittlungen oder mit Verhandlungen mit den Beteiligten beauftragen. [2] Die Vorschriften der Zivilprozeßordnung[1)] über das Verfahren vor dem beauftragten Richter gelten sinngemäß. [3] Zur förmlichen Vernehmung von Beteiligten, Zeugen und Sachverständigen, zur Abnahme von Eiden sowie zur Protokollierung eines Vergleichs sind nur Richter befugt.

§ 17[2)] [Amtshilfe] [1] Alle Behörden sind auf Ersuchen des Gerichts zur Amtshilfe verpflichtet. [2] Die Finanzämter haben auf Ersuchen des Gerichts Auskünfte über den Einheitswert oder den Wirtschaftswert land- oder forstwirtschaftlicher Grundstücke zu erteilen.

§ 18[3)] [Einstweilige Anordnungen] Bei einstweiligen Anordnungen kann von der Zuziehung der ehrenamtlichen Richter und von der Anwendung des § 14 Abs. 2 abgesehen werden, wenn durch Verzögerung der einstweiligen Anordnung ein Nachteil zu entstehen droht.

§ 19[4)] [Gerichtlicher Vergleich] Enthält ein gerichtlicher Vergleich Bestimmungen über die Veräußerung, Belastung oder Verpachtung von Grundstücken, so kann das Gericht auf Antrag anstelle der sonst zuständigen Behörde darüber entscheiden, ob diese Bestimmungen nach den Vorschriften über den Verkehr mit land- oder forstwirtschaftlichen Grundstücken genehmigt oder nach den Vorschriften des Landpachtverkehrsgesetzes[5)] beanstandet werden.

§ 20[6)] [Entscheidungen ohne ehrenamtliche Richter] (1) Das Gericht kann ohne Zuziehung ehrenamtlicher Richter über

1. die Ausschließung oder die Ablehnung der Gerichtspersonen,
2. einen Antrag auf Wiedereinsetzung in den vorigen Stand,
3. die Abgabe einer Sache wegen Unzuständigkeit,
4. die Unzulässigkeit eines Antrags oder eines Rechtsmittels,
5. die Erinnerung gegen die Erteilung oder gegen die Ablehnung des Rechtskraftzeugnisses,
6. die Bewilligung der Verfahrenskostenhilfe und die Änderung der Bewilligung sowie die Versagung der Verfahrenskostenhilfe oder die Aufhebung der Bewilligung mit der Begründung, daß die persönlichen und wirtschaft-

---

1) Auszugsweise abgedruckt unter Nr. **8**.

2) § 17 Satz 2 geänd. durch G v. 8.11.1985 (BGBl. I S. 2065).

3) § 18 neu gef. mWv 1.9.2009 durch G v. 17.12.2008 (BGBl. I S. 2586).

4) § 19 neu gef. durch G v. 8.11.1985 (BGBl. I S. 2065).

5) Nr. **315**.

6) § 20 Abs. 1 Nr. 6 neu gef. durch G v. 13.6.1980 (BGBl. I S. 677); Abs. 1 Nr. 6 geänd., Nr. 6a eingef. durch G v. 8.11.1985 (BGBl. I S. 2065); Abs. 1 Nr. 6 geänd. durch G v. 9.12.1986 (BGBl. I S. 2326); Abs. 1 Nr. 6 und Abs. 3 geänd. mWv 1.9.2009 durch G v. 17.12.2008 (BGBl. I S. 2586); Abs. 3 geänd. mWv 5.9.2017 durch G v. 27.8.2017 (BGBl. I S. 3295).

lichen Verhältnisse des Antragstellers die Bewilligung der Verfahrenskostenhilfe nicht zulassen,

6a. die Ernennung des Sachverständigen nach § 585b Abs. 2 des Bürgerlichen Gesetzbuchs[1],

7. Angelegenheiten von geringer Bedeutung, soweit es sich nicht um die Entscheidung in der Hauptsache handelt,

8. die Kosten, wenn die Hauptsache erledigt ist,

entscheiden.

(2) Ein gerichtlicher Vergleich kann beim Amtsgericht vor dem Vorsitzenden, beim Oberlandesgericht und beim Bundesgerichtshof vor dem Vorsitzenden oder einem beauftragten Richter geschlossen werden; die Zuziehung ehrenamtlicher Richter ist nicht erforderlich.

(3) Die Länder können bestimmen, daß die Entscheidung über die Erteilung eines Erbscheins ebenfalls ohne Zuziehung ehrenamtlicher Richter erfolgen kann und daß insoweit § 14 Absatz 2 und § 30 dieses Gesetzes sowie § 38 Abs. 3, §§ 39, 41 Abs. 1 Satz 2, §§ 58 und 66 des Gesetzes über das Verfahren in Familiensachen und in den Angelegenheiten der freiwilligen Gerichtsbarkeit keine Anwendung finden; das gleiche gilt für die Einziehung und die Kraftloserklärung eines Erbscheins.

§§ 21–29[2] *(aufgehoben)*

§ 30 [Wirksamwerden der Entscheidungen; vorläufige Vollstreckbarkeit] (1) Die gerichtlichen Entscheidungen in der Hauptsache werden erst mit dem Eintritt der Rechtskraft wirksam.

(2) Hat der Beschluß einen vollstreckbaren Inhalt, so kann das Gericht ihn gegen oder ohne Sicherheitsleistung für vorläufig vollstreckbar erklären, dem Schuldner auf Antrag auch nachlassen, die Vollstreckung durch Sicherheitsleistung abzuwenden.

§ 31[3] *(aufgehoben)*

§ 32[4] **[Anhörung von Behörden und Berufsvertretungen]** (1) In den Verfahren wegen Beanstandung eines Landpachtvertrages ist die nach Landesrecht zuständige Behörde, in den Verfahren wegen Genehmigung einer rechtsgeschäftlichen Veräußerung die Genehmigungsbehörde und die land- und forstwirtschaftliche Berufsvertretung zu hören und zu einer mündlichen Verhandlung zu laden.

(2) [1] Soweit nach Absatz 1 die Landwirtschaftsbehörde oder die Genehmigungsbehörde zu hören ist, sind ihr die Entscheidungen in der Hauptsache bekannt zu geben. [2] Die der Landwirtschaftsbehörde oder Genehmigungsbehörde übergeordnete Behörde ist insoweit berechtigt, gegen diese Entscheidungen die Beschwerde und die Rechtsbeschwerde zu erheben. [3] Erhebt sie eine solche Beschwerde, so gilt sie als Beteiligte.

---

[1] Nr. 1.

[2] §§ 21–29 aufgeh. mWv 1.9.2009 durch G v. 17.12.2008 (BGBl. I S. 2586)

[3] § 31 aufgeh. mWv 1.9.2009 durch G v. 17.12.2008 (BGBl. I S. 2586)

[4] § 32 neu gef. durch G v. 28.7.1961 (BGBl. I S. 1091); Abs. 1 neu gef. durch G v. 8.11.1985 (BGBl. I S. 2065); Abs. 2 Sätze 1 und 2 geänd. mWv 1.9.2009 durch G v. 17.12.2008 (BGBl. I S. 2586).

(3) Die Landesregierung bestimmt durch Rechtsverordnung, welche Organisationen als land- und forstwirtschaftliche Berufsvertretungen gelten.[1]

§ 32a[2] [Verfahren über die gerichtliche Zuweisung eines Betriebes]

[1] In den Verfahren auf Grund der Vorschriften über die gerichtliche Zuweisung eines Betriebes (§ 1 Nr. 2) soll der Antrag die Gegenstände bezeichnen, deren Zuweisung beantragt wird. [2] In der Entscheidung über die Zuweisung des Betriebes sollen die zugewiesenen Gegenstände bezeichnet werden. [3] Der Vorsitzende des Gerichts des ersten Rechtszuges ersucht nach Eintritt der Rechtskraft der Entscheidung das Grundbuchamt um Eintragung des Erwerbers.

§ 33[3] *(aufgehoben)*

§ 34[4] [Kostenentscheidung] Über die Kosten ist zugleich mit der Entscheidung über die Hauptsache zu entscheiden.

§§ 35–41[5] *(aufgehoben)*

§ 42[6] [Absehen von Kostenerhebung] [1] Aus besonderen Gründen kann das Gericht anordnen, daß von der Erhebung von Gerichtskosten ganz oder teilweise abgesehen wird. [2] Die Entscheidung kann nur gleichzeitig mit der Entscheidung in der Hauptsache ergehen.

---

[1] Siehe hierzu ua
- **Baden-Württemberg:** Landwirtschafts-BerufsvertretungsVO v. 5.9.2000 (GBl. S. 633)
- **Bayern:** ZuständigkeitsVO v. 16.6.2015 (GVBl. S. 184), zuletzt geänd. durch V v. 22.12.2020 (GVBl. S. 690)
- **Brandenburg:** LandwirtschaftsverfahrensG-AusführungsVO v. 6.12.1994 (GVBl. II S. 992), geänd. durch VO v. 9.10.2008 (GVBl. II S. 394)
- **Bremen:** GrundstücksverkehrsG-DurchführungsVO v. 9.1.1962 (Brem.GBl. S. 6, ber. 1962 S. 10), zuletzt geänd. durch Bek. v. 20.10.2020 (Brem.GBl. S. 1172)
- **Hamburg:** DurchführungsVO v. 9.1.1962 (HmbGVBl. S. 1), geänd. durch G v. 4.12.1990 (HmbGVBl. S. 240)
- **Hessen:** § 4 Nr. 9 Delegations- und ZuständigkeitsVO Landwirtschaft, Forsten und Naturschutz v. 29.10.2014 (GVBl. S. 255), geänd. durch VO v. 25.11.2015 (GVBl. S. 616)
- **Mecklenburg-Vorpommern:** § 5 BodenrechtsdurchführungsVO
- **Niedersachsen:** Landpachtverkehrsgesetz-DurchführungsVO v. 3.7.2006 (Nds. GVBl. S. 246)
- **Nordrhein-Westfalen:** Landwirtschafts-BerufsvertretungsVO v. 14.3.2017 (GV. NRW. S. 345)
- **Rheinland-Pfalz:** Grundstückverkehrs-AusführungsVO v. 21.12.1961 (GVBl. S. 267), zuletzt geänd. durch G v. 26.6.2020 (GVBl. S. 287)
- **Saarland:** VO über Berufsvertretung bei gerichtlichen Verfahren in Landwirtschaftssachen v. 21.3.1962 (Amtsbl. S. 224)
- **Sachsen:** Landwirtschaftsverfahren-Beteiligungs-VO v. 17.3.1994 (SächsGVBl. S. 689), geänd. durch G v. 9.7.2007 (SächsGVBl. S. 310)
- **Sachsen-Anhalt:** Berufsvertretungs-VO Landwirtschaft v. 22.6.2004 (GVBl. LSA S. 350)
- **Schleswig-Holstein:** Grundstückverkehrsgesetz-DurchführungsVO v. 20.12.1961 (GVOBl. Schl.-H. 1962 S. 80)
- **Thüringen:** § 3 Thüringer Grundstücksverkehr-ZuständigkeitsVO v. 7.6.1991 (GVBl. S. 132), zuletzt geänd. durch G v. 18.12.2018 (GVBl. S. 731)

[2] § 32a eingef. durch G v. 28.7.1961 (BGBl. I S. 1091).

[3] § 33 aufgeh. mWv 1.8.2013 durch G v. 23.7.2013 (BGBl. I S. 2586).

[4] § 34 Abs. 2 Satz 2 geänd. durch G v. 20.12.1974 (BGBl. I S. 3651); Abs. 2 Satz 2 geänd. mWv 1.1.2002 durch G v. 27.12.2001 (BGBl. I S. 751); Abs. 2 Satz 2 aufgeh. mWv 1.7.2004 durch G v. 5.5.2004 (BGBl. I S. 718); Abs. 2 aufgeh. mWv 1.8.2013 durch G v. 23.7.2013 (BGBl. I S. 2586).

[5] §§ 35–41 aufgeh. mWv 1.8.2013 durch G v. 23.7.2013 (BGBl. I S. 2586).

[6] § 42 Abs. 2 neu gef. durch G v. 28.7.1961 (BGBl. I S. 1091); Abs. 2 aufgeh. mWv 1.8.2013 durch G v. 23.7.2013 (BGBl. I S. 2586).

§ 43[1] *(aufgehoben)*

§ 44[2] **[Kostentragungspflicht]** (1) Sind an einem Verfahren mehrere Personen beteiligt, so hat das Gericht nach billigem Ermessen zu entscheiden, wer die Kosten zu tragen hat und wie sie zu verteilen sind.

(2) Bei einem Verfahren, das von der nach Landesrecht zuständigen Behörde, der Genehmigungsbehörde, der übergeordneten Behörde (§ 32 Absatz 2) oder der Siedlungsbehörde eingeleitet ist oder auf ihrem Antrag oder ihrer Beschwerde beruht, ist nach billigem Ermessen darüber zu entscheiden, ob und inwieweit anderen am Verfahren Beteiligten die Kosten aufzuerlegen sind.

§ 45[3] **[Erstattung außergerichtlicher Kosten]** [1]Bei der Entscheidung in der Hauptsache kann das Gericht anordnen, daß die außergerichtlichen Kosten ganz oder teilweise von einem unterliegenden Beteiligten zu erstatten sind. [2]Dies hat dann zu geschehen, wenn der Beteiligte die Kosten durch ein unbegründetes Rechtsmittel oder durch grobes Verschulden veranlaßt hat.

§ 46[4] *(aufgehoben)*

§ 47[5] *(aufgehoben)*

Dritter Abschnitt.[6] Streitige Landwirtschaftssachen

§ 48[7] **[Abgrenzung zur ZPO und Rechtsmittelbelehrung]** (1) [1]In bürgerlichen Rechtsstreitigkeiten des § 1 Nr. 1a findet die Zivilprozeßordnung[8] Anwendung. [2]Jedoch treten die §§ 10 und 20 Abs. 1 und 2 dieses Gesetzes an die Stelle der entsprechenden Vorschriften der Zivilprozeßordnung; § 315 Abs. 1 Satz 1 der Zivilprozeßordnung gilt mit der Maßgabe, daß es der Unterschrift der ehrenamtlichen Richter nicht bedarf.

(2) Die §§ 13 und 19 dieses Gesetzes sind entsprechend anzuwenden.

§ 49[9] *(aufgehoben)*

Vierter Abschnitt. Zusatz-, Übergangs- und Schlußbestimmungen

§ 50 [Nicht unter § 1 fallende Verfahren] [1]Soweit Vorschriften, die nach diesem Gesetz in Kraft bleiben oder von diesem Gesetz nicht berührt werden,

---

[1] § 43 aufgeh. mWv 1.8.2013 durch G v. 23.7.2013 (BGBl. I S. 2586).

[2] § 44 Abs. 2 neu gef. durch G v. 28.7.1961 (BGBl. I S. 1091); Abs. 2 geänd. mWv 1.8.2013 durch G v. 23.7.2013 (BGBl. I S. 2586).

[3] § 45 Abs. 2 geänd. durch G v. 8.11.1985 (BGBl. I S. 2065); Abs. 2 aufgeh. mWv 1.8.2013 durch G v. 23.7.2013 (BGBl. I S. 2586).

[4] § 46 aufgeh. mWv 1.7.2004 durch G v. 5.5.2004 (BGBl. I S. 718).

[5] § 47 aufgeh. mWv 1.8.2013 durch G v. 23.7.2013 (BGBl. I S. 2586).

[6] Dritter Abschnitt Überschrift eingef. durch G v. 8.11.1985 (BGBl. I S. 2065).

[7] § 48 eingef. durch G v. 8.11.1985 (BGBl. I S. 2065); Abs. 1 Satz 2 geänd. durch G v. 17.12.1990 (BGBl. I S. 2847); Abs. 2 Satz 1 geänd. mWv 1.1.2002 durch G v. 27.7.2001 (BGBl. I S. 1887); Abs. 2 Satz 1 neu gef. mWv 1.4.2005 durch G v. 22.3.2005 (BGBl. I S. 837); Abs. 2 Satz 1 geänd. mWv 1.7.2008 durch G v. 12.12.2007 (BGBl. I S. 2840); Abs. 2 Satz 2 neu gef., Satz 3 angef. mWv 1.9.2009 durch G v. 17.12.2008 (BGBl. I S. 2586); Abs. 2 Sätze 2 und 3 aufgeh. mWv 1.1.2014 durch G v. 5.12.2012 (BGBl. I S. 2418).

[8] Auszugsweise abgedruckt unter Nr. **8**.

[9] § 49 aufgeh. durch G v. 8.11.1985 (BGBl. I S. 2065).

bestimmen, daß für ein Verfahren, das nicht unter § 1 fällt, mit landwirtschaftlichen Beisitzern besetzte Gerichte zuständig sind, treten an die Stelle dieser Gerichte die entsprechenden nach den Vorschriften dieses Gesetzes besetzten Gerichte; ist bestimmt, daß an Stelle der landwirtschaftlichen Beisitzer andere Beisitzer mitwirken, so behält es dabei sein Bewenden. [2] Soweit nach den in Satz 1 bezeichneten Vorschriften für das Verfahren Bestimmungen gelten, die durch § 60 außer Kraft gesetzt werden, treten an deren Stelle die entsprechenden Vorschriften dieses Gesetzes.

§ 51[1)] [Fischereipachtverträge] (1) *(Änderungsvorschrift; hier nicht wiedergegeben)*

(2) Die Länder können bestimmen, daß die Vorschriften dieses Gesetzes auf Verträge über die Pacht von Fischereirechten sowie in den auf Grund des § 11 des Landpachtverkehrsgesetzes[2)] geregelten Verfahren ganz oder teilweise anzuwenden sind; sie können zusätzliche Vorschriften erlassen, die den Besonderheiten dieser Verfahren entsprechen.[3)]

§ 52[4)] *(aufgehoben)*

§§ 53–59 *(zeitlich überholte Übergangsvorschriften)*

§ 60[5)] [Inkrafttreten; aufgehobene Vorschriften] (1) Dieses Gesetz tritt am 1. Oktober 1953 in Kraft.

(2) *(nicht wiedergegebene Aufhebungsvorschrift)*

(3) [1] Aufgehoben werden die bisher geltenden kostenrechtlichen Vorschriften, soweit sie für das Verfahren der Gerichte mit landwirtschaftlichen Beisitzern gelten, einschließlich der Vorschriften über Rechtsanwaltsgebühren. [2] Die bisher geltenden Vorschriften über die Höhe des Geschäftswertes und der gerichtlichen Kosten gelten jedoch fort

a) in den unter § 1 Nr. 5 fallenden Verfahren,

b) in den nicht unter § 1 fallenden Verfahren, die auf in Kraft bleibenden oder unberührt bleibenden Vorschriften beruhen (§ 50).

§ 61 *(gegenstandslos)*

---

1) § 51 Abs. 2 neu gef. durch G v. 8.11.1985 (BGBl. I S. 2065).

2) Nr. **315**.

3) Für **Rheinland-Pfalz** vgl. § 17 Abs. 5 LandesfischereiG v. 9.12.1974 (GVBl. S. 601), zuletzt geänd. durch G v. 14.7.2015 (GVBl. S. 127).

4) § 52 aufgeh. mWv 1.9.2009 durch G v. 17.12.2008 (BGBl. I S. 2586).

5) § 60 Abs. 3 Buchst. a geänd. durch G v. 28.7.1961 (BGBl. I S. 1091, ber. S. 2000).

[illegible]

§ 51 [illegible]

(1) [illegible]

§ 52 [illegible]

§§ 53–55 [illegible]

§ 60 [Inkrafttreten; aufgehobene Vorschriften] (1) Dieses Gesetz tritt am 1. Oktober 1953 in Kraft.

(2) [illegible]

(3) [illegible]

[illegible]

§ 61 [illegible]

[illegible]

340. Gesetz betreffend die Erwerbs- und Wirtschaftsgenossenschaften (Genossenschaftsgesetz – GenG)

In der Fassung der Bekanntmachung vom 16. Oktober 2006[1)]
(BGBl. I S. 2230)

FNA 4125-1

geänd. durch Art. 3 G über elektronische Handelsregister und Genossenschaftsregister sowie das Unternehmensregister v. 10.11.2006 (BGBl. I S. 2553), Art. 2 BerufsaufsichtsreformG v. 3.9.2007 (BGBl. I S. 2178), Art. 19 G zur Modernisierung des GmbH-Rechts und zur Bekämpfung von Missbräuchen v. 23.10.2008 (BGBl. I S. 2026), Art. 77 FGG-ReformG v. 17.12.2008 (BGBl. I S. 2586), Art. 10 BilanzrechtsmodernisierungsG v. 25.5.2009 (BGBl. I S. 1102), Art. 8 G zur Verkürzung des Restschuldbefreiungsverfahrens und zur Stärkung der Gläubigerrechte v. 15.7.2013 (BGBl. I S. 2379), Art. 5 G zur Verringerung der Abhängigkeit von Ratings v. 10.12.2014 (BGBl. I S. 2085), Art. 17 G für die gleichberechtigte Teilhabe von Frauen und Männern an Führungspositionen in der Privatwirtschaft und im öffentlichen Dienst v. 24.4.2015 (BGBl. I S. 642), Art. 7 AbschlussprüferaufsichtsreformG v. 31.3.2016 (BGBl. I S. 518), Art. 10 AbschlussprüfungsreformG v. 10.5.2016 (BGBl. I S. 1142), Art. 10 CSR-Richtlinie-UmsetzungsG v. 11.4.2017 (BGBl. I S. 802), Art. 24 Abs. 19 Zweites FinanzmarktnovellierungsG v. 23.6.2017 (BGBl. I S. 1693), Art. 1 G zum Bürokratieabbau und zur Förderung der Transparenz bei Genossenschaften v. 17.7.2017 (BGBl. I S. 2434), Art. 8 G zur Änd. des BundesversorgungsG und anderer Vorschriften v. 17.7.2017 (BGBl. I S. 2541), Art. 3 G zur weiteren Umsetzung der TransparenzRL-ÄnderungsRL im Hinblick auf ein einheitliches elektronisches Format für Jahresfinanzberichte v. 12.8.2020 (BGBl. I S. 1874) und Art. 17 Sanierungs- und InsolvenzrechtsfortentwicklungsG v. 22.12.2020 (BGBl. I S. 3256)

Inhaltsübersicht[2)]

Abschnitt 1. Errichtung der Genossenschaft

[1)] Neubekanntmachung des GenG v. 19.8.1994 (BGBl. I S. 2202) in der ab 18.8.2006 geltenden Fassung.

[2)] Inhaltsübersicht geänd. mWv 1.1.2007 durch G v. 10.11.2006 (BGBl. I S. 2553); mWv 6.9.2007 durch G v. 3.9.2007 (BGBl. I S. 2178); mWv 1.11.2008 durch G v. 23.10.2008 (BGBl. I S. 2026); mWv 29.5.2009 durch G v. 25.5.2009 (BGBl. I S. 1102); mWv 19.7.2013 durch G v. 15.7.2013 (BGBl. I S. 2379); mWv 1.5.2015 durch G v. 24.4.2015 (BGBl. I S. 642); mWv 17.6.2016 durch G v. 31.3.2016 (BGBl. I S. 518); mWv 17.6.2016 durch G v. 10.5.2016 (BGBl. I S. 1142); mWv 19.4.2017 durch G v. 11.4.2017 (BGBl. I S. 802); mWv 22.7.2017 durch G v. 17.7.2017 (BGBl. I S. 2434); mWv 25.5.2018 durch G v. 17.7.2017 (BGBl. I S. 2541); mWv 1.1.2021 durch G v. 22.12.2020 (BGBl. I S. 3256); sie wurde nichtamtl. an die Änderungen mWv 19.8.2020 durch G v. 12.8.2020 (BGBl. I S. 1874) angepasst.

Abschnitt 2. Rechtsverhältnisse der Genossenschaft und ihrer Mitglieder

Abschnitt 3. Verfassung der Genossenschaft

Abschnitt 4. Prüfung und Prüfungsverbände

Abschnitt 1. Errichtung der Genossenschaft

§ 1 Wesen der Genossenschaft. (1) Gesellschaften von nicht geschlossener Mitgliederzahl, deren Zweck darauf gerichtet ist, den Erwerb oder die Wirtschaft ihrer Mitglieder oder deren soziale oder kulturelle Belange durch gemeinschaftlichen Geschäftsbetrieb zu fördern (Genossenschaften), erwerben die Rechte einer „eingetragenen Genossenschaft" nach Maßgabe dieses Gesetzes.

(2) Eine Beteiligung an Gesellschaften und sonstigen Personenvereinigungen einschließlich der Körperschaften des öffentlichen Rechts ist zulässig, wenn sie

1. der Förderung des Erwerbes oder der Wirtschaft der Mitglieder der Genossenschaft oder deren sozialer oder kultureller Belange oder,
2. ohne den alleinigen oder überwiegenden Zweck der Genossenschaft zu bilden, gemeinnützigen Bestrebungen der Genossenschaft

zu dienen bestimmt ist.

§ 2 Haftung für Verbindlichkeiten. Für die Verbindlichkeiten der Genossenschaft haftet den Gläubigern nur das Vermögen der Genossenschaft.

§ 3 Firma der Genossenschaft. [1] Die Firma der Genossenschaft muss, auch wenn sie nach § 22 des Handelsgesetzbuchs oder nach anderen gesetzlichen Vorschriften fortgeführt wird, die Bezeichnung „eingetragene Genossenschaft" oder die Abkürzung „eG" enthalten. [2] § 30 des Handelsgesetzbuchs gilt entsprechend.

§ 4 Mindestzahl der Mitglieder. Die Zahl der Mitglieder muss mindestens drei betragen.

§ 5 Form der Satzung. Die Satzung der Genossenschaft bedarf der schriftlichen Form.

§ 6[1)] Mindestinhalt der Satzung. Die Satzung muss enthalten:

1. die Firma und den Sitz der Genossenschaft;
2. den Gegenstand des Unternehmens;
3. Bestimmungen darüber, ob die Mitglieder für den Fall, dass die Gläubiger im Insolvenzverfahren über das Vermögen der Genossenschaft nicht befriedigt werden, Nachschüsse zur Insolvenzmasse unbeschränkt, beschränkt auf eine bestimmte Summe (Haftsumme) oder überhaupt nicht zu leisten haben;
4. Bestimmungen über die Form für die Einberufung der Generalversammlung der Mitglieder sowie für die Beurkundung ihrer Beschlüsse und über den Vorsitz in der Versammlung; die Einberufung der Generalversammlung muss

---

1) § 6 Nr. 4 und 5 geänd. mWv 22.7.2017 durch G v. 17.7.2017 (BGBl. I S. 2434).

durch unmittelbare Benachrichtigung sämtlicher Mitglieder in Textform oder durch Bekanntmachung in einem öffentlichen Blatt erfolgen; das Gericht kann hiervon Ausnahmen zulassen; die Bekanntmachung im Bundesanzeiger oder in einem anderen öffentlich zugänglichen elektronischen Informationsmedium genügt nicht;

5. Bestimmungen über die Form der Bekanntmachungen der Genossenschaft sowie Bestimmung der öffentlichen Blätter für Bekanntmachungen, deren Veröffentlichung in öffentlichen Blättern durch Gesetz oder Satzung vorgeschrieben ist; als öffentliches Blatt kann die Satzung öffentlich zugängliche elektronische Informationsmedien bezeichnen.

§ 7 Weiterer zwingender Satzungsinhalt. Die Satzung muss ferner bestimmen:

1. den Betrag, bis zu welchem sich die einzelnen Mitglieder mit Einlagen beteiligen können (Geschäftsanteil), sowie die Einzahlungen auf den Geschäftsanteil, zu welchen jedes Mitglied verpflichtet ist; diese müssen bis zu einem Gesamtbetrage von mindestens einem Zehntel des Geschäftsanteils nach Betrag und Zeit bestimmt sein;
2. die Bildung einer gesetzlichen Rücklage, welche zur Deckung eines aus der Bilanz sich ergebenden Verlustes zu dienen hat, sowie die Art dieser Bildung, insbesondere den Teil des Jahresüberschusses, welcher in diese Rücklage einzustellen ist, und den Mindestbetrag der letzteren, bis zu dessen Erreichung die Einstellung zu erfolgen hat.

§ 7a Mehrere Geschäftsanteile; Sacheinlagen. (1) [1] Die Satzung kann bestimmen, dass sich ein Mitglied mit mehr als einem Geschäftsanteil beteiligen darf. [2] Die Satzung kann eine Höchstzahl festsetzen und weitere Voraussetzungen aufstellen.

(2) [1] Die Satzung kann auch bestimmen, dass die Mitglieder sich mit mehreren Geschäftsanteilen zu beteiligen haben (Pflichtbeteiligung). [2] Die Pflichtbeteiligung muss für alle Mitglieder gleich sein oder sich nach dem Umfang der Inanspruchnahme von Einrichtungen oder anderen Leistungen der Genossenschaft durch die Mitglieder oder nach bestimmten wirtschaftlichen Merkmalen der Betriebe der Mitgliedern richten.

(Fortsetzung nächstes Blatt)

§ 50 Bestimmung der Einzahlungen auf den Geschäftsanteil. Soweit die Satzung die Mitglieder zu Einzahlungen auf den Geschäftsanteil verpflichtet, ohne dieselben nach Betrag und Zeit festzusetzen, unterliegt ihre Festsetzung der Beschlussfassung durch die Generalversammlung.

§ 51[1] Anfechtung von Beschlüssen der Generalversammlung.

(1) [1]Ein Beschluss der Generalversammlung kann wegen Verletzung des Gesetzes oder der Satzung im Wege der Klage angefochten werden. [2]Die Klage muss binnen einem Monat erhoben werden.

(2) [1]Zur Anfechtung befugt ist jedes in der Generalversammlung erschienene Mitglied, sofern es gegen den Beschluss Widerspruch zum Protokoll erklärt hat, und jedes nicht erschienene Mitglied, sofern es zu der Generalversammlung unberechtigterweise nicht zugelassen worden ist oder sofern es die Anfechtung darauf gründet, dass die Einberufung der Versammlung oder die Ankündigung des Gegenstandes der Beschlussfassung nicht ordnungsgemäß erfolgt sei. [2]Ferner sind der Vorstand und der Aufsichtsrat zur Anfechtung befugt, ebenso jedes Mitglied des Vorstands und des Aufsichtsrats, wenn es durch die Ausführung des Beschlusses eine strafbare Handlung oder eine Ordnungswidrigkeit begehen oder wenn es ersatzpflichtig werden würde.

(3) [1]Die Klage ist gegen die Genossenschaft zu richten. [2]Die Genossenschaft wird durch den Vorstand, sofern dieser nicht selbst klagt, und durch den Aufsichtsrat, sofern dieser nicht selbst klagt, vertreten; § 39 Abs. 1 Satz 2 ist entsprechend anzuwenden. [3]Zuständig für die Klage ist ausschließlich das Landgericht, in dessen Bezirke die Genossenschaft ihren Sitz hat. [4]Die mündliche Verhandlung erfolgt nicht vor Ablauf der im ersten Absatz bezeichneten Frist. [5]Mehrere Anfechtungsprozesse sind zur gleichzeitigen Verhandlung und Entscheidung zu verbinden.

(4) Die Erhebung der Klage sowie der Termin zur mündlichen Verhandlung sind unverzüglich vom Vorstand in den für die Bekanntmachung der Genossenschaft bestimmten Blättern zu veröffentlichen.

(5) [1]Soweit der Beschluss durch Urteil rechtskräftig für nichtig erklärt ist, wirkt dieses Urteil auch gegenüber den Mitgliedern der Genossenschaft, die nicht Partei des Rechtsstreits waren. [2]Ist der Beschluss in das Genossenschaftsregister eingetragen, hat der Vorstand dem Registergericht das Urteil einzureichen und dessen Eintragung zu beantragen. [3]Eine gerichtliche Bekanntmachung der Eintragung erfolgt nur, wenn der eingetragene Beschluss veröffentlicht worden war.

§ 52 (weggefallen)

Abschnitt 4.[2] Prüfung und Prüfungsverbände

§ 53[3][4] Pflichtprüfung. (1) [1]Zwecks Feststellung der wirtschaftlichen Verhältnisse und der Ordnungsmäßigkeit der Geschäftsführung sind die Einrichtungen, die Vermögenslage sowie die Geschäftsführung der Genossenschaft

[1] § 51 Abs. 5 Satz 2 geänd. mWv 1.9.2009 durch G v. 17.12.2008 (BGBl. I S. 2586).

[2] Siehe hierzu auch §§ 25 und 26 WirtschaftsprüferO idF der Bek. v. 5.11.1975 (BGBl. I S. 2803), zuletzt geänd. durch G v. 19.6.2020 (BGBl. I S. 1403).

[3] § 53 Abs. 2 Satz 2 geänd., Satz 3 und Abs. 3 angef. mWv 29.5 2009 durch G v. 25.5.2009 (BGBl. I S. 1102); Abs. 2 Satz 2 und Abs. 3 geänd. mWv 17.6.2016 durch G v. 10.5.2016 (BGBl. I S. 1142); →

mindestens in jedem zweiten Geschäftsjahr zu prüfen. [2] Bei Genossenschaften, deren Bilanzsumme 2 Millionen Euro übersteigt, muss die Prüfung in jedem Geschäftsjahr stattfinden.

(2) [1] Im Rahmen der Prüfung nach Absatz 1 ist bei Genossenschaften, deren Bilanzsumme 1,5 Millionen Euro und deren Umsatzerlöse 3 Millionen Euro übersteigen, der Jahresabschluss unter Einbeziehung der Buchführung und des Lageberichts zu prüfen. [2] § 316 Absatz 3 Satz 1 und 2, § 317 Abs. 1 Satz 2 und 3, Abs. 2 des Handelsgesetzbuchs sind entsprechend anzuwenden; Artikel 17 der Verordnung (EU) Nr. 537/2014 findet keine Anwendung. [3] Bei der Prüfung großer Genossenschaften im Sinn des § 58 Abs. 2 ist § 317 Abs. 5 und 6 des Handelsgesetzbuchs entsprechend anzuwenden.

(3) Für Genossenschaften, die kapitalmarktorientiert im Sinn des § 264d des Handelsgesetzbuchs oder die CRR-Kreditinstitut im Sinne des § 1 Absatz 3d Satz 1 des Kreditwesengesetzes sind und keinen Aufsichtsrat haben, gilt § 324 des Handelsgesetzbuchs entsprechend.

(4) Bei der Prüfung einer Genossenschaft, die als Inlandsemittent (§ 2 Absatz 14 des Wertpapierhandelsgesetzes) Wertpapiere (§ 2 Absatz 1 des Wertpapierhandelsgesetzes), aber nicht ausschließlich die von § 327a erfassten Schuldtitel, begibt, sind § 316 Absatz 3 Satz 3, § 317 Absatz 3b Satz 1, § 320 Absatz 1 Satz 3 und § 322 Absatz 1 Satz 4 des Handelsgesetzbuchs entsprechend anzuwenden.

§ 53a [1)2)] Vereinfachte Prüfung; Verordnungsermächtigung. (1) [1] Bei Kleinstgenossenschaften (§ 336 Absatz 2 Satz 3 des Handelsgesetzbuchs), deren Satzung keine Nachschusspflicht der Mitglieder vorsieht und die im maßgeblichen Prüfungszeitraum von ihren Mitgliedern keine Darlehen nach § 21b Absatz 1 entgegengenommen haben, beschränkt sich jede zweite Prüfung nach § 53 Absatz 1 Satz 1 auf eine vereinfachte Prüfung. [2] Eine vereinfachte Prüfung umfasst die Durchsicht der in Absatz 2 Satz 1 genannten Unterlagen und die Feststellung, ob es Anhaltspunkte dafür gibt, an einer geordneten Vermögenslage oder der Ordnungsmäßigkeit der Geschäftsführung zu zweifeln. [3] § 57 Absatz 2 und 4 findet keine Anwendung.

(2) [1] Bei der vereinfachten Prüfung sind folgende Unterlagen einzureichen:

1. eine Abschrift der Satzung in der geltenden Fassung oder eine Erklärung des Vorstands, dass gegenüber der zuletzt eingereichten Fassung keine Änderung erfolgt ist;
2. die im Prüfungszeitraum festgestellten Jahresabschlüsse;
3. ein Nachweis über die im Prüfungszeitraum erfolgte Offenlegung des Jahresabschlusses im Bundesanzeiger oder darüber, dass ein entsprechender Bekanntmachungs- oder Hinterlegungsauftrag erteilt wurde;

(Fortsetzung nächstes Blatt)

(Fortsetzung der Anm. von voriger Seite)
Abs. 1 Satz 1, Abs. 2 Satz 1 geänd. mWv 22.7.2017 durch G v. 17.7.2017 (BGBl. I S. 2434); Abs. 2 Satz 2 geänd., Abs. 4 angef. mWv 19.8.2020 durch G v. 12.8.2020 (BGBl. I S. 1874).

[4)] Beachte hierzu Übergangsvorschriften in §§ 164 und 172.

[1)] § 53a eingef. mWv 22.7.2017 durch G v. 17.7.2017 (BGBl. I S. 2434).

[2)] Beachte hierzu Übergangsvorschrift in § 171.

§ 99[1)] *(aufgehoben)*

§ 100 (weggefallen)

§ 101 Wirkung der Eröffnung des Insolvenzverfahrens. Durch die Eröffnung des Insolvenzverfahrens wird die Genossenschaft aufgelöst.

§ 102 Eintragung der Eröffnung des Insolvenzverfahrens. (1) [1]Die Eröffnung des Insolvenzverfahrens ist von Amts wegen in das Genossenschaftsregister einzutragen. [2]Das Gleiche gilt für

1. die Aufhebung des Eröffnungsbeschlusses,
2. die Bestellung eines vorläufigen Insolvenzverwalters, wenn zusätzlich dem Schuldner ein allgemeines Verfügungsverbot auferlegt oder angeordnet wird, dass Verfügungen des Schuldners nur mit Zustimmung des vorläufigen Insolvenzverwalters wirksam sind, und die Aufhebung einer derartigen Sicherungsmaßnahme,
3. die Anordnung der Eigenverwaltung durch den Schuldner und deren Aufhebung sowie die Anordnung der Zustimmungsbedürftigkeit bestimmter Rechtsgeschäfte des Schuldners,
4. die Einstellung und die Aufhebung des Verfahrens und
5. die Überwachung der Erfüllung eines Insolvenzplans und die Aufhebung der Überwachung.

(2) Die Eintragungen nach Absatz 1 werden nicht bekannt gemacht.

§§ 103, 104 (weggefallen)

§ 105 Nachschusspflicht der Mitglieder. (1) [1]Soweit die Ansprüche der Massegläubiger oder die bei der Schlussverteilung nach § 196 der Insolvenzordnung berücksichtigten Forderungen der Insolvenzgläubiger aus dem vorhandenen Vermögen der Genossenschaft nicht berichtigt werden, sind die Mitglieder verpflichtet, Nachschüsse zur Insolvenzmasse zu leisten, es sei denn, dass die Nachschusspflicht durch die Satzung ausgeschlossen ist. [2]Im Falle eines rechtskräftig bestätigten Insolvenzplans besteht die Nachschusspflicht insoweit, als sie im gestaltenden Teil des Plans vorgesehen ist.

(2) Die Nachschüsse sind von den Mitgliedern nach Köpfen zu leisten, es sei denn, dass die Satzung ein anderes Beitragsverhältnis bestimmt.

(3) Beiträge, zu deren Leistung einzelne Mitglieder nicht in der Lage sind, werden auf die übrigen Mitglieder verteilt.

(4) [1]Zahlungen, die Mitglieder über die von ihnen nach den vorstehenden Vorschriften geschuldeten Beiträge hinaus leisten, sind ihnen nach der Befriedigung der Gläubiger aus den Nachschüssen zu erstatten. [2]Das Gleiche gilt für Zahlungen der Mitglieder auf Grund des § 87a Abs. 2 nach Erstattung der in Satz 1 bezeichneten Zahlungen.

(5) Gegen die Nachschüsse kann das Mitglied eine Forderung an die Genossenschaft aufrechnen, sofern die Voraussetzungen vorliegen, unter denen es als Insolvenzgläubiger Befriedigung wegen der Forderung aus den Nachschüssen zu beanspruchen hat.

[1)] § 99 aufgeh. mWv 1.1.2021 durch G v. 22.12.2020 (BGBl. I S. 3256).

§ 106 Vorschussberechnung. (1) [1]Der Insolvenzverwalter hat unverzüglich, nachdem die Vermögensübersicht nach § 153 der Insolvenzordnung auf der Geschäftsstelle niedergelegt ist, zu berechnen, wie viel die Mitglieder zur Deckung des aus der Vermögensübersicht ersichtlichen Fehlbetrags vorzuschießen haben. [2]Sind in der Vermögensübersicht Fortführungs- und Stilllegungswerte nebeneinander angegeben, ist der Fehlbetrag maßgeblich, der sich auf der Grundlage der Stilllegungswerte ergibt.

(2) [1]In der Vorschussberechnung sind alle Mitglieder namentlich zu bezeichnen und die Beiträge auf sie zu verteilen. [2]Die Höhe der Beiträge ist so zu bemessen, dass durch ein vorauszusehendes Unvermögen einzelner Mitglieder zur Leistung von Beiträgen kein Ausfall an dem zu deckenden Gesamtbetrag entsteht.

(3) [1]Die Berechnung ist dem Insolvenzgericht mit dem Antrag einzureichen, dieselbe für vollstreckbar zu erklären. [2]Dem Antrag ist eine beglaubigte Abschrift der Mitgliederliste und, sofern das Genossenschaftsregister nicht bei dem Insolvenzgericht geführt wird, eine beglaubigte Abschrift der Satzung beizufügen.

§ 107 Gerichtliche Erklärung über die Vorschussberechnung.

(1) [1]Zur Erklärung über die Berechnung bestimmt das Gericht einen Termin, welcher nicht über zwei Wochen hinaus anberaumt werden darf. [2]Der Termin ist öffentlich bekannt zu machen; die in der Berechnung aufgeführten Mitglieder sind besonders zu laden.

(2) [1]Die Berechnung ist spätestens drei Tage vor dem Termin auf der Geschäftsstelle zur Einsicht der Beteiligten niederzulegen. [2]Hierauf ist in der Bekanntmachung und den Ladungen hinzuweisen.

(Fortsetzung nächstes Blatt)

§ 166[1)] Übergangsregelung zum Berufsaufsichtsreformgesetz.

(1) Ein Prüfungsverband, dem vor dem 6. September 2007 eine Bescheinigung über die Teilnahme an der Qualitätskontrolle erteilt wurde, kann eine Verlängerung der Befristung der Teilnahmebescheinigung auf insgesamt sechs Jahre beantragen, soweit er nicht unter § 63e Abs. 1 Satz 2 fällt.

(2) Ist die Teilnahmebescheinigung auf sechs Jahre befristet worden, hat ein Prüfungsverband, der bei einer Genossenschaft, einer in Artikel 25 Abs. 1 Satz 1 Nr. 1 des Einführungsgesetzes zum Handelsgesetzbuch genannten Gesellschaft oder einem in Artikel 25 Abs. 1 Satz 1 Nr. 2 des Einführungsgesetzes zum Handelsgesetzbuch genannten Unternehmen, die einen organisierten Markt im Sinne des § 2 Absatz 11 des Wertpapierhandelsgesetzes in Anspruch nehmen, mehr als drei Jahre nach Ausstellen der Teilnahmebescheinigung eine der Qualitätskontrolle unterfallende Prüfung durchführt, innerhalb von sechs Monaten nach Annahme des Prüfungsauftrages eine Qualitätskontrolle durchführen zu lassen.

§ 167[2)] Übergangsvorschrift zum Bilanzrechtsmodernisierungsgesetz. (1) § 36 Abs. 4 und § 38 Abs. 1a Satz 2 in der Fassung des Bilanzrechtsmodernisierungsgesetzes vom 25. Mai 2009 (BGBl. I S. 1102) finden keine Anwendung, solange alle Mitglieder des Aufsichtsrats und des Prüfungsausschusses vor dem 29. Mai 2009 bestellt worden sind.

(2) § 53 Abs. 3 in der Fassung des Bilanzrechtsmodernisierungsgesetzes vom 25. Mai 2009 (BGBl. I S. 1102) ist erstmals ab dem 1. Januar 2010 anzuwenden.

§ 168[3)] Übergangsvorschrift zu dem Gesetz für die gleichberechtigte Teilhabe von Frauen und Männern an Führungspositionen in der Privatwirtschaft und im öffentlichen Dienst. [1]Die Festlegungen nach § 9 Absatz 3 Satz 1 und 3 sowie Absatz 4 Satz 1 und 3 haben erstmals bis spätestens 30. September 2015 zu erfolgen. [2]Die nach § 9 Absatz 3 Satz 3 und Absatz 4 Satz 3 erstmals festzulegende Frist darf nicht länger als bis zum 30. Juni 2017 dauern.

§ 169[4)] Übergangsvorschrift zum Abschlussprüfungsreformgesetz.

§ 36 Absatz 4 und § 38 Absatz 1a Satz 3 jeweils in der Fassung des Abschlussprüfungsreformgesetzes vom 10. Mai 2016 (BGBl. I S. 1142) müssen so lange nicht angewandt werden, wie alle Mitglieder des Aufsichtsrats und des Prüfungsausschusses vor dem 17. Juni 2016 bestellt worden sind.

§ 170[5)] Übergangsregelung zum CSR-Richtlinie-Umsetzungsgesetz.

[1]§ 38 in der Fassung des CSR-Richtlinie-Umsetzungsgesetzes vom 11. April 2017 (BGBl. I S. 802) ist erstmals auf Lageberichte und Konzernlageberichte anzuwenden, die sich auf ein nach dem 31. Dezember 2016 beginnendes Geschäftsjahr beziehen. [2]Auf Lage- und Konzernlageberichte, die sich auf vor

---

[1)] § 166 angef. mWv 6.9.2007 durch G v. 3.9.2007 (BGBl. I S. 2178); Abs. 2 geänd. mWv 3.1.2018 durch G v. 23.6.2017 (BGBl. I S. 1693).

[2)] § 167 angef. mWv 29.5.2009 durch G v. 25.5.2009 (BGBl. I S. 1102).

[3)] § 168 angef. mWv 1.5.2015 durch G v. 24.4.2015 (BGBl. I S. 642).

[4)] § 169 angef. mWv 17.6.2016 durch G v. 10.5.2016 (BGBl. I S. 1142).

[5)] § 170 angef. mWv 19.4.2017 durch G v. 11.4.2017 (BGBl. I S. 802).

dem 1. Januar 2017 beginnende Geschäftsjahre beziehen, bleibt § 38 in der bis zum 18. April 2017 geltenden Fassung anwendbar.

§ 171[1] **Übergangsvorschrift zur Einführung der vereinfachten Prüfung.** § 53a ist erstmals auf die Prüfung für ein frühestens am 31. Dezember 2017 endendes Geschäftsjahr anzuwenden.

§ 172[2] **Übergangsvorschrift zum Gesetz zur weiteren Umsetzung der Transparenzrichtlinie-Änderungsrichtlinie im Hinblick auf ein einheitliches elektronisches Format für Jahresfinanzberichte.** § 53 in der ab dem 19. August 2020 geltenden Fassung ist erstmals auf Jahresabschlüsse und Lageberichte für das nach dem 31. Dezember 2019 beginnende Geschäftsjahr anzuwenden.

---

[1] § 171 angef. mWv 22.7.2017 durch G v. 17.7.2017 (BGBl. I S. 2434).
[2] § 172 angef. mWv 19.8.2020 durch G v. 12.8.2020 (BGBl. I S. 1874).

500. Gesetz über die Zwangsversteigerung und die Zwangsverwaltung [1)2)]

In der Fassung der Bekanntmachung vom 20. Mai 1898[3)]
(RGBl. S. 713)

BGBl. III/FNA 310-14

zuletzt geänd. durch Art. 5 WohnungseigentumsmodernisierungsG v. 16.10.2020 (BGBl. I S. 2187)

– Auszug –

Erster Abschnitt. Zwangsversteigerung und Zwangsverwaltung von Grundstücken im Wege der Zwangsvollstreckung

Erster Titel. Allgemeine Vorschriften

§ 10[4)] **[Rangordnung der Rechte]** (1) Ein Recht auf Befriedigung aus dem Grundstücke gewähren nach folgender Rangordnung, bei gleichem Range nach dem Verhältnis ihrer Beträge:

1. der Anspruch eines die Zwangsverwaltung betreibenden Gläubigers auf Ersatz seiner Ausgaben zur Erhaltung oder nötigen Verbesserung des Grundstücks, im Falle der Zwangsversteigerung jedoch nur, wenn die Verwaltung bis zum Zuschlage fortdauert und die Ausgaben nicht aus den Nutzungen des Grundstücks erstattet werden können;

1a. im Falle einer Zwangsversteigerung, bei der das Insolvenzverfahren über das Vermögen des Schuldners eröffnet ist, die zur Insolvenzmasse gehörenden Ansprüche auf Ersatz der Kosten der Feststellung der beweglichen Gegenstände, auf die sich die Versteigerung erstreckt; diese Kosten sind nur zu erheben, wenn ein Insolvenzverwalter bestellt ist, und pauschal mit vier vom

---

[1)] Zur Ausführung und Durchführung des ZVG haben die Länder ua folgende Vorschriften erlassen:
– **Berlin:** ZVG-AusführungsG v. 23.9.1899 (PrGS S. 291), zuletzt geänd. durch G v. 1.2.1979 (BGBl. I S. 127)
– **Bremen:** ZPO-, InsO- und ZVG-AusführungsG v. 19.3.1963 (Brem.GBl. S. 51), geänd. durch G v. 28.5.2002 (Brem.GBl. S. 131)
– **Hamburg:** Zwangsversteigerung- und Zwangsverwaltungs-AusführungsG v. 17.3.1969 (HmbGVBl. S. 33), geänd. durch G v. 1.2.1979 (BGBl. I S. 127)
– **Hessen:** ZPO- und ZVG-AusführungsG v. 20.12.1960 (GVBl. I S. 238)
– **Niedersachsen** ZVG-AusführungsG v. 6.6.2008 (Nds. GVBl. S. 210), aufgeh. durch G v. 16.12.2014 (Nds. GVBl. S. 436)
– **Rheinland-Pfalz:** Zivilprozessrechts-AusführungsG v. 30.8.1974 (GVBl. S. 371), zuletzt geänd. durch G v. 22.12.2015 (GVBl. S. 467)
– **Schleswig-Holstein:** Zwangsversteigerungs-ReichsG-AusführungsG v. 23.9.1899 (PrGS S. 291), aufgeh. durch G v. 17.4.2018 (GVOBl. Schl.-H. S. 231)
– **Thüringen:** Thüringer ZVG-AusführungsG v. 3.12.2002 (GVBl. S. 424), zuletzt geänd. durch G v. 18.12.2018 (GVBl. S. 731)

[2)] Änderungen vor dem 4.12.1968 sind nur in den Fußnoten zu den einzelnen Paragraphen nachgewiesen.

[3)] Neubekanntmachung des ZVG v. 24.3.1897 (RGBl. S. 97) in der vom 1.1.1900 an geltenden Fassung.

[4)] § 10 Abs. 1 Nr. 3 und 4 neu gef. durch G v. 20.8.1953 (BGBl. I S. 952); Abs. 1 Nr. 1a eingef. durch G v. 15.10.1994 (BGBl. I S. 2911); Abs. 1 Nr. 2 neu gef., Abs. 3 angef. mWv 1.7.2007 durch G v. 26.3. 2007 (BGBl. I S. 370); Abs. 3 Satz 1 geänd. mWv 11.7.2009 durch G v. 7.7.2009 (BGBl. I S. 1707); Abs. 1 Nr. 2 geänd., Abs. 3 Satz 1 aufgeh., bish. Sätze 2 und 3 werden Sätze 1 und 2, neuer Satz 1 geänd. mWv 1.12.2020 durch G v. 16.10.2020 (BGBl. I S. 2187).

Hundert des Wertes anzusetzen, der nach § 74a Abs. 5 Satz 2 festgesetzt worden ist;

2. bei Vollstreckung in ein Wohnungseigentum die daraus fälligen Ansprüche auf Zahlung der Beiträge zu den Lasten und Kosten des gemeinschaftlichen Eigentums oder des Sondereigentums, die nach § 16 Abs. 2, § 28 Absatz 1 und 2 des Wohnungseigentumsgesetzes[1] geschuldet werden, einschließlich der Vorschüsse und Rückstellungen sowie der Rückgriffsansprüche einzelner Wohnungseigentümer. Das Vorrecht erfasst die laufenden und die rückständigen Beträge aus dem Jahr der Beschlagnahme und den letzten zwei Jahren. Das Vorrecht einschließlich aller Nebenleistungen ist begrenzt auf Beträge in Höhe von nicht mehr als 5 vom Hundert des nach § 74a Abs. 5 festgesetzten Wertes. Die Anmeldung erfolgt durch die Gemeinschaft der Wohnungseigentümer. Rückgriffsansprüche einzelner Wohnungseigentümer werden von diesen angemeldet;
3. die Ansprüche auf Entrichtung der öffentlichen Lasten des Grundstücks wegen der aus den letzten vier Jahren rückständigen Beträge; wiederkehrende Leistungen, insbesondere Grundsteuern, Zinsen, Zuschläge oder Rentenleistungen, sowie Beträge, die zur allmählichen Tilgung einer Schuld als Zuschlag zu den Zinsen zu entrichten sind, genießen dieses Vorrecht nur für die laufenden Beträge und für die Rückstände aus den letzten zwei Jahren. Untereinander stehen öffentliche Grundstückslasten, gleichviel ob sie auf Bundes- oder Landesrecht beruhen, im Range gleich. Die Vorschriften des § 112 Abs. 1 und der §§ 113 und 116 des Gesetzes über den Lastenausgleich *vom 14. August 1952 (Bundesgesetzbl. I S. 446)*[2] bleiben unberührt;
4. die Ansprüche aus Rechten an dem Grundstück, soweit sie nicht infolge der Beschlagnahme dem Gläubiger gegenüber unwirksam sind, einschließlich der Ansprüche auf Beträge, die zur allmählichen Tilgung einer Schuld als Zuschlag zu den Zinsen zu entrichten sind; Ansprüche auf wiederkehrende Leistungen, insbesondere Zinsen, Zuschläge, Verwaltungskosten oder Rentenleistungen, genießen das Vorrecht dieser Klasse nur wegen der laufenden und der aus den letzten zwei Jahren rückständigen Beträge;
5. der Anspruch des Gläubigers, soweit er nicht in einer der vorhergehenden Klassen zu befriedigen ist;
6. die Ansprüche der vierten Klasse, soweit sie infolge der Beschlagnahme dem Gläubiger gegenüber unwirksam sind;
7. die Ansprüche der dritten Klasse wegen der älteren Rückstände;
8. die Ansprüche der vierten Klasse wegen der älteren Rückstände.

(2) Das Recht auf Befriedigung aus dem Grundstücke besteht auch für die Kosten der Kündigung und der die Befriedigung aus dem Grundstücke bezweckenden Rechtsverfolgung.

(3) [1] Für die Vollstreckung mit dem Range nach Absatz 1 Nummer 2 genügt ein Titel, aus dem die Verpflichtung des Schuldners zur Zahlung, die Art und der Bezugszeitraum des Anspruchs sowie seine Fälligkeit zu erkennen sind. [2] Soweit die Art und der Bezugszeitraum des Anspruchs sowie seine Fälligkeit nicht aus dem Titel zu erkennen sind, sind sie in sonst geeigneter Weise glaubhaft zu machen.

---

[1] Nr. **80**.

[2] Jetzt idF der Bek. v. 2.6.1993 (BGBl. I S. 845) mit späteren Änderungen.

§ 11 [Rangordnung verschiedener Rechte in derselben Klasse]

(1) Sind Ansprüche aus verschiedenen Rechten nach § 10 Nr. 4, 6 oder 8 in derselben Klasse zu befriedigen, so ist für sie das Rangverhältnis maßgebend, welches unter den Rechten besteht.

(2) In der fünften Klasse geht unter mehreren Ansprüchen derjenige vor, für welchen die Beschlagnahme früher erfolgt ist.

§ 12 [Rangordnung gleicher Rechte untereinander] Die Ansprüche aus einem und demselben Rechte haben untereinander folgende Rangordnung:
1. die Ansprüche auf Ersatz der im § 10 Abs. 2 bezeichneten Kosten;
2. die Ansprüche auf wiederkehrende Leistungen und andere Nebenleistungen;
3. der Hauptanspruch.

§ 13[1)] [Wiederkehrende Leistungen] (1) [1] Laufende Beträge wiederkehrender Leistungen sind der letzte vor der Beschlagnahme fällig gewordene Betrag sowie die später fällig werdenden Beträge. [2] Die älteren Beträge sind Rückstände.

(2) Absatz 1 ist anzuwenden, gleichviel ob die Ansprüche auf wiederkehrende Leistungen auf öffentlichem oder privatem Recht oder ob sie auf Bundes- oder Landesrecht beruhen oder ob die gesetzlichen Vorschriften andere als die in § 10 Abs. 1 Nr. 3 und 4 bestimmten Fristen festsetzen; kürzere Fristen als die in § 10 Abs. 1 Nr. 3 und 4 bestimmten werden stets vom letzten Fälligkeitstag vor der Beschlagnahme zurückgerechnet.

(3) Fehlt es innerhalb der letzten zwei Jahre an einem Fälligkeitstermin, so entscheidet der Zeitpunkt der Beschlagnahme.

(4) [1] Liegen mehrere Beschlagnahmen vor, so ist die erste maßgebend. [2] Bei der Zwangsversteigerung gilt, wenn bis zur Beschlagnahme eine Zwangsverwaltung fortgedauert hat, die für diese bewirkte Beschlagnahme als die erste.

§ 14 [Ansprüche unbestimmten Betrages] Ansprüche von unbestimmtem Betrage gelten als aufschiebend bedingt durch die Feststellung des Betrags.

Zweiter Titel. Zwangsversteigerung

IV. Geringstes Gebot. Versteigerungsbedingungen

§ 45[2)] [Feststellung des geringsten Gebots] (1) Ein Recht ist bei der Feststellung des geringsten Gebots insoweit, als es zur Zeit der Eintragung des Versteigerungsvermerkes aus dem Grundbuch ersichtlich war, nach dem Inhalte des Grundbuchs, im übrigen nur dann zu berücksichtigen, wenn es rechtzeitig angemeldet und, falls der Gläubiger widerspricht, glaubhaft gemacht wird.

(2) Von wiederkehrenden Leistungen, die nach dem Inhalte des Grundbuchs zu entrichten sind, brauchen die laufenden Beträge nicht angemeldet, die rückständigen nicht glaubhaft gemacht zu werden.

(3) [1] Ansprüche nach § 10 Abs. 1 Nr. 2 sind bei der Anmeldung durch einen entsprechenden Titel oder durch die Niederschrift der Beschlüsse einschließlich ihrer Anlagen oder in sonst geeigneter Weise glaubhaft zu machen. [2] Aus dem

---

[1)] § 13 neu gef. durch G v. 20.8.1953 (BGBl. I S. 952).

[2)] § 45 Abs. 3 angef. mWv 1.7.2007 durch G v. 26.3.2007 (BGBl. I S. 370); Abs. 3 Satz 1 geänd. mWv 1.12.2020 durch G v. 16.10.2020 (BGBl. I S. 2187).

Vorbringen müssen sich die Zahlungspflicht, die Art und der Bezugszeitraum des Anspruchs sowie seine Fälligkeit ergeben.

§ 52[1)] **[Bestehenbleibende Rechte]** (1) [1] Ein Recht bleibt insoweit bestehen, als es bei der Feststellung des geringsten Gebots berücksichtigt und nicht durch Zahlung zu decken ist. [2] Im übrigen erlöschen die Rechte.

(2) [1] Das Recht auf eine der in den §§ 912 bis 917 des Bürgerlichen Gesetzbuchs[2)] bezeichneten Renten bleibt auch dann bestehen, wenn es bei der Feststellung des geringsten Gebots nicht berücksichtigt ist. [2] Satz 1 ist entsprechend anzuwenden auf

a) den Erbbauzins, wenn nach § 9 Abs. 3 des Erbbaurechtsgesetzes[3)] das Bestehenbleiben des Erbbauzinses als Inhalt der Reallast vereinbart worden ist;
b) Grunddienstbarkeiten und beschränkte persönliche Dienstbarkeiten, die auf dem Grundstück als Ganzem lasten, wenn in ein Wohnungseigentum mit dem Rang nach § 10 Abs. 1 Nr. 2 vollstreckt wird und diesen kein anderes Recht der Rangklasse 4 vorgeht, aus dem die Versteigerung betrieben werden kann.

§ 57[4)] **[Mieter, Pächter]** Ist das Grundstück einem Mieter oder Pächter überlassen, so finden die Vorschriften der §§ 566, 566a, 566b Abs. 1, §§ 566c und 566d des Bürgerlichen Gesetzbuchs[2)] nach Maßgabe der §§ 57a und 57b entsprechende Anwendung.

§ 57a[5)] **[Kündigungsrecht des Erstehers]** [1] Der Ersteher ist berechtigt, das Miet- oder Pachtverhältnis unter Einhaltung der gesetzlichen Frist zu kündigen. [2] Die Kündigung ist ausgeschlossen, wenn sie nicht für den ersten Termin erfolgt, für den sie zulässig ist.

§ 57b[6)] **[Vorausverfügungen über Miet- oder Pachtzins]** (1) [1] Soweit nach den Vorschriften des § 566b Abs. 1 und der §§ 566c, 566d des Bürgerlichen Gesetzbuchs[2)] für die Wirkung von Verfügungen und Rechtsgeschäften über die Miete oder Pacht der Übergang des Eigentums in Betracht kommt, ist an dessen Stelle die Beschlagnahme des Grundstücks maßgebend. [2] Ist dem Mieter oder Pächter der Beschluß, durch den die Zwangsversteigerung angeordnet wird, zugestellt, so gilt mit der Zustellung die Beschlagnahme als dem Mieter oder Pächter bekannt; die Zustellung erfolgt auf Antrag des Gläubigers an die von ihm bezeichneten Personen. [3] Dem Beschlusse soll eine Belehrung über die Bedeutung der Beschlagnahme für den Mieter oder Pächter beigefügt werden. [4] Das Gericht hat auf Antrag des Gläubigers zur Feststellung der Mieter und Pächter eines Grundstücks Ermittlungen zu veranlassen; es kann damit einen Gerichtsvollzieher oder einen sonstigen Beamten beauftragen, auch die zuständige örtliche Behörde um Mitteilung der ihr bekannten Mieter und Pächter ersuchen.

[1)] § 52 Abs. 2 Satz 2 angef. durch G v. 21.9.1994 (BGBl. I S. 2547); Abs. 2 Satz 2 neu gef. mWv 1.7.2007 durch G v. 26.3.2007 (BGBl. I S. 370); Abs. 2 Satz 2 Buchst. a geänd. mWv 30.11.2007 durch G v. 23.11.2007 (BGBl. I S. 2614).

[2)] Nr. **1**.

[3)] Nr. **75**.

[4)] § 57 neu gef. mWv 1.9.2001 durch G v. 19.6.2001 (BGBl. I S. 1149).

[5)] § 57a eingef. durch G v. 8.6.1915 (RGBl. S. 327).

[6)] § 57b eingef. durch G v. 8.6.1915 (RGBl. S. 327); Abs. 1 Satz 1 neu gef. mWv 1.9.2001 durch G v. 19.6.2001 (BGBl. I S. 1149).

(2) [1]Der Beschlagnahme zum Zwecke der Zwangsversteigerung steht die Beschlagnahme zum Zwecke der Zwangsverwaltung gleich, wenn sie bis zum Zuschlag fortgedauert hat. [2]Ist dem Mieter oder Pächter der Beschluß, durch den ihm verboten wird, an den Schuldner zu zahlen, zugestellt, so gilt mit der Zustellung die Beschlagnahme als dem Mieter oder Pächter bekannt.

(3) Auf Verfügungen und Rechtsgeschäfte des Zwangsverwalters finden diese Vorschriften keine Anwendung.

§§ 57c, 57d[1] *(aufgehoben)*

VI. Entscheidung über den Zuschlag

§ 89 [Wirksamwerden des Zuschlags] Der Zuschlag wird mit der Verkündung wirksam.

§ 90[2] **[Eigentumserwerb durch Zuschlag]** (1) Durch den Zuschlag wird der Ersteher Eigentümer des Grundstücks, sofern nicht im Beschwerdewege der Beschluß rechtskräftig aufgehoben wird.

(2) Mit dem Grundstück erwirbt er zugleich die Gegenstände, auf welche sich die Versteigerung erstreckt hat.

§ 91[3] **[Erlöschen von Rechten]** (1) Durch den Zuschlag erlöschen unter der im § 90 Abs. 1 bestimmten Voraussetzung die Rechte, welche nicht nach den Versteigerungsbedingungen bestehen bleiben sollen.

(2) Ein Recht an dem Grundstücke bleibt jedoch bestehen, wenn dies zwischen dem Berechtigten und dem Ersteher vereinbart ist und die Erklärungen entweder im Verteilungstermin abgegeben oder, bevor das Grundbuchamt um Berichtigung des Grundbuchs ersucht ist, durch eine öffentlich beglaubigte Urkunde nachgewiesen werden.

(3) [1]Im Falle des Absatzes 2 vermindert sich der durch Zahlung zu berichtigende Teil des Meistgebots um den Betrag, welcher sonst dem Berechtigten gebühren würde. [2]Im übrigen wirkt die Vereinbarung wie die Befriedigung des Berechtigten aus dem Grundstücke.

(4) [1]Das Erlöschen eines Rechts, dessen Inhaber zur Zeit des Erlöschens nach § 1179a des Bürgerlichen Gesetzbuchs die Löschung einer bestehenbleibenden Hypothek, Grundschuld oder Rentenschuld verlangen kann, hat nicht das Erlöschen dieses Anspruchs zur Folge. [2]Der Anspruch erlischt, wenn der Berechtigte aus dem Grundstück befriedigt wird.

§ 92 [Anspruch auf Ersatz des Wertes] (1) Erlischt durch den Zuschlag ein Recht, das nicht auf Zahlung eines Kapitals gerichtet ist, so tritt an die Stelle des Rechtes der Anspruch auf Ersatz des Wertes aus dem Versteigerungserlöse.

(2) [1]Der Ersatz für einen Nießbrauch, für eine beschränkte persönliche Dienstbarkeit sowie für eine Reallast von unbestimmter Dauer ist durch Zahlung einer Geldrente zu leisten, die dem Jahreswerte des Rechtes gleichkommt. [2]Der Betrag ist für drei Monate vorauszuzahlen. [3]Der Anspruch auf eine fällig gewor-

[1] §§ 57c und 57d aufgeh. mWv 1.2.2007 durch G v. 22.12.2006 (BGBl. I S. 3416).

[2] Beachte hierzu auch § 9 EinführungsG zu dem G über die Zwangsversteigerung und die Zwangsverwaltung v. 20.5.1898 (RGBl. S. 750), zuletzt geänd. durch G v. 11.10.2016 (BGBl. I S. 2222).

[3] § 91 Abs. 4 angef. durch G v. 22.6.1977 (BGBl. I S. 998).

dene Zahlung verbleibt dem Berechtigten auch dann, wenn das Recht auf die Rente vor dem Ablaufe der drei Monate erlischt.

(3) Bei ablösbaren Rechten bestimmt sich der Betrag der Ersatzleistung durch die Ablösungssumme.

§ 93 [Zuschlagsbeschluss als Vollstreckungstitel] (1) [1] Aus dem Beschlusse, durch welchen der Zuschlag erteilt wird, findet gegen den Besitzer des Grundstücks oder einer mitversteigerten Sache die Zwangsvollstreckung auf Räumung und Herausgabe statt. [2] Die Zwangsvollstreckung soll nicht erfolgen, wenn der Besitzer auf Grund eines Rechtes besitzt, das durch den Zuschlag nicht erloschen ist. [3] Erfolgt gleichwohl die Zwangsvollstreckung, so kann der Besitzer nach Maßgabe des § 771 der Zivilprozeßordnung Widerspruch erheben.

(2) Zum Ersatze von Verwendungen, die vor dem Zuschlage gemacht sind, ist der Ersteher nicht verpflichtet.

§ 94 [Gerichtliche Verwaltung] (1) [1] Auf Antrag eines Beteiligten, der Befriedigung aus dem Bargebote zu erwarten hat, ist das Grundstück für Rechnung des Erstehers in gerichtliche Verwaltung zu nehmen, solange nicht die Zahlung oder Hinterlegung erfolgt ist. [2] Der Antrag kann schon im Versteigerungstermine gestellt werden.

(2) Auf die Bestellung des Verwalters sowie auf dessen Rechte und Pflichten finden die Vorschriften über die Zwangsverwaltung entsprechende Anwendung.

Dritter Titel. Zwangsverwaltung

§ 156[1)] [Öffentliche Lasten; Verteilungstermin] (1) [1] Die laufenden Beträge der öffentlichen Lasten sind von dem Verwalter ohne weiteres Verfahren zu berichtigen. [2] Dies gilt auch bei der Vollstreckung in ein Wohnungseigentum für die laufenden Beträge der daraus fälligen Ansprüche auf Zahlung der Beiträge zu den Lasten und Kosten des gemeinschaftlichen Eigentums oder des Sondereigentums, die nach § 16 Abs. 2, § 28 Absatz 1 und 2 des Wohnungseigentumsgesetzes[2)] geschuldet werden, einschließlich der Vorschüsse und Rückstellungen sowie der Rückgriffsansprüche einzelner Wohnungseigentümer. [3] Die Vorschrift des § 10 Abs. 1 Nr. 2 Satz 3 findet keine Anwendung.

(2) [1] Ist zu erwarten, daß auch auf andere Ansprüche Zahlungen geleistet werden können, so wird nach dem Eingange der im § 19 Abs. 2 bezeichneten Mitteilungen des Grundbuchamts der Verteilungstermin bestimmt. [2] In dem Termine wird der Teilungsplan für die ganze Dauer des Verfahrens aufgestellt. [3] Die Terminsbestimmung ist den Beteiligten sowie dem Verwalter zuzustellen. [4] Die Vorschriften des § 105 Abs. 2 Satz 2, des § 113 Abs. 1 und der §§ 114, 115, 124, 126 finden entsprechende Anwendung.

[1)] § 156 Abs. 1 Sätze 2 und 3 angef. mWv 1.7.2007 durch G v. 26.3.2007 (BGBl. I S. 370); Abs. 1 Satz 2 geänd. mWv 1.12.2020 durch G v. 16.10.2020 (BGBl. I S. 2187).

[2)] Nr. **80**.

Für handschriftliche Notizen

Für handschriftliche Notizen

Für handschriftliche Notizen

Für handschriftliche Notizen

Für handschriftliche Notizen

Für handschriftliche Notizen

Für handschriftliche Notizen

Für handschriftliche Notizen

Für handschriftliche Notizen

Für handschriftliche Notizen

Für handschriftliche Notizen

Für handschriftliche Notizen

Für handschriftliche Notizen

Für handschriftliche Notizen

Für handschriftliche Notizen

Für handschriftliche Notizen

Für handschriftliche Notizen

Für handschriftliche Notizen

Für handschriftliche Notizen

Für handschriftliche Notizen

Für handschriftliche Notizen

Für handschriftliche Notizen

Für handschriftliche Notizen

Für handschriftliche Notizen

Für handschriftliche Notizen

Für handschriftliche Notizen

Für handschriftliche Notizen

Für handschriftliche Notizen

Für handschriftliche Notizen

Für handschriftliche Notizen

Für handschriftliche Notizen

Für handschriftliche Notizen

Für handschriftliche Notizen

Für handschriftliche Notizen

Für handschriftliche Notizen

Für handschriftliche Notizen

Für handschriftliche Notizen

Für handschriftliche Notizen

Für handschriftliche Notizen

Für handschriftliche Notizen

Für handschriftliche Notizen

Für handschriftliche Notizen

Für handschriftliche Notizen

Für handschriftliche Notizen